ОТКЉУЧАВАЈУЋИ БИБЛИЈУ

Дејвид Поусон

Copyright © 2024 David Pawson Ministry CIO
Права да се Дејвид Поусон означи као аутор овог дела
и потврђен као аутор у складу је за издавачким правима
Copyright, Designs and Patents Act 1988.

Енглеска верзија је први пут штампана у Великој Британији
1999-2001. од стране HarperCollinsPublishers
Ово издање је штампано у Великој Британији 2024. године од
стране Anchor који је издавач у име David Pawson Publishing Ltd,
Synegis House, 21 Crockhamwell Road,
Woodley, Reading RG5 3LE

Ниједан део ове публикације не може бити репродукован или пренет у неку другу форму било којим средствима, електронским или механичким, укључујући фотокопирање, снимање или било какво складиштење информација и систем за проналажење, без прве дозволе за писање од стране издавача. Не може ни да циркулише у било каквом повезу и облику другачијим од издавача или у сличном облику да се намеће даљем купцу.

Уколико није посебно наглашено, Библија је цитирана из:
СВЕТО ПИСМО СТАРОГ И НОВОГ ЗАВЕТА,
превод Драган Милин, 2021. за Стари завет;
СВЕТО ПИСМО НОВИ ЗАВЕТ, превод Вук Караџић,
2008. за Нови завет

Превод/Translator: Владан Стојановић

Још више о учењу Дејвида Поусона,
укључујући DVD и CD на вебсајту:
www.davidpawson.com

Бесплатан даунлоад:
www.davidpawson.org

Даље информације на email:
contact@davidpawsonpublishing.com

ISBN 978-1-913472-98-6

Printed by Ingram Spark

САДРЖАЈ

Увод 5

I СТАРИ ЗАВЕТ
ИНСТРУКЦИЈЕ ТВОРЦА
1. Преглед Старог завета 19
2. Постање 31
3. Излазак 91
4. Левитска 115
5. Бројеви 133
6. Поновљени закони 151

ЗЕМЉА И КРАЉЕВСТВО
7. Исус Навин 173
8. Судије и Рута 195
9. Прва и Друга Самуилова књига 215
10. Прва и друга књига о царевима 235

ПЕСМЕ ОБОЖАВАЊА И МУДРОСТИ
11. Увод у хебрејску поезију 259
12. Псалми 273
13. Песма над песмама 293
14. Изреке 303
15. Књига проповедникова 321
16. Јов 329

ОПАДАЊЕ И ПАД ЦАРСТВА

17. Увод у пророштво	347
18. Јона	353
19. Јоил	361
20. Амос и Осија	373
21. Исаија	393
22. Михеј	413
23. Наум	423
24. Софонија	429
25. Авакум	439
26. Јеремија и тужбалице	451
27. Авдија	473

БИТКА ЗА ПРЕЖИВЉАВАЊЕ

28. Језекиљ	483
29. Данило	503
30. Јестира	525
31. Јездра и Немија	535
32. Прва и Друга књига дневника	551
33. Агеј	563
34. Захарија	573
35. Малахија	593

УВОД

Претпостављам да је све почело у Арабији, 1957. године. Тада сам био капелан у Краљевској авијацији, тражећи у духовној сфери све оне који нису били у Цркви Енглеске или Римокатоличкој цркви, већ који су били у осталим деноминацијама (методисти, салвационисти, будисти, па и атеисти). Ја сам био задужен за низ станица од Црвеног мора до Персијског залива. Тамо у већини случајева не само да нису имали организацију и вернике да би се назвали "црквом", већ нису имали ни зграду.

У цивилном животу био сам методистички свештеник радећи од Шетландских острва до долине Темзе. У тој деноминацији било је само потребно да припремите неколико проповеди сваких три месеца, где се обилазило у кругу капела. Моја црква је већином била "следећи" тип или "тематски" тип (ако бисмо користили више параграфа из целе Библије). У оба случаја био сам крив што користим текст изван контекста пре него што сам схватио да бројеви глава и пасуса нису инспирисани или намеравани од Бога и да је то знатно оштетило Свето писмо, мењајући значење текста у целој књизи или у реченици. Библија је постала сажети преглед "доказаних текстова", случајно изабраних, а које ми користимо да подржимо скоро било шта што проповедник има да каже.

Са џеповима пуним проповеди који се су базирали на сумњивим техникама, нашао сам се у униформи, сусретајући различите верске организације - само мушкарци окупљени на броду, иако сам се навикао на публику углавном од жена и деце. Моја бујица порука брзо је потрошена. Неке су нестале као ваздух из испуштеног балона, а највише су употребљене на обавезним службама на парадама у Енглеској, пре него што сам кренуо пут преко мора.

Био сам у Адену, буквално оснивајући цркву од почетка, од сталног особља и привремених националних службеника у најмлађој наоружаној јединици. Како сам могао да те људе заинтересујем за хришћанску веру и да се томе посвете?

Нешто (пре бих рекао Неко) ми је дошапнуо да објавим да ћу одржати серију говора у наредних неколико месеци који ће нас провести право кроз Библију (од генерације до револуције!).

То је било право путовање откривања за све нас. Библија постаје нова књига ако је гледате као целину. Да употребимо познати клише, нисмо видели шуму између дрвећа. Сада су се Божји план и сврха отварали на нови начин. Људи су сада добијали нешто довољно велико да би могли да у то уроне. Мисао да би могли бити део космичког спасења је била моћна мотивација. Библијска прича је виђена као стварна и важна.

Наравно, мој преглед је тада био веома једноставан, чак наиван. Осећао сам се као амерички туриста који је "посетио" Британски музеј за 20 минута -могао ја да то ради и за 10 минута да је имао брзе ципеле! Јуримо кроз векове, посвећујући неким деловима Библије само узгредни поглед.

Међутим, резултати су надмашили моја очекивања и поставили правац мог осталог живота и службе. Постао сам "библијски учитељ", иако још у ембриону. Моја амбиција да делим узбуђење знајући целу Библију постала је страст. Када сам се вратио нормалном црквеном животу, одлучио сам да моју паству проведем кроз целу Библију у једној децинији (ако ме истрпе толико дуго). То је укључило рвање са сваком књигом на службама. Одузело ми је доста времена, како у припремама (један сат студирања за сваких 10 минута проведених на говорници), а и сам говор (40-45 минута). Пропорција је слична кад припремамо и једемо месо.

Ефекат систематичног "приказивања" Светог писма потврдио је исправност. Откривена је истинска глад за објаву Божје речи. Људи су почели да долазе и из далека, да би "напунили батерије", како су говорили. Ускоро смо кренули у другом правцу. Снимање на траке, прво за старе и непокретне, ишло је све даље, од стотина до хиљада људи до 120 земаља. Нико није био више изненађен од мене.

Напуштајући Голд Хил у Бакингхамшајру и долазећи у Гилдфорд, нашао сам се у дизајнирању зграде *Милмид центра*, који је имао идеалну публику за наставак моје службе. Када је отворен, одлучили смо да га некако повежемо са целом Библијом тако што смо је читали наглас без престанка. Требало нам је 84 сати, од недеље увече до четвртка ујутро, свака особа је 15 минута читала Библију пре него што је предала другој. Користили смо технику "уживо", да истовремено читамо и слушамо, са срцем и са разумом.

Нисмо знали шта да очекујемо, али смо успели да заинтересујемо јавност. Чак је и градоначелник узео учешће и тако сасвим случајно (или провиђењем) нашао сам се да читам о мужу који је "добро познат, јер седи у истом Саветодавном телу као и цивилни лидери". Он је истистирао да копију понесе кући својој жени.

Једна госпођа је свратила до нас на путу ка адвокату због развода, онда је чула "Мрзим разводе - рече Господ". Више није ишла код адвоката.

Једна група од 2000 људи купила је пола тоне Библије. Дошле су за сат и по, и после три сата све биле на гомили, док је неко промрмљао: "У реду, нека дође још једна и ја морам да идем".

За многе је то било први пут, чак и за редовне посетиоце Цркве, да чују наглас читање Библије. У већини цркава прочита се тек понека реченица, а у некима чак ни то. Која би друга књига била више интересантна, ако би се третирала на овај начин?

Тако смо недељом пролазили кроз Библију књигу по књигу. Библија није само једна књига, већ више - у ствари то је цела библиотека (реч biblia на латинском и грчком значи у множини - књиге). Не значи много књига, само другачије врсте књиге - историја, закон, посланице, песме итд. Постало је неопходно да прво завршимо са једном књигом, пре него што пређемо на другу и да сваку књигу морамо да посебно представимо са основним питањем: Који је ово тип књиге? Ко је написао? За кога је написано? Можда и најважније: Због чега је написана? Да бисмо одговорили на питања неко је морао да пружи "кључ" за тумачење. Ништа се у књизи не може потпуно разумети ако не гледамо Библију као целину. Контекст било ког текста не налази се само у пасусу где је написан, већ буквално у целој Библији.

До тада ја сам постао нашироко познат као Библијски учитељ и позивали су ме на колеџе, конференције и конвенције - прво у мојој земљи, а онда и преко границе, а касете су отварала врата и припремале пут. Уживао сам упознавајући нове људе и посећујући нова места, али новитет седајући у џамбо џет је спласнуо после 10 минута.

Где год сам ишао налазио сам исту жарку жељу да се чује Божја реч. Захваљивао сам се Богу зато што су измишљене аудио касете, које су у то време биле прилично стандардизоване, за разлику од видео система. Касете су заиста попуњавале многе рупе које је било тешко покрпити. Било је много успешног еванђелизма, али није било много служби које су успеле да стабилизују и учврсте преобраћене.

Могао сам да наставим са оваквим делатностима до краја мог живота, али је Господ имао изненађење за мене, које је било последња карика која је водила ка објављивању овог издања.

У раним деведесетим година прошлог века, Бернард Томсон, пријатељ и пастор цркве у Валингфорду, близу Оксфорда, замолио ме је да одржим серију кратких говора на заједничним састанцима, са циљем да ширимо интересовање за Библију - ово је био добар мамац за мене!

Рекао сам да ћу долазити једном месечно са говором од три сата о једној библијској књизи (кафе пауза у средини!). Тражио сам од публике да прочитају књигу пре и после моје посете. Тих седмица, проповедници су на службама и код кућа дискутовали о активној књизи.

Моја сврха је била двострука. Прво, желео сам да толико заинтересујем људе за поменуту књигу да ће једва чекати да је прочитају. Друго, када им дам значење и информацију, да ће они сами уживати у томе да препознају оно о чему сам причао. У ту сврху сам користио слике, табеле, мапе и моделе.

Овакав приступ се примио. Већ после четири месеца, тражили су да закажем говоре за наредних пет година и да покријем свих 66 књига! Са смехом сам одбио, казавши да за то време већ бих могао да будем на небу (у ствари, ретко када сам заказивао и за шест месеци унапред, нисам желео да обезбедим будућност, као да сам имао право на то). Али Господ је имао друге планове и обезбедио ми је да завршим тај маратон.

Анкор Рекординг у граду Рединг је вршио дистрибуцију мојих снимака на предавањима у последњих 30 година, а када је њихов директор, Џим Херис, чуо те снимке, пожуривао ме је да направимо и видео записе. Обезбедио је камере и особље у *Хај Ли Центру* за конференцију, главна хала је "адаптирана" у студио, за само три дана, што је обезбедило да се сними 18 програма. Требало нам је још пет година да завршимо пројекат који се касније ширио под називом "Откључавајући Библију".

Сада су ови снимци путовали по целом свету. Користили су у кућним групама, црквама, колеџима, војним јединицама, ромским камповима, затворима и кабловској телевизији. За време једне проширене посете Малезији достигле су рејтинг од хиљаду за седам дана. Проширили су се на шест континената, укључујући Антарктику.

Неки су ово назвали "легатом цркве". Свакако да је ово био плод вишегодишњег рада. Не мислим да је овај мој задатак дошао до краја. Погрешио сам.

Харпер Колинс ми је пришао да жељом да публикује овај материјал у неколико волумена. Последње деценије писао сам књиге за друге издаваче, па сам већ био убеђен да ће ово бити добро средство за ширење Божје речи. Ипак, имао сам две сумње око овог предлога који ме је ставио у дилеме. Једна је била начин на који је материјал припремљен, а друга је била повезана са начином на који ће се испоручити. Објаснићу их обрнутим редоследом.

Прво, никада нисам написао целу проповед, лекцију или говор. Говорим из белешака. Био сам забринут због комуникације, као и због садржаја и интуитивно сам знао да цели рукопис прекида везу између говорника и публике, у најмању руке скреће пажњу слушалаца. На говор који је спонтан публика боље одговара и изражава своје емоције.

Резултат је да су мој говор и писани стил веома другачији, сваки је прилагођен функцији. Уживам када слушам моје говоре и могу бити дубоко дирнут. Вољан сам да читам и моја објављена издања, често пута кажем супрузи: "Ово је добра ствар!" Али када читам транскрипт онога што сам рекао, ја сам постиђен, чак и ужаснут. Какво само понављање речи и фраза! Какво само мрмљање, чак има и недовршених реченица.

Такво мешање придева, чак мешање прошлог и садашњег времена! Да ли сам тиме заиста злоупотребио краљичин енглески? Доказ је неоспоран. Био сам јасан да нисам ни размишљао да запишем материјал у целости. Узело би ми већи део живота, а ја имам само један живот. Истина, транскрипти говора су већ направљени, са преводом и обрадом видеа на другим језицима, као шпански или кинески. Али ме је плашила сам помисао да се то штампа. Можда је ово била и моја последња борба са гордошћу, али контраст мојих написаних књига, око којих сам провео толико времена и имао толико проблема, било је више него што могу да поднесем.

Био сам сигуран да су уредници преправили већину мојих граматичких грешака. Главно средство које ми је предложено је да изнајмим "духа писца" који би био заједно у мојој служби, који би адаптирао говоре за штампање. Када су ми представили особу за тај посао, Ендија Пека, уверио ме је да може да одради посао, чак и ако би резултат био да то није оно што сам написао, чак да по том питању и допише нешто своје.

Дао сам му белешке, касете, видео материјале и транскрипте, али ти радови су његови колико и моји. Радио је прилично напорно и ја сам му захвалан на томе, што је обезбедио да досегнем још више људи са истином која ослобађа људе. Ако неко добије награду пророка само зато што му је додао чашу воде, могу само да захвалим Господу за Ендија за његов изузетан рад са љубављу.

Друго, никада нисам задржао неку пажљиву евиденцију мојих извора. То је делом због тога што ми је Господ подарио релативно добро памћење, као што су цитати и илустрације, а можда и због тога што никад нисам користио помоћ секретара или секретарице.

Књиге су имали велики значај у мом раду - три тоне књига, судећи по последњем намештају који смо склонили, напуниле су две собе и део баште. Оне су у три категорије: оне које сам прочитао, оне које намеравам да читам и оне које никада нећу прочитати! Оне су за мене били такав благослов, а таква пропаст за моју жену.

Највећа секција је убедљиво она са библијским коментарима. Када сам припремао библијску студију, угледао сам се на важне писце, али тек после тога ја сам успео да се припремим. Затим сам имао додате и прерављене моје покушаје у светлу учењаштва и посвећеног писања.

Немогуће је набројати све којима сам остао дужан. Као многи, прогутао сам одмах *Дневно библијско читање од Вилијама Барклија* те исте, 1950. године када је и објављена. Његово познавање позадине Новог завета и речник били су непроцењиви, као и његов једноставан и чист стил, био је модел који сам следио, мада сам касније преиспитивао његове "слободне" интерпретације. Џон Стоа, Мерил Тени, Гордон Фи и Вилијам Хендриксен су такође отворили Нови завет за мене, док су Алек Мортијер, Џи Ти Венам и Дерек Киднер урадили то исто са Старим заветом. Али време је изгубљено са следећим: Дени, Лајтфут, Нигрен, Робинсон, Адам Смит, Хауард, Елисон, Мулен, Лад, Аткинсон, Грин, Бизли Мари, Снејт, Маршал, Морис, Пинк и многи други. Не смем да заборавим и две мале изузетне књиге из женског пера: *О чему је Библија* Хенријете Мирс и

Христос у свим Светим скриптама Еј Ем Хоџкин. Ходајући њиховим стопама била је непроцењива привилегија. Увек сам био спреман да учим, која је једна од фундаменталних особина сваког учитеља.

Упијао сам од поменутих писаца као сунђер. Сећао сам се доста тога што сам прочитао, али нисам се увек сећам где сам то прочитао. Све ми то није ни било важно све док нисам почео да прикупљам материјал за моје говоре, с обзиром да су ти писци и наменили своје текстове за проповеднике и нису ни очекивали да ће бити цитирани сво време. Заиста, проповед састављена само од цитата може да вас одврати, а може доћи и до погрешне интерпретације ако нисте добро прочитали. Баш као и овај последњи пасус!

Али штампање, за разлику од говора, је питање ауторских права, јер овде је укључена краљевска линија.

Страх од кршења правила задржао ме је да допустим да се говори репродукују за штампу. Не би никако долазило у обзир да се враћам назад на пискарања од пре 40 година, чак и када би било могуће, све забелешке и сазнања дуплирале би величину издања.

Алтернатива је била да забранимо приступ материјалима онима којим би највише имали користи од њих, на шта је издавач снажно инсистирао да би било погрешно. На крају крајева, ја сам био одговоран за сакупљање и избор, али сам одбијао да верујем да је довољан само допринос оригинала да би оправдали објављивање.

Преостаје ми само да се извиним и захвалим свима онима чије сам студије користио свих ових година, биле оне кратке или дугачке, надајући се да ће они можда препознати примере тих имитација које су једна од најискренијих облика ласкања. Да употребим још један цитат, негде сам прочитао: "Неки аутори, говорећи о својим радовима, кажу 'моја књига'... Боље би било да кажу 'наша књига'... зато што је обично у њима обично више шта су други рекли, него они" (оригинални текст долази од Паскала).

Према томе, ево "наше књиге"! Претпостављам да сам ја оно што Французи просто зову "вулгаразјер". То је онај који користи своје академско знање и направи га једноставним за обичан народ да би разумели. Слажем се с тим. Као што ми је рекла једна госпођа, пошто сам изговорио неки дубоко промишљени пасус из Светог писма, "Сломио си у довољно мале парчиће да бисмо сви разумели". У суштини, то ми је одувек и био циљ, да моју поруку може да разуме и дванаестогодишњак.

Неки читаоци биће разочарани, чак и фрустрирани, биће оскудни у указивању на одређене текстове, нарочито ако хоће да ме проверавају! Али њихово одсуство је намерно. Бог нам је саопштио своју реч у књигама, а не у поглављима и пасусима. То је био посао два епископа, француског и ирског, вековима касније. Постало је лако да пронађете "текст", а да игноришете контекст. Колико хришћана који су цитирали Јована 3,16 могу да рецитују главе 15 и 17? Многи више и не траже по Светим скриптама; они само потраже тражене бројеве. Тако сам ја пратио апостолски обичај да само именују аутора - "као што је рекао Исаија или Давид или Самуило". На пример, Библија каже да Бог звиждуће. Побогу, где је он то рекао? У књизи о Исаији. Али где баш тачно? Отворите књигу и пронађите сами. Онда ћете пронаћи да је то урадио и зашто је то урадио. И имаћете задовољство да сте то сами открили.

Завршна реч. Иза моје наде да ће ове уводне референце за библијске књиге да вам помогну да знате и да их заволите више него обично лежи знатно већа и дубља чежња - да ћете и ви моћи да боље познајете сваку књигу и да још више заволите онога који стоји иза ових књига - Господа лично. Био сам дубоко додирнут на опаску коју ми је рекао неко ко је погледао све моје видео снимке у року од неколико дана: "Ја сада много знам више о Библији", али највећа ствар је да сада осећам Божје срце као што то нисам никада раније.

Шта више може да тражи библијски учитељ? Нека и ваше искуство буде исто читајући ову књигу и придружите ми се у речима: Нека је слава Оцу, Сину и Светом Духу.

Ј. Дејвид Поусон
Шербурн Св. Јован, 2015.

ОТКЉУЧАВАЈУЋИ БИБЛИЈУ

Да, ја сам мислио да сам знао моју Библију
читајући је за време оброка, пропуштајући
неки део Јована или Матеје
а онда и неког дела Постања.

Неке делове Исаије
неке псалме, двадесет трећи.
Прве изреке, дванаесту главу Римљана
да, мислио сам да знам Реч.

Али сам сазнао да детаљно читање
је сасвим другачија ствар
и тај начин ми је био непознат
када сам пролазио кроз Библију.

Ти који волиш да се играш са Библијом
зарони и бави се тиме ту и тамо
пре него што се спустиш на колена
и зеваш када ужурбано читаш молитву.

Ти који третираш овај бисер пера
као ниједну другу књигу
па макар и одовјени пасус
кроз груби, нестрпљиви поглед.

Пробај сложенији поступак
пробај шири и већи поглед;
можеш да клекнеш у дивном чуђењу
када Библију читаш пажљиво.

непознати аутор

I
СТАРИ ЗАВЕТ

ИНСТРУКЦИЈЕ ТВОРЦА

1. Преглед Старог завета	19
2. Постање	31
3. Излазак	91
4. Левитска	115
5. Бројеви	133
6. Поновљени закони	151

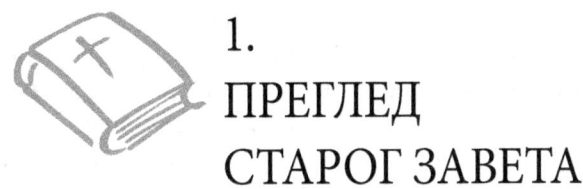

1. ПРЕГЛЕД СТАРОГ ЗАВЕТА

Бог нам је дао библиотеку од 66 књига. Латинска реч biblia, преведана као *библија* буквално значи *књиге*. Стари завет има 39 књига, које покривају 2000 година, писани су од разних аутора и у различитим формама књижевности. Није изненађење што многи људи који прилазе Библији се питају како су заједно састављене.

Бог није аранжирао књиге по темама, тако да ми морамо да их студирамо посебно: књига је састављена тако да треба да се чита као целина. Библија је Божја истина о нама и какав однос треба да имамо према њему, стављена је у контекст историје. Она нам говори о настанку, у принципу нације Израела, и како је дошла у искуство са Богом и о њиховом одговору. Далеко од тога да је ово суви теолошки уџбеник, то је динамична прича о Божјем делу искупљења живота свог народа.

Многи не успевају да приме завршну поруку зато што немају довољно разумевања за позадину Библије. Ово поглавље пружа општи преглед Старог завета, да би се свака појединачна прича Старог завета приказала у правом контексту

Географија

Да бисмо разумели Стари завет постоје две мапе које треба да размотримо: мапа обећане земље и мапа Блиског истока.

Кључна област на мапи је територија коју географи зову "плодни полумесец" - обала плодне земље која се простире од реке

Нил у Египту на западу, североисточно кроз израелску земљу све до јужних и југоисточних равница окружене рекама Тигар и Еуфрат, оно што данас називамо Месопотамија (што значи *средина реке*, месо - *средина*, потамиа - *реке*). Плодна област сабијала је центре моћи древног света, са Египтом на западу и Асиријом и касније Вавилоном на истоку. Израел је прикован између ова два и већина Старог завета је написана кроз борбе између тих светских сила у позадини.

Постоји много пута када су њихове претње или активности долазиле и до Израела. Географска позиција Израела чинила ју је важном трговинском рутом. Сиријска пустиња на истоку значила је да трговци и армије са Оријента морају да прођу кроз Израел, како би се кретали између Азије, Африке и Европе. Планинска област базалтне стене на југозападу до Галилејског мора усмерава путнике кроз Језраел и кроз Мегидо. Велики и широки пут улази у Палестину кроз Сиријску капију која иде даље до Дамаска, преко Моста Јаковљеве кћерке и преко базалтне бране до Галилејског језера. Онда иде југозападно путем равнице Мегидо до обалских равница, кроз Лиду и Газу до Египта. Израел је био уски коридор - на истоку је био процеп долине која иде од севера ка југу све до Мртвог мора, а западно је било Медитеранско море.

Израел је тако био раскршће света, са трговачким рутама које су долазиле и одлазиле из свих праваца, а главна тачка где се састављају је Мегидо. На то чвориште гледа и село Назарет, нема сумње да је Исус понекад био на брду и посматрао свет у покрету.

Ова локација има духовно значење. Бог је постављао народ на раскршће где би направио модел небеског царства на земљи. Цео свет може да види благослов на народу који живи под Божјом влашћу - а и проклетство које долазе када нису послушни.

Јединствена позиција Израела није случајност.

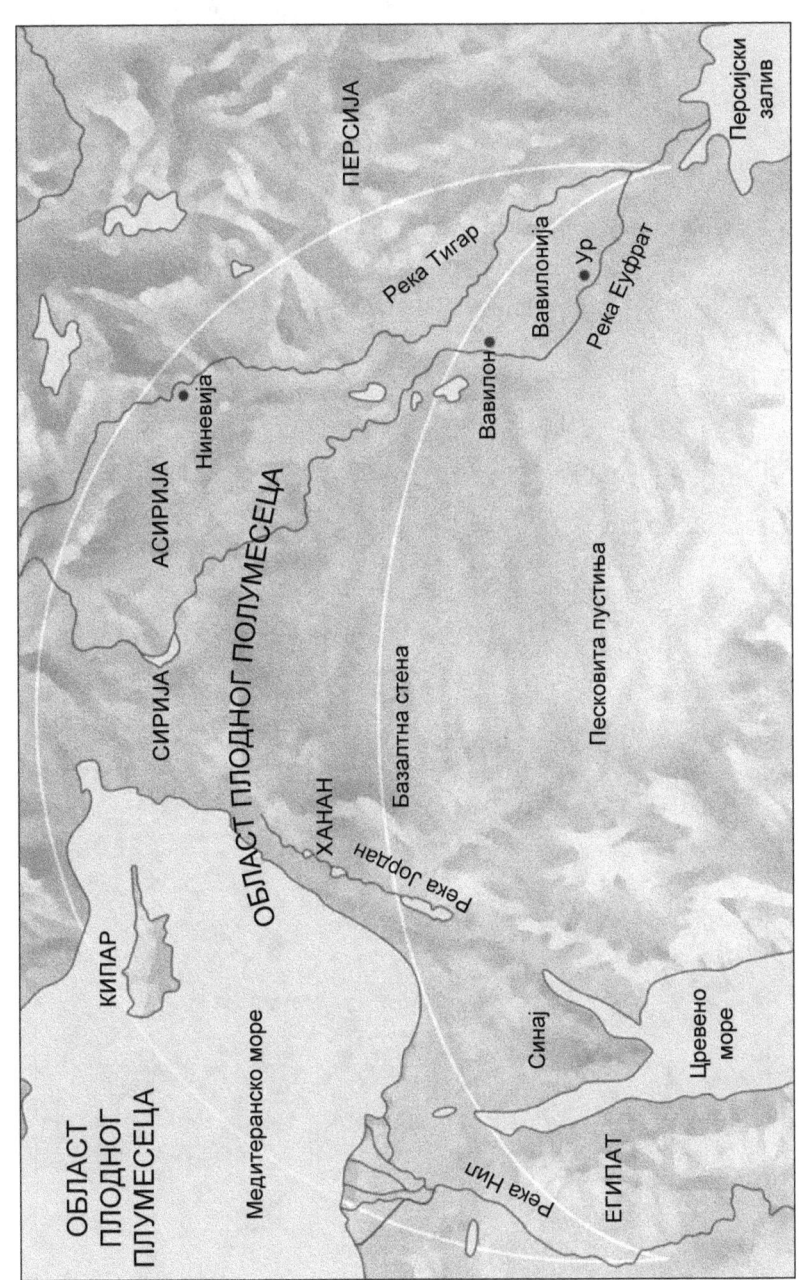

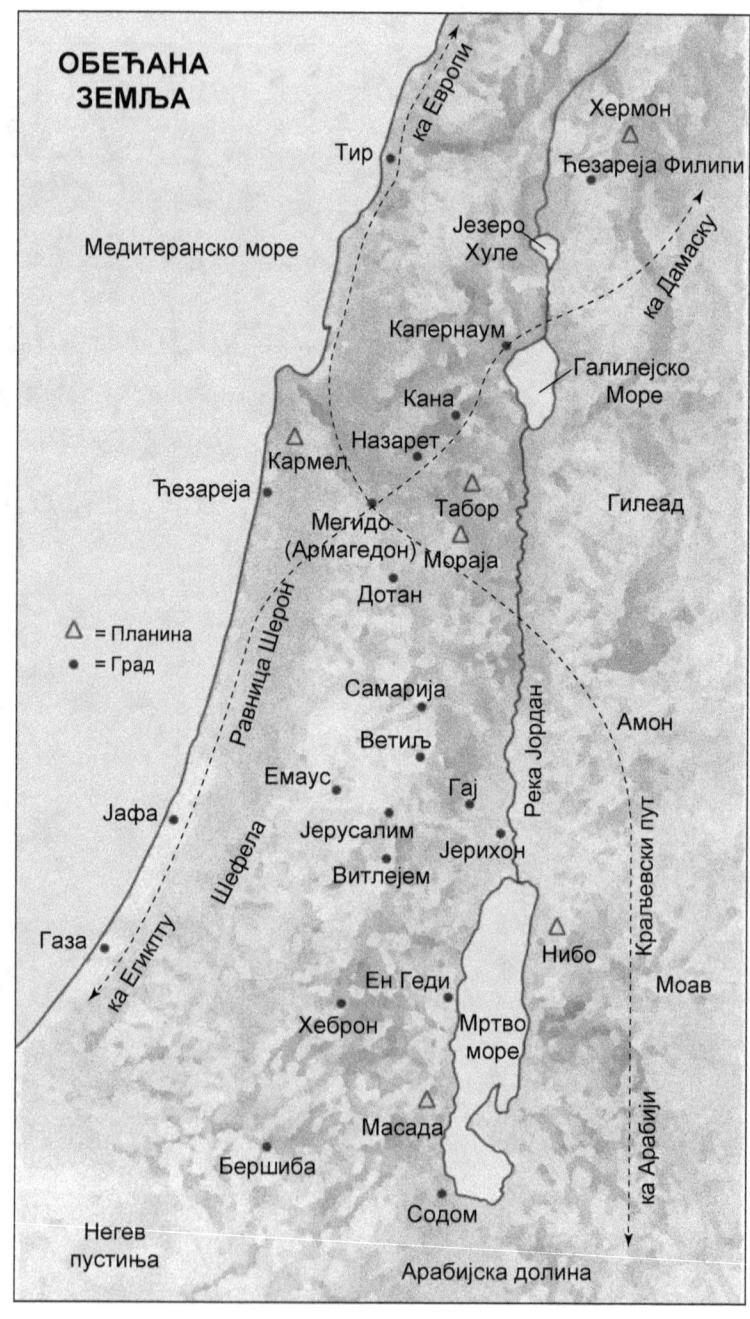

Ако се окренемо на унутрашњу географију обећане земље, у северном делу налази се раскршће света које се звало Галилеја или "Галилеја нација" због међународног значаја. Јужни део, Јудеја, је био више брдовит и изолован од остатка света, и тако охрабривао специфичну јеврејску културу са престоницом Јерусалимом у центру.

Обећана земља је величине Велса, али има скоро сваку врсту климе и пејзажа. Где год да живите, постоји нешто у Израелу што је баш као ваша кућа.

Место које личи на Енглеску је јужно од Тел Авива. Кармел планина на северу је позната као "Мала Швајцарска". Само 10 минута од Кармела према подножју можете да седите међу палмама. Најпознатија је река Јордан, која извире на планини Хермон и тече јужно кроз процеп у долини, затим кроз Галилејско море и доле ка Мртвом мору. Плодне равнице окружује ове путеве.

Сва флора и фауна Европе, Африке и Азије се може наћи у Израелу. Обични шкотски бор расте поред палми из Сахаре. У библијско време дивље животиње у земљи укључивале су лавове, медведе, крокодиле и камиле. Чини се као да је цео свет некако стешњен у једну малу земљу.

Историја

Ако мало научимо општу географију света Старог завета, сада треба да размислимо о суштини историје Старог завета. Чини се изазовно да покријемо 2000 година или више, али једноставна табела ће нам помоћи да обухватимо најосновније.

Стари завет покрива 2000 година историје пре Исуса Христа.

Постање 1-11 открива "преисторијски" део - стварање свемира, пад човека у Еденском врту, Поплаву и Вавилонску кулу. Овде је пажња на људску врсту у целини, мада укључује и Божју линију. Можемо да пратимо историју само Израела од пре 2000 година старе ере, када је Бог позвао Аврама (мада ће проћи векови док се не формира нација).

Период Старог завета се грубо може поделити на четири периода од по 500 година сваки. Сваки период има кључни догађај, истакнуту особу и тип лидерства.

2000	**1500**	**1000**	**500**
Избор	Излазак	Царство	Егзил
Аврам	Мојсије	Давид	Исаија
Патријарси	Пророци	Принчеви	Свештеници

У првом периоду патријарси су водили Израел: Аврам, Исак, Јаков и Јосиф. У другом периоду су их водили пророци, од Мојсија до Самуила. У трећем периоду били су то принчеви и краљеви, од Саула до Седекије. У четвртом периоду видимо свештенике који су преузели вођство, од Џошуе (Исус Јосадаков, свештеник који се вратио у Јуду после прогонства под влашћу Зоровавеља) до Кајафе и времена Христа.

Ниједан од типова лидера није био идеалан и сваки је имао недостатке у извршавању задатка. Нацији је био потребан лидер који је био пророк, свештениик и краљ и они су га нашли у Исусу. Свака фаза наговештавала је идеалног лидера који ће тек доћи.

Временска линија је прекинута два пута по 400 година. Први прекид је био око 1500 година пре нове ере, а други је био 400 година пре појаве Христа. У та два периода од по 400 година Бог није рекао ништа и ништа није урадио, па и у Библији немамо ништа о том периоду. Постоји једна јеврејска књига која говори о другом периоду од 400 година, која се заједнички зове *Апокрифа*, али она није део Библије зато што не покрива период Божјег говора и деловања. *Малахија* је зато последња књига Старог завета у стандардним Библијама, а онда иде празнина од 400 година пре *Јеванђеља по Матеју*.

(СТАРИ ЗАВЕТ) ЈЕВРЕЈСКА ИСТОРИЈА

2000	1500	1000	500	ИСУС
Избор Аврам	Излазак Мојсије	Царство Давид	Прогонство Исаија	РОЂЕЊЕ, СМРТ, ВАСКРСНУЋЕ, УЗНЕСЕЊЕ
ПАТРИЈАРСИ (Од Аврама до Јосифа)	ПРОРОЦИ (Од Мојсија до Самуила)	ПРИНЧЕВИ (Од Саула до Седекије)	СВЕШТЕНИЦИ (Од Исус Јос. до Кајафе)	МАТЕЈА, МАРКО, ЛУКА, ЈОВАН
АВРАМ ИСАК ЈАКОВ				
400 ГОДИНА ТИШИНЕ		САУЛ ДАВИД СОЛОМОН	ПРЕ ЕГЗИЛА ЈОИЛ ЈОНА АМОС НАУМ ОСИЈА АВДИЈА МИХЕЈ АВАКУМ ИСАИЈА СОФОНИЈА	400 ГОДИНА ПРАЗНИНЕ
БОГ ТИШИНА НЕАКТИВН.		ПСАЛМИ ПЕС. н. П. ИЗРЕКЕ К. ПРОП.	ЗА ВРЕМЕ ЈЕРЕМИЈА (ТУЖБАЛИЦЕ) ЈЕЗЕКИЉ	БОГ ТИШИНА НЕАКТИВНОСТ
ЈОСИФ ПОСТАЊЕ 12–50 JOB?	И. НАВИН СУДИЈЕ РУТА	"ИЗРАЕЛ" (10) "ЈУДА" (2) ИЛИЈА ЈЕЛИСИЈЕ	ПОСЛЕ ОСИЈА ЗАХАРИЈА МАЛАХИЈА	СОКРАТ ПЛАТОН АРИСТОТЕЛ
ЕГИПАТ ИНДИЈА КИНА	ИЗЛАЗАК ЛЕВИТСКА БРОЈЕВИ ПОН. ЗАКОНИ	1, 2 САМУИЛО 1, 2 КРАЉЕВИ 1, 2 ДНЕВНИЦИ	ДАНИЛО ЈЕСТИРА	БУДА КОНФУЧИЈЕ АЛЕКСАНДАР ВЕЛИКИ
			ЈЕЗДРА НЕМИЈА	ЈУЛИЈЕ ЦЕЗАР

ЧОВЕК

СТВАРАЊЕ, ПАД, ПОПЛАВА, ВАВИЛОН

ПОСТАЊЕ 1–11

Можемо да приметимо интересантну ствар око ових два периода. Египћанска, индијска и кинеска култура су се развиле током првог периода, док је у другом био развитак грчке философије кроз Сократа, Платона и Аристотела.

Остале велике фигуре тог времена су Буда, Конфучије, Александар Велики и Julije Цезар. Толико тога се догодило важног за историчаре, али није било значајно за Бога. Само историја његовог народа је за њега била важна.

Кратак преглед књига

Постање 15-20 покрива први период израелске историје кад је нација вођена од патријараха. Могуће је да је књига о Јову тада написана, јер су видљиве паралеле са временом када су владали патријарси.

Неколико књига покрива следећу четвртину: *Излазак*, *Левитска*, *Бројеви* и *Поновљени закони* су написани од Мојсија. *Исус Навин*, *Судије* и *Рута* настављају причу тог периода.

Више књига везано је за трећи период: Самуило, Краљеви и Дневници, ту су поетске књиге: *Псалтир*, Изреке, *Песма проповедникова* и Соломонова *Песма над песмама*.

У току трећег периода и после Соломона десио се грађански рат између 12 племена који су се поделили на два дела, 10 племена на северу су се назвали Израел, а два племена на југу Јуда. То је крај уједињеној нацији. У овом периоду имамо два пророка, Илију и Јелисија, али они немају посебне књиге.

На крају велики број пророчких књига имамо оне које су везане за прогонство (северно краљевство пало под власт Асирије, а после су јужна племена приморана на прогонство у Вавилон). Неке садрже пророштва пре депортације, неке за време, а неке после, а неке представљају мешавину зато што су се преклапале по фазама. Ово нам говори нешто важно о израелској историји. То значи да им је обећан губитак земље и ударац у срце њиховом идентитету као нације.

Пророци су упозоравали народ да ће изгубити земљу и пророци (често пута ти исти) су их тешили када су изгубили земљу. Било је пророка који су пожуривали реконструкцију храма када су се вратили у Јуду после 70 година одсуства. Књиге о Данилу и Јестири су написани у Вавилону. Пророци Јездра и Немија су помогли опоравку Јерусалима и обнављали народ по повратку.

Кратка напомена је довољна да покаже да књиге Старог завета нису дате у хронолошком реду. "Историјске књиге" су прецизно поређане, али су их пророци организовали по величини. Тако је понекад тешко да протумачимо ко је шта рекао и када.

Успон и пад нације

Линија прогреса скромно иде горе то тачке када су били на врхунцу своје моћи. Сваки Јеврејин жуди за повратком времена краља Давида. То је било златно доба. Гледају ка сину Давидовом који ће повратити тај просперитет.

Последње питање које су ученици поставили Исусу пре вазнесења било је када ће се повратити израелско царство. То питање постављају и 2000 година касније.

Линија почиње да се спушта док Израел није прогнан у Асирију 721. године пре нове ере, а Јуда у Вавилон 587. године пре нове ере.

После 400 година празнине појављује се Јован Крститељ, први пророк после дуго времена.

Онда долази живот и служба Исуса. Нови завет покрива 100 година, ако упоредимо са 2000 година у Старом завету.

Редослед књига

Већ смо констатовали да је хронологија старозаветне историје другачија у односу на онај у коме се појављују књиге. Такође постоји разлика и у редоследу у енглеском Старом завету и на хебрејском. Енглеска Библија је састављена у смислу историје: *Постање* до *Јестире*, онда поезија: *Јов* до *Песме Соломона*, па пророчке: *Исаија* до *Малахије*. Затим се пророци даље деле на велике: *Исаија, Јеремија, Језекиљ* и *Данило* и на мале пророке; Од *Осије* до *Малахије*. Ипак, описи пророка су дати по величини књиге и по ничему другом. Те поделе су обично обележене у садржају, тако да читаоци нису свесни промене категорија кад иду из једне секцију у другу.

Хебрејске скрипте имају три јасне групе. Првих пет књига нису третиране као историја него као *закон* и познате су по првим речима који се виде када се одвије свитак. Следећа секција иде под називом *Мали пророци*, изненађујући назив зато што укључује књиге које се у енглеској Библији третирају као историја. *Исус Навин, Судије,*

Самуилова књига и *Књига о царевима* су прозвани *бивши пророци*, са великим и малим пророцима (баш као и у енглеској Библији) и означени као *каснији пророци*. То је зато што Јевреји виде историјске књиге као пророчку историју - историја у складу са тим како Бог доживљава шта се догађа и шта је за њега важно. Сва историја је основана на принципу селекције и повезаности - шта је укључено и зашто је укључено. Библијска историја није изузетак, осим што су пророци под Богом инспирација за ту селекцију.

Рута и *Књига дневника* су историја у енглеској Библији, али нису сматране за пророчку историју у хебрејској Библији. Заиста, у *Рути* немамо немамо директну акцију Бога нити се помиње у књизи, иако се људи у причи стално ослањају на његове благослове, итд. Уместо тога ове књиге су део форме које се зову *записи*, трећа и последња секција у хебрејским скриптама. Постоји још изненађења, ту се налази и поезија, као и *Данило*, који би морао бити укључен у пророчку историју.

Ова подела се чини чудна, али то је подела на коју Исус показује када се појављује двојици на путу за Емаус и десеторици апостола, који су пратили његову смрт и васкрсење. Видимо како их је прошетао кроз закон, пророке и записе и показао им све у вези себе. То је био део Старог завета који је Исус знао и прихватио и ја верујем да и ми то можемо наћи корисним.

Постоје јеврејске историјске књиге које нису укључене у Библију. Апокрифне књиге су обично "историја", иако садрже и друге гране књижевности. Оне укључују фасцинантне приче, дају нам увид у живот Макабијевих и њиховој побуни против Грка који су окупирали земљу вековима пре Христа. Али ове књиге нису третиране као да су Богом инспирисани записи, па тако нису укључене у Стари завет када је извршена канонизација. Укључене су у Библије Римске католичке цркве.

У овом поглављу књиге су поново постављене по хронолошком редоследу, више или мање, тако да би читаоци могли да чују Божје речи у редоследу у коме су изговорене и тако направе више смисла у прогресивном откривењу које садрже.

СТАРИ ЗАВЕТ

ХЕБРЕЈСКИ	ЕНГЛЕСКИ
ЗАКОН (ТОРА, ПЕТОКЊИЖЈЕ)	**ИСТОРИЈА (ПРОШЛОСТ)**
* У почетку (Постање)	* Постање
* Ово су имена (Излазак)	* Излазак
* И он је позвао (Левитска)	* Левитска
* У дивљини (Бројеви)	* Бројеви
* Ово су речи (Поновљени закони)	* Поновљени закони
	* Исус Навин
ПРОРОЦИ	* Судије
Бивши:	* Рута
* Исус Навин	* Прва и Друга Самуилова
* Судије	* Прва и Друга књига о царевима
* Самуило	* Прва и Друга књига дневника
* Краљеви	* Јездра
Каснији:	* Немија
Исаија	* Јестира
Јеремија	
Језекиљ	**ПОЕЗИЈА (САДАШЊОСТ)**
Осија	* Јов
Јоил	* Псалми
Амос	* Изреке
Авдија	* Књига проповедникова
Јона	* Песма над песмама
Михеј	
Наум	**ПРОРОШТВО (БУДУЋНОСТ)**
Авакум	**Главни (4):**
Софонија	Исаија
Агеј	Јеремија
Захарија	*Тужбалице
Малахија	Језекиљ
	*Данило
ЗАПИСИ	
* Похвале (Псалми)	**Мали (12):**
* Јов	Осија
* Изреке	Јоил
* Рута	Амос
* Песма над песмама	Авдија
* Књига проповедникова	Јона
* Како? (Тужбалице)	Михеј
* Јестира	Наум
* Данило	Авакум
* Јездра	Софонија
* Немија	Агеј
* Речи у данима (Књига дневника)	Захарија
	Малахија 'клетва' (последња реч)

'Пењи се горе' (алија) (посл. реч)

(Јеванђеље по Луки 24,27; 44)

(Звездице указују на књиге које се појављују у различитим секцијама на хебрејском и енглеском.)

Закључак

Стари завет се може чинити збуњујући на први поглед, али ја се надам да ће овај преглед помоћи да се успешно крећете кроз његове странице. Не постоји замена, наравно, за читање и поновно читање самог текста. Вежба не мора бити академска. Бог је инспирисао писање Старог завета и он ће вас срести на овим страницама. Само га лепо замолите.

2. ПОСТАЊЕ

Увод

Библија није само једна књига, већ више. Прва књига, *Постање*, почиње са почетком свемира, а последња, *Откривење*, описује крај света и после тога. Библија је јединствена зато што је она написана из Божје перспективе. Политичка историја или физичка историја тиче се људских интереса, али у Библији Бог је изабрао шта је важно за њега.

Теме

Две велике теме се налазе у Библији, то су "Шта је пошло по злу", а друга је "Шта треба да урадимо да бисмо то поправили?" Већина људи се мора сложити да овај свет није добро место за живот, да је нешто отишло погрешним путем. *Постање* нам објашњава шта се десило. Остали део Библије нам говори како ће се све решити, а Господ ће то урадити тако што ће спасти овај свет од нас самих. Укупно 66 библијских књига стварају причу о великој драми - оно што ми можемо да назовемо **драма о искупљењу**. *Постање* је важно зато што нас уводи у сцену, додељује улоге и прави заплет ове велике драме. Штавише, без првих неколико глава *Постања*, остатак Библије нам би се чинио да нема никаквог смисла.

Почеци

Хебрејски наслов за ову књигу је *У почетку*. Хебрејске скрипте су у форми свитака, тако да када одвијете папир виде се прве речи текста, које су упадљиве за сваку књигу.

Када је хебрејски Стари завет превођен на грчки око 250. године пре нове ере, преводиоци су променили назив књиге у *Џенесис* што на грчком значи *порекла* или *почеци*. Веома је згодан назив јер заиста у књизи имамо порекло многих ствари, нашег свемира, сунца, месеца и планете Земље. Имамо порекло биљака, животиња и људи. Такође налазимо порекло секса, брака и породичног живота, порекло цивилизација, владе, културе, греха, смрти, убиства и рата. Укратко, историју човечанства. Првих 11 глава *Постања* зовемо "Увод у Библију".

ПОТРЕБА ЗА ОТКРИВЕЊЕМ

Постање се не бави само пореклом, већ се и бави крајњим питањима живота. Одакле долази свемир? Зашто смо ми овде? Зашто морамо да умремо?

Одмах нам постаје јасно да на ова питања не може одговорити ниједно људско биће. Историчари бележе оно што су људи видели или доживели у прошлости. Научници посматрају оно што се може посматрати и дају нам сугестије како је све могло да се догоди. Али ниједна група људи нам не може рећи зашто је све почело и да ли свемир који постоји има неког смисла. Филозофи само могу да погађају одговоре. Они размишљају о пореклу зла и зашто има толико патње у свету, али, у суштини, они не знају. Једина особа која може да одговори на ова питања је сам Бог.

Ко је написао *Постање*?

Кад год отворимо Књигу постања, одмах се суочавамо са питањем: Да ли читамо људску имагинацију или божанску инспирацију?

У одговору на ово питање могли бисмо да применимо сличан метод коме прилазимо у научном истраживању. Наука је базирана на корацима вере: прво се формира претпоставка, а онда је тестирамо да видимо да ли одговара чињеницама. Према томе, наука се развија са серијом скокова у вери, као што се формирају теорије, а затим делујемо на основу оног што је у теорији. Слично тако, да бисмо читали *Постање* правилно морамо да имамо један скок вере пре него што уопште отворимо књигу. Ми морамо да претпоставимо да је ова књига божанска инспирација, а затим да проверимо да ли одговори одговарају чињеницама живота и свемира како их посматрамо.

Постоје две чињенице који су савршено објашњене у овој књизи. Прва чињеницда је да живимо у предивном свету величанствене лепоте и невероватно разноликости. Друга чињеница је да је свет упропашћен од људи који живе у њему. Речено нам је да 100 врста живих бића дневно нестаје и да нагло постајемо свесни ефекта оштећења који модерна производња доноси на окружење. *Постање* савршено објашњава зашто су те две чињенице тачне, као што ћемо видети касније.

Место Постанка

Постање није само прва књига, то је основна књига целе Библије. Многе, ако не и све библијске истине су овде укључене, барем у зачетку. Ова књига је кључ која откључава све остало у Библији. Сазнајемо да постоји само један Бог, Творац свемира. Такође сазнајемо да је од свих нација Израел одабран за благослов. Учењаци то називају "скандал изабраности", да од свих нација, баш је Израел специјално одабран. Ова тема се провлачи кроз Библију до последње странице.

Значај *Постања* се нарочито потврђује када се питамо како би нам Библија звучала када би кренули од друге књиге, *Изласка*. Уколико би то урадили, питали бисмо се зашто би ми били заинтересовани за групу јеврејских робова у Египту, ако не из чисто академских разлога. Само читањем *Постања* ми можемо да разумемо значај ових робова, Аврамових потомака. Бог је дао завет Авраму да ће све нације бити благословне кроз његову линију. Ако то знамо, поштоваћемо сазнање зашто је Бог заштитио ове робове и даље можемо да видимо како се остварују његови циљеви.

Која је врста литературе?

Многи читаоци су свесни дебате о томе да ли је ова књига заиста Божје откровење. Неки мисле да је то књига митова са мало историјске позадине. Истичем три прелиминарне тврдње у вези овог питања.

1. Цео Стари завет се базиран на *Постању*, са много укрштања са личностима као што је Адам, Ноје, Аврам и Јаков (касније прозван Израел). Нови завет такође се гради на основама *Постања* и цитира се у детаљима у Новом завету, свих осам главних новозаветних писаца су указивали на ову књигу на неки начин.

2. Сам Исус је одговарао на питања која се тичу историчности, видевши личности у *Постању* као праве особе и праве догађаје. Исус је узимао Ноја и потоп као историјске догађаје. Јованово Јеванђеље бележи његове речи Јеврејима: "Ваш отац Аврам радовао се помишљу да види мој дан; видео је и било му је драго". Касније је рекао "... пре него што се Аврам родио, Ја сам". Јован нас такође подсећа да је Исус био тамо у почетку времена. Када су Исуса питали о разводу и поновном венчању, он се ослонио на питања из друге главе *Постања* и да ће тамо наћи одговор. Ако је Исус веровао да је *Постање* истинито, ми немамо разлога да мислимо другачије.

3. Теолошко разумевање апостола Павла претпоставља да је *Постање* историјски истинито. У *Римљанима* 5 он пореди Христову послушност са Адамовом непослушношћу, објашњавајући резултат у животу за верника.

Ако *Постање* није тачно, није ни остатак Библије

Таква размишљања немају примену само за ову књигу. Ако не верујемо да је она истинита, то значи да се не можемо ослонити ни на остатак Библије. Као што смо раније рекли, толико се тога темељи на оснивачким истинама ове књиге. Ако *Постање* није истинито, онда постоје "шансе" да су творевина и сурове животиње наши преци. Није чудо што је ова књига нападана више него све друге библијске књиге.

Постоје два правца напада: један је научни, а други је духовни. Испитиваћемо касније аспекте научних напада када погледамо на детаље у *Постању*. За сада можемо да приметимо да се многе тврдње у првим главама не подударају са модерном науком - детаљи као старост планете, порекло човека, величина великог Потопа, старост људи пре и после потопа.

Иза научног напада, можемо да приметимо и сатанистички напад. Ђаво највише мрзи две књиге Библије, ону која описује његов улазак и ону која описује његов понижавајући излазак: *Постање* и *Откривење*. Он настоји да удаљи људе од веровања у прве пасусе *Постања* и последње пасусе *Откривења*. Ако нас убеди да је *Постање* мит, а *Откривење* мистерија, он зна да је на добром путу да уништи нашу веру.

Како је *Постање* написано?

Постање је једна од пет књига која у јеврејским писмима формира **Петокњижје**, коју они називају *Тора* (тора значи *инструкције*). Јевреји верују да ових пет књига формирају "инструкције Створитеља" за овај свет и они је читају сваке године, једну лекцију недељно.

То је традиција Јевреја која дуго траје. Хришћани, па чак и пагански историчари сматрају да је Мојсије написао ових пет књига и чини нам се да немамо ниједног разлога да у то сумњамо. У време Мојсија, алфабетско писмо је замењено језиком у сликама који је преовладавао у Египту, а још увек се користи у Кини и Јапану. Мојсије је био добро образован, научио је језик да би спојио ових пет књига.

Постоје, ипак, два проблема ако тврдимо да је Мојсије написао ових пет књига.

ПРОБЛЕМ МОЈСИЈЕВОГ АУТОРСТВА

Први проблем је безначајан. На крају пете књиге, записана је Мојсијева смрт. Наравно, немогуће је да је он записао тај део. Исус Навин је вероватно само додао ту забелешку на крају *Петокњижја* да би заокружио причу.

Други, већи проблем је да се *Постање* завршава приближно 300 година пре него што је Мојсије уопште рођен. Није имао проблема да запише догађаје у осталим деловима *Постања* јер је био учесник у том догађајима. Али, одакле му материјал за писање почетка?

Проблем се, на крају, лако решава. Истраживања људи који су живели у културама без књига показују како су ти писци у оно време имали феноменално памћење. Племена без писане речи учили су о својој историји тако што су се приче преносиле усмено, док су седели око ватре. Та орална традиција је била веома снажна у примитивним заједницама, па је тако било и међу Јеврејима, нарочито када су постали робови у Египту и када су желели да науче своју децу ко су били и одакле долазе. Постоје две врсте историје које су се обично преносиле кроз сећања. Прва је била генеологија тј. родослови, због идентификације породица. Постоје многи родослови у *Постању*, обично се користе речи "а ово су генерације од..." или "ово су били синови од...", помињу се 10 пута. Друга врста историје је сага о хероју

- говори се о великим достигнућима предака. *Постање* је скоро у потпуности конструисано на та два аспекта историје: приче о великим херојима подржане родословима. Ако то имамо у виду, лако можемо да видимо да је књига састављена од сећања које је Мојсије прикупио још из времена док је његов народ још увек био у ропству у Египту.

Ипак, ово не даје одговор на питање о Мојсијевом ауторству. Постоји део књиге који он никако није могао да напише, а то је прва глава.

Како је Мојсије саставио део који пише о настанку свемира?

На овом месту морамо да употребимо псалам 106 који указује да је Бог својим начинима упознао Мојсија, укључујући наратив стварања. То је један од само неколико делова Библије које мора да су диктиране директно од Бога и пренете људима, баш као што је Бог јасно рекао Јовану шта да напише у *Откривењу* када је описивао завршетак света. Обично је Бог инспирисао људе да употребе свој темперамент, памћење, поглед и визију да би формирао своју реч, па та је тако надјачао Духа када је желео да нешто буде написано. Он је предочио причу о стварању у директном приказивању.

Детаљ који то потврђује је то да нигде не постоји запис о сабату пре Мојсија. Нигде не видимо седми дан одмора у животу претходних патријараха. Заиста, нема ни трагова о седмици од седам дана. Временски показатељи су месеци и године. Од почетка прве главе *Постања*, погрешно претпостављамо да је Адам знао за сабат и да су сви после њега знали за то. Чини се да је Адам одржавао башту у Еденском врту сваки дан, а тек увече био у присуству Господа. Такође, не постоје никакви трагови да су Аврам, Исак и Јаков знали за сабат, њихово главно занимање, одржавање стоке, вероватно није знало за дан одмора.

Ово не треба да нас чуди ако претпоставимо да је Мојсије добио прву књигу - рачунајући и сабат - директно од Бога. Са тим сазнањем Мојсије је могао да представи сабат као концепт у животу Израиља кроз 10 божјих заповести.

Да закључимо, *Постање* је очигледно књига од Бога и мора се читати са том претпоставком. Написао ју је Мојсије, користећи образовање и писање као везивно ткиво од времена док је још био у Египту, да би забележио невероватна Божја дела како би поништио ефекте пада у позиву Аврама.

Облик *Постања*

Главе од 1 до 11 формирају удаљени период, зато што покривају много времена у расту и ширењу нације свуда по "плодном полумесецу".

Бујица креће када Бог позива Аврама у 12. глави. Следеће три четвртине књиге су уско фокусиране, бавећи се Аврамом и његовим потомцима, Исаком, Јаковом и Јосифом.

Неки други делови имају сличну форму. Од 1. до 2. главе све је описано као добро, укључујући људска створења. Од 3. до 11 главе видимо резултат греха и човеков духовни и физички пад. Видимо Божје особине, његову правду у кажњавању и милост која је осигурана у казни.

Од 12. до 36. главе шест људи је у контрасту: Аврам и Лот, Исак и Исмаил и Јаков и Исав. Видимо две врсте људи и где да се ми идентификујемо. Бог тестира своју репутацију на три човека, Авраму, Исаку и Јакову, са њиховим недостацима. Коначно долазимо и до текста о Јосифу, потпуно другачијег карактера. Касније ћемо видети зашто.

У почетку Бог

Да прво погледамо књигу са задивљујућим главом где све почиње. А прве речи су *У почетку Бог*...

Постање је пуно почетака, али је јасно да сам Бог не почиње овде. Бог је већ присутан пре него што отворимо Библију, зато што је он већ постојао када је створен свемир. Философска питања у смислу одакле је Бог дошао су бесмислена. Мора да је постојао неко или нешто пре него што је настао свемир и Библија је јасна у поруци да је то Бог. То је фундаментална претпоставка Библије, да је Он одувек постојао и да ће увек постојати и да је Бог који јесте. Његово име Јахве је партицип глагола "бити". Енглеска реч која најбоље описује божје име Јахве је *Увек* (always): Он је увек био онај који јесте и увек ће остати исти.

Сигурно је док је Мојсије писао, сваки Јеврејин је знао да постоји Бог. Ослободио је свој народ из Египта, расцепио Црвено море и утопио египатску војску, тако да им је лично искуство говорило да је Бог ту. Даља доказивања нису била потребна, само вера.

Нови завет нам предлаже користан приступ који ће нам помоћи у читању *Постања*. У *Посланици Јеврејима 11* читамо две ствари о стварању. Прво да "вером сазнајемо да су светови саздани речју Божјом, тако да је видљиво постало из невидљивог". А онда касније у истој глави, читамо да "онај који прилази Богу, треба да верује да Бог постоји и да Он награђује оне који га траже".

Што се тиче Библије, тако - укључујући *Постање* - морамо да претпоставимо да је Бог тамо и да жели да га пронађемо, да га знамо, волимо и да му служимо.

Онда ћемо видети шта ће се догодити на бази поверења. Ми не можемо да докажемо да ли постоји Бог или не, али можемо да задржимо основно веровање да Бог жели да га знамо и да имамо веру у њега.

Слика Творца

Као што немамо потребу да објашњавамо постојање Бога, тако исто имамо потребу да објаснимо постојање свега осталог. То је супротно од савременог мишљења, која посматра реалност и сматра да ми треба да доказујемо постојање Бога. Библија нам даје одговоре који иду из супротног правца и каже да је Бог увек тамо, а да ми морамо да објаснимо како је настало све друго. Шта нам слика *Постања* каже о Богу?

1. **БОГ ЈЕ ЛИЧНОСТ**
   Постање у првој глави описује персоналног Бога. Он има срце које осећа. Он има ум да размишља и да изговори своје мисли. Има вољу и доноси одлуке и остаје на њима. Све су то одлике које сачињавају **личност**. Бо није оно, Бог је Он. Цела личност са осећајима, мислима и мотивима као и ми.

2. **БОГ ЈЕ СВЕМОЋАН**
   Јасно је да Бог може да ствара ствари само уз помоћ речи, сигурно је ненормално моћан. Дао је 10 заповести у првој глави и свако је испуњено оним што Он жели.

3. **БОГ ЈЕ НЕСТВОРЕН**
   Већ смо констатовали да је Бог одувек постојао. Он је увек Творац, никад створен.

4. **БОГ ЈЕ СТВАРАЛАЦ**
   Какав само изглед мора да има! Какав уметник! Постоји само 6000 врста буба. Две влати траве нису исте, ни пахуљице, нити

два облака, нити два зрнца песка, нити две звезде. Задивљујућа разноликост, а опет у хармонији. То је свемир.

5. **БОГ ЈЕ РЕД**
Постоји симетрија у његовој творевини. Чињеница да је творевина математичка чини науку могућом.

6. **БОГ ЈЕ ЈЕДАН**
Сви глаголи у првој глави су једнина, од "створио" па надаље.

7. **БОГ ЈЕ МНОЖИНА**
Реч која се користи за Бога није у једнини ЕЛ, него је у множини Елохим, што значи три или више бога. Тако прва реченица у Библији користи множину са глаголом једнине, граматички је погрешно, али је теолошки исправно, показујући да је Бог "три у једном".

8. **БОГ ЈЕ ДОБАР**
Све што је створено је добро, а врхунац су људска бића, његово ремек дело, они су "врло добри". Даље, он жели добро свој творевини, да је благослови. Његова доброта поставља стандарде за све друге доброте.

9. **БОГ ЈЕ ЖИВ**
Он је активан у свету у простору и времену.

10. **БОГ ЈЕ КОМУНИКАТОР**
Он говори творевини и бићима. Посебно хоће да се веже за људска створења.

11. **БОГ ЈЕ КАО И МИ**
Ми смо створени по његовом лику, тако да на неки начин мора да смо као и Он, а и Он мора да је као и ми.

12. **БОГ НИЈЕ КАО И МИ**
Он може да створи ништа у нешто (ex nihilo), док ми можемо да створимо нешто само из нечега. Ми смо "произвођачи", само је Он Творац.

13. **БОГ ЈЕ НЕЗАВИСТАН**
Бог се никад не идентификује са својом творевином. Постоји разлика између Творца и творевине још од почетка. Покрет *Новог Доба* збуњује ову идеју када кажу да је "бог" део нас.

Творац је одвојен од своје творевине. Он може да узме дан одмора и да буде потпуно одвојен од онога што је створио. Ово не смемо никад да идентификујемо као једно. Таква врста обожавања творевине се зове идолопоклонство. Обожавати Творца је истина.

Изазов философијама

Ако прихватимо истинитост прве главе *Постања*, онда се велики број алтернативних погледа аутоматски искључује. Ти погледи на свет можемо да назовемо и философије (философија значи *љубав ка мудрости*). Свако има свој поглед на свет, без обзира на то да ли размишља о томе или не.

Ако верујете *Постању*, онда следеће философије не важе:

1. **Атеизам.** Атеизам верује да не постоји Бог. *Постање* каже да постоји.
2. **Агностицизам.** Агностичари кажу да не знају да ли постоји Бог. Прва глава *Постања* каже да ми прихватамо да постоји Бог.
3. **Анимизам.** То је веровање да многи духови контролишу свет - духови река, духови планина итд. *Постање* каже да је Бог створио и контролише свет.
4. **Политеизам.** Политеисти сматрају да постоји више богова. Хиндуизам је у тој категорији. *Постање* каже да постоји само један Бог.
5. **Дуализам.** То је веровање да постоје два бога, један добар и један лош, добар бог је одговоран за добре ствари, а лоше ствари се догађају када лош бог ради неке лоше ствари.
6. **Монотеизм.** То је веровање Јудаизма и Ислама - да постоји један бог, једна особа, па се стога одбацује Света Тројица.
7. **Деизам.** Деизам види Бога као Створитеља, али да више није у контроли своје творевине. Он је као часовничар који је навио сат да ради и да престане да ради по својим законима. Такав бог се не меша у овај свет, а чуда су немогућа. Многи хришћани су, по практичној употреби, деисти.
8. **Теизам.** Теисти верује да Бог не само да је створио свет, већ истовремено и контролише све што је створио. Теизам је један корак напред ка библијској философији, али не иде даље од тога.
9. **Егзистенцијализам.** Ово је данас популарна философија, где се

верује да је искуство нека врста бога. али ни она не иде довољно далеко. Наши избори и наше тврдње које ми стварамо су доказ наше "религије".

10. **Хуманизам**. Хуманисти одбацују постојање бога изван створеног света. Иако прва глава *Постања* говори да је Бог створио човека, хуманисти верују да је човек створио бога.
11. **Рационализам**. Рационалисти верују да је бог наш разум, одбацујући тврдњу *Постања* да је Бог људима дао разум када је створио човека по свом лику.
12. **Материјализам**. Материјалисти верују да је само материја стварна и не верују у оно што не могу да виде.
13. **Мистицизам**. Супротно од материјализма, мистичари верују да је само дух стваран.
14. **Монизам**. Ова философија најбоље одговара Покрету *Новог доба*. Задржава став да су Створитељ и дух у суштини једно. Ово је идеја бога као независног духа који ствара свет, према томе, ово искључујемо.
15. **Пантеизам**. Идеја је слична монизму, верује се да је све бог. Модерна верзија овог погледа се зове панентеизам: Бог је свуда.

У контрасту са свим поменутим философијама, библијски поглед на свет се може назвати **тринитеизам**: Бог је три у једном, Творац и Сведржитељ свемира. То је библијски поглед на свет који произилази директно из *Постања* и простире се све до Књиге откривења. Постоји проблем ако одбацујемо науку као хришћани, зато што је наука истинита у многим другим подручјима. Ми много дугујемо средствима модерне комуникације и научним развитком. Наука није непријатељ хришћанства као што се то обично верује.

Стил

Да мало ближе погледамо књигу, посебно у првој глави, посебно стил. Очигледно закључак који може доћи је да није писана научним језиком. Многи људи прилазе овој књизи очекујући да нађу детаље, као у неком научном уџбенику. Уместо тога написана је веома једноставно, да свака генерација може да је разуме, какви год да су стандарди њихових научних учења.

Овакав приступ користи врло просте категорије. Вегетација је подељена у три групе: трава, биљке и дрвеће. Животиње такође у три категорије: домаће животиње, животиње које се лове за храну и дивље животиње. Ова једноставна класификација је присутна свуда.

РЕЧИ

Једноставан стил је демонстриран и преко речи. У целој првој глави имамо само 76 различитих корена речи. Даље, свака од тих речи може бити пронађена у свим језицима света, што значи да је прва глава *Постања* најједноставнији део књиге за превођење.

Сваки писац размишља о публици коју ће имати за свој рад. Бог је желео да прича о стварању буде разумљива свакоме у било које време и на било ком месту. Зато је врло једноставна. Чак и дете може да је прочита и да схвати поруку. Један од резултата је и лакоћа са којом се преводи.

Глаголи су веома једноставни. Један од глагола чини се веома важним за разумевање. Прва глава разликује речи *створен* и *направљен*. Хебрејска реч за стварање је **бара**, што значи стварање из ничега и понавља се само три пута у целој првој глави - да опише *стварање* материје, живот и човека. У осталим случајевима се користи реч *направити* која указује да се нешто прави од нечега што је већ створено, нешто као када ми разговарамо о производњи у данашњем језику.

Опис Божјег рада у стварању за седам дана је такође једноставно. Свака реченица има објекат, глагол и субјекат. Граматика је једноставна, да може свако да је прати. Све реченице су везане са "али", "и" и "онда". Чудесна конструкција.

СТРУКТУРА

Прва глава је предивно структуирана. Има свој ред, шири се преко шест дана, а шест дана су подељена на две групе од три.

У *Постању* 1,2 читамо: "Земља је била безобличан и празна". Развој се наставља у трећем пасусу и постоји чудесна кореспонденција између прва три дана и друга три дана. Бог ствара разно окружење за оштре контрасте: светлост од мрака, небо од океана, земља од мора. Прави разлику које праве варијације. Трећег дана креће да попуњава земљу са биљкама. Земља је сада формирана.

Четвртог, петог и шестог дана, попуњава околину коју је створио за три дана. Тако да четвртог дана сунце, месец и звезде одговарају светлу и мраку из првог дана; петог дана птице и рибе попуњавају небо и океане створене другог дана; шестог дана животиње и Адам насељавају копно које је створено трећег дана. Тако Бог ствара ствари у одређеном реду и прецизно. Он заиста уводи ред у хаос. Земља је сада пуна живота.

МАТЕМАТИЧКЕ ОСОБИНЕ

Фасцинанто је да прва глава има и математичке особине. Три броја која се истичу у понављању су бројеви 3, 7 и 10 и сваки од њих има посебно значење у Библији. Број 3 говори о томе шта је Бог, број 7 је број савршенства у Светом писму, а 10 је број за завршено, комплетно. Када су проверавани ови бројеви, појавиле су се зачуђујуће везе.

Само у три случајева је Бог специфично створио нешто из ничега. Три пута нешто позива по имену, три пута нешто ствара и три пута нешто благосиља.

Седам пута је "видео да је то добро". Постоје, наравно, и седам дана - прва реченица у Библији има седам речи на хебрејском. Такође и три последње реченице о стварању су створене од седам речи на хебрејском. И постоје 10 заповести.

ЈЕДНОСТАВНОСТ

Стил прве главе *Постања* је видљив у контрасту са вавилонским епом о стварању, који је врло компликован и чудан и нема неких веза са стварношћу. Ипак, једноставност ове књиге није била универзално похваљена. Неки тврде да једноставни приступ не може бити сматран као озбиљан у модерно доба. Али има да се каже доста тога у име одбране овог простог приступа.

Замислите да описујете изградњу куће у дечјој књизи. Желите да буде прецизни, али да једноставним речима објасните деци како да прате поступак. Морате да говорите о цигли која прави зидове, о дрводељцу који прави прозоре, о вратима и о постављању крова. Морате да поменете и водоинсталатере који су одговорни за доток воде, о електричарима који су дужни за доводе струју, као о онима који праве малтер и онима који раде декорацију.

Ако би писали на тај начин, морали би да имате шест фаза, али је изградња куће чак компликованија од тога. Захтева синхронизацију, различите мајсторе који раде у различито време. Нико не би рекао да су инструкције у дечјој књизи погрешне, само то да су компикованије у стварности. У том смислу нема никакве сумње да је *Постање* написано једноставно, а да наука попуни празнине. Пре ће бити да је све пружено у логичком редоследу да свако може да прихвати и следи, што још подвлачи да је Бог Творац знао од почетка шта ради.

Научна питања

Ми разумемо да потреба за једноставношћу не даје све одговоре на сва питања. Конкретно морамо да размислимо о брзини стварања и старости земље које су повезане области. Геолози нас уверавају да је Земљи требало барем 4,5 милијарди година да се формира, а *Постање* каже да се десило за само шест дана. Ко је у праву?

У смислу редоследа стварања постоји неко опште слагање са научним сазнањима. Наука се слаже са редоследом у првој глави са једним изузетком: сунце, месец и звезде се не појављују пре четвртог дана, када су створене биљке. То се чини контрадикторно све док не схватимо да је оригинална земља била покривена густим облаком магле. Научни захтеви потврђују вероватност. Према томе, када се појавила прва светлост, то би било виђено као сјајнији облак, све док нису биљке дошле и претварале карбон-диоксид у кисеоник, магла се склонила и по први пут сунце, месец и звезде су постале видљиве на небу. Тако су се они појавили зато што се прочистио пут кроз тамне облаке који су окруживли земљу. Наука се слаже са редоследом у првој глави. Створења су се појавила на морима пре него на земљи, а човек је дошао последњи.

Док се научници у принципу слажу са редоследом стварања, остале области изазивају велике сукобе. Они укључују порекло животиња, старост првих људи који су живели после потопа, величина потопа и друга питања у еволуцији против креације.

Пре него што се упустимо у расправу око ових детаља, потребно је да приметимо да постоји три начина бављења проблемом *наука против Скрипти*. Важно је да сада одлучимо који приступ ћемо применити пре него што кренемо даље. Морате да изаберете од **одбијања, одвајања или интеграције.**

ОДБИЈАЊЕ

Први приступ нуди избор. Или је Библија у праву, или је наука у праву, једна мора да се одбије, не могу обе да се прихвате. Обично неверници верују науци, а верници верују Библији и тако сви спуштају главу у песак.

Проблем са одбацивањем науке за хришћане је да је наука доказана као тачна у неким областима. Ми много дугујемо модерним комуникацијама и научном развитку, на пример. Наука није непријатељ како неки хришћани мисле.

Прича о открићу "Пилтдаунског човека" је добар пример. Када је откривена лобања створења које је изгледало као пола-човек, пола-мајмун у Сасексу 1912. године, многи су видели доказ за еволуцију. Све док се није открило да је лобања превара, хришћани су брже-боље потрчали да прокуну науку. Заборављају да је баш та иста наука показала да је лобања лажна!

Изабрати између науке и Библије је обично проблем који се надограђује. Не треба да безусловно прихватамо научне резултате, али исто тако не треба да будемо будаласти, па да тражимо од људи да изврше интелектуално самоубиство да би веровали у Библију. То није потребно.

ОДВАЈАЊЕ

Други приступ је да држите науку и Свето писмо што је даље могуће. Наука је заинтересована за једну врсту истине, а Свето писмо за другу. Тај поглед тврди да је наука заинтересована за физичку и материјалну истину, а Свето писмо је заинтересовано за питања морала и натприродног. Наука нам говори како и кад је свет постао, Библија нам каже ко је створио и зашто. Они се држе потпуно одвојено, зато што нема преклапања. Наука говори о чињеницама; Библија говори о вредностима и не треба да гледамо једни у друге.

Овај приступ постаје уобичајен чак и у црквама. То је начин размишљања који је уобличио грчку философију, где су физичке и духовне теме држене у одвојеним фиокама. Овакав начин размишљања је стран за јеврејски ум, који су видели Бога као Творца и Откупљивача, при чему физичко и духовно припадају једно другоме.

Уколико бисмо одвојили ова два приступа у *Постању*, онда бисмо га третирали као мит. *Постање* у трећој глави постаје басна која се зове "Како је змија изгубила своје ноге" и где Адам постаје сваки човек. Књига тако постаје пуна измишљених прича која нас учи вредностима о Богу и о нама и показује нам како да размишљамо о Богу и о себима - али да не притискујемо за историјску истину.

Као што је Ханс Кристијан Андерсон написао дечју књигу која учи вредностима, по том приступу *Постање* има приче која нас уче моралним истинама, али не и историјском истином.

Адам и Ева су митови, Ноје и Потоп су митови. Овај поглед проширује наратив *Постања*, а онај ко оспорава историчност једне секције књиге, то је само мали корак да оспорава и остале делове. Овај приступ нас оставља без историје у Библији: много вредности, али само неколико чињеница.

Као и са одбијањем, покушај да се одвоји наука такође има проблеме. У ствари, Скрипте и наука су као преклапајући кругови: они се баве истим стварима које само изгледају да су контрадикторе да се суоче. То подрива Библију ако се претварамо да је она чињенично нетачна, али да још увек има вредности. Како да решимо проблем? Да ли трећи приступ може да нам помогне, где се наука и Скрипте спајају заједно?

ИНТЕГРАЦИЈА

У покушају да разумемо како да спојимо ова два, морамо да се присетимо две ствари, једнако важних: транзициона природа научних истраживања и промене у нашој интерпетацији Скрипте.

1. Наука мења своје ставове

Научници су веровали да је атом најмања јединица у свемиру. Сада знамо да је сваки атом један свемир у себи. Скоро је речено да X и Y хромозоми одлучују да ли ће фетус постати мушко или женско створење. Сада је то мишљење промењено. Откриће ДНК је револуционизовало наш поглед на живот, зато што знамо да је најранија форма живота имала исти тај компликовани ДНК. ДНК је језик који се пренео преко поруке са једне генерације на другу - па зато мора да има особу која је иза тога.

Пре једне генерације већина људи су разумели да се природа креће по фиксираним законима. Модерна наука сада тврди да постоји много више случајности него што смо ми замишљали. Квантумска физика је још флексибилнија.

Геологија се такође мења и развија. Сада постоје много више начина да откријемо старост земље. Неке новије методе су тврдиле да су откриле да је земља знатно млађа, са спектром од најмање 9000 година, а највише 175.000 година - много мање него 4,4 милијарде година како је раније обрачунато.

Антропологија је у превирању. Преисторијски људи за које се мислило да су наши преци сада се виде као створења која су се појавила и нестала и без икаквих веза са нама. Биологија се исто мења, данас људи мање верују у Дарвинов концепт еволуције.

Све то значи да док ми не требали да искључимо конфликт између научних открића и библијских истина, били бисмо будаласти да покушамо да повежемо наше интерпретације са одређеним научним добом, будући да се научно знање стално проширује.

2. Интерпретација промена у Скриптама

Као што се унапређења појављују у научном разумевању, тако се и традиционалне интерпретације Скрипте могу такође мењати. Морамо да подвучемо јасну линију између библијског текста и наше интерпретације. Када Библија говори о четири угла земље, на пример, мало људи тврди да то значи да је земља четвртаста коцка. Библија користи оно што се зове *језик појављивања*. Такође говори о изласку сунца на истоку, а силаску на западу и да се креће око неба. Али, као што знамо, то не значи да се сунце окреће око земље.

Када схватимо да је научна интерпретација флексибилна и да наша интерпретација Библије може да се промени, онда можемо да тражимо да интегришемо науку и Библију и да створимо уравнотежено мишљење где се чини да постоје контрадикције.

ДАН У ПОСТАЊУ

Таква "интергрисана" пресуда је преко потребна када разматрамо аргументе за дане у првој глави *Постања*, ово је традиционални фронт у дебати наука против Светог писма.

Проблем дана описан у првој глави и права старост земље је отежан чињеницом да неке Библије користе у штампању датуме који су уписани поред текста у првој глави, а то је 4004. година пре нове ере. То је обрачунао ирски архиепископ Џемс Ашер (још један учењак који тврди да је Адам рођен у 9.00 сати ујутру, 24. октобра!)

Све то одбацује чињеницу да не постоје датуми све до пете главе.

Ашер је урадио калкулације на основу генерација које су забележене у *Постању*, несвестан чињенице да јеврејске генеологије не укључују сваку генерацију. Речи "син од" могу да значе унук или праунук. Лако је да одбацимо Ашеров датум, али и даље се суочавамо са сукобом између, очигледно библијске тврдње да је стварање трајало шест дана, а да наука тврди знатно дуже.

Шта је подразумевала реч "дан" у оригиналном језику? То је хебрејска реч *јом*, која некад заиста значи 24 часа. Али може да значи и 12 часова светла, али и ера, доба, као што се каже "дани коња и кочија су прошли".

Имајући на уму ова различита значења, да погледамо различите погледе на дан у првој глави.

Земаљски дани
Неки узимају реч дан буквално као дан од 24 часа. Ово је у супротности са научним тврђењима о геолошком времену које је требало да се формира земља.

Празнина у времену
Неки намећу празнину у времену између пасуса 2 и 3. Кажу да када прочитамо да је "земља била безлична и празна" у другом пасусу, постоји велика празнина пре него што је Бог довео све у постојање. Тако је земља већ постојала пре него што је Бог почео са стварањем од шест дана. Ово је обична теорија пронађена у скофилдској Библији и још неким библијским прибелешкама.

Други начин проналажења више времена је у вези Потопа. Различите књиге су објављене, приметно повезане са именом Витмор и Морис, који су рекли да све геолошке датуме које имамо долазе од Потопа, очигледна старост стена је резултат поплаве.

Илузија времена
Други кажу да је Бог намерно направио ствари да изгледају старо. Као што је створио човека, а не бебу, па тако неки верују да је Бог створио земљу да изгледа старије него што јесте.

Бог је створио истинску антику! Може да створи дрво да изгледа као 200 година старо, са свим прстеновима унутра, а може да створи и планине које изгледају хиљадама година старе, то је могућа теорија - Бог то може да уради.

Обе теорије, "празнине" и "илузије" подразумевају дан буквално, па зато морамо да нађемо више смисла у геолошком периоду.

Геолошке ере
Још једно становиште је да узмемо "дан" као "геолошку еру". У том случају не говоримо о шест дана, већ о шест геолошких доба, рецимо прва три дана нису сунчеви дани (јер тада сунце није постојало!) Ово се чини као привлачна теорија за многе, али руши се по тумачењу израза јутра и вечери који постоје од првог дана, или по чињеници да шест дана не одговарају геолошким ерама.

Митски дани
Ми већ видимо да неки тумачи немају проблем са дужином дана јер они иовако узимају да је текст митологија. За њих шест дана је само поетски начин изражавања приче - то су бајке - па да пређемо преко тога. Главна ствар је да извучемо моралне вредности из приче, а све остало заборавимо.

Школски дани
Један од најинтересантнијих приступа је погурао професор Вајсмен са Лондонског универзитета. Он верује да су дани "образовни" дани. Бог је открио стварање Мојсију за седам дана, тако да запис који имамо код Мојсија учи нас стваралачком послу у смислу седмодневне недеље. Други се слажу са овим, али напомињу да су открића дата у облику визија, као што је апостол Јован добио визије о завршетку света.

Божји дани
Последње могуће тумачење је да су то "Божји дани". Време је релативно за Бога и хиљаду година су као дан за њега. То би се разумело тако да је рекао да је процес стварања за њега био као "седмодневна недеља" за њега.

Ово користи да нагласимо значај шеме стварања који је Бог приказао људима, јер људски живот може да изгуби значај ако урачунамо геолошко време као једино мерило. На пример, замислимо споменик "Клеопатрина игла" у Лондону која представља земљу. Па да онда на врху ставимо новчић од 10 пенија, а преко ње поштанску марку. Новчић представља старост људске расе, а поштанска марка време цивилизованог човека. Човек би у том случају био потпуно безначајан у хронолошкој перспективи.

Можда је Бог желео да о стварању размишљамо као о седмодневном послу, зато што је од нас хтео нешто важно за њега, да ми живимо на планети. Од све креације, ми смо ипак најважнији за њега. Толико мало времена је посветио стварању у *Постању*, а толико много времена за човечанство.

Ова теорија може да се прошири. Седми дан нема крај у тексту, могао би да траје вековима. Трајао је све од недељне вечери васкрсења, када је Бог свог Сина подигао из мртвих. После тога у Старом завету није ништа ново креирано; Бог је завршио своје стварање. Заиста, реч "ново" се ретко појављује у Старом завету, па чак и у негативном смислу, где *Књига проповедника* пише: "нема ничег новог под сунцем". Бог се одмара током целог Старог завета.

Постоје, тако, снажни аргументи да дане у првој глави *Постања* видимо као Божје дане - Бог је желео да ми мислимо да је то био седмодневни рад.

Човек у центру

Када уђемо у другу главу, одмах уочавамо велику разлику у односу на прву. Промена је у стилу, садржају и углу гледања. У првој глави Бог је у центру пажње и творевина је дата кроз његове очи. У другој глави човек преузима главну улогу. У првој глави имамо само генеричка имена "мушкарац" и "жена", а у другој већ добијају лична имена Адам и Ева.

У другој глави је и Богу дато име. У првој једноставно се назива Бог (Елохим), а сада га зовемо ГОСПОД Бог (LORD God, у Библијама на енглеском). Када видимо реч ГОСПОД (The LORD) исписане све великим словима у енглеским библијама, то значи да је то исто име и на хебрејском. Пошто не постоје самогласници у хебрејском језику, тако се име састоји од четири слова ЈХВХ од којих је састављена реч Јахве. Слово ј се изговара као ја, а слово в као ве, па би на енглеском требало да буде YHVH. Видели смо раније како енглеска реч **увек** (always) одлично описује реч Јахве на хебрејском и то може бити веома корисно када размишљамо о Богу.

Друга глава највише објашњава релацију између човека и Бога.

Прва глава објашњава напомену да су мушко и женско створени по његовом лику, али већ у следећој глави видимо да Бог ступа у однос са човеком који је јединствен у целој творевини коју је створио.

Постоји афинитет у односу на људска бића према Богу који недостаје у сваком другом делу творевине. Животиње немају могућност за ту врсту духовне везе као ми. У том смислу, људи су као њихов Творац на јединствен начин.

Али такође нам је речено и о разликама између Бога и човека, иако је човек створен по Божјем лику, он је такође другачији од њега. Ово је важно да докучимо ако хоћемо да имамо однос са Богом. Чињеница да је он као и ми значи да релација са њим може бити интимна, али чињеница да он није као ми сачуваће тај однос светости и обезбедиће да наше обожавање буде прикладно. Могуће је да будемо тако блиски са Богом у једну руку, а тако удаљени у другу руку.

Значај имена

Бог је Адаму дао име које значи *од земље* - можемо да га зовемо *земљани* или *прашњави*. Касније је Еви дато име: Ева значи *жива*.

Било је нормално да имена буду дескриптивна, па чак и у ономатопеји (као "куку"), па тако када је Адам именовао животиње он је узимао описе. Имена у Библији нису само дескриптивна, већ су носила и неки ауторитет у њима. Особа која даје имена има ауторитет над особом којој даје име. Тако је Адам именовао све животиње и показао свој ауторитет над њима. Такође је дао име жени, на шта нас данас подсећа када жена узме мужевљево презиме.

Ова глава укључује и називе места. Земља није само "сува земља": речено нам је за земљу Хавила, Куш, Ашур и Еденски врт. Води су давана имена. Помињу се четири реке, Тигар и Еуфрат постоје и данас. То ставља Еденски врт негде у североисточну Турску, или Јерменију, где још постоји планина Арарат и где многи верују да је потхрањена Нојева барка.

Људски односи

У другој глави видимо човека у центру односа. Они дефинишу смисао живота. Релације имају три димензије, она испод нас, она изнад нас и она који је поред нас. Или да то кажемо другачије, ми имамо вертикалан однос са природом на доле, вертикалан однос са Богом на горе и хоризонталан однос са људима око себе. Да погледамо и на те три димензије.

Наш однос према природи. Прву димензију имамо према целој творевини коју је створио Бог. То је однос потчињавања, животиње су створене да служе људима. То не значи да имамо дозволу да будемо сурови и да истребљујемо неке врсте, али значи да су животиње на једној лествици испод нас.

Зато је важна ставка да схватимо у доба када се вредности замењују, па се заштита младих фока ставља изнад заштите људског фетуса. Исус је жртвовао 2000 свиња да би спасао једног човека и вратио га породици.

У глави 9 видимо да су животиње дате као извор хране за људе, после Потопа. У релацији са природом испод нас, ми имамо власништво, али да је обрађујемо и контролишемо.

Веома интересантно запажање је да у том контексту људским створењима треба окружење које је истовремено утилистичко и естетско, корисно и лепо. Бог није бацио човека у пустињу, него га ставио у башту, као што су сеоске баште око колиба у Енглеској мешавина цвећа и кромпира - корисно и лепо једно поред другога.

Наша однос са Богом. Наш однос са Богом је друга димензија, са Богом изнад нас.

Природа овог односа се делимично види у Божјој наредби око два дрвета у Еденском врту: дрво познања доброг и злог и дрво живота. Једно чини живот дужим, а једно краћим. То нису магична дрва, већ оно што ми зовемо "дрва посвећености". У Библији Бог додељује физичке канале да комуницира са духовним бићима кроз благослове и клетве. Тако узимање хлеба и вина у причешћу је за наш благослов, али јести хлеб и пити вино неправилно и претерано водиће нас да будемо болесни или чак да умремо. Бог је створио физичке канале и за милост и за осуду. Дрво живота нам говори да Адам и Ева нису били бесмртни, мада су били способни да буду бесмртни. Они не би живели бесмртно због неких својих квалитета, већ зато што су имали приступ дрвету живота.

Ниједан научник није открио зашто умиремо. Открили су многе узроке смрти, али нико не зна зашто наш унутрашњи сат почиње да успорава. На крају крајева, тело је изузетна машина. Ако јој се обезбеђује храна, свеж ваздух и вежбе могао би теоретски да наставља да се обнавља. Али то не чини и нико не зна зашто. Тајна је у дрвету живота: Бог је људе начинио способним да вечно живе тиме што је у врт ставио дрво живота за њих. Човек није суштински неморалан, али му је дата могућност да задржи бесмртност хранећи се непрестано Божјим извором.

Дрво познања добра и зла је веома важно у тој релацији. Кад читамо реч *знање*, морамо да заменимо са речју *искуство*. Концепт знања у Библији је заиста **лично искуство**. Ова идеја је присутна у старијим верзијама Библије где се каже: "Адам је познао Еву и она је родила сина". Знање у том смислу је лично искуство некога или нечега. Бог нам наређује да не дирамо то дрво зато што није хтео да зна (да имају искуство) о добру и злу - хтео је да задрже своју невиност. Слично је и данас. Када једном учинимо погрешну ствар, ми никада више не можемо бити исти. Може да нам се опрости, али ми смо изгубили нашу невиност.

Зашто је онда Бог ставио то дрво у башти на дохват? То је био начин да им каже да он још увек има ауторитет над њима. Они још нису били спремни да знају шта је добро, а шта није за њих, да су морали да верују Богу да им он то каже. Још више, он је нагласио чињеницу да они нису власници земље, већ само становници. Земљовласник задржава право да постави законе.

Овај пасус унизује важност хоризонталних односа, који ћемо сада анализирати. Човек не само да треба да уђе у однос са онима испод и изнад њега, већ и у онај поред њега. Нисмо потпуно људи ако имамо однос само са Богом, а не са људима. Треба нам мрежа односа. Ово подразумева нешто што у хебрејском језику значи реч *шалом* тј. *хармонија* - хармонија са самим собом, са Богом, са другим људима и са природом.

У другој глави *Постања* имамо слику те хармоније и Бог упозорава Адама да ако поремети ту хармонију да ће умрети. То не би значило моменталну ефекат, али да његов лични унутрашњи сат почиње да се гаси.

Неки разматрају тежину казне. Смрт се чини као оштра казна за један мали грех. Али је Бог рекао да када је човек искусио зло, он ће морати да ограничи његов живот на земљи, или ће зло постати вечно. Ако Бог дозвољава побуњеним људима да живе заувек, он ће упропастити цео свемир, тако је ставио временско ограничење за оне који неће да прихвате његов морални ауторитет.

Наши међусобни односи. Човеку је био потребан сарадник.

Колико год може бити вредан кућни љубимац, ништа не може да замени лично пријатељство са другим људским бићем. Зато је Бог створио Еву. Речено нам је у првој глави да су мушко и женско једнаки у достојанству - и видећемо касније да су једнаки и у изопачености, као и у судбини.

У другој глави *Постања* нам је речено да су функције мушкараца и жена другачије. Библија прича о одговорностима човека да обезбеђује и одбрани, а жена да асистира и прихвата. Овде морамо да напоменемо три тачке које су узете из Новог завета.

1. **Жена је створена од човека.** Тако да она потиче од њега. Заиста, видели смо већ, човек је жени дао име, као и животињама.

2. **Жена је створена после човека.** Тако он носи одговорност за првоорођеног. Важност овога ће постати јасно у трећој глави, где је Адам окривљен за грех, а не Ева, зато што је он био одговоран за њу.

3. **Жена је створена за човека.** Адам је већ имао посао пре жене и човек је примарно створен за рад, док жена примарно за односе. То не значи да човек не може имати односе, а да жена не сме да ради, мада је то била првобитна намена када је Бог створио човека и жену. Чињеница да је човек дао име показује жељу за партнерством у раду: не као демократија, али као одговорност лидерства која пада на човека. Нагласак је на сарадњи, а не на такмичењу.

Друга глава се бави другим фундаменталим питањима људских међуодноса. Јасно је да је секс добар - не изговора се као ГРЕХ. Он је предиван, заиста је Бог рекао "веома добар". Секс је створен више за партнерство, него за родитељство (важна напомена је око употребе контрацепције која подразумева планирање породице без партнерства у сексуалном односу). Два пасуса, у првој и другој глави, написана су у поезији и оба су у вези секса. Бог постаје поетичан када мисли на мушкарца и жену створених по његовом лику. А онда Адам постаје песник када види предивну нагу девојку када се буди од "хирушке интервенције под анестезијом". Наш енглески превод хебрејског промашује суштину. Адам је буквално рекао "Вау! То је то!" Обе песме славе задовољство Бога и човека у сексуалности.

Јасно је да је образац за сексуално задовољство моногамија.

Брак је створен за две ствари, одлазак и одвајање, па тако постоји физички и друштвени аспект који заједно цементирају унију. Једно без другог није брак. Сексуални чин без друштвеног одобравања није брак - то је блудничење. Друштвено одобравање без коришћења није брак и тако може бити поништен.

Речено нам је да брак надраста све остале друге односе. Нема шале у родитељству ако то погледамо кроз историју! Лични партнер је приоритет у односу на друге односе, укључујући и децу.

Муж и жена треба да једно другом посвете главни проиритет. То је идеално насликано у другој глави где пар нема ништа да сакрије једно од другог, без срама и потпуно отворени. На ту изузетну слику Исус ће показивати вековима касније.

Друга глава описује хармонију која би требала да постоји на три нивоа односа између људи и створеног света, Бога изнад њих и између људских створења. Ипак постоје одређени научни проблеми који се тичу порекла човека који морају да се размотре.

Где се уклапају преисторијски људи?

Еволуционарна теорија развила је аргумент да су људска бића настала од мајмуна. Геолошка открића сугеришу да је било преисторијских људи за које се чинило да су повезани са модерним хомо сапиенсом. Нашли смо различите остатке, нарочито од Ликијевих, оца и сина, у Ордуви долини у Кенији, између осталих места. Они тврде да је људски живот настао у Африци, а не на Средњем истоку како каже Библија.

Шта да радимо са овим доказима? Како да разумемо однос између преисторијског и модерног човека? Да ли је могуће да помиримо Свето писмо и науку око порекла човека?

ПОРЕКЛО ЧОВЕКА

Прво да погледамо шта каже Библија. *Постање* каже да је човек створен од истог материјала као и животиње. Животиње су створене од земаљског праха. Ми смо такође створени од истих минерала који су пронађени у земљиној кори. Недавна процена показује да минерали у телу вреде око 85 пенија! За разлику од животињског света, друга глава нам говори да је Бог удахнуо прашину и ми смо постали "живе душе".

Душа

Ова реч душа је погрешно схваћена. Иста реч се користи и за животиње.

Назване су "живе душе" јер на хебрејском *душа* једноставно значи *тело које дише*. Пошто су и животиње и људи описани као живе душе, они су иста врста створења. Позната порука С.О.С. значи спасите наше душе, а не спасите наша тела.

Лорда Сопера су у Хајд парку једном упитали "Где је душа у телу?" Он је одговорио "Где је музика у оргуљама?" Можете да поломите оргуље или клавир у делове и нећете наћи оно што се зове музика. То је оно што тек када је створено постаје жива ствар за некога.

Специјална творевина

Реч *душа* у другој глави *Постања* водила је многе људе да мисле погрешно да мислимо да смо специјални јер имамо душе. У ствари, ми смо јединствени из другог разлога. Веровање да антроподни мајмуни и људи потичу од истог материјала чини се да је у директној супротности са Библијом. Човек је несумњиво специјална творевина. Он је створен по Божјем лику, директно од праха, а не од неке друге животиње. Хебрејска реч **бара** значи створити нешто потпуно ново, користи се само три пута - за материју, живот и човека. То показује зашто је човек уникатан.

Постање такође указује и на јединство људске расе. Апостол Павле каже Атињанима да нас је Бог створио све из "исте крви". Све у историји показује на јединство људског рода. Једно време сам се бавио агрикултурном археологијом и било ми је интересантно да та наука ставља порекло гајења кукуруза и домаћих животиња баш тамо где се претпоставља да је био Еденски врт, у северноисточној Турској или северној Јерменији.

НАУЧНЕ СПЕКУЛАЦИЈЕ

Шта наука каже по том питању? Многи људи су искушани да се определе за једну или другу страну: или је наука погрешна о преисторијском човеку или нам Скрипте дају погрешне информације.

Нема сумње да је до сада наука открила много тога што нас зачуђује. Постоје различита имена: Неандреталац, Пекиншки човек, Јава човек, Аустралијски човек. Ликијеви археолози су тврдили да су нашли људске остатке датиране у пре четири милиона година.

Међу антрополозима скоро да је потпуно прихваћено да порекло људи воде из Африке, а не са Средњег истока. Налазишта поређана хронолошки:

- Хомо сапиенс - постојао пре приближно 30.000 година
- Неандреталац - од пре 40.000 до 150.000 година
- Свансонкомб - стар 200.000 година
- Хомо еректус - стар 300.00 година
- Аустралопитекус - пре пола милиона година
- Афрички човек - од пре 4 милиона година.

Међутим, најважније у свему томе, није пронађен ниједан прелазни облик од мајмуна ка човеку, нисмо нашли нешто попут полу-човека полу-мајмуна. Постоје преисторијски остаци човека, али ништа није пола-пола.

Друга поента је закључак да нико од ових група нису наши директни потомци. И то је углавном признато и од самих научника - антропологија је у стању великог превирања у данашњем добу.

Трећа поента је колико је важно да је установљено да се овде не прати никакав прогресиван развој.

Познати приказ који је направљен наводно описује развој човечанства од мајмуна до хомо сапиенса и модерних људи. Али тај приказ није тачан: Неки од најстаријих, пронађених људских остатака указују да су имали веће мозгове него данашњи људи и да су ходали више усправно него каснији пронађени остаци. Сагласност је присутна да нико од поменутих не могу бити наши преци.

Постоје три начина да решимо проблем. Овде су само кратке црте.

1. **Преисторијски човек је библијски човек.** То што ископавамо је исто као и Адам, створен по лику Божјем. Нигде није препоручено да прва глава портретише "палеолитског ловца", а друга глава "неолитског фармера".

2. **Преисторијски човек се некако променио у библијског човека.** У једном тренутку историје човек-налик-животињи или животиња-налик-човеку постали су лик Божји. Да ли се променио само један или неколико њих или сви у исто време, то је отворено за дискусију.

3. **Преисторијски човек није библијски човек.** Преисторијски

човек има исти физички изглед и користио је алате, али нема трагова религије или молитве. То је било другачије створење, није створено по Божјем лику.

Није неопходно да ми морамо да изаберемо неки од ових становишта у овој фази.

Антрополија је у фази промена и развоја у садашњости, могуће је да ова дебата развије још неке приступе у будућности. За нас је довољно само да знамо аргументе и да будемо опрезни у било каквим закључцима док немамо чврсте доказе.

Еволуција

Да обратимо пажњу и на еволуцију. Многи мисле да је еволуција теорија Чарлса Дарвина, али није. Први пут је разматрана од Аристотела (384-322. г.п.н.е.). У модерним данима Еразмо Дарвин, Чарлсов деда, је онај који је први пут изговорио ту реч, а Чарлс је преузео термин од свог атеистичког деде и створио га популарним.

Ако хоћемо да научимо теорију еволуције, нешто морамо да знамо.

Варијација је веровање да су постојале мале, постепене промене у форми које су се преносиле успешно на сваку нову генерацију. Свака генерацијска промена је била постепена и преносила је успешно промену.

Форма тих варијација је била **природна селекција**. То просто значи опстанак оних који су најпогоднији за окружење. Да узмемо случај пегавог мољца. Црни мољац се показао као бољим за камуфлажу од белог мољца против шљаке угља у североисточној Енглеској. Птице су лакше примећивале белог мољца, тако да су црни мољци преживели. Сада када су нестале те гомиле угља, бели мољци су се вратили, па су тако црни мољци нестајали. Природна селекција је процес где се врсте прилагођавају окружењу да би преживели. Селекција је природна јер се дешава ауоматски у природи, без спољне промене.

Веровање да је то спор, постепени процес варијације и селекције је сада промењен. Француз Ламарк је рекао да уместо постепених промена имамо изненадне, крупне промене, познате као мутације. У овој ситуацији, прогресија личи више као степенице него лифт.

Концепт **микроеволуције** је да су биле ограничене промене унутар типова животиња, рецимо тип коња или паса. Наука јесте потврдила да се микроеволуција десила.

Макроеволуција, у супротном, је теорија по којој све животиње имају заједничког претка и све су повезане. Све иде од најједноставнијег облика живота. Не постоје промене посебних врста, па према томе, то је веровање да су све врсте настале од једне.

Последњи термин који ћемо разматрати је **борба**. У контексту еволуције означава "опстанак најјачих". Ја ћу пружити аргументе против еволуције, уз нагласак да је то теорија. Још увек није доказана и уствари, што више доказа имамо у фосилним остацима, то све мање изгледа да су се развиле све те различите форме живота.

1. У фосилним доказима, групе које се посебно класификују, стварно су се све појавиле истовремено у Камбријском периоду. Оне се нису појављивале постепено по ерама, појавиле су се готово истовремено.

2. Сложене и просте форме су се појавиле истовремено. Не постоји секвенца од простог ка сложеног.

3. Постоји мали, врло, врло мали "мост" фосила где се нека врста развила до пола.

4. Све форме живота су сложене: све имају ДНК.

5. Мутације, изненадне промене које се претпостављају да су довеле до развитка нових врста, обично воде ка деформитетима, та створења обично умиру.

6. Укрштање врста обично води ка стерилитету.

7. Пре свега, када су анализиране статистичке вероватноће, издвојене од осталих примедби, није било довољно времена за такве варијације живота да се развију.

Теорија еволуције једва да заслужује академску пажњу. Како ми разумемо наше порекло има ефекта на то како ми гледамо на људску врсту као такву. Лидери који су заражени еволуционистичком философијом имали су великог утицаја.

Борба за опстанак која је једна од основних принципа теорије еволуције, је концепт који је проузроковао више смрти и страдања од било које идеје у 20. веку. Ту је амерички капиталиста Џон Рокфелер са ставом да је" бизнис **борба** за опстанак најјачих". Слична идеја је пронађена и у фашизму: Адолф Хитлер је своју књигу назвао "Моја **борба**". Он је веровао у опстанак најјачих, а ти "најјачи", по његовом мишљењу су били припадници германске аријевске расе. То исто је присутно и у комунизму. Карл Маркс је писао о **борби** између буржоазије и пролетеријата, који је морао да се заврши револуцијом. Реч **борба** такође је била свеприсутна у првим данима колонијализма, где су неки народи истребљени[1] само у име прогреса.

Укратко, идеја опстанка најјачих како је примењивана од људи проузроковала је више патњи него било који други концепт у модерној историји. Али нас је истовремено и ставила пред два велика избора у оно што верујемо.

МЕНТАЛНИ ИЗБОР

То нас суочава са менталним избором. Ако верујете у стварање, онда верујете у Бога Оца. Ако верујете у еволуцију онда верујете у мајку природу (госпођа која не постоји). Ако верујете у стварање, онда верујете да је настанак свемира био лични избор. Ако верујете у еволуцију, онда ваш аргумент је да је то био насумичан, безличан [без личности] избор. Постоји дизајнирана сврха творевине, еволуција је случајан процес. Са творевином свемир је производ натприродног, у еволуцији то је природан процес. У творевини све је отворена ситуација, отворена за интервенцију било Бога, било људи. У еволуцији имамо природу као затворен систем које оперише сам собом. У креацији имамо концепт провиђења, да Бог обезбеђује творевину и брине се о њој. Али у еволуцији све је чиста случајност: ако се нешто добро догађа, то је само резултат случајности. Са творевином имамо веру саткану на доказима, са еволуцијом имамо веру постављену на прозрачности, зато се и зове само теорија. Ако прихватимо творевину прихватамо Бога који је слободан да нешто уради и да створи човека по свом лику. Ако прихватимо еволуцију остављени смо са погледом да је човек слободан да створи бога у каквом год хоће облику.

Прихватити једно или друго, води ка значајном гранању.

---

1 Овде имамо језив и страшан пример белгијског краља Леополда II који је ко зна колико афричких црнаца убио и осакатио "у име прогреса". (напомена преводиоца)

МОРАЛНИ ИЗБОР

Постоји и морални избор иза прихватања креације или еволуције. Зашто људи прихватају теорију еволуције и тако је ревносно бране? Одговор је да је то једина алтернатива ако верујете да Бог није изнад нас. У творевини Бог је Господ, под еволуцијом човек је господ. У творевини смо под божанственим ауторитетом, али ако нема бога ми смо аутономни као људи и ми одлучујемо шта је најбоље за нас. Ако прихватимо Бога прихватамо апсолутне стандарде о добру и злу. Али у еволуцији без бога, ми имамо само релативне ситуације. У Божјем свету ми говоримо о одговорностима и дужностима, у еволуцији говоримо о правима и захтевима. Под Богом смо бескрајно зависни, постајемо као мала деца која говоре са Небеским Оцем. Са еволуцијом смо поносни на нашу независност, говоримо о старењу, и о богу који нам није потребан. По Библији, човек ја пало створење. По еволуцији ми се узвисујемо и напредујемо све време. У Библији имамо спасење за слабе. У еволуционарној философији имамо опстанак најјачих.

Ниче, философ који је био у мислима Хитлерове Немачке, рекао је да мрзи хришћане зато што су постали слаби и треба да се брину за болесне и старе. Библија нас учи да смо моћни када чинимо праведну ствар, али еволуцонистичка философија води до "моћно је праведно". Један води ка миру, друга води ка рату. Када еволуционизам каже да ће људи удовољити себи, Библија каже да су вера, нада и љубав три највеће врлине у животу. На крају, Библија нас води ка небесима, а еволуција нуди врло мало - фатализам, беспомоћност и срећу - и води нас ка паклу.

Пад

Када је Бог завршио стварање овог света рекао је да је *врло добро*. Мало њих би рекло да је врло добро ово што је сада остало на планети. Нешто је кренуло погрешно. Трећа глава нам описује где је проблем највећи за нас и како се појавио.

Око наше егзистенције постоје три непобитне чињенице:

1. Рођење је болно.
2. Живот је тежак.
3. Смрт је сигурна.

Зашто је то тако?

Филисофија нам даје различите одговоре. Неки филозофи кажу да мора да постоји лош бог, као и добар. Још чешће кажу је добар Бог направио лош посао и покушавају да пронађу објашњење порекла зла. Трећа глава пружа нам увид у овај проблем.

1. Зло није било увек у свету.
2. Зло није почело са људским створењима.
3. Зло није нешто физичко, зло је нешто морално. Неки филозофи кажу да је материјални део свемира извор свих зала, другим речима, да је наше тело извор искушења.
4. Зло не постоји само по себи. То је пре придев него именица. Зло као такво не постоји, само особа може постати зла.

Шта нас трећа глава *Постања* учи о овој теми? Вредно је да се подсетимо да је то стварни догађај у стварној историји: дато нам је време и место. У зору људске историје десила се гиганска морална катастрофа.

Проблем почиње са гмизавцем који говори (пре ће бити да је то био гуштер него змија, зато што је имао ноге, упркос конвенционалне мудрости; тек касније му је Бог дао стомак, па је отпузао као змија). Како да разумемо ту изузетну причу о змији која говори Еви? Постоје три могућности:

1. Змија је била маскирани ђаво; може да се појави и као анђео или животиња.
2. Бог јој је дао могућност говора, као што је то било са Валамовим магарцем.
3. Животиња је била под влашћу злог духа. Само је Исус послао демоне који су мучили човека у Гадаренским стенама у тела 2000 свиња, па је потпуно могуће да сатана преузме животињу. То је преварило Адама и Еву, зато што је сатана ставио себе испод њих. У ствари, сатана је пали анђео, реалан као и људи, али још више интелигентан и снажнији од нас.

Важно је и то што је сатана отишао код Еве. Под одређеним условима, жена је хтела да јој се још више верује, мушкарци су уопштено озлоглашено непоуздани. Користивши то, сатана обрће Божје речи и третира Еву као да је она глава куће. Мада је јасно да је Адам поред Еве, он не каже ништа. Он би требало да је брани од сатане. Уосталом, он је чуо од Бога за забрану.

По свему што је речено, постоје три начина да се Божје речи изобличе. Једно је да додате нешто, друго је да нешто избаците, а треће да промените нешто што је тамо. Ако читате текст пажљиво, видећете да је сатана урадио сва три. Сатана добро зна Библију, али уме да је погрешно цитира и да тиме манипулише. Адам је тачно знао шта је Бог рекао, ућутао је када је требало нешто да каже. У Новом завету он је јасно оптужен за пад света.

Корисно је да знамо стратегију сатане како је пришао Еви. Прво јој ставља сумњу у ум, затим усађује жељу срца и на крају непослушност по слободној вољи. То је увек његова стратегија и тако се опходи према људима. Он охрабрује погрешне мисли, обично злоупотребљавајући Божје речи. Затим нам прослеђује злу жељу у нашем срцу. После тога, околности су добре да одемо у непослушност по вољи.

Који је резултат греха? Када је Бог питао Адама, он баца кривицу и на Бога и на Еву. Каже "та жена коју си ми дао". Тиме није испунио своју улогу као човека јер није узео кривицу на себе и негира одговорност за своју жену.

Бог одговара кроз казну. Ову његову страну видимо први пут: Бог мрзи грех и обрачунава се са грехом. Ако је заиста добар Бог, он не може да се људи извуку са својим гресима. То је порука треће главе. Казна је дата у поетској форми. Када Бог говори у прози он комуницира својим мислима, од његовог ума до нашег, али када прича поетски, он комуницира својим осећањима, то је нешто што долази из његовог срца ка нашем.

У трећој глави Бог открива своја гневна осећања (Божји гнев - у теолошком термину). Бог осећа дубоко да је врт уништен - и он зна где то води. Парафраза у прве три главе баца свеж поглед на ову причу.

Пре много времена, када ништа није постојало, Бог који је увек био тамо, довео је свемир у постојање, сав околни простор и планету Земљу. У почетку Земља је била само маса флуидне материје, прилично ненасељива. Била је окружена мраком и сва у води, али Божји Дух је лебдео изнад воде.

И рече Бог "Нека буде светлост". И била је светлост. Видео је да је добро, али је одлучио да одвоји светлост од мрака, дајући им различита имена дан и ноћ. Оригинални мрак и нова светлост су били вече и јутро у првом Божјем дану.

Бог је поново проговорио: "Нека буду две воде, са проширењем између. Тако је одвојио воду на површини од оне у атмосфери. Тако је настало небо. Завршио се други дана стварања.

Следеће је Бог рекао: "Нека се вода сакупи на једно место, тако да се остале исуше. Наравно, то се и догодило! Од тада је Бог назвао море и копно другачије. Свидело му се шта је видео, па је рекао: "Нека се по земљи рашири вегетација, биљке са семеном и дрвеће са воћем, нека се све размножава". И то се све појавило. То је био трећи дан.

Онда је Бог објавио: "Нека се другачији извор светла појави на небу. Он ће одвојити дане од ноћи и створиће мерне сезоне, специјалан дан и године; мада ће им главни циљ бити да дају светлост". И тако је и било, како је рекао.

Два највећа објекта су веће сунце које доминира даном, а мање је месец који доминира ноћу, окружен светлуцавим звездама. Бог их је тамо поставио због земље - да осветљавају, регулишу и одржавају образац светла и мрака. Бог је био задовољан што је четвртим даном ишло тако добро.

Следећу наредбу је дао: "Нека се море и небо напуне живим бићима, са плићацима са рибама и јатима на небу". Бог је довео у постојање све животиње да населе океане, од џиновских чудовишта до сићушних организама да лебде у таласима, сва различитост птица и инсеката са крилима. За Бога је то било сјајан поглед и охрабрио их је да се множе, да повећавају број, тако да сваки део мора или неба буде пун живота. Тако се завршио пети дан.

Онда је Бог објавио: "Нека се и земља напуни створењима - сисарима, гмизавцима и дивљим животињама сваке врсте". Ни пре ни касније то се остварило! Створио је разне врсте дивљих животиња, укључујући сисаре и гмизавце, све посебне врсте. И све је то било на задовољство.

У овом тренутку Бог је дошао до важне одлуке: "Хајде сад да направимо другачију врсту створења, више као наша врста - бића, као што смо и ми. Они могу да руководе другима - рибама у мору, птицама у ваздуху и животињама на копну.

Да личе на њега, ставио је људску врсту.

Да личе на њих по свом срцу, жељи и уму.

Да се односе једни према другима, измешано мушко и женско.

Онда је одобрио њихову јединствену позицију са речима охрабрења: "Направите потомке, јер на вама је да населите и контролишете цео свет. Рибе у мору, птице у ваздуху и животиње на копну, ви сте им господари. Такође вам дајем и биљке са семеном и са воћем за вашу храну. Птице и звери могу да користе зелено лишће за исхрану." Тако је и било. Бог је надгледао свој ручни рад и био је врло задовољан са тим... све је добро, предивно... шест дана и добар посао је урађен.

Спољни свемир са планетом земљом је био завршен. Пошто ништа више није требало, Бог је узео слободан дан. Зато је он креирао да сваки седми дан буде нешто посебно, издвојен само за њега - зато што ни он тога дана није био заузет дневним радом.

Тако је свемир рођен и тако је све постало да постоји што постоји; када је Бог чије је име "Увек" стварао спољни свет и планету Земљу, у то време није било вегетације на земљи. А и да је било, није било ни кише која би натопљавала земљу, нити је био човек да је обрађује. Али подземни извори су прокуљали ка површини и овлажили земљиште. И Бог "Увек" је обликовао људско тело од делова глине и удахнуо пољубац живота, па је човек је постао живо биће. И Бог "Увек" је већ припремио парче земље, источно одавде, место које је назвао Рај, што значи *уживање*. Тамо је довео првог човека да живи. И Бог "Увек" је засадио велики број дрвећа са величанственим зеленилом и укусним воћем. Тачно у средини била су два посебна дрвета; воће са једне је доносило бесмртност, а са друге воће је ако га поједеш доносило искуство шта је добро, а шта зло.

Једна река је заливала целу област, али је била подељена на четири притоке у парку.

Једна се звала Фисон и ишла је целом дужином кроз Хавилу, земљу где су касније налазили грумење злата, као и ароматична уља и драго камење. Друга се звала Гихон и кривила се у свом току у земљи Куш. Трећа је била данашњи Тигар, која је водила тачно у град Ашур. Четврта је била река Еуфрат.

Тако је Бог "Увек" ставио човека у "парку уживања" да га гаји и чува. Онда му је Бог "Увек" дао јасне наредбе: "Слободан си да једеш сва свих дрвећа осим са једног - са дрвета које даје искуство добра и зла. Ако га узмеш, сигурно ћеш умрети".

Онда је Бог "Увек" рекао себи: "Није у реду да човек буде сам. Хајде да створимо партнера за њега".

Сада је Бог "Увек" приволео све врсте птица и звери да дођу пред човека да виде како ће да их опише; и све што је човек рекао постало је њихово име. Човек је био тај који је обележио сва остала створења, али нигде није могао да нађе партнера за себе.

Тако је Бог "Увек" послао човека у дубоку кому и док је био несвестан, Бог је узео део ткива из тела човека и осталу празнину попунио телом.

Од тога је створио женски клон и представио је човеку, који је узвикнуо са речима:
"Најзад си испунио моју жељу,
Другарицу од мојих костију и тела,
"Човечица" је име за њу,
Удвара јој се човек откад је дошла."

Све ово објашњава зашто човек напушта своје родитеље и држи се своје жене, два тела се спајају у једно поново.

Први човек и његова нова супруга лутали су по парку голи и нису били уопште посрамљени.

А сада је ту био смртни гмизавац, лукавији од било које звери коју је створио Бог "Увек". Разговарао је са женом и упитао: "Немој да ми кажеш да вам је Бог заиста забранио да једете неки плод са тих дрвећа?" Она је одговорила: "Не, није баш тако, дозвољено нам је да једемо са осталог дрвећа, али нам је забранио само са тог једног у средини. У ствари, упозорио нас да ако га само додирнемо да ћемо умрети".

"Сигурно он то не би урадио" одговорио је жени, "Он само покушава да вас уплаши јер савршено зна да ако поједете плодове видећете ствари потпуно другачије. Заправо, бићете на истом нивоу као и он, способни да сами одређујете шта је добро, а шта лоше."

Она је погледала на то дрво и приметила како само

неговано и укусно делује то воће. Поред тога, очигледна је била предност да имате право на своју моралну одлуку. Тако је она убрала једна плод, узела један залогај и понудила мужу, који је био поред ње у том тренутку. Тачно је, видели су ствари потпуно другачије!

По први пут су схватили да су наги. Па су покушали да се покрију са смоквиним лишћем.

Те исте вечери, постали су свесни да долази Бог "Увек" и побегли су да се сакрију. Бог "Увек" је онда позвао човека: "У шта сте се то упустили?" Он је одговорио: "Чуо сам да долазиш, па сам се уплашио јер немам прописну одећу. Па сам се зато сакрио у ово жбуње. Онда је Бог питао: "Како си сазнао какав је осећај кад си го? Да ли си јео воће са дрвета са кога сам забранио да једеш?" Човек је покушао да се брани: "То је до оне жене коју си ми послао, донела ми је воће, па сам ја пробао, а да ништа нисам питао".

Онда је Бог "Увек" рекао жени: "Шта си то наумила?" Жена је одговорила: "То је кривица овог страшног гмизавца! Он ме је намерно преварио и ја сам пала на то".

Тако је Бог "Увек" рекао гмизавцу: Као казну за твоју кривицу дајем ти:

Од свих звери ја ћу проклети
Твоје начине са вером која је гора!
На твом стомаку ћеш гмизати и вући се
Са твојим устима ћеш бити у прашини.
За остатак твог живота,
Биће терора, непријатељства и подеђе
Између жене и тебе за ово дело
обоје ћете пренети свом семену;
Али ће њена нога да те удара у главу
Као што ће ти ударати по њеној пети.

А онда је рекао жени:
Нека ти се повећа бол при рађању
Агонија, мука и стрес;
желећеш да контролишеш човека
али ћеш се наћи под његовим владавином.

А човеку, Адаму, је рекао, "Пошто си пазио на своју жену пре него на мене и ниси послушао моју заповест о забрани дрвета:

Постаје проклетство земљишта;
Свих твојих дана ћеш се мучити.
Трње и коров ће ти расти
У свему што посадиш.
Са тешким знојем
радићеш да би јео;
А онда ћеш се вратити у земљу
У стање у којем сам те нашао.
Од глине си направљен:
А у прашину ћеш бити положен.

Адам је својој жени дао име Ева (значи *даје живот*) зато што је сада схватио да ће бити мајка свих људских бића који ће живети.

Бог "Увек" им је направио одела од животињске коже и прописно обукао. Онда је рекао себи: "Сада ће овај човек да постане свестан добрих и зли ствари као што и ми, како да ограничимо штету, ако је он још увек способан да једе са другог дрвета и да живи дуго као и ми". Да би се ово спречило, Бог "Увек је протерао човека из парка уживања и послао га обрађује исто парче земље од које је направљен.

Пошто је протеран, небески анђели су постављени на источну границу парка уживања, чувајући приступ дрвету вечног живота са оштрим, ватреним оружјем.

РЕЗУЛТАТ ПАДА

Трећа глава се обично назива "Пад", када је човек пао од прелепог стања описаном у другој глави. Све је могло да буде другачије. Да Адам није покушао да оптужи Еву, чак и Бога, да је одговорио покајањем, Бог би му можда и опростио на лицу места. Историја би можда могла бити потпуно другачија. Уместо тога имамо Адамов патетичан покушај да прикрије своју наготу међу лишћем од смокве.

Добро је да приметимо природу казне. Адам је кажњен везано за свој рад, Ева је кажњена везано за породицу. Гмизавац је постао змија (чак и данас имамо мале ноге код змија).

Њихов претходни однос са Богом је уништен. Такође је утицао и на њихов однос један према другоме. У четвртој глави прво убиство долази на сцену унутар породице, како завист проналази пут да пркоси Божјем упозорењу.

Да обратимо пажњу на три области у наставку приче где посебно видимо Божје реакције на ситуацију:

1. Каин

Неко је рекао да је први човек узроковао да други човек убије трећег човека. Овде имамо Адамову породицу. Његов најстарији син је убио средњег сина, а из истог разлога су убили Исуса вековима касније: **завист**. Завист је одговорна за прво убиство у историји и најгоре убиство у историји. Каин значи "имати" - Адам га је "имао" кад је рођен. Ева је рекла да га је "добила" од Господа. Авељ значи "дах" или "пара". Бог је дао предност Авељу, млађем сину, зато што није хтео да било ко помисли да има природно право на наслеђе и благослов. Стално у Светом писму видимо како Бог бира увек млађу особу, а не старију. Каин значи *имати* - када је рођен Ева је рекла "да га има са Господом". Авељ значи *дах* или *пара*. Бог је више волео Авеља, млађег сина, зато што је мислио да нико нема право да мисли да је благословен и има право на наслеђе само зато што је старији. Често у Светим скриптама видимо да Бог бира млађег сина уместо старијег. (Бира Исака уместо Исмаила, Јакова уместо Исава.)

Проблем који их је одвојио је што је Бог прихватио Авељову жртву, а одбацио Каинову. Авељ је научио од својих родитеља да једина вредна жртва Богу је жртва у крви - резултат одузимања живота. Бог је већ покрио грех и срамоту њихових родитеља тако што је убио животиње и од коже направио одела. Успостављен је принцип: крв је проливена, па је њихова срамота могла да се покрије (тако је почело и тако је било све до крста на Голготи). Значи, када је Авељ принео животињску жртву у обожавању Бога, од Каина је добио воће и поврће.

Бог је био задовољан Авељовом жртвом, али не и са Каиновом. Каин се наљутио. Упркос божјем упозорењу да не почини грех. Каин је одвео Авеља ван куће и у лажној оптужби га убио, сакривајући његово телу у земљи (А онда још и упитао: Зар сам ја чувар свога брата?).

Успостављен је јасан образац: лоши људи мрзе добре људе, безбожни људи су завидни на божје људе. Ова подела траје до данас у целокупној људској историји.

Значи, сада имамо савршени свет који је место где се доброта мрзи и где зли људи сада имају разлоге за своју злобу. Свако ко ово представи као изазов своје савести је omражен. Можемо да кажемо да је Авељ био прва жртва у име праведности. Исус је рекао да је "крв праведних проливена од Авеља, па све до Захарија".

Наратив се затим наставља по линији Каина и догађају се интересантне ствари. Поред тога што се помињу Каинови потомци и шта су урадили, најлакше се примећује развој музике и металургије, као и првих оружја.

Урбанизација такође долази од Каинове линије. Они су први почели да граде прве велике градове, концентришући грешнике на једном месту. Због те концентрације, можемо да кажемо да су градови постали грешнији него села.

Тако да је "упрљано" оно што ми називамо људским развојем. Каинов знак је свуда на овим "достигнућима" и то је библијска интерпретација настанка цивилизација: грешно деловање је увек у срцу цивилизација. Полигамија је дошла кроз Каинове претке. Све до тренутка када није постављен један човек за једну жену, Каинови преци су имали више жена, а ми знамо да су чак и Аврам, Јаков и Давид били полигамисти.

Постојао је и трећи брат, то је Адамов и Евин трећи син Сет. Са њим видимо другу линију развитка, Божју линију. У његовој линији људи су почели да називају Бога ГОСПОДОМ.

Ове две линије људске историје наставиће да постоје све до краја, када ће бити одвојени једном и заувек. Ми живимо у свету где постоје линија Каина и линија Сета и ми можемо да бирамо којој лози ћемо припасти и какав живот желимо да водимо.

2. Ноје

Следећи велики догађај је Потоп и изградња Нојеве барке. Прича је добро позната, из Библије и ван Библије. Многи народи су имали приче о свеопштем потопу које се помињу у фолклорима. Преиспитивано је да ли је то био стварни догађај и да ли је покрио целу планету. Текст нам не говори одакле је почео потоп и да ли је прекрио цео познати свет. Сигурно је да је басен Блиског истока, касније назван Месопотамија, огромна површина где теку реке Тигар и Еуфрат, сцена где се одигравају приче *Постања* и то је територија која је дефинитивно била под водом.

Главна пажња библијске приче није на материјалној страни приче, већ на моралној. Зашто се догодио Потоп? Одговор је крајње тужан: **Бог је зажалио што је створио људе.** "Његово срце је било препуно туге". Ово је сигурно једна од најтужнијих изјава у Библији. Тако снажно комуницира са Божјим осећањима, то је водило ка уништењу људске расе.

Шта се то догодило да проузрокује кризу у Божјим емоцијама? У одговору на ово питање морамо да саставимо наратив *Постања* са неким деловима Новог завета и још нека додатна сведочења цитирана код Јуде и Петра.

Речено нам је да је две или три хиљаде анђела послато на планину Хермон да пази на људе, али су се заљубљивали у жене, ступали су у односе са њима и оне су рађале децу. Деца су била ужасни хибриди, створења између анђела и људи - то није било по Божјој вољи. Звали су их **нефилими** у шестој глави *Постања* - то потомство је била унија "Божјих синова" и "човекових кћери". Негде су они преведени као џинови у енглеским преводима. Ми не знамо заиста ко су они били - за њих је створена нова реч прикладна за нова створења. Ова ужасна комбинација је такође и почетак окултизма, јер ти анђели су подучавали жене вештичарењу. Није било трагова окултизма пре ове појаве.

Непосредни ефекат овог перверзног секса било је насиље које је напунило целу земљу; једна врста насиља водила је ка другој врсти насиља и људи су на крају третирани као објекти, а не као особе. Шеста глава нам каже да је Бог видео да је "свака замисао људског срца била зла у континуитету". Он је одлучио што је много - много је, доста више.

Али Бог није одмах пресудио, био је веома стрпљив и дао им је пуно упозорење.

Позвао је Еноха као пророка да каже људској раси да Бог долази да пресуди и да се бори са безбожношћу. У 65. години Енох је имао сина и Бог му је дао име Метусалем, што значи *"када он умре то ће се догодити"*. Метусалем и Енох су знали да када Енохов син умре, Бог ће судити свету.

Знамо да је Бог имао стрпљења зато што је Метусалем живео

дуже него било који човек - 969 година. Када је Метусалем умро, почела је да пада тешка киша.

Ноје је био Метусалемов унук. Он је са три сина провео 12 месеци градећи велики објекат по Божјим упутствима. Спасена је само једна породица, проповедник са три сина и три снаје и супруга. После потопа, Бог је обећао да више никада неће да понови овај чин. Дао је завет, свечано обећање целој људској раси, не само да неће поново да је уништи, већ да ће обезбедити довољно хране. Обезбедиће да лето, зима, пролеће и жетва долазе редовно.

У време када је глад била уобичајена за многе делове света, чини се да је овај завет био игнорисан. Али има превише кукуруза него што нам треба у свету - само што није правилно распоређен. Сви би могли бити нахрањени ако би постојала политичка воља.

3. Вавилон

Следећи инцидент који је засметао Богу је изградња Вавилонске куле. Људи су желели да направи кулу која ће досезати небо, Божју сферу, што је значило да хоће да "изазивају небеса". Текст каже да су хтели да направе велико име од њих. Знамо само површно како је кула изгледала, таква кула се назива *зигурат*, велика конструкција од цигала са степеницама које се уздижу до неба. На врховима тих кула налазили су се астрономски знаци. То није било толико да би се обожавале звезде, како је Нимрод (вавилонски краљ) изградио те куле, већ више да би изразио своју моћ и величину.

Вавилонска кула је дубоко увредила Бога. Рекао је да ако им дозволи да наставе да граде кулу, ко зна где ће се то завршити. Тако им је Бог помешао језике, тако да више нису могли да се разумеју. Тако се човечанство расуло по свету, причајући сада другачије језике.

Постоји један интересантан запис око приче о кули. Један од народа који су се раштркали била је и група који су се пењали преко планина и ишли ка истоку, све док се нису настанили док нису дошли до мора. Тако је настала велика кинеска нација. Кинеска култура почиње од тог времена и траје до данашњих дана. Када су напустили та подручја са алфабета су прешли на сликовни језик сличан древном Египту. Пре Вавилонске куле сви језици су били сликовни. Тако су и Кинези узели сликовну форму језика. Зачуђујућа ствар је да је могуће реконструисати причу *Постања* од 1. до 11. главе гледајући у симболе које су Кинези користили да описују другачије речи.

ПРАВДА И МИЛОСТ

Две теме доминирају у овим главама; од Адамовог пада видимо људску гордост и Божји одговор на правду и милост. Показао је правду Адаму и Еви протеривањем из врта и говорећи им да ће једнога дана умрети, али им је пружио и милост што их је обукао. Показао је правду Каину осудивши га да буде луталица, али и милост стављајући му знак на чело тако да нико не сме да га убије. Казнио је генерацију Еноха (мада не и Еноха), али видимо његову милост у спасавању Ноја и његове породице и у Матусалему коме је дао да дуго живи. Шта нам остатак *Постања* говори о Богу? Да погледамо даље какав је однос имао са људима кроз генерације које су следиле.

Суверени Бог

Постоји дупла нит која се креће у портрету Бога у Старом завету која треба бити објашњена. То је раскршће које постаје јасно када читамо *Постање*.

Бог целог свемира

Једна страна Старог завета тврди да је Бог Јевреја у ствари Бог целог свемира. У то време, свака нација је имала свог Бога, да ли је то био Вал или Исис или Молох, свака религија је била стриктно национална. Сви ратови су били религијски, између нација са другачијим боговима. Израелски Бог (Јахве) је био третиран као још један национални бог. Али сами Израелци су тврдили да је њихов Бог у ствари "Бог над боговима". Израелци су ишли још даље, тврдили су да је њихов Бог једини Бог који постоји. Да је Он створио свемир, а остали богови су само производ људске имагинације. Овакве тврдње, наравно, биле су жестоке увреде против свих других нација. О њима можемо читати у *Исаији* (40. глава), затим у књизи о Јову и у неким псалмима.

Бог Јевреја

Друга страна Старог завета је обојена тиме *да је Бог целог свемира у ствари Бог Јевреја*. Они су тврдили да је Творац свега постојећег има лични однос са њима, са једном малом групом људи на земљи. Заправо, они су се идентификовали као једна породица; деда, отац и син. По њима, Бог целог свемира је себе звао "Бог Аврама, Исака и Јакова". То је била невероватна изјава.

Божји план

Задивљујућа тврдња, двострука истина да је Бог Јевреја Бог свемира и да је Бог свемира специјално Бог само за Јевреје је објашњено у *Постању* - заиста, без те књиге не бисмо имали основу да у то верујемо.

Прва глава обухвата више времена него цео остатак Библије заједно. Од почетка *Изласка* па до треће главе *Откривења* прошло је око 1500 година, миленијум и по, док *Постање* покрива целу историју света све до Јосифовог времена. Тако да читајући Библију морамо да схватимо да се време згуснуло и да *Постање* обухвата много векова у односу на остатак Библије.

Ова компресија времена урађена је и у *Постању*. Већ смо констатовали да је од 1. до 11. главе обухваћен веома дуг период и велико ширење људи и нација. Други део *Постања*, од 12. до 50. главе је дужи период који обухвата три четвртине књиге, а покрива неколико година и неколико људи - само једна породица и тек четири генерације те породице. Ово је велика диспропорција простора у *Постању* која настоји да прича историју целог света.

Јасно је да је била намера овакве разлике у пропорцијама. Намерно је урађен отклон од посматрања целог света да би се фокусирали само на посебну породицу која је била најважнија породица која је живела. У одређеном смислу речи, они су били део веома специјалне линије која је ишла од Сета и који су први назвали Бога Господом. Што се тиче Бога, народ који му се обраћао био је важнији од свих других зато што је то био народ кроз који ће Он испунити своје планове и циљеве.

Овака приступ служи да нас подсети да Библија није Божји одговор на наше проблеме; то је Божји одговор на Божје проблеме. А Божји проблем је био: "Шта урадити са расом која неће да зна за тебе или неће да те воли или неће да те слуша?" Једно решење је било све их уништити и почети поново. Али то је већ покушао, па чак и најсветији човек међу њима који је спасен после Потопа (Ноје), напио се и разголитио, показујући да се људска створења нису променила. Ипак, Бог није одустао. Био је забринут за људску расу, Он их је створио. већ је имао једног Сина и волео је свог Сина толико да је пожелео да прошири породицу, тако да није одустао од проблема који се зове човечанство.

Његово решење је почело са Аврамом. Философи то зову "скандал одређености", правдајући се да Бог није био праведан што се одлучио да делује кроз Јевреје. Зашто није изабрано неки други народ, кинески, амерички или британски? Његов план спасења је увредљив за нас, како је то сумирао песник Вилијам Норман Јуер:

Како је то чудно
О Боже
Да изабереш
Јевреје.

Онда је Сесил Браун одлучио да дода другу строфу:
Али и није тако чудно
За оне који бирају
Јеврејског Бога,
Али је одбачен од Јевреја.

Ми можемо да објаснимо Божји приступ имајући у виду просту домаћу ситуацију. Отац је одлучио да донесе слаткише за своје троје деце. Могао је донесе по један слаткиш свакоме, или да донесе целу кутију и да остави њима да је поделе. Прва опција је мирољубива, третира децу као посебне јединке. Али ако хоће да створи породицу, онда би користио другу опцију, да их боље научи.

Божји начин је био започети план где ће његов Син бити рођен као Јеврејин. Он је рекао Јеврејима да деле благослов са свима у околини, уместо да се обрачунава са сваком нацијом посебно. Изабрао је Јевреје са жељом да сви други народи могу да виде благослов који излива на њих.

Зато је он себе називао Бог Аврама, Исака и Јакова у Старом завету. Од 12. до 50. главе *Постања* су уствари приче о четири човека. Заједно су поређани заједно са четвртим, Јосифом, који је третиран посебно - из разлога које ћемо видети касније.

Саграђена прича о три човека стоји у контрасту са њиховим рођацима. Супротан Авраму је његов нећак Лот; противтежа Исаку је његов брат Исмаил; супротан Јакову је његов брат близанац Исав. Односи постају све ближи, од братанца до полубрата до брата близанца. Бог нам показује да још увек постоје две линије у људској раси које теку кроз човечанство и које су супротстављене. Да ли сте ви Јаков или Исав? Да ли сте Исак или Исмаил? Да ли сте Аврам или Лот?

ДА ЛИ СУ ПРИЧЕ СТВАРНЕ?

Неки приносе аргументе да су ове приче легенде или саге. Кажу да иако има нуклеус истине у њима, оне не могу бити потврђене као историјски тачне. Ови људи заборављају да "фикција" долази из књижевности. Романи су били непознати у Аврамово време. Зашто би они писали неке измишљене приче?

Заиста, ако бисте били склони да измислите причу са главним херојем, сигурно бисте унели и нека чуда у њима. Постање их има врло мало. Мноштво чудеса читамо у *Изласку*, а у *Постању* само неколико. Легенде су пуне чудесних и магичних догађаја.

Штавише, нико није нашао макар један анахронизам у овим причама (анахронизам је закључак који извлачимо из ствари које у одређено време нису могле да постоје). Културни детаљи који израњавају из ових прича показане су у археологији као потпуно тачни.

Једини догађај који не може бити природно објашњен је део где анђели играју, али они су укључени кроз целу Библију. Ако имате проблема са анђелима, имате проблема са целом Библијом. Издвојено од тога, те приче су веома обичне - оне су о обичним људима и женама које су рођени, заљубљивали се, ступали у брак, имали децу и умирали. Чували су овце и козе и гајили усеве. Нису се слагали, свађали су се, тукли, подизали шаторе, правили олтаре и обожавали Бога. Све поменуто је у делокругу обичног људског искуства.

ЗАШТО ЈЕ БОГ ИЗАБРАО ЈЕВРЕЈЕ?

Шта је другачије у вези ових прича, ипак, да ли то Бог прича са њима и они причају са њим? Тако сазнајемо да је Бог целог свемира склопио посебно пријатељство са човеком званим Аврам. Да, уистину, Бог је назвао Аврама "Аврам, мој пријатељ". То је *скандал одређености*.

Људи не могу да живе с тим да је Бог створио личног пријатеља. Некако то сматрају неприкладним, а опет то је истина шта се овде дешава.

Велико питање је зашто је Бог одлучио да се идентификује као Аврамов, Исаков и Јаковљев Бог? Шта је то толико посебно на њима? То је питање које је постављено од многих нација кроз претходне векове. Шта је то тако специјално везано за Јевреје?

Зашто су они изабрани народ, зашто ми нисмо изабрани народ?

Одговор је да је то *суверени Божји избор*. Та три човека нису имали природно право за Бога. Он их је слободно изабрао и покренуо лични однос са њима и на ниједном од њих није био прописан благослов. Заиста, у свакој генерацији фрапантно је приметити да је изокренуто право наслеђа. Први син би нормално преузимао право наслеђа од оца, али у свакој генерацији Бог је изабрао млађег, а не старијег сина. Изабрао је Исака, а не Исмаила, изабрао је Јакова, а не Исава. Тако је успоставио правило да *нико не полаже право на његову љубав*: Бог дарује љубав по свом сопственом избору. Према томе, није било строго одређено да се наслеђе преноси преко старијег сина. Исак и Јаков нису били прворођени. Оно што су наследили је поклон.

Још једна фрапантна чињеница је да ниједан од поменуте тројица није имао ни морално право на благослов, нису били нешто много бољи од других. У ствари, Библија нам говори како су они лагали у незгодним ситуацијама. Аврама и Исак су лагали за своје жене да би сачували кожу, а Јаков је још најгори.

Не само да су сва тројица били лажови, већ су имали више жена. Они су приказани као обични људи са свим недостацима које и ми имамо.

Једино оно што их је разликовало од других је вера. Ова тројица су веровали у Бога. Бог може чинити чуда код особа који верују у њега. **Бог више воли вернике него добре људе** - Он чак каже Авраму да ће му се вера обрачунати као праведност. Ни за шта се не рачунају Божја дела без веровања у Бога.

Исак и Јаков су имали веру, иако су били веома различити у карактеру и темпераменту. Једина заједничка ствар тројице је да су имали веру.

Вера Патријараха

Аврамова вера је нарочито видљива која је напустио град Ур у халдејској земљи. Град је био импресиван, развијено место, један од најмодернијих градова у оно време, али је Бог рекао Авраму да жели да живи у шатору до краја живота. Мало нас би оставило комфоран град и живело у шаторима по планинама где је хладно, где зими пада снег, нарочито ако имате 75 година. Бог му је рекао да напусти земљу коју више никад неће видети и да иде у земљу коју никад није видео. Мора да напусти породицу (мада је Аврам повео свог оца и остале чланове породице на пола пута ка граду Харан, одакле су он и братанац Лот кренули на пут).

Аврам је послушао. Чак је и поверовао Богу када му је рекао да ће добити сина, упркос томе да је Сара имала у то време 90 година (Када се родио, звали су га *Шала*. Исак на хебрејском значи *смех*. Зато што се Сара насмејала када је чула да ће остати трудна).

Аврамова вера је добијала снажне ударце на његовом путу. Прошло је 11 година од када му је обећан син, али није било никаквог знака за сина. Аврам је, по Сарином савету, посејао потомство преко своје слушкиње Агаре. Библија је јасно ставила до знања да Исмаил није био "дете вере", већ "дете тела" које Бог није изабрао (иако га је благословио генерацијом потомства од којих је касније настала арапска нација).

Када је Исак коначно дошао на свет, Аврамова вера је била тестирана када се припремао да жртвује свог сина на олтару по Божјој команди Библија нам говори да је Аврам био вољан да жртвује Исака зато што је веровао да ће Бог да оживи Исака када га он убије. Узимајући у обзир да то Бог никада није урадио раније, то је заиста била нека вера! Он је размишљао да ако Бог може да направи живот (Исака) од његовог тела, сигурно је да може да врати Исака из мртвих ако то жели.

Већина сликовитих представљања жртвовања Исака подразумева да је Исак имао 12 година.

Међутим, ако прегледамо текст који окружује овај догађај, видимо да се догађало непосредно пре Сарине смрти, која је умрла у 127. години, што би Исаку дало 37 година. Исак је вероватно био у раним тридесетим годинама у време жртвовања. Тако би он лако могао да се одбрани, али он се повиновао вери свог оца Аврама, старог човека. (Локација је исто важна, планина жртвовања се зове Морија која је врло близу Голготе.) Исак је исто тако демонстрирао своју веру на други начин, у принципу верујући свом оцу да ће му пронаћи жену.

Јаков је такође имао веру, али је у принципу имао највише вере у себе. Наратив бележи како је манипулисао својим оцем да би добио пренос благослова уместо Исава, завером и преваром. Барем је показао да жели благослов, у контрасту са Исавом. Касније у његовом животу, Бог је "поломио" Јакова. Храмљао је до краја живота после рвања са Богом целу ноћ. То је истовремено био и темељ његове вере у Бога. Од тог тренутка веровао је да ће Бог испунити обећање и од његових 12 синова створити 12 племена. Та три човека, упркос својим слабостима и грешкама, блеште као људи који су веровали у Бога. Имали су веру, у оштром контрасту са својим рођацима, који су више били људи од тела, него људи од вере.

Лот долази као материјалиста, одлучивши да иде низ плодну долину Јордана радије него да живи по празним планинама. Веровао је својим очима, док је Аврам, очима своје вере, знао да ће Бог бити с њим у планинама. Исав је одлучио да ће радије имати шољу "брзе супе" него благослов свога оца. У *Посланици Јеврејима* нам се каже да не будемо као Исав, који је зажалио свој договор и касније тражио благослов са сузама, мада без искреног покајања. Тако имамо снажне контрасте између људи од вере и њихових рођака од тела - разлика која тече кроз многе данашње генерације.

Контраст се види и у њиховим женама. Сара, Ревека и Рахела имале су нешто заједничко: биле су веома лепе. Све три супруге патријараха имале су и унутрашњу лепоту карактера, а опет су све биле потчињене својим мужевима. Жене других су у јаком контрасту у односу на њих. Лотова жена, на пример, враћала је свој поглед ка луксузном животу који су имали у граду којем ће Бог пресудити и зато што се оглушила о Бога претворена у стуб соли.

Аврам

Да погледамо ова три човека у детаљима. Бог је дао обећање Авраму на које се хришћани ослањају. Бог је почео творевину са једним човеком и почео искупљење са једним човеком. Речено нам је да је Бог склопио завет са Аврамом, тема која се наставља кроз целу Библију, па све до лично Исуса Христа, који је принео нови завет свечаношћу на Господњој вечери.

Важно је да јасно схватимо значење "завета". Неки ову реч мешају са речју *уговор*, али не постоји снажна склопљена погодба између две стране једнаке снаге и ауторитета. Уговор је благосиљање једне и друге стране међусобно. Завет је обично дат од једне стране. Друга страна има два избора: да прихвати услове или да их одбаци. Али не могу да га промене. Када Бог даје завет он га одржава и куне се њим. Где људско створење може да каже "По Богу ти обећавам да ћу то урадити", Бог каже "Кунем се самим собом", зато што не постоји виши ауторитет од њега по коме би се заклео. Значи, он се куне самим собом и говори истину, само целу истину и ништа друго осим истине.

У свом обећању Авраму, Бог понавља речи намере "Ја ћу" шест пута у 12. глави *Постања*, више него што младожења каже млади на венчању. Истина је да је Бог универзума венчао самог себе са једном специфичном породицом и његово прво обећање је било да ће им пронаћи место где ће да живе (мало парче земље где се срећу континенти - сам центар света, земља у Јерусалиму је где се срећу путеви из Африке у Азију и од Арабије за Европу, близу једног брда које се зове *Армагедон* на хебрејском, раскрсница светова). Бог је рекао ефективно: "То је место које ћу ти дати заувек". Они још увек задржавају то мало место, без обзира шта било ко каже, зато што је Бог дао то њима, Авраму и његовим потомцима заувек.

Друго обећање дао је његовим потомцима. Рекао је да ће увек бити потомака Аврама на земљи. И то је рекао када су Аврам и Сара били у поодмаклим годинама.

Треће обећање је било да ће кроз њих да благослови и прокуне сваку другу нацију. Позив Јеврејима је да деле Бога са свима. Међутим, то је позив који може да сече са обе стране, као што је Бог рекао Авраму, "Оне који ти шаљу клетве, ја ћу да шаљем клетве на њих. Они који те благосиљају и ја ћу да њих благосиљам". Као противуслугу, Бог је очекивао да прво сви мушкарци треба да се обрежу да то буде знак да су рођени у завету, а друго да Аврам слуша Бога и да уради све што се тражи од њега.

Завет је само срце Библије и то је основа за коју је Бог рекао "Ја ћу бити ваш Бог и ви ћете бити мој народ", фраза која се понавља кроз целу Библију до последње књиге *Откривење*. Говори нам да Бог жели да буде уз нас. На самом крају Библије, Бог долази са небеса и долази доле на земљу да живи са нама на новој земљи, заувек.

Исак

О њему знамо мање него о његовом оцу, Авраму, и о његовом сину, Јакову, али је он витална веза између њих. Његову веру видимо у прихватању Божјег избора за његову жену, оставши у Ханану за време суше и оставивши земљу свом сину иако је он, у ствари, није поседовао. Тужно је да га губитак вида у старости водио ка превари од стране његове породице.

Јаков

Јаков је можда најживописнији од тројице људи. Чак и када се родио држао је свог брата Исава за пету, грабио је од самог рођења. Исав је отишао у место које се данас зове Петра, где је могуће да се виде грандиозни храмови изрезани у црвене стене. Исав је основао нацију Едомаца. Мржња између Исмаела и Исака траје до данашњих дана на Блиском истоку у тензијама између Арапа и Јевреја, док је непријатељство између Исава и Јакова нестала. Последњи Едомит је био Ирод који је био један од потомака Исава и био је краљ Јевреја када је рођен Исус. Побио је све бебе у Витлејему у покушају да се ослободи потомка Јакова који је рођен да буде Краљ.

Наслеђе

Аврам, Исак и Јаков су показали своју веру на изузетан, завршни начин. Сви су оставили својим синовима оно што суштински нису поседовали. Аврам је рекао Исаку да му оставља целу земљу, Јаков је рекао својим синовима, имао их је 12, да ће им оставити целу хананску земљу. Али нико од њих није у то време имао ту земљу. Само је Аврам имао нешто земље, а то је пећина код Хеброна где је сахрањена Сара. Обојица су веровала да ће добити оно што им је обећано и да ће цела земља једнога дана бити њихова.

Када о овим људима читамо касније у *Посланици Јеврејима 11*, откривамо да су "сви ови људи још увек живели у својој вери све док нису умрли". Сви су били посвећени својој вери, "а опет нико од њих није добио оно што му је обећано. Бог је планирао нешто боље за нас да би само заједно са нама они били савршени".

Аврам, Исак и Јаков нису мртви. Можемо да видимо њихове гробнице у Хеброну, али они нису мртви. Исус је рекао да је Бог - Бог Аврама, Исака и Јакова - није био, него још увек јесте. Он није Бог мртвих, Он је Бог живих.

Јосиф

Последња прича *Постања* је прича добро позната свима, то је прича о Јосифу. То је прича и за малу децу и за одрасле, прича како "добро побеђује над злом". Чак је направљен и мјузикл, мада су значења које су односе на различите расе вероватно нетачне. Више као да је то капут са дугим рукавима, него нека мултирасистичка ношња - главна ствар да је Јосиф представљен као надзорник и као да су хтели да нагласе да се није бавио физичким радом. Таква препорука је чудна, с обзиром да Јосиф није био најстарији син, па сигурно може да води ка одбацивању.

Јосиф је четврта генерација, Аврамов чукун-унук, ни он није најстарији. Јасно се види образац: природно наслеђе не добија благослов.

Бог по свом слободном избору одлучује ко ће га добити. Образац је био да ће то бити млађи син.

Ипак, врло важно је да се образац не наставља. Рекао сам да постоји велика разлика између Јосифа и претходних генерација. Бог себе никад раније није назвао "Бог Јосифа". Анђели се никада нису приказали Јосифу и његовој браћи, а они нису били одбачени. Његова браћа воде порекло од побожног Сета, тако да то и није велики контраст. Штавише, Јосиф никада није говорио с Богом. Добијао је снове и тумачење снова код других, али у суштини никада није имао комуникацију са Богом као што су имали претходна три патријарха.

Тако да Јосиф остаје издвојен од других. Зашто је он тако другачији и зашто је његова прича уопште испричана?

Један део одговора је очигледан о чему нам говори идућа књига. У *Изласку* ми налазимо ову фамилију као робове у Египту и потребно је објашњење како су се ту нашли. Прича о Јосифу је витална веза која нам објашњава како је Јаков са својим племеном мигрирао у Египта из истог разлога као Аврам и Исак, недостајало је хране. (Египат није у толикој зависности од падавина зато што река Нил тече од планина Етиопије, док израелске земље много зависе од кише која долазе углавном од западног Медитерана.) У најмању руку, прича о Јосифу је ту да нас веже за идући део Библије. Спушта се завеса после Јосифа у трајању од приближно 400 година, период о коме ништа не знамо и прича почиње поново када већ имамо народ од стотине хиљада људи - али су сада робови у Египту.

Ако је то разлог зашто је испричана прича о Јосифу, тешко да објашњава зашто јој је посвећено толико простора. Описано је толико много детаља из Јосифовог живота, као о Авраму, Исаку или Јакову, можда чак и више. Зашто је записано тако много детаља? Да ли је то једноставно пример како добар човек моралних вредности тријумфује на крају? Много више од тога.

Постоје најмање четири нивоа на којима можемо да читамо причу о Јосифу.

1. ЉУДСКИ УГАО

Први ниво је једноставно људски ниво. То је живописна прича о правим личностима. То је велика авантура, већа од фикције. Постоје неке невероватне случајности, поглавље о Јосифу можемо да поделимо на два дела: први део је његов пад, а други део је његово уздизање. Јосиф се кретао по лествици да је био омиљен Јаковљев син и наследник куће, онда је пао све до заборављеног роба у затвору, а затим се уздигао до премијера. У међувремену имао је завист његове браће према њему који га продају у робље, а затим избављење уз помоћ тумачења снова. Дакле, на људском нивоу, од приче се може направити добар мјузикл у Лондону где га могу видети хиљаде људи.

2. БОЖЈИ УГАО

Можемо читати ову причу и из Божјег угла. Иако не разговара са Јосифом, Он је стално ту иза сцене, невидљиви Бог ствара околности за његове циљеве и планове и открива их кроз снове. Јасно је у Библији да је потребно да Бог на тај начин комуницира са људима, али је увек потребна интерпретација. Јосиф је рекао да сви снови долазе од Бога, али и интерпретације такође долазе од Бога. Данило ће касније имати тај исти дар. Јосиф је веровао да је Бог поништио све околности у вези с њим и да Он стоји иза свега што му се догодило.

Кључне реченице су у глави 45, седмом пасусу, где се коначно приказао својој браћи и загрлио их у љубави. Заборављајући шта су му браћа урадила он им каже: "Бог ме је овде послао пре вас да вам сачувам животе и да вас спасем".

Јосифова браћа су мислила да су га се отарасили када су га продали трговцима камила и када су Јакову донели одећу запрљану јарећем крвљу, убеђујући га да је његов омиљени син мртав. Тада Јосиф још увек није видео Божје прсте у свему. У Египту је био уздигнут преко тумачења фараонових снова (дебеле краве значи добру жетву и седам родних година). Тиме што је гомилао залихе хране за време родних година он је спасао и египатску нацију - а онда и своју породицу када су и они остали без хране. Он је постао њихов спаситељ.

Божје провиђење можемо да видимо у пресељењу Јосифове фамилије у Египат. Иако им је Бог обећао земљу, пре много година је рекао Авраму да они неће напустити Египат 400 година све "док грешност Еморита није комплетна" - Бог не би обећао земљу Аврамовим потомцима све док ондашњи народи нису постали толико зли и грешни све до тренутка када ће проклети и њихову земљу и њихове животе. Бог је морални Бог: не би истерао народ из земље само да би ушао његов народ. Археологија нам показује колико су само ондашњи народи огрезли у грех.

Полне болести су цветале у Ханану зато што су имали ужасне сексуалне навике. На крају су достигли тачку без повратка и тек тада је Бог рекао Јеврејима да могу да узму ту земљу за њих. Они који се жале на Божју неправду нису у праву.

Постојали су и други разлози. Бог је желео да изабрани народ постане робље.

То је био део његовог плана да спасе људе из ропства тако да би му били захвални и да би му били послушни, да би постали пример за цео свет да види како благословени народ живи под владавином неба. Зато је допустио да прођу кроз зла ропства, радећи седам дана недељно, без плате, без сопствене земље, без новца, без ичега. А онда, када су завапили за њим, он је сишао међу њих и спасао их својом моћном руком. Бог је то допустио због сопствених разлога. Он је желео да они знају ко их је избавио из ропства и ко им је дао земљу.

3. ЈОСИФОВ КАРАКТЕР

У студији о Јосифу можемо да приступимо проучавању и са становишта његовог карактера. Задивљујућа ствар је да ниједна лоша реч није речена о Јосифу. Већ смо рекли целу истину о Авраму, Исаку и Јакову и о њиховим слабостима и гресима. Ниједна реч критике о Јосифу. Најгора ствар је та што није био тактичан и хвалио се својој браћи о сновима да ће он бити велики у будућности, али у његовом карактеру не можемо да нађемо ниједну грешку. Чак и када пада на друштвеној лествици његове реакције су беспрекорне: нема трагова одбијања, не жали се никоме, не кука, не пропитује Бога, нема осећај неправде то што је невин завршио у кућном притвору, па и на могућу смртну казну у фараоновом затвору.

Још више, удаљен далеко од куће, задржава свој интегритет када одбија Петефријеву жену која га заводи. Чак и кад је на самом дну, у најгорем животу, он се пре свега брине да помогне другима и жели да утеши пекара и пехарника. Он као да се не брине за себе, али се зато брине за све око себе.

Његов карактер је и даље беспрекоран и када је постао други човек фараонове владе. Последајте само његову реакцију према браћи која су га продале у ропство. Даје им храну и не жели да им наплати, а онда им кришом ставља новац у вреће. Опрашта им са сузама, преговара са фараоном и откупљује најбољу земљу у делти реке Нил за свој народ. Избацили су га из племена и његовом оцу рекли да је мртав, а онда им је он обезбедио све што им је било потребно.

Јосиф чак није упрљан ни понижењима, а није ни похвалама. То је човек потпуног интегритета и као такав једини приказан на такав начин у Старом завету. Све личности у Старом завету су приказане заједно са својим недостацима и врлинама, али ово је човек који има само врлине. Постоји само још једна личност у Библији која је приказана на такав начин.

Усред приче о Јосифу, једна прича долази као потпуно изненађење. То је његов брат Јуда. У причи о добром човеку имамо контраст са Јудом. Јуда посећује жену за коју мисли да је проститутка, а која је у ствари његова снаја иза вела. Овде имамо инцест и језиву причу која је испричана у средини Јосифове приче. Зашто је та прича тамо? Зато што хоће да додатно подвуче Јосифову причу и прикаже контраст. Као што је Аврам имао Лота, као што је Исак имао Исмаила, као што је Јаков имао Исава, тако је Јосиф имао Јуду.

4. ОДРАЗ ИСУСА

За сада смо разговарали о Јосифу на три нивоа: људски - где је доведен до самог дна, а онда се уздигао на врх и спасао и свој и египатски народ; прича где Бог мења правила да би спасао свој народ; а на крају имамо причу о човеку без грешке, који је пао на само дно, а затим се уздигао и постао човек истине и искрене доброте. Сваки од поменутих нивоа нас подсећа на следећи: самог Исуса. Јосиф је тип човека који је као Исус. Када кажемо тип, мислимо у смислу да он "најављује". Као да нам Бог показује преко живота Јосифа какав ће бити његов сопствени Син. Као и Јосиф, његов син ће бити одбачен од браће и доживеће пад до крајњег понижења, а онда ће се подићи као "Спаситељ" или као "Господ" људима.

Када препознамо тај "тип", поређења ће бити сјајна. Што више будемо читали причу о Јосифу, све више ћемо видети слику Исуса, као да је Бог знао унапред шта ће се догодити и послао људима назнаке. Исус је сам охрабривао Јевреје да га "траже у скриптама, јер тамо има сведочења за њега", указујући на Стари завет. Када читамо Стари завет требамо стално да тражимо Исуса, нешто што је слично њему, његову сенку. Сам Исус је пуноћа, али његова сенка пада свуда по Старом завету, нарочито у *Постању*.

Исус у Постању

Ако можемо да видимо да је Јосиф нека слика Исуса, онда можемо да нађемо Исуса и на многим другим местима у *Постању*. Јосиф је модел Божјег одговора на веру у њега и ова прича показује како Бог може да употреби једну особу за спасење народа, уздижући га да буде Спаситељ и Господ.

РОДОСЛОВ

Родослов у *Постању* је, у ствари, родослов нашег Господа Исуса Христа. Ако читате *Матеју 1* и *Луку 3* наћи ћете имена из *Постања*. Исус је у линији Сета, који долази равно до Маријиног сина. Тако да свако ко је у Христу чита свој породични родослов. То су најважнији преци које имамо, зато што преко вере у Христа и ми постајемо Аврамови синови.

ИСАК

Када проучавамо личности у *Постању* видимо сличности са Исусом. Већ смо то приметили код Јосифа, али да се вратимо у време када је Авраму речено да понуди сина Исака за жртву. Речено му је да оде на специфично место које се зове гора Морија. Годинама касније то исто узвишење је познато као Голгота, место где је Бог жртвовао свог Сина - а ми већ видимо Исака који је тада био у раним тридесетим, довољно снажан да се одупре оцу, али он се повиновао и пристао да буде завезан на олтару.

Бог је зауставио Аврама у одлучујућем тренутку и обезбедио другу жртву, овна који се уплетео у жбуње. Вековима касније Јован Крститељ је рекао Исусу "Држите се 'овна' Господа који склања грехове света". Реч јагње често се односи на Исуса, али мали, слатки јагњићи никада нису нуђени за жртвовање - жртвовани су само овнови са роговима једне године старости. Исус је описан у *Откривењу* као ован са седам рогова који представљају снагу - "ован Бога". Бог је обезбедио овна за Аврама да га понуди уместо сина, овна који се ухватио у трње, и Бог је такође објавио ново име за себе: "Ја сам увек давалац". На истом месту један други човек у раним тридесетим жртвован је са главом међу трњем. Да ли ту видите слику Исуса?

МЕЛХИСЕДЕК

Вредно је да поменемо и чудан Аврамов сусрет са човеком који је истовремено био краљ и свештеник. Он је био краљ града који се звао Салем (касније постао Јерусалим).

Када се Аврам враћао пошто је ослободио породицу после киднаповања, вратио се са ратним пленом од непријатеља, близу Салема. То је у то време био пагански град, ништа везано за Аврамову Божју линију. Сусрео се са чудном фигуром Мелхиседека, који је био краљ и свештеник, веома необична комбинација, никад није била у Израелу. Овај "свештенички краљ" изнео је хлеб и вино да освежи Аврама и његове трупе, па му је Аврам понудио десетину од ратног плена од битке, десетину блага. У Новом завету нам је речено да је Исус вечни свештеник у реду Мелхиседека.

ЈАКОВЉЕВА ЛЕСТВИЦА

Шта је са Јаковљевом лествицом? Када је Јаков побегао од куће, преноћио је напољу и узео један камен као јастук и затим сањао лествицу (пре ће бити да је то био лифт). Хебрејски језик указује да су се лествице кретале, и да је једна водила ка горе, а друга на доле, са анђелима који су ишли у оба правца. Јаков је знао да је на врху те лестице небо, где живи Бог.

Када се пробудио обећао је десетину Богу од свега што заради. Давање десетине није био део закона све до времена Мојсија (Јаковљева понуда десетине од власништва више је по природи било ценкање са Богом: ти ме приведи кући сигурно и ја ћу ти дати десетину. Ипак, није могуће цењкати се са Богом - Бог са тобом прави завет, а не обрнуто - и Јаков ће то касније научити на тежи начин).

Вековима касније, када је Исус срео човека који се зове Натанијел, рекао је Натанијелу: "Видео сам те како седиш испод смоквиног дрвета. Видео сам те и видео сам Јеврејина у коме нема лукавства и преваре." Натанијел је био шокиран како он то зна. Исус је одговорио: "Ти мислиш да је то чудесно, то што ја знам детаље из твог живота. А шта би рекао да видиш анђеле како одлазе и силазе на Човечјег сина". Оно што је рекао је: "Ја сам Јаковљева лествица, ја сам веза између земље и неба. Ја сам нова лествица".

АДАМ И ЕВА

Ако се вратимо назад у трећу главу, Бог је дао обећање усред изрицања казне Адаму и Еви. Рекао је змији да ће семе тј. потомство жене (семе је мушки род на хебрејском) ударати у главу змије, чак и док змија удара у пете жениног потомства. Ударање у пету није смртоносно, али јесте ударање у главу и то је прво обећање да ће Бог једнога дана сатани задати смртоносни ударац. Сада ми знамо ко је то био ко је везао снажног човека и поделио његова добра.

У *Римљанима 5*, Павле нам каже да је непослушност једног човека донела смрт, да ће послушност другог човека донети живот, мислећи да је Исус други Адам. То је било у Еденском врту када је Адам рекао "Нећу", а било је у Гетсиманском врту када је Исус рекао: "Нека буде твоја воља, а не моја". Какав контраст. Они су зачели људску расу. Адам је био први човек, хомо сапиенс. Исус је био први човек, хомо новус.

Ми смо сви рођени као хомо сапиенси, а кроз Бога можемо да постанемо **хомо новус**. Нови завет говори о новом човеку, новом човечанству. Данас још увек постоје две људске расе на земљи: ви сте или Адам или Христос. Постоји потпуно нова људска раса и она ће наследити нову земљу, у ствари, цео нови свемир.

ТВОРЕВИНА

Једна од најзначајнијих ствари која је изречена о Исусу у Новом завету је да је он одговоран за стварање свемира. Рани апостоли су увидели да је Исус умешан у догађаје у првој глави *Постања*. Као што је Јован рекао на почетку свог Јеванђеља "Без њега ништа није створено оно што је створено". Када читамо прву главу *Постања*, зато, ми већ ту налазимо Исуса. Бог је рекао: "Хајде да направимо човека по нашем лику", у множини. Исус је део те множине у Божанству.

Данас знамо да се површина копна на земљи ослања на равне камене плоче које се крећу по истопљеном камену и да се те плоче померају, трљајући се једне о друге и производећи земљотресе. Када су те плоче које формирају и држе копно откривене, научницима је требало да измисле ново име. Они су их назвали *тектонске плоче*. На грчком "тектоне" значи "дрводељац". Цела планета земља на којој живимо је дело дрводељца из Назарета - а његово име је Господ Исус Христос!

Па тако завршавамо анализу *Постања* тамо где смо и почели - са творевином. Бог је заиста одговорио на свој проблем шта треба да се уради када се људи побуне. Решење је Исус Христос, кроз кога је свет дошао, за који је створен и преко кога ми откривамо одговор на сва наша питања.

3. ИЗЛАЗАК

Увод

Излазак је прича о највећем бегу у историји. Преко два милиона робова бежи из најбоље утврђене нације на свету. Људски је то немогуће, то је невероватна прича, догађа се серија чуда, нека од њих су најпознатија у целој Библији. Лидер Израелаца у то време био је Мојсије. Он је видео више чуда него Аврам, Исак и Јаков заједно - на неким местима једно иза другог, видимо како је Бог интервенисао у име свог народа. Нека чуда изгледају као магија, као што се Мојсијев штап претвара у змију, али већина њих је чиста манипулација природе и Бог доказује своју моћ над свиме што је створио.

Оригинал назив *Изласка* је "Ово су имена", зато што су то биле прве речи које свештеник чита при одвијању свитка. Реч *Излазак - Еѯодус*, потиче од грчке речи ex-hodos што буквално значи ex - изван и hoddos - пут, значи *пут ка напољу* тј. излазак.

Цела књига *Изласка* има значај на два нивоа:

1. Национални

Прво, има национални значај за народ Израела. То је почетак њихове националне историје. Добили су политичку слободу и постала слободна, сувремена нација. Иако нису имали земљу, добили су име: Израел. Овај догађај је толико важан да је прослава ушла у народни календар. Као што Американци славе 4. јул, тако Јевреји сваког марта/априла славе излазак. Једу оброк за Пасху и славе моћна дела Бога.

2. Духовни

Друго, има и духовни значај. Израелци су открили да је њихов Бог - Бог који је створио цели свемир и да у њихово име може све да контролише. Дошли су до веровања да је њихов Бог јачи од свих богова Египта заједно.

Касније ће схватити да је њихов Бог једини Бог који је постојао (нарочито код пророка Исаије).

Истина о Богу који је моћнији од сваког другог бога постало је јасно када је Бог саопштио своје име. Његово формално име је било Ел Шадај, што значи *Свемоћни*, али у овој књизи је добио лично име. Као што сазнање имена неке особе нас чини више интимним са том особом, тако је и цео Израел могао да ступи у интимнији однос са својим Богом.

У енглеском ми преводимо као Јахве (Yahweh), пошто у хебрејском језику немамо самогласнике - једноставно је ЈХВХ (YHWH). Име је партицип глагола "бити". Видели смо у овој књизи да реч **увек** у енглеском комуницира са оним како су је Јевреји разумели. Бог је вечан, без почетка и краја - УВЕК. То је његово право име, али има и разна друга имена: "Увек ми обезбеђује", "Увек ми помаже", "Увек ме штити", "Увек ме окрепи".

У књизи изласка је представљена чудесна истина да Творац свега постаје откупитељ малог броја људи. Реч "откупљење" укључује ослобађање киднапованих када је откуп плаћен. Тако је Израел схватао свог Бога. Он је Творац свемира, а истовремено и откупитељ свог народа. Оба аспекта су важна ако хоћемо да сазнамо Бога који је откривен у Библији.

Излазак је једна од пет књига коју је написао Мојсије. *Постање* се бави догађајима који су се дешавали пре *Изласка* и осталих књига које су се дешавале у Мојсијевом времену.

Ове књиге су кључне за живот Израела за запис о стварању нације.

Оне су такође основ за цео Стари завет. Ова група робова је требала да зна ко су и како су постали нација.

Видели смо у нашој студији како је Мојсије сакупљао две ствари из народног сећања: родослов и приче о њиховим прецима. *Постање* је у потпуности настало из тих сећања. *Излазак, Левитска, Бројеви* и *Поновљени закони* су другачији, спајају се у мешавини нарације и легислатуре. Наратив описује израелски покрет из Египта, кроз дивљину, према хананској земљи. Легислација приказује шта Бог каже како они треба да живе. То је јединствена комбинација наратива и легислације која карактерише ове четири Мојсијеве књиге.

Излазак сам по себи је делом нарација, делом легислација. Прва половина нам говори шта је све Бог урадио да би избавио свој народ из ропства. Друга половина говори о томе шта им Бог прописује како сада треба да живе када су слободни. Ово наглашавање је важно. Много људи чита Мојсијев закон мислећи да им он показује како они могу бити прихваћени од Бога. То је потпуно погрешно. Израелски народ је откупљен од Бога, њима је дат закон да би тако изразили своју захвалност Богу. Принцип је исти и у Новом завету: Хришћани су откупљени и речено им је како треба да воде свете животе. Да употребимо теолошки жаргон, **оправдање долази пре освећења**. Ми не постајемо хришћани тако што прво живимо исправно, па смо онда откупљени и ослобођени од греха да бисмо живели исправно. Ослобођење долази пре легислације, озакоњења.

У *Изласку* прво иде израелско ослобођење у Египту, а тек онда иде легислација на Синајској планини, како су путовали ка Ханану. Овде они одговарају на Божји завет према њима. Завет добија облик брачног уговора. Бог каже "Ја ћу" (бити ваш Бог ако ме слушате), а онда народ треба да каже "Ми ћемо" (да будемо твој народ и да слушамо).

СТРУКТУРА

Као што постоје две половине ове књиге, тако постоје 10 секција у њима: шест секција је у главама 1-18 и четири у главама 19-40. Они су приказани на следећој листи.

Главе 1-18 - народ у покрету
Кључне теме: БОЖАНСТВЕНА ДЕЛА - МИЛОСТ - ОСЛОБОЂЕЊЕ ИЗ ЕГИПТА - РОПСТВО - ОТКУПЉЕЊЕ

Секције
1. 1 Умножавање и убиство (Израел)
2. 2-4 Трске и огњени жбун (Мојсије)
3. 5-11 Куга и пошасти (Фараон)

4. 12-13,16 Прослава и прворођени (Пасха)
5. 13,17-15,21 Ослобођени и подављени (Црвено море)
6. 15,22-18,27 Обезбеђени и заштићени (Дивљина)

Главе 19 - 40 (народ је стациониран)
Кључне теме: БОЖАНСТВЕНЕ РЕЧИ - ЗАХВАЛНОСТ - ЛЕГИСЛАЦИЈА - СЛУЖБА НА СИНАЈУ - ПРАВЕДНОСТ

Секције
7. 19-24 Заповести и завет (Синајска планина)
8. 25-31 Спецификације и стручњаци (Шатор од састанка)
9. 32-34 Опроштај и заступништво
10. 35-40 Изградња и освећење (Шатор од састанка)

Први део (главе 1-18) објашњава детаље који су се десили пре егзодуса из Египта. Укључује бројна чудеса, она најпознатија, како су Израелци били заштићени од убистава прворођених и како су могли да пређу преко Црвеног мора. Такође укључује мање познате, али исто тако чудесне начине како Бог обезбеђује шта је потребно на пута од Египта до Синајске планине. За време Јом Кипур рата 1973. године, египатска војска је била онемогућена да остане дуже од три дана у пустињи, док је 2 и по милиона људи преживело у пустињи 40 година.

У другом делу нагласак је на легислацији. Први пут се појављују десет божјих заповести, али долази и до закона који се тичу Божје намере да сиђе и живи са својим народом.

Као што су живели у шаторима, тако ће им се прикључити и Бог у свом шатору. Али његов шатор ће бити другачији и биће издвојен од свих других. До тада, овај народ није градио ништа друго осим земљаних цигала, а онда их је Бог обучио да раде са златом, сребром и дрветом.

Други део има и мало наратива. Ту ми читамо најтужнији део целе Библије, како је народ хтео да задовољи себи и излије златно теле за обожавање. Књига се завршава изградњом шатора од састанка. Бог је направио себи пребивалиште и његова слава силази у тај шатор.

Главе 1-18

Многи прихватају први део *Изласка* са много задршке зато што је тако натприродна прича. Толико има чудесних догађаји да многи људи сугеришу да можда овде имамо серију легенди пре него истиниту причу. Међутим, да ли су поменути догађаји мит или чудо?

Мит или чудо?
1. НЕМА СЕКУЛАРНИХ ИЗВОРА

Проблем није само у природи самих догађаја, већ и у чињеници да нису подржани секуларним, историјским доказима. Све што имамо је помињање речи "хабиру" у Гошену - могући показатељ Јевреја и деце Израела. Ипак, не би требало да нас изненади недостатак документовања. Излазак Јевреја је био понижавајући догађај за Египћане. Имали су неколико епидемија, као и смрт својих прворођених. Њихови најбољи кочијаши су завршили на дну Црвеног мора. То свакако није нешто за утеху.

2. ИЗРЕЧЕНИ БРОЈЕВИ

Многи људи тешко верују у ову причу јер се тиче великих бројева. Речено нам је да је око 2,5 милиона робова кренуло из Египта. По многим параметрима ово је заиста велики број. Уколико би ишли у колони по пет, поворка би била дугачка 177 километара, а ту не рачунамо стоку. Требали су им месеци да пређу неку раздаљину. То је огромна полулација за прехрану и залихе воде за 40 година.

3. ДАТУМ

Такође постоји и питање када су се догодили поменути догађаји. Немамо никакве друге записе ван Библије и не можемо прецизно да одредимо датуме. Тако да не знамо тачно који је био фараон то време. Избор је пао на два, између Рамзеса II, који је имао моћну армију и који је себи подигао огромне кипове и где су недавно откривене гробнице његових синова, и Дудимор, ако се ослонимо на "нову хронологију" Дејвида М. Рола.[2]

---

[2] Погледати *A Test of Time* (BCA, 1996), и *Legend* (BCA, 1988) за ове изузетне тврдње египтолога који је открио доказ Јосифовог боравка у Египту, Мојсијевог ослобођења и чак, ако се вратимо назад, локације Еденског врта! (напомена писца књиге)

4. РУТА КРЕТАЊА

Постоји контраверза и око руте којим су се кретали Израелци када су напуштали Египат. Постоје три могућности за разматрање: правац према северу, правац према југу и један у средини. Ово питање ћемо поново разматрати касније.

5. БОЖАНСТВЕНО ИМЕ

Многи учењаци налазе проблем у Божјој речи у *Изласку* 6,3 када каже: "Ја сам ГОСПОД. Ја сам се појавио Авраму, Исаку и Јакову као Свемоћни Бог, али под мојим именом ГОСПОД нисам се појављивао пред њима". Та последња фраза је или тврдња ("...нисам се њима показао...") у том случају Аврам га је знао само као "Бог", али без личног имена који би га одвајао од других богова; или је питање ("...зар се нисам показао...?"), у том случају Аврам је знао Бога по имену исто као и Мојсије. Ово последње је мало вероватно.

ЧИЊЕНИЦЕ

Сва ова питања наводили су учењаке да сумњају да ли читају чињенице, фикцију или можда комбинацију измишљених и историјских прича. Они који не верују у ову причу, нека се запитају зашто не верују. Да не постоји предрасуда који тзв. научни поглед на свемир спречава да људи верују у истинитост догађаја? У исто време можемо да погледамо на разумно објашњење чињеница које су непобитне.

1. Нико не може да оспори чињеницу да данас постоји нација која се зове Израел. Па, одакле су дошли? Где су они почели? Како су уопште постали нација ако су били само група робова? Ми знамо из секуларних извора да су заиста била само дружина робова. Нешто се драматично догодило да би објаснило постојање Израела.

2. Сваке године свака јеврејска породица слави Пасху. Зашто то раде? Ово је ритуал који је преживео хиљадама година и потребно је објашњење како је настао.

Према томе, обе ове чињнице захтевају објашњење, а *Излазак* нам даје одговоре. Па да простудирамо сваку секцију пратећи структуру од раније у табели и потражимо одговоре који се налазе у тексту.

1. Умножавање и убиство

У уводним сценама откривамо да је број Јевреја био око 2 и по милиона у тренутку када почиње напуштање Египта. Ово заиста може да звучи као велики број, са обзиром да је почело само са 12 Јаковљевих синова и њиховим потомцима и шире фамилије. Међутим, ако је свака породица имала четворо деце (у то време то није био велики број), за 30 генерација то је достижан број.

Зашто су остали 400 година у Египту уместо предвиђених седам? Први пут су дошли у време Јосифа кад је била глад у Ханану. (Египат је у то време био пун хране захваљујући Јосифу који је обезбедио залихе у време седам родних година.) Дошли су добровољно да живе заједно и прихватили гостопримство које им је обезбедило плодну земљу у близини делта Нила која се звала Гошен.

Одржали су своју нацију за време седам гладних година. Питање је зашто се после тога нису вратили у своју земљу, Ханан. То је питање веома релевантно, с обзиром да су касније због те одлуке постали робови у Египту.

Разлог је што су се тамо добро осећали. Много је било лакше живети и обрађивати земљу у делти Нила него у планинама Јудеје. Земља је била плодна, клима много топлија, без снега зими којег је било у јудејским планинама. Исхрана је била добра, могли су са једу рибу из Нила и много боље да се брину о себи. Значи, остали су јер им је било добро. Тек када су постали робови, сетили су се Бога и завапили ка њему.

Постоји и божанствени разлог. Бог није урадио ништа да би их охрабрио да напусте египатску земљу за 400 година. Да су се вратили чим је прошло време суше, тада би били само мала група људи, толико мали да не би били у стању да испуне Божју сврху. А његова сврха је била да истера Хананце из земље. Бог је то објаснио Авраму када му је рекао да ће његови потомци остати у Египту све док грешност Хананаца не постане комплетна. Бог је чекао да Хананци постану толико лоши, да би над њима употребио палицу праведности и пресуде и да их избаци из обећане земље. Читамо у *Поновљеним законима* да нису Израелци имали неке изузетне врлине да би их Бог изабрао. Да су и они били лоши као Хананци и они би били избачени. Да би они били инструмент правде они су морали да буду исправни.

То је све дошло касније. Као робови у Египту, суочили су се са три мучна декрета:

1. *Принудни рад*: фараон је одлучио да користи Јевреје као радну снагу за своја конструкторска дела.

2. *Тешки услови*: морали су да прави цигле без сламе (тиме су цигле биле много теже за ношење). Археолози су ископали три врсте цигала које су се користили у Египту: цигле са сламом, цигле са шутом и оне које су биле наређене декретом Јеврејима да се праве само од глине. Идеја је била да цигле буду претешке, да имају мање слободног времена, мање секса и да почне број да им опада. био је то суров начин контроле размножавања, али није успео, па су зато донели трећи декрет.

3. *Смрт*: Све рођене мушке бебе су биле дужне да се баце крокодилима у реку Нил.

2. Трске и огњени жбун

Већина људи зна ову причу. Река Нил је била пуна крокодила и ова форма геноцида сматрана је неопходном за Египћане да би смањили број Јевреја. Беба Мојсије је лако могла бити убијена на овај начин. Примећујемо да је провиђењем Мојсије, као и Јосиф, доведен на фараонов двор да би стекао образовање. То га је начинило најобразованијим од свих јеврејских робова и омогућило му да напише првих пет књига Библије. За Јевреје Мојсије је био други највећи човек свих времена, после Аврама. Његово време као египатског принца завршено је када је изгубио контролу и убио чувара робова, после чега је побегао да би спасао живу главу.

Статистика Мојсијевог живота је интересатна. Са 40 година бежи из Египта, онда 40 година чува овце и проводи у пустоши, а онда још 40 година води Јевреје кроз дивљину ка обећаној земљи. Ово је таква правилност да мора бити Божје дело.

Мојсијев сусрет са Богом преко огњеног жбуна је интригантан, не због самог жбуна, већ због Мојсијевих оправдања. Бог прво говори Мојсију да изује обућу јер се налази на Светој земљи. Затим му каже да ће он бити тај човек који ће извести народ ван Египта. **Мојсије је саопштио пет оправдања зашто он то не треба да уради.**

Прво, каже да није важан. Бог му каже да је за њега важан и да ће бити уз њега. Затим каже да је незналица и да не зна шта ће да каже. Бог му говори да ће Он да му каже шта да говори. Треће оправдање је када тврди да неће моћи да убеди људе и да му неће веровати. Бог му каже да ће Божја снага бити с њим и да ће чинити чудеса. Затим Мојсије тражи оправдање у спором говору, вероватно је муцао у говору. Бог му одговара да ће његов брат Арон да говори уместо њега. На крају, каже да је потпуно безвредан и да пошаље неког другог. Бог му обезбеђује испомоћ у Арону, да ће њих двојица радити заједно. Мојсије свако оправдање базира на својим недостацима и сваки пут Бог има одговор.

3. Куга и пошасти

У овој секцији су поменуте 10 пошасти: Нил се претворио у крв, најезда жаба, најезда комараца, најезда бува или мува, болест стоке, чиреви, снажан град, најезда скакаваца, помрачење у земљи и на крају, смрт прворођених.

Прво што можемо да приметимо, Бог је у тоталној контроли над инсектима. Бог може да нареди комарцима и скакавцима где и како да се крећу, баш као и жабама. Пошасти шаљу снажну поруку да Бог контролише све што је створио.

Интересантно је приметити како су и пошасти све интензивније. У почетку само нелагодности, преко болести, па све до смртне опасности. Такође постоји и померање са чуда који делује на природу, па тек онда на људе. Они су у градацији, све су јаче и јаче, како фараон и Египћани упорно одбијају сва упозорења. Неки примећују да је завршна казна најтежа, али и неправедна, убиства прворођених? А Египћани су радили још горе ствари, бацали су бебе у реку са крокодилима, па је тиме ова одмазда зацело адекватна.

Лако је приметити и религијско такмичење које је извршено за време ових чуда. Свака пошаст је била напад на једног од египатских богова:

Куум - чувар Нила
Хапи - дух Нила
Озирис - Нил је проток Озирисове крви
Хекут - бог спаситељ у жабљем облику
Хатор - богиња, има изглед краве

Апис - бог Пта у облику бика, бог плодности
Минева - свети бик Хелиополиса
Имотеп - бог медицине, здравља
Нут - небеска богиња
Сет - заштитник усева
Ра, Атен, Атум и **Хорус** - богови сунца

Фараон је сматран за неку врсту божанства [обично је сматран за сина бога Ра - прим. прев.]

Пошасти су специфично створене против ових египћанских богова. Порука је била врло једноставна: **Бог јеврејских робова је јачи од свих египатских богова заједно.**

Неки налазе проблем у тексту где се говори о срцу фараона. Ми читамо да је Бог отврднуо срце фараона. Неки су чак од овог развили и теорију о предестинацији, додајући још и *Посланицу Римљанима* 9 где је Павле рекао да је Бог отврднуо фараоново срце. Они сугеришу да нас овај пасус учи да је до Бога да омекша или отврдне било чије срце. Бранећи овај став износе аргумент да они не знају зашто и како Бог прави изборе, али који год да је разлог, то је била Божја одлука да отврдне срце фараону. То је као када би Бог извлачио цедуљице са именима из шешира и онда одлучује ко иде у пакао или рај.

Ипак, то није шта нас Библија учи. Ако пажљиво проучавате текст, фараоново срце је стврднуто 10 пута. Првих седам пута фараон је сам себи стврднуо срце, а Бог је то учинио у последња три случаја. Значи, Бог је стврднуо срце фараона тек касније, када је упорно одбијао захтеве. само је потврдио фараонов избор. То је како Бог кажњава: Он помаже људима на путу којим су одлучили да путују. У *Откривењу* Бог каже: "Онај који је грешан нека настави да буде грешан." Према томе, нема случајног избора у случају фараона - он је сам себи отврднуо срце, пре него што је Бог наставио да ради то исто. Бог одговара на наше изборе. Ако ми упорно следимо наш погрешни пут, Бог ће нам још помоћи. Он ће демонстрирати његову пресуду ако ми одбијамо демонстрацију његове милости.

4. Прослава и прворођени

Десета пошаст је била да сваки прворођени дечак у египћанској породици мора умрети. Ово је била одлучујћа казна за ову целу драму. Трагедија би се догодила и Јеврејима да нису слушали Божје инструкције. Морали су да обоје врата јагњећом крвљу.

Анђео смрти би дошао у Египат када падне ноћ и обишао све куће које имају знак на вратима. За остале, смрт је дошла у поноћ. Интересантно је приметити да је боја крви гримизна-кестењаста и ту боју је најтеже приметити у мраку.

Крв у овом случају има још једно додатно значење: Јевреји су клали једногодишње овнове, одрасле мужјаке, а после тога су уносили жртвоване животиње унутра и пекли их. Овнови су одиграли двоструку улогу, за обележавање и за исхрану. Када су Исуса звали "јагње Божје", то је више раздвојена и ублажена слика него што је Библија намеравала, јер Он је у ствари "ован Божји", то је реч која даје више робусно значење. Јевреји су јели месо стојећи, лепо обучени и спремни да крену на позив. Речено им је да понесу залихе хране и бесквасни хлеб. Они су били да крену из Египта те исте ноћи.

Јевреји до данашњег дана празнују ту исту Пасху. У тачно одређеном тренутку у току вечери, један млађи члан би требало да упита "А шта све ово значи?" Онда би најстарији члан требало да одговори: "То је оно што је Бог урадио у ноћи кад је побио све проворођене и ми смо спасени захваљујући крвљу овна". Дакле, то је подсетник да прворођени морају бити откупљени у свакој генерацији.

5. Ослобођени и подављени

Постоје три могуће руте којом су се кретали Јевреји ка обећаној земљи.

Прва је позната као северна рута. У том случају би ишли кроз плитке пустињске делове Медитерана. Мапа Египта нам показује да је то било место које се звало Језеро Сербонис. Затим су кренули у правцу Кадеш-Барнеје. Ако је тако, онда су египатске кочије лако могле да их прате, па то није вероватно.

Друга теорија да су прошли кроз пролаз Митлер ка Кадешу. Али је тамо је био поређан низ утврђења (где је данас Суецки канал) која су изграђена против инвазије са истока. Ту би Јевреји морали да прођу кроз или поред те линије утврђења. Они нису били наоружани, тако је и ова рута мало вероватна.

Трећа могућност је да су узели руту ка планини Синај, где је Мојсије био пастир 40 година. Тако је највероватније јер је Мојсије познавао ту земљу. Локација Синајске планине није сигурна, али сва традиција показује на Синајску планину на Блиском Истоку према југу. Израелци су напустили Гошен и кренули јужно. Фараон би помислио да је боље да их гони према пустињи, мислећи да увек могу да пожеле да се врате. Када су камповали, били су скривени од Египћана иза облака који им је послао Бог.

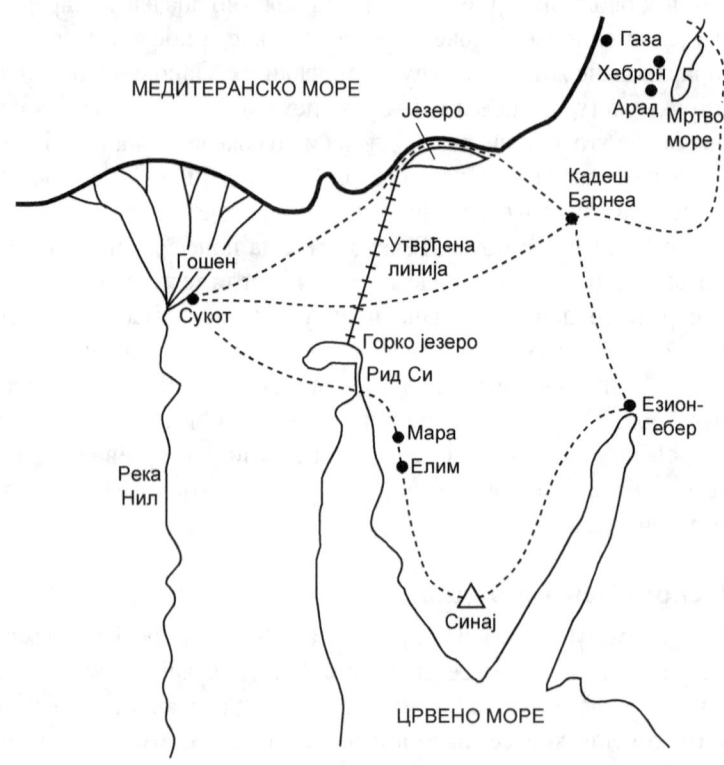

Ако самог преласка преко мора, Библија не каже изричито да је Бог расцепио Црвено море на пола, већ да је послао источни ветар који је одвојио воду. Али како источни ветар може да одвоји море?

Ако погледамо мапу поменуте области видећемо да је велико Горко Језеро некада било спојено са оним што данас зовемо Црвено море. видимо да је некад било спојено плитким и уским каналом који се звао "Рид Си" (Reed Sea) које је тек касније прозвано на хебрејском "Ред Си" (Red Sea) што на Енглеском значи Црвено море. Линија утврђења иде тачно до Горког језера.

Ако је то место где су Јевреји прешли, онда је било две природне силе које су одвојиле море. Снажни источни ветар гурао је воду на запад, а снажна сила осеке је вукла према југу.

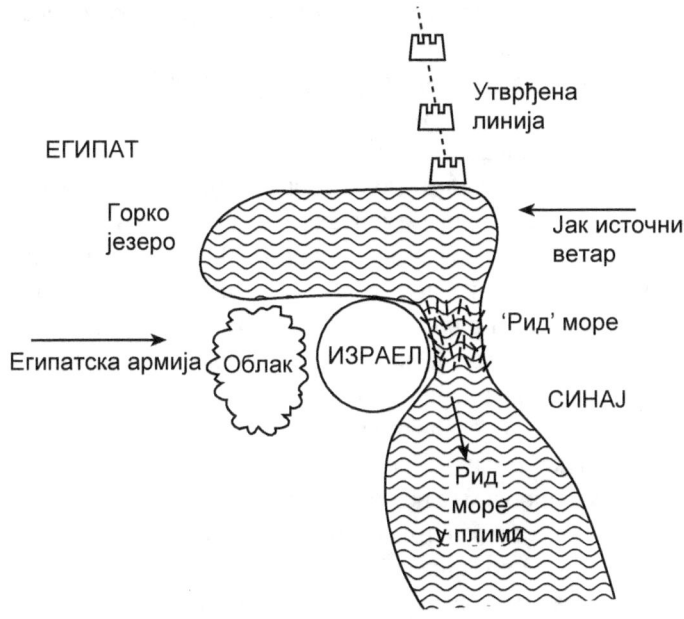

Ово уопште не објашњава чудо. Као је источни ветар задувао баш у одређено време? Ако посматрамо овај догађај као природни, земаљски феномен, не покушавамо да негирамо чудо. Пре ће бити да покушавамо да покажемо да се десило чудо "случајности". У ствари, Библија нам говори да то није било никаква случајност, већ провиђење.

Запањујуће може бити чињеница да је прелазак преко Црвеног мора или канала десио трећег дана по убиству пасхалног јагњета. Ослобођење Јевреја је дошло трећи дан по жртвовању јагњета. Даље, *Излазак* нам говори час када би жртвено јагње требало да буде убијено: 3 сата после подне. Трећег дана Израелци су коначно побегли. Постали су слободни од фараона и више га никада нису виде. Касније ћемо наћи још више паралела са Новим заветом.

6. Обезбеђени и заштићени

Пустињски регион кроз који су пролазили Израелци је тешко место за преживљавање. То није било идеално место за путовање два и по милиона људи са животињама.

Постојали су спољашњи и унутрашњи проблеми за Мојсија. Највећи проблем је био физичка потреба за храном и водом. Свако јутро Бог је обезбеђивао храну за њих.

Спавали су на земљи и по шаторима, а када су се пробудили нашли су нешто за јело, па су упитали "Шта је то?", на хебрејском - ман-на - мана. Сваког дана су добијали по 900 тона тога. То је буквално био хлеб са небеса, касније је то поменуто поново у Библији.

Како су живели прилично удобно на том хлебу, касније су се пожалили да не једу месо. Навикли су се на тешку исхрану у Египту. Онда им је Бог послао јата препелица, добили су толико да су гомиле препелица ишле и до метар и по у висину. Јели су препелице док им није постало мука од њих!

Имали су и проблем са водом. Прву оазу су имали код места које се зове Мара. Иако је место имало воду, није могла да се пије - све док није постала пијаћа вода преко чуда. Следеће место, Елим, имало је свежу воду одмах по доласку. Количина воде која им је требала је заиста озбиљна - требало им је 7,5 милиона литара дневно за људе и животиње. Касније су добијали и воду и из камених стена. Можда је једно од највећих чуда које се догодило на том путовању било то да уопште нису излизали сандале. Камење у дивљини може бити веома оштро, а њихове сандале су потрајале 40 година!

Мојсије је имао и унутрашњих потешкоћа. С обзиром на огроман број људи, није никакво чудо што је било оспоравања његовог ауторитета међу људима. Нама је речено да је то било свакодневно, све до тренутка када је Мојсије постајао све више љут на свој народ. Ако је било потребно, Мојсије је задужио свог таста који се звао Цетро, да посредује и прави делегације за одговорност, Мојсије је именовао 70 стараца да му помажу.

Главе 19-40

После наратива о изласку из Египта, други део књиге се окреће легислацији, наредбе које Бог даје свом народу, говорећи им како да живе и ствара завет са њима.

7. Заповести и завет

Постоје три врсте правних колекција у другом делу *Изласка*. Најпознатија је *Десет Божјих заповести* (или декалог, што значи "10 речи"), која је исписана Божјим прстима на каменој плочи. (Модерно приказивање овог догађаја представља Мојсија који држи две плоче, а по пет су исписане на свакој плочи, али 10 заповести су биле на једној плочи.) То је био правни уговор, као што је обично ишло у то време. Краљ освајач је састављао такве уговоре са поробљеним нацијама. Свака страна је имала свој узорак. У Мојсијевом случају једна плоча је била за Бога, а друга је била за народ. Овај уговор је био нешто специјално, касније су га прозвали "завет". Овај завет није био уговор две стране, већ је више био уговор Бога који народу нуди сагласност који могу да прихвате или да одбију.

Десет заповести формирају прву колекцију правних аката, а касније следи нова која је названа "Заветна књига" или "Књига уговора" и њу налазимо у *Изласку* 20,23-23,33. Она се бави питањима друштвеног живота.

Трећа колекција су закони у главама 25-31 и они се тичу начина обожавања, места где ће се вршити и лица која ће то спроводити. Преклапања и проширења ових закона имамо у *Поновљеним законима*. Према томе, то нису само 10 Божјих заповести, него укупно 613 правила о томе како водити живот пред Богом.

Важно је да се нагласи значај контекста ових закона. Десет заповести и Заветни уговор су у сендвичу између прошлости и будућности.

1. У глави 20,2 Бог каже: "Ја сам ГОСПОД, ваш Бог, који вас је избавио из Египта, одвео вас из земље робова."
2. У глави 23,20-33 Бог обећава људима своје присуство у будућности и обећава земљу, ако следе његова упутства.

Први текст се односи на избављење из Египта, а други на улазак у хананску земљу. Контекст нам говори да се Бог обраћа људима који имају велико искуство у прошлости, који очекују добру будућност и који зато могу да живе у садашњости.

Краљ Алфред базирао је британски правни систем на Десет заповести и тешко је видети како их људи разумеју ако немају претходно откупљење. Морамо да заповести видимо у исправном контексту.

Десет заповести

Ближи поглед на Десет заповести заједно са легислацијом открива нам три основна принципа који га заокружују. Први је принцип *поштовања*. Свих десет заповести су базиране на томе - поштовање према Богу, поштовање за његово име, поштовање за дан, поштовање за људе, поштовање за породични живот, за сам живот, поштовање за брак, људске приоритете и репутацију.

Порука је јасна: здраво, свето друштво је изграђено на поштовању. Многа друштва данас, нарочито преко масовних медија, постављено је да уништи поштовање. *Телевизијске комедије често охрабрују неважне погледе на свет тако да ништа не остане свето. Све и свако може постати предмет исмејавања.* Јасно је да губитак поштовања према Богу води у идолопоклонство, губитак поштовања према људима води ка неморалности и неправди.

Највише заповести имамо везано за говор и речи, али постоји и једно које се тиче осећања, то је заповест у вези нашег срца. Можда је зато апостол Павле у *Римљанима* рекао да је задржао првих девет, али није могао да испуни десети, заповест у вези похлепе. Када пожелимо нешто што немамо, проблем је наш унутрашњи живот. Ако си прекршио један закон, прекршио си све. Они иду заједно као огрлица, ако вам само једна перла испадне, и огрлица је изгубљена. У стварности не постоје десет одвојених заповести, постоји само један закон.

Други принцип је *одговорности*. Настављају да нас уче да ми нисмо одговорни за наше поступке, чак се иде и до тврдње да је за то крива генетика! Ми знамо да се оригинални грех преносио кроз гене, али идеја да су неки људи више зли зато што су наследили више погрешних гена води ка томе да људи нису одговорни ни за шта. Друга Мојсијева књига се директно противи таквом мишљењу. Господ Бог је рекао да смо ми одговорни пред њим како живимо у складу са његовим законом.

Трећи принцип је *одмазда*. Постоје три разлога за казне по закону. Први је реформа: Циљ казне је да од грешника направи бољу особу. Други је одвраћање: Циљ је да други погледају како се кажњавају зла дела и да одврате од чињења, због кажњавања. Трећи је одмазда: казна долази чисто зато што је заслужена, без обзира како и да ли ће утицати на друге људе. Трећи принцип заокружује закон у *Изласку*.

Главна казна се примењује у 15 случајева против Бога, од убиства до непоштовања сабата. Ту се укључује киднаповање, проклињање и напад на родитеље, а понекад и када нечија неконтролисана животиња проузрокује смрт.

Постоји веома пажљива разлика у Божјем закону између намерне и случајне смрти. Постоје две врсте убиства: намеравано и случајно. Једно носи смртну пресуду, друго је блаже. У сваком случају речено нам је да нема жртвовања у Мојсијевом закону за наставак намераваног греха. Заиста, ако читамо *Посланицу Јеврејима* то исто можемо наћи и у Новом завету.

Није уопште вредно лишавање слободе појединца јер то није по закону. Нигде се у Библији не тражи таква врста казне. Постојао је, ипак, систем повраћаја, систем компензације за оне који су повређени. То је lex talionis, данас познат по скраћеној изјави "око за око, зуб за зуб". Ако например, неко повреди трудну жену и деформитет детета буде резултат тог напада, тај неко ће бити повређен на исти начин као и жртва. У осталим случајевима је постојао систем плаћања, када се радило о материјалним добрима и крађи.

8. Спецификације и стручњаци

Спецификације

Долазимо до следеће запањујуће чињенице да је Бог желео да живи са Израелом. Већ је јасно дефинисао своју светост. Када је народу дао закон на Синајској гори, Бог је желео да Израелци буду сигурни шта је светост значила. Бог је рекао да нико не може додирнути свету планину а да остане жив. Мојсије је направио ограду у дну планине. Давање закона је пропраћено грмљавином, муњом и ватром, показујући Божју моћ и одвојеност људи од Бога.

Међутим, наглашавајући своју подвојеност, Бог каже Мојсију да жели да сиђе доле и живи са људима у кампу. Где год да се налази, Он жели да живи са њима и да буде у њиховим срцима. Шатор ће бити у средини кампа и тај шатор ће комуницирати са његовом светошћу, па би га тако обожавали са поштовањем.

Тај шатор је назван "шатор од састанка" (tabernacle) и *Излазак* нам даје конструкторске спецификације прописане од Бога, у оквирима закона и у складу са религијским животом Израела (главе 25-31).

Све у вези шатора је Божји говор и правилан приступ ка њему. Био је увек у центру кампа, са 12 племена око њега.

Специјалисти

Употреба

Најважније у употреби, шатор од састанка није био увек приступачан, иако је био у центру кампа. Да почнемо са оградом која је била дугачка 46 метара (100 лаката) и 23 широка широка и 2,2 метра висока (кубит или лакат је приближно 18 инча или 45 центиметара), довољно висока да спречи спољне погледе. Био је само један улаз и то према шаторима Јудиног племена. Унутар ограђеног простора олтар и перионица тј. мали базен.

Први приступ Богу, морао је бити кроз жртвовање: животиња би била заклана, а онда спаљена на олтару у понуди Господу. Верник би онда опрао руке у бакарном базену између олтара и уласка. Тек онда су могли да приђу шатору. Шатор је има две секције, место где је боравио Бог и које је било мање од осталог простора, то место је заклањано од погледа људи и посећивало се само једном годишње и то од првосвештеника.

Већи део је био површине 4,5 метра са 9 метара и био је зван као свето место. Само свештеници су могли да улазе у тај део, али су пре тога морали да жртвују животињу и да оперу руке у базену. Било је три дела намештаја. Сто са показним хлебом, 12 векни је представљало 12 племена. Постојао је седмоделни свећњак који је непрестано горео у светом уљу и још један олтар за жртву под велом.

Вео је скривао зону од 9 x 9 метара, Светињу над светињама: место где је обитавао Бог. У Светињи над светињама био је сандук, а изнад сандука два херувима. У Библији, херувими су увек анђели пресуде. Они су овде описани као да гледају на доле према златној површини. Једном годишње првосвештеник је улазио, а затим жртвововао једногодишњег, здравог овна као покајање за свој народ. У Светињи над светињама био је и заветни ковчег у коме је било нешта мане и књиге закона.

Није било природног светла у Светињи над светињама, али је увек било прозрачно светло. Бог је ту боравио и светлела је његова слава.

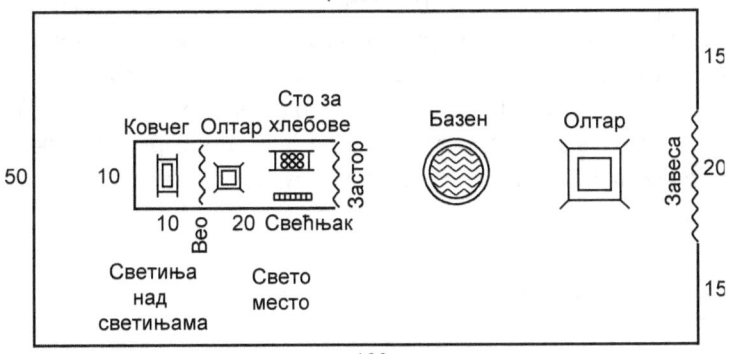

Лепота шатора сигурно је била величанствена, али већи део је био сакривен. Биле су предивно извезене завесе и покривачи, али је све било покривено кожом од јазавца, сакривајући лепоту од људи. Унутра су били златни делови намештаја и завесе извезене у плаво (боја неба), црвено (боја крви), сребрно и златно.

Цела структура је била ако хоћеш да приђеш Богу мораш прво да принесеш жртву да би се очистио. Бог је рекао да је то копија како он живи на небу.

Чак и када је шатор био умотан и када се носио, све елементи су били покривени. Шатор су могли да носе само одређени људи, а "обични" људи су морали да праве раздаљину од хиљаду корака од шатора, док се шатор не подигне поново.

Светост Бога је наглашена и у оделима свештеника. Првосвештеник је добио детаљна упутства шта да носи на себи. Имао је 12 врста драгог камена на грудима за 12 племена Израела. Ови драгуљи су поново поменути у *Откривењу* које описује Нови Јерусалим. Првосвештеник је морао да носи посебан појас, турбан, огртач, ефод и капут.

Обични свештеници су морали да носе "одећу за службу", али од њих су захтевани специјални капути, појасеви, капе и панталоне. По овој одећи су могли да разликују ко је првосвештеник у име свог народа.

Изградња

До тог времена, народне вештине су биле само производња и транспорт цигала, па би тако изградња овако комликовнаог шатора било изнад њихових способности. Нама је речено да су Безалел, Охолиаб и други добили специфичне дарове од Бога да могу да направе тако нешто. Овде се први пут помињу "духовни дарови" у Библији, а интересантно је да су требали да буду у јединству са ручним способностима.

9. Опроштај и заступништво

Опроштај

Мојсије је дуго времена примао закон на Синајској гори. Народ није знао шта се догађа са Мојсијем, па су упитали Арона да ли могу да направе бога кога могу да виде и обожавају. Тако је Арон помогао да се излије теле од злата које су имали. Избор животиње је био важан. Као што смо раније приметили, животиње су биле многи идоли које су имали Египћани. Волови и бикови су били симболи плодности и тако су коришћени кроз историју. Јасна порука Светог писма је да *идолопоклонство води ка неморалности*: губитак поштовања према Богу води ка губитку поштовања према људима. После тога је следила дивља оргија.

Када је Мојсије сишао са планине и видео шта се догађа, сломио је обе плоче закона. Он је симболизовао шта је народ већ учинио оваквим понашањем.

Заступништво

Мојсије се вратио на планину и рекао Богу да му је доста оваквог народа и сазнао да Бог размишља на исти начин. Овде долази одлучујући моменат у Мојсијевом лидерству. Мојсије каже да ако Бог намерава да цео народ избрише из његове књиге, нека онда избрише и њега, не жели да буде једини преостали. Он каже: "Узми мој живот као откупљење за њих". Бог му објашњава да он брише из његове књиге само имена која су згрешила против њега, овај моменат се понавља неколико пута у целој Библији. Најважнија ствар у животу је да задржите ваше име у књизи живота. Бог каже: "Изоставићу из моје књиге оне који су згрешили против мене".

Мојсије инсистира да се народ казни, а Бог му говори да ће

он да се обрачуна са лидерима побуне. Три хиљаде људи је умрло. Можда нам се овај број и не чини великим, али наратив *Изласка* је невероватно сличан догађајима у Новом завету. Закон је дат на Синају 50 дана после Пасхе и жртвовање јагњета.

Јагње је убијено у три сата после подне и трећег дана по ослобођењу робова. Педесет дана после Пасхе дат је закон, а 50 дана после Пасхе Свети дух је сишао на Јевреје и ми то зовемо **Педесетница**.

Три хиљаде људи је умрло јер су прекршили закон. На исти дан, вековима касније, када су Јевреји славили давање закона, Бог је послао Светог Духа - али овај пут три хиљаде људи је спасено (Дела апостолска 2).

10. Изградња и освећење

Одакле Израелцима материјал за изградњу шатора од састанка? Било је потребно најмање тона злата, да не помињемо тканину, одела, драгуље, бакар и дрво.

Постојао је просечан поклон од петине унце[3] злата од сваког човека.

Бог је обећао Авраму много векова раније не само да његови потомци бити робови, већ да ће на путу ка обећаној земљи имати велике драгоцености. Материјал за шатор и свештеничка одела, у ствари су дошла од Египћана, који су били срећни да виде леђа Израелцима, па су им давали и драго камење. То нам говори како су дошли до потребних материјала. Народ је вршио донације. Четири речи описују природу њиховог даривања: било је спонтано, захвално, редовно и свечано. Овде нису биле некакве изнуђене казне за оне који нису ништа дали, све је препуштено доброј вољи народа ("Свако ко је вољан...").

На крају ове књиге речено нам је како је Бог преузео пребивалиште и посветио шатор. Народ је видео долазак његове славе у стубу дима или магле који је ишао у вис изнад шатора. Унутрашњи део собе је био сав у светлости у Божјој слави која је била унутра.

Бог је камповао са својим народом. Касније, када су видели да се светлост креће, знали су да је време за полазак.

---

3 Петина унца је 5,6 грама. (напомена преводиоца)

Хришћанска употреба *Изласка*

Прича о егзодусу је фасцинантна у детаљима израелског обожавања, али морамо да поставимо питање: Како хришћани да читају ову књигу данас?

Прво што морамо да кажемо је да се Бог не мења. Он се обрачунава са хришћанима на исти начин као и са децом Израела. Зато се тако много речи користи из ове књиге у Новом завету - речи као што су: закон, завет, крв, јагње, Пасха, излазак, хлеб. Они се користе у Новом завету, али воде порекло из ове књиге.

Истовремено, постоје и неке важне разлике. Ми више нисмо под Мојсијевим законом, него под Христовим законом. Као што ћемо видети, ово чини неке ствари тежим, а неке лакшим.

Шатор од састанка више није потребан, јер сада ми знамо да нам је Христос обезбедио директан приступ у Светињи над светињама. Нисмо више ни зависни од залиха храна и воде из камена или са неба. Постоје два суштинска начина на који хришћани данас могу да примене *Излазак*.

Христос

Хришћани треба да траже Христа у Другој Мојсијевог књизи. Исус је рекао: "Потражите ме у Скриптама, оне сведоче за мене". Ова књига је централна за Стари завет. Све књиге после ње враћају се на искупљење на чему је све основано. Баш исто како је крст централна тачка за Нови завет.

Ово није измишљена веза. Шест месеци пре него што је умро на крсту, Он је био на висини од 1220 метара на планини Хермон у северном Израелу, где се показао са Мојсијем и Илијом.

Јеванђеље по Луки нам говори како су причали о "изласку" који је Исус тек требало да уради у Јерусалиму.

И више од тога, Исус је умро у три сата после подне, у исто време када су хиљаде јагњади биле жртоване на Пасху. Тако ми Христа зовемо "наше Пасхално јагње", онај који је био жртвован за нас, тако да би анђео смрти прошао поред кућа које су му веровале. Устао је трећег дана и васкрснуо да нас ослободи од смрти, баш као што су Јевреји ослобођени ропства трећег дана после Пасхе.

Постоје и друге паралеле. Читамо у *Јеванђељу по Јовану* да је Исус хлеб са небеса. Павле каже да је Исус стена одакле је Мојсију потекла вода за децу Израела. Јован исто каже да је "реч постала тело" и да је "шатор међу нама".

Бог је буквално подигао свој шатор, Бог у Христу обитује међу људима.

Имајући све ово у виду, можемо да разумемо Исусове речи у *Јеванђељу по Матеји*: "Нисам дошао да укинем закон, већ да га испуним". **Укратко, не можемо да разумемо Нови завет без Старог.**

Хришћани

Излазак се може применити и на хришћане. Павле, говорећи о овој књизи, пише Цркви у Коринту: "Ове ствари су се догодиле као примери, да би одстранила наша срца од злих дела, као што су учинила".

Прелазак преко Црвеног мора претходи крштењу. Павле каже да су деца Израела крштена преко Мојсија у Црвеном мору, а читаоци *Изласка* су крштени у Христу.

Хришћани такође имају пасхални оброк редовно, зато што је Господња вечера пасхални оброк, сећање на ослобођење у Христу.

Павле је говорио о одржавању прослава и ослобађања од квасца и хлебова зато што је Христос пасхално јагње које је жртвовано. Ово може да делује као чудна изјава све док не уочимо контекст. Писао је Цркви о неморалном понашању неког верника који је спавао са својом маћехом. У овом контексту квасац је представљен као зло кога треба да се ослободимо ако заиста хоћемо да задржимо прославу. *Излазак* види ствари у материјалном смислу, док је у Новом завету стављено у морални контекст.

Многи су забринути око тога како хришћани данас треба да третирају Мојсијев закон. Истина је да ми више нисмо дужни да испуњавамо тај закон, али на много начина "Христов закон" је много тежи од Мојсијевог. Мојсијев закон каже "Не убиј никога" и "Не чини прељубу". Многима је то јасно на том нивоу, али Христов закон нам каже "Ни не помишљај на то". Теже је испуњавати Христов него Мојсијев закон.

С друге стране, много је лакше јер нам сада није потребан велики број свештеника, ритуала и специјалних просторија. Апостол Јован је написао: "Кроз закон који нам је дат кроз Мојсија; милост и истина су дошли кроз Исуса Христа". Кад год се помолимо улазимо у најсветије место које је обележено Исусовим именом.

Међутим, постоје и велике разлике између Новог и Старог завета. Под законом је 3000 људи умрло на Педесетницу, али преко Светог Духа на Педесетницу је 3000 спасено. Радије бих имао закон од Духа који је написао закон у нашим срцима, него стари закон.

Реч **слава** за хришћане има ново значење. Павле пореди избледелу Мојсијеву славу са деловањем Духа у Новом завету. Хришћани сада могу да знају ту исту славу коју је познао Мојсије када се вратио са планине. Ипак, та слава није везана за олтаре, тамјан или одећу, него за Духа који почиње да пребива у верницима. Та слава се повећава из дана у дан.

На крају, морамо да приметимо на који начин шатор од састанка снажно говори како да данас прилазимо Богу. Прилазимо прво преко жртве (олтар) која је оправдана преко Христа, а затим мора да нас очисти Дух (перионица, базен). Боје шатора су у симболичној љубичастој боји која говори о краљевској лози, плаво представља небо, а бело представља чистоту. Данас имамо првосвештеника који нас представља пред Богом, али онога ко нема потребе да се жртвује због својих грехова.

Бог је створио једанпут и за сва времена жртву на коју указују све жртве из Старог завета.

Тек треба да следи у будућности ослобођење хришћана које је исто као и у другој Мојсијевој књизи. *Откривење* нам говори да ће се поново десити 10 пошасти у Египту.

Постоји запрепашћујућа повезаност између пошасти на крају историје и пошасти које су посетиле фараона. Они који остану верни Исусу проћи ће кроз све те невоље и биће победници. *Откривење* у 15. глави нам каже да ће сви мученици и они који ће проћи кроз све те притиске и прогањања и спољних искушења на крају певати Мојсијеву песму. Прву песму у Библији је написала Марија (Мирјам) у 15. глави *Изласка*, где прославља дављење Египћана у Црвеном мору. Ова песма ће се певати када се заврше све невоље овога света и будемо осигурани у слави. Ми ћемо имати двоструки излазак за слављење - излазак из Египта и силазак са крста.

4. ЛЕВИТСКА

Увод

Многи људи који су одлучили да прочитају целу Библију обично су се "заглавили" у *Левитској*. Лако је разумети зашто. То је веома тешка књига за читање, из три разлога.

Прво што је то једноставно **досадна** књига - као када бисмо читали телефонски именик. Много се разликује од прве две Мојсијеве књиге које су препуне прича. У њима имамо заплет и драму, дешавају се ствари.

Када читалац уђе у Трећу Мојсијеву књигу[4] где тешко да има мало нарације, јер многи мисле да је Библија колекција разних прича, присутно је тешко разочарање што **нема никакве приче**.

Трећи разлог је што нам се то све чини тако **страно**. Долази из другачије културе и другачијег контекста. Од наше садашњости ми смо удаљени 3000 година и 3400 километара. То је потпуно другачији свет и све нам се чини прилично чудно. На пример, шта је са заразним болестима у овој књизи? Јадна особа мора да поцепа своју одећу, да пусти косу да расте, да покрије доњи део лице и да виче "Нечисто, нечисто!" Са заразним болестима у нашој култури

---

4 Левитска се зове због племена Левита које је било једино јеврејско племе од кога су долазили свештеници. Потиче од грчке речи Λευιτικόν (Leuitikon) који упућује на израелско племе, али у овој изведеној форми преведено са хебрејског *torat kohanim* значи "закони свештеника". На енглеском се зове Leviticus, а потиче од латинске речи. (примедба преводиоца)

ми се боримо другачије! Има и других чудних активности - ми не долазимо са жртвеним јагњетом или голубом пред свештеника, који би онда требало да закоље животињу пред окупљенима.

Трећи разлог нам се чини потпуно небитним. Шта нам *Левитска* говори данас? Да радимо понедељком? Дубоко у себи, ми инстинктивно знамо да ми нисмо под Мојсијевим законом, пошто је ова књига део закона - ми нисмо сигурни какве то везе има са нама?

Контекст

Хајде да анализирамо књигу са другачијег становишта. Левитска је једна од пет књига које заједно чине оно што зовемо **Петокњижје** (pentatauch - пента значи пет). Те књиге чине Мојсијев закон. Јевреји их зову *Тора* или "књига инструкција" и они је читају сваке године. Почиње осмог дана Празника шатора, негде у септембру/октобру и почиње са првог главом *Постања*, читају је преко целе године и завршавају за Празник шатора идуће јесени. Интересантно за Мојсијеве књиге је да имају изглед који се лако памти. Ништа од овога нам неће помоћи да разумемо околности *Левитске*.

ЊЕНО МЕСТО У ПЕТОКЊИЖЈУ

Постање је књига почетака: то је оно што постанак значи - говори нам како је све постало, од стварања свемира до постанка Израела као Божјег народа.

Излазак се концетрише на бекство Јевреја из Египта. Левитска књига је добила име од левитског племена. *Бројеви* су пак оно што суштински и јесу - статистика (600.000 људи, плус жене и деца, вероватно два и по милиона људи укупно). Пета књига (Deutoronomy, Поновљени закони) се фокусира на друго давање закона (Бог их је дао два пута, први пут на Синају, а други пут по преласку реке Јордан и уласку у обећану земљу, тако да су десет заповести дошле два пута - први пут у *Изласку*, а других пут у *Поновљеним законима*, као нека врста подсетника.)

Када се запитамо о чему говоре ове књиге, то почиње да све обликује. *Постање* је универзална књига - он је за све, целу људску расу и цели свемир.

Излазак је национална књига - фокусира се на један народ, израелску нацију. У *Левитској* се још више сужује поглед, на једно племе целе нације. Када прођемо ову књигу, у четвртој књизи се поново поглед баца на целу нацију. У петој књизи је поново фокус на цео свет и враћамо се на општи поглед.

Овакво тумачење нам говори зашто су многи остали "укочени" са овом књигом. Као што су заинтересовани за цео свет и националне ствари, мање су заинтересовани за једно специфично племе.

НЕНО МЕСТО У ГЕОГРАФИЈИ

Постање почиње са целом земљом, па се онда концетрише на халдејску земљу где је живео Аврам, па онда на хананску земљу где су путовали, затим на Египат где су њихови потомци завршили. У Египту су били робови 400 година. У *Левитској* се поново сужава поглед на само једно место: Синајску планину, где су дати закон и легислација. Затим се поглед поново шири на Негев, Едомску и Моавску земљу, и на крају поново Ханан.

НЕНО МЕСТО У ВРЕМЕНУ

Постање покрива векове, целу историју наше планете. *Излазак* покрива око 300 година. *Левитска* покрива један месец, *Бројеви* захватају 40 година, а *Поновљени закони* гледају у будућност Израела кроз векове. Поново можемо да видимо облик пет Мојсијевих књига, *Левитска* их све везује у једну, преко најважнијег места, најважнијег месеца и најважнијег племена. Цео Мојсијев закон виси о њима.

Док Јевреји читају *Петокњижје* сваких 12 месеци, отприлике три седмица проведу у читању *Левитске*.

Разлог за *Излазак*

Уколико погледамо на трећу књигу у контексту *Петокњижја*, видимо и везу са другом књигом, *Изласком*. Важно је да видимо како се свака књига ослања на претходну да би смо је потпуно разумели. У другом делу *Изласка* изграђен је шатор од састанка, где је Бог обитавао међу људима. Тај шатор је увек био у центру кампа. *Левитска* нам прича о Божјем шатору и како све треба да буде са људским шаторима. Подељени су на два дела: Божји шатор и шатори народа, са правилима и одредницама за сваки посебно.

Ако даље погледамо у вези шатора, *Излазак* говори о томе како Бог прилази људима, али ова књига говори о томе како човек треба да приђе Богу. *Излазак* је о ослобођењу које је Бог донео људима, а ова књига је посвета Божјег народа за Њега.

Друга Мојсијева књига је Божја милост да види свој народ слободан, а ова књига почиње са понудама, о томе како да народ покаже захвалност свом Богу који их је ослободио ропства.

Требају нам обе књиге да спојимо поруку. Ова књига није интересантна као претходна, али нам казује да Бог очекује захвалност за оно што је урадио. **Поново нас подсећа да смо ослобођени и спасени да би служили.**

"Будите свети"

Када читамо Стари завет било би корисно да замислимо да смо ми Јевреји. За Јевреје разлог за читање *Левитске* је јасан: то је буквално питање живота и смрти. За Јевреје постоји само један Бог и то је Бог Израела. Сви други богови су плод људске маште. Баш тако је у обе Мојсијеве књиге, зато што постоји само један Бог, а они су били његов народ на земљи, постоји специјалан однос између њих. Са своје стране, Бог им је обећао да ће бити: њихова Влада, министар одбране тј. да ће их штитити, министар финансија тј. да неће бити сиромашних међу њима, да ће бити министар здравља тј. да се неће заразити од Египћана. Бог би био све што им је потребно, њихов Краљ. Заузврат, они би требали да воде исправан живот и да раде исправне ствари. Основна поруке ове књиге је шта је често алудирано и у Новом завету: "**Будите свети јер и ја сам свети**".

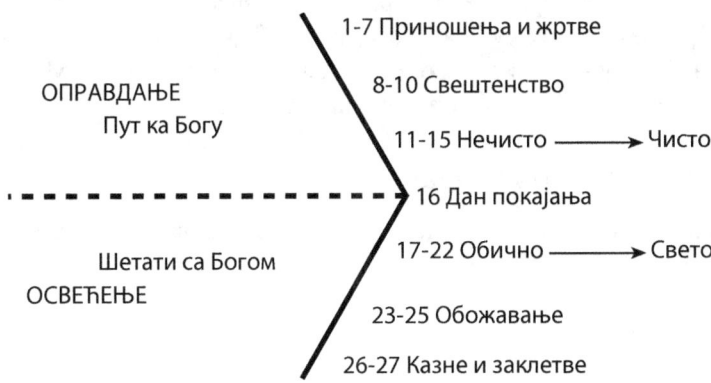

Бог је очекивао од народа који је ослободио да буду као Он, а не као околни народи.

Многе ствари које су чине тајанственим у *Левиūској* у ствари су објашњене. То је кључ који откључава целу књигу. Кад им Бог наређује да нешто не раде, то је зато што су околни народи то радили и да они морају бити другачији, јер он је свети и они морају бити свети.

Форма књиге

Већ смо приметили да је књига подељена на два дела. Узбуђење расте до климакса, а онда се спушта од климакса. Тако је вишеслојна као сендвич у неколико слојева.

Запамтите да је Бог одговоран за шему, не Мојсије. У ствари, више је Божјих речи у овој књизи него у било којој другој књизи у целој Библији! Приближно 90% је директно Божји говор - "И рече ГОСПОД Мојсију..." У ниједној књизи нема толико Божјег говора. Када читамо ову књигу то су буквално речи од Бога.

Приношења и жртве у првих седам глава су подржане санкцијама и клетвом за људе у последњој секцији. Детаљи о свештенству одговарају обожавању какво морају да воде.

Врхунац је Дан покајања, дан када две животиње симболизују грехе народа. Једну овцу жртвују унутар кампа. А онда један за другима полажу своје руке на другу животињу, јарца и исповедају своје грехе. Затим одгурају јарца ван кампа према дивљини, где ће животиња умрети са гресима који су постављени на њу. То је названо "жртвени јарац", термин који користимо и данас.

Два дела књиге су важна за Дан покајања. Први описује наш начин ка Богу - то ми зовемо **оправдање** - а други део описује наш ход са Богом - то је оно што зовемо **посвећење**.

Жртвовање и обожавање

Првих седам глава се баве правилима за жртвовање. Постоје пет приношења и две различите врсте.

Жртве захвалнице

Прве три врсте нису ништа друго него да се Богу каже "хвала" за благослов. То нису приношења за грех.

За **жртве паљенице** доведена је животиња, заклана и затим спаљена са угодним мирисом који је пријао Богу. То је био мирис који је Он волео.

За жртве паљенице спаљена је цела животиња, за **обедне жртве** један део су јели они који су принели животињу, на тај начин је било као да они сами једу са Богом.

Трећа захвалница је била за **мир**, где су спаљиване све масноће.

Приношење за кривицу

Остале две врсте жртвовања су биле за кривицу, **жртве за грех** и **жртве за прекршаје**. То је био пренос греха на жртву и требало је да се ураде две ствари.

Прво, покајати се за своје грехе. Понудили су Богу замену за грех неке особе. Реч "покајање" у то време није имало значење као што има у модерно време. Тада је то више значило компензација, замена, ако ти је жао нечега, мораш да понудиш замену. Обе ове врсте приношења су морале да буду у крви: за лош живот замена је било нешто што је живело, понудили су Богу добар живот после ритуала.

Друго, то је вредело само за ненамерне грехе; не у случају намерног греха. Другим речима, нико није савршен, сви правимо грешке, сви падамо у грех несвесно.

Иако нам није била намера да чинимо зло, ми га ипак чинимо. Бог је обезбедио жртве за ненамерне грехове, нема жртвовања за намерне грехе.

Ово је веома важна поука која се налази и у Новом завету. Нови завет такође разликује намерни и случајни грех, драговољни грех хришћана. Тако и Стари завет каже да ако намерно починимо грех после опроштаја, нема жртве за грех. Намерни грех који је раније опроштен је веома озбиљан, то је оно што је рекао Исус жени ухваћеној у прељуби, кад је рекао "Иди и не греши више". За ненамерни грех, ипак, постојало је право искупљење јер Бог зна да смо слаби и да не намеравамо увек да чинимо то што радимо. Као што је Павле рекао Римљанима: "Зло које сам починио, а нисам хтео". Та разлика између намерног и ненамерног греха прожима се за Божји народ кроз цели Нови завет, баш као и кроз Стари.

Календар обожавања

При самим ритуалим жртвовања, Јевреји су имали и календар који ћемо осмотрити. Не постоји сличан одговарајући календар у Новом завету, нема инструкција за Васкрс или Божић, али за Јевреје календар је био важан део њихове шетње са Богом. Били су третирани као деца: одраслима није потребан календар, календар је за децу, да раде неке ствари да не би заборавили. У *Левитској* се помиње много врста прослава и све су морале бити одржане.

ГОДИШЊЕ ПРОСЛАВЕ

Календар почиње првим месецом у години који је приближно у марту/априлу, са **Пасхом**, Празником бесквасног хлеба. То је одређено 15. дана првог месеца, да би се Јевреји присетили њиховог одласка из Египта. Дан пре Пасхе, у три сата после подне, јагње је требало бити убијено.

Три дана касније (после дана када је заклано јагње), морали су да понуде Богу **прве плодове жетве**. Није тешко приметити сличности и разлике у обрасцу са Исусовом смрћу и васкрсењем.

Педесет дана после тога следила је **Педесетница** или Прослава седмица. То је био дан када су добили закон на Синајској планини. Требало би да се тога сете и да се захвале. Када је закон дат на Синају, 3000 људи је умрло на тај дан због греха. Вековима касније, на исти дан, Дух је сишао на Педесетницу и 3000 људи је спасено.

Следеће прославе долазе при крају године (седмог месеца тј. нашег септембра/октобра), то је **Празник труба**, Шофар, дувало се из рога старог овна. То је истовремено и означавало почетак нових празника.

Затим је дошао **Дан покајања**, када је жртвени јарац био одведен ван кампа и отеран у дивљину, са свим гресима народа на њему.

Празник шатора (Сукот) следи после тога који траје три дана. У даним овог празника излазили су из својих кућа и спавали по склоништима. Потребно је само да могу да виде звезде на небу, то склониште је морало бити без крова, да их подсети на 40 година будаластог лутања дивљином иако су могли да до обећане земље дођу за 11 дана.

Сви ови празници су испуњени на хришћански начин. Прва три су испуњена доласком Исуса. Друга три ће бити испуњена његовим другим доласком.

Не знамо годину када ће се вратити Исус, али знамо месец, то ће бити у септембру или октобру јер се све важне ствари догађају у том месецу. Заиста, у то време је Исус рођен, Лука нам указује у свом Јеванђељу да је то био седми месец који одговара Празнику шатора. То је месец када Јевреји очекују Месију. Сваки пут када затрубе трубе у Новом завету то је да најављују његов долазак. Када се то деси, последња три празника биће испуњена, на Дан покајања доћи ће искупљење за целу израелску нацију.

СЕДМИЧНИ СВЕТИ ДАН

Као додатак годишњим фестивалима, постоји и недељни одмор, посебан благослов за народ који је био у ропству у Египту. Нема трагова сабата пре Мојсија. Адам и Аврам, на пример, нису имали сабат и они су радили седам дана дневно. Мојсије је представио тај дан свима. То не треба да буде дан за празновање или породични дан за излет, већ дан посвећен Богу, свети дан и као такав он је део јеврејског календара.

ЈУБИЛЕЈ

Нису постојали само годишњи и месечни фестивали - постојао је и фестивал који се одржавао сваких 50 година познат као *Јубилеј*. Сваких 50 година дугови и позајмице су морали бити регулисани, сва имовина претходно одузимана је морала бити враћена првим власницима. Како се приближавала та година, услови позајмљивања су били све блажи и блажи. Сви робови су морали бити ослобођени. Тада се народ радовао овом празнику који се још звао и "Прихватна година Господња". То је била добра вест за сиромашне јер су могли да поново буду богати, а на Јубилеју су и затвореници били ослобађани.

Исус је говорио у Јерусалиму: "Дух Господњи је пао на мене... да приповедам добре вести за убоге... слободу за сужње... да прогласим годину као омиљену Божју годину". Другим речима, Исус је започео годину Јубилеја којом би свако од поменутих требао да се радује. Поново је потребно да знамо Стари завет да бисмо разумели Нови.

Правила за живот

Чисто и нечисто

Најважније за разумевање *Левитске* је да правимо разлику између *светог* и *обичног, чистог* и *нечистог*. Већина људи размишља у смислу доброг и лошег, али Библија разликије три категорије, као што приказује табела у наставку[5].

Постоје два процеса. Први је када се нешто свето, посвећено и Божје деградира у обично. Можете да упрљате свету ствар чинећи је обичном. Када је Библијско друштво послало Библије у Румунију, комунистича влада је дозволила да се листови Библије користе као тоалетни папир. То је на крају и довело до револуције коју су зачели хришћани јер је ово био скандал за њих. Шта се овде десило по Левитској књизи? Употребом Библија на такав начин света ствар је постала обична. Други процес је када обична ствар постане нечиста и грешна.

Три речи, *посвећено, секуларно и грешно* грубо одговарају за речи *свето, чисто и нечисто* или обично. Као што постоји процес прљања, деградирања светог ка обичног и загађења који од обичног прави нечисто, тако постоји и супротни процес, откупљења тј. посвећења, када неку ствар посветите онда тек постаје света.

---

[5] За просвељујућу разлику између светог, чистог и прљавог захвалан сам Џи Џеј Венаму (G. J. Wenham), за његов коментар на Левитску (Wm. B Eerdmans, Grand Rapids, Michigan, 1979) (напомена писца)

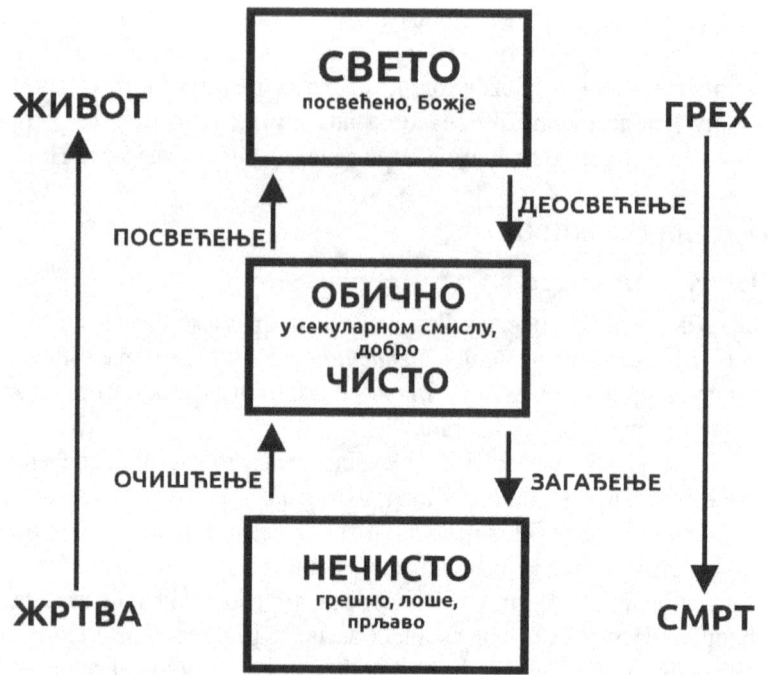

Шта је свето и шта је нечисто никада не сме да буде у контакту, морају бити строго одвојени, они немају ништа заједничко. Ако помешамо нечисто и чисто, добијамо нечисто. Слично је и када помешамо свето и обично, добијамо обично, а не свето.

Тако да процес загађења води ка смрти, као што је приказано на цртежу. али постоји и процес уздизања које води у живот - али захтева жртву. Само преко жртвовања можемо да очистимо прљаву твар.

Ово гранање се може применити и на савремени живот. По Библији наш рад може бити посвећен Богу. Рад може бити само у те три категорије, може бити свети, чист и прљав. Постоје послови који су илегални и неморални, који су стога нечисти тј. прљави. Хришћани да се клоне тих послова. Постоје други послови који су чисти тј. обични. Али ви свој рад можете посветити Господу, па онда он више није обичан, већ постаје ваше свето звање у име Бога. Тако је могуће да штампање буде света ствар, а да посао свештеника буде обичан. Новац који трошимо је нечист ако га трошимо на лоше ствари, али може бити чист ако га трошимо на добре ствари, а може бити и свети ако га посветимо Господу. Секс, наравно, може бити у све три категорије.

Много људи живе обичним, пристојним, чистим животом, али они нису посвећени, свети људи.

Бо не жели да водимо само добре животе, он жели од нас да водимо свете животе. У овој књизи је посебан нагласак на то.

Људи изван Цркве могу да тврде да живе живот исти као и они који су у Цркви, али они нису свети људи, а Бог баш тражи такве људе.

Свети живот

Живети на свети начин захтева низ практичних ствари.

- **Здравље тела** је потребно, баш и здравље духа. Шта радимо са нашим телима важно је ако хоћемо да будемо свети за нашег Господа. *Левитска* нуди инструкције у вези шишања, тетоваже и ношења минђуша код мушкараца, као и разна правила за ослобађање сувишних материја код мушкараца и жена за време трудноће.
- Постоје бројна правила у вези **хране**, нарочито чисте и нечисте хране.
- Постоји учење у овој књизи која забрањује учешће у **окултизму** и **спиритуализму**.
- Инструкције су дате у случају **трулежи** у некој кући. Та кућа мора бити срушена из поштовања према комшијама.
- Постоји учење и о **одевању**. Не треба носити одела од мешаних материјала.
- **Друштвени живот** је такође обухваћен: светост се огледа у томе да посебну пажњу придајете најсиромашнијима, глувима, слепима и старима. Ако се млада особа, треба да устанете у просторији када поред вас пролази старија особа.
- Говори се и о **сексу**. *Левитска* има шта да каже у вези инцеста, насиља и хомосексуалности.

Ако хоћете да живите свети живот, говори нам се како да живите од понедељка до суботе, а не само у недељу. *Бог не тражи само чисте људе, он тражи свете људе.* То је велика разлика и ако сте постали хришћанин и никад нисте размишљали да постанете свети, само да буде добри - **то није довољно**.

Правила и регулације

Потребно је да разумемо Мојсијев закон. Зовемо га "закон", а не "закони", јер сви висе заједно. Светост значи целовитост, сви ти закони и правила чине целину. Ако сте прекршили један, прекршили сте све. Ова чињеница простире се кроз свих десет заповести. Опште је мишљење ако се држимо већине закона, то је сасвим довољно! Не, није довољно!

РАЗЛОЗИ

Бог није дао разлоге за све законе. Није нам рекао зашто да не носимо одела од мешаних материјала, на пример, или зашто да не укрштамо животиње или да мешамо различито семе. Можда и можемо да видимо разлог, Бог је Бог чистоте - не воли мешане материјале или размножавање различитих животиња. Међутим, у највећем броју нам не даје разлоге за забрану, у многим ситуацијама можемо само да нагађамо.

Најчешћи случај је обичан и у питању је несумњиво - **хигијена**. Постоје нека правила и око одласка у тоалет, ту су јасни хигијенски разлози. Што се тиче забране неке хране као "нечисте" вероватно су у питању здравствени разлози. Свињетина, на пример, је склона разним болестима.

У случајевима где не можемо да нађемо разлоге, народу није преостало ништа друго него да им се повинује и да верујемо да давалац закона зна зашто их је одредио. На исти начин, као и у породицама, када отац забрани нешто малом детету да ради, а дете не разуме зашто, а треба да уради "зато што је тата тако рекао". Понекад разлог није прикладан и није ни могуће објаснити.

За многе законе Бог нас пита: Да ли ми указујете поверење? *Да ли верујете да за све што сам прописао имам добре разлоге?*

Тако често смо спремни да прихватимо нешто само ако смо убеђени да је за наше добро. Ми желимо да будемо као Бог. Баш као Адам и Ева, који су убрали плод са дрвета добра и зла, они су желели да одлуче, да они сами имају искуство.

Бог нема никакве обавезе да нам објашњава било шта.

Санкције

Можда нам Бог није дао све разлоге, али нам је прописао казне.

Постоји позив да будемо послушни, цена непослушности је прогонство. Казне су веома тешке. У *Левитској* 26 је цела колекција добрих разлога за послушност, али постоји и проклетство за оне који су непослушни. Ако Јеврејин чита ову књигу, можете видети да му се многе ствари могу догодити ако не поштује Божји закон.

Може да изгуби кућу, грађанство, може да изгуби чак и свој живот. Постоји 15 врста греха за који је прописана најтежа казна. Можда сада можемо да разумемо зашто је критично познавати ову књигу, то је буквално питање живота и смрти.

Ако идемо даље, јасно нам да и цела нација може да изгуби две ствари.

Нација може да изгуби слободу, ако дође инвазија неког другог народа из околине (нарочито видљиво у *Књизи о судијама*). Могу да изгубе земљу, могу да буду истерани из земље, а могу да оду и у ропство. Временом, све се то догодило израелској нацији. Овде нема празних обећања и клетви. Постоје награде за поверење и послушност Богу, али постоје и казне за оне који немају поверења у Бога и који су непослушни.

СРЕЋА И СВЕТОСТ

Све оно што Бог хоће да нам каже кроз ову комбинацију награда и казни је да је једини начин да будемо срећни је да будемо свети. Срећа и светост припадају једно другоме и недостатак светости доводи до несреће. Највећи део људи то схвата потпуно погрешно. Бог жели да у овом свету будемо свети, да бисмо у идућем били срећни, али *многи хоће прво да буду срећни, па тек онда свети*.

Бог жели да чинимо неке ствари које могу бити и болне, али као резултат то ће нас само учинити још више светим. Наше врлине ће више расти кроз тешка времена, него кроз добра.

Читање *Левитске* за хришћане

Шта ова књига има да каже за нас, хришћане, у овом савременом добу? Да ли треба да се ослободимо све одеће од мешаних материјала? Ако нам се појави трулеж у кући, да ли треба да је спалимо?

Један принцип можемо да користимо као водич који је нађен у Павловој *Другој посланици Тимотеју*, где пише: "Од детињства знамо за Света скрипта која треба да нас науче да будемо мудри око спасења кроз Исуса Христа. Све библијске књиге су удахнута од Бога и добре су за учење, одбацивање, корекцију и обучавање у праведности, тако да би сваки Божји човек био добро опремљен за сваки добар рад".

Павле овде прича Тимотеју о Старом завету. Нови завет није ни постојао када је Павле ово рекао. "Скрипте" у овом случају значе Стари завет. Када је Исус рекао "Читајте Скрипте, јер оне сведоче за мене", он је мислио на Стари завет. Из Старог завета можемо научити две ствари: *сйасење* и *йраведности*. То исто важи и за ову књигу, она нам помаже да схватимо као да дођемо до спасења и како да отворимо очи за живот у праведности. Те две сврхе просто исијавају.

Левитска у Новом завету

Просто је просветљавајуће да видимо како се Нови завет слаже са Старим. Неко је рекао: "Стари је откривени Нови завет, Нови завет је прикривен Стари завет." Они припадају један другоме и подржавају један другог.

Постоје одређени број цитата из ове књиге у Новом завету, али две су најчешће: "Будите свети јер и ја сам свети", а друга је "Воли свог ближњег као самога себе". Постоје и други цитати који се јасно односе на ову књигу, али посебно треба истаћи да не можемо да разумемо *Посланицу Јеврејима* ако нисмо прочитали Левитску књигу. Оне припадају једна другој. Ова посланица није могла бити написана пре него што је написана *Левитска*.

На ову књигу постоји 90 указивања у Новом завету, па према томе, ово је веома важна књига и за хришћане.

ИСПУЊЕЊЕ ЗАКОНА

Па онда, шта да радимо са Мојсијевим законом данас, да се присетимо, то није само 10 Божјих заповести, већ укупно 613? Већ имамо предосећај да ми нисмо везани за овај закон, али ко јесте? На пример, неке цркве примењују убирање десетине од прихода. Неке имају строга правила о сабату, чак и они који узимају недељу као сабат, а не суботу као код Јевреја? Са овом потешкоћом ће се сусрести, пре или касније, сваки хришћанин. Још више се компликује са речима Исуса Христа: "Ја сам дошао да испуним закон, а не да га уништим".

Морамо да се упитамо који је закон испуњен, а који није. Очигледно је да су неки закони испуњени са Христом. Због тога више не морамо да носимо голуба или јагње када идемо на службу у недељу. Закони о жртвовању су сви испуњени.

На сличан начин је закон о сабату испуњен у оном смислу када сваког дана завршимо посао и онда слободно време посветимо нашем Богу. Међутим, и даље задржавамо право да један дан одредимо као специјалан дан, а остале дане као обичне дане. Према томе, немамо право да наметнемо недељу за вернике као дан посвећен Богу, а тек немамо никаква права за невернике, јер смо сви сада слободни у Христу.

Веома је важно да схватимо које је испуњење сваког закона. Од десет Божјих закона, девет су поновљена у Новом завету на исти начин, не укради, не чини прељубу итд. Сабат је испуњен на сасвим други начин.

Други Мојсијеви закони су испуњени на различите начине. Један закон у *Поновљеним законима* каже, на пример, да када терамо вола да чисти поље кукуруза, не смемо да му ставимо брњицу, зато што тај во има право да једе све оно што је припремио људима да једу. Тај закон је испуњен у Новом завету. Павле цитира тај закон и испуњава га потпуно другачије, казавши да свако онај ко живи по Јеванђељу има право да очекује финансијску помоћ од других. Потребно је да се прегледа сваки закон и да се види како је испуњен у складу са својим дубљим значењем.

Ипак, важно је да научимо шта је од ове књиге остало непромењено у Новом завету.

1. СВЕТОСТ БОГА

Не постоји друга књига у Библији која више наглашава светост Бога од ове књиге, нарочито у овом нашем добу, када људи често постављају питање "Како Бог може послати некога у пакао?" Од Исуса знамо да је Бог - Бог љубави, а Исус је неколико пута отворено говорио о паклу. Не можемо да само изаберемо и да се одлучимо: ако је Исус говорио истину да је Бог љубав, онда морамо да прихватимо и оно што је говорио о паклу.

У ствари, Бог гледа на љубав другачијим очима. **Наша љубав је сентиментална, његова љубав је света.** Његова љубав је толико велика да Он мрзи зло. Мало нас је способно да воли довољно да мрзи зло. Много учимо о светости Бога из ове књиге. Учимо да волимо

Бога са поштовањем и са светим страхом. *Посланица Јеврејима* каже: "Хајде да обожавамо Бога са поштовањем и чуђењем, јер наш Бог је прождирући огањ". Ово је осећање које писац исказује према трећој Мојсијевој књизи. Витално је за хришћане да знају *Левитску*, да бисмо задржали сазнање о светости Бога.

2. ГРЕШНОСТ ЧОВЕКА

Ова књига снажно оцртава грешност човека, баш као и светост Бога. То делује потпуно реалистично и тако блиско. Ту је људска природа, способна за бестијалност, инцест, сујеверје и многе друге ствари које су грозота за Бога. Када кажемо одвратност мислимо на нешто што вам се толико гади да вас чини да се физички лоше осећате. Хебрејски језик имао је веома, веома снажну реч за то, српски преводи[6] за то као што су: *грозота, ужас, гнушање, бестијалности, бестидности, гађење, одвратности* нису довољно снажне речи.

Библија говори о Божјим осећањима. Божје реакције на грех су такве јер је свети. Грешност човека не само да загађује добре ствари, већ такође унизује и свете ствари. Најобичније псовке су унижење људског светог језика. Постоје само два света односа у нашем животу - то је лични однос према Богу и однос између човека и жене.

Од свих псовки, 90% се односе на те две релације. Човечанство унижава свете ствари и загађује чисте ствари. Живимо у свету где се ради и једно и друго, где свете ствари постају обичне и ми третирамо обичне ствари као обичне иако то оне нису.

3. ПУНОЋА ХРИСТА

Левитска указује на пуноћу Христа и његове жртве, једном заувек. Бог нам је обезбедио начин очишћења од греха. Његов проблем је како да помири правду и милосрђе.

Да ли би са грехом требало да се обрачуна кроз правду и казни нас или би кроз милосрђе требало да нам опрости? Зато што је Бог праведан и милосрдан, јасно је да је морао да пронађе начин да испуни и једно и друго. За нас је немогуће да пронађемо начин, али **није немогуће и за њега - заменом невиног живота за живот у кривици. Једино у том случају се испуњава правда и милосрђе.** Жртвени закони ове књиге показују нам како је то могуће.

---

6 У оригиналном тексту, је наравно, написано **енглески преводи.** (напомена преводиоца)

Постоје специфичне речи које се односе на овај процес који се појављују много пута. **Покајање** и *крв* су најчешће речи, зато што је крв живот. Ако некоме узмемо крв, одузели смо живот. ***Приношења*** су такође поменута много пута.

Жртве паљенице су често биле оно што је било потребно. Понуда оброка говори о нашој служби. Понуда мира говори нам о спокоју који можемо имати са Богом. Ове три ствари (покајање, крв и жртве) би требало да карактеришу живот у захвалности, живот који би могао бити спасен.

Ипак, примећујемо да је Божја страна на једначини, на његовој жртви. Једине жртве које данас приносимо Господу су похвале и захвалнице и оне морају бити пажљиво припремљене и пред њега изнете. Жртве у Левитској књизи такође говоре и о жртвама које је Исус принео. Жртве за грех говоре нам о замени невиног живота за грешни, а жртве сагрешења доносимо кући да та жртва задовољи небеску правду, да постоји закон кога и ту срећемо. Све то изгледа директно у Новом завету.

4. БОЖАНСТВО ЖИВОТА

Ова књига нам говори да свети мора бити сваки аспект нашег живота, чак и одлазак у тоалет!

Светост је пуноћа, зато нам Бог представља до најситнијих детаља све оно што треба да применимо на светост у нашим животима. Говори нам како да водимо Божји живот у потпуности или да га уопште не водимо.

Још нешто морамо да нагласимо у вези светости Бога у Старом и у Новом завету. У *Левитској* имамо троструку поделу на свето, нечисто и чисто која исто важи и у Новом завету. Али постоје и две велике промене у Новом завету.

Прво, ***светости је померена са материјалних ствари на духовне***. Израелски народ је био као деца и они су били подучавани као да су деца. Морали су да науче о чистој и нечистој храни, на пример. Хришћани нису имали таква правила. Визија је научила томе апостола Петра. Исус је рекао да није више погано оно што уђе у наша уста, већ је погано оно што изађе из наших уста. Бити чист или нечист није више питање одела или исхране, већ питање моралности. Померило се са материјалних на моралне ствари. Више немамо та правила о облачењу или храни, сада се подучавамо како да будемо свети у моралном погледу.

Друго, **награде и казне су сада померене за следећи живот, а не за овај**. У овом свету свети људи могу да пате и да добију награде, али је сада урађен помак у Новом завету да живот сада има дуготрајнију перспективу. Не постоји само један живот - овај живот је само припрема за онај који ће доћи и који ће много дуже трајати. Тако у Новом завету читамо "велика је ваша плата на небесима", а не на земљи.

Ако имамо у виду ова два фундаментална померања, ова књига је за хришћане једна од најкориснијих књига за читање. Изнад свега, пружа нам увид у четири кључне ствари: светост Бога, грешност човека, пуноћа Христа и божанство живота.

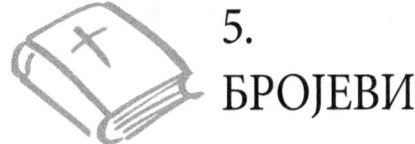

5.
БРОЈЕВИ

Увод

Бројеви нису позната књига, чак није ни много цитирана, позната су само неколико пасуса. Семјуел Морз је цитирао једну изјаву после слања прве телеграфске поруке у историји, у Вашингтону 24. маја 1844. године. Он је изразио своје дивљење када је користио реченицу "Погледајте шта је Бог створио?" Откриће електронске комуникације је придавано Богу који је то омогућио својом снагом.

Други пасус је познатији: "Буди сигуран да твој грех изађе напоље". То је рекао Мојсије када је упозоравао људе да морају прећи реку Јордан и да се боре против непријатеља.

Ниједан цитат није нешто нарочито познат. Мало људи цитира из ове књиге и ја сам сазнао да већина људи и не зна о чему ова књига говори.

Морамо да поправимо ситуацију, јер је ова књига веома важан део Библије. Ово је веома чудан назив књиге. Преводиоци на грчки дали су назив књизи "аритмои" одакле потиче реч аритметика, латинска *Вулгата* превела као *нумери*, па је тако у енглеском језику преведена као *Бројеви* (Numbers).

Почиње и завршава се пописом. Први је извршен по одласку са Синаја, месец дана после подизања шатора од састанка. Укупни број људи тада је био 603.550. Други попис је одржан при уласку у моавску земљу и пре него што су ушли у обећану хананску земљу 40 година касније. До тада се смањио број људи за 1820 тј. тада их је било 601.730 - не баш нека велика разлика. Попис је рађен мушким особама који су биле способне за војску.

Ова књига нам говори да нема ништа лоше у бројању. Краљ Давид је био кажњен од Бога зато што је пребројао своје људе, и то зато што је то урадио из поноса.

Други делови Библије такође укључују бројање, на пример, 3000 људи је придодато Цркви на Педесетницу. Исус је охрабривао бројање следбеника да би отприлике знали колико ће лидери војске да издвоје за њих ради безбедности. Три ствари морамо да истакнемо када је у питању ова књига.

1. Како је то велики број!

Многи библијски коментатори сумњају у овај број. Он нам говори колико је људи који су имали преко 20 година били способни за борбу. По *Изласку* знамо да их је укупно било преко два милиона, а број од 603.500 је само део целе популације. Постоји мноштво аргумената који воде ка томе да је овај број, у ствари, реалан и изводљив.

- У *Другој књизи Самуила* речено нам је да је Давид имао армију од 1,3 милиона, па је тако број од 600.000 и није тако велики.
- У поређењу са Хананцима такође није велики број. Израелци су морали да имају неку бројчану снагу да би водили битке (не смемо да заборавимо, после свега, да је Бог био на њиховој страни).
- Многи полемишу о томе да је 70 породица које су са Јаковом дошле у Египат нису могле да нарасту до тог броја за 400 година. Ако рачунамо да је свака породица имала четворо деце (а то у оно време није био велики број), онда је број могућ.
- Неки кажу да је то велики број да би они преживели у дивљини на Синају. Било је изводљиво: било је довољно места за све. Да су путовали у колони по пет, колона би била дугачка 170 километара и требало би им 10 дана да пређу једну тачку!
- Хоће да кажу да је било превише људи да би прешли успешно преко пустиње. То би сигурно био случај, да нису имали помоћ од натприродног.

2. Како је то сличан број!

Ако узмемо велики број, губитак од 1820 људи између првог и другог пописа заиста није велики. Симеуново племе је изгубило 37.100 људи, а Манасијино племе се повећало за 20.500, остала племена су била отприлике на истом. С обзиром да повећан број увек указује на Божји благослов можемо да кажемо да ово није био период када је Бог био задовољан својим народом. Али уколико узмемо у обзир непријатељско окружење и колико је трајало, само и одржање броја је био изузетан успех.

3. Како је то различит број!

Прошло је 38 година између два пописа, једна генерација је изгубљена у дивљини. (Била је реткост да мушкарац живи дуже од 60 година, Мојсије је био изузетак, он је живео 120 година.) Иако је број остао исти, људи нису остали исти. Само Исус Навин и Халев (две особе од два милиона) су ушли у обећану земљу од оних који су напустили Египат. У неком смислу ово је највећа трагедија у Библији. *Бројеви* су у суштини тужна књига. Две трећине књиге никада нису ни требале да буде написане. Требало им је у ствари само 11 дана да дођу до обећане земље, а они су дошли за 13.780 дана! Само двојица су пронашли пут кући. Остали су били заглављени у бесциљном постојању, "убијајући време" све док не прође Божја казна. Временом су сви умрли у дивљини, а нова генерација је наставила путовање.

Највећи број лекција које можемо научити из ове књиге су негативне. То је баш оно какав не треба бити Божји народ! Павле нам говори како то треба да видимо у *Првој посланици Коринћанима* 10: "Ове ствари су се догодиле да задрже наша срца од потраге за злим стварима, као што су они чинили... Те ствари су се догодиле као примери и записани су као упозорење за нас, на које дође свршетак овог времена". *Бројеви* су пуни лоших примера.

Контекст

Који је, дакле, контекст ове књиге? Путовање од планине Синај до Кадеш Барнеје (последња оаза у пустињи Негев) и почетка обећане земље Ханана траје 11 дана пешице. Рута којом су се Израелци кретали скретала је од Кадеша до процепа долине, према едомским планинама. Завршили су у моавској земљи са погрешне стране реке

Јордан. Требало им је 38 година да пређу ту раздаљину не зато што је то путовање било нарочито напорно, него зато што их је Бог мало померио у времену. Остајали су на многим местима веома дуго зато што им је Бог рекао да чекају док не умру сви они који су првобитно пошли из Египта, осим двојице, Исуса Навина и Халева.

Шта је натерало Бога на тако оштру казну за свој народ? Код Кадеша су одбили да уђу у обећану земљу иако им је то Бог рекао. Данас су многи хришћани избављени од греха, али не уживају благослове који су за њих припремљени. Тако су и Јевреји завршили у бедној дивљини.

Две трећине књиге је о продуженом путовању. Библија је веома искрена књига, говори нам и о недостацима и пороцима, као и о великим успесима и врлинама.

Када је Павле рекао Коринћанима да су *Бројеви* записани да би били пример и упозорење за нас, он је мислио да је та изјава јасно изражава њену сврху. Можда није популарна књига, али ако не проучавате историју, осуђени сте да је поновите.

Чак ни Мојсију није дозвољено да уђе у обећану земљу, мада је вековима касније ипак ушао када је разговараво са Исусом. И он је тешко погрешио, као што ћемо видети касније.

Садржај и структура

Као и остале Мојсијеве књиге, *Бројеви* су такође мешавина легислације и наратива. Аутор закона није Мојсије, већ Бог. Речено је 80 пута у овој књизи: "Рече Бог Мојсију..." Бог је дао Мојсију законе и легислацију, као и правила око ритуала и религијских церемонија.

Што се тиче наративе књиге, речено је да је Мојсије водио дневник на путовањима по Божјој наредби. Водио је такође и једну другу књигу која се звала "Књига ратова ГОСПОДА" која је водила записе о биткама. Ова књига користи и те записе, мада је Мојсије о себи писао као у трећем лицу.

По комбинацији наратива и легислације личи на *Излазак*, али док је Друга Мојсијева књига прва половина у наративу, а друга половина давање закона, у овој Четвртој књизи све је измешано. Па је тиме и теже пронаћи нити које повезују.

Обрасци се лакше примећују када их посматрамо у контексту наратива и легислације. Структура књиге је више хронолошка него тематска. Најбоље ћемо је видети ако је ставимо заједно са осталим

Мојсијевим књигама.

Хронолошки контекст	Садржај	Трајање
Излазак 1-18 Од *Египта* до *Синаја*	Наратив	50 дана
Излазак 19-40 *Синај*	Легислација	?
Левитска 1-27 *Синај*	Легислација	30 дана
Бројеви 1,1-10,10 *Синај*	Легислација	19 дана
Бројеви 10,11-12,16 *према Кадешу*	Наратив	11 дана
Бројеви 13,1-20,21 *Кадеш*	Легислација	?
Бројеви 20,22-21,35 *пут до Моава*	Наратив	38 год.
Бројеви 22,1-36,13 *Моав*	Легислација	3 месеца
Поновљени закони 1-34 *Моав*	Легислација	5 мес.

Фасцинантно је запажање да су сви закони прописани док су још били у кампу.

Приче о њиховим путовањима показују нам како су кршили закон. Када су били стационирани по камповима, Бог им је говорио шта треба да раде, али када су се кретали, приче иду о томе шта су радили. Учили су лекције на два начина, преко учења Мојсија и преко искуства у путовањима. (Исус је такође користио оба начина, кроз поруке ученицима, као на планини Хермон и док су путовали.)

У *Бројевима* имамо доста кретања, *Поновљени закони* немају никакво, а *Излазак* само у првој половини.

Легислација

Као што је наведено раније, Бог говори Мојсију и у 80 прилика говори "лицем у лице". То је јединствено: Други би примали Божју реч преко визија док су били будни или преко сна док су спавали. Људи би консултовали урим (нека врста жреба) када су желели да Божја воља одлучи о нечему.

Мојсије је први пут срео Бога на планини Синај, удаљен од Израела, али сада је у шатору од састанка Бог боравио међу људима. Велика опасност да Бог сада "живи са њима" претворило се да је постало сасвим уобичајено, па су временом изгубили било какво поштовање и заборавили су на његову светост. Закони који су дати у овој књизи нису ни морални ни друштвени, већ су дати да би заштитили људе да изгубе свој лични однос и афинитет према Богу. Закони иду у три правца: опрезност, чистота и цена.

1. Опрезност

КАДА СУ КАМПОВАЛИ

Морали су да буду веома опрезни где ће да кампују (друга глава). Свако племе је имало специфично место у односу на друга племена, са шатором од састанка у средини. Камп је изгледао као свети правоугаоник из птичје перспективе. Једина нација која је тако камповала су били Египћани - тако је радио и Рамзес II (фараон који је вероватно био на трону у то време).

Шатор од састанка је био у центру и постојао је само један улаз. Био је ограђен и два човека су имали камп при уласку - Мојсије и Арон. Левити су били около са три стране са својим клановима и одговорностима - Мерари, Гершон и Кохат. Нико није смео ни да додирне ограду и било је наређење да се убије при неовлашћеном приласку. Бог је свети и не можете тек тако да му приђете.

Остала племена су камповала у околини, свако племе је имало одређено место према Божјем шатору и улазу, а при улазу је било Јудино племе. Од Јудиног племена ће касније доћи Исус.

КАДА СУ ПУТОВАЛИ

Када се камп спремао за покрет, свако је кретао по устаљеном, изузетном обрасцу.

Постојале су прецизне инструкције како расклопити и како носити шатор од састанка. Свештеници су увијали у платно свети намештај, а онда би их Левити узимали. Свако је био задужен за одређени део намештаја из шатора, ко носи завесе и којим редоследом. Нека племена су кретала на пут пре него што је расклопљен шатор. При покрету све је имало облик љуштења поморанџе. Зако су и ходали по одређеном редоследу, па је тако било лако да при следећем камповању свако племе пронађе своје место. Све је било прецизно планирано. Сребрне трубе су најављивале покрет, а Јудино племе је водило са одобравањем.

Знали су да је време за покрет када је стуб облака (ноћу је био ватрени стуб) почео да се креће. Слика је јасна, када се Бог креће, креће се и његов народ.

Зашто је Бог био оптерећен овим детаљима? Не само да је био ефектан начин кретања, већ је био и ефектан начин камповања. Рекао је "Будите опрезни!" У Божјем кампу нема места за неопрезност, неопрезност је врло опасна ствар. Модерна реч за ово би била "лежерност".

У тим детаљним директивима Бог говори народу да буде опрезан, јер је он у кампу са њима. Наглашава и друге области где морају да буду опрезни. Постоје неки поменути греси у овој књизи који се помињу као "греси неопрезности". За неопрезност у вези сабата, казна је била смрт. Морали су да носе ресе, кићанке на својим оделима да их подсећа да треба да се моле. Заклетве су узимане озбиљно, морале су бити испуњене. (У *Судијама* имамо случај где је човек обећао да ће жртовати прву живу ствар коју угледа, а то је била његова кћерка!) Ако жена да заклетву Богу, њен муж има 24 часа да се сложи или не сложи са заклетвом.

2. Чистота

Као што је морао да буде прецизно поређан, камп је морао да буде и беспрекорно чист, јер они су били "Божји народ". Чак је и канализација била детаљно описана. Било им је речено да носе мале лопатице када иду да се олакшају, тако да би камп и даље остао чист, јер он је "чист" Бог. Тај принцип је још увек на снази. Прљава, неодржавана црквена грађевина је увреда за Бога.

Не само да је камп морао бити чист, већ је и народ морао да буде чист пре него што напуштају Синај.

Постоје даља упутства о очишћењу у глави 19. Смрт је нечиста ствар.

Бог је Бог живота, па камп није смео бити упрљан смрћу. Чак је постојао и "тест љубоморе" за жене грешнице. Чак и без сведока, Бог види шта се догађа и казниће злотвора. Ово је његов камп.

Израз "чистоћа је пола здравља" има озбиљну подршку у овој књизи.

3. Цена

Жртве и приношења

Веома је захтевно да живите у близини Светог Бога. Жртве су приношене у име народа на дневном, недељном и месечном нивоу. Било их је буквално на стотине. Свака жртва је имала своју цену - морала је да се понуди најбоља животиња.

Дневна, недељна и посебно печена жртва морала је бити чиста

и било је скупо да примите опроштај од Бога. Крв је морала да се пролије.

Свештенство

Још даље, свештенство је морало да буде одржавано средствима приношења. Левити су посветили своју службу пре него што су напустили Синај. Неких 8580 је служило (цело племе је имало 22.000 људи), и свештеници и Левити су зависили од прилога које дају остала племена.

Да би одржавали свештенство, додатне и редовне службе, то је баш значајно коштало народ.

То нас учи томе да заиста морамо бити опрезни како да прилазимо Богу. Ја можда не морам да доносим овна, голуба или голубицу за жртву када прилазим Богу, али то не значи да не треба да приносим никакву жртву. У Новом завету имамо још више жртвовања него у Старом. Ми читамо о жртви похвале или жртва за Дан захвалности, на пример. *Треба да се упитамо какве жртве да ми понудимо Богу.*

И ми морамо да се припремамо за обожавање.

Бројеви нам такође говоре и о Назаренском завету, то је био добровољни и посвећени завет Богу, мада није део свештенства. Назарени не смеју да се шишају, не смеју да пију алкохол и не смеју да додирну мртваца. Неки од тих завета су били привремени, неки су били стални. Самуило и Самсон су најпознатији назарени у Светом писму. Касније је Амосова пракса била исмејавана.

Шта из овога можемо да научимо?

Данас имамо тенденцију ка анти-ритуалима, необавезни приступ обожавању, а заборављамо да је Бог исти данас као што је био одувек. Ми такође морамо да му приступимо са страхом и достојанством. Јевреји нас уче да је Бог **прождирући огањ**. У Новом завету читамо како су људи окупљени због обожавања донели и певање, речи, пророчанства, интерпретације. То је у Новом завету еквивалент за припрему и прилазак Богу са правим идејама.

Бројеви нас подсећају да морамо да обожавамо Бога у складу са његовим укусом, а не са нашим. Модерно обожавање се управља по жељама индивидуалаца, било да су то химне или хорови, на пример. Наши приоритети и укуси су неважни ако то поредимо са тим колико је важно да ти начини обожавања одговарају ономе шта Бог жели.

Наше жртве похвалнице и прилози се такође помињу и у Новом завету: "Они (прилози) су наши мирисни дарови, прихватљива жртва која прија Богу". У Трећој и Четвртој Мојсијевој књизи Бог воли мирис спаљеног јагњета. На исти начин, наша жртва захвалница данас може да прија Богу.

Наратив

Како се мења наратив у овој књизи, ми скрећемо од божанствених речи до људских дела - од онога шта људи треба да раде до онога што заиста раде. То је тужна и мучна прича. Дивљина за њих постаје полигон за тестирање. Они су изашли из Египта, али још нису дошли до обећане земље, то неодређено стање је било тешко издржати. Потребно је да се присетимо да је то народ који је сада са уговорним односом са Богом. Он се везао за њих. Он ће благословити њихову послушност и казнити њихову непослушност. Исти чин греха је почињен у *Изласку* 16-19 и у овој књизи 10-14, али само овде закон је прекршен, па се и казне односе само овде.

Божји закон нам помаже да видимо шта је добро, а шта зло, али нам не може помоћи да знамо шта је исправно. Закон није променио њихово понашање: донео им је кривицу, осуду и казну. Зато је закон донет на прву Педесетницу био неадекватан и касније је било потребно да Дух сиђе на људе истог дана. Без натприродне помоћи ми нисмо у стању да творимо закон.

Лидери

Погледајмо само како су лидери нације покушавали и нису успевали да живе по закону. Они су два брата и сестра - Мојсије, Арон и Марија [Мирјам на енглеском, Мери на хебрејском - прим. прев.]. Речено нам је о њиховим добрим странама и врлинама, али и о њиховим слабостима.

Снага
Мојсије
Мојсије је доминантна фигура књиге. По многим аспектима био је

пророк, свештеник и краљ.

Видели смо и раније како су одређеним пророцима даване визије и снови, али Мојсије је говорио са Богом лицем у лице у шатору. Чак је видео и део самог Бога - његова "леђа"

Деловао је и као свештеник. Пет пута се супротставио Богу. Заиста је био храбар у неким ситуацијама, али се само молио за народ и да Бог остане доследан себи.

Никада га нису звали "краљ", наравно, то је било вековима пре него што је установљена прва монархија, али је водио народ у битке и владао над њима, био им је фактички краљ, иако га нису тако звали.

Нешто што се може лако запазити је када је био критикован, лоше третиран и издан, никада није бранио себе. Пишући о себи, рекао је да је један од најпитомијих људи на земљи - тешка ствар да се изјави ако намеравате да остане истина!

Наравно, Мојсије није рекао ништа друго него Исус када је рекао да се угледамо на њега како је питом и понизан. Мојсије је пустио Бога да га брани. Питомост није слабост, али заиста значи када не браните себе.

Арон
Арон је био Мојсијев брат, додељен Мојсију као гласноговорник док се Мојсије сусретао са фараоном лицем у лице. Такође је био и пророк. Постављен је и као свештеник, првосвештеник. Ароново свештенство је постало срце обожавања и ритуал древног Божјег народа.

Марија
Она је била Мојсијева и Аронова сестра, такође је била и пророчица. Она је певала и играла са радошћу када су се Египћани подавили у мору.

Дакле, имамо Мојсија као пророка, свештеника и краља, Арона као пророка и свештеника и Марију као пророчицу. Погледајте како су дарови подељени и за жене, као и за мушкарце. Маријини пророчки дарови се најбоље виде кроз песме. Постоји директна веза између пророштва и музике. У позним годинама цар Давид је нашао хоровође који су били и пророци, Језекиљ би често тражио музику при својим припремама за пророштво. Изгледа као да постоји нешто око праве врсте музике која ослобађа пророчке дарове.

Упркос врлинама и даровима, ипак, сваки од троје лидера на неки начин није успео. Да погледамо у детаљима.

Слабости

Марија

Њен проблем је био љубомора: желела је више славе за себе. Желела је да разговара са Богом као Мојсије. Још уз то, била је критична на Мојсијев избор жене. Добила је лепру на седам дана, после покајања је оздравила. Умрла је на доласку у Кадеш.

Арон

Следећи на листи је Арон. И он је имао проблем љубоморе и желео је више славе за себе. Били су заједно у критици Мојсија. Њихов изговор је био да они нису одобрили његов брак (са женом из земље Куш, после одласка из Египта, јер она није била Јеврејка).

Бог га није критиковао због тога, а Арон и Марија јесу.

Тако је Арон умро на планини Хор, нешто мало даље од Кадеша, када је имао преко 100 година. Непосредно после те њихове љубоморе и жеље за више славе, обоје су умрли.

Мојсије

Чак ни Мојсије није успео у својој мисији. Постао је врло нестрпљив са народом. Нови завет нам говори да је добро водио народ 40 година кроз дивљину. То је био велики задатак да води преко два милиона људи који су стално кукали, стално су се жалили и стално нудили аргументе да треба да се коначно сместе.

Његова највећа грешка је када није послушао Божје инструкције око налажења воде. Мојсије је народу обезбедио воду када је два пута штапом ударио о стену. Кречњачке стене Синајске пустиње имају својство да могу садржати воду у себи. Мојсије је ослобађао воду само додиром стене својим штапом.

Другом приликом речено је Мојсију, када су остали без воде, не да удари штапом, већ да се само гласом обрати стени. Само реч је требала бити довољна да потекне вода из камена.

Али Мојсије је постао нестрпљив са народом, није слушао Бога пажљиво, па је тако ударио својим штапом два пута. Бог је онда рекао Мојсију да зато што је био непослушан, неће ући у обећану земљу. Још један болни подсетник да морамо да пажљиво слушамо Бога. Мојсије је сахрањен на планини Нибо, иако је видео обећану земљу у даљини, није могао да уђе у њу.

Бројеви нам говоре о великој одговорности да водите Божји народ. Мора да се уради како треба и мора бити по вољи Бога.

Индивидуалци

Много је људи који су напустили Бога, на многим местима у овој књизи.

Најистакнутији међу њима је био Кореј. Налазимо Кореја како води побуну зато што је свештенство додељено искључиво Арону и његовој породици. Други су му се прикључили у тој субверзији и ускоро их је било 250 који су оспоравали ауторитет Мојсија и првосвештенство Арона. Побуњеници су изјавили да не могу да верују да би Бог изабрао Мојсија и Арона и били су критички да они не успевају да воде народ ка обећаној земљи.

А онда у драматичној сцени, Мојсије говори народу да се издвоји од шатора побуњеника. Ватра са неба се спушта на њихове шаторе и све их уништава. Кореј је видео шта се догађа и некако успева да побегне са неколико истомишљеника, али упадају у муљ и ту нестају. (У Синајској пустињи постоје локве муља које имају јаку кору, али ако пропаднете, тешко се можете извући. То је веома слично ономе што зовемо живи песак.)

Упркос свему томе, добар део псалама је написан од стране Корејевих синова. Његова породица није пратила пут побуне, а Корејеви синови су касније певали у храму. Не морамо да пратимо наше родитеље када чине зло.

Кореј се помиње у Јудиној књизи у Новом завету као упозорење за хришћане да не доводе у питање Божја наименовања и да не будемо љубоморни.

Мојсије је објавио да је потребно да се тестира да ли су он и његов брат заиста божји избор. Тако је рекао лидерима 12 племена да припреме штапове. Преко ноћи су поставили штапове из свих племена на светој планини, а када су се ујутро вратили, само Аронов штап је процветао са лишћем, цвећем и воћем у процвату. Остали штапови су остали мртви. Од тада тај процветали Аронов штап је стављен у заветни ковчег као доказ да је Арон заиста био изабран од Бога.

Народ

Народ је био врло проблематичан, као и неки појединци. *Дела апостолска* нам говоре да је Бог издржао своје вођство 40 година у дивљини. *Бројеви* нам говоре да цео народ није успео, само два човека од два милиона су успели, што је веома мали проценат. Народ је био општи проблем и пао је у три специфичне ситуације.

КУКАЊЕ

Општи проблем је био "кукање". Треба да имате и талента да кукате, не треба вам мозак да кукате, не треба вам ни јак карактер да кукате, не морате ништа да приговарате себи ако сте у фази непрестаног жаљења. То је најлакша ствар да радите у животу.

Народ је мислио да зато што је Бог у шатору од састанка, он не зна шта они говоре између себе и по шаторима. Каква грешка! Кукали су око недостатка воде и зато што имају монотону исхрану. Каже се да су кукали што нису имали бели и црни лук, рибу, краставце, диње, све оно што су имали у Египту.

Бог је чуо њихову кукњаву и прописно им одговорио. Ускоро им је послао препелице да би им надоместио исхрану само маном - имали су толико препелица да су гомиле ишле у висину и до метар и по и обухватало је 18 километара квадратних! Народ је изашао да прикупља препелице и некима је дошла куга и умрли су док им је месо још увек било у зубима, зато што су одбацили Бога.

Кукњава доноси штете Божјем народу више него неки други грех.

ОАЗА КОД КАДЕША

Прва прилика где су пали је било када су дошли до последње оазе, преко 100 километра југозападно од Мрвог мора (данас се то место зове Аин Кудеист) у пустињи Негев. Речено им је да пошаљу 12 шпијуна, по једног из сваког племена, да би осмотрили и шпијунирали земљу. Провели су 40 дана јужно од Хеброна, а ишли су и на север и дошли су до закључка да је то веома плодна земља. Мада је њихов извештај био негативан. Пронели су глас да их земља може прогутати. Боље да се врате у Египат.

Два шпијуна, Исус Навин и Халев, рекли су да је Бог са њима и да нема чега да се плаше. Потврдили су да је град утврђен зидинама и да је народ већи од њих [у физичком смислу - прим. прев.] Знамо из археологије да је просечна висина јеврејских робова била мала у односу на Хананце. Сложили су се да зидине града могу бити озбиљна препрека. Али су закључили да их Бог није довео довде да би их оставио у пустињи да умру. Рекли су да ће их Бог носити на његовим раменима (чак и мали дечак може да изгледа као џин ако га човек носи на раменима.)

Ипак, песимистички аргументи осталих 10 шпијуна су били

убедљиви. Народ је уствари хтео да каменује Мојсија и Арона водећи их тим путем. Само после три месеца по напуштању Египта, били су спремни да убију Мојсија и Арона зато што су их извели из ропства! Одлучили су да верују тим десет шпијунима шта су видели и рекли.

Одлучила је већина, што је било супротно од оног што су биле Божје намере.

Контраст тих извештаја је вредан пажње. Десет људи је рекло да не могу да освоје ту земљу, а Исус Навин и Халев су рекли: *"Ми не можемо, али Бог може"*. То није било ни приближно размишљање у добром правцу.

Као резултат недостатка вере код већине, Бог се заклео да ова генерација никад неће видети обећану земљу, осим Исуса Навина и Халева. Бог се заклео самим собом, јер наравно, не постоји виши ауторитет од њега у који би могао да се закуне.

Шпијунирали су земљу 40 дана, па је Бог рекао да за сваки дан шпијунирања и доласка до погрешног закључка, провешће једну годину у дивљини. Одредио је казну која одговара злочину. Овај догађај је чвориште које везује ову књигу, готово једну трећину. Да су послушали Бога, остатак књиге не би ни био написан.

ДОЛИНА ШКОРПИЈА

Следећи пут када је народ био тестиран од Бога и поново пао на тесту је дошао после велике победе над хананским краљем Арадом.

Враћали су се дубоком долином Аровар која се још звала и "долина шкорпија". Долина се налази баш испод планине Хор и позната је по великој популацији шкорпија и змија. Поново су Јевреји почели кукњаву против Бога, како им је исхрана сиромашна и да би се радије вратили у Египат него остали у пустињи.

Овога пута Бог је послао змије на њих, па су почели да губе животе.

Схватајући свој грех, моле Мојсија да посредује за њих. Бог није уништио змије, али им је послао лек против уједа. Мојсије је онда поставио стуб са бакарном змијом, на врху планине која надвисује долину. Свако ко је био уједен од змије, само је требао да погледа према бакарној змији на узвишици и био би излечен. Да би функционисало, све што им је било потребно је вера.

МОАВСКА РАВНИЦА

Трећа и последња криза је била по доласку у Моавску равницу. Успут су имали низ победа. Хтели су да користе главу руту кроз едомску земљу. Пролаз им је одбијен, иако су имали историјске везе (Едом је био потомак Исава, Јаковљевог брата).

Уследила је битка и Бог им је подарио победу на Едомом и Моавом, па су били прилично самоуверени. Направили су камп поред Јордана гледајући ка обећаној земљи.

Али било је противљења њиховом напредовању кроз Ханан. Амонци и Моавци, који су се граничили са обећаном земљом, одлучили су да им помрсе рачуне, па су ангажовали видовњака из Сирије да их спречи у намерама.

Видовњак из Дамаска се звао Валам. Имао је репутацију да армије које он проклиње губе битке. Али никада се од њега није тражило да баци клетве на Израел. Као што је објаснио онима који су га ангажовали, Бог му никад раније није рекао да баци клетве на Јевреје, што су управо затражили његови налогодавци. Његов мотив је искључиво био само новац. Ипак, доказао је да не може да баци клетву на овај народ и да само уместо тога може да их благослови. Није могао да одоли!

Валам јавно објављује да је Бог благословио и умножио народ Израела - то су предвиђања у вези цара Давида и његовог сина. Имамо невероватно појаву да један неверник пророкује благослов за Израел.

Овде имамо још једну невероватну причу како он не може да иде даље због анђела који се налази на путу. Када Валам пребија магарца који неће да иде даље, магарац проговара и каже му зашто не може да пође! (Они који у ово не верују заборављају да и животиње могу да буду запоседнуте добрим или лошим духовима. Змија у еденском врту и Исус који шаље зле духове у крдо свиња су два библијска примера.) Порука је јасна: животиња има више осећаја од Валама!

Али у наставку је тужна прича. Валам долази до идеје како да узме новац од амонских и моавских краљева. Рекао им је да забораве на клетве, већ да пошаљу лепе девојке у израелски камп. Иако је то строго забрањено законом, много забрањеног секса се одигравало ван кампа. Један човек који се звао Зимри, довео је девојку пред самим улазом у шатор од састанка.

Видећи ту страшну обесност, један човек који се звао Финеас, узима копље и пробада пар до земље. Касније је био унапређен у свом свештенству и добио трајну службу и за своју породицу. Он је једини који се усудио да брани Божју кућу од онога што се догађа пред Божјим очима. Пресуда се можда чини престрога, али не треба заборавити да су Израелци били на путу за обећану земљу. Најгора ствар коју овде налазимо је неморалност. Почели су већ обожавање богиња плодности, окултних статуа и симбола у облика фалуса, све врсте идолопоклоничког понашања. Потребно је да схвате да су ове ствари гадости пред Богом.

Шта можемо да научимо из ове књиге?

Бројеви су написани за Јевреје да би следеће генерације научиле да се плаше Бога. Зато је написана и за хришћане, да ми можемо учити из њихових грешака. Већ смо рекли раније како је Павле рекао Коринћанима да су ови догађаји примери, упозорења како да не живимо као Израелци тог времена. Они нису дошли до обећане земље, као ни ми. Библија је огледало где можемо да видимо себе, како је то рекао апостол Јаков. Ми можемо да живимо и умремо у дивљини; можемо да гледамо назад ка "задовољствима греха", али да не видимо како се Бог одмара у обећаној земљи.

Можемо да научимо још више о Богу из ове књиге, а двострука тема љубазности и строгоће о којој се овде прича, помиње се и у Новом завету, у *Посланицама Римљанима, Јеврејима, Јуди* и *Другој Петровој посланици*.

Јуда Јаковљев такође помиње Кореја и Валама. Кукњава је била велики проблем за рану цркву Израела. Када је народ кукао и када се жалио то је прозвано "горки корен" који расте унутар пријатељства и проузрокује проблеме.

У Новом завету нас подсећају **да смо ми имена, а не бројеви**. Чак и длаке у нашој коси су нам пребројане. Наша имена се налазе у "књизи живота", али исто тако знамо да лако могу бити обрисане.

Шта нам ова књига говори о Богу је врло јасно, да постоје две стране његовог карактера. Апостол Павле их издваја када каже: "Урачунајте доброту и строгоћу Бога..."

1. У једну руку видимо као Бог обезбеђује залихе хране, пића, одела и обуће. Видимо како Бог обезбеђује заштиту свом народу од спољних непријатеља који су били јачи и по снази и по броју. Видимо заштиту народа и поред њихове грешности.

2. У другу руку видимо његову правду. Он је веран свом завету, обећањима, кажњавајући народ када греши. То укључује дисциплину, па на крају и одрицање наследства ако наставе да одбијају да следе његову вољу.

Ми делујемо са истим Богом. Он је свети и морамо да га слушамо.

Шта *Бројеви* кажу о Исусу

1. Израел је прошао кроз дивљину, Исус је провео 40 дана у дивљини и био искушаван.
2. *Јеванђеље йо Јовану* 3,16 је добро познато, али један пасус и није: "...као што је Мојсије подигао змију у дивљини, тако и Божји Син мора да се уздигне".
3. Јован исто тврди да је Исус та мана, тај "хлеб са небеса".
4. Зачуђујуће, апостол Павле када говори о води из камена у дивљини, сугерише да тај камен није нико други него Христос.
5. *Посланица Јеврејима* каже да ако пепео јунице може да донесе опроштај, како само јаче и више може да делује Христова крв.
6. Најневероватнија прича је Валам, лажни пророк, који је уствари дао тачно пророштво о Исусу! "Видим га, али не још; Ја се држим њега, али нисам близу. Звезда ће доћи од Јакова; скиптар ће се уздићи из Израела". Од тада, сваки посвећени Јеврејин гледа ка звездама од којих ће доћи краљ, то је оно што је водило ученике да дођу у Витлејем.

Благослов од пријатељства са Богом

Можда најпознатији цитат из ове књиге је 6,24: "ГОСПОД те благосиља и чува те; ГОСПОД ће засијати на твом лицу и бити милостив према теби; ГОСПОД окреће лице према теби и даје ти мир".

Ово је благослов који је Бог дао Арону да пружи народу у кампу пре него што су поново кренули. Има ознаку директне инспирације од Бога зато што је математички савршен. На хебрејском језику постоје три линије благослова:

- ГОСПОД те благосиља и чува те
- ГОСПОД ће засијати на твом лицу и бити милостив према теби
- ГОСПОД окреће лице према теби и даје ти мир

На хебрејском то су три речи у првој реченици, пет речи у другој и седам у трећој.

У првој имамо 15 слова, у другој 20, а у трећој 25. Постоји 12 слогова у првој, 14 слогова у другој и 16 слогова у трећој реченици. Ако изоставимо реч ГОСПОД, остало је само 12 хебрејских речи. Тако да остајемо са ГОСПОДОМ и 12 племена Израела! То је математички савршено. Чак и у енглеском иде тако - постоји нека врста крешенда кроз ове редове. Свака линија има два глагола, други проширује први.

Благослов се односи и на данашње хришћане, две ствари које се нуде кроз благослов су **милост** и **мир**. То је хришћански благослов дат у посланицама у Новом завету; "Милост и мир нека вам је од Бога, нашег Оца и Господа Исуса Христа".

Нама је такође потребан благослов који следи из пријатељства са Богом у коме су уживали Израелци - ако и даље учимо лекције из *Бројева*.

6. ПОНОВЉЕНИ ЗАКОНИ

Увод

Свака синагога има велики број полица које су обично покривене велом.

Унутра се налазе записи увијени у ролне и предивно извезена платна. Ти записи су Мојсијев закон. Зову их *Тора* и оне су основа целог Старог завета. Читају се гласно сваке године.

Када се преузму из полице, прво се одвије ролна која открива прве речи. Књига постаје позната по тим првим речима. *Поновљени закони* су једноставно названи "речи", зато што је прва реченица у књизи "ово су речи". Када је Стари завет на хебрејском превођен на грчки, морали су да смисле ново, прикладно име. Deutoronomy [у нашем језику преведено као Поновљени закони - прим. прев.] долази од две речи у грчком језику, *деутеро* што значи *други* и *номос* што значи *закон*.

Само име пружа објашњење садржаја, јер овде поново налазимо Десет заповести, као и у *Изласку*.

Друго читање

Зашто су морале да се понове Десет заповести? Још имамо укупно и 613 закона чија се већина понавља. Зашто?

Кључ за разумевање је у *Бројевима*. *Поновљени закони* су написани 40 година после *Изласка*. У међувремену је умрла цела генерација. Мисли се на све одрасле особе које су ослобођене кренуле из Египта, које су прешле преко Црвеног мора, камповали на Синајској планини и чули Десет заповести први пут. До ове књиге већ су сви били мртви (са изузетком Мојсија, Исуса Навина и Халева). Тако брзо су прекршили закон да им је Бог рекао да никад неће видети обећану земљу. Казна је била да лутају кроз пустињску дивљину 40 година, све док не нестане читава генерација.

Били су још деца када су прешли Црвено море и камповали на Синају. Зато већина њих тешко да може да се сети шта се све догађало са њиховим очевима када су напустили Египат и сигурно се не сећају закона који је донео Мојсије. Тако је Мојсије читао и објаснио закон по други пут. Свака нова генерација мора да обнови свој завет са Богом.

Постоји још једна разлог за друго читање. У питању је тајминг, специфично време. Требали су да уђу у обећану земљу. Били су сами у дивљини и сада су видели земљу која је већ настањена њиховим непријатељима. Закон је читан и објашњен када су били на источној страни реке Јордан, па су требали да знају шта Бог од њих очекује.

Као додатак, Мојсије није могао да иде са њима. Њему је одречено право да иде даље јер није био послушан Богу када је обезбедио воду из камена. Бог му је рекао да ће умрети за седам дана. Мојсије је тако желео да нова генерација буде обавештена о својој прошлости и да буде спремна да се суочи са будућношћу. Заиста, и они ће видети чудо када се вода буде одвојила поново да би они прешли, овога пута у питању је била река Јордан. Бог је желео да и они знају за Бога чудеса, баш као што је и знала претходна генерација.

Важно је да нам је јасан контекст у коме је принет закон по други пут. Бог је прво превео Израелце преко Црвеног мора, па тек онда створио завет на Синају. Није хтео да им каже како да живе пре него што их ослободи. То је образац кроз целу Библију: ***Бог прво прикаже милост према нама тако што нас спасе, па нам онда предочи како би требало да живимо.***

Нова генерација ће видети како ће их Бог спасти и превести преко реке Јордан који је у то време године био у порасту и непрелазан. Када су видели то чудо, они би имали своју свету планину (планине Евал и Геризим) и требали да поново чују понављање благослова и клетви од Господа. То се догодило новој генерацији при крају 40 година путовања.

Поновљени закони су, према томе, последња Мојсијева књига која је написана и изговорена на источној страни Јордана, док је

Мојсије још увек био жив и још увек водио народ.

Земља

Постоје неки кључни термини у овој књизи. Понављају се 40 пута. А то је термин "**земља коју вам је ГОСПОД дао**". Израелци су подсећани да им је земља дата као поклон, и то незаслужени поклон. Псалам 24 каже "Земља је ГОСПОДЊА и све што је на њој". Ако дискутујемо о томе чија је земља, треба увек да се сетимо да је Бог власник свега. Он има право да је поклони коме год хоће. У *Айостолским делима* 17, Павле се обраћа Атињанима на Марс Хилсу и објашњава им да Бог одлучује о томе колико простора и колико времена има свака нација на земљи.

Други термин који се исто толико пута понавља је **"Иди и освоји земљу"**. Све што добијамо од Бога је поклон, али морамо да га узмемо. *Сйасење је Божји йоклон, али морамо да "идемо и да га узмемо"* да би био наш. Он нас не приморава на то.

Поседовање земље ће бити скупо за Израелце: морају да се боре за њу, морају да се помуче за њу. Чак и када нам Бог све даје, ми морамо да направимо напор да бисмо нешто узели.

Поставља се важно питање у овој књизи које се тиче власништва над земљом. Да ли ће она бити заувек њихова, да ли им је дата само за одржавање и да ли могу да је изгубе? Можемо да изведемо два закључка.

1. БЕЗУСЛОВНО ВЛАСНИШТВО

Бог им је рекао да им даје земљу заувек. То ипак не значи да могу да је окупирају заувек.

2. УСЛОВНА ОКУПАЦИЈА

Окупација земље је условна. Да ли ће да живе и уживају у њој зависи од тога како живе.

Порука ове књиге је веома јасна: Можете да задржите земљу све док поштујете закон. Ако не поштујете мој закон, иако поседујете земљу коју сам вам дао, нећете бити слободни да живите и да уживате.

Ово је разлика између безусловне и условне окупације. Разлика је она где су пророци Старог завета стално подсећали народ на то. Пророци су видели да понашање народа може да значи одузимање права на земљу.

До данашњег дана обећања су условна. Она су поклон, али како живимо одређује да ли ћемо моћи да уживамо у њима.

Оквир завета

Оквир завета описан у овој књизи користио се кроз древни Блиски исток. Када је неки краљ проширивао своју империју и освајао друге земље, он је обично састављао тзв. "Сузеренски уговор". Тај уговор је у начелу говорио да ако се побеђени народ понаша добро, краљ ће им обезбедити све што им је потребно, али ако се лоше понашају, он ће их казнити. Имамо бројне примере оваквих уговора у древном свету који су откривени од археолога, нарочито у Египту. Образац уговора је био потпуно исти као и у овој књизи.

Претостављамо да је Мојсије проучавао ове уговоре док се образовао у Египту.

Мојсије је представио завет народу Израела у облику уговора, с обзиром да је Бог њихов краљ, а они били његови поданици. Шема Сузеринског уговора следи на следећи начин:

- **Преамбула**: Ово је уговор између фараона и Хетита...
- **Историјски увод** сумира како су краљ и његови поданици дошли у **међусобни однос**.
- Декларација о основим **принципима** на којим ће уговор бити основан.
- **Детаљни закони** о томе како поданици треба да се понашају.
- **Санкције** (награде и казне): шта ће краљ урадити ако се понашају прописно, а шта ако се не понашају.
- **Потписи** сведока, обично се позивају на "богове" да посведоче овај уговор.
- **Обезбеђење континуитета**: шта ће се десити ако краљ умре и објави свог наследника коме ће сада они бити поданици.

Све се обично одиграва у некој церемонији где ће уговор бити написан, потписан и потврђен од стране оба субјекта.

Лако је видети паралеле између ове форме и садржаја са законима датим у *Поновљеним законима*:

- Преамбула   1,1-5
- Историјска позадина   1,6-4,49

• Декларација о основним принципима	5-11
• Детаљни закон	12-26
• Санкције	27-28
• Позив на божанско сведочење	30,19; 31,19; 32
• Обезбеђење континуитета	31-34

Санкције су кључни део књиге који се тиче нашег разумевања каснијих догађаја у библијској историји. У смислу санкција постојале су две ствари које је био спреман да уради ако Израелци не би живели шта им је речено.

ПРИРОДНЕ САНКЦИЈЕ

Природне санкције су биле обично у облику недостатка кише. Земља у коју су улазили била је између Медитеранског мора и Арабијске пустиње. Када је ветар дувао са западне стране, покупио би кишу са Медитерана и спуштао је на обећану земљу. Али ако је ветар дувао са источне стране, биле би суше, врућ пустињски ветар би све исушивао и остављао земљу у пустоши. За време пророка Илије, зато, Бог је казнио идолопоклонство народа тако што је наметнуо сушу од три и по године. То је био једноставан начин да се награди или казни народ.

ВОЈНЕ САНКЦИЈЕ

Ако не би успеле природне казне, онда би се ишло на нешто свирепије. Користио би људе да их нападне. *Амос* у 9. глави нам говори нешто врло важно за ову тему.

Читамо да док је Израел прелазио преко Јордана, Бог је довео још један народ да живи у истој земљи на западу. То су били Филистејци. Бог је у исто време довео народ који се показао као највећи непријатељ Израела. Израелци су се сместили на планинским подручјима, док су Филистејци били у равницама (појас Газе). Ако би Израел остао веран својим законима, били би у миру. А ако су нису понашали како треба Бог је слао Филистејце на њих. Звучи веома једноставно.

Корупција

Земља Ханан је била насељена мешавином Аморејаца и Хананаца. Бог је рекао Израелцима да истерају те народе и да преотму земљу.

Овде имамо доста примедби за Библију. Овакав очигледан геноцид за модерни ум се чини као варварски чин. Како можемо да помиримо Бога љубави и Бога који каже Јеврејима да побију све живе људе и настане се у обећаној земљи. Чини се неморално и неправедно.

Одговор се може наћи у *Постању*. Бог је рекао Авраму да ће он задржати његову породицу и његове потомке у страној земљи 400 година све док злоба Аморита не буде комплетна. Бог је уствари чекао 400 година да овај народ постане толико лош да они више не заслужују да живе у Ханану - *зато што они уствари не заслужују да живе било где на земљи*. Бог не дозвољава да се окупира земља без обзира шта неко ради. Био је веома стрпљив са њима, али је на крају све дошло као чин пресуде.

Археологија је открила у чему се све огледала грешност Аморита. Међу њима је било мноштво разних полних болести, на пример. Да су Израелци живели са њима и они би добили сиду, да не рачунамо сигурни нездрави утицај њиховог неморалног живота на животни стил Јевреја.

У овој књизи Бог каже: "Нећете освојити њихову земљу зато што сте ви праведни или због интегритета, него због злобе тих народа, ГОСПОД ваш Бог ће их истерати из земље пред вама, да би испунио обећање које је дао вашем праоцима, Авраму, Исаку и Јакову".

Многи се питају да ли је баш био неопходан масакр. Зашто их Бог није уништио својом руком? Одговор је јасан. Желео је да научи Израелце колико је важно да живе животом који им је он прописао. Ако се понашате као Аморејци, и ви ћете исто проћи.

Када читамо *Поновљене законе* морамо да схватимо да нам се даје опис Хананаца као у огледалу. Све што је Бог наредио Израелцима да не раде, то се већ радило у Ханану. Лако можемо имати представу шта се догађало у обећаној земљи пре него што су они дошли. Да то сумирамо у три категорије.

1. НЕМОРАЛНОСТ

Већ смо рекли да су били пуни преносних сексуалних болести. Били су присутни блуд, прељубништво, инцест, хомосексуализам, трансвестизам и сексуално насиље. Широко су били распрострањени развод и други бракови. Ова књига баш наглашава да је то било забрањено.

2. НЕПРАВДА

Неправда је посебно наглашена. "Богати су постајали још богатији, а сиромашни још сиромашнији". Стари греси гордости, похлепе и себичности су били евидентирани, све је водило ка експоатацији најсиромашнијих. Нико није бринуо о инвалидима, слепима, глувима. Многи људи су били у оковима зеленаштва. Бог је наредио Израелцима да се брину о глувима, слепима, удовицама са сирочићима. Људи су важни.

3. ИДОЛОПОКЛОНСТВО

Ханан је био препун идолопоклонства. Били су присутни окултизам, астрологија, спиритизам, некромансија, култови плодности. Они су поштовали "мајку земљу", веровали су да сексуални чинови имају везе са плодношћу земље. У паганским храмовима било је женских и мушких проститутки, обожавање је укључивало секс. Ове праксе су биле и у споменицима широм земље: симболи у облику џиновског мушког полног органа могли су да се виде на врховима планина као сведоци паганских ритуала који су преовладавали.

Ова књига јасно ставља до знања како је Бог гледао на овакво понашање. Ово је била његова земља, а била је потпуно покварена, обешчашћена и руинирана. То је било безчашће и Бог више није хтео да се настави с тим.

Да ли су ствари данас толико другачије?

Последње Мојсијево дело

Поновљени закони су последњи део **Петокњижја**. Видимо да је књига написана у критичном моменту за Израел. Требали су да уђу у обећану земљу, али Мојсије није могао да их даље води. У то време је био старац од 120 година и ушао је у последњих седам дана свог живота (књига се завршава његовом смрћу). Видећи слабости очева садашње генерације, плашио се да неће направити исту грешку. Видео је да тек следе одлучујуће битке, физичке и духовне.

Последњих седам дана им се обраћао три пута. Ова књига је углавном срочена из тих његових дугачких говора и сигурно је користио већи део дана за њих. Његов стил говора је веома личан и емоционалан. Мојсије се обраћа народу као што би се обраћао отац својој деци.

Вероватно да је тих последњих шест дана причао сваки други дан. Првог, трећег и петог дана би им говорио, а онда би другог, четвртог и шестог дана записивао шта је говорио. Предао им је све оно што је писао као свештеник, што су они одложили поред заветног ковчега, да народ не би никад заборавио. То је била "последња жеља и тестамент" највећег пророка Старог завета који је Божје речи саопштавао свом народу.

Књига би грубо могла бити подељена на три дела:

Прва лекција (1,1-4,43) Прошлост

У првом сагледавању Мојсије се враћа у дане после силаска са Синаја и стварања завета са родитељима генерације којим се обраћа. Он их подсећа да им је требало само 11 дана да дођу од Синаја до обећане земље, а они су путовали 13.780 дана. Када су дошли у Кадеш Барнеју на граници, по Божјој речи послали су извиђаче из сваког племена. Они су им рекли да је немогуће освојити народ који је већи и снажнији од њих. Само Исус Навин и Халев су рекли да треба веровати Богу и наставити пут.

Израел је све имао испред носа, али је морал пао. Иако је Бог остао веран њима, они нису остали верни њему. Порука 4. главе је једноставна: "Не будите као ваши родитељи. Они су изгубили веру и они су изгубили земљу. Ако ви задржите своју веру, задржаћете и земљу".

Друга лекција (4,44-26,19) Садашњост

Није лако читати легислацију у другом делу. То је убедљиво најдужи део књиге, вероватно трећег дана у последњим Мојсијевим данима, наглашава начин на који Израелци морају да живе да би остали на земљи која им је дана.

Резиме

Мојсије 5. главу почиње са основним принципима Божјег праведног начина живота регулисан са Десет заповести. Они говоре о једној стгвари, **поштовању**.

Поштујте Бога, поштујте његово име, поштујте дан, поштујте родитеље, живот, брак, развој, углед. Најбољи начин да убијете друштво је да убијете поштовање.

Интересантно је да нагласимо контраст између Мојсијевог закона и закона паганског друштва, већ смо упознали Аморите у Ханану, очигледно да је чист, свети закон дат у Десет заповести.

У **глави 6** уговорни закон је изложен и проширен. Речено нам је о сврси закона: такав је да би љубав комуницирала са једне генерације на следећу.

У **глави 7** наређено је одбацивање идолопоконства (прва заповест) и истребљење Хананаца, да их не би повукли са собом.

У **глави 8** су охрабрени да се сећају милости јер се тако Бог према њима опходио најчешће. Упозорени су да не заборављају, нарочито када дође просперитет.

Од 9,1 до 10,11 Мојсије проучава грех и побуну народа. Упозорени су да не буду самоправедни.

Тема **од 10,12 до 11,33** је послушност. Ако су послушни биће благословени; ако су непослушни биће проклети - избор је њихов. То је посебно наглашено кроз целу књигу. Реч *чути* долази 50 пута, а реч *учинити, задржати* и *погледати* 177 пута.

Поред тога, важно је да знамо још једну обичну реч коју Мојсије користи 31 пут - **љубав**. Ако волиш Бога поштоваћеш његов закон. У Новом завету Павле каже да је љубав испуњење закона. То није питање легализма, већ питање љубави. **Волети значи послушати, зато што у Божјим очима љубав је лојалност, верност. То значи остати у истини са неким. Љубав и закон нису на супротним страна - они су заједно.**

Много тога је обухваћено од 12. до 26. главе, понекад чак у зачуђујућим детаљима. У овом делу Мојсијев закон прелази на одређену генерацију са вертикалног (однос са Богом) на хоризонталну (однос са другим људима).

Контрасни стандарди

Законе можемо да тумачимо и у погледу контраста. Шта је то толико другачије, толико специфично око Мојсијевог закона ако га поредимо са друштвима у околини?

1. СТАНДАРДИ У ОБЕЋАНОЈ ЗЕМЉИ

Већ смо видели како су *Поновљени закони* огледало онога што се догађало у то време у околним земљама. Неки од нејасних закона су у директном односу са праксом околних народа.

2. СТАНДАРДИ У ОКОЛНИМ ЗЕМЉАМА

Интересантна поређења можемо пронаћи између Мојсијевог закона и других закона који су пронађени у древном свету, као рецимо **Хамурабијев код**, древног аморитског краља Вавилона. Овај закон је написан 300 година пре Мојсијевог. Он укључује забрану убијања, прељубништва, крађе и лажног сведочења. Фамозни закон lex talionis тј. закон одмазде (око за око, зуб за зуб) је такође укључен. То не треба да нас изненади. Апостол Павле у *Посланици Римљанима* каже да је "Бог уписао свој закон у срцима" пагана. Није га написао само у камену - написао га је и у срцима људи, тако да сви знају да су неке ствари погрешне. На пример, у сваком друштву на свету се мислило да је инцест лош.

Постоје, ипак, велике разлике између Хамурабијевог и Мојсијевог закона. У Мојсијевом закону смртна казна је веома ретка. Постоји 15 прекршаја за које је прописана смртна казна. У поређењу са Хамурабијевим законом то није тако строго.

Друга разлика је да су у Мојсијевом закону робови и жене третирани као људи, док су код Хамурабија роба. Жене немају никаква права за разлику од Мојсија где имају своје власништво.

Хамурабијев закон такође подразумева класне разлике. Постоје племићи и обични људи и другачији закони се примењују за сваку класу. У Мојсијевом закону немамо таквих класних разлика. Закон је исти за све.

Последња примедба се односи на то да је Хамурабијев закон узрочни - они су представљени у форми услова. "Ако то урадиш, онда мораш да умреш". Мојсијев закон је представљен на тзв. аподиктички[7] начин - не као условни, већ као наредбодавни.

"Не смеш то да радиш". Мојсијев закон одражава право Бога као краља да каже шта треба да каже. Он даје наредбе јер Он је стандард.

Наредбе и легислације спадају у разне категорије које су представљене у секцијама.[8]

---

7 Аподиктички је придев, значи поучно, необориво, оно што доказује. (напомена преводиоца)

8 За ту класификацију Мојсијевог закона дужан сам мом пријатељу Ф. Лагарду Смиту, професору права на Пепердин Универзитету у граду Малибу, Калофирнија, који је направио Нову међународну верзију бројева поглавља и стихова, са књигама које су дате у хронолошком реду и са законима поређаним у прикладним категоријама, као и овде. Прави наслов је *Наративна Библија* и меки повез *Дневне Библије* (Harvest House, 1978). (напомена писца)

1. Религијске/церемонијалне
ИДОЛОПОКЛОНСТВО/ПАГАНИЗАМ

- Израелу је забрањено да следи друге богове или да подиже резане ликове. Речено нам је да је наш Бог љубоморни Бог. Љубомора је прикладна емоција за Бога, мада нам се не чини тако на први поглед. Ми смо љубоморни када желимо оно што је наше. Завист је када желимо нешто што није наше. Баш као што је прикладно да човек буде љубоморан ако му је неко отео жену, исто тако је у реду да Бог треба да буде љубоморан на народ који следи друге богове.
- Као последица прве заповести, кипове богиње Ашера су специјално забрањени. Постоје закони како сећи месо и како бријати главу у знак жаљења.
- Ако породична особа наговара остале чланове да не обожавају Бога, мора да буде послана у смрт - не треба имати милости.
- Када су нападали градове са идолима, Израелцима је речено да побију све људе и да спале град да никада не може поново да се изгради. Идолопоклоници треба да буду каменовани на основу два или три сведока, један од њих треба да баци први камен.
- Постоји једно место обожавања. Сва "висока места" хананског обожавања морају бити уништена.
- Израелци неће питати и неће бити заинтересовани за друге религије. Морају са презрењем да гледају на жртвовање деце, што је одвратно.

ЛАЖНИ СПИРИТУАЛИСТИ

- Сви лажни пророци, сањари и сви они који "следе друге богове" морају да се смртно казне.
- Све форме спиритуализма су смртно кажњиве: разговарање са мртвима, вештичарење, знамења, чарања и медијуми.
- Речено нам је да ће прави пророк као Мојсије бити васкрснут (указивање на Исуса).
- Када лажни пророци говоре у име других богова или када нешто проричу, па се то не оствари, казна за то је смрт.

БОГОХУЉЕЊЕ

- Ако се лоше употреби Божје име, казна за то је смрт.

ПОСВЕЋИВАЊА

- Свака прворођена животиња мора да се посвети Господу.

ДЕСЕТИНА

- Десетина од свих приноса мора да се издвоји у страну.
- Сваке треће године то ће бити прослеђено Левитима, странцима, сирочићима и удовицама.

ОСВАЈАЊЕ

- Корпа са првим воћем биће приношена од сваке земље коју су освојили Израелци.
- Када дођу на земљу они ће објављивати своју историју, сећајући се свог спасења из Египта.
- Треба да се чине молбе захвалнице.

САБАТ

- До времена Мојсија, нико није имао сабат. То је ново откриће за робове који су претходно радили седам дана у недељи, а којима је сада дат један слободан дан у недељи.

ПРОСЛАВЕ (ХОДОЧАШЋЕ)

- Пасха.
- Седмице (Педесетнице)
- Шатор од састанка.

ЖРТВЕ И ПРИНОШЕЊА

- Ако се десило убиство, а не може да се нађе ко је починитељ, јуница нека се жртвује да објави невиност заједнице.

ИСКЉУЧЕЊЕ ИЗ ЗАЈЕДНИЦЕ

- Они са уништеним и кастрираним гениталијама да се искључе из Божје заједнице.
- Деци забрањених веза (до десете генерације) такође да буде забрањено да уђу.
- Амонити и Моавити су строго забрањени.
- Едомитима (од треће генерације) је дозвољено да уђу.

ЗАКЛЕТВЕ
- Шта год се закунемо морамо да урадимо. Заклетве се слободно дају, па се морају испунити. Ако даш заклетву Богу мораш је испунити.

ОДВАЈАЊЕ
- Нема мешања семена.
- Магарац и во не требају бити заједно у јарму.
- Одећа од вуне и лана не треба да се меша.
- Ови закони одвајања сигурно се данас чине чудним, али они су повезани са старим култовима плодности који су се ширили земљама. Бог наглашава да Он даје плодност: не морају да практикују никакво сујеверје.

2. Власт

КРАЉ

Постоје закони за краља, иако нису вековима нису имали краља.

- Бог је њихов краљ - људско краљевство је уступак, није део његовог плана.
- Када краљ дође на трон, он мора да препише својом руком Мојсијев закон и да га редовно чита народу.
- Краљу је наложено да нема много жена, много коња и много новца.

СУДИЈЕ
- Правила за одржавање судница су дата, као и право жалбе.
- Интересантно, казна за презирање суда је смрт.
- Постоје правила и за правосуђе: нема мита или фаворизације. Странац, сироче или удовица морају да имају исти третман као најбогатији власник.
- Мора да постоји најмање најмање два или три сведока да се сложе око онога шта су чули или видели. Ако особа лажно сведочи мора да пати на исти начин као и особа која која би патила да је проглашена кривим. Ако је моје лажно сведочење довело до тога да је неко платио казну од 1000 фунти, онда ако се открије да сам ја лажни сведок, онда сам ја кажњен са 1000 фунти. Око за око, зуб за зуб.
- Постоје правила која покривају администрацију за кажња-

вање. Бичевање може бити највише 40 удараца (обично 39 да би били сигурни да они нису прекршили закон). Бичевање више од овога је дехуманизација - криминалац је третиран као лампа или месо. Када се погуби особа, тело не сме да виси на дрвету после заласка сунца. (Павле то примењује на Исуса на крсту у *Посланици Галатима*.) Не постоји затвор.

3. Специјални злочини
ПРОТИВ ОСОБА
- Убиство увек доноси смртну казну, само уколико није намеравано. Шест градова за избеглице, по три са обе стране Јордана, биће постављени за људе који су убили случајно и да би избегну смртну казну.
- Киднаповање такође доноси смртну казну.
- Смртна казна за силовање, ако се десило у земљи, али обе стране да се убију ако је било у истом граду, зато што је жртва могла да виче.

ПРОТИВ ВЛАСНИШТВА
- Постоје закони против крађе и уклањање граница земље.

4. Лична права и дужности
- Повреде и оштећења. Господари и робови: робови имају права; радници да се плаћају на време.
- Кредити, камате и успутне штете: Дугови се опраштају после седам година када сваки позајмљивач поништава дугове својим Израелцима. камате не смеју да се мењају.
- Тежине и мере. Мере за тежину да су стално исте на вагама.
- Наслеђе: Одговорност најближег рођака је да настави породичну линију.

5. Сексуални односи
- Брак. Строге инструкције у вези брачних веза, за оне који су у браку, који су заветовани за брак, а и за силоване.
- Развод. Развод по основу да се мужу "не свиђа жена" је забрањен. Поновни брак са првим мужем после развода је забрањен, да би се заштитила невиност жене.

- Прељуба. Обе стране треба да се казне смрћу.
- Трансвестизам: Облачење одеће супротног пола је одвратно Богу.

6. Здравље
- За лепру постоји пажљива процедура за кога се сумња да има ову болест, укључује се свештеник за преглед.
- Постоје закони против коришћења угинулих животиња за исхрану.
- Строга правила одређују "чисту и нечисту храну". Камиле, зечеви, свиње и одређене птице не смеју да се појаве на менију.
- Месо и млеко да се не кувају заједно.

Последња наредба није добро схваћена од многих Јевреја: "Немој да куваш дете у мајчином млеку". На основу овог Јевреји су развили систем исхране кошер где постоје две кухиње и две врсте посуда и тањира где се урањају у воду и перу - да се месо и млечни производи држе у одвојеним посудама, што Аврам никада није радио, нудећи телетину и путер посетиоцима. Они су потпуно погрешно разумели сврху закона, које се опет односи на обреде паганског култа плодности. Хананци су веровали да ако кувају дете у мајчином млеку изазивају инцест са мајком, која би онда промовисала плодност.

7. Социјални систем
- Доброчинство не само да је охрабривано, већ је наређивано. Неки кукурузи су требали да се оставе у пољу да бих прикупили сиромашни.
- Родитељу су требали да очекују поштовање и подршку од своје деце: тврдоглави, побуњенички син да се пошаље у смрт.
- Комшијама којима су побегле животиње треба да се помогне.
- Животиње да се добро третирају: никако да се не ставља брњица волу који чисти поље; дозвољено је узимати јаја из гнезда птица, али мајку не дирати - она да остане да би поново полагала јаја.

8. Ратовање

- Припреме су најважније. Рат није за оне са слабим срцем. Ти плашљивци могу да иду кући.
- За време опсаде војници не смеју да секу дрва око града.
- Простор за тоалет да буде ван кампа и да се редовно покрива.
- Војник који се скоро оженио може да остане кући на једну годину пре него што се врати у рат. Нико не треба да иде у рат на штету брака код куће.

Шта ми можемо да научимо из овог?

1. ВИДЕОКРУГ

Бог је заинтересован за цео наш живот. Право на живот није само оно што ми радимо у Цркви недељом ујутро, него се тиче целог нашег живота. Постоји прави начин да се било шта уради. Бог жели људе исправне у свакој области живота.

2. ИНТЕГРАЦИЈА

Закони показују јединствену интегрисаност. Да се пођемо, рецимо, од неједења камиле до закона о надгледању празника. То није пријатно за модерни западни ум. Ми осећамо да морамо некако да класификујемо све те законе. Али Бог нам каже да таквих подела нема у животу - не постоји посвећена/секуларна подела, целокупни живот је за Бога.

3. СВРХА

Постоји јасна сврха ових закона. Они нису ту да би спречили народну забаву, или да се људи ограде овим рестрикцијама. Фраза која се понавља је "да би ти било добро и да можеш да живиш дуг живот у земљи". Бог нас жели здраве и срећне, зато нам је дао законе. Неки људи замишљају Бога како седи на небесима и стално говори људима "Не ради то" или "Немој". Сврха ових забрана су увек за наше добро. Он је забринут за наше здравље.

Трећа лекција (27,1–34,12) Будућност

Трећи угао гледања је дат у два дела.

1. Потврђен завет (27,1–30,20)

У првом делу Мојсије каже народу да морају да ратификују закон. Када су прешли реку Јордан требали су да стану пред планине Ебал и Геризим. Планине су једна преко пута друге и као да формирају амфитеатар са долином између. Лидери су требали да вичу благослове са планине Геризим, а да вичу клетве са планине Ебал.

После тих речи требали су да кажу *амен - нека буде!* Клетве и благослови су укључене у 28. главу *Поновљених закона* (случајно се и у англиканској књизи молитава рецитује сваког поста).

Речи су предивне. Остатак историје Старог завета темељи се на одговору Израела на те благослове и клетве. Када читамо 28. главу, као да читамо целу историју Израела последњих 4000 година.

2. Осигуран континуитет (31,1–34,12)

Исуса Навин је постављен као Мојсијев наследник са 80 година. Затим је Мојсије предао писани закон свештеницима, који је нашао место у заветном ковчегу. Наредио је да се закон рецитује сваких седам година.

Мојсије је завршио своју поруку са песмом. Многи пророци су били и музичари.

Његова сестра Марија певала је када су прешли преко Црвеног канала и Мојсије је рецитовао речи песме пре смрти. Песма детаљно прича о верности Бога и како се опходио према Израелу. Он је стена, крајње независтан, непроменљив, потпуно поуздан. Када је песма завршена, Мојсије је благословио 12 племена и дао неко замагљено пророштво за будућност.

Дошла је и смрт и сахрана Мојсија - једини део од пет књига који Мојсије сигурно није написао! Претпостављамо да је Исус Навин додао те детаље. Мојсије је умро сам, ослоњен леђима на стенама при врху планине Нибо, гледајући према Јордану и ка обећаној земљи у коју није могао да уђе.

Вековима касније, читамо у Јеванђељу да је Мојсије говорио са Исусом на врху једне планине, али у свом земаљском животу никада није крочио у њој. Сахрањен је на планини Нибо, али не од стране својих сународника. У Новом завету Јуда нам говори да је анђео дошао да га сахрани. Када је анђео дошао по Мојсија, са друге стране је био ђаво. Ђаво је показао на њега као на човека који је убио чувара у Египту. Али арханђел Михајло му је рекао: "Бог ће те одбацити!" па је тако Мојсија сахранио анђео. Какав завршетак приче и какав изузетан живот! Људи су га жалили месец дана пре него што су прешли реку Јордан.

Важност *Поновљених закона*

Ова књига је кључ целе историје Израела. Немоћни и невољни да избаце Хананце из земље када су дошли, врло брзо су почели мешовити бракови и исти зли пагански ритуали. У ствари, требало им је хиљаду година, од времена Аврама до времена Давида, да коначно потпуно населе обећану земљу. Наредних 500 година после Давида изгубили су све што су до тада стекли, као што ћемо видети у *Књизи о царевима*. Цела историја Израела се може свести у две реченице: *Послушност и праведност су им доносили благослов. Непослушност и злоба су им доносили клетве.* Све је то обилато јасно у овој књизи.

Књига је одиграла велику улогу у Новом завету, цитирана је 80 пута у само 27 књига.

Исус
- Исус је био пророк кога је најавио Мојсије у овој књизи.
- Исус је знао *Поновљене законе* врло добро. Када је био искушаван у пустињи, он је користио Свето писмо да брани себе и увек је цитирао ову књигу.
- У проповеди на планини рекао је да ниједно слово или назив неће изаћи ван закона.
- Када је Исус упитан да сумира Мојсијев закон, он га је сумирао речима из *Поновљених закона*: "Волите ГОСПОДА свога Бога свим својим срцем, свом душом својом и свим својим умом и снагом" и речима из *Левитске* "Љуби свог ближњег".

Павле
- Павле је користио *Поновљене законе* када је писао о значају да се наша срца промене. Користио је Исусову смрт као

пример за оне који су проклети.
- Цитирао је закон о брњици за вола као принцип који се примењује за подршку проповедницима.

Хришћани и Мојсијев закон

Како, данас, хришћани треба да читају Мојсијев закон?

ПОСЕБНИ ПРОПИСИ

Ми нисмо под Мојсијевим законом, ми смо под Христовим законом. Морамо да пронађемо да ли је сваки закон Старог завета поновљен или другачије протумачен у Новом завету.

На пример, од десет заповести, само четврта заповест у вези сабата није поновљена у Новом завету. Десетине од прихода такође нису наметнуте у Новом завету, иако смо охрабривани да будемо дарежљиви, весели и слободни.

Закони о чистој и нечистој храни су одбачени.

ОПШТИ ПРИНЦИПИ

Ми смо спасени за праведност, а не преко праведности. Ово је врло важно да докучимо.

Потреба да "урадимо" је уобичајено за Нови завет, као и за Стари, али и мотивација је сада важна. Наша праведност мора да "премаши фарисеје и списе", али сада наша праведност мора бити и ка унутра и ка споља. Сада ми имамо Духа који нам то омогућује. Према томе, *ми смо оправдани вером, али суђени по делима*.

Није вредно ничега, да нас *Поновљени закони* упозоравају и против синкретизма. Лако можемо да стопимо паганске праксе у наше животе, а да тога нисмо ни свесни. Ноћ вештица и Божић, на пример, потичу од паганских фестивала, где Црква "тражи" да створи хришћане, када би требало да их избегава.

Закључак

Поновљени закони су кључна књига унутар израелске историје, не само зато што је једна од пет Мојсијевих књига. Људе подсећа на прошлост, учи их томе како да живе у садашњости и упућује на поглед у будућност. Она одражава Мојсијеву забринутост за народ који још није застранио. Истовремено изражава Божју жељу да његов народ, обожавајући и поштујући га, буде вредан земље која му је дата.

ЗЕМЉА И КРАЉЕВСТВО

7. Исус Навин	173
8. Судије и Рута	195
9. Прва и Друга Самуилова књига	215
10. Прва и Друга књига о Царевима	235

7.
ИСУС НАВИН

Увод

Учитељ на часу пита ђаке: "Ко је срушио зидове Јерихона?"

Тишина у учионици све док један мали дечак не одговори: "Молим вас, ја нисам!"

Касније у зборници, учитељ је препричао дијалог директору. Он је одговорио "Ја тог Смита знам дуго година и знам његову породицу, ако он каже да то није урадио, сигуран сам да није".

Када је директор информисао ревизора о одговору малог дечака, његов одговор је био: "Вероватно да је касно да сазнамо ко је то урадио, урадите поправке, па нам пошаљите рачун".

Ова шала је, наравно, о томе како би свако требао да зна ко је срушио зидове Јерихона. То је једна од бољих прича у Библији. Ако не знају причу из Библије, онда су сигурно чули црначку песму "Исус Навин победио битку код Јерихона". Али ово је део књиге коју већином људи знају. Ова књига баш и није позната, а знање о биткама не значи да људи у њу безусловно верују да се догодила. Али ова прича поставља питање: Како су се срушили зидови Јерихона? Да ли су их уопште заиста срушили?

Јасно је да постоје низ условних питања ако погледамо књигу о Исусу Навину. Прво да се упитамо која је ово врста књиге и како да читамо ове невероватне приче. Затим ћемо наставити са садржајем и структуром књиге и шта хришћани могу да науче из ње.

Каква је ово врста књиге?

Исус Навин је шеста књига Старог завета. Она је наставак претходне књиге и прати логички ток после Мојсијеве смрти и када је Исус Навин одређен као наследник. Значење књиге *Исуса Навина* код Јевреја је, ипак, мало другачије. *Поновљени закони* су означили завршетак Торе, Мојсијевог закона. Првих пет књига се годишње чита у синагогама, са *Постањем* 1,1 који се чита са Новом годином и *Поновљеним законима* 34,12 који се читају на крају. Првих пет књига добијале су наслове по први речима који читају при одмотавању свитака. Исус Навин је прва књига која носи назив по аутору.

Ова књига је такође потпуно нова врста литературе. Првих пет књига су основа за формирање израелске нације. У контрасту, нема ниједног закона у овој књизи или у књигама које следе. Од Исуса Навина почињемо да видимо како се закон спроводио у пракси.

Књига се обично третира као историјска, па се у енглеској Библији третира као историјски део. Али ова књига је више од историјске. Као што смо видели раније, Јевреји су поделили Стари завет у три секције, пре бисмо их назвали библиотеке јер су разврстане по категоријама. Првих пет су "књиге закона", још се зове и *Тора* и *Петокњижје*. После њих долазе "Књиге пророка". *Исус Навин* је прва књига међу "бившим пророцима", а после њих следе *Судије*, *Прва* и *Друга Самуилова* и *Прва* и *Друга о краљевима*. Књига пророка од Исаије до Малахија сачињавају "касније пророке", са неколико изузетака. Трећа секција се једноставно зове "Записи" која укључује *Псалме*, *Јов*, *Изреке*, *Рута*, *Песма над песмама*, *Књига проповедникова*, *Тужбалице*, *Јестира*, *Данило*, *Јездра*, *Немија* и *Прва* и *Друга књига дневника*. Тако да две књиге које припадају пророцима у енглеској Библији - *Данило* и *Тужбалице* - су делови *Записа* у аранжману јеврејског Старог завета. Дневници у последња књига у Записима, иако је енглеска Библија уврштава у историјску секцију.

Много изненађује да се *Исус Навин* налази у књигама пророштва, јер је већином у наративној форми и чита се као да није директно узета из историје, него више као поетско пророчанство каснијих књига. Ипак, постоји доста разлога зашто ова књига има ознаку пророштва.

Прво, опште је познато да је Навин био пророк. Тачно да је познатији као војни командант, али је био пророк баш као и Мојсије који је чуо Бога и разговарао са њим. Заправо, прва глава књиге говори у првом лицу, Навин саопштава поруку народу коју је добио од Бога.

Друго, библијска историја је специјална врста историје. Постоје два принципа који се морају испунити да би се писала историја:

- **Селекција** - немогуће је да све обухватите за тако кратки период. Библијска историја је строго селективна, концентрисана само на једну нацију и само за догађаје који су везани за њихов живот.
- **Повезаност** - добар историчар узима наизглед неповезане догађаје и спаја их у једно, тако да би се развила тема.

Користећи та два принципа, можемо да видимо зашто је историја ове књиге и историја других књига у Библији у суштини пророчка. Аутор бира догађаје који су важни за Бога и објашњени су Божјим делима. Само пророк може да пише овакву врсту историје, јер само пророк може да има увид шта је све укључено и зашто. Ако погледамо Књигу пророка она нас подсећа да главни јунак ове књиге није Навин, већ Бог (ово важи за све библијске књиге). Ми видимо Божја дела у овом свету, шта он говори и шта ради. Према томе, док је ово пророчка историја, објашњавајући шта се догодило, ми морамо да видимо и пророчку историју зато што објављује реалност Бога и његово деловање у свету.

У овој књизи видимо како послушност води у победу, као што је битка за Јерихон.

Насупрот томе, такође видимо последице непослушности закону, као што је пораз код Гаја.

Продужена непослушност значи да земља коју су овде освојили, биће им одузета у *Другој књизи о краљевима*.

Стари пророци нам говоре трагичну причу како је народ добио обећану земљу кроз послушност закону, а онда како ју је изгубио због непослушности. Другим речима: првих пет књига су узрок, а наредних шест књига су последица.

Како да читамо књигу Исуса Навина?

Преко него што анализирамо саму причу, потребно је да се обрачунамо са дебатом учењака који подривају њено читање због много библијске историје. Многи учењаци сматрају да библијска историја није истинита и научна, већ морална и религијска. Лако им је да прихвате све чудесне догађаје у овој делу Библије - све док нико не очекује од њих да поверују да су истинити! Они сугеришу да је библијска историја "мит" или "легенда" која нас учи духовним истинама и вредностима, али се никада заиста нису догодиле.

Ми немамо потребе да негирамо да су неки делови Библије измишљени. Исусове параболе су технички *митови*. Није важно да ли је стварно или не постојао разблудни син, зато што је сврха приче да објави битну истину за слушаоце. Ипак, признати да Библија има разних прича, далеко је од тога да тврдимо да су догађаји у Библији измишљени.

Пропитивање Библије почело је у 19. веку, када су учењаци тврдили да Адам и Ева нису праве личности, већ митолошке фигуре, чије нам деловање саопштава универзалне истине. Они кажу да грехопад није био улазак греха у свет са стварним Адамом и Евом који су јели забрањене плодове, већ је то прича која нам говори општу поруку да ако некоме кажете да нешто не додирне, баш онда ће желети да то уради!

Овакав приступ се не завршава са Адамом и Евом. Нојева барка је била следећа на листи и на крају имамо врло мало библијских прича које су избегле овакву врсту испитивања. После свега тога, ми смо остављени са библијском верзијом Езопових басни, које говоре духовне истине, али немају историјску основу.

Процес читања Библије на овај начин добио је дугачан назив: *демитологизација*. Просто, то значи да ако хоћемо да дођемо до истине, ми морамо да искључимо причу (мит) као базирану на историјским чињеницама.

Чудесни и натприродни елементи се, према томе, могу искључити јер су они мит.

Ова демитологизација није стала са Старим заветом: нападнут је и Нови завет. Рођење од девице и васкрсење су лаке мете. Те учењачке дебате утицале су на теолошко образовање, а пре тога су се појавили неки црквени лидери који су тврдили да на крају и није битно да ли је Исус заиста васкрснуо, важно је да људи заиста верују у то. Кажу да чак и ако Исусове кости негде леже у савременом Израелу, то неће утицати на нашу "веру".

Са оваквим позадинским размишљањима, није ни чудо што

су се појавила нека питања у вези књиге Исуса Навина, па и прича о рушењу зидова Јерихона. Учењаци су резоновали да чуда у овој причи не могу бити прихваћена као чињеница у софистицираном, научном добу. Они једва да виде ову књигу као причу како Бог жели да ми добијамо битке у животу.

Ипак, демитологизација ове књиге захтева да већи део књиге избацимо, јер има превише митова: река Јордан се исушила, Јерихон се срушио, повике су помогле да се добије борбе, а сунце и месец су још ту целог дана.

Како да одговоримо на ове покушаје да се подрива историјска вредност књиге Исуса Навина?

1. Ако прихватимо став да се чуда никад нису десила, остаћемо са само људском историјом без икаквих духовних дарова. **Божји део би био искључен.** "Вредности" или "истине" не би имале неку већу вредност од неке лекције, као на пример лекције о секуларној историји Кине.
2. Митови измишљају места и личности да би издвојили жанр од праве историје, али библијска историја је нешто друго. Ова књига **укључује права места** која можемо да посетимо и данас: река Јордан, Јерихон и Јерусалим. Такође **укључује стварну групу људи** за које секулари историчари признају да су постојали у то време: Хананци и Израелци.
3. Ова књига тврди да је написана за време **тадашњих сведока.** Прво лице множине "ми" се користи да би читаоци уочили догађаје који су они видели. Још уз то, обичан термин који се користи је "до данашњег дана". Савременици писца су могли да провере детаље. Ово није бајка о митским ликовима, већ наставак историјских догађаја који су описано од људи који су били тамо.
4. **Археолози потврђују велики део информација** који су дати у књизи Исуса Навина. Открили су читаву културу градова која се променила у периоду од преко 50 година. Постоји доказ да градови као што су Хазор, Ветиљ и Лахис уништени између 1250. и 1200. године пре нове ере и да су становници прешли на једноставнији начин живота. Време ових промена одговара времену ове књиге баш како су ови градови освајани.
5. Они који доводе у питање чудесне догађаје у овој књизи заборављају чињеницу да ови догађаји не морају да се третирају

као чуда. Нама није проблем да прихватамо чуда, али је интересантно да оваква врста феномена може да се објасни. На пример, река Јордан се исушује до данашњих дана. Река кривуда кроз Јорданску долину, и у случају услова за поплаву, пресеца неке обале кривина. Ове обале могу да буду одсечене и могу да се сруше и да преграде реку, стварајући брану саме од себе, понеки пут и до пет сати. Слично, у модерна времена, знамо да се руше високе зграде. Катедрале и небодери падају на исти начин као је описано са зидовима описаним у књизи Исуса Навина. **Није питање самог рушења, већ је више питање тајминга, зашто баш тада?** Река се исушује и зидови се руше када Бог каже да треба.

6. Приметили смо да Библија није историја Израела као таква, јер много тога је искључено. Ова књига покрива 40 година, а опет већина тога што се десило није забележено. Пад Јерихона покрива три главе, што је потпуно непропорционално у смислу историје Израела. **Ово је у ствари историја шта је Бог Израела учинио.** Писац бележи догађаје када је Бог деловао, јер он је живи Бог, активан у времену и историји, који говори и чини ствари. Да Бог није интервенисао у њихову корист, они никада не би добили обећану земљу. То је била немогућа мисија за дружину бивших робова који нису имали никакву војну обуку да оду у утврђену земљу и замене културу која је у то време била супериорнија од њихове. Ако је предмет књиге Божје деловање, не би требало да буде изненађење ако је његово дело изван људског разумевања. Ако избацимо ове делове приче или урадимо "демитологизацију", ми подривамо целу природу и сврху књиге.

Питања о томе да ли је Библија мит или историја закувава се до личног питања: Да ли верујемо у живог Бога? Ако је наш договор да, онда треба да гледамо на Библију као на запис шта је Бог рекао и шта је урадио и да се питамо зашто је то рекао и урадио.

Библија није само о Богу или само од Израелском Богу. То је историја Бога и Израела - прича о њиховом односу - тако је нужно да читамо сваку библијску књигу, укључујући *Исуса Навина*. Није превише маштовито ако гледамо на однос Бога према Израелу као на брак. Заруке су биле на месту са Аврамом када му је Бог обећао да ће бити Бог Аврама и његових потомака. Венчање је било на Синајској планини када је народ чуо обавезе и обећања и када је везао закон за њих и сложио се са обавезујућим споразумом који им је представио. Медени месец је требало да траје три месеца, како су људи путовали ка обећаној земљи. Ипак, млада није била спремна и вољна да верује свом мужу, па је тако прошло 40 година док нису ушли у земљу. У овој књизи имамо почетак њиховог заједничког живота у припремљеном месту, њиховом новом дому.

Добили су све што им је било потребно, али су и даље требали да уђу и освоје земљу- нажалост, брак није функционисао, па је дошло до привременог развода, а кривица је била на "младиној" страни. Али као што Бог мрзи разводе, ипак, никад их није напустио.

Садржај књиге

Важно је да добијемо општу слику о садржају пре него што кренемо у детаље. То ће нас спасти од неадекватног и несигурног закључка о томе шта он значи, баш као што би одбили да судимо о некој књизи уколико би имали само неколико поцепаних страница. Свака реченица има значење у контексту, морамо књигу да погледамо као целину.

Књига покрива живот Исуса Навина од 80. до 120. године. Тачно толико је трајало и Мојсијево лидерство, такође од 80. до 120. године живота, што је покривено са четири последње Мојсијеве књиге. Разлика је у томе јер је Мојсије давалац закона и лидер, Навин је само лидер, завршен је период давања закона.

Структура

Ова књига је као сендвич. Има три дела, два парчета хлеба и много тога у средини.

- **Прва глава је горњи слој**, увод који описује Навина као лидера.
- **Доњи слој су главе 23 и 24** - Навинова последња проповед, смрт и сахрана.

Глави део је између та два "парчета" је опис како је Израел дошао у посед земље коју им је Бог обећао, иако је пре тога већ била насељена. Средња секција је подељена на следеће делове:

- **Главе од 2 до 5** покривају улазак у хананску земљу преко реке Јордан.
- **Главе од 6 до 12** приказују детаље како су освојили земљу, са листом од 24 краља које је Навин победио.

- **Главе од 13 до 22** покрива поделу земље међу племенима.

Мисија Исуса Навина

Навин је имао 80 година када је добио позив да буде лидер. Постоје две стране позива: божанско охрабрење и људски ентузијазам.

БОЖАНСКО ОХРАБРЕЊЕ

Бог говори Навину да је он његов избор да води народ после Мојсијеве смрти. Мојсије их је водио из Египта, сада Навин треба да их води кроз обећану земљу. Бог обећава да како је био са Мојсијем, тако ће бити и са Исусом Навином. Каже му да буде снажан, храбар и опрезан и да поштује закон. Ако то ради напредоваће.

То је охрабрујући почетак његовог лидерства. Реч "напредак" је погрешно схваћена. Та реч не значи богатство и сви они који тако мисле греше. То се односи на напредак у смислу остварења Божјег плана за свој народ.

Те речи охрабрења нису биле за Навинову личну корист. Бог је знао колико лидерство може да утиче на морал народа. Као што је био задужен за морал народа, Навину је било потребно да и у личном животу задовољи високе моралне стандарде. Он није водио само групу индивидуалаца који су опремљени за борбу, он је водио Божји народ. Њихови морални стандарди одредиће њихов успех у борбама и Навин је мора да буде сјајан пример.

ЉУДСКИ ЕНТУЗИЈАЗАМ

Када је Навин саопштио људима Божју одлуку народ је био одушевљен - заиста, њихов одговор Навину одговара оно што му је Бог рекао приватно, да буде "снажан и храбар". Поред тога, обећали су да ће га слушати као што су слушали Мојсија. Мада ово може да звучи чудно, тешко да можемо понашање народа под Мојсијем да окарактеришемо као послушно, с обзиром да им је требало 40 година да дођу до обећане земље. Али ова нова генреација је нешто научила из непослушности претходне генерације. Ова генерација под Мојсијем док је још био жив, успела је да победи Моавце и Амонце и није им било тешко да поврде послушност новом лидеру. Они су обећали да ће следити Навинове наредбе и да ће ићи где их пошаље. Тражили су од Бога да буде са Навином и Он је био.

ДВА АСПЕКТА

Двоструки аспект Навиног позива говори нам и о служби данас. Оба аспекта су потребна: Божји позиви индивидуалцу и срчани одговор од Божјег народа.

Лидерство Исуса Навина

Срце ове књиге је како Навин води народ кроз Ханан. Постоје три секције, сви се тичу земље.

1. УЛАЗАК

(i) Пре

Пре уласка, Навин шаље два шпијуна у земљу. Када су пре 40 година 12 шпијуна послати у извидницу, њих десет се вратило са негативним извештајем. Сада је послао само два шпијуна, као огледало претходна два позитивна извештаја. Чини нам се да је слање шпијуна као неверство, пре свега, Бог им је обећао ту земљу? Али они су практиковали оно што је и Спаситељ Исус користио у причама на земљи: веома је важно да седнете и обрачунате шта ће вас све коштати одлазак у битку. Било би глупо да су кренули у Ханан, а да нису добили максималан број информација са чиме би могли да се сретну.

Место где су били шпијуни много нам говори о моралном стању Ханана. Шпијуни са остали у јавној кући са проститутком која се звала Рава. Од ње сазнајемо да су вести о изреалском напредовању и победи над Египтом и околним народима уплашиле становништво и да нису били убеђени да могу да спрече инвазију. Штавише, Рава је била убеђена да је Бог дао земљу том народу и желела је да им се прикључи.

Нови завет подвлачи велику дозу вере, како је Рава наведена као велика хероина вере споменута у *Посланици Јеврејима*.

Њено бекство је паралела са убиствима прворођених у Египту. Јевреји су обојили врата са крвљу пасхалног јагњета. Рави су рекли да истакне гримизно платно на прозору да би она и њена породица били спашена од уништења које долази у Јерихон. Смрт је неће сустићи ако обележи прозор са бојом крви. Не само да је она демонстрирала своју веру, већ се налази у Христовом родослову у Јеванђељу по Матеји. То је изузетна и дирљива прича.

(ii) Прелазак

Река Јордан са источне стране Ханана делује као јарак, нарочито за време жетве када може да достигне дубину и до шест метара, без мостова и скела за лаки прелазак. Већ смо констатовали да је вероватно привремена, природно створена брана задржала проток воде и омогућила људима да прође. Тренутак је био савршен: речно корито је било суво у одређено време када је свештеник био на челу колоне.

Чудо је помогло преласку преко реке, али имало је и додатну сврху. нова генерација није сведочила преласку преко Црвеног мора. Бог је желео да и нова генерација сведочи о снази Бога и да верују у њега и у Навиново лидерство и да ће их успешно одвести према обећаној земљи.

(iii) После преласка

Њихов први камп у обећаној земљи је био Гилгал, отворени простор испред утврђеног града Јерихона који је истовремено био и предстража источне границе. Када су Израелци ту дошли, урадили су три ствари:

1. **Узели су 12 камена и направили обележје** на обали Јордана као сведочење да им је ту Бог помогао да пређу преко сувог. За сећање ово је важан детаљ за Стари завет. Често пута су тако постављали подсетнике за оно што је Бог урадио за њих у прошлости. Тих 12 камена је представљало 12 јеврејских племена.
2. **Обрезали су све мушкарце.** Нова генерација није била под Аврамовим заветом. Навин је желео да се испоштује закон до последњег слова - духовно стање становништва је веома важно.
3. **Назвали су место Гилгал, што значи** *откотрљано*, јер је Бог "откотрљао, обрнуо" прилазак Египћана кад су кренули у потрагу за одбеглим робовима.

Бог је још нешто урадио када су пристигли у земљу: престао је да им шаље ману. Користили су ману 40 година при путовањима, а сада су дошли у плодну хананску земљу, коју су још звали "земља меда и млека", па је тако мана била сувишна. Чак и данас у околини града Јерихона рађа предивно грожђе и поморанџе.

(iv) Капетан Божјег гостомопримства

Јерихон је био први град који су напали, али пре тога Исуса Навин је имао необично искуство. Када је лично пришао зидинама града, срео је наоружаног човека.

Навин није знао ко је тај човек, пријатељ или непријатељ. Изненадио се када је добио одговор "Не", потпуно бесмислен одговор! Али је онда додао да не припада ни Јеврејима ни Хананцима, већ да припада Божјој армији, да је његово бојно поље на небу, а не овде. Он је уствари упитао Навина на којој је он страни! Та особа није био нико други него капетан Божјег гостопримства, виши анђео, архaнђел или можда пре-инкарнација самог Бога. Навину је јасно стављено до знања да није он врховни командант Божје армије, већ обични официр. Тако му је стављено до знања да не ратује сам и да он није прави командант Израела, он је само Божји и народни слуга.

2. ОСВАЈАЊЕ

Војна стратегија за освајање земље је била јасна - то је било оно познато *подели и освоји*.

Исус Навин је водио снаге тачно кроз средину Ханана и тако поделио земљу на два дела, освојио је југ, па север. Спречио је хананску војску да се уједини и то је значило да имају велики број и да могу да се боре истовремено на неколико места.

Пророчка историја кроз поглед на Навина нарочито се истиче при освајању прва два града. Најважнији су Јерихон и Гај. Моралне лекције, и за добро и за зло које смо научили из ова два напада, касније ће бити потврђене, као пророчке интерпретације које треба да се понављају.

(i) Центар

Јерихон

Древни Јерихон је километар и по на путу као модерном Јерихону. рушевине града налазе се на месту Тел Ес Султан и откривају Јерихон као један од најстаријих градова на свету, који датира од пре 8000 година пре нове ере и имају најстарије грађевине на свету, округли торањ са спиралним степеницама унутра. Те рушевине су биле откопаване, а кључно питање било да ли је могуће пронаћи срушене зидине града Навиновог времена. Археолог Џон Гарштанд је 1920. године мислио да их је нашао, али то је негирала Кетлин Кенјион која је тврдила да Јерихон у то време није ни био окупиран! Ипак, египтолог Дејвид Рол је поново датирао и ископавао срушене зидове на новом нивоу (погледати његову изузетну књигу *Тест времена*, Century, 1995, која је пратила телевизијску серију истог назива, која је открила и остатке Јосифовог боравка у Египту; још једно сведочанство са називом *Легенда: Постанак цивилизације*, Century, 1998, локација Еденског врта, још увек је пуно воћа - а он чак није ни верник!)

Када је пао Јерихон, Исус Навин је проклео онога ко реши да га обнови. Рекао је да ће њихов првороћени умрети онога дана када поставе темеље за реконструкцију, а да ће њихов најмлађи умрети када се поставе капије. *Књига о царевима* бележи покушај обнове града 500 година касније, проклетство се испунило тачно како је изречено. Иако је неко можда помислио да се не односи на зидине града, проклетсво је веома одређено.

Рушевине Јерихона су остављене зубу времена и приступачне свакоме да користи камење за друге зграде. Одсуство зидова помаже нам да потврдимо тачност клетве по Библији.

Археолози су потврдили величину зидова од сличних конструкција. Они сугеришу да су зидови били високи 90 метара, а дебљина зидова је била 1,8 метра, а постојао је простор од три до четири метра до другог дебљег зида који је био дебљине три и по метра. Зидови су постајали баријера како је град растао, па су тако зграде расле у висину и чак се ослоњале на зидове. Лако је видети како је земљотрес могао лако да их сруши. Текст нам говори да су могли да издрже звук рогова од 40.000 људи, можда јак звук није ни био потребан - као када би оперска певачица могла да разбија сијалицу ако пева одређеном фреквенцијом. Једина кућа која је остала цела је била Равина са које је висило гримизно платно - она је остала цела због вере у израелског Бога.

Уништење је било такво да борба није ни била потребна - Израелци су само ушли унутра и заузели град. Међутим, прослава победе је била условна. Бог им је рекао да је град његов, као први плодови жетве. Морали су да признају да је ово Божја победа, а не њихова. Градове које ће касније освојити биће пљачкани, али не и Јерихон.

Један човек, ипак, није послушао наредбу и то нас уводи у следећу причу.

Гај

Град у процвату Гај је био даље по планинама од Јерихона. Та битка је изгубљена, јер су направили две грешке. Прва је била самоувереност: Навин је сакупио мало војске, мислећи да ће лако да освоји град, као Јерихон. Овде учимо вредну лекцију да је фатално да мислимо да ако нас је Бог благословио једанпут, да ће то урадити безусловно поново.

Један човек је ипак узео драгоцености из Јерихона, то је била друга грешка. Ахан је украо вавилонска одела, 200 шекела сребра и један златни клин тежак 50 шекела, мислећи да нико неће приметити њихов нестанак. Навин је изгубио битку за Гај и вратили су се у град. Био је изненађен и упитао је Бога шта се догађа, нарочито сада када им је растао углед. Бог му је рекао да је Израел згрешио: један човек је узео нешто што припада Богу. Тако су вукли жреб, па су пронашли прво племе, па су онда пронашли клан, па су онда пронашли Аханову породицу.

Можда се данас чини чудан овакав начин контроле ситуације, жреб је у Божјим рукама, доказан је као тачан. Овакав начин је често коришћен у историји овог народа. Свештеник је носио црни и бели камен унутар напрсника или суда, звали су се Урим и Тумим. Људи су тако одређивали шта да раде. Када је извучен бели камен то је значило позитивно, црни камен значи негативно. Оваква пракса се користила све до Педесетнице и силаска Светог Духа. Од тог тренутка Дух води све људе уместо овог начина.

Ахан је знао да је крив. Да се одмах пријавио можда би га и ослободили. Али не само да се крио, него га је и породица сакривала, па су тако сви каменовани до смрти. Застрашујуће је помислити да грех једног човека може да осуди цео народ.

Када су се обрачунали са грехом, поново су напали Гај, али овога пута су однели победу.

Планина Ебал и планина Геризим

Следећи уништење Гаја, Исус Навин води народ ка две планине у центру земље. Мојсије је дао јасне инструкције у вези обнове уговора са Богом који је закључен на Синају. Написаће законе на две камене малтерисане плоче и поделиће се у две групе, једни ће стајати на планини Геризим и узвикиваће благослове уговора тј. завета, а други ће на планини Ебал узвикивати клетве. Ове две планине формирају природни амфитеатар, па могу чути једни друге, а наставља се када чују са друге стране "амен" што је потврда да су чули.

(ii) Југ

Иако је дошла потврда уговора, народ је још увек био повођив и одмах су направили велику грешку када су се обрачунавали са Гаваоњанима. Гаваоњани су били мала племенска група унутар Ханана који су схватили да неће моћи да им се супротставе. Па су смислили превару. Преобукли су се у стара одела и подеране сандале, понели са собом буђави хлеб и представили се као народ који је дошао из далека и који је чуо за моћни народ који долази и потражили заштиту од њих.

Текст нам каже да зато што су изгледали лоше у лицу, нису хтели да их испитају и да питају Бога за њих. Тек касније су сазнали превару, открили су четири града са Гаваоњанима, али је већ било касно, јер су већ дали обећање да ће их заштитити. Тако су та четири града остала нетакнута. Гаваоњани су на превару били заштићени уговором којим су са њима склопили, били су дрвосече и слуге народу Израела. Тако нису могли да их истерају са земље.

Гаваон и даље игра улогу у овој причи. Краљ Јерусалима, Адони-Зедек, чувши за уговор Гаваоњана са Израелом, позива четири аморитска краља да се уједине и нападају Гаваон. Гаваоњани траже заштиту од Божјег народа и тако је почела битка. Бог је обезбедио победу свом народу, пославши ужарено камење такве величине да их је више погинуло од те катастофе него од мача. То је био тенутак када је Исус Навин затражио невероватно чудо од Бога. Знао је да не може да настави битку док је мрак -у предвечерје све борбе су стале, јер је постало немогуће да се разликује пријатељ од непријатеља, па је Навин изрекао молитву без преседана - да се сунце заустави у кретњи, да би он могао да настави битку! Овај невероватан чин вере је био награђен, и ми читамо да се сунце зауставило на небу цео дан. Победа је била комплетна.

Јужна кампања се наставила победама у градовима Ветиљ и Лахис (што ми знамо из археологије да је уништена између 1250 и 1200. године пре нове ере). Цео регион је био освојен.

(iii) Север

Када су поразили југ, окренули су се према северу. Северни краљ је дотле већ био упознат са њиховим успесима, па је ујединио снаге за борбу против њих.

Поново им је Бог обезбедио успех: њихове кочије су спаљене, а коњи осакаћени.

Градови на хумкама нису били потпуно уништени, осим града Хазор који је Навин спалио. Археологија потврђује да је тај град уништен ватром између 1250 и 1200. године пре нове ере.

Када су освајања завршена, дат нам је интересантан извештај о њиховим активностима, укључујући тврдњу да је Бог отврднуо срца осталих нација да се боре против Израела. Јасно да су њихови греси били тако велики, да је потпуна елиминација била једино решење.

3. ПОДЕЛА

Пре него што кренемо даље, морамо да успоставимо разлику између *окупације* и *потчињавања*. Окупација се односи на места; потчивавање се односи на људе. Иако је земља била њихова и народи потчињени, било је још много земље за освајање.

Остатак књиге је написан на овај начин.

Положај земаља је одређиван народном лутријом, који води неке да верују да су Божје казне нека врста лутрије који је присутан у многим земљама, укључујући Британију. Постоји, ипак, важна разлика која треба да се разуме. Жребови су постављени јер људи не могу да утичу на резултат. Народ је изабрао лутрију да Бог може да утиче на њих. На крају крајева, ако Бог контролише сунце, ово за њега није ништа.

(i) Источна обала

Земља је била фантастична, Навин бележи када ју је надгледао.

Величине Велса, то је једини зелени део Блиског истока. Арабијска пустиња лежи са истока, пустиња Негев је јужно. Киша долази са Медитерана.

Мојсије је земљу обећао племенима Рувим и Гад и половини Манасијевог племена, то је плодна земља источно од Јордана, зато што су помогли у борби за Ханан. Навин је испоштовао овај заклетву.

Кроз цео процес поделе земље, кључна реч је "наследство". Земља је била наслеђе Израела, не само привремено, али није ни за сва времена, него као трајан дом за наслеђе својим потомцима.

(ii) Западна обала
Гилгал: два и по племена
Халев је био један од два шпијуна који је донео позитиван извештај о земљи за разлику од осталих 10, пре 45 година. Халев сада има 85 година, читамо да је био виталан као да је имао 40 година. Халев је пришао Навину и упитао га да ли може да узме брдовиту земљу која му је обећана годинама раније. Навин га је благословио и дао му град Хеброн.

Манасијеве кћерке су подсетиле Навина на Мојсијево обећање за њих. Јосифов народ је био превелики за територију коју су добили, па су им накнадно додељене шуме које могу да очисте.

Књига наглашава детаље око градова и села које су додељиване сваком племену, само повремено пише о другим темама. Читамо, на пример, да нису могли да победе непријатеља зато што Јуда није успео да истера Џебузите из Јерусалима.

Шило: осам и по племена
Неколико племена је остало без додељене земље, па је тако свако племе ангажовало људе да осмотре територије да би их поделили касније.

(iii) Посебни градови
Избеглице
Постојало је шест градова за избеглице, по три са обе стране Јордана, за оне који су оптужени за убиство и где су могли да побегну од освете породице убијених. У јеврејском закону постојала је разлика између случајног, ненамерног убиства и планираног убиства. Ови градови су омогућавали примену закона.

Левити
Када је земља додељена, текст нам говори да Левити нису добили никакву земљу, нити специјалну територију. Речено нам је да је Бог њихово наслеђе - само служење Богу би требало да буде довољно за њих. Наравно, сваки Левит је морао негде да живи, па су им додељене плодне земље за испашу које су биле раштркане међу племенима.

(iv) Олтар на источној обали
Како се приближавамо крају књиге, сазнајемо за потенцијалну

трагедију која је избегнута. Када су се два и по племена вратила на територије на источној страни Јордана, Навин их је упозорио да воле Бога и да поштују његове наредбе. Ипак, веома брзо направили су олтар у месту Пеор, поред Јордана. Остала племена су то одмах видела као идолопоклонство и одмах су прогласили рат. На срећу, прво су се одлучили на разговор пре првог ударца. Оптужена племена су тврдила да је нови олтар њихов начин да се подсећају да су и даље део Божјег народа са друге стране реке.

Ово је смирило забринуте племенске лидере и рат је избегнут.

Посвећеност Исуса Навина

Последње две главе се приближавају крају ове књиге. Навин је био свестан својих година, имао је 120 година као и Мојсије кад је умро, као и Мојсије, он је служио народу 40 година. Знао је да ускоро умире и хтео је да обезбеди будућност свог народа.

Веома је важно да приметимо како је Мојсије прогласио свог наследника, Исус Навин никога није прогласио за наследника. Можда се ово чини чудно, али од тада, лидерство више није било у рукама само једног човека. Потребна је друга врста лидерства, народ је сада раштркан по целој земљи, тешко да би један човек могао да прекрије те силне земље. Тако је Исус Навин предао наслеђе свима њима.

Његова порука је била јака: *Бог је обећао не само да ће их благословити када су послушни, већ и да ће их проклети ако нису.* Бог их је довео у обећану земљу како је обећао, али морају да поштују закон ако хоће да им се настави омиљеност код Бога.

Навин је све заслуге за поседовање земље приписао Богу. Иако је он водио људе сво време, препознао је да се Бог борио у њихово име и да треба да му буду захвални за њихов успех. Завршио је свој говор тражећи од народа да дају заклетву Богу.

Последња глава је писана у другачијем стилу. Исус Навин прича у првом лицу једнине, као и у претходној глави, али овај пут када каже "Ја" он мисли Бог. Његова последња порука је пророштво које је схваћено од народа.

(I)Милост

Прво Бог подсећа људе на све што је урадио за њих. Не помиње се улога Исуса Навина.

(II)Захвалност

Сада Навин говори, тера људе да се боје Бога, да му служе, да буду верни и одбаце све друге богове. Онда се обраћа себи и својој породици када каже "Ми ћемо служити Господа".

Народ се сложио да следе Навина који је поставио и камење за подсећање. Три пута су поновили: "Ми ћемо служити Господа".

Последња три пасуса нам говоре о три сахране: сахрана Исуса Навина, сахрана Јосифових костију и сахрана Елиезара. Носили су 40 година ковчег са Јосифовим костима зато што је он изразио жељу да буде сахрањен у обећаној земљи.

Сада се њихове кости могу одморити у земљи којој се Јосиф надао.

Значи, три сахране завршавају ову књигу. Речено нам је да док је Исус Навин и његова генерација била жива, народ је био веран Богу. Када је дошла нова генерација, све је поново пошло по злу.

Могуће је сумирати лекције ове књиге у две једноставне фразе:

- *Без Бога они то не би могли да ураде.*
- *Без њих, Бог то не би урадио.*

Ту су две веома важне лекције. Лако је да сву одговорност ставите на Бога или на себе. У Библији стоји баланс: без Бога ми то не би могли да урадимо, али без нас Бог то неће урадити. Промена глагола је важна - *није да без нас Он то не би могао да уради, већ да неће да уради*. Да Навин и народ нису сарађивали са Богом, не би се догодио улазак у земљу, а опет без Бога и његових чудесних дела не би то могли да ураде.

Божја интервенција

1. БОЖЈЕ РЕЧИ

Божје речи су истакнуте у овој књизи када чујемо свечани завет Израелу који се никад неће прекршити. Заклео се самим собом да ће остати са њима и да је земља њима обећана. Бог увек држи дату реч - Он не може да лаже. Тако нам Навин говори да је Бог даровао свом народу сву земљу за коју се заклео да ће дати њиховим прецима.

2. БОЖЈА ДЕЛА

Божја дела су повезана са његовим речима. Речено нам је да ће се Бог борити за Израел. Све друге народе истераће из земље.

Књига је пуна физичких чудеса: подела реке Јордан, нагли престанак мане, урушење јерихонских зидова, ватрено камење са неба уништава пет краља, продужење дана где се сунце "укочило" на небу, а затим и лутрија која одређује поделу земље.

Књига Исуса Навина пажљиво додељује сву славу Богу кроз невероватне догађаје. Бог је заиста био са својим народом. Име Иманyел има четири значења:

1 **Бог** је са нама!
2 Бог **је** са нама!
3 Бог је **са** нама!
4 Бог је са **нама**!

Четврта верзија обухвата пуно значење библијског текста. Иманyел значи Бог је на нашој страни - акценат је да ће борити за нас, а не за њих. Исус Навин то доказује.

Људи у сарадњи - позитивно

Бог делује кроз људску сарадњу с њим. Он се не бори за себе: Израелци су морали да оду на бојно поље и да суоче са непријатељем. Без народа Бог то не би урадио - али они су сами морали да пођу у земљу, да предузму акције. Бог им је рекао да свако парче земље на које нагазе Он ће им дати.

1. ЊИХОВ СТАВ

Нема страха - негативно
Улазећи и освајајући земљу, Божји народ није имао чега да се плаши. То је била наредба Исуса Навина још од почетка. То је био разлог зашто су подбацили за 40 година, када су одбили да уђу у Ханан.

Али, вера... - позитивно
Ако су ишли у битке да победе, њихов став је морао да буде са поверењем и послушношћу. Њихова вера се показала када су требали да марширају око Јерихона седам дана у тишини, иако би сигурно радије пошли у отворену борбу. Били су спремни и за ризике. Навин је ризиковао када је тражио од Бога да заустави сунце.

2. ЊИХОВА АКЦИЈА

Њихова самоувереност их је водила до послушности. Морали су да делују по Божјим речима - све би урадили шта би им рекао. То је за нас подсетник да Божји дарови морају да се преузму. Израелцима је дат сваки педаљ земље где кроче својом ногом, али то је значило да и они нешто мора да ураде да би приграбили наслеђе, ништа није аутоматски.

Постоји деликатни, фини баланс који је постигнут између вере и акције, који је сумирао Оливер Кромвел који је једном приликом рекао својим трупама: "Верујте Богу и држите ваше цеви сувим". Или како је рекао Чарлс Спурџеон: "Моли се као да све зависи од Бога, а ради као да све зависи од тебе".

Да је држање народа било превише самоуверено и да су акције водиле ка непослушности, они би изгубили сваку битку. Зато највећи део ове књиге се задржава на Јерихону и на причи о Гају, један успешан напад, а други иницијално неуспешан. Ако научимо лекције из ова два града, онда смо припремљени да освајамо земљу.

Људска сарадња - негативно

Библија је веома искрена књига. Обрачунава се са слабостима, као и са снагом. Књига Исуса Навина нам говори о три грешке које је народ направио када су узели земљу.

Прва грешка је била Гај. Изгубили су битку јер су били превише самоуверени. Претходна генерација је била недовољно самоуверена, као и за кривицу страха, оба понашања су једнако погубна.

Друга грешка је била када су их Гаваоњани преварили да склопе уговор са њима да их заштите. То је њихова грешка што су одбили да прво питају Господа шта да раде.

Трећа грешка је била када су два и по племена поставиле олтар на источној обали Јордана док су остала племена помислила да су напустили свог Бога. То је умало изазвало грађански рат.

Хришћанска употреба

Речено нам је у *Првој посланици Коринћанима 10* и *Посланици Римљанима 15* да је све у прошлости написано за нас да учимо. Како ова књига да се употреби у Новом завету и како да је применимо данас?

Вера

У *Посланици Јеврејима 11* Навин и проститутка Рава су дати као примери вере. Они су део "облака сведока" којим смо ми окружени.

Апостол Јаков је рекао да је наша вера без дела мртва; не може да нас спасе. Поново је Рава пример за нас, на начин на који је она сакрила шпијуна, рекла збогом свом животу и прихватила веру Израела.

Грех

Књига је такође графички подсетник како проблеми могу да изазивају грех међу целим народом. Инцидент са Ананијом и Сапфиром одговара греху Ахана. *Дела апостолска* нам говоре причу о пару који лаже о правој своти новца који треба да се користи за црквене сврхе, а Ахан вара људе да нема робу која је украдена у Јерихону. Резултат у оба случаја је исти - пресуда од Бога. Ананије и Сапфира су одмах пали мртви, Ахан је каменован до смрти од народа.

Спасење

Књига је такође славни приказ спасења. Име Исуса Навина (у оригиналу Хошеа) значи *спасење*, али Мојсије је име променио у Јешуа што значи *Бог спасава*. Грчка верзија његово име преводи као Исус.

Мојсије пак на хебрејском значи *извађен из воде*, па тако његово име и Навиново име су водили народ до обећане земље. Мојсије их је извео из Египта, али Навин је спаситељ који их је увео у обећану земљу. Са напуштањем Египта нису добили спасење, али јесу са уласком у Ханан.

Ово илуструје важну истину: ***хришћани нису само спасени од нечега, они су спасени за нешто.*** Потпуно је могуће да изађете из Египта, али да се још увек налазите у дивљини; да престанете да живите живот незнабошца и уживате у слави хришћанског живота.

Примењујући концепт

На крају морамо да се упитамо: Како да хришћани примењују концепт звани обећана земља?

НЕБЕСА

Неки замишљају да обећана земља описује "небеса". Једна химна, на пример, садржи реченицу: "Када станем на ивицу Јордана, нека нестану моји страхови", као да слика реке представља смрт, са Хананом (небеса) на другој страни.

СВЕТОСТ

Обећана земља, на крају, нису небеса већ светост.

Писац *Посланице Јеврејима*, коментаришући освајање земље, је рекао да Израелци никада нису ушли даље под Навином, иако су ушли у Ханан. Хоће да каже да још има "остатка" за Божји народ. Тај "остатак" за нас значи борбу - а достижемо обећану земљу када уживамо у оном што је Бог припремио за нас. Па тако кад год одолимо искушењу, имамо предукус оног остатка што је Бог обећао. Победе у овој књизи треба да се понове у животу сваког верника као што он или она живе за Христа и боре се против греха. Тај *"остатак"* је олакшање када су успешне наше битке са непријатељима поред нас и када су наши напори награђени.

8. СУДИЈЕ И РУТА

Увод

Судије и *Рута* припадају једно другоме, па ћемо их обрађивати заједно. Библија је јединствена између светих књига јер је историјска. Куран, на пример, има мало или ништа од историје, док Библија приказује и историјску димензију. Ако идемо даље, она укључује историју која није могла бити написана од људи, па тако укључује почетак и историју нашег свемира у *Постању* и опис завршетка света у *Откривењу*. Библија је људска измишљотина или ју је написао сам Бог - не постоји друго објашњење.

Када погледамо на књигу Исуса Навина ми видимо пророчку историју као специјалну врсту историје, зато што су забележени догађаји који су били важни за Бога и његов народ.

Постоје четири могућа нивоа када проучавамо историју:

1. **Студија личности**: овај приступ укључује детаљну анализу индивидуалаца кроз историју - монархе, војне команданте, философе, мислиоце. Њихови животи контролишу шта је укључено; постоје указивања на све што се догађало.
2. **Студија народа**: овде је пажња на цео народ или групу људи. Откривамо како нације постају снажније или слабије и како то утиче на равнотежу снага у свету.
3. **Студија образаца**: поред личности и народа, овај приступ тражи обрасце који се временом појављују, као што је настанак

и пад цивилизација. Овакав приступ није заинтересован за детаље и друге теме.
4. **Студија сврхе**: историчари се питају куда иде историја. Они траже смисао и сврху. Марксистички историчари су тражили дијалектички материјализам, на пример историја народа која укључује сукобе, нарочито између радничке и владајуће класе. Еволуционистички оптимисти верују у успон човека тј. да се човечанство развија ка бољем свету.

Други гледају на ратове кроз историју и предвиђају тужан крај.

Проучавање сврхе може бити подељено на две линеарне гране - ствари се крећу напред од садашњости која се гради из прошлости; са друге стране, постоје они који историју виде као серију циклуса где ствари на крају затворе пун круг - за њих нема много напретка, само бесциљна и узалудна активност која ничему не служи.

Није изненађење да такав "диван" поглед на историју укључује осећај сврхе. Није оптимистичан за еволуционисте, јер ништа неће "бити боље", али библијска историја има сврху, за Бога који све има у контроли и који ће довести ствари до краја завршавајући своју намеру. Историја је, заиста, "његова историја".

Постоје два аспекта историје - линеарни и циклични - они ће нам помоћи да разумемо ове две књиге. Историја *Судија* је класични случај серије циклуса: исти круг је примећен седам пута, иако је присутно време, оно је у позадини. *Рута*, у супротности има своју причу у почетку, на средини и на крају и јасан осећај прогреса.

Образац историје у *Судијама* одражава прецизно живот људи који не знају за Бога. Они устају, иду на посао, долазе кући, гледају телевизију и иду на спавање поново, спремни да понове исти круг следећег дана. То је живот на великом рингишпилу! Ти нигде не идеш и не постижеш ништа. Шема која се види у *Рути* је више ићи путем којим Бог жели да идемо. Овде имамо сврху и значење, кретање ка циљу.

Најважнија ствар коју треба да установимо да пронађемо разлог зашто је нека библијска књига написана. Неке књиге откривају своју сврху веома лако, али *Судије* и *Рута* захтевају више истраживања. Сваку књигу морамо да прегледамо у детаљима да бисмо дошли до било ког закључка око сврхе која је у њима.

Судије

Многи људи имају знање недељне школе о књизи судија - само ону "Бодлеровску" верзију. Томас Бодлер није одобрио одређене делове комада Вилијама Шекспира, па их је ревидирао, отклањајући све што би се сматрало "неваљалим деловима" и његово име је изгубљено у историји. На исти начин, недељне приче о *Судијама* одстрањују неке ужасне елементе: конкубине, проститутке растављене на делове, силовање, убиства, симболе у облику полног органа и тако даље. Као резултат тога, већина људи је упозната одређеним личностима унутар књиге, као што су Самсон, Далила, Девора и Гедеон, али немају никакво знање о осталим личностима, да не говоримо о теми и намени.

Индивидуалне приче

Приче унутар ове књиге су задивљујуће. Постоји економија речи, а интересантан детаљ је приказан у живописним описима који читаоцима ове личности чине још више живим.

Простор који је посвећен личностима изненађујуће варира. **Самсону** су посвећене четири главе, **Гедеон** има три, **Девора** и **Барак** две, а за неке имамо само кратке пасусе. Скоро да изгледа да што су више били сензационални, то им је посвећено више простора. Јасна је ауторова намера да представи књигу као серију народних хероја који су спасли дан у који год се ситуацијама нашли (књига садржи селекцију бизарних догађаја), нешто као Нелсон и Велингтон у британској историји.

У раној фази књиге читамо о Халевом млађем брату **Отниелу**. Све што нам је заиста речено да је он донео мир свом народу на 40 година.

Читамо о **Аоду**, леворуком лидеру који је сакрио малу сабљу иза десне ноге. Као што је већина људи била деснорука, обично се проверавала лева нога за скривено оружје. Тако је успео да уговори приватни сусрет са краљем Моаваца и да му забије оружје у стомак!

Читамо о **Шамгару**, који је убио 600 Филистејаца са штапом.

Читамо о Девори и Бараку. Девора је била пророчица, удата за **Лафидота**. Њено име значи *вредна ӣчелица*, а Лафидот значи *ӣело* на хебрејском! Започела је свађу пошто је добила одговор од Господа, па тако једном приликом, како је речено у књизи, наговара Барака да води људе у битку. Барак неће да иде у битку без ње. Старији официри у Израелу, тада и сада, увек су водили трупе у борбу. Бог је био љут због Бараковог одбијања и говори му да ће непријатељ Сисера пасти од руке жене да би га понизио. Тако је и било.

Следећа је прича о Гедеону, једном од најстрашљивијих људи у Библији. Ставља месо на олтар и пламен са небеса спаљује жртву, а он тражи од Господа неки знак са неба, као да ватра није довољна! Бог му дарежљиво обезбеђује даље знаке кроз руно које је суво један дан, а други дан мокро. Гедеон ће тек научити да је добијао битке уз помоћ Бога. Бог му је смањио војску са 30,000 на 300 тако да би Гедеон научио да не верује превише људским ресурсима.

Следећи лик је **Абимелех** (о њему више нешто касније); затим долази **Тола** који има кратки коментар да води Израел 23 године. После њега **Јаир** води народ 22 године и има 30 синова који, како нам је речено, узгајају 30 магараца и контролишу 30 градова. Интересантан детаљ - и ништа више!

Мало дужа секција је о **Јефтају**, лидеру Гилеада. Дао је исхитрену заклетву да ће жртовати шта год се појави пред њим после повратка из битке и завршава да жртвује своју кћерку.

Ибзан из Витлејема је имао 30 кћерке и 30 синова и сву се венчали изван клана Јуде. **Елон** је водио Израел 10 година. **Абдон**, после њега, имао је 40 синова, 30 унука и 70 магараца! Поново немамо никакве друге детаље.

Када долазимо до Самсона, онда сазнајемо нешто више. Његове име буквално узначи *сунчев сјај*. Донет је на свет као назарен, што значи да није смео да пије алкохол и да се шиша. То је изузетна прича о човеку који је имао проблем са женама. Оженио се, али се брак поништио пре меденог месеца. Затим иде до неименоване проститутке, пре него што заврши код љубавнице под именом **Далила**. Иако је имао изузетну снагу, Самсон је у ствари слаб човек. Његова слабост није примарна у односима, већ више као слабост карактера. Његово харизматично миропомазање омогућује му да уради многе запањујуће ствари својом снагом, а онда се Божји дух удаљава од њега. Филистејци га хватају, ослепљују и стављају на покретну траку, где служи за подсмех Филистејаца.

Много година раније држао сам проповед под називом "Самсонова коса поново расте". Постала је позната, па је једна млада жена чула мој говор и написала песму о слепом Самсону кога је један дечак водио до храма где је он срушио цео храм.

Дечак који је држао његову руку

Измамили су га напоље,
У почетку нисам могла ни да гледам:
Празан и груб и суров.
Не бих ни погледала:
Ударац празнине,
Знајући да он то не би видео.
Гледала сам обријану браду и погнуту главу
Ударајући по ритму тоцила.
Около. Около. Около.
Гледала сам непотребне окове:
Тешке и тврде,
које уједају тело коме не треба везивање.
Сада није важно што су његове очи изгубљене:
Ја сам његове очи,
Он види преко мене.
Он мора да види преко мене
Не постоји други начин.
Завапила сам сузама којима он не може да завапи
за све те безбрижне године.
И научила сам да волим сломљеног човека,
Док је он коначно научио за страх од Бога.
Тако, ја нисам уплашена да умрем:
Срећна сам да будем последњи пут његове очи.
Узимам његову руку,
Водим је са увежбаном бригом
Корак по вођени корак
до места где он може да се моли.
"Господе, ти свемоћни Господе".
И док се стубови руше, ја плачем.
"Амин"

У последњих пет минута живота, Самсон је урадио више за свој народ него што је учинио за цео живот.

ЉУДСКА СЛАБОСТ

Библија је увек искрена у вези недостатака и слабости индивидуалаца и књига *Судије* није изузетак. Књига открива низ недостатака: Барак није лидер; Гедеон је страшљив, стално тражи знакове од Бога и на крају живота направио је свештеничку ношњу од злата, која се на крају показала као "замка" за Израел, реликт који је постао предмет обожавања. Јефтај је био син проститутке који је дао глуп завет; Самсон је лоше третирао жену, спавао са проститутком и узео љубавницу. Није био снажна личност, далеко од тога да су били свети људи, а Бог их је ипак користио!

БОЖАНСТВЕНА СНАГА

Како су ови људи далеко од савршених постигли тако много? Нису кроз сопствене снаге. Њихова тајна је да је Свети Дух пао на њих - сви су били харизматични.

Судије нам пружају живописне детаље како Божја снага може да делује кроз слабе људе, када читамо како су ови појединци били у могућности да чине натприродне ствари. Самсон је можда најупечатљивији, али има још запањујућих прича. Ово је нарочито важно да нагласимо, зато што Свети Дух долази на само неколицину у Старом завету. У *Судијама* су миропомазани 12 људи од два милиона колико је живело у Израелу у то време. Примећујемо да Свети Дух на њих силази привремено, не трајно, на пример, текст каже да је Свети Дух напустио Самсона.

У Старом завету помазање Духом је било само за кратко време, јер није остајао у њима дуже време.

ГДЕ СУ БИЛЕ СУДИЈЕ?

Наше разматрање појединачних прича ове књиге су избегле важно питање. Ко су уствари биле судије? Ко су били и шта су урадили?

На енглеском смо их назвали *судијама*, али оригинални појам значи нешто мало другачије. Када читамо да је Самсон или Гедеон судио народу, хебрејско значење речи је да су *они који решавају проблеме*, да су спасавали Божји народ од себе и од других. Никада их тако нису звали. Једина именица која одговара том изразу је сам Бог. Он је био Судија и он је сортирао њихове проблеме. Тако би било тачније да кажемо да је Бог био тај спаситељ и решавао проблеме кроз те хероје, преко Светог Духа, а за добробит народа.

Били су забринути за правду у народу, али су махом били

заинтересовани за спољне проблеме, откад је народ био у непријатељском окружењу који их је нападао у различито време: Амонити су их нападали три пута, Амаличани два пута, Моавити једном, Мадијанци једанпут и Филистејци три пута. Спомиње се и краљ Јерихона, градови Моав и Хазор.

Божји народ је дошао у густо насељену област, углавном непријатељски расположених суседа. Доживели су и инвазије. Једино оправдање који су имали што су ту је што им је Бог дао земљу и они су буквално били казнена експедиција за околне народе које су истребљивали. Тако да ова књига није само о појединачним херојима - то је студија личности, први ниво историје које је описан на почетку овог поглавља - али и целог народа - другог нивоа историје.

Национална историја

Ако саберемо време колико је 12 људи који се овде помињу "судило" народу долазимо до бројке од 400 година. Али ова књига обухвата период од 200 година! Како то може бити?

ГЕОГРАФИЈА

Проблем је лако решив ако се осврнемо и схватимо шта су судије уствари радиле.

Када читамо о Гедеону или Самсону ми мислимо да су они судили целом народу, али Израел је био подељен у 12 група и раширили су се по околини. Ако је неко владао 40 година, то се односило само на његово племе, а не, рецимо, на неко племе на северу. Неко је можда истовремено решавао проблем на југу. Самсон, на пример, је био код јужних племена, Гедеон код северних.

ПОЛИТИКА

У то време био је присутан вакуум лидерства у Израелу. Мојсије их је извео из Египта, Исус Навин до обећане земље, али сада су ови велики људи мртви и није било очинске фигуре у нацији - имајмо на уму да је то био период пре монархије. Зато су судије биле локалне вође и командовали су само групи племена, али не и целој нацији.

МОРАЛ

Постоји и морални разлог зашто су се континуирано суочавали

са непријатељским нацијама и групама и то је срце поруке ове књиге. Структура књиге нам то јасно показује, чак и само бацимо летимични поглед. Подељена је на три дела.

1. **Неопростиви компромиси** (1-2)
   (i) Накнаде
   (ii) Савезници

2. **Непоправљиво понашање** (3-16)
   (i) Побуна код народа
   (ii) Потчивавање непријатељу
   (iii) Молитве Господу
   (iv) Спасење од појединца

3. **Неизбежна покваареност** (17-21)
   (i) Идолопоклонство на северу - Дан
   (ii) Неморалност на југу - Венијамин

У другој секцији са четири фазе имамо циклус који се понавља седам пута. Књига се завршава изјавом која постаје рефрен кроз целу књигу: *"У то време није било краљева, сваки човек је радио шта је мислио да је добро у својим очима"*.

1. Неопростиви компромиси

(I) НАКНАДЕ - РАЊИВЕ ДОЛИНЕ

Бог је послао свој народ да уништи становнике потпуно. Археологија потврђује зле праксе хананског народа - цветање сексуалних болести. Они који постављају питање правде за истребљење заборављају Божје речи Авраму о будућности његових потомака. Рекао је да ће Јевреји остати у Египту док злоба Аморита не достигне "пуну меру". Бог је био толерантан према њима и на крају је искористио свој народ као инструмент осуде тада најперверзнијег друштва.

Уместо да слушају Божје наредбе, Израел је био селективан у својој казни. Освајали су брда и планине, али су оставили доста људи који су живели у долинама. Израел је зато подељен у три групе:

Северно, централно и јужно. Комуникација међу њима је била тешка и нису могли брзо и уједињено да делују на спољне претње. Поред тога, долине су имале руте за нападаче, који су били вични да искористе ту унутрашњу слабост.

(II) САВЕЗНИЦИ - МЕШАНИ БРАКОВИ

Лагани стандарди у долини било је велико искушење за Божји народ, пре него што су уопште почели упражњавање мешаних бракова, почело је јасно негирање Божјег закона и забране мешаних бракова. То се духовно одразило на народ. Ако се ожениш са дететом ђавола, имаћеш проблема са својим тастом. Нестајао је сваки траг о светом животу и много Израелаца у тим неравноправним браковима су завршавали са обожавањем хананских богова. Духовни утицај на неверника је још јачи у мешаним браковима, чак и данас. Служење хананским боговима водило је неизбежно ка неморалности, *погрешно веровање увек доводи до погрешног понашања.*

2. Непоправљиво понашање

Већина прича у *Судијама* садржи серију циклуса. Са скоро монотоном правилношћу, Божји народ понавља исти образац.

- **Молитве:** Почиње Израелом који се моли Богу да га избави од угњетавања било које врсте.

- **Ослобођење:** Бог шаље спаситеља (рецимо Гедеона или Самсона) да их спасе од насиља.

- **Прекршаји:** Упркос свом ослобођењу, народ поново пада у грех.

- **Окупација:** Зато Бог шаље непријатељски народ (Мадијанце, Филистејце) да надвлада Израел, који онда постаје вазална држава у земљи коју требају да имају слободно.

- **Молитве:** Видећи сву тежину ситуације, поново вапе ка Богу и циклус се наставља. Изгледа да се моле Богу само када су у невољи. Тешко је рећи да ли су се заиста покајали или су само сажаљевали последице њиховог понашања.

Јасно је да је мало њих схватало да је угњетавање њихова кривица.

Ослобођење
(од стране "Судија")

Молбе
(Господу)

Прекршај
(закона)

Окупација
(од стране непријатеља)

Циклус се не односи само на целу нацију: индивидуалци сами имају рутину чињења греха и опроштаја будућих греха. Заправо и није вечни циклус, већ уствари **спирала која иде на доле**. Ствари постају све горе.

3. Неизбежна поквареност

У последњем делу Књиге судија остаје недефинисано шта се уствари догодило са народом? Постоје две ситуације, једна на северу са племеном Дан и друга на југу са племеном Венијамин. У оба случаја, Божји народ је лоше вођен од свештеника. Ово је савршена илустрација максиме коју смо већ рекли, идоколопоконство (погрешно веровање) води до неморалности (лоше понашање).

(I) ИДОЛОПОКЛОНСТВО НА СЕВЕРУ - ДАН

Прича почиње са сином, зове се Мика из Ефрема, који је украо 1100 шекела злата од своје мајке. Када јој враћа новац она је још задовољна и новац користи за израду идола кога даје Мики за стварање приватног светилишта код куће.

Млади Левит долази у Микину кућу тражећи становање и њему нуде да буде са свештеник са редовном платом, оделом и храном. Он прихвата. Касније, племе Дана, који нису успели да заузму све земље које им је Бог дао на северу, мигрирају ка југу. Када лидери бораве у кући пуној идола, нуде свештенику да за новац озваничи идоле за цело племе, што он прихвата.

У јасном кршењу Божјег закона, тако Даново племе клизи ка идолопоклонству. Баш као и Јуда Искариот, један од 12 апостола, који је нестао после великог греха, племе Дана је изостављено у *Откривењу*. А све почиње када син краде новац од мајке, па онда новац даје Левиту да постане капелан, прво за породицу, па онда за цело племе - без икаквог наименовања и ауторизације.

(II) НЕМОРАЛНОСТ НА ЈУГУ - БЕНИЈАМИН

Ова прича је још гора. Један други Левит из племена Јефрем узима конкубину из Витлејема у Јуди. Она га оставља и враћа се кући. После неколико месеци Левит долази у Витлејем да би је вратио назад. Њен отац нуди Левиту преноћиште пре него што пођу на пут. Већ је касно и нису далеко од Јерусалима који је у то време био пагански град. Левит одбија да преноћи са "паганима", па тако са конкубином путује северно кроз племе Бенијамина и у град Гаваја стиже кад је већ пала ноћ. Понуђено им је гостопромство код једног старца који их прима у кућу. Онда, док су још јели, њихов оброк прекидају "зли људи из града" који траже да им се испоручи гост због секса. Старац одбија и нуди своју кћерку. (?) После расправе договарају се да им испоруче Левитову конкубину. Следећег јутра конкубина лежи мртва на вратима, очигледно мучена и силована преко ноћи.

Левит раставља конкубину на 12 делова и сваки део шаље осталим племенима. Када се сазнало да су злочин починили људи из племена Бенијамин, тражили су освету за починиоце. Бенијамовци су увређени оптужбом и одбијају да испоруче кривце.

Следи грађански рат који је умало истребио цело племе - само је 600 мушкараца остало. Њихови градови су уништени, са масакром жене и деце. Остала племена су се заклела да неће да дају своје кћерке за то племе, али пошто је племе на ивици истребљења, сажаљевају се, па ипак желе да то спрече. Пронашли су 400 девица у Јабеш Гилеаду да им буду жене, али им је било потребно још. Онда су смислили лукав план. Када је био фестивал у Шилоу допустили су Бенијамовцима да им "киднапују" кћерке - тако да то није било технички да су им "дали" кћерке и да испуне своје обећање у складу са законом.

То је ужасна прича по свим аспектима, поред приче о Дановом племену, заиста је депресивно на крају *Судија*.

Теолошка или вечна сврха

После ове мрачне приче уздижемо се до питања теолошке сврхе ове књиге. Објективно, библијска историја није људски запис, већ запис шта је Бог рекао и урадио, да нам покаже ко је он.

Већ смо приметили да је Бог судија и избавитељ људи, с обзиром да се термин "судија" једино на њега може односити. Он је прави херој и успех се постиже само када лидери народа сарађују с њим.

Ипак, када поставимо питање "Ко је истерао Хананце из земље, Израел или Бог?" морамо да одговоримо "Обоје!" Можемо овако да сумирамо ситуацију: Без њега не би могли, без њих он то не би урадио. Са једне стране Бог је објавио да ће им дати земљу и да ће истерати тамошње становнике, али са друге стране био је потребан и прави одговор народа.

Касније, читамо да у неким случајевима Бог није потпуно истерао противнике, али их је оставио у земљи да би тестирали Израел и научили их како да се боре. Амос нам говори да истовремено када је Бог извео свој народ из Египта, истовремено је довео Филистејце са Крита као комшије, да наносе штету Божјем народу.

У овој књизи такође налазимо да Бог и кажњава свој народ. Он их ослобађа од зла, демонстрирајући своју правду, избавља их од зла, да би показао своју милост.

Овакав принцип је виђен и у Новом завету. Ту је, наравно, реченица из Господње молитве: "И не уведи нас у искушење, но избави нас од зла". Моћ Светог Духа може да излечи болесне, али може да донесе и болести; може да слепима подари вид, али може и да спречи добре очи да нешто виде; може да подиже мртве, али може и да донесе смрт, као код Ананије и Сапфире.

Завршна казна у црквеној дисциплини је да грешне чланове предамо сатани, чија деструктивна моћ над телом може да уразуми човека и да спасе њихове душе у дану пресуде.

А опет у исто време Бог чује вапаје Израела и одговара. Он је тужан њиховом несрећом, оне је стрпљив и веран, упркос народном понављању непослушности. Тако видимо како Бог одговара на молитве, шаље им вође и даје дирекције, као на пример са Гедеоном или Бараком. Видимо **динамичну релацију између Бога и човека који утичу једно на друго.**

Ништа од ове важне динамике не објашњава сврху ове књиге и ништа нам неће бити уистину јасно, док не погледамо на књигу о Рути. Све што можемо да видимо у овој фази је непрестани циклус где Израел упада у проблеме, па се извлачи из проблема. Још увек не видимо где то све води.

Разлози за ове проблеме унутар народа можемо да објаснимо на два начина:

1. ДРУГА ГЕНЕРАЦИЈА

Израелски народ који је сада окупирао обећану земљу нема исто знање о Богу и шта је урадио за њих, као претходна генерација. Они нису ни желели да знају Бога. Уместо тога, они су радили шта су сматрали да је исправно у њиховим очима, а шта је било погрешно у очима Бога. Свако је себи био закон.

2. ЛИДЕРИ ДРУГЕ ГЕНЕРАЦИЈЕ

Нема успешног наслеђивања у лидерству. Кад умре неки судија, постоји празнина док се не појави други судија, а док се не појави други судија, понашање народа води ка Божјој казни. Шема циклуса је истакнута фразом као што је "све док је судија живео... али када је судија умро..." Ово је потпуно другачије од продужавања династије које је преовладавала код других народа и која је осигуравала континуитет и стабилност - а судије су владале над ограниченим бројем људи, не над целом нацијом.

Питање краља распало се неколико пута.

1. **Гедеону** је понуђен трон од следбеника после победе над Мадијанцима. Народ је желео да он створи династију. Неки кажу да је требао да прихвати, али је јасно да још није дошло Божје време за краља. Гедеон им скреће пажњу да је проблем народа што не виде Бога као свог краља.
2. Када је видео шта се догађа са Гедеоном, **Абимелех** је питао народ да ли желе њега за краља, укључујући 70 синова Гедеона, да владају као група. Чак је некако јадно и постављен за неког

лидера, а то је касније водило ка томе да убије своју браћу. А све је постало од лошег ка горем када је установљено да само жели власт ради себе и да му није стало до интереса народа и на крају је убијен у једној борби.
3. Кроз целу књигу читамо рефрен **"Није било краљева у то време..."** и сугерише нам се да је било боље када су имали краља.

На ово ћемо се касније вратити. Јер сада нам је јасна логика да *Судије* хоће да нам кажу за очајничку потребу за краљем. Када се окренемо ка књизи о Рути ми се суочавамо са позитивнијом поруком да ће краљ бити одређен. *Рута* поставља питање "Ко ће то бити?"

Рута

Књига о Рути је написана у исто време када и *Судије*, али тешко да је могао бити већи контраст између њих.

- *Судије* укључују причу о много људи, *Рута* само неколико.
- *Судије* су прилично дугачка књига, *Рута* је једна од најкраћих прича Старог завета.
- *Судије* обухватају цео Израел, *Рута* само један мали град.
- *Судије* обухватају 200 година, *Рута* само једну генерацију.

Рута делује као роман Томаса Хардија, то је таква врста романтике која би била добра и за причу у неком магазину. То је дах свежег ваздуха после *Судија*. У *Судијама* имамо убиства, силовање, проститутку исечену на комаде, грађански рат, зле свештенике. Рута је била удаљена само три километра од територије племена Венијамина, у Јуди, али је потпуно другачија атмосфера.

Рута има само четири главе. Прве две су о нераздвојним женама, а друге две су о утицајним људима. Четири личности су главни ликови ове драме.

1. Свекрвин губитак
2. Снајина верност
3. Љубав рођака откупитеља
4. Краљевска линија

1. Свекрвин губитак

Прича почиње са сушом у Израелу, која узрокује да две особе дођу у Моав. Претпостављамо да је суша била казна од Бога, јер то је обично био знак Божјег незадовољства и пружа парадокс у овој драми - Витлејем значи *кућа хлеба*.

Да је породица научила неку лекцију из историје Израела, онда би знали да тражити храну по околним земљама увек доводи до проблема, као што нам сведоче приче о Авраму, Исаку и Јакову, мада немамо записа да су се они молили Богу за храну. Тако Нојемина и њен муж путују преко планина са друге стране Мртвог мора да би дошли у Моав. Како су се њихова два сина оженили Моавкама, ствари почињу да буду од лошег ка горем.

Нојемини муж умире, а затим и два сина. Три прозора остају усамљена. У то време, удовицама није било лако. Цела драма почиње да се људи више не ослањају на Бога. Тражили су људска решења за ситуације, уместо да су се молили Богу и тражили излаз, а тек камоли да послушају Божји глас.

Као резултат кризе Нојемина је још више ојађена. Њено име значи *задовољна*, али када се враћа кући жели да је пријатељи зову *Мара* што значи *горка*. Нојемина охрабује две снаје да остану у Моаву, знајући да када се врати у Јуду неће имати велике шансе да се поново уда. А људи у Јуди нису волели бракове са другим клановима.

Опра одлази и за њу више никад нисмо чули. По њеном избору она више нема никакву сврху у Божјем провиђењу. А Рута одлази са Нојемином и њено име је уписано као један од предака нашег Господа Исуса Христа.

Прича нам говори колико све може да зависи од једне одлуке. Избори које бирамо је оно што чини нашу личност и Рута је изабрала прави избор у право време.

Коначно видимо особу који прекида непрестане циклусе. Рута постаје део Божје линије. Њено име се помиње у Исусовом родослову по апостолу Матеји, и поред тога што је била нејеврејка и жена.

2. Снајина верност

Рута је била предиван карактер, унутра и споља. Била је пуна понизности, а опет је имала неку врсту храбрости да је мушарци налазе као привлачну. Била је верна, имала је дух служења, али није била пасивна и оутсајдер у било ком погледу.

Она није одлучила само да остане са Нојемином, већ се одлучила за Нојеминин народ и њеног Бога.

Бог је очигледно био стваран за њу, иако је видела како кажњава свој народ. На четири места Нојемини каже "Ја ћу". Следећи верност својој ташти, она је показала њену љубав према њој. **Лојалност и љубав** су скоро исте речи у хебрејском језику. **Љубав која није верна није права љубав.** Тако исто, Божји завет и љубав према свом народу значи да ће бити са њима и у добру и у злу.

Ако погледамо даље, читамо да је Рута нашла "наклоност" код Воза кога је звала "мој господар". *Наклоност* и *омиљеност* су скоро исте речи у хебрејском - тако је онда она добила *омиљеност* и код Бога. Јасно је из приче да је постала предмет разговора у Витлејему, али Бог није престајао да јој показује милост.

3. Љубав рођака откупитеља

Други део књиге укључује два човека од утицаја, Воза и човека који ће постати краљ.

Воз је био веома дарежљив човек. Било је уобичајено да се сиромашнима остављају необране житарице после жетве, али је Воз наредио својим радницима да осигурају да Рута добије већи део провизије.

Потребно је да упознамо још два обичаја да бисмо разумели ову драму. Први је *Левиратски брак*. На дан Јубилеја, сваких 50 година, сва имовина је враћана првим власницима којима је одузета. Била је наредба да мушки представник треба да иступи и затражи право повраћаја после 50 година. Левиратски закон је прописао да ако муж умре пре него што му је жена подарила наследника, мужевљев брат мора да је ожени и када она добије сина да се право пренесе на њега, да власништво не би одлазило ван породице. Рута је, наравно, била ожењена за некога ко је имао право на власништво, али она није имала ни мужа ни сина, па је најближи рођак био у обавези да је ожени да би мужевљево име и даље живело преко наследства жениног сина, то се остваривало за празник Јубилеј.

Други закон је био друштвени обичај. Девојка није могла да проси мужа у тим данима, али је могла да покаже знакове да би се удала за некога на много различитих начина. Један је био да загреје ноге човеку! Према томе, када је Рут залегла крај Возових ногу и покрила се покривачем, то је био јасан знак да би се она оженила са њим. Ова два обичаја објашњавају како је Воз оженио Руту.

Када је Рута легла крај Возових ногу, то је био јасан знак да је она заинтересована. Он је био полаштан што је изабрала њега, јер није био ни најстарији ни најмлађи рођак. Ипак, његов старији брат је био онај који је имао пуно право, тако да је то право морао да понуди прво њему! Његов брат је то оштро одбио, бацајући сандалу у правцу ка Возу, што је било исто као руковање при закључивању споразума.

Рута и Воз се венчавају.

4. Краљевска лоза

То је предивна прича - љупка рурална романса. Међутим, морамо да се упитамо, шта Бог ради у свему овоме, јер је тешко веровати да је ова прича унета у Библију само као предах од тешких прича. Постаје јасно да овде Бог припрема краљевску лозу за краља Израела. Рутин избор да се придружи Нојемини и постане део њеног народа био је Божји прави избор, зато што је њу изабрао да буде део краљевске лозе.

Заиста, иако Бог није директно пронађен како се меша у ову драму, он је често пута помињан, као што личности захтевају од њега да благослови друге. Нојемина тражи од Бога да благосиља Руту зато што је са њом. Жетеоци моле Бога да благосиља Воза и он их благосиља. Воз је тражио од Бога да благосиља Руту за њен избор. Али када говоре о Богу употребљавали су божје име, ЈАХВЕ, име које има функцију као УВЕК на енглеском - Бог је **увек** помагач, **увек** је на мојој страни, он ме **увек** лечи.

Интересантна опаска је да је Воз потомак Јуде, један од 12 Јаковљевих синова. Такође је и потомак Тамаре, која је имала децу од свог таста, што показује да Бог може да користи најнеобичније ситуације да би остварио свој план. Јаков је на самрти свом сину Јуди изрекао пророчанство: "Скиптар неће изаћи из Јуде нити ће изаћи штап владара између ногу све док не дође ономе коме припада". Неколико векова пре него што су уопште имали краља, Јаков је обећао Јуди да ће краљевска лоза доћи из његовог потомства.

Сазнајемо такође да Возова баба није била Јеврејка. Рава проститутка, је прва неверница у Ханану која је прихватила Бога Израела. Тако да имамо измешано породично дрво: Тамара је имала сина са свекром, Рава је неверница и проститутка, Рута је Моавка. А опет су сви у родослову Господа Исуса Христа.

Ко је написао *Судије* и *Руту*?

Сада је време да истражимо зашто ове две књиге припадају једна другој и поставимо питање: ко их је написао и зашто?

Завршетак књиге открива њену сврху. Термин "Тада није било краљева у Израелу у то време" значи да је књига Судија, а тиме и *Рута*, написана у време када је био краљ. При крају *Руте* нам је јасно да Давид још није постао краљ, јер читамо "Јесеј је био Давидов отац", а не "Јесеј је био отац цара Давида".

Ове две чињенице снажно сугеришу да су књиге писане у време када је био краљ, али то није био Давид. Једини период у коме је тако било је време краља Саула, јер је Давид постао краљ одмах после Саула. Према томе, књиге су написане када је Саул био краљ, као први у Израелу био на трону, по вољи народа. Саул је изабран јер је био највиши и због физичког изгледа - не због својих особина или способности.

Ако сада знамо када су књиге написане, онда ћемо лако знати и ко их је написао. Говори пророка Самуила у *Првој Самуиловој књизи* су препознати као исти језик којим су писане ове две књиге. То је био његов стил да нас учи историји свога народа.

Зато је сигурно, највероватније, Самуило написао ове две књиге, док је Саул још увек био краљ.

Још више сврсисходности налазимо када установимо ком племену припада Саул. То је Венијамин. Цела порука ове две књиге је да је Венијамин лош избор, супротно Јуди из Витлејема. Другим речима, ова књига у два дела је написана да нас припреми за прелазак са Саула на Давида. Самуило је тајно помазао Давида за цара, али је припремао народ да га прихвате као краља, пре него њиховог, народног избора за Саула.

Он је тражио од читалаца да упореде деградиране људе Венијамина са дивним људима из Витлејема. На крају Самуило помиње да је Јесеј отац Давида, већ знајући да је Бог одредио Давида и да ће се променити ситуација. Ова теорија има подршку у детаљима који се налазе у првој глави Судија. Када је Јудино племе прво ушло у обећану земљу, Јерусалим је требао да припадне племену Венијамина.

Али нам се ту говори да је Јерусалим још увек био у рукама Џебузита "до данашњег дана", показујући да га Венијамин још увек није освојио. Једна до првих акција Давида као краља, забележена у *Првој Самуловој књизи*, јесте освајање града. То нам додатно појашњава када је ова књига написана и потврђује сврху упознавања народа са Давидом. Прича о Рути нам ставља у видеокруг два града: Витлејем, *кућа хлеба*, Давидов родни град и Јерусалим, окупиран од Џебузита и који ће ускоро постати престоница нације.

Како треба да користимо ове две књиге данас?

У Новом завету апостол Павле говори Тимотеју да су све Скрипте Богом надахнуте и могу да нас направе "мудрим за спасење". Исус је рекао да Скрипте носе сведочанство о њему, па се тако морамо упитати како да хришћанин данас чита ове књиге.

Судије

Поједини хришћани могу много да науче о личностима из ове књиге.

Можемо да учимо из грешака судија, али исто тако и из њихових добрих избора. Свака прича има неку своју вредност за појединог верника. Али не треба да гледамо ка овој књизи као на личности за углед.

Нови завет нас не охрабрујемо да пођемо тим путем. У *Посланици Јеврејима 12*, речено нам је да они који су отишли, описани у 11. глави у вези неких судија, гледају да виде како ћемо ми истрчати нашу трку, гледајући ка правом моделу у Исусу, аутора и онога који је усавршио нашу веру, чије дело ослобођења остаје за сва времена.

Потребно је да Црква студира ову књигу зато што данас и она може лако да падне у исту спиралу анархије, радећи оно што је добро само у њеним очима. Може да направи грешку желећи да има "видљиву" монархију, људско биће чије лидерство може бити сматрано вреднијем од лидерства Христа. Вођена демократијом, олигархија или аутократија зависе од људских лидера, а Библија нас учи да ми треба да будемо вођени од теократије. Наш лидер је и човек и Бог; Он је био на земљи, а сада је на небесима.

Треба исто тако да се присетимо да је Бог исти данас какав је био у време *Судија* и *Руте*. Он воли свој народ и то показује тако што дисциплинује људе који одступају од тог пута. У исто време, он спроводи свој план за наше добро. Ми немамо потребу да будемо део циклуса очајања. Ми можемо да знамо истински правац и следимо Божју сврху.

Рута

Рута је била једна од најранијих незнабожаца која је прихватила Бога Израела. Она је слика свих верника који су у краљевској лози, Исусове браће кроз веру у њега.

Књига нас подсећа на Исуса, ако видимо Цркву као Руту, а Воза као Христа - драгог Откупљивача. Црква је доведена до линије Старог завета, Божјег народа. Ми смо млада, а Он је младожења. *Рута* није изолована старозаветна књига, већ покрива тему која тече кроз целу Библију. **Цела Библија је романса, а завршава се свадбеним јагњетом у књизи *Откривења*.** Романса Руте и Воза је савршена слика Христа и његове невесте - незнабожаца.

9.
ПРВА И ДРУГА САМУИЛОВА КЊИГА

Увод

Ове две књиге су једна књига у јеврејским списима, оне су део секције која се зове "Бивши пророци". Оне покривају 150 година историје, речене из пророчког угла о томе како Бог види догађаје и оно што је везано за њега. Књига је добила назив по пророку који доминира ово причом и који ју је вероватно написао. Садржи велике промене у историји Израела и долазак великог цара Давида чија слава не бледи до данашњих дана.

Контекст

Аврам, отац Јевреја, живео је 2000 година пре нове ере; краљ Давид је дошао на трон око 1000. године пре нове ере. Бог је обећао Авраму да ће имати потомке и земљу, према томе, прошло је хиљаду година од тада па до ове књиге и доласка Давида.

По Старом завету, ове две књиге бележе трећу промену у обрасцу лидерства у историји народа Израела.

1. **Од 2000. до 1500. године пре нове ере** Израел је вођен патријарсима: Аврам, Исак, Јаков и Јосиф (у то време још нису били нација).
2. **Од 1500. до 1000. године пре нове ере** водили су их пророци: од Мојсија до Самуила.
3. **Од 1000. до 500. године нове ере** вођени су принчевима или краљевима: Од Саула до Седекије.

4. **Последњих 500 година** који су водили ка Христу су били свештеници: од Исуса Јосадакова до Кајафе.

Године су приближне, али ово је користан резиме. Самуило описује промену од пророка до принчева (или краљева), 150 година од уздизања до Давидове империје.

Ово је веома важан период за историју Божјег народа. Јевреји говоре о Давидовој владавини као златном периоду мира и просперитета кад су освојили највећи део земље коју им је Бог обећао. Чак и данас, Јевреју чезну за повратком тих дана када је краљ владао над уједињеном и победничком нацијом. Али нису све вести биле добре, а видимо код Самуила и почетке пада који ће се наставити у Две књиге о царевима, где ће Израел изгубити све оно што су стекли за последњих 1000 година.

Пре питања како да их тумачимо, бацићемо поглед на детаље главне приче, са освртом на садржај и структуру.

У структуралном погледу, животи Самуила и Саула су описани кроз однос са другим појединцима и групама: Самуило и Ана, Елије, Саул и Израел, Саул и Јонатан, Самуило, Давид и Филиситејци.

Садржај

1. Самуило - последњи судија

(I) АНА - НЕРВОЗНА ЖЕНА

Књига почиње са мајком Самуила - Аном. Њен муж, Елкана, имао је две жене, а Ана која је била нероткиња и трпила изазивања друге жене Пенине која је имала децу. Године су пролазиле и Анина туга за децом се продубљивала. Ишла је у храм у Силоаму (где је држан заветни ковчег) и молила се Богу да јој подари сина кога би она посветила Божјој служби. Свештеник Илије приметио је као она нешто мрмља наглас и помислио је да је пијана. Ана му објашњава њен проблем и Илије је отпушта са својим благословом. Касније Ана рађа сина коме даје име Самуило.

У захвалност и за испуњење њеног завета Богу представља свога сина Илију да служи у храму. Ана се моли поново, изражавајући своје поверење и радост. Та молитва је касније поново позвана по Марији 1000 година касније, када јој је анђео рекао да ће се родити Исус. Та радосна похвала се сада зове "Магнификат" и садржи одјеке Ане.

(II) ИЛИЈЕ - УБОГИ СВЕШТЕНИК

Самуило служи свештенику Илију. Једне ноћи чује глас и трчи до Илије мислећи да га он зове, али Илије каже да није. То се дешава три пута све док Илије не схвата да је то уствари Бог који се обраћа Самуилу - ово је важан моменат, јер је пророчко откривење, усмено или визуелно, било врло ретко у тим данима.

Тако Самуило са 12 година, добија задатак да каже Илију да је пресуда дошла по њега и његову породицу зато што су се његова два сина понашала веома лоше, а он је жмурио на њихова недела. Синови су користили своје положаје, јели су месо које је жртвовано, а спавали су и са неким женама које су приносиле прилоге. Од тада, рекао је Бог, нико из Илијеве породице неће видети старе дане.

Ово је означило почетак Самуилове пророчке службе и ово није било последњи пут да Бог шаље речи које се тешко прихватају.

(III) ИЗРАЕЛ - АРОГАНТНА АРМИЈА

Следећа прича прати изгубљену битку са Филистејцима, ратоборном нацијом са западне обале. Израелци су претпостављали да су изгубили битку зато што су оставили заветни ковчег у храму. Зато су ковчег понели следећи пут у борбу, али су поново тешко поражени, са 30.000 мртвих војника, укључујући два Илијева сина (испуњено пророчанство о раној смрти). Ковчег су такође преузели Филистејци и однели у храм бога Дагона, филистејског бога.

Чувши вести, остарели Илије, повлачи се назад, саплиће о столицу и пада и ломи врат. Ковчег, зачудо, сада прави проблеме Филистејцима. Бог им шаље страшну болест и враћају ковчег Јеврејима шаљући запрежно возило са кравама. Филистејци су пратили пут кола и видели су како кола иду узбрдо ка Јерусалиму.

Самуило окупља народ у месту Миспа и говори им да претходни пораз нема никакве везе са заветним ковчегом, већ са паганским боговима у које верују.

Сада они спаљују све идоле и следећи пут односе победу над Филистејцима. Ово представља принцип који је описан у овим књигама: кад год су слушали Бога побеђивали су непријатеља, *кад год су били непослушни губили су битке, када су се покајали и урадили праву ствар, били су победници.*

Од тада расте углед Самуила у друштву и његово деловање као судије и пророка постаје широко цењено.

(IV) САУЛ - ПОМАЗАНИ КРАЉ

Последњи јавни чин који је Самуило урадио као пророк је било помазање Саула за краља. народ је тражио од Самуила да имају краља као и сви околне нације. Знају да имају краља који је Бог, али желе да имају и видљивог краља. У почетку Самуило је био увређен овим захтевом, али га Бог подсећа да не треба он да буде увређен, јер они су одбацили Бога.

Бог говори Самуилу да ако нација има краља, треба да се спреме за последице, то кошта. Краљ ће желети палату са војском, затим после крунисања следи наплата пореза и регрутација. Упркос упозорењима, они инсистирају да имају краља и бирају Саула, човека који је био највиши и мало лепши него сви други.

2. Саул - први краљ

Саулов избор је необичан. Бог је рекао Самуилу да помазани краљ биће онај човек који тражи магарце! Тако је Саул када је дошао кући код Самуила знао шта треба да тражи. Саулу је такође дат поклон пророштва и знак да је наследник - мада немамо много детаља како је до тога дошло. Народ потврђује Саула као краља, има 30 година, и Самуило, последњи судија, предаје му сву власт.

Саул има добар почетак. Народ је задовољан његовим крунисањем и остварује почетне успехе у борби са Амонитима. Међутим, ствари ускоро почињу да се крећу у погрешном правцу.

(I) ЈОНАТАН - АВАНТУРИСТИЧКИ СИН

Саулов син Јонатан је инструмент победе над Филистејцима и Саул је у почетку веома поносан на њега. Јонатан, пак, прави грешку када у следећу битку одлази без сазнања оца. Побеђује у борби, али је Саул љубоморан на његов успех и ту њихови односи почињу да се кваре.

У следећој причи, они су поново у борби и Саул даје исхитрени завет да свако ко једе тог дана, пре него што се осветио непријатељу, биће кажњен смрћу.

Јонатан, који није ни знао за овај завет, појео је нешто меда. Тако имамо бизарну ситуацију где Саул прети да убије свог сина за непослушност те инструкције за коју није ни чуо. Да људи под његовом командом нису интервенисали, Јонатан би изгубио живот.

(II) САМУИЛО - ГНЕВНИ ПРОРОК

Саул је такође покварио односе и са Самуилом. Као пророк, Самуило је имао задатак да Божје речи проследи Саулу. Једном приликом, Саулу је речено да сачека долазак Самуила да би извршили жртовање после борбе. Када је Самуило дошао на бојно поље, Саул је већ извршио обред. Бесан због одбијања, Самуило му говори да ће царство ускоро бити отето из његове руке и додељено другом.

Саулова друга велика грешка тиче се поново непослушности Божјој речи. Овај пут му је наређено да истреби Амалите и сву стоку, али Саул је поштедео краља Агога и већи део стоке. Поново Самуило долази на сцену и налази да се Саул поново оглушио о божје наредбе. Самуило постаје бесан, убија Агога пред олтаром Господњим и говори му да је послушност боља од жртвовања. Због свега тога Самуило каже Саулу да га је Бог одбацио као краља. До Самуилове смрти, Саул није више никада чуо његов глас. Ова прича самостално подсећа да **ритуал није замена за праведност**. Ово је свакако био почетак краја првог израелског краља.

Одсечен од Самуилових савета, Саул никако није могао да сазна Божју вољу и да ли ће бити успешан у будућим биткама. Чак и ако је сигурно задовољио Бога тиме што је прогнао све чаробњаке из израелских земаља на почетку владавине, после Самуилове смрти, пронашао је једну видовњакињу у месту Ендор, која се још увек бавила тим стварима. Саул одлази код ње која призива Самуилов дух у последњем разговору. Он му говори да ће му следећа битка са Филистејцима бити последња.

(III) ОЧИГЛЕДАН РИВАЛ

Прича о Саулу иде у позадину са доласком Давида. Млади Давид долази у службу код Саула и речено нам је да га Саул волео у почетку, а после доброг почетка, њихов однос је све гори.

УНУТРА
(а) Прости пастир
Давид долази после одбацивања Саула као краља од стране Бога - иако је Саул још био краљ. Самуило је послат ка Давидовој породици да помаже уљом једног од Јесејевих синова, али уочава да нико нема наклоност Бога. Тек када се појавио осми и најмлађи син, који је

дошао са поља, препознат је као будући краљ. Помазан је тајно, чекајући неколико година док не буде крунисан.

(б) Вешти музичар

До тог времена Саул је пао ментално и морално. Читамо да га је напустио Свети Дух и да га је нечисти дух преузео. Постао је непредвидив, постао је човек који је изненада могао да се наљути у секунди. Његови саветници су установили да га је смиривала музика, па је тако Давид, као вешти свирач на харпи, доведен на двор и музика је пријала Сауловој души.

(ц) Супериорни ратник

Прича о Давиду и Голијату је једна од најпознатијих у целој Библији. То је била вековна погрешка, прича коју су волели Јевреји: Голијат из Гата је био висок три метра, а Давид је био само мали пастир. Био је обичај да непријатељске војске пошаљу најјачег ратника једног против другог. Ко победи однео би победу и тако би се избегло велико крвопролиће

У то време Саул је још увек имао атрибут "шампиона" нације, тек после дискусије, допустили су малом пастиру да изађе на мегдан у име свог народа. Против свих очекивања, Давид их је убедио да ће му Бог донети победу. Он је веровао де је битка у Божјим рукама и да ће победом целом свету показати своју моћ. Користио је праћку, као што је радио док је био пастир, и са само једним каменом од пет које је прикупио, Голијат је мртав, а Филистејци беже.

СПОЉА

(а) Сумњиви курир

Ако је Саул био љубоморан на свог сина, како ли је тек био љубоморан на новог хероја? Чуо је песму како Саул убија хиљаде, а Давид убија десетине хиљада.

Давид постаје национални херој и Саул почиње да га мрзи. Од тада, Давидов живот је у опасности. Давид је наставио да пева да умирује Саулову проблематичну душу, али било је тренутак када је Саул бацио копље у правцу Давида.

Касније Саул планира да га убије, прво му нуди своју кћерку Мераб за брак у замену за победу над Филистејцима. Давид одбија и Саулов план пропада када Давид побеђује Филистејце. Касније је Давид оженио Михалу, другу Саулову кћерку.

Саул онда планира да убије Давида са Јонатаном и Михалом, али они су на Давидовој страни, а Давид долази до сазнања Саулових намера.

(б) Прогоњени одметник
Постало је јасно да Давид мора да напусти палату, па тако бежи у Самуилову кућу у Рами. Онда долази изузетан догађај када Саул са својим људима хоће да зароби Давида, али Господњи Дух пада на њих и њихово пророштво и план им пропада.

Јонатан наставља да помаже Давиду и они стварају завет при чему Јонатан обећава да ће бити Давидов подређени, иако је Саулов син. Он је принц који се одриче власти зарад дечака пастира. Овде Библија описује изузетно пријатељство. Речено нам да никад није постојало таква љубав између два човека као што је била између Јонатана и Давида.

Свештеник Абимелех у Нобу храни Давида са посвећеним хлебом и даје му сабљу од Голијата. Бежи у Гат, али га препознаје филистејски краљ, тако да мора да глуми лудака да би спасао живу главу.

Код Адулама неких 400 незадовољних људи му се прикључују. Шаље њихове родитеље у Моав, у кућу прабабе, да их заштити, а онда од пророка сазнаје да се врати у Јуду.

Док је јурио Давида по пустињи Ен Геди, Саул улази у пећину да се олакша, не знајући да је Давид ту. Давид сече део његове одеће и када се Саул удаљио, он виче за њим. Саул је уздрман сазнањем да је Давид могао да га убије, па се привремно каје. После тога јурњава се наставља.

У пустињи Маон, Давид сређе жену коју касније жени. Набал одбија гостопримство Давиду и његовим људима. његова жена Авигеја, ипак, доноси им храну и спасава породицу од Давидове освете. Набал ускоро умире, а Давид узима Авигеју за жену.

(ц) Војнички излаз
Најневероватнији део приче о Давиду је део који се много не помиње. Давид се уплашио да га Саул ипак неће пронаћи, па се придружује филистејским плаћеницима, највећим непријатељима Израела. Врло брзо постају искрени савезници.

(IV) ФИЛИСТЕЈЦИ - АГРЕСИВНИ НЕПРИЈАТЕЉ

Саулов крај долази када се боре са Филистејцима. Иако је Давид са својим људима са Филистејцима, филистејски лидери их изостављају из борбе, мислећи да Давид можда и није њима тако лојалан, јер треба да се бори против свог народа. Али нису ни били потребни. Израелци су тешко поражени, Саул и Јонатан су убијени као што је предвидео Самуило. Повређени Саул скаче на свој мач када схвати да је битка изгубљена. Тако се завршава *Прва Самуилова књига* са смрћу једног од најенигматскијих карактера у целој Библији.

3. Давид - најбољи краљ
(I) ТРИЈУМФАЛНИ УСПОН
ГОРЕ

(а) Једно племе
У првих девет глава друге књиге видимо тријумфални успон Давида. Почиње туговањем за смрћу Саула и Јонатана, који укључује дирљиве речи са пуно топлине према пријатељству Јонатана.

Постоји ипак, рат који се води између Давидове и Саулове куће, са причама о убиству и освети. Саулов командант Абнер мења страну и одлази код Венијамина, тако да је нација, ни мање ни више, подељена на два дела.

(б) Сређена нација
Јудино племе крунише Давида за краља у Хеброну на југу, где остаје седам година. На крају уједињује нацију у једну, помогло му је што је освојио Јерусалим од Јевусејаца. Јевусејци су мислили да су безбедни од напада, а Давид узима град пењући се степеницама које из града воде ка извору који је ван зидина.

Није само било вредно што је Јерусалим био добро утврђена престоница, са литицама на три од четири стране, такође је било вредно што је био на "неутралној" територији између Јуде (племе које подржава Давида) и Венијамина (Саулово племе). Тако да је био политичка престоница на коју нико није имао право.

(ц) Замашна империја
Књига се наставља Давидовим успешним кампањама против Филистејаца, Амонита и Едомита, чије су земље постале део великог царства. По први и последњи пут, већина обећане земље била је у

рукама Израела. Били су на врхунцу своје историје.

Чак и у време највећих успеха, Давид се сећао Саулове куће и поштовао сиротог Мефибошета, Јонатановог сина који је обогаљен у ногама.

(II) ТРАГИЧАН ПАД
ДОЛЕ

(а) Осрамоћени човек

Давидов пад почиње једног пресудног поподнева. Војска је била удаљена и борила се против Амонаца и Давид, који је требао да их води, остао је кући гледајући са терасе око палате. Спазио је Витсавеју, жену њиховог комшије, како се купа и свидела му се. Био је на путу да прекрши пет од десет Божјих заповести. Пожелео је комшијску жену, сведочио лажно против њеног мужа, украо туђу жену, починио прељубу и на крају уредио убиство њеног мужа. То је страшна прича и **од тог поспоподнева све је кренуло другим током за нацију**. Наредних 500 година изгубиће све што им је Бог дао пре тога.

Витсавеја остаје трудна, Давид покушава да то прикрије и на крају шаље њеног мужа да погине у борби. Беба умире, а Давид узима Витсавеју за жену. Поново је трудна, али овога пута беба преживљава и дају јој име Соломон (значи *мир*). Али Давид нема мира. Годину дана касније Бог шаље пророка Натана да му каже за грех кроз параболу и Давид схвата тежину свог греха. Псалам 51 је молитва признања које следи после открића.

(б) Растурена породица

Чини се да Давидова неморалност постаје катализатор незадовољства кроз целу породицу. Његов најстарији син Амнон силује Тамару, једну од својих полусестри. Давидов други син Авесалом је чуо шта се догодило, па две године касније узима освету у своје руке.

Авесалом добија популарност код народа, док је Давид приморан да напусти Јерусалим. Поново се налази у избеглиштву.

У складу са Натановим пророчанством, Авесалом парадира са Давидовим женама на крову палате, са сексом на јавном месту. Следи битка која доводи до смрти Авесалома, али Давид је потресен, желећи да би радије био мртав.

(ц) Презрени народ
Горчина у Давидовој породици утиче и на народ који постаје киван. Иако је велика империја под њиховом контролом, нису задовољни Давидовим лидерством. Престоница народа је на југу, а север је запостављен. Бриге су највише дошле до Шибе, главешине племена Венијамина, који одбија да призна Давида као краља и покреће побуну. Давид успева да смири устанак, али осећај гнева остаје.

4. Епилог

Последња поглавља су распоређена књижевним средствима, а садржај епилога је постављен према одговарајућим темама. Структура се може поделити у шест секција, обележени као А1, Б1, Ц1, Ц2, Б2, А2, с тим да секције А1 и А2, Б1 и Б2 и Ц1 и Ц2 имају сличне теме.

А1 НАСЛЕДСТВО ИЗ ПРОШЛОСТИ

Цео Израел се суочио са сушом три године. Бог каже Давиду да је глад казна Израелу за Саулов масакр Гаваоњана иако су Израелци тражили да их не дира. Гаваоњани су тражили да погубе седам потомака Саула као замену за ову одмазду и Давид их је предао.

Б1 ДАВИДОВИ ЉУДИ

Постоји кратка напомена о Давидовим "џиновским убицама" - људи који су се борили са Давидом и донели му победу против Филистејаца у серији битака.

Ц1 ДАВИДОВИ ПСАЛМИ

Један од Давидових највећих псалама говори како га је Бог избавио од свих непријатеља.

Он пише о Богу као о његовој стени, његовој тврђави и његовом ослободиоцу - речи човека који може да баци поглед уназад према Божјим невероватним делима у његовом животу и који се захваљује за то.

Ц2 ПОСЛЕДЊЕ ДАВИДОВЕ РЕЧИ

Ове изреке се читају као псалми како Давид подражава Божји Дух, који је инспирисао његово писање песама које су се певале кроз векове и можда највећа Давидова оставштина.

Б2 ВИШЕ ЦИТАТА ЗА ХРАБРОСТ

Давид препознаје, записује и поштује људе који су се борили са њим, укључујући и тројицу који су му кришом доносили воду из Витлејема, док је био у избеглиштву.

А2 БОЖАНСКА ПРЕСУДА ПОНОВО ПАДА НА ИЗРАЕЛ

Пред крај живота, Давид је искушаван од сатане да изврши попис људи који могу да се боре. Његова мотивација била је понос и Бога га је за то казнио. Пророк Гад му је понудио три казне као опцију: седам година суше, три месеца бежања пред непријатељем или три дана куге. Он је изабрао трећу опцију и 70.000 људи је умрло од куге.

Давид вапи ка Богу да заустави кугу и речено му је да принесе жртве на прагу Арауне, равне површине изнад града Јерусалима. Он то и чини и помор престаје. Давид ту равну површину види као идеално место да направи храм Богу. Земља му је понуђена бесплатно, али Давид каже да његово приношење би било недостојно ако га ништа не кошта, па инсистира да купи ту земљу. *Књиге о царевима* описују изградњу храма на том истом месту.

Давиду није дозвољено да гради храм је му је Бог рекао да има "крви на његовим рукама". Храм мора да изгради човек мира. Тако је храм у Јерусалиму, а Јерусалим значи *град мира*, подигао Давидов син Соломон. Чак и ако је Давид већ нацртао планове, ангажовао раднике и припремио материјал, његов син Соломон је довео пројекат до краја.

Како треба да читамо ове две Самуилове књиге?

Наш преглед је избегао питање како треба да читамо ове две књиге. Сви који читају прилазе овом тексту са одређеним очекивањима, али је важно да читамо Библију као да нам је намера да је разумемо и протумачимо исправно. Ова књига није изузетак. Постоји шест различитих нивоа на који можемо да читамо било коју библијску причу и важно је да изаберемо праву.

1. Анегдотски

(I) ДЕЦА

Најједноставнији начин је да се фокусирамо на најитересантније приче. Учитељи недељом ујутро бирају догађаје који најбоље могу да комуницирају са децом, а прича о Давиду и Голијату, на пример, је посебно омиљена.

Марија Матилда Пенстон је то изразила на следећи начин:

Бог нам је дао књигу пуну прича
која је створена за његов стари народ.
Почиње са причом у врту
и завршава се са градом од злата.
То су приче за родитеље и децу,
за старе који би да се одморе,
али за све који могу да читају или слушају
прича о Исусу је најбоља.

Постоје одређене заслуге за читање прича на овај начин, али је селективно. Учитељи лако могу да изобличе право значење догађаја у корист флоскуле за коју сматрају да је вредна и на нивоу за који мисле да би и деца разумела.

(II) ОДРАСЛИ

Самуилове приче су сјајно испричане, са економијом речи и предивним стилом. Како и одрасли могу да уживају у доброј причи, многи читају Библију и због анегдотских вредности.

Филмски режисери уживају да адаптирају приче као што су Давид и Витсавеја на великом екрану.

Иако је добро да се приче барем прочитају, овај приступ игнорише једну фундаменталну сврху. На нивоу анегдоте, није важно да ли су приче истините или не. Могу да буду чињеница, фикција или бајка - шта год да су, приче још могу да буду уживање, а моралне поруке запостављене. Велики проблем је, ипак, да ли је прича истинита или није, јер ове мале приче су део велике приче у овим књигама, које се испостављају као веома важне у целокупној библијској причи о искупљењу. Ако сумњамо да ли су људи у овој причи то заиста урадили, како онда можемо бити сугурни да је Бог урадио оно што му је приписано на овим страницама? *Људска и Божја дела се држе или се руше заједно.*

2. Егзистенцијални

(I) ВОДИЧ

Ја сам искушаван да читам приче из Библије по "хороскопском методу", зато што неки људи читају Библију сваки дан надајући се да ће наћи нешто што би могло да искочи и да им одговара! Веома су ретке ситуације где људи сведоче да им је појединачни пасус или глава одиграо значајну улогу у њиховим животима, али то само више говори о Божјој способности да користи било које средство да нас води, него о легитимности методе. Овај метод потпуно игнорише чињеницу да већина пасуса не значи ништа за специфичне људске ситуације. Постоји једна класична прича о човеку који се запетљао у Библији тражећи пасус и пронашао "Јуда је отишао напоље и обесио се". Није био задовољан, тражио је следећу поруку и нашао "Па иди и ти и уради то исто!".

Ако неко чита Библију као личну поруку, шта ће онда речи за *Прву Самуилову књигу* где пророк каже Илији: "У твојој породичној лози нико неће бити старац". Било је прикладно да вековима касније, један од Илијевих потомака, пророк Јеремија, који је почео своју пророчку службу са 17 година, не доживи дубоку старост. Али ни овде немамо примену за нас. Или да узмемо још један цитат: "...и Самуило посече Агога на делове пред очима Бога". Како то да применимо?

Ја исмејавам тај метод зато што сам сигуран да то не би требало да буде главни разлог за читање ових прича. Ове књиге откривају релативно мало ако их тако и читамо. Морамо да читамо текст у контексту у којем су писане ако хоћемо да сазнамо прави смисао. Ако посматрамо текст само ако је важан за нашу ситуацију, пропустићемо много тога.

(II) УТЕХА

Раније су побожници користили „кутије обећања" како би пронашли охрабрење да се суоче са животом. Свако библијско "обећање" је штампано на парчићима папира, па су насумично вађени пинцетом сваки дан. Непотребно је рећи, сваки је био извађен из библијског контекста, па према томе често одвојен од услова у којима је настао. На пример "Ло, ја сам с тобом увек" је стављено у контекст "Идите и стварајте ученике" и ми не треба да тражимо обећање, ако не испуњавамо заповест.

Чак и без таквих кутија, ми можемо да читамо Библију на исти начин, тражећи неки пасус који ћемо употребити само за себе. Тако нешто слично наћи ћемо у историјским књигама у Библији, као Самуилове књиге или Књиге о царевима. Они пружају вредности онима који их читају као целину, тражећи да знају какав је Бог, како се осећа због нас више него како се ми осећамо због нас или због њега.

3. Биографски
(I) ИНДИВИДУАЛНИ

Трећи метод је најчешћи међу проповедницима. Једна од великих особина Библије је искрени начин да записује неуспехе и успехе главних личности. Апостол Јаков је рекао у Новом завету да је Библија као огледало да би могло да нам покаже какви смо ми кроз људе о којима читамо. Ми можемо да поредимо себе са библијским личностима и да се питамо да ли бисмо се ми понашали на исти начин.

Са тим на уму, можемо да приметимо како су прва два краља Израела обојица добро почели, а завршили лоше, а опет Саул је виђен као најгори краљ, а Давид као најбољи.

Читамо о Сауловим особинама, човеку који буквално има главу и рамена изнад свих, са много личних предности. Видимо као је Господњи Дух сишао на њега и ако је он постао други човек. Али такође читамо и о фаталним грешкама у његовом карактеру и како његова несигурност води ка лошим односима и љубомори даровитих људи око њега.

Саула и Давида можемо да ставимо у контраст, овог другог Библија назива "човеком по сопственим Божјем срцу".

Када Самуило бира Давида ми читамо "Господ не гледа на људе као што они гледају. Човек гледа на спољни изглед, Господ гледа у наша срца".

Скрипте гледају на Давида као отвореног човека, који обавља и физичке послове, лепушкаст и храбар. Развио је свој однос са Богом за време усамљених дана и ноћи као пастир, читајући закон, молећи се и хвалећи Бога за творевину, исто као и за искупљење. То су биле године припрема за њега да постане најважнија личност у земљи.

Видимо његове способности као лидера, питајући Бога за мишљење пре сваке одлуке. Иако је помазан за цара, није приграбио престо превише рано, чекао је најбоље време. Био је великодушан чак и у победи, несрећан када види убијене непријатеље и бесан када је убијен један од преживелих Саулових синова, иако је Саул био његов непријатељ. Био је човек који прашта, човек који поштује храбре људе - у овим књигама имамо листу коме је све одао почаст.

Давид је зато био сушта супротност Саулу: имао је срце за Бога и волео је да даје почасти другим људима. Саул није имао срце за Бога и није желео ниједног успешног човека поред себе.

Постоје и друга поређења: Саул и Давид су делили исту неспособност да дисциплинују своју децу. Јонатан и Авесалом су обојица били синови краља, али су били потпуно другачији.

Јонатан је био несебични син лошег краља који је био спреман да се потчини Давиду као вођи. Авесалом је био себични син доброг краља који је желео да преузме трон од свог оца.

Постоји лепа карактерна студија и код жена. Ана и Авигеја откривају интересатне црте. Читамо о Аниној посвећености Богу и њеном узбуђењу када је остала трудна. Ависеја храбро решава кризу спремивши храну за Давидове људе када њен муж одбије гостопримство. Давид је толико њом био импресиониран да је касније узима за жену, по смрти њеног мужа.

(II) ДРУШТВЕНИ

Такође можемо да проучавамо односе између појединаца. Пријатељство Јонатана и Давида је једно од најчистијих и најбогоугоднијих на страницама Библије.

Фрустрирана, чак претећа интеракција између Саула и Давида је класични пример како може бити тежак лични однос са нестабилним темпераментом, који мења добродошло у одбојно расположење, нарочито када имамо компликације и око злих духова.

Цела сага о Давиду са различитим женама у животу је пуна указивања на однос полова. Није неважна, за савремено друштво, ни његова способност да добије поверење и поштовање различитих људи.

Инсистирање народа да изаберу краља и њихови наведени разлози зато, имају нешто да кажу и о утицају који имају на савремене изборе.

Према томе, ове приче имају друштвене, али и индивидуалне импликације, од којих можемо да научимо вредне лекције. Али и даље остајемо ускраћени за намеравану поруку текста.

4. Историјски

(I) ЛИДЕРСТВО

Четврти начин анализе Самуилових књига је да их посматрамо као студију историје Израела. Земља се развила од породице до племена, затим постала нација и коначно империја. Раст до империје је посебно наглашен у ових 150 година који су покривени овим књигама.

Захтев за краљем дошао је од народа који је био љубоморан на уједињено и видљиво лидерство са монархијама које су имали околне нације, а било је потхрањено федералним везама 12 независних племена која су постојала у то време.

Самуило је упозоравао народ да ће сносити велике трошкове у виду централизоване Владе са краљем. Народ је наставио са својим захтевом, тако је одређен даљи ток историје. Бог је уважио њихов захтев, али је истистирао да краљ не буде ништа налик околним краљевима. Израелски краљ мора да препише закон и да га чита једном дневно и да пружи духовно лидерство народу (*Поновљени закони* показују да је Бог предвидео овакав развој). После тога, карактер нације ће се везати за краља.

(II) СТРУКТУРА

Промена од федералне до централизоване структуре за нацију неће бити безболно. Можемо да студирамо књиге са тог становишта, оно са чим се Давид суочио превазишао је својим способностима. Можемо да приметимо какав је био геније као организатор и његову умешаност као команданта од Бога, под његовом влашћу водио је нацију до врхунца мира и просперитета. Његов избор Јерусалима као престонице је један од бриљантних потеза. Град је освојен од Јевусејаца и ниједно племе није имало неко ексклузивно право на град.

Империја је расла под Давидом, пређашњи непријатељи су постали сателитске државе и целокупна земља која је обећана је била освојена по први и последњи пут. Филистејци им више нису досађивали. Међутим, централизована власт се показала као срозавање, јер када се моћ налази у рукама све мањег броја људи, те руке власти на крају неизбежно одређују шта се догађа.

5. Критички

(I) "НИЖИ" КРИТИЦИЗАМ

Нижи критицизам је студија Библије где учењаци траже грешке у тексту. Они студирају рукописе у оригиналном језику и обележавају неслагања који се могу појавити приликом превођења. Овај рад нам пружа огромно уверење да рукописи који преводиоци користе су веома блиски оригиналу и верује се да је Нови завет 98% прецизан.

Најстарија верзија целог Старог завета је Масоретски текст датиран у 900. годину. Ту се налази комплетна копија Исаије, један од Свитака са Мртвог мора, око 100. године пре нове ере је 1000 година старији од свих других копија. То је било откривено када је преведена једна верзија Библије (Revised Standard Version), па су причекали са издавањем док текст није упоређен са старијим рукописом. Чињеница је да је оригинални рукопис веома тачан и биле су само неке ситне измене на неколико места.

Мада Стари завет нема толику тачност као Нови завет, данас можемо бити сигурни да је врло мало промењено од оригиналног текста.

Штавише, дилеме које се тичу малих детаља нису ничега вредне, јер оне не оштећују централне истине вере. У Самуиловим књигама, на пример, постоје две верзије Голијатове смрти, али само једна чини Давида одговорним. Ако се само једно слово подеси, неслагање је решено. Очигледно да је преводилац направио грешку у превођењу.

(II) "ВИШИ" КРИТИЦИЗАМ

Нижи критицизам је неопходна и добродошла дисциплина, али виши критицам може нанети велику штету. Оригинално долази из Немачке у 19. веку и исфилтрирао се у велики број теолошких колеца током 20. века.

Главни аргумент вишег критицизма је да иако оригинални текст верно приказује шта је писац мислио, још увек можемо да погрешимо око оног у шта треба да верујемо. Виши критицизам прилази тексту са већ њиховим одређеним предусловима, основаним на ономе што они верују да је разумно. Они који говоре да наука није доказала чуда искључују било какве чудесне догађаје из текста, док они који не могу да верују у натприродно предзнање искључују да било које пророштво може прецизно да предвиди будућност.

Ови учењаци делује на чисто академском и интелектуалном

нивоу, са малим разумевањем личне вере. Њихов приступ неизбежно води ка тексту Писма у деловима, не препознавајући оригинал.

6. Теолошки

Теолошки приступ читању библијских књига чини сваку страну и сваку реченицу вредном. Нивои читања које смо до сада разматрали тичу се само људске стране библијске студије, али Библија је превасходно књига о Богу, са секундарним интересом за Божје људе. Оваква врста студије се пита како можемо да читамо текст да бисмо боље познавали Бога.

Већ смо видели у коликој мери су Самуилове књиге пророчке. Забележена историја је историја из Божје перспективе, забележено је оно што Бог мисли да је важно.

Зато овим теолошким приступом можемо да читамо причу и да се питамо како је тај догађај повезан са Богом. Како се он тада осећао? Зашто је тај догађај толико важан за Бога да га је укључио за нас да га читамо као део Светог писма? Почињемо да читамо књигу са Божјим погледом на свет и да извлачимо закључке око тога ко је Он и како изгледа. Уверени да се Бог не мења, тада можемо да применимо ове ванвременске истине на нас и нашу генерацију.

ПРАВДА И МИЛОСТ

Ово је најбољи и најузбудљивији начин да читамо Самуилове књиге. Оне описују Божју интервенцију у животу Израела, јер је он прави глумац у овим причама, није Саул, Давид или Самуило. Бог прво иницира историјске догађаје, а онда одговара на њих. Видимо како је Ана неплодна, моли се Богу, па јој Бог дарује сина. Видимо како Давид, у име Бога, убија Голијата првим каменом. Видимо како Давид, уз Божју помоћ, бежи из канџи хиљаде људи из Саулове војске. Бог неким људима помаже, а неке спречава. Он је праведан у кажњавању зла и понекад је милосрдан када не кажњава, иако је казна заслужена.

Он даје Израелу земљу, али када су непослушни шаље на њих угњетаваче. Када се кају Он шаље ослободиоце. Дозвољава народу да изабере краља, а кад краљ пропадне, шаље им другог, оног по његовом сопственом срцу.

Ми можемо да проучавамо ове приче, да учимо лекције из

историје и да упоређујемо себе са Саулом и Давидом, али прави разлог читања књиге је да научимо више о Богу као личности.

Божје деловање је нарочито видљиво у срцу ове две књиге. Склопио је завет са Давидом, потврђујући његову посвећеност Израелу, посвећеност која је први пут приказана у завету са Аврамом и Мојсијем вековима раније. Ово је навиталнији моменат у *Првој* и *Другој Самуиловој књизи*.

Уздиже се када Давид пита Бога да му сагради кућу. Постиђен је што је саградио себи грандиозну палату за себе, а Бог пребива у обичном шатору поред врата.

Када Давид пита Бога да сагради кућу за њега, три поруке долазе од пророка Натана. Прва порука је "Учини то". Друга поруке је "Не чини то". Бог му објашњава да је шатор довољан за њега и да никада није ни тражио палату од камена. Трећа порука је да Давид не сме да гради храм јер је он "човек од крви", а да ће то урадити његов син.

У завету Бог говори Давиду како ће третирати његовог сина. Он ће га дисциплиновати, али неће престати да га воли. Давидова кућа и краљевство ће издржати пред њим **заувек**. Успоставиће се његов трон **заувек** и увек ће бити потомака Давида на трону.

Од тог момента, потомци Давида су пажљиво бележили родослов, питајући се да ли би њихов син можда могао бити "Син Давидов" који се помиње у завету.

Обећање постаје центар народних надања за следећих 3000 година како ће Јевреји тражити Месију.

Завет је најважнија тема кроз остатак Библије. Хиљаду година касније обећање је испуњено када је Исус рођен од скромног пара који су били у краљевској лози.

Исус је био легалан Давидов син преко Јосифа, његовог оца, али исто тако и физички син од Давида преко мајке Марије. Он је двоструки син Давидов. Мада је кроз живот углавном познат као "син Давидов". Ученици су препознали његово право да буде знан као Месија (Помазаник) и ова тема се наставља кроз касније записе о њему и његовој Цркви. *Дела апостолска, Посланица Римљанима, Друга Тимотеју* и *Откривење*, сви користе исту титулу за Исуса. Они су објавили да ће сав ауторитет на небесима и на земљи бити у његовим рукама. Они се радују што је Бог испунио обећање дато у завету са Давидом и његовим сином.

У испуњењу завета видимо да Божје обећање има шире импликације, да ће као краљ на Давидовом трону владати над Јеврејима и незнабошцима који ће му саградити Цркву.

Само ако читамо Самуилове књиге са теолошког становишта можемо да ценимо богатство ове две књиге у смислу њихових порука и улоге коју имају у развијеним темама Библије као целине.

Закључак

Самуилове књиге су историјске са разликом. То је пророчка историја пуна интересантних, бизарних, романтичких и сурових прича које, посматране заједно, откривају Божју сврху за свој народ. Бог жели да над нама влада један човек - не краљ Давид, већ краљ Давид II.

Самуилове књиге су део хришћанске историје. Исус је био Краљ Јевреја у прошлости, Он је сада Краљ Цркве и биће Краљ света у будућности, када ће владати у правди и праведности и краљевство ће бити успостављено за Израел.

Према томе, право значење Самуилових књига постаје јасно ако разумемо како је Бог умешан и како је деловао иза сцене, обликујући историју и уверавајући свој народ да ће краљевство расти и да ће једнога дана Његов Син, такође и син Давидов, бити Краљ.

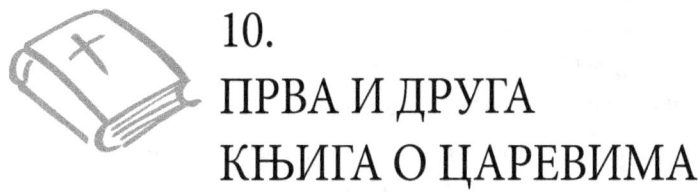

10.
ПРВА И ДРУГА КЊИГА О ЦАРЕВИМА

Увод

Мој учитељ историје у школи је градиво чинио досадним. Све је било у датумима, биткама, краљевима и краљицама и чинило се компликованим и неважним. Моје интересовање се обновило читавши лажну историјску књигу **1066 и све то**, што је сигурно било много забавније него лекције мог учитеља и где су сви догађаји сабрани као "добра ствар" или као "лоша ствар" - ништа није било између.

Књига о царевима се помало чита као **1066 и све то** (мада без хумора). Описује краљеве Израела или Јуде као или добре или лоше, зависно од тога како су владали.

Не баш као школска историја какве се сећамо, библијска историја је крајње убедљива. Није реч о неважним датумима и биткама, већ о запису Божјег народа испричаним са Божјег погледа на свет. То није ни за чисто академско знање: оно је апсолутно витално за људску расу.

Контекст

Књига о царевима се концентрише на три од четири фазе у националном развоју израелског лидерства. Као што је објашњен Стари завет раније, прве вође народа су били патријарси, од Аврама до Јосифа, затим су били пророци, од Мојсија до Самуила. Трећи су били краљеви, од Саула до Седекије и на крају свештеници, од Исуса

Јоседекова до Кајафе.

Период краљева је обухваћен са четири књиге:

1. **Самуилова:** Самуило и Саул
2. **Самуилова:** Давид
1. **краљева:** Соломон до Ахаба
2. **краљева:** Од Ахава до Седекије

У хебрејским скриптама ова фаза лидерства је само у две књиге, Самуилове књиге и *Књиге о царевима*, са паузом између *Прве* и *Друге о царевима* догађа се крај Ахабове владавине и одвајање живота и смрти пророка Илије. Када је Стари завет преведен на грчки 200. године пре нове ере, књиге су биле предугачке да би се ставиле у један свитак. Хебрејске речи имају само сугласнике, па је тако додатак самогласника удвостручио дужину књиге. Тако су књиге подељене на *Прву* и *Другу Самуилову књигу* и *Прву* и *Другу књигу о царевима* више по дужини превода него по намери.

Краљевства

На хебрејском књиге су назване "Краљевства" Израела, не цареви. реч *краљевство* има другачије значење на хебрејском. На енглеском значи земља под сувереним законима.

Тако је Енглеска део Уједињеног краљевства под владавином краљице. На хебрејском, пак, рече *краљевство* означава владавину монарха, па је дефинисана у смислу ауторитета, а не територије, пре владавине него власништва.

Тако је концепт *владавине* у Библији веома другачији него у Уједињеном Краљевству, где, под конститутивном монархијом, краљица влада формално, али не влада стварно, моћ се ослања на изабрану Владу. Велика предност је што оружане снаге и правосуђе нису под директном контролом Владе, али су одговорне краљици. Монархија није високо вреднована у систему моћи, већ више одржава моћ од других.

Супротно томе, краљеви Израела имају апсолутну моћ. Они стварају правила и командују оружаним снагама. Није постојао парламент, није било гласања ни опозиционих странака. Краљ је владао декретом, а не дебатом. Његов утицај на поданике је био потпун, па је зато његов карактер обликовао друштво под његовом влашћу. Он је био представник нације пред Богом, али исто тако и представник Бога пред народом.

То је значило велику промену у развитку нације. У времену описаном у *Исусу Навину*, *Судијама* и *Рути*, постојала је лабава федерација и људима је суђено по њиховим акцијама. У Самуиловим књигама и *Две књиге о царевима*, пак, краљев карактер и избор одређивао је судбину нације.

Одабрана историја

Иако је ово књига о израелским царевима, нису нам пружене локације за сваког краља. На пример, Омри је био краљ на северу, о коме знамо из историјских извора да је имао запањујућу владавину, створивши изузетну економску промену у нацији. А опет га *Књига о царевима* помиње само у осам пасуса, зато што је био мањкав на територији која је важна: чинио је зло у очима Господа. Слично томе, Јеровоам II је имао мали златни период на северу, али му је дато седам пасуса из истог разлога. Са друге стране, Језекија, који је већим делом био добар краљ, му је дато три главе, а једна молитва Соломона је у 38 пасуса, а приче о Илији и Јелисију, који уопште нису били краљеви, заузимају трећину од две књиге о царевима.

Овакав очигледно неравноправан третман појављује се зато што је читалац није вођен конвенционалним историјским приступом. У студији о Исусу Навину примећујемо да било који историчар мора да се определи шта је важно, па повеже изабране догађаје и људе и тек онда да пружи објашњење како један догађај води ка другом. Писац *Књиге о царевима* није био заинтересован да се фокусира на политичку, економску или војну историју, мада је можда поменуо неке од њих. Пре ће бити да је био забринут за два аспекта владавине сваког краља:

1. **Духовни квалитети** - обожавање, било Бога, било идола
2. **Морални квалитети** - правда и моралност, или њима супротна пророчка историја

Књига о царевима је последња књига позната као "бивши пророци" у хебрејској Библији и прати *Исуса Навина*, Судије и Самуила. Ово је историја са Божјег становишта.

Појединци и догађаји су поменути зато што су важне за Бога и неопходне за будуће генерације. Човек може да буде бријантан политичар или економиста, али Бог је прво заинтересован за његово веровање и понашање.

Поменуте књиге можемо правилно назвати и "светом историјом" зато што оне бележе постојане поруке и приче са вечним моралом. *Оне нам не нуде само лекције из историје, него лекције о историји.* Они који је не науче, осуђени су да је понове.

Универзална истина

Постоје обрасци у историји Израела који могу бити универзално примењени. Узмимо, на пример, трајање владавине за сваког појединог краља у ове две књиге. Добар краљ је просечно владао 33 године, а лош краљ просечно 11 година. Од овог можемо да извучемо општи принцип да добри краљеви владају дуже него лоши, како Бог има контролу над историјом и може да задржи доброг краља на трону.

Постоје изузеци - није сваки добар краљ дуго владао и није сваки лош краљ кратко владао - али принцип је уопштено тачан и заиста може бити сагледан са становишта дужине владавине модерних лидера.

Успон и пад нације

Књиге о царевима покривају одлучујуће догађаје у историји Божјег народа које ми морамо да приметимо да бисмо пронашли поруку књиге и разумели књиге које тек долазе. *Друга Самуилова књига* и *Прва књига о царевима* описују снажну позицију Израела на светској сцени, али ове две *Књиге о царевима* су више о националном паду.

Под Давидом и Соломоном нација је на крају уједињена, а империја се протеже од Египта до реке Еуфрат. Коначно су Израелци населили већи део земље која је обећана Авраму 1000 година раније и контролисали ближу околину. Али од Соломоновог времена почиње опадање, кроз грађански рат који је поделио нацију до избеглиштва у страну земљу.

Национална подела је значила да име Израел више не може да се користи да се дефинише цела нација, него само 10 племена на северу. Јужни део са племенима Јуде и Венијамина добили су назив по већем племену, по Јуди. Ова подела се наставља до краја Старог завета.

Јужна племена Јуде и Венијамина су прозвани *Јевреји*, што је скраћеница од Јуде. Пре тога су их обично звали *Хебреји* или

Израелци. То је веома важна разлика коју морамо имати у виду. У Новом завету по Јовановом Јеванђељу Јевреји су на југу, а Галилејци на северу. Јевреји на југу су већином одговорни за распеће Исуса, а не цела нација или Израел.

ПРИЧА О ДВЕ НАЦИЈЕ

Књига о царевима је историја ове две "нације". Духовни и морални стандарди 10 племена на северу су значајно снижени, све док их Асирија није послала у изгнанство. Регресија на југу је била нешто мања. Био је добрих краљева као Језекија или Јосија, али су на крају отишли истим путем као и север и прогнани у Вавилон. Њихов праотац Аврам је призван из града који се зове Ур - сада су завршили тамо где је Аврам почео, али овога пута као расељене особе.

Ово је позивајућа порука како је лако изгубити све оно што сте стекли. Обично је трајање пропадања краће него време потребно за врхунац.

Краљевство Израел

Краљевство Израел је прошло кроз три фазе које ћемо представити.

ЈЕДИНСТВО

Прва фаза је "Уједињено краљевство", где три краља на смену владају Израелом. Први краљ је Саул, који је био веома лош; други је Давид, који је веома добар; а трећи краљ је Соломон који је био добар и лош.

Свака владавина је трајала тачно 40 година. Број 40 је показатељ колико дуго Бог тестира људе. Исус је био искушаван 40 дана у пустињи; деца Израела су провела у пустињи 40 година. То је пробни период, у Божјим очима и три краља нису прошли тест. Добро су почели, али нису добро завршили. Давид је окарактерисан као "човек по сопственом Божјем срцу", али и он има разочаравајући крај.

Прва Самуилова књига обухвата Саулових 40 година, *Друга Самуилова књига* обухвата Давидових 40 година и првих 11 глава *Прве књиге о царевима* обухвата Соломонових 40 година.

РАТ

После смрти Соломона, север и југ су ушли у грађански рат и пукло је "Уједињено краљевство". Семе немира је посађено када је Соломон увео тешке порезе нацији и презрео користи од југа, па учинио да север напредује одсечен. Соломонова смрт је била катализатор за немир који је прокључао у оружани сукоб.

Два јужна племена су задржала Јерусалим и краљевску лозу Давида. Десет племена севера су то изгубили, па су направили своје центре обожавања, Ветиљ и Дан, завршивши два златна телета и посветивши се обожавању.

Пошто више нису имали краљевску линију, они су изабрали свог краља, Јеровоама.

Одвајање севера ништа није добро донело. Били су атентати, пучеви, преузимања власти. Краљеви су често били самоизабрани.

Осамдесет година после поделе, настао је рат између севера и југа усред растућег непријатељства, а врхунац је био када су северна племена створиле уговор са Сиријом и Дамаском да избришу са лица земље два племена на југу. Исаија нам пружа детаље у свом пророштву.

МИР

После 80 година рата између севера и југа, следило је 80 година мира, за то време Бог шаље два пророка који ће одиграти велику улогу у Две књиге о царевима.

Илијина служба је забележена у *Првој књизи о царевима* и прве две главе у Другој, а Јелисије следи после њега, главна фигура у раном делу *Друге књиге о царевима*.

Одмор није зауставио пад, па тако 721. године пре нове ере Асирија је победила северна племена и народ је депортован ван земље. Постали су "10 изгубљених племена", никад се више не вративши на своју земљу као нација.

После прогонства северног краљевства Израела, књиге се фокусирају на Јуду и Венијамин на југу, било је мало краљевство, са Јерусалимом као престоницом и малом земљом у околини, али су водили порекло од краљевске лозе и знали су за Божје обећање Давиду да ће увек бити неко на трону од његових потомака.

Када су депортована северна племена, Бог шаље пророчка упозорења од Исаије до Михеја да ће се исто десити и на југу, али то није имало готово никакав ефекат. Последњи догађај је да је Јуда вођена у егзил у Вавилон 140 година касније.

Сврха

Долазимо до основних питања о информацијама о било којој библијској књизи: Ко их је написао? Како су написане? Када су написане? Зашто су написане?

Ко је написао ове две књиге?

Не можемо са сигурношћу да знамо писца *Књиге о царевима*. Већина Јевреја верује да је то био Јеремија и постоји мноштво разлога зашто су разлози за овакво веровање веома јаки.

1. Делови *Књиге о царевима* су идентични као Јеремијино пророштво - чак се употребљавају и исте речи.
2. Јеремија се не помиње у књизи, упркос томе што је био Јосијин савременик и налази се у срцу догађаја који се описују. Било би немогуће писати о овим догађајима, а да се не помене Јеремија, али ако је Јеремија аутор, пратио би логику осталих писаца Библије па би изоставио себе.
3. Знамо да су пророци често писали о краљевима, Исаија је писао о Осији и Језекији, а Бог је лично дао инструкције Јеремији да пише о Израелу.
4. Постојало је време Када су Јеремијина служба и његово записивање били веома важни. Његово пророштво говори о времену када је његов народ одбацио Бога и страствене говоре који су позивали да народ буде послушан завету и изговарао је гласно клетве народу. Ово би било прописно чвориште да напишете *Књигу о царевима*.

Постоји један проблем у овој хипотези, а то је да је Јеремија одведен у Египат 586. године пре нове ере и тамо умро, а опет последњи део *Друге књиге о царевима* представља изузетно познавање догађаја у Вавилону. Тешко можемо да замислимо да то уклопимо у ову претпоставку. Можда је најбоље решење да узмемо да је Јеремија написао највећи део ове књиге, а неко после њега ју је довршио. Ово може објаснити зашто се не појављује као аутор.

Неки сугеришу да би Језекиљ био следећи кандидат. Он је зависио од Јеремије и имао је сличан стил. Ипак, датум његовог последњег пророштва је 571. година пре нове ере, која га негира као писца. Јеремија је најјачи кандидат, али без даљих доказа, оставићемо отворено питање.

Како је књига написана?

Књига о царевима укључује трагове да даље информације могу бити пронађене на другим местима: дела Соломона, Књиге дневника Израелских краљева (помињу се 17 пута), Књиге дневника Јудинин краљева (помињу се 15 пута). То нису Књиге дневника укључене у Библију. Писац користи народне записе који су позвани да заједно комуницирају у лекцијама из прошлости.

Делови *Исаије* су идентични у појмовима са *Књигом о царевима*, што говори да или су имали заједнички извор или су узимали један од другог одређене делове.

Писац обрађује истовремено догађаје у Јуди и Израелу. Може бити збуњујуће читати о краљу Јуде, а онда одмах следи секција о краљу Израела, али редослед је намеран. Писац хоће да разумемо како је свако краљевство напредовало у односу на друго. То је витално за наратив у време када су два краљевства ратовала или када су мешовити бракови водили ка миру.

Писац тако користи исту врсту историјске методе која се користи и данас, узимајући материјале са различитих извора, скупљајући информације из библиотека и слично. Разлика је што је овај избор божански инспирисан, тако да оно што овде имамо није само историја, него реч од Бога.

Када је ова књига написана?

Важан траг који нам је дат је у фрази да храм у Јерусалиму још увек постоји "и још увек је до данашњих дана". Ово сугерише да је то било пре прогона у Вавилон 586. године пре нове ере, када је храм уништен.

Ипак, још један део нас води ка каснији датум писања. Вавилонци су убили Седекију, последњег краља Јуде, тако што је гледао убиство својих синова, пре него што су га ослепили. Претходни краљ, Јоаким је предат Вавилонцима и био је у затвору. Последње што читамо у *Књизи о царевима* је да Навуходоносор, краљ Вавилона, ослобађа Јоакима из затвора и позима га на вечеру. То намеће да је књига напола завршена кроз прогонство, нарочито што се не помиње повратак народа. Што такође намеће да је неко из Давидове краљевске лозе учествовао у оброку за краљевим столом у Вавилону, па је тако Навуходоносор несвесно помогао одржању краљевске линије.

Ако узмемо у обзир ове детаље, чини нам се да је књига вероватно написана пре рушења храма у Јерусалиму, и да је уствари довршена у време прогона.

Зашто је ова књига написана?

Ово питање природно следи из питања када је написана.

Имамо нацију која је изгубила земљу и престоницу и одведена у другу земљу. Цела генерација никада више неће видети свој дом. Поново су робови, њихов храм лежи у рушевинама, па су неминовно поставили питање свог односа према Богу. Где је Он? Зашто је дозволио да се то деси? Шта је са обећањима?

Књига о царевима одговара на ова питања. Објашњава да је кривица за прогон искључиво лежи на народу. Бог је одржао своја обећања: Он им је обећао да ако се лоше понашају да ће изгубити земљу, и упркос поновљеним упозорењима, они нису слушали. **Историја ове књиге је значи дубоко промишљена лекција за те људе у избеглиштву.**

Чак и у овој мрачној књизи постоји нада, зато што Бог никада није прекршио обећање дато заветом. Бог је рекао да чак и ако народ прекрши уговор, Он неће.

Обећао је да ће им врати децу из прогонства. Казна је само привремена.

У ствари, народ је остао у Вавилону 70 година. Број није случајан. Бог им је рекао да оставе земљу необрађену сваке седме године, али они су игнорисали овај закон 500 година, још од времена Соломона. За то време, наравно, земљи је недостајало 70 година одмора, па у том смислу прогон од 70 година обезбеди је земљи да се опорави и надокнади те празнике!

Књига о царевима говори да је егзил био катастрофално време, али није било безнадежно. Бог је обећао да ће одржати Давидову краљевску лозу и Он је то урадио.

Садржај

Соломон

Када детаљно погледамо на књигу почињемо са краљем који доминира у почетку. Соломон значи *мир*, што је одговарајуће име јер се његово име везује за владавину у миру који је обезбедио Давид створивши империју. Био је добар човек и добро је почео.

На почетку владавине Бог се појавио Соломону и упитао га шта жели за себе. Соломон, знајући да нема искуство, затражио је мудрост. Бог му је обећао не само мудрост, али и многе друге ствари које није тражио: богатство, славу и моћ.

Соломонов дар мудрости показано је у познатој причи о расправи две проституке о беби. Обе су имале бебе, али је током ноћи један беба умрла, па је тако једна од њих заменила бебе. Соломон је пресуђивао за ову неспретну ситуацију. Коме дете припада? Соломон је затражио мудрост од Бога, а онда је рекао женама да ће пресећи бебу на пола, па да свака добије по половину. Када је то рекао, права мајка је завапила да бебу узме друга жена да би живело. Соломон је тако знао ко је права мајка.

Можда је Соломон највише остао у памћењу по изградњи храма од материјала и плановима које је већ обезбедио њег отац. Бог је обећао Давиду да ће дозволити његовом сину да изгради прво трајно место за централизовано обожавање, које је предвиђено још у *Поновљеним законима* вековима раније.То је био величанствен храм, требало је седам година да се изгради (своју палату Соломон је градио 12 година).

Читамо да је цео храм изграђен од резаног камена, а звук чекића и длета се никад није чуо. То је била мистерија много година све док неко није открио циновску пећину величине већег позоришта на планини Морија, близу Голготе ван Јерусалима.

Под је био покривен милион ситних комадића камена који су резани. Камен је толико мекан да се може сећи и пенкалом, али када се донео на место на отвореном, камен је оксидирао и постао веома чврст. Све стене за изградњу долазе из ове пећине, где су секли блокове одређене величине коју су уклапали у храм изнад земље.

Соломон је такође одговоран за посвећење тог храма. Његова молитва посвећености, стављена у *Левитску 26* и *Поновљене законе 28*, такође је стављена и у ову књигу. Она помиње Божје обећање да ће врати народ из прогона ако се окрену њему, обећање које је постало посебно значајно за оне у Вавилону када се књига појавила.

Његова владавина донела је просперитет народу Израела. Империја се протезала од Египта до Еуфрата и укључивала је већину територије која им је обећана. Соломонова слава се ширила по околини, дошла је и до краљице од Саве, која га је посетила и била импресионирана величанственошћу палате.

Време мира значило је слободно време и учење. Соломон је прикупио 3000 пословица и написао 1005 песама. Бог је одлучио да се објаве само шест од тих песама у Библији. Моја теорија је да је Соломон написао песму за сваку од 700 жена и 300 конкубина, али је Бог изабрао само неколико, укључујући ону која се појављује као песма Соломона.

Онако узгредно, можемо се запитати да ли је Соломон баш био толико мудар што је имао толико жена. То значи да је имао 700 ташти! Као многи људи, имао је мудрости за све друге, али не и за себе.

Соломонову песму је написао док је био млад, толико заљубљен да и не помиње Бога. Књига *Изреке* је углавном Соломоново дело, које је писао у средњем добу. *Књига проповедника* је написана пред крај његовог живота и ту дели философију старог човека са младим. У тој књизи видимо Соломонов цео живот, у времену философије, музике, агрикултуре и архитектуре. Иако је развио много склоности, ништа га није задовољило и *Књига проповедникова* је једна од најтужнијих књига у Библији.

ЛОШЕ

Соломонов главни недостатак смо већ поменули - имао је превише жена. То није било само за сензуална задовољства, већ је откривено да је више била жудња за моћ. Многи бракови су били политички мотивисани, на пример, његов брак са фараоновом кћерком. Као Египћанка она није могла да живи у Јерусалиму, па је њој Соломон изградио палату ван зидина града. Најновија ископавања су открила да су се пронашли само египатски артифакти у Израелу.

Тако нам је представљено интересантно поређење: са једне стране имамо величанствени храм, изграђен за израелско обожавање правог Бога; а са друге стране краљ Соломон са страним женама доводио је њихове богове и одвлачио свој народ од обожавања Бога Израела. Соломон није једини краљ са страним женама, али по броју нико није могао да се пореди с њим.

Изградња храма је такође изискивало огроман трошак. Соломон је користио принудан рад и тешко опорезивање које је разбеснело северна племена, који су били одбојни да финансирају градњу на југу, тако далеко од њихових територија. И поред успеха у изградњи храма, Соломон је поставио основу за националну катастрофу.

Соломон је био краљ подељеног срца који је водио до подељеног царства. Ускоро ће империја избледети. Чак и у време Соломона, дошло је до побуне Хадада Едомита, после ће их бити још.

Подељено царство

Владавина Јудиних и Израелских краљева је забележена различито.

СЕВЕР	ЈУГ
Датум притупања	Датум приступања
Дужина владавине	Време приступања
Име оца	Име мајке
	Резиме личности
Назнаке извора	Назнаке извора
Смрт	Смрт и сахрана
Син узурпатора	Син успешног

Северни краљеви су поређени са првим северним краљем, Јеровоамом који је био лош краљ. Тако да непрестано читамо фразу: "...и он је чинио оно што је било зло пред очима Господа, баш као Јеровоам".

По питању Јудиних јужних краљева, писац користи друге записе и варира у редоследу и у детаљима. Почиње са даном почетка њихове владавине, али прати краљеве године - Јосија је имао само осам година, на пример. Дужина владавине је била следећа, па тек онда долази име мајке, не оца, из разлога који не знамо. (Данас се особа идентификује ако му је мајка Јеврејка, али у Библији је идентификација националности ишла по оцу.) А онда иде и пресуда да ли су били добри или лоши. Док је сваки краљ на северу био лош, на југу смо имали добре и лоше, са Давидом као упоредним тестом.

Краљеви

Север и југ су имали по 20 краљева, али је југ преживео 140 година дуже од севера, као што смо рекли раније, добри краљеви владају дуже.

Неки од лоших краљева преживели су само неколико месеци на трону, пре него што су били убијени.

Споменуто је раније, северни краљеви су сви били лоши, мада нису сви били подједнако лоши.

Југ је имао шест добрих и два врло добра краља (Језекија и Јосија), али су имали и најгорег од свих. То је изузетак од правила да лоши краљеви не владају дуго, јер је Манасија владао 55 година.

Југ је имао само једну династију, док је север имао девет, са наслеђем власти преко убиства шест пута.

Била је и једна краљица. Бог је рекао Давиду да ће увек мушкарац бити на трону - женама није дозвољено да владају као монарси. Готолија је имала друге идеје. Она је Језавељина кћерка и удала се за краља Јуде на југу. Она је хтела да буде прва краљица Јевреја, па је тако систематски убијала сву децу из Давидове краљевске лозе, тако да направи себи пут да постане краљица. Ипак, ујак је узео најмлађег дечака, Јосију и сакрио га да би преузео власт по смрти Готолије, тако да би краљевска линија била поштеђена.

Два веома добра краља Јуде су Језекија и Јосија. Језекија је био савременик Исаије и прича о њему је укључена у Исаијино пророштво. Језекија је био добар краљ по више основа. Он је наредио копање канала да би Јерусалиму обезбедио воду и да би била сигурна од освајача. Његова велика грешка је када је био болестан, па примио у своју палату изасланике из тада малог града Вавилона. Они су донели "брижне вести" за болесног краља и он је био полаксан што знају за њега ван граница земље и што питају за његово здравље. Показао им је палату и храм. Ту Исаија каже да је направио грешку. Рекао му је да ће Вавилонци однети све што им је показао. Годинама касније то се баш и десило.

SEVER – 10 племена Израела		ЈУДА – Јуда са два племена	
Пророци	Краљеви	Краљеви	Пророци
АХИЈА	**Јеровоам**	**Ровоам**	СЕМЕЈ
	Надав	Авијам	
ЈУЈ	**Васа**	*Аса*	
	Ила		
	Зимрије		
	Омрије		
ИЛИЈА	Ахав	*Јосафат*	АВДИЈА
МИХЕЈА	**Охозија**	Јорам	
	Јорам	**Ахазија**	
ЈЕЛИСИЈЕ	Јуј	ГОТОЛИЈА	
	Јоахаз	*Јоас*	ЈОИЛ
	Јоас	*Амасија*	
ЈОНА	**Јеровоам II**	*Узија*	
АМОС	Захарија		
	Салум		
	Менаим	*Јотам*	
ОСИЈА	**Факија**		ИСАИЈА
	Фекај		МИХЕЈ
	Осија	**Ахаз**	
	721. п.н.е.	Језекија	
		Манасија	
		Амон	НАУМ
	Веома добри	*Јосија*	ЈЕРЕМИЈА
	Добри	**Јоахаз**	СОФОНИЈА
	Лоши	**Јоаким**	АВАКУМ
	Веома лоши	**Јоакин**	ДАНИЛО
	КРАЉИЦА	**Седекија**	
		587. п.н.е.	ЈЕЗЕКИЉ

Други добри краљ је дошао на трон Јуде када је имао само осам година. Јосија је рођен исте године као и пророк Јеремија. Док су чистили храм, његови људи су пронашли свитак *Поновљених закона*, који није био читан много година. Када је Јосија прочитао клетве Бога који је обећао народу ако се одвоје од њега, био је упозорен и почео да исправља ствари. Наредио је националну реформацију, уништио је сва висока места и зауставио идолопоклонство које је инфицирало земљу, у нади да ће то донети препород. Али народно срце је остало далеко од Бога. Немогуће је направити људе добрим ако им предате добре законе.

Јосија је такође направио велику грешку: отишао је у рат са Египтом када није морао и убијен је у месту Мегидо. После његове смрти, народ се вратио злим службама које је он забранио.

Језекију је наследио Манасија, веома лош краљ који је одвео зло на још један, виши ниво. Обожавао је бога Молоха, а то укључује жртвовање беба у долини Хинон или "Гехена". Такође је погубио пророка Исаију због проповедања, наредивши да га ставе у велико шупље стабло, а онда дрводељцима рекао да са великом тестером претестиришу дрво на пола.

После боравка у затвору у Вавилону, са удицом на носу и бронзаним оковима на рукама и ногама, понизио се и покајао за своја злодела. Вратио се у Израел и уништавао идоле и храмове идола који су се подигли. Народ је престао са обожавањем идола у њиховим храмовима и вратили су се Богу, али нису могли да одоле навици обожавања на "високим местима" које је Манасија основао. Иако се покајао, његов лош утицај није могао бити обрисан тако лако.

Један од најгорих краљева је био Ахав који је оженио феничанску принцезу из Тира. Њено име на феничанском значи *иершун*, али у исто време на хебрејском, Језавеља, значи *ђубре*, по томе је и била позната. Јасно је да је користила краља за њене потребе и да јој је требало мало времена за убеђивање. Њено сплеткарење је довело, на пример, до убиства комшије, Набутеја, који је одбио да прода виноград краљу Ахаву.

Илија

Ово је био догађај који је покренуо његову пророчку службу. Био је Тесвићанин из Гилеада, у транс-јорданској регији и сматран је за једног од најбољих израелских пророка. Мада не постоји књига под његовим именом. *Књига о царевима* му посвећује више пажње него већини краљева заједно.

Највише је познат по такмичењу са пророцима Вала на планини Кармел.

Планина Кармел је дугачка 17 километара и иде према океану у северном Израелу. На источном завршетку постоји велика заравнина, мало испод врха, где 30,000 људи може да се скупи. То мора да је било место где је Илија изазвао пророке Вала, које је Језавеља представила на двору. Ту постоји извор који не пресушује ни преко лета, ни у доба суше. Текст нам каже да је Илија дозирао жртовање са водом, иако није било кише три и по године.

Прича је добро позната. Илија је саградио олтар и изазвао пророке Вала да направе сопствени олтар поред његовог и позвао њихове богове да спале жртву.

Био је то лукав изазов. Ми знамо да је олтар Бала имао тунел испод где су свештеници могли да потпале ватру дрвима када је народ викао ка богу. Илија је лукаво тражио да направе олтар на отвореном и обећао да ће и свој олтар да направи на исти начин, само што ће касније додати воду да би изазов био још већи. Његова храброст га је водила да исмејава свештенике на такав начин да ако експеримент не би успео, он би сигурно био убијен. Охрабривао их је да вичу јаче, да је можда њихов бог отишао на одмор или да је отишао да се олакша. То је био кључни моменат у историји северних племена. Бог је послао ватру, Илијева жртва је спаљена и Израел је знао ко је заиста тако моћан. Пророци Вала су побегли.

Ова невероватна прича има и наставак. Када је Језавеља чула за Илијину победу и смрт њених пророка, запретила је Илији. И поред његове победе над 400 пророка Вала, Илија бежи да спасе главу у Хорев. Пророк је био емоционално и духовно исцрпљен, па му Бог шаље анђела да му припрема јело и касније га уверава за његово присуство и осигуравање будућности за Израел. Бог је већ обезбедио колегу за Илију који ће наставити рад.

Јелисије

Јелисије, орач, наслеђује Илију у пророчкој служби. Он је тражио од Илије "дуплу порцију" његовог духа - фраза која се често не разумева. То не значи да је хтео да буде дупло већи пророк од Илије. То је у ствари фраза узета из обичаја наслеђивања. Ако је човек имао четири сина, имовина би се делила на пет дела, а када би он умро онда би та његова петина ишла најстаријем сину, који би постао наследник породичног посла, са додатним приходима које би помогло његовим дужностима. У тражењу дупле порције у Илијином духу, Јелисије је тражио да буде његов наследник и настављач, да би му дозволио да "преузме посао".

Илија је рекао Јелисију да ако га види како напушта земљу, биће његов наследник. Илија је други човек који по Библији никад није умро (Први је Енох). Текст нам каже да подигао са вртлогом према небу и да га је Јелисије видео како одлази. Илијина одора је пала на земљу, Јелисије ју је покупио и шетао преко реке Јордан. Јелисијина служба је имала одличан старт, када је Бог раздвојио воду за њега, уверавајући да је са њим и да је са Илијом.

Дела Илије и Јелисија

Два пророка су била доста другачија. Илија је био борац, проповедник, човек који је изазивао људе. Јелисијина служба је више била пасторска по природи. Једном приликом је подигао из мртвих удовичиног сина, у селу Шунем, само пола километра од Наина, где је Исус урадио исту ствар. Јелисије је исто тако нахранио 100 људи са јечменим хлебом. Јелисијина служба је слична оној коју је имао Јован Крститељ, а Илијина служба слична Исусовој служби.

Илија и Јелисије су била два пророка од многих које је Бог послао северним племенима: Јона је био пророк Израелу пре него што је кренуо за Ниневију и он се појављује у *Књизи о царевима*. Затим, ту је Амос, и на крају Осија. Пророштво Осије садржи неке од најдубљих емоција од свих пророка и он делује својим животом као што делује и Божја љубав према свом народу.

Величина простора која је посвећена Илији и Јелисију подсећа нас да Бог стално шаље честа упозорења шта ће се десити ако се не понашају прописно по закону.

Божја упозорења

РЕЧИ

За време духовне пропасти нације, свештеници морају да буду подсетник народу за њихову одговорност. Били су близу да се приближе прихватању објективног гласа, па им је Бог послао пророке.

Било је шест пророка на северу: Ахија, Јуј, Илија, Јелисије, Амос и Осија. Било је и оних који су службовали на југу, пре прогонства: Немија, Авдија, Јоил, Михеј, Наум, Јеремија, Софонија, Авакум, Данило и Језекиљ.

Важно је да знамо да Бог увек шаље народу упозорења пре него што их кажњава ако наставе да греше. Целокупни принцип Библије је да Бог суди људима за оно што знају да је погрешно. *Људи који никада нису чули за Исуса неће отићи у пакао само зато што нису чули за Исуса, него за оно што су урадили погрешно по својој сопственој савести.*

Израел и Јуда су игнорисали поруке које су добијали, волевши више лажне пророке који су говорили да ће све бити у реду и који су им давали лажне разлоге за катастрофе које су падале на њих. Прави пророци су увек спремни да кажу истину и да плате казну за то у исмејавању, пребијању, казнама, а понекад и смрћу.

ДЕЛА

Упозорења која је Бог слао нису била само вербална, већи визуелна. Народ је требао да види да им је одузет благослов. Погледајте само како упозорења расту у интензитету:

1. Изгубили су територију када је Хадад извео Едомце из "комонвелта".
2. Изгубили су независност када су транс-јорданска племена сишла доле под контролом Сирије и једно племе, Нефтали, је изгубљено Асирији.
3. Јуда је видео како се осталих девет племена депортују за Асирију.
4. На крају су и сами депортовани за Вавилон, у три фазе.

Издвојено од изречених пророчких порука, био је велики број знакова и догађаја који су засигурно водили катастрофама, али је све то народ игнорисао и ишао својим путем.

Зашто читати ову књигу?

Хришћани могу бити сигурни да су сви делови Старог завета такође намењени и њима.

Речено нам је у *Првој посланици Коринћанима* да догађаји у Старом завету "се појављују као примери за нас да би нам срца одвратила од злих ствари које су они починили". У *Другој посланици Тимотеју* читамо како "су све Скрипте удахнуте од Бога и корисне за учење, негирање, корекцију и вежбање у праведности".

Лична примена

САДАШЊОСТ

Ми можда нисмо цареви, али ми смо такође примери за друге, на послу, у породици, у друштву. Као цареви, ми морамо да поставимо духовни тон за наше групе са којима смо, нарочито са оним који имају лидерске функције.

Можемо бити искушавани да имамо везе са људима који имају "стране" богове. Морамо бити опрезни опасности које доноси брак изван Божје фамилије.

Књига о царевима нам даје негативан пример краљице Готолије која је наумила да преузме власт против Божје воље. Сви хришћани могу бити искушавани да траже лидерство из погрешних разлога, које може бити неприкладно за њих.

Јосијина владавина нас подсећа да морамо да редовно читамо Библију. Ми можемо запоставити или игнорисати њене истине и да се суочимо са сличним последицама.

Ова књига пружа кључне лекције за хришћанске лидере, јер краљ има и пасторску улогу да примењује на свом народу, улогу која се често злоупотребљава.

БУДУЋНОСТ

Ми ћемо постати краљеви: ми смо сви део краљевске породице, спремамо се за да владамо са Христом. Можемо да гледамо напред ка светлој будућности. Чак и када наши животи имају мало могућности да буду лидери, доћи ће дани када ће бити другачије.

Корпоративна примена

ЦРКВА

Као што је Израел стављао идоле на висока места у земљи, Британија има традицију паганских светилишта које су биле на брдима. Хришћанске цркве сада стоје на многим тим местима, али опасност од компромиса са паганизмом остаје. **Синкретизам**, уједињавање једне религије са другим, још је око нас и још увек је популарно.

Када је Илија изазивао израелски народ, питао их је колико дуго ће се двоумити између два мишљења. Исто питање можемо да поставимо цркви и данас, у Британији или било где у свету где постоје хришћани који не виде ништа лоше у мешању своје вере са паганском религијом и савременим материјализмом и философијом новог доба. Принц Чарлс је рекао да би више волео да га зову *Бранитељем вере*, него *Бранитељом од вере*. Ми смо у добу када постаје модерно да се каже да свака религија води ка Богу.

Поврх тога, Црква благосиља паганске фестивале, често то и незнајући. Божић је најочигледнији пример: оригинално то је потпуно пагански зимски фестивал који слави "рођење" сунца. Људи спаљују пањеве тисовине, певају божићне песме, превише једу и пију.

Када је први мисионар, Аугустин, дошао у Енглеску, послао је реч назад у Рим и рекао да није могао да одврати људе од паганских фестивала. Папа Григорије је рекао да би било најбоље да их претворимо у хришћанске фестивале и то је оно што се догодило, са упитним резултатима. Данас Црква универзално слави паганске фестивале, упркос чињеници да то нигде није наређено или чак охрабрено у Библији.

Књига о царевима демонстрира да принцип поделе води ка пропадању. Многе пријатељске цркве могу да сведоче овој тужној истини. Нација је доживела врхунац славе у јединству под Давидом и Соломоном, а онда су изгубили све за половину времена колико им је требало да је изграде, када је то јединство нарушено. Ми морамо бити жустри да се иста ствар не догоди и нама у Цркви.

СВЕТ

Ова књига има снажну поруку да понуди о Божјем суверенитету у људској историји.

На Израел је бацио пажњу да се обрачунава са њима, да интерvenише у животима краљева, разлива благослов и казне, отворен је за њихове вапаје за помоћ. Видимо како, у суштини, добри краљеви владају дуже него лоши. На исти начин, Бог влада над свим нацијама. Он бира лидере и владаре и одлучује колико ће времена и простора да има свако од њих. Он може да делује у правди, дајући народу владара каквог заслужују, или у милости, дајући им владара какав им је потребан. Он још увек има право гласа, чак и на демократским изборима.

Његова способност да обрне ствари не ослобађа нас одговорности. Он чак може да користи и људе који не знају за њега - лошег владара Навуходоносора да избави народ из Вавилона и доброг владара као Персијског Асвиру (Кир) да их опорави и пошаље поново их у њихову земљу.

Новинске агенције виде само људску страну историје. Пророци разликују божанско деловање изнад и испод нас. То је зашто је Библија, а у општем смислу и *Прва* и *Друга књига о царевима*, тако другачија од осталих историјских записа. Оне нам дају целу причу, говорећи нам целу истину о томе шта се догодило у овој израелској саги.

ХРИСТОС

Изнад свега, морамо да читамо *Књигу о царевима* због оног што нам говоре о Исусу. Много појединаца у овој књизи нас подсећа на Исуса.

- **Соломон**: Матеја нам говори у Јеванђељу да је Исус већи од Соломона. Павле пише да је Христос наша мудрост. Јованово Јеванђеље говори нам је да је Исус своје тело упоредио са храмом. Када је Исус умро на крсту завеса се поцепала на два дела од врха до дна.
- **Јона**: Пророк који се помиње у овој књизи. Како што је Јона био три дана и три ноћи у утроби рибе, тако ће и Исус устати после три дана и три ноћи у срцу земље - у оба случаја васкрсење из мртвих.
- **Илија**: Исус га је срео и разговарао са њим на гори Преображења. Илија је поређен са Исусовим рођаком Јованом Крститељем, који је имао исту храну и одећу.
- **Јелисије**: Исус је индиректно везан за Јелисија преко природе чуда које је изводио. Исус је оживео из мртвих дечака у селу Наин, близу места Шумен где је Јелисије изводио слична

чуда. Исус је нахранио 5000 људи са хлебом и рибом, у одразу видимо Јелисија који је нахранио 100 људи са хлебом. Када је умро Исус, људи су излазили из гробова, као што је мртав човек оживео када је додирнуо тело мртвог Јелисија.

Такође постоје и начини где живот и служба Исуса могу да испуне краљевска очекивања. Он је краљ Старог завета за којим су чезнули. Он је краљевска лоза Давида, и једног дана обновиће царство Израела. Он је тај који испуњава сва наша обећања дата потомцима Давида. Он је краљ који неће разочарати, који је чак већи од Давида.

Закључак

Књига о царевима је важна порука за свет. Бог је Господ свега и његов народ мора да научи поруку ове књиге ако неће да овде пропадну као у огледалу ове приче, дезинтеграција народа Израела који су престали да слушају Бога и следе своје законе. Ми можемо, ипак, бити охрабрени Божјом снагом и способношћу да се обрачунава са својим народом на начин који је истовремено праведан и милостив. Нико не може да осујети његове планове. Његово царство ће надживети године и *Књига о царевима* даје хришћанима чежњу за даном када ће Исус бити од свих виђен као последњи Краљ.

ПЕСМЕ ОБОЖАВАЊА И МУДРОСТИ

11. Увод у хебрејску поезију	259
12. Псалми	273
13. Песма над песмама	293
14. Изреке	303
15. Књига проповедникова	321
16. Јов	329

11. УВОД У ХЕБРЕЈСКУ ПОЕЗИЈУ

Поезија је једна форма књижевности која се користи у Старом завету. Пронађена је код пророка, а и у "Записима" или "мудрој литератури", највише у *Псалмима, Јову* и *Песми над песмама*. Али пошто је хебрејска поезија тако различита од енглеске поезије, морамо да је анализирамо у детаљима ако хоћемо да добијемо максималну корист од тих делова Божјих речи.

Лако је приметити поезију у модерним Библијама, зато што је врста штампања другачија од осталих делова који су проза. Проза има дугачке реченице и има колоне, поезија има кратке реченице са већим празним простором који их одваја. Садржајно гледано, више је поезије у Старом завету него у Новом.

Проза је природнији и спонтанији начин комуницирања. Људи говоре и пишу у прози користећи реченице различите дужине. Поезија је "ненормални" и вештачки начин писања. Мора се припремити пре писања, захтева много размишљања, а речи које се употребљавају морају да поштују правила само за поетски стил. Можемо да се упитамо зашто се поезија употребљава, ако је проза лакши начин изражавања.

На пример, замислите да ја дођем кући и кажем свој супрузи Енид:

Спреман сам за вечеру, жено.
О, одлично, пите и махуне
Дала си ми прљав нож –
Желео бих да буде чист, молим!
И како нема другог пута,

Узећу мало и соса од парадајза!

Уколико би овако причао, то би значило да сам је пре тога измислио ове речи. Али вештачка форма причања у поезији на такав начин би иницирала јасну комуникацију.

Дубљи ефекат

Зашто се мучити састављати поезију?

Поезија има дубљи ефекат на људе него проза, Поезија може да продре у неке делове личности које проза не може да додирне.

Дубље у уму

Поезија се лакше памти него проза. Нарочито ако је написана за музику. Додирује интуитивни и уметнички део мозга, који се не може покренути наметнутим аргументима прозе.

Песме које читамо у школама можемо да их се сећамо деценијама касније, док лекције можемо да заборавимо већ идуће недеље. Из тог разлога ми, уопштено гледано, учимо нашу теологију из химни и рефрена, и то је оно зашто је важно да знамо да песме употребљене за обожавање имају библијску основу.

Дубље у срцу

Поезија се користи у честиткама зато што је ефектнија у додиривању срца прималаца. Може да изазове топла осећања, док исти осећаји изражени у прози могу оставити читаоца равнодушним.

Размишљајмо о следећој песми:
Сишли су заједно доле на стазу,
Небо је било пуно звезда.
Заједно су дошли до капије фарме,
Он ју је подигао ка шипкама.
Она се није смејала нити му се захвалила,
Заиста, знала је, не сада,
Јер он је само фармеров син,
А она је била само крава из Џерзија!

Где год сам ово цитирао у говорима, народ се смејао. Они су очекивали романсу, али су добили нешто смешно, што је додирнуло њихов смисао за хумор. Ако би исти садржај изразили у прози, тешко да би изазвао неки смех.

Дубље са жељом

Поезија такође утиче на наше вољне снаге. Покреће нас до тренутка када смо одређени да делујемо на одређени начин. У школама песме су коришћене да усаде вредности код ђака. Ратне песме су коришћене кроз историју да покрену војнике на акцију.

Погледајмо ову песму под називом "Равнодушност" од Стадерта Кенедија, армијског капелана за време Првог светског рата:

Када је Исус дошао на Голготу,
обесили су га о дрво,
Пробили су му великим клиновима руке и ноге
и направили ужас.
Крунисали су га круном трња,
црвене су му биле ране и дубоке,
То су били груби и сурови дани,
а људско тело је било јефтино.
Када је Исус дошао у Бирмингем,
само су прошли поред њега,
Никада га нису повредили
само су га оставили да умре.
Људи који су порасли нежније
и који му не би нанели бол,
Само су га предали доле на улици
и оставили на киши.
Исус још увек плаче "Опрости им,
јер не знају шта чине"
Још увек пада зимска киша
кваси га потпуно.
Гомила иде кући, напушта улице
без душе да виде,
Исус се наслонио на зид,
и вапио за Голготом.

Постоји нешто у ритму и пажљивом одабиру речи у овој песми која нас гони да преиспитамо наше животе.

Лепота

Поезија додирује срце, разум и вољу, стварајући речи коју су прелепе, исто као и пуне значења. Ми смо уроњени у поезију зато што је аранжман речи такав да апелује на наш осећај лепоте, равнотеже, симетрије и пропорције.

Баш као што нека прелепа особа има добро балансиране особине, то је тај баланс који нас привлачи поезији.

Постоје три основне форме у енглеској поезији које од речи стварају нешто лепо за нас: рима, ритам и понављање.

Рима

То је обична особина енглеске поезије, али уопштено је нема у хебрејској поезији. Класична дечја рима показује баланс између речи које се римују:

*Џек и Џил су се попели на брдо,
да захвате кантицу воде.
Џек је пао и сломио се,
а Џил је касније сатлела ноге.*

Песма има просту структуру риме и деца могу лако да је науче.

Ритам

Друга особина поезије да речи ствара лепим у ритму је метрички ритам, где ритам који је на слоговима, мора да буде наглашен правим речима. На пример:

*Дечак је стајао на запаљеној палуби
Одакле су побегли сви осим њега.*

Госпођа Хеманс

Песма има 4/3 ритам, то је омиљена особина хебрејске и енглеске поезије, а такође се често користи и у метричким псалмима у Шкотској. Да узмемо још један пример:

*Господ је мој пастир, нећу желети - (-4)
Он ме оставља да лежим (3)
води ме до зелених пашњака - (-4)
и до тихих вода - (3)*

Франсис Роус

Добар ритам зависи од акцента који пада на прави слог. Када химна или рефрен не успева у овом, ефекат није пријатан. Да узмемо, на пример, ове две линије химне:

За све добро што наш Отац ради,
Бог и Краљ света.

Такт је стављен на погрешан слог и наглашава погрешне речи. Лепота химне је изгубљена. Ритам може да се користи и за шокирање читаоца:

Септембар има тридесет дана,
Април, јун и новембар;
Сви остали имају тридесет и један
Да ли је то фер?

Последња линија нас чуди, зато што прекида ритам и делује нам као ударац.

Понављање

Трећи аспект који чини поезију лепом је понављање. Понављање речи или реченице ствара поетику. Постоји познати говор у Шекспировом комаду *Јулије Цезар* који понавља текст у комаду "И Брут је био частан човек". Или позната дечја песма који користи понављање:

"Ба, ба, црна овцо, имаш ли имало вуне?
Да, господине, да, господине, целе три вреће!

Понављање може бити у реченицама, фразама или чак у словима. Можда сте приметили како Стадерт Кенеди користи речи са "ц" у својој песми *Равнодушности*.

У другим случајевима рефрен се користи да нагласи поенту. На пример, псалам 136 понавља фразу "Његова љубав се држи заувек".

Друга песма користи алитерацију. У песми "Опсада Београда", прва линија сваког стиха је следеће слово у алфабету, али се исто слово користи за главне речи у сваком стиху. Псалам 119 је сличан.

Чудо

Зато што је поезија углавном комуникација пријатних звукова, ефекат поезије је често смањен само ако се чита у себи. Песме су створене да се читају наглас. Постоји нешто пријатно само у звуку поезије. Доноси осећај чуђења који се уопштено не налази у прози. Зато није велико изненађење када се поезија користи за обожавање Бога. *Псалми* (јеврејска Књига химни) су сви у поезији. Проза је у принципу веома тешка да се пева, док песме саме по себи траже неку музичку пратњу.

Штавише, поезија нам помаже да поштујемо и изразимо осећај чуђења који осећамо за време службе. Показаћу вам на шта мислим у следећој песми:

Светлуцај, светлуцај, мала звездо,
Како се теби само чудим.
Тамо горе и у високом свету,
Као дијамант на небу.

Џејн Тејлор

Могуће је да убијете чудо од детета у овој песми сводећи је на научне термине:

Светлуцај, светлуцај, мала звездо,
Не чудим се шта си ти
Ти хладиш гасове,
и од њих правиш чврсте гасове.
Хајде да направамо корак напред:
Бесни, блесни, плодна капљице,
Волео бих да разумем твоју природу.
Простран и сталожен у етру,
Блиско личи на драгуљ угљеника.

Погледајте само контраст између научног језика и поезије. Потоња је прецизна и хладна, али је касније мање прецизна и изазива чуђење и неверицу. То је оно што поезију чини веома добрим медијумом за обожавање. Химне, песме, псалми и хорови помажу нам да изразимо нешто од чудеса и славе Бога који научни језик не може.

Поезија је визуелна, као што је и вербална. Ствара слику у нашем уму. Имагинација је веома важна за писање поезије. Користи метафоре, поређења и слике. На пример, "Светлуцај, светлуцај мала звездо... као дијамант на небу" помаже нам да изградимо слику светлуцаве звезде. Псалам 42 нам даје још један пример:

Као што јелен жуди за бујицом воде
тако моја душа жуди за Богом.

Ми замишљамо како животиња дахће, са испруженим језиком, и то нас нагоди да мислимо на нашу жеђ за Богом.

Звук и смисао

Енглеска поезија се базира на грчкој и римској поезији, где је нагласак на звуку. Мада постоје различите форме и стилови, енглеска поезија се обично римује, док је код хебрејске поезије нагласак на осећају.

Разлика је нарочито видљива у енглеској традицији "стих глупости", где су мајстори Едвард Лир и Луис Керол. Керолова песма "Брбљивац" (The Jabberwocky) је најбољи пример за то:

Беше то кад је пржило, љитаве израслине
су се окретале, бургијале земљу и мљацкале траву
мршаве и отрцане птице су страшиле около,
а свињчићи су урликали и стењали.[9]

Читати такву поезију је нешто слично као слушати певање Паваротија у италијанској опери, а да не разумете језик или да уживате у поп музици иако не можете да чујете речи.

Ми немамо појма о чему се ради, али у сваком случају уживамо. Овакве песме могу да нас "покрену", али не могу нас нигде одвести. Читајући их можемо да се опустимо и волимо живот, али не утичу на наш начин живота.

Хебрејска поезија је много другачија од енглеског стила. Чак и у оригиналном језику, нагласак је на осећај речи преко него на то како звучи, што је разлог зашто тако мало ритма има у хебрејској поезији.

---

9 Било је страшно тешко превести само прву строфу песме Луиса Керола, јер је написана речима које не постоје ни у енглеском језику. Успео сам да склопим ову строфу на основу опширнијег описа текста (напомена преводиоца). На хрватском је преведена овако:
To bje u pržisat,i otke tajke,
svrdlukahu sve žirom u sjenjavi:
a kukušne su bile šaradajke
i hrikali su damuzi jenjavi.

Паралелизам

Иако ритам није нешто непознато (нарочито 4/3 и 3/3 ритма), хебрејска поезија се махом ослања на понављања. Реч указује на повезаност између фразе и поетичке линије. Паралелизам је "градивни материјал" хебрејске поезије. Користи се за:

- **Нагласак.** Ако се нешто каже двапут, онда је важно.
- **Одговор.** Диктих омогућава „антифоно" певање, у коме два хора (couplet) певају један другоме. Један хор пева прву реченицу, а други хор служи као ехо.
- **Баланс.** Као што постоји баланс у људском телу - две руке, два ока, два ува, две руке, две ноге - тако и овај хорски пар нам помаже да разумемо лепоту мисли.

Понављање је обично форма хорског пара, али псалми садрже и три гласа, па чак понекад и четири. Ево примера за два хора, из псалма 6:

О, Господе, не одбаци ме у твојој љутњи
и не дисциплинуј ме у твом гневу.

"Одбацити" је да некоме кажете да је у заблуди, док "дисциплиновати" је давати казну, тако да друга линија текста развија даље мисао прве линије.

Или да узмемо следећи текст у псалму:

Буди милостив мени Господе, јер сам слаб;
О, Господе, излечи ме, моје су кости у агонији.

У првој линији текста псалмист се осећа слабо, али у другој већ је у агонији и треба му излечење. Поново имамо да друга линија текста гура прву линију још даље. Али осећај је тај који се понавља, а не звук.

Свестан сам чињенице да анализирати поезију је као да поделите цвет на делове и онда гледате у његове делове. Анализа уништава лепоту. Ипак, ја желим да вам помогнем да разумете шта се догађа када читате библијску поезију - зашто је тако написана и како је написана.

Постоје три врсте паралелизма:

Синонимични

У синонимичном паралелизму иста мисао је изражена два пута различитим речима. Да узмемо псалам 2 као пример:

Зашто се буне варвари и народи
и размишљају празно?
Скупљају се цареви земаљски и кнезови
удружују се заједно против Господа
и помазаника његовог:
Раскинимо окове њихове
и збацимо са себе јарам њихов!"
Онај који борави на небесима
смеје се, Господ им се руга.
Затим им говори у гневу свом
и љутином их збуњује.

Видимо како два реда имају исто значење, а обично је друга реч јача од прве у градацији.

Антитетични

Функције антитетичког паралелизма, су као и синонимичног, али друга линија текст иде у контрасту са првом линијом. Ово је пример из псалма 126:

Он који сеју у сузама
пожњаће са песмом радости.

Две реченице су у супротности: "сејање" и "жетва", "сузе" и "радост". У следећем стиху тема се проширује:

Онај који престаје са цвељењем,
носећи семе да засади,
вратиће се са песмама радости,
и понеће снопове са њим.

Ове две линије текста додају још детаља у контрасту. Сада имамо семе и повратак са сноповима.

Синтетични

У синтетичном паралелизму друга линија текста допуњује или додаје нешто првој. Не каже исту или супротну ствар, већ нешто што

следује од прве фразе. На пример:
> *Када је Господ довео заточенике у Сион,*
> *били смо као људи који сањају.* (из псалма 126)
> *Господ је мој пастир, и нећу ништа желети.* (из псалма 23)

У овим примерима друга линија текст је производ прве. Псалм 23 је изграђен на синтетичком обрасцу:
> *Он ме је положио на зелене пашњаке,*
> *води ме до тихе реке.*

Пастир мора да зна где су зелени пашњаци и тихе воде. Али ове две ствари стварају слику пастира који заиста зна свој посао и који се брине за своје овце.

Значи, имао три форме хебрејске поезије, али и много варијација између њих.

Паралелизам није само мисао или реч, већ и граматика. На пример, у овим стиховима из псалма број 2, редослед речи на хебрејском је:
> *Онда их он одбацује у својој љутњи*
> *а у свом бесу они су застрашени.*

Редослед глагола, субјекта и предложене фразе варирају у другој линији текста.

Триколон

Ова три типа паралелизма често се прекидају неправилностима. Понекад су нарушени ритам и образац. Понекад, уместо две, имамо три линије текста заједно. То се зове триколон у триплету [певање три хора - прим. прев.]. Да узмемо ове три линије текста из псалма 29:
> *Приносите Господу, синови Божји,*
> *приносите Господу славу и силу!*
> *Приносите Господу славу имена његова.*

Ево где стих гради крешендо - "Приносите Господу" је рефрен - а онда су различите речи додате у наставку. Понекад се изостави реч у наставку која је била у претходној фрази.

Да размотримо псалам 3:
> *Господе, како је много непријатеља мојих!*

*Многи устају против мене,
многи говоре за живот мој:
„Неће га Бог спасти."*

Имао понављање речи "много" још од прве линије текста: ко се жали, шта кажу и шта ће речи. Понекад се изостави реч, па тако фраза може да изгуби облик.

Остале особине хебрејске поезије

Сличност
Хебрејска поезија је пуна сличности - то су представљања која нам приказују како неке ствари личе на друге. На пример:

*Као што се отац саосећа са својом децом,
тако и Господ се саосећа са онима који га се боје.*
(из псалма 103)

Овде се отац који се брине за своју децу пореди са Божјом бригом за људе.

Хијазам
Овде други ред почиње од завршетка првог. На пример:

*Јер Господ гледа на путеве праведних,
али путеви злобника ће нестати.* (псалам 1)

Друга линија текста обрће први - на тај начин мењају места.

Изостављање
У овом облику део друге линије текста је изостављен. На пример:

*Бацио си ме у најдубљу јаму,
у најмрачнију дубину.* (псалам 88)

Морамо да читамо овај текст у другој линији текста као да већ тамо стоје речи "бацио си ме".

Степенице
Понекад линије текста личе на степенице:

*Глас Господњи руши кедрово дрвеће,
Господ сече кедрово дрвеће у Либану.* (псалам 29)

Друга линија проширује оно што је већ речено у првој линији текста. Већ знамо да је Господ срушио дрва; а сада знамо да их је исекао на мале делове дрвећа које је из Либана.

Акростих

Ове је поезија грађена на алфабету. У псалму 119 - најдужем псалму са 176 стиха - свака секција креће са новим словом у хебрејском алфабету.

Рефрен

Овде друга линија текста обезбеђује рефрен кроз цели део. На пример, псалам 136 речима "Његова љубав траје вечно" формира другу линију текста сваког стиха.

Поезија у Божјим речима

Наша студија хебрејске поезије показује да је прикладна да се укључи у Библију као Божје речи.

Модерни хорски писци налазе псалме као богате за инспирацију. Када се псалми употребљују вербално, ретко када се чита цео псалам. Тако да ми немамо речи у оригиналном контексту. То може да значи да се изгуби равнотежа псалма, а понеки пут, да се изгуби и смисао.

Хебрејска поезија је веома лака за превођење у друге језике, зато што се обично наглашава садржај на рачун звучности. Ако ја цитирам енглеску поезију када проповедам не-енглеском говорном подручју и када користим преводиоца, превод уништава песму, зато што је енглеска поезија базирана на звучности, а та звучност неће преживети при превођењу. Али хебрејска поезија може да се преведе на друге језике, па је лако видети зашто Бог користи тај медијум.

Поезија у обожавању

Многи људи тврде да морамо бити спонтани у нашем приласку Богу и да је вештачки да ми планирамо шта ћемо да кажемо. Има истине у томе, мада постоји велика вредност у првој помисли онога што желимо да кажемо. Псалми нам дају модел како да се обратимо Богу, а да не звучимо стално исто и они нама снажно откривају Божју снагу и величанственост. Са друге стране, они описују наш интимни однос са Богом у коме велики број људи није уживао, па нас тако они подстичу да тражимо више искуство Божје доброте.

Планиране речи које налазимо у библијској поезији су неопходни део нашег заједничког обожавања. Уколико бисмо певали само оно што желимо да певамо када смо дошли на обожавање, то би био хаос - да не помињено ужасну галаму! Колективно обожавање је могуће зато што су песме и химне дизајниране за певање целе пастве. Они који тврде да треба да певамо само оно што и "осећамо", заборављају да постоји вредност и у звучном одговору који можемо и да не осећамо као охрабрење за истинити одговор, али да нас могу подсетити на истину будућности.

Постојала је породична традиција у нашој кући. Наше троје деце имали су обичај да одређеног дана, једном годишње, да се буде у пола ноћи, да устану и да дођу до ивице мог кревета и певају вештачку поезију. Завршавали су песму са поклоном од слаткиша, а та песма се звала "Срећан ти рођендан!"

Наравно, у неком погледу је то било вештачко - троје деце стоје у низу и говоре једно то исто. Зар не би било лепше да је свако од њих долазио посебно и рекао ми шта осећа својим речима? Не, зато што то онда не би радили као породица и певали ми заједно - то је релација једних према другоме - то је за мене било и мало више од традиције.

На сличан начин, тако исто је драго Господу када нешто изговоримо заједно, чак и када морамо да употребимо речи које је написао неко други. Бог воли да нас види заједно. Можемо да стојимо у реду, певајући на уметнички начин, али ми заједнички изражавамо нашу љубав према Богу. Поезија нам то омогућава.

Раније смо казали да се псалми испоручују као антифонално певање, где хорови певају једни другима. Могуће је и да вичемо псалме. Псалам 147 је пример за то.

Псалми могу помоћи нашем осећају колективног идентитета. Псалми користе речи *ја* и *моје* које су најбоље за лично обожавање, док речи као *ми* или *наше* нас подсећају да се молимо заједно као цела фамилија Бога.

Као што поезија додирује срце човека, такође додирује и срце Бога. Знамо да се поезија користила у свим псалмима и у много пророчких књига. Свети Дух бира ту форму комуникације ка Божјем уму, као што значи и за нас да му одговоримо. Они који су скептични око идеје да поезија додирује Божје срце мора да се сети снажног језика који Свето писмо користи да би изразило Божја осећања.

На пример, псалам број 2 каже да се Бог "смеје" када види узалудне покушаје човечанства да га негира. *Софонија* 3 говори нам да се Бог "радује" када нас види да певамо. Значи Бог је музикалан! Музика није нешто што је измислио модеран човек, него део онога што значи да смо створени по Божјем лику.

Према томе, када нам се Бог обраћа са поезијом ми знамо да он комуницира са нама осећањима од свог срца ка нашим срцима, па тако можемо да се упитамо шта то говори о Божјим осећањима. Разумевање хебрејске поезије може да буде кључ за разумевање самог Божјег срца.

12. ПСАЛМИ

Увод

Псалми, Псалтир или *Књига псалама* је најлепши део Библије. Индивидуални псалми су популарни код људи који не читају редовно Библију и за оне који желе да славе Бога кога знају и воле. Они имају општу привлачност, лако се преводе у данашњу културу, иако су написано тако давно. Док већина Старог завета мора да се разуме у светлу Новог завета, већина псалама може да се користи директно. Постоји безвремени квалитет и они се врло лако могу применити на хришћански живот. Тако да није изненађење што су писци ових химни кроз историју изазвали инспирацију за многе.

Псалми су били вредновани кроз историју Цркве. Мартин Лутер је рекао: "У псалмима ми гледамо у срце сваког свеца". Џон Калвин је рекао да у псалмима "гледамо у огледало и видимо наша срца". Модерни коментатор је то ставио на овај начин: "Сваки псалам се чини као да има моје име и адресу на њему". То је најљудскији део Старог завета, са којим се свако лако идентификује.

Псалми су књига химни и књига молитви Израела у Старом завету. То је најдужа књига у Библији и требало је близу 1000 година да се напише. Мада је већина псалама написана за време Давида (око 1000 година пре нове ере), неке су написане за време Мојсија (око 1300. г.п.н.е.), а остале за време прогонства (500. г.п.н.е.).

Реч "псалам" буквално значи 'звук' или 'чупати', што је асоцијација на музичке инструменте који су се користили при певању псалама. *Псалми* су стављени у хебрејску Библију на почетку *Зайиса* - трећа секција у Библији, која долази после *Закона* и *Пророка*. На хебрејском се зове *Тенилим*, што значи *йесме захвалнице*, што је вероватно и бољи назив (нарочито што реч *Јеврејин* долази од *Јуде* што значи *хвалийи*). Псалми се обично рецитују или певају, а могу бити и узвикивани - форма која се не третира добро у многим културама!

Постоје различите врсте псалама, као што ћемо видети касније. Најпростија подела је на личне, када се користе заменица "ја" и на колективне, где користимо реч "ми". Тако су неки псалми погодни за лично обожавање, а неки за јавно извођење. Ипак, подела и није тако строга, као што је Исус охрабривао ученике да користе речи "Оче наш", што значи да требају да имају одговорност, чак и ако читају приватно.

Емоције

Неки псалми изражавају дубоку тугу. Ја сам лично дирнут псалмом 56 који каже да је Бог "ставио своје сузе у боцу". Када су Јевреји желели да изразе саосећајност са мртвацем или са оним кога су волели, нису слали цвеће и поклоне на сахрани, имали су **мале флашице са собом**, које су држали испод очију и плакали. А онда су ту бочицу са сузама слали рођацима да изразе своје симпатије. Псалам говори да исту ствар може да уради и за нас, мада наше сузе нису обично у вези тако озбиљне ствари као што је смрт.

Псалми покривају целу гаму људских осећања. Они укључују оно што ми називамо "негативним" осећањима као што су бес, фрустрација, љубомора, очајање, страх и завист. Писац изражава тачно шта мисли и осећа, укључујући и клетве и жаљење Богу. Има и "позивитних" осећања као што су радост, узбуђење, нада и мир.

Давид је написао највећи део личних псалама. Они покривају већи део оног што би људи рекли Богу. Касније ћемо погледати на три специјалне врсте псалама, које је зовем "молидбени псалми", "захвални псалми" и "псалми жаљења".

Упркос томе што имају јаку ноту обожавања, псалми нису предвиђени да се читају само од свештеника. Не мора да буде олтара, свештеника, одежде или тамјана. Они су намењени за обичне људе да их користе у обожавању Бога.

Библијске теме

Псалми не обухватају само свако људско осећање; оне су разумљиве и у третману библијских тема. Лутер је рекао да су *Псалми* "Библија унутар Библије!" - то је Библија у минијатури. Обухватају историју Израела, стварање, патријархе, излазак из Египта, монархију, прогонство и повратак у Јерусалим.

Псалми су најцитиранији део Старог завета у Новом завету. Највише је цитиран псалам 110,1: "Господ рече мом Господу: 'Седи са моје десне стране док не поређам твоје непријатеље пред твоје ноге'".

Нису сви псалми у Старом завету у књизи. Мојсије и Марија су написали један (Излазак 15). Девора и Ана су саставиле псалме (Судије 5 и Прва Самуилова 2). С обзром да су скоро све написали мушкарци, интересантно је да имамо и жене које су написали псалме, рефлектујући можда природну интуитивну страну женске природе. Јов је написао три псалма, а Исаија и Језекија по један.

Остале личности Старог завета такође су користили псалме. Јонина молитва док је био у утроби рибе је класичан пример. Он каже да се молио из шеола, света одвојених духова, и цитирао је пет различита псалма у тој молитви. Авакум је цитирао псалме три пута.

Сви псалми покреће поезија као главно средство изражавања. Тако исто и *Соломонова песма, Изреке* и *Тужбалице*. Остале старозаветне књиге (Књига проповедника и Пророци) су мешавина поезије и прозе. Делови историјских књига такође имају поетичку форму (Постање 49; Излазак 15; Судије 5; Друга Самуилова 22).

Пет књига у једној

Псалми су уствари књига од пет химне које се налазе заједно. Неки коментатори виде паралелу са пет књига закона, али разлог зашто има пет књига могао би бити прилично безначајан - зато што су написани у свицима који су ограничени у својој дужини.

Постоје велике варијације у дужини песама. Најкраћи је псалам 117, само три пасуса, а најдужи је псалам 119 који има 176 пасуса.

Зато што су сви писани у хебрејској поезији, најбоље је када се читају гласно. Не могу да се анализирају како то рецимо радимо са Павловим посланицама, да се фокусирамо на посебне пасусе. Заиста, претерана анализа *Псалтира* служи да уништи његову лепоту.

Најбоље је да се прочита цели псалам, онда размишљати о њему, нека уђе у мисао, па га по потреби прочитати поново.

Свака од пет књига има своју доксологију (псалми 41, 72, 89 и 106). Последњи је псалам 150, доксологија који завршава пет књига. Варирају у величинама, а први и последњи су међу најдужима.

Божанствена имена

Многи коментатори су налазили различите функције у свакој књизи. Постоји интересантан образац како се обраћају Богу у књигама. Користе се сва имена - Јахве и Елохим - имена која се појављују кроз цео Стари завет.

Елохим једноставно значи "Бог", али пошто је у множини садржи идеју о Богу који има Тројицу. Јахве је лично име за Бога које им је Он рекао да употребљавају, то је реч која се изводи из придева *бити*. Енглеска реч *увек* такође одговара значењу.

Јахве је име које се највише употребљава у првој књизи. Употребљено је 272 пута, а Елохим само 15. Али у другој књизи је супротно: Елохим је употребљен 207 пута, а Јахве само 74. Трећа књига фаворизује реч Елохим 36 пута, а Јахве 13. Четврта и пета књига се враћају на реч Јахве поново, 339 пута и само 7 пута Елохим.

Није тешко открити зашто. Краљ Давид је написао већину у првој, другој и неколико у петој. Видећемо касније да су његови псалми више лични, па зато користи Божје лично име.

Име Елохим комуницира са нама да укаже на непревазиђеност Бога, његову трансценденталност. Он је далеко од нас, потпуно другачији од нас; Он је Највиши Бог. Име Јахве више изражава интимност са Богом. Бог је истовремено и близу и далеко до нас, морамо да одржавамо обе особине Божје природе у равнотежи. *Псалми* ово лепо дочаравају у именима које употребљавају за Бога. Они постају циљ да постанемо интимни са Богом који се открио свом народу.

Групе псалама

Поред божанствених имена, учењаци су узалудно тражили било какав систем класификације у овој књизи. Одређене групе песама могу да се смeсте заједно, али не постоји логички редослед и никакав очигледан разлог зашто би поједини псалми били подељени по групама.

Групе псалама иду по следећим групама:

- Псалми 22-24: Спаситељ, пастир и суверен.
- Псалми 42-49: Корејеви синови.
- Псалми 73-83: Асафови синови
- Псалми 96-99: Бог је краљ.
- Псалми 113-118: "Халел" псалми (певају се за Пасху)
- Псалми 120-134: Песме уздизања (ходочасници певају када посећују Јерусалим)
- Псалми 146-150: Халелуја псалми

Неки псалми понављају делове других псалама (108, 57,8-12)

Ко је написао *Псалме*?

Краљ Давид је написао више од половине: 73 носе његово име, а у Новом завету придодати су му још 2. и 95. Вероватно да и остали долазе од његовог пера.

Давид је имао много улога: пастир, ратник, краљ и музичар - али ова последња му је највише значила, јер пре смрти се захвалио Богу што је био израелски "слатки певач". Компоновање и певање ових псалама било је нешто што је било најближе његовом срцу.

У почетку његове службе, Давид је користио песме да смири узнемирену Саулову душу. Пророк Амос, вековима касније, изабрао је Давидово свирање на харфи да би истакао самозадовољство Израела (Амос 6,5).

Соломон је такође написао неке псалме: 72 и 127. Написао их је док се градио храм. Он је препознао ако Бог не изгради кућу, сав рад је узалудан. Без Божје славе храм не значи ништа.

Корејеви синови су написали 10 псалама. Корејева личност је описана у *Бројевима*. Бог га је казнио смрћу зато што је водио побуну против Мојсија и Арона. Међутим, генерацијама касније, његови потомци су били укључени у обожавању у храму. Њихови псалми се појављују у другој књизи.

Асафови синови су написали 12 псалама у трећој књизи. Заједно са Корејевим синовима служили су у хору који је служио у храму. Пошто су хоровође долазиле од видовњака и пророка, није чудо што су и они компоновали псалме.

Један део је анониман, они су сви у четвртој и петој књизи. Сматра се да је свештеник Јездра одговоран за псалме 49 и 50.

Лично искуство

Велики број псалама је инспирисан личним искуством, на начин да неке песме и рефрени делују као да су написани данас. Давид је научио да пева и свира музичке инструменте док је био пастир на селу, па је научио да лично искуство претвара у песме.

Заправо, главни део Давидовог живота је описан у *Псалмима*. На пример, псалам 3 је написан после понижавајуће битке са његовим сином Авесаломом, који је запосео престо и приморао Давида да напусти палату. Псалам 7 је написан о Кушу, из племена Венијамин, псалам 18 је написан када је Давид избављен "из руку свих својих непријатеља и из руку Саула".

Давид је написао два покајничка псалма после чињења одређених грехова. Псалам 51 после завођења Витсавеје, жене другог човека, прекршивши пет од десет заповести тим једним чином. Један је написан после пребројавања војника, дело које је само повећавало његов его. Када је схватио шта је урадио написао је псалам 30.

Остали псалми су везани за одређена места. На пример, многи су написани док је Давид бежао од Саула у месту Ен Геди. Често је описивао Бога као његов "камен" или "тврђава", можда зато што се крио око стеновитог каменог брега познатог као Масада.

Историјске наслове имају 12 псалама и ми их повезујемо са Давидовим животом.

- Псалам 3: Када је Давид побегао од војске и Авесалома.
- Псалам 30: Давидов грех пре посвећења храмовног простора.
- Псалам 51: Када је Натан обелоданио Давидову прељубу са Витсавејом.
- Псалам 56: Давидов страх у Гату.
- Псалам 57: Када је ухваћен Саул, у Ен Гедију.
- Псалам 59: Давидови љубоморни дружбеници.
- Псалам 60: Опасна кампања у Едому.
- Псалам 63: Давидово путовање на исток.
- Псалам 142: Давид у Адулуму.

Штавише, многи од псалама, без пружања неких специфичних детаља, очигледно долазе из Давидових разних искустава као музичар, пастир, борац, избеглица и краљ. На пример, псалам 23 је базиран дневним животом као пастир. Псалам 29 је јасно инспирисан неком насилном олујом, која је подсетила Давида на Божји глас.

Давид је освежавајуће искрен у свом писању. Он проклиње људе, жали се на Бога и тражи освету за непријатеље. Али сваки негативан коментар је написан за Бога. Он говори Богу тачно како се осећа и шта мисли, може да се чини и неадекватним осећањима. Није ни чудо зашто његови псалми имају универзалну привлачност, како код народа свих нација, свих генерација који се идентификује са његовим речима.

За цео Божји народ

Нису сви псалми лични; неки су за цео Божји народ. Давид је написао псалам 2 за крунисање Соломона. Он изражава Давидове наде за свог сина и испуњење обећања који је Бог дао Давиду: "Ти си мој Син; данас сам постао твој Отац".

Неки псалми показују како цела нација може да се осећа. "Песме уздизања" (120-134) су прикладни за оне који иду на ходочашће у Јерусалим.

Много псалама значе како да помогну људима да лично ходају са Богом. На пример, псалам 119 је написан да охрабри људе да читају Библију. У сваком стиху тог псалма је синоним за Света скрипта. Говори о "закону Господњем" или о "наредбама Господа" или о "прописима Господњим" или о "декретима Господа" или о "статутима Господњим".

Псалам 92 охрабрује нас на закон сабата. Учи вернике да прокламују Божју "љубав ујутро" и његово "испуњење ноћу", што је оригинално јутарње и вечерње обожавање у недељу. (Ово је углавном данас нестало - када је сат и по пре подне, а остали део дана по вашем избору.)

Наравно, ми нисмо сада под законом сабата - то је део Мојсијевог закона. За нас је сваки дан Божји дан, мада смо слободни да један дан направимо "специјалним" ако то желимо (Посланица Римљанима 14).

Сендвич псалма

Псалми 22-24 стварају важну групу. Они су као сендвич, мада су људи склони да лизну џем, а хлеб оставе! Да објасним. Ови псалми припадају једни другоме - ја их зовем *крст*, *штап* и *круна*. Они нам приказују Бога који је прво Свеспаситељ, затим пастир и на крају суверен. Ако само издвојимо псалам 23 из средине "сендвича" и кажемо Исус је наш пастир, ми пропуштамо лекције друга два псалма око њега.

Псалам 22 почиње са плачем који ће Исус касније цитирати на крсту: "Мој Боже, мој Боже, зашто си ме напустио?" Псалам 23 почиње речима "Господ је мој пастир". Редослед ова два псалма имплицира да све док нисмо били на крсту и пронашли нашег Господа као Спаситеља, ми не можемо да га рачунамо као пастира.

Псалам (24,8-9) каже: "Ко је тај цар славе? Господ, кротак и моћан, Господ силан у боју! Врата, уздигните надвратнике своје, узвисите се, врата вечна, да уђе цар славе!" Или да парафразирамо: "Отворите капије - Господ долази као ваш суверен, наш Краљ над краљевима, наш Господ над Господима". Ми имамо само Исуса као доброг пастира зато што је прво био наш Спаситељ и он је Краљ који ће доћи.

Ова три псалма су заједно предивни. У књизи коју сам написао са називом **Изгубљено лишће из Библије** превео сам их на савремени[10] енглески:

Боже мој, Боже мој, зашто си ме оставио?
Далеко си од спасења мога и речи вапаја мога.
Боже мој! Вапим дању, а ти не одговараш, и ноћу,
али ми починка нема.
Ти си Свети, боравиш у химнама Израиљевим.
У тебе су се уздали оци наши, уздали су се и ти си их избављао.
Теби су вапили и избављали се,
у тебе су се уздали и нису се посрамили.
А ја сам црв, а не човек, ругло сам људима и презир народу.
Сви који ме гледају ругају ми се,
кревеље се уснама и машу главом:
„Он се у Господа уздао! Нека га спасе,

---

10 Превод је преузет из српског превода Старог завета у преводу Драгана Милина из 2021. године, јер је песму немогуће превести на "савремени" српски. (напомена преводиоца)

нека га избави ако га воли!"
Ти си ме из утробе извадио,
ти си ме смирио на грудима мајке моје.
Предан сам теби од утробе, од мајчиног крила ти си мој Бог.
Не удаљуј се од мене јер је невоља близу,
а никога нема да помогне.
Опколише ме јунци бројни, бикови васански ме окружују.
На мене су чељусти развалили,
као лав који прождире и риче.
Разлио сам се као вода,
Расуле су се све кости моје.
Срце ми је као восак постало,
у грудима мојим се растопило.
Снага моја се као цреп сасушила,
језик мој се уз непца прилепио, стављаш ме у прах смрти.
Опколи ме чопор паса, руља зликоваца ме окружи,
прободоше руке моје и ноге моје,
могао бих избројати све кости своје.
Они не гледају и ликују.
Одећу моју деле међу собом и за огртач мој коцку бацају.
А ти, Господе, не удаљуј се од мене!
Снаго моја, у помоћ ми похитај!
Избави од мача душу моју, њу, једину, из шапа псећих.
Спаси ме од лављих чељусти и рогова бивољих.
Ти си ме услишио.
Објавићу име твоје браћи својој, хвалићу те усред збора.
Хвалите Господа ви који га се бојите!
Славите га сви потомци Јаковљеви!
Дрхтите пред њим сви потомци Израиљеви!
Он није презрео ни заборавио мајку невољника
и није сакрио од њега лице своје.
Кад га је призвао, услишио је њега.
Зато ћу те хвалити на збору великом,
испунићу завете пред онима који га се боје.
Јешће и наситиће се убоги,
хвалиће Господа они који га траже.
Нека срце ваше живи довека!
Опоменуће се и Господу ће се вратити сви крајеви земље,

пред њим ће ничице пасти сви родови варварски.
Господње је царство, он влада варварима.
Сви моћни на земљи клањаће се њему,
пред њим ће се поклонити сви
који у прах одлазе и живот не сачувају.
Потомство ће му служити
и о Господу причати наследници његови.
Доћи ће и говориће о правди његовој,
роду будућем који ће се родити:
„То је учинио!"
Псалам 22

Господ је пастир мој, нећу оскудевати.
На зеленим пољима он ме одмара, води ме на воде одмора.
Душу моју крепи, води ме стазама праведним имена свога ради.
Чак и да идем долином смртном,
нећу се бојати зла јер си Ти са мном.
Штап твој и палица твоја теше ме.
Трпезу припремаш преда мном, наочиглед непријатеља мојих.
Мажеш уљем главу моју, чаша моја се прелива.
Само нека ме прате доброта и милост кроз све дане
    живота мога,
ја ћу боравити у дому Господњем у данима многим.
Псалам 23

Господња је земља и што је у њој, свет и они који живе у њему.
Он га је на морима утемељио и на рекама учврстио.
Ко ће се попети на гору Господњу
и ко ће стајати на светом месту његовом?
Онај чије су руке чисте и срце безазлено,
чија душа не лаже и не вара и не заклиње се криво.
Он ће добити благослов од Господа и правду од Бога која спасава.
Такав је род оних који га траже, пред лицем твојим, Јакове.
Врата, уздигните надвратнике своје, узвисите се,
    врата вечна!
Ко је тај цар славе? Господ, кроткак и моћан, Господ силан у боју!
Врата, уздигните надвратнике своје,
узвисите се, врата вечна, да уђе цар славе!

*Ко је, дакле, тај цар славе? Господ Саваот! Он је цар славе.
Бог који командује свим силама свемира - то је тај Цар славе!
Псалам 24*
(За тренутак будите у тишини и размишљајте о њему.)

Бог је Краљ

Бавићемо се кратко са осталим групама.

Псалам 96-99 има обичну тему: Бог је Краљ. То је нешто најближе што имамо у Старом завету као концепт Божјег краљевства.

Псалми 113-118 су познати на хебрејском као "халел псалми" и певају се за Пасху.

Псалам 118 пружа нам инспирацију за добро познати рефрен: Ово је дан када ме је Господ створио. Ми ћемо се радовати и биће нам драго". Ипак, тај "дан" ће пре бити да значи дан Пасхе у Старом завету, није сабат, а још мање недеља.

Псалам 118 је такође као плач "О Боже, спаси нас", што буквално значи "ослободи нас". На хебрејском "ослободи нас" се каже *шана*, па из ње је изведено *ошана* или *хосана*.

На несрећу, ми ту реч видимо као небески поздрав *здраво*! То је у ствари захтев за слободом. Када је Исус ушао у Јерусалим на магарцу народ је узвикивао **хосана** што је уствари значило да треба да их ослободи од Римљана. Народ је ућутао када је ушао у храм, узео бич и истерао јеврејске мењаче новца из храма, уместо да је пошао на Римљане.

Псалми 120-134 су названи "песме уздизања" или песме које нас подижу.

Јерусалим је, наравно, на врху брда (на врху има извесног поравнања), тако да сви ходочасници морају да "се подижу".

Псалам 121 значи много за моју супругу и мене, зато што је пре неколико година имала рак ока и постојала је опасност да изгуби живот. Хирург се борио за њен живот и ја сам се питао шта да проповедам те недеље када је она била у болници. Господ ме је водио на псалам 121 и нашао сам да је сваки стих у вези очију. Прва реченица је "уздигнућу очи на брда". Када се пењете у Јерусалим може бити врло опасно ако гледате само у своје ноге, зато писац каже "Подигнућу очи горе на брда". Тако сам проповедао тај псалам, па сам јој однео снимљену траку у болницу. Једна медицинска сестра, која је била хришћанка тек неколико месеци, већ ме је предухитрила. Она је већ посетила моју жену и добила је те речи од Бога "Подигни своје очи ка брдима". Неколико недеља касније, већ смо били у Канади и пењали се заједно на неке стене. Од тада више нема рак.

Последња група су псалми 146-150. Сви су они "алелуја" песме. Алелуја је хебрејска речи и значи "Хвалите Господа (*халел* - хвалите и *ја* - скраћеница за Јахве).

Типови псалама

Иако је немогуће да класификујемо Књигу псалама, постоје групе које можемо да идентификујемо.

Псалми јадиковке

Прво, ту су тужбалице или "молидбени псалми". То су тужне песме написане из личне несреће писца. У неким случајевима он је болестан; у неким је тешко повређен; у неким осећа своју кривицу. Много људи је изненађено да открију да су 42 псалама јадиковке, највише од свих.

Постоје и самосажаљевајући, али су осећања принета Богу, исцељења су присутна.

Сви имају исту форму и певали би их на сахранама уз музику. Имају пет делова:
1. Плач Богу.
2. Жалба око тога шта је погрешно.
3. Веровање и поверење Богу да ће бити избавитељ.
4. Позив Богу да интервенише.
5. Обећање да ће хвалити Бога ако дође избављење.

Сви псалми јадиковке прате овај петоделни образац. Зато је потребно да читамо цео псалам - само неколико стихова нам неће дати целу слику.

Ако пробате само први залогај, онда ћете се наслађивати са самосажаљењем. Али писац псалма обећава да ће славити Бога ако га избави из ситуације.

Иако су највећим делом лични, неки су написани у име нације (псалми 44, 74, 79, 80, 83, 85 и 90). Интересантно, ниједан од њих није написао Давид.

Псалми захвалнице

Постоје и захвални псалми. Тај тип "хвала ти" је највећа група после јадиковки. Већи део њих су анонимни. Четири ствари су у њима речене:

1. Објава: "Ја ћу хвалити..."
2. Изјава за шта ће хвалити Бога.
3. Сведочење за избављење.
4. Заклетва похвале: наставиће са хвалом за оно што се догодило.

Ови псалми много говоре о Божјим особинама и деловању. Садрже захвалност Богу за благу владавину, за творевину, за излазак, за Јерусалим, за храм и за могућност ходочашћа. Захвалност за Божју реч, супериорно у псалму 119, пасус 176.

Псалми покајања

Трећа група су псалми покајања или "жао ми је". Има их само неколико, али одражавају дубоко жаљење за почињени грах. Псалми 6, 32, 38, 51, 130 и 143.

Специјални псалми

Постоје и неке друге категорије.

Краљевски палми

Како што је Давид писао о свом искуству као пастир, тако је исто писао о свом искуству као краљ. Псалми 2, 18, 20, 21, 45, 72, 89, 101, 110, 132 и 144 одговарају тој категорији.

Британска национална химна је базирана на неким псалмима. Псалам 68 прича о краљевој победи у борби, која је у позадини "Пошаљите је победоносну" у химни. Велика разлика је, наравно, да британска монархија није под владавином Божјег народа, тако да многе реченице нису прикладне. Постоји само једна нација коју је Бог изабрао да буде његова нација, а то је Израел. Не смемо да заборавимо да је свака нејеврејска нација уствари незнабожачка нација и не може да буде специјална у том смислу као што је то Израел.

Постоји, ипак, предиван псалам о краљици. Псалам 45 одражава колико је безвредно да краљица не успе да буде краљева жена. То је добра слика како ми морамо да се осећамо као невеста

Христа. Ми ћемо да седимо на троновима са Исусом и да живимо као краљевска породица.

Многе нације су мислиле да су изабрана нација, па су овај псалам погрешно употребљавали. Лав и једнорог у енглеском грбу потичу из псалма 22. Један од најстаријих енглеских превода Библије укључује једнорога, иако то није реч у оригиналу.

Канада је једина држава на свету која у називу има реч "владавина" (доминион). Њено име је "Владавина Канада" базирано је на псалму 22: "Он ће имати владавину... од мора до мора".

Канада се простире од Пацифика до Атлантика, али је исто тако прозвана владавина по оснивачким очевима.

Месијански псалми

Неки краљевски псалми су истовремено и месијански или пророчки. Давид је модел идеалног краља и ови псалми рефлектују жељу за краљем који је истински достојан Божје почасти.

Реч *месија* значи *помазан*. Сваки краљ Израела је био помазан уљем при крунисању као симбол Светог духа. Чак и краљеви и краљице Енглеске имају оно што се зове мелем (the unction), тј. помазање уљем (специјална врста уља која се прави од 24 врста биљака).

Реч *месија* (помазаник или Христос на грчком) појављује се само једном у целом Старом завету, у псалму број 2. Али ако проучавамо псалме као пророчке елементе, видимо да су 20 од њих цитиране у Новом завету. Импозантно је шта је пророковано за Исуса, Сина Давидовог, и у овим псалмима.

- Бог ће га објавити да буде његов Син.
- Бог ће све ставити испод његових ногу.
- Бог неће дозволити да труне у гробу.
- Биће остављен од Бога и проклет, исмејаван од људи; његове руке за многе биће прободене; за његово одело ће бацати коцку; ниједна кост му неће бити сломљена.
- Лажни сведоци ће га оптужити.
- Мрзеће га без разлога.
- Пријатељ ће га издати.
- Даће му вино и жуч да пије.
- Молиће се за своје непријатеље.
- Кућа његовог издајника ће се предати другом.

- Његови непријатељи ће бити у његовом подножју.
- Биће свештеник по рангу Мелхиседек.
- Биће камен угаони и доћи ће у име Бога.

Давид је себе звао пророком зато што је видео неког другог док је писао. Запањујуће је како је Давид успео да уђе у патњу Исуса на крсту, и поред тога што сам није имао такво искуство.

Псалам 22 почиње "Мој Боже, Мој Боже, зашто си ме оставио?" (исте речи је рекао Исус на крсту).

Говори о прободеним рукама и ногама вековима пре него што су Римљани употребљавали тај метод егзекуције. Једна од највећих "Ја сам" изјава Исуса појављује се у овом псалму, а и једна неочекивана: "Ја сам црв, а не човек".

Псалми мудрости

Они су резултат одраза и медитације, личе на *Изреке* и пуни су практичне мудрости за живот.

Мудрост у Библији је везана за две ствари - избор вођења живота и контрадикторност живота.

Књига псалама почиње псалмом мудрости о томе како треба водити живот. Постоје два начина како можемо да ходамо: "начин злобе" и "начин праведних".

При крају писања апостола Матеје у говору на гори, Исус је употребио сличне речи: "Широка је капија и широк је пут који води у пропаст, многи кроз њих прођу. Али мала је капија и узак је пут који води у живот и мало њих га пронађу".

Према томе, први псалам хоће да каже да је тај псалам за оне који ходају у добром правцу. То нису они који седе, шетају и стоје са злобницима. Ако са неким шетамо, ми од њега нешто узимамо. Ако стојимо око њих, однос постаје дубљи. Ако седимо са њима постајемо пријатељи. Читамо да не смемо да идемо, стојимо или седимо са тим грешницима, зато што друштво у коме се крећемо је један од најважнијих утицаја у нашем животу.

Псалми мудрости говоре и о контрадикторности живота. Највећи контрадикција је да се лоши људи често извуку због свог лошег понашања, док добри људи пате.

Псалам 73 се хвата у коштац са тим. Писац пише као да је узалудно што је очистио своју душу, да је губљење времена покушавати живети добар живот, јер зли људи умиру у својим креветима у миру, створивши много новца.

Писац каже да је био узнемирен цео дан и да није могао да спава ноћу. Његово решење је било да оде у храм, да размишља о Божјој слави и завршетку са којим ће се сусрети зли људи. То је само један од неколико псалама који говори о животу после смрти. Концепт живота после смрти у Старом завету није објашњен тако детаљно као у Новом завету.

Клеветнички псалми

У овим псалмима писци траже од Бога да посети њихове непријатеље. На пример:

> *Пусти главе оних који су око мене*
> *буди покривен проблемима које су њихове усне изазвале.*
> *Нека ужарени угаљ падне на њих;*
> *могли би да буду бачени у ватру,*
> *у блатњаве јаме, никада да не устану.*
> из псалма 140

Један од најбољих клеветничких је 137. псалам, који је написан у Вавилону:

> *Поред река вавилонских седели смо*
> *и плакали сећајући се Сиона.*
> *О врбе поред окачили смо харфице.*
> *Тамо нам они који нас заробише рекоше да певамо,*
> *поробљивачи наши затражише да се веселимо:*
> *„Певајте нам неку песму сионску!"*
> *Како да певамо песму Господњу у земљи туђој?*
> *Ако заборавим тебе, Јерусалиме,*
> *нека се осуши десница моја!*
> *Нека ми се језик за непца прилепи*
> *ако те се не сетим*
> *и ако не ставим Јерусалим изнад сваке радости своје!*
> *Сети се, Господе, синова Едомових*
> *како су говорили при рушењу Јерусалима:*
> *„Разорите, до темеља га разорите!"*
> *Кћери вавилонска, рушитељице,*

Блажен нека је онај који ти плати
за зла која си нам нанела!
Блажен нека је онај који зграби
и смрска о камен децу твоју!

Ово није пријатно. Нема опроштају непријатељу и сигурно нема никаквих трагова да није све прикладно шта је изречено. Проблематично је да ли хришћани уопште могу да користе ове псалме.

Могу ли хришћани да користе клеветничке псалме?

Прво, морамо да се присетимо да су једино Јевреји имали Стари завет. Дакле, не можемо да очекујемо да Стари завет буде хришћански. Они нису знали за Исуса који је рекао "Оче, опрости им, јер не знају шта чине".

Друго, ови псалми су добри као модели искрености у молитви. Ако се тако осећамо, онда је пригодно да кажемо Богу како се осећамо. Такође је лоше ако се осећамо на такав начин, али то не кажемо, исто као и када кажемо. Уствари, још је горе, зато што покушавамо да нешто сакријемо од Бога.

Сећам се једне хришћанске госпође која је имала стравичну саобраћајну несрећу. После тога је 20 година била ужасно онеспособљена; била је укочена, на штакама и имала је ужасне болове. Једне ноћи, док је ишла ка спаваћој соби, проклела је Бога због њене агоније. Онда се саплела на тепих и ударила се при паду. Била је несвесна неколико сати, када се пробудила било је јутро, сунчева светлост је долазила кроз прозор и ишао јој је право у очи. Била је убеђена да је умрла и да ће видети Бога, а онда се са ужасом сетила да последња ствар коју је помислила је да проклела Бога. Мислила је да ће ићи у пакао због тога. А онда је схватила да светлост долази од сунца и да је још увек у спаваћој соби. Олакшање је било огромно. А онда је установила да је бол нестао. Устала је и установила да је потпуно опорављена. Могла је да се креће!

Истрчала је напоље на улицу и свима рекла да је послала клетву Богу и да је Он оздравио! Наравно, ово није добар модел за пример, али поента је у томе да је била искрена са Богом, та госпођа је добила исцељење од њега. Како је он само милостив!

Треће, непријатељи Израела су и Божји непријатељи. Клеветнички псалми не траже само освету за пишчеве личне непријатеље, они такође подсећају Бога да су њихови непријатељи и Божји непријатељи. За данашње хришћане, непријатељи Бога нису од крви и меса, већ кнежевине и силе. Ако заиста волимо Бога, мрзећемо ђавола и сваку врсту зла. Свеци Старог завета нису имале знање које ми имамо о Судњем дану и о паклу и рају, па су се молили да зли људи буду кажњени у садашњем свету. Они су веровали да после смрти иду у једно место које се зове шеол - као **нека врста чекаонице на железничкој станици где возови не долазе**. Они су морали да моле Бога да их осуди у овом животу. Вапили су Богу за правду.

Четврто, у сваком појединачном случају писац је одбијао да узме освету у своје руке, већ да то остави Богу. То је принцип коме нас учи Павле у *Посланици Римљанима 12*: "Не светите се, моји пријатељи, већ оставите места за Божји гнев". Он ће се осветити за зле људе.

На крају, важно је да приметимо да по том питању, Нови завет није другачији од Старог. Постоје клевентичке молитве и у Новом завету. У шестој глави *Откривења* душе умрлих мученика се моле "Колико дуго, Суверени Господе, свети и истинити, до суђења становницима земље и освете наше крви?" Овакве молитве нису различите од клеветничких псалама, иако су оне створене "на небу". Хришћански мученици траже освету од Бога и да донесе правду.

Дакле, ако то урадимо у добром духу, немамо проблема да користимо овакве псалме данас. Једног дана сваки грех ће бити кажњен, праведницима ће се судити и мученици ће седети на троновима који ће осуђивати на смрт.

Поглед на Бога у Књизи псалама

Псалми су изванредно балансирани у њиховом погледу на Бога. Већ смо видели раније како његова непревазиђеност (Елохим) балансирана са његовом присутношћу (Јахве).

Псалми нас охрабрују да величамо Бога, не зато да га створимо још већим, већ да би наш поглед на њега био већи.

Псалми на говоре о Божјим особинама - шта је он, ко је он. Псалми 8, 9, 29, 103, 104, 139, 148 и 150 су добри примери. Псалам 139 описује га да је свемоћан, свезнајући и свеприсутан (он је свуда).

Псалми нам говоре и о Божјем деловању - то је оно што ради. Псалми 33, 36, 105, 111, 113, 117, 136, 146 и 147 су добри примери. Специфично учимо о два његова велика деловања:

Творевина (псалми 8 и 19)

Искупљење (псалам 78, прича о изласку)

Књига псалама нам говори да је Бог Пастир, Ратник, Судија, Отац и пре свега, Краљ.

У погледу ових особина и деловања Бога, није изненађење да теологија псалама брзо постаје доксологија. Истина води неизбежно ка похвали.

Употреба псалама данас

Јасно је из новозаветне употребе псалама да је легитимно и пожељно за хришћане да их користе. Песме у Новом завету су обликовани по псалмима (Јеванђеље по Луки 1 и 2). Апостоли су се окретали ка псалмима када су били у невољи (Дела апостолска 4) и често су их користили у говорима (Дела апостолска 13).

Писац *Посланице Јеврејима* цитира често псалме. Сваки од првих пет глава има везе са једним псалмом или више њих.

Исус је цитирао псалме у јавних говорима (беседа на гори), у одговору Јеврејима, док је чистио храм на последњој вечери.

Како дакле, треба да данас читамо ову књигу?

Најбоље је да их читамо наглас или да их певамо. Неки чак охрабрују викање!

Њихов утицај и вредност су знатно умањени ако их читамо у себи. Многи псалми охрабрују храбре покрете као дизање руку, пљескање, играње и гледање према горе.

Нама је наређено да их користимо у заједничкој молитви (Ефесцима 5). Могу и да се читају или певају на службама од певача и читача или да је сви читају, певају (или вичу) заједно.

Јасно је да су *Псалми* написани тако да би имали музичку пратњу. Као што смо видели раније, хебрејска реч *псалам* буквално значи *чупати*, што асоцира на жичане инструменте који су обично били коришћени уз псалме (у књизи се помињу и други музички инструменти). Често се у њима помиње реч *села*. То је вероватно музичка ознака за хоровођу што значи *пауза* или *главни кључ* или *певај гласније* или чак *повиши свој глас до овог*.

Како да данас певамо псалме? Мислим да би требало да се певају цели. Много песама, хорова и химни користе само неке делове, па тако чине насиље над оригиналним осећајем или садржајем.

Неки псалми се могу певати у метричкој форми (најчешће у

црквама у Шкотској).

Неки псалми су погодни да се певају од хора, али исто тако и за приватну употребу. Ево неких назнака:

- Читање једног псалма дневно је добра навика.
- Неки псалми су идеални за читање пред спавање. Могу да помогну против деструктивних емоција и лоших снова.
- Читајте псалме и када се вам се чини да нису везани за ваш живот зато што ће доћи време када ће да буду.
- Дајте им називе - то ће вам помоћи да упамтите садржај. Преведите псалам вашим речима.
- Неки псалми су велика утеха када сте болесни - или чак ако умирете.

Иако имамо велику вредност у изучавању псалама, највеће користи изводимо ако их користимо у нашим животима. Открили смо њихову праву лепоту и снагу када их читамо наглас, певамо и вичемо. *Псалми* нас воде ка страсној похвали и величању Бога.

13. ПЕСМА НАД ПЕСМАМА

Увод

Многи су изненађени што је *Песма над песмама* укључена у Библију. То је једна од две књиге где се не помиње Бог (Друга је Јестира).

Не помиње се нешто очигледно духовно од почетка до краја, то је графички опис људске сексуалности што значи да је ова књига уопштено избегавана у проповедима недељом ујутро!

Сам назив *Песма над песмама* делује чудно. Хебрејски језик нема придеве, па тако фразе као "фантастична песма" или "бриљантна песма" је немогуће. Па тако уместо "Највеће песме" употребљен је термин "Песма над песмама", као што је "највиши краљ" познат као "Краљ над краљевима", а "Највећи Господ" као "Господ над господима".

Ако прихватимо да је ово лепа песма, то нам не даје разумевање да кажемо зашто се налази у Библији, не само да није духовна, већ је врло сензуална. Тиче се свих пет чула - мирис, вид, додир, укус и слух - и свима је дат еротски опис тела младог човека и младе жене у овој драми. Иако није нешто о чему учимо у недељним школама, постаје нешто омиљено за младе људе!

Много година нисам објашњавао ову књигу јер заиста нисам знао шта да кажем.

Али сам пронашао да рабини ову књигу налазе као веома свету књигу. Они је зову "Свето од светог" и чак скидају ципеле да би је читали. Сазнао сам и да су неки хришћани веома ревносни да је читају. Ја сам решио да тражим ослонце за ову књигу, па сам купио коментаре и посвећена приказивања књиге у циљу да добијем неко разумевање. Ово је само повећало моје осећање кривице. Речено ми је да је књига написана у тајној шифри и да ниједна реч не значи оно што мислимо да значи. Дотакао сам дно када сам прочитао један коментар који објашњава једну реченицу у првој глави када се пише о једној жени чији се љубавник одмара између њених груди и када је коментатор рекао да се ту мисли између Новог и Старог завета! Признајем да ми то није било ни на крај памети када сам прочитао тај стих, па сам помислио да је Бог ову књигу ставио у Библију вероватно нешто као "квака 22" да бисмо открили да ли је духовна или телесна. Прошло је много година пре него што сам успео да сагледам књигу у било каквој дубини.

Која је ово врста литературе?

Алегорија?

Алегорија је измишљена прича која има намеру да комуницира преко скривене поруке. На пример, **Напредак ходочасника**, класичан роман из 17. века Џона Бањана, је алегорија где сваки део приче описује неку духовну истину. Многи су интерпретирали *Песму над песмама* као алегорију, али сваки коментатор као да је измислио свој сопствени кључ, често пута без много повезаности са самим текстом. Изгледало је као да су коментатори видели оно што су хтели да виде и да су одбили да прихвате директно значење текста, зато што нису веровали да је та књига, с графичким описом сексуалности, прихватљива онаква каква јесте.

Један разлог је тај што су хришћани били више под утицајем грчким, него јеврејским начином размишљања. Грци су веровали да је живот подељен на оно што су звали "физичким" и "духовним", са нагласком да је важније ово друго. Супротно, Јевреји су веровали да их је Бог створио како физичким, тако и духовним и код њих није било раздвајања између та два. Ако је Бог створио материјалан свет, онда су материјалне ствари добре; и ако нас је Бог створио као мушке и женске, са могућношћу да волимо и постанемо муж и жена, то је веома добро.

Афирмација

Овакав јеврејски начин размишљања помоћи ће нам у нашој интерпретацији књиге, да пре него што на књигу гледамо као алегорију, да је пре гледамо као на *афирмацију*. Овде, у средини књиге, Бог афирмише љубав између мушкарца и жене. Његово укључивање *Песме над песмама* у Библији нас подсећа да је сексуалност Божја идеја. Он је то измислио.

Заиста, један од највећих лажи коју је ђаво проширио у свету је да је Бог против секса, а да је сатана за то. Истина је баш супротна. Бог говори да је секс чист и легитиман део брачног пара у љубави један према другоме. Када ја радим службу венчања, ја увек читам делове *Песме над песмама* и кажем пару да је читају и у осталом делу меденог месеца.

Аналогија

Али *Песма над песмама* је више од афирмације - то је и *аналогија*. Ово је јасна разлика од маштовите алегоријске интерпретације коју смо ми управо искључили. Алегорија је дело фикције са скривеним значењем, док је аналогија чињеница која је још једна чињеница. Исус је користио аналогије у свом учењу. На пример, он је објашњавао Царство небеско у изразима који су слушаоци разумевали. *Песма над песмама* функционише на сличан начин.

Љубав између мушкарца и жене је као љубав између Бога и људских бића. Обе су стварне, а претходна помаже да схватимо следећу. *Песма над песмама* нам говори да наша релација са Богом може бити таква. Ми бисмо требали да кажемо: "Моје љубљено је моје и ја сам његово", на исти начин како то љубавници говоре један другоме.

Аутор књиге

Књигу је написао краљ Соломон који је имао дара да пише лирику. У *Првој књизи о царевима* научили смо да је укупно написао 1005 песама, док су само шест објављене у Библији. Моја теорија је да је Соломон написао песму за сваку од својих 700 жена и 300 конкубина, али од тих 1000 жена, само је једна била Божји избор, па је тако само та једна песма која је написао за њу на крају објављена у Библији. *Песма над песмама* нам говори да у то време када је написао већ имао 60 жена.

Троје или двоје?

Учењаци су подељени око заплета. Неки аргументују да је укључено три особе - троугао у грчу рата између младог пастира, краља и девојке, која је разапета између ова два лика. То ствара интересантну причу и добру проповед, зато што можете да је завршите са дирљивом молбом: "Ти си та девојка! Да ли ћеш одабрати принца света или доброг пастира?" На жалост, овакав заплет не одговара тексту - зашто би Соломон саставио причу о краљу (о себи) као насилнику? Још уз то, атмосфера је невиности, а не кривице. Ово није зли краљ који заводи просту девојку. То је љубавна песма у целом свом току.

Према томе, врло је вероватно да заплет обухвата само два људска бића, што би значило да је краљ и пастир једна те иста особа. То се чини мало вероватним све док се не присетимо да су неки краљеви Израела били истовремено и пастири - Давид је очигледан пример. Мојсије је такође био пастир пре него што је постао лидер свог народа. То није необична комбинација.

Чак и да замислимо да су краљ и пастир једна те иста особа, још увек није лако да разумемо како се ова прича уклапа. То је као када склоните поклопац са загонетне кутије и угледате све различите колорне делове мозаика помешане унутра. Ми смо очајни да завршимо све док не погледамо поклопац да нам помогне.

Пустите ме да вам прикажем слику поклопца, тако да бисте када будете читали ову причу, могли да све те мале делове уклопите заједно.

Прича

Соломон је имао своје имање у подножју планине Хермон. Он је то користио да се повуче од функције краља у Јерусалиму. Могао је да се опусти, да иде у лов и за неко време да заборави да је краљ. Повремено је терао овце да нађе неки зелени пашњак и воду на том каменитом терену. Обично се кретао преко 20 километара за један дан.

На Соломоновом имању умро је надзорник. Имање су наследили његови синови, али не знамо тачно колико их је било. Вероватно је било три или четири сина и две ћерке. Једна од ћерки је била дете; друга је већ била одрасла и она је предмет песме. У њеном животу није било узбуђења. Њен отац је поделио имање, дајући винограде, али синови су јој дали да ради све кућне послове и послове на фарми. Она се жалила да је одржавала њихове винограде толико, да је запоставила свој. Штавише, зато што је радила напољу, њена кожа је поцрнела. Иако је бронзана боја коже привлачна у нашој култури, код ње је било супротно - заиста би млада избегавала сунце 12 месеци пре венчања. Па је тако она постала свесна чињенице да ће са тим тамним изгледом вероватно значити да ће остати роб својој браћи до краја њеног живота.

Једнога дана радила је у пољу и среће младог човека. Они ступају у разговор и заказују да се касније виде у току дана. После неколико пријатних разговора, договарају се да се виђају сваки дан. Њихови састанци постају најважнији део дана за њих и после извесног времена они се заљубљују једно у друго. Оно што мучи девојку је да она не зна ко је младић. Она наставља да га пропитује ко је он и са које фарме долази и где чува овце. Али он избегава одговоре.

Они су искрено заљубљени једно у друго, све док је он не упита једног дана да се венчају.

Она је годинама чекала на то! Она је узбуђена и одмах каже "да". Он јој говори да идућег дана мора да се врати на посао на југу, у велики град. Он одлази да би она имала времена да се припреми за венчање и обећава да ће да се врати.

Следећи месеци су најузбудљивији у њеном животу. Мислила је да се то никада неће десити, али сада коначно ће бити удата. Али почиње да има ноћне море. Није потребно много дубоке психологије да бисмо протумачили њене снове. Сви њени снови се врте око теме "Ја сам га изгубила и сада га тражим".

Једне ноћи она сања да тумара улицама града и да тражи свог љубавника. Упознаје часовничара и пита да ли га је видео. Он каже да није. Она наставља да трчи по улицама, грозничаво тражећи га. Када га проналази, грли га, води га ка мајчиној соби и каже да га никад неће пустити. Када се буди из сна, види да грли јастук.

Другом приликом сања како је њен љубавник испред врата и пружа руку кроз рупу на вратима, да би отворио резу. Али то не може да уради јер је видела снажан трзај који је њега гурнуо назад. Она је парализована и не може да се креће. Она не може да устане са кревета, он покушава да отвори врата и она постаје фрустрирана. Затим урок нестаје, она поново може да се креће, али када долази до врата, он је нестао!

Ноћне море имају једноставно објашњење: она је уплашена да он неће да се врати да се ожени. Она мисли да је то био само празнични флерт и да њен љубавник неће испунити обећање.

А онда једнога дана, она је у пољу и примећује како се коњи са кочијама приближавају са облаком прашине. Пита своју браћу ко је то.

Они кажу да је то власник земље, краљ Соломон из Јерусалима, који долази да обиђе своје имање. Сви су спремни да погну главе пред краљем. Она га никад није видела, па тако скреће поглед да га види - само да би сазнала да је краљ у кочијама њен младић!

Пошто сви знају да он већ има 60 жена, она схвата да би могла бити број 61!

Па тако она напушта фарму и путује на југ у палату. Они су се венчали и она се појављује на првом банкету, одржаној у њену част. Она седи на горњој столици поред краља и осећа се инфериорно у односу на 60 прелепих краљица светлих боја коже и предивне одоре.

Када човек има више жена, свака жена почиње да се осећа несигурно и да ли има више љубави него остале жене. Па тако она пита Соломона да се врате на север.

"Можемо ли само да легнемо на траву испод дрвећа? Зар не можемо да се вратимо и да живимо на имању?" Он јој објашњава да пошто је краљ, мора да живи и влада у Јерусалиму. Коначно пита о лепим женама око ње. Она прича са тоном инфериорности: "Ја сам само ружа шерон, ја сам љиљан у долини".

Претпостављамо да је то предивно цвеће, али у Израелу то је танко, мало цвеће по коме може да се шета као по белим радама у башти. Љиљани расту у долини у сенци, а ружа шерон је мало цвеће врсте шафран[11] које расте у низинама Медитерана.

---

11 У нашој Библији у преводу Драгана Милина овај текст гласи: Она каже *Ја сам цвет саронски, љиљан у долини."* А он каже *"Оно што је љиљан међу трњем, то је драга моја међу девојкама.* (2,1-2) На овом месту је згодно да поменемо и још шири контекст ових пасуса, који Дејвид Поусон наговештава, а ми можемо закључити из његовог тумачења ових реченица. Многи хришћански теолози и учењаци, већином западни, уче хебрејски језик само да би били у могућности да још боље протумаче Стари завет, јер хоће да га читају на оригиналном језику, а не у преводима матичних земаља, где лако може бити нешто неразумљиво, двосмислено или изгубљено. А овај део текста нам говори да понекад није довољно само да знамо оригинални језик Библије, мада ћемо свакако имати користи од тога, већ да морамо познавати и хебрејску културу, јер морамо да знамо шта значи ружа шерон код Јевреја. Ружа шерон (цвет саронски) је неугледно, ниско и не баш лепо цвеће, док је љиљан лепо и високо цвеће. Тако је уствари необразована, главна јунакиња рекла нешто лоше о себи, а краљ је то разумео, па је исправља у одговору. Срећом, немамо много оваквих аналогија у Старом завету. (напомена преводиоца)

Краљ јој одговара да је она љиљан међу трњем, угађајући јој, јер љиљани међу трњем су заиста најлепше цвеће у Израелу. Љиљан је беле боје и изгледа грациозно, али то је тако како је види њен драги. Тако она пева малу песму радости, а песма је: "Он ме је довео на овај банкет и његова застава изнад мене је љубав".

А онда, да подвуче причу, поново видимо слику загонетне кутије.

Зашто ми треба да читамо ову књигу?

Постоји два разлога зашто да читамо и проучавамо ову књигу. Прво, у срцу хришћанства је веома лични однос. Бити хришћанин не значи ићи у Цркву, читати Библију или ићи у мисионарство; **бити хришћанин значи бити заљубљен у Господа.** Једина сврха певања химни је да певамо љубавне песме. Ако ово пропуштамо, пропуштамо све друго.

Дакле, у самом срцу Библије је веома интиман, љубавни однос између Соломона и сеоске девојке.

Књига додаје ширу димензију портрету односа између Бога и његовог народа. Понекад у Библији, Бог о себи говори као мужу, а о Израелу као жени.

Он је служио њој, венчао се са њом на Синајској планини када је сачињен уговор. Када Израел иде за другим боговима, она је описана као блудница.

Ова тема подвлачи пророка Осију. Господ тражи од пророка да иде и нађе проститутку на улици. Он протествује и пита зашто. Речено му је да је ожени и да са њом има троје деце. Она ће волети прво дете, али не и друго дете, док треће дете неће чак бити ни његово и зваће се *није моје*. Бог каже Осији да ће се она вратити на улицу и својој старој професији и да ће му оставити троје деце. Он затим мора да је пронађе, откупи од њеног макроа који је контролише и да је врати кући и онда да је поново воли. Коначно, Бог му говори да оде међу народ и *да каже Израелу да је то оно што он осећа према њима.*

Чињеница је, да је целокупан однос у Старом завету између Бога и Израела као однос мужа према жени која се све време не понаша прикладно. Он јој се удвара, добија је, губи је, још увек је воли и жели да се она врати кући.

Када дођемо до Новог завета, овај наратив се наставља. Исус

је описан као младожења који тражи своју младу. На последњим страницама Библије, млада стравствено каже "Дођи!" Она се спремила и обукла белу хаљину, што значи праведност. Тако да је Библија љубавна прича од почетка до краја.

Песма над песмама изражава такву врста односа. Речи младог човека невести су речи које Бог каже нама. Њен одговор је она врста одговора који ми можемо да дамо.

Према томе, ово није алегорија, нити је нешто препуно значења. *Помаранџе* значе *помаранџе*, *груди* значе *груди*. Бог мисли шта каже, али јесте аналогија односа који ми можемо да имамо са Богом.

Морамо да будемо опрезни у нашој интерпреатацији. **Наш однос са Господом није еротичан, него емоционалан**. Чак и када песма укључује сексуално експлицитни језик, постоји одговарајућа уздржаност. Не улази у физичке детаље као што то ради модеран књижевни језик.

Ипак, то је емоционалан однос. Прича нас подсећа на разговор између Исуса и Петра у Галилеји после Васкрсења. Петар се одрекао Исуса три пута, када се загрејавао поред ватре са околним људима. Петар види ватру на ћумуру и сећа се страшних момената када се одрекао Исуса. Али Исус му не каже да је разочаран са њиме нити га искључује из будуће службе. Не, он говори Петру да ће бити са њим и да је сигуран у једну ствар - да га Петар воли.

На исти начин, Господ нас не пита колико пута смо били у Библији или колико смо редова прочитали у Библији ове недеље. Он нас пита: "Да ли ме волиш?" Исус је рекао да би закон могао да се сумира на овај начин: "Волите Господа свога Бога са свим својим срцем, мишљу и снагом и волите свог ближњег као самог себе". Љубав је заиста важна.

Друго, не само да је ваш однос са Богом веома личан; такође је и јаван. Већина људи воли Бога зато што га виде као њиховог пастира, као Оног који ће бити са њима у долини сенке од смрти, Онај који ће их водити до тихе реке и зелених пашњака. Али у одређеној фази када заволимо Исуса као нашег Пастира, схватамо да је он исто тако и наш Краљ! Он је Краљ над краљевима и ми смо његова млада. Ми ћемо владати са њим и постаћемо његова краљица. Тако смо ми у јавном погледу они који од нас захтевају још више одговорности. Било би лепо када бисмо остали у приватности и вратили се у шуме Хермона, чувајући нашу тајну везу са Господом. То би нас сачувало много непријатности, критицизма и излагања. Али он жели да останемо у видику, да заувек показујемо према њему као извору нашег живота и делимо са њим одговорност за владавину над овом земљом.

14. ИЗРЕКЕ

Увод[12]

Изреке нам се чине као чудна књига да буде укључена у Библију. Садржи духовне примедбе и сажаљиве поруке које се баш чине само нешто мало више од здравог разума.

Књига се баш не чини као духовна. Не говори много о личној и јавној преданости, а неке теме се чине прозрачне.

Неке изреке пружају поуке које су врло очигледне свакоме. На пример:

"Беда је рушевина сиромашних; Срећно срце ствара лице радосно; Боље живети у углу крова, недо делити кућу са женом која се свађа; Онај који хвата пса за уши је пролазник који се меша у свађу која није због њега".

Неке изреке се чине више забавним него образовним, а неке се чине као да су ниског морала. На пример: "Мито чини чуда, привешће те пред важне људе".

Многе изреке су пронашле пут у свакодневном говору:

Поштеди мотку и размази дете;
Одложена нада чини срце болесним;
Понос долази пре пада;
Украдена храна је слатка;
Гвожђе изоштрава гвожђе.

---

12 За *Изреке* (за Књигу проповедникову такође) дубоко сам захвалан за сјајне коментаре Дерека Киднера у едицији "Тиндејл" која је објављена од IVP. Читаоци који желе да студирају ове књиге могу да пронађу много детаља и њима се препоручује да користе овај модел анализе. (напомена писца)

Изреке описују живот какав је буквално - није живот у цркви, већ живот на улици, канцеларији, продавници, у кући. Књига обухвата све аспекте живота - не само оно што радите у Цркви недељом ујутро. Разматра како треба живети кроз седмицу у свакој ситуацији.

Ликови који су нађени у *Изрекама* могу лако да се препознају у свим културама. Ту је жена која превише прича, супруга која се стално жали, бесциљна омладина који виси по уличним угловима, комшија који стално долази и увек остаје предуго, пријатељ који је увек непобедиво весео у првој јутарњој ствари.

Уистину, 900 изрека заиста покривају већи део важних тема, често пута представљене као контрасти: мудрост и глупост, понос и понизност, љубав и страст, богатство и сиромаштво, рад и нерад, господари и слуге, мужеви и жене, пријатељи и рођаци, живот и смрт. Међутим, постоје важна и изненађујућа избегавања. Не прича се много шта је "религиозно", не помињу се свештеници и пророци, врло мало о краљевима - сви они који се чине важним у осталом делу Старог завета.

Важно је да споља будемо јасни на који начин треба да гледамо на теме које су обрађене. Неки би направили грешку када би тврдили да се *Изреке* фокусирају на "секуларни" живот, али оно што се зове секуларно/свето/божанско није оно што Библија подразумева. Што се Бога тиче, једина ствар која би могла да се назове "секуларном" је сам грех.

Идеја да само "религијско" је "свето" потиче из грчке философије, да је онда филтрирано у модерно мишљење, чак и међу хришћанима. Библија не зна за такве поделе. Свака активност може бити света ако је посветимо Богу. Он би радије имао доброг такси возача него лошег мисионара. Сви законски послови су на истом нивоу.

Тако су *Изреке* интересантне највише тамо где највише живимо живот. Ова књига нам говори како можемо да извучемо највише из нашег живота и упозорава нас да већина људи углавном протраћи живот. То је око "срећног живота". Мудрост нам омогућује да дођемо до краја наших дана задовољни са оним што смо постигли.

У каквом су односу *Изреке* са порукама из осталог дела Библије? Апостол Павле у *Другој посланици Тимотеју*, каже да су му Свете скрипте омогућила да буде "мудар за спасење кроз веру у Исуса Христа". Али читајући *Изреке* можемо да се упитамо где се спасење појављује, зато што теме искупљења нису уобичајене за библијске књиге, чак су чудно одсутне.

Али ту је тема. Реч "спасење" у свом значењу је врло блиско речи "однето на сигурно" или "рециклирано". Бог ради на рециклирању људи да би постали корисни.

Хришћани су промењени од грешника у свеце, али такође од будаластих у мудре.

Порука Библије је да стварно загађење планете долази од људи. Исус лично је пакао поредио са гомилом ђубрета у долини Гехена, у околини Јерусалима, где се бацало све смеће. Он је говорио о људима који су бачени у пакао иако су били добри низашта. Бог рециклира људе који се крећу ка паклу, претварајући будале у паметне људе.

Тако су *Изреке* пуне тих "спасења", пошто нам говоре о тој врсти живота за шта смо спасени о подсећа нас за начин живота од ког смо спасени. То коригује неравнотежу која је обична у проповедима у многим црквама. **Превише пажње се обраћа на то како смо спасени, а недовољно пажње на то за шта смо спасени.**

Шта је са мудрошћу ван Библије? Многи тврде да постоји много мудрости која није укључена у Библију. Шта је са мудрошћу Платона, Сократа, Аристотела и Конфучија? Не изненађује нас да постоји мудрост ван Библије, све људи и жене су створени по Божјем лику и сви су способни да пронађу смисао живота. Али се не каже да они имају довољно смисла да направе највише од живота. Тек када нас је Христос откупио ми можемо да обухватимо прави смисао живота и да живимо као што Бог намерава. **Тако је светска мудрост уствари глупост, зато што губи перспективу вечности.**

На тај начин *Изреке* промовишу истину да је Бог "све-мудри Бог", извор сваке мудрости, и да је његова мудрост створила овај свемир са својом сложеношћу.

Зашто су *Изреке* написане?

Изреке су необичне по томе што за разлику од осталих библијских књига, говоре нам зашто су написане.

Увод нам каже да поучавање из ових изрека ће нас водити ка мудрости. То нам говори нам да први корак у мудрости значи да се бојимо Бога (Бога Јевреја, Јахвеа). Ако разумемо да Бог мрзи зло, да је он свемоћни Судија, да ништа не може побећи његовој пажњи, онда ћемо видети нашу глупост и нашу потребу да имамо помоћ у циљу да живимо живот какав он жели.

Мудрост долази од страха од њега, тражећи од њега мудрост и учећи како да се боримо са недаћама овог света у рушевинама.

Књига нам такође говори да сва мудрост долази од Бога кроз друге људе. Бог је изабрао да преноси своју мудрост нарочито кроз родитеље, деде и бабе и друге људе који имају много веће искуство од нас. Тако да *Изреке* садрже много путоказа ка породичним односима које стварају контекст у коме се мудрост шири.

Аутор

Човек који је јасна асоцијација на мудрост у Библији је човек који је написао *Изреке*, краљ Соломон. Док је био на трону, Бог га је упитао да може да му затражи било шта, а он је затражио мудрост, да би владао над другима. Бог му је подарио мудрост, али и оно што није тражио, као што су слава, моћ и богатство. Његове мудре речи су легендарне, мада се чини да је имао више мудрости за друге, него за себе. На крају крајева, имати 700 жена (претпостављамо и 700 таште!) тешко да је била мудрост, да не помињемо конкубине.

Постојао је важан услов при Божјем обећању мудрости. Рекао је Соломону у *Првој књизи о царевима*: "Даћу ти мудро и уздигнуто срце... ако ходаш мојим путевима и послушаш моје статуте и наредбе". Тако да морамо да закључимо да је евидентна глупост у његовим каснијим годинама што је запоставио ове услове.

У својој снази, Соломон је постао толико чувен по својој мудрости да је краљица од Саве кренула на далек пут не само да види његово богатство, већ да чује његову мудрост. Модерни философи гледају назад ка мудрацима из Грчке, као што су Платон, Сократ или Аристотел, који су живели 400 година пре Христа, а заборављају на бронзано доба, пре отприлике 1000 година пре Христа, да је постојао још један мудрац који је исто тако био познат. Соломон је написао велики део пословица у *Изрекама*, како их је сакупљао од других. Такође је написао *Песму над песмама* и *Књигу проповедникову*.

Написао је *Песму над песмама* када је био млад, толико заљубљен да је заборавио на Бога. То је књига из срца. Написао је *Изреке* у средњем добу. То је књига тестамента. Његова последња књига, *Књига проповедникова*, писана је у старом добу. То је књига разума, као је размишљао о свом животу и питао се шта је све тиме постигао.

Значи, имамо Соломона као младог љубавника, као средњовечног оца, у старости као философа, пишуће три књиге мудрости.

Једна од најинтригантнијих ствари у вези *Изрека* је да неке пословице долазе ван Израела. Постоје изреке од арапских философа, једна цела глава је из Египта, вероватно сакупљана кроз једну од његових супруга која је била фараонова кћерка. Соломон је увидео да је Бог подарио мудрост и народима изван израелске земље и који ће бити срећни да их уврсти у његов рад. Ови говори су донети у оквиру живота пред Богом.

Не може да се каже да *Изреке* немају никакво поштовање према Богу. Бог је поменут 90 пута у књизи као Јахве, Бог Израела - не неки други бог у кога верују неке друге нације. Нема сугестија да арапски или египатски бог има неке вредности.

Део колекције је довршен од краља Језекије, који је сакупио мноштво Соломонових ненаписаних изрека 250 година касније и оне су такође укључене у ову књигу.

Тако да *Изреке* које имамо данас нису биле комплетиране пре 550. године пре нове ере.

Стил књиге

Пре анализе садржаја књиге, морамо да размотримо неке позадинске детаље о стилу и намери књиге.

Изреке, не обећања

Прво, најхважније је схватимо да је ово књига изрека, а не обећања. Никада не треба да цитирамо пословицу као божанственео обећање.

Енглеска реч "изрека" долази од латинске речи *проверба*. Про значи "за", а верба значи "реч". Ако их комбинујемо значи "реч за ситуацију". Изрека је погодна реч која одговара ситуацији. Тако је, дакле, безвремена истина која се може употребљавати у разним животним ситуацијама.

Хебрејска реч која се преводи као *изрека* је **машал**, која значи *слично или нешто што личи на*. Исус је почео бројне параболе са фразом "Царство небеско је као..."

Тако је изрека у суштини посматрање живота, где је обећање нека одређена обавеза.

Да то илуструјем. Ево једне изреке: "Поусон има страст за

тачношћу". Како се ова изрека примењује? То значи да Поусон воли да буде негде на време, али то није исто као када кажемо да је Поусон дао обећање да ће бити на специфичном месту у специфично време. Ја нисам морално обавезан ако се изрека прекрши, али ја сам одговоран ако сам прекршио обећање. Тако је изрека само уопштено тачна, не бисмо требали да изреку употребљавмо за сваку ситуацију и да очекујемо да ће функционисати.

Не смемо да претпоставимо да Бог даје обећања када читамо изреке.

Мишљење да је изрека обећање ствара проблеме за многе људе. На пример, "искреност је најбоља политика". Ово је уопштено тачно, али није увек тачно. Знам људе који су изгубили богатство зато што су били искрени!

Даље, изреке могу да противрече једна другој - на пример "више журбе, више брзине" и "онај који оклева је изгубљен".

Ако се окренемо ка *Изрекама*, наћи ћемо исти облик. У глави 26 читамо "Не одговарај будали на његову глупост", али следећа већ каже "Одговори будали у складу са његовом глупошћу"!

Две изреке које се често употребљавају као обећања створили су хришћанима велику пренераженост. Један од њих је "Посветите Богу шта год да радите и ваши планови ће се остварити". Хришћани су почели разне врсте послова на бази овог стиха.

Мада је уопштено тачно, не значи да сваки бизнис који је настао од посвећености Богу мора бити успешан.

Друга изрека која је створила проблеме иде овако: "Усмерите дете путем којим треба да иде, и кад остари он неће да га напусти".

Многи родитељи с децом која нису верници имају проблем са овим стихом. Они кажу да су усмерили децу путем треба ићи, али они су скренули са пута.

Да поновимо, **изреке нису обећања** - то су само уопштене истине. Деца нису лутке и ми их не можемо натерати да иду нашим путем. Они ће доћи у године када ће сами одлучивати у своје име и они су слободни да то ураде. Обе те пословице су водичи, а не гаранције. Ако корисници изрека то схвате, многа повређена срца су могла бити избегнута.

Поезија

Друга ствар које морамо бити свесни је да су изреке поетичне. Представљене су у форми да се лако упамте.

Да вам преведем једну изреку:

У посвећивању себе неком плану или акцији, пажљиво размотрите околности и опције.

Или, да формулишем другачије:

Постоје одређене корективне мере за мање проблеме које, у раној фази, могу да постану и да се развију у велики проблем.

Обе пословице су превод оне "Скочи, па тек онда реци хоп". А ово се лакше памти, зар не?

У првом делу смо научили да је хебрејска поезија јединствена форма. Није базирана на римовању, док је енглеска поезија базирана на ритму. То није само метричко питање; то је и питање ритма мисли. Тако хебрејска поезија често користи линије у пару (зове се паралелизам) при чему је једна у односу на другу на три различита начина. У том синоничном паралелизму мисао у првој линији се понавља у другој. На пример:

Понос иде пре уништења,
и неваљали дух пре пада.

У антитетичном паралелизму друга линије је у констрасту да првом:

Онај ко малтретира сиромашне показује презир
према њиховом Створитељу,
али онај који је брижан према беднима поштује Бога.

У синтетичком паралелизму мисао прве линије се наставља у другој:

Клони се будаластог човека,
јер нећеш наћи знање на његовим уснама.

У горњим примерима, речи као *и*, *али* и *за* дају вам кључ који паралелизам се користи.

Све изреке се уклапају у тај образац, али их није лако упамтити на енглеском зато што је ритам изгубљен у преводу. Јеврејски родитељи су преносили вредности својој деци на овај начин, тако и ми радимо данас.

Постоје и друге методе које се користе у *Изрекама*. Глава 31 је постављена као **акростих** - то је кад свака линија почиње новим словом на хебрејском алфабету. У другим случајевима структура је нумеричка: "постоје три ствари... и четири ствари..." или "постоје шест ствари које Бог мрзи..." и тако даље. Ове форме омогућују читаоцу/слушаоцу да лакше упамти изреку.

Патријархат

Трећу ствар коју морамо имати у виду је да је ова књига патријархална. Она је представљена као очински савет младима. Не нуди ништа женама! Овакав приступ је доста присутан у Библији. На пример, посланице у Новом завету нису адресиране за "браћу и сестре", али јесу за браћу. Тај очигледни шовинизам је резултат једне фундаменталне претпоставке у Светом писму - а то је, да ако су људи у праву, тако су у праву и жене и деца. Библија се намерно обраћа мушкарцима - тачно зато што је њихова одговорност да воде своје породице, **својим примером**.

Мудрост и глупост

Дакле, у *Изрекама* имамо Соломона, средовечног оца, очајнички покушавајући да одбрани младе људе од чињења истих грешака које је он поздравио. Он приказује свом сину, али и читаоцима, избор са којима ће морати да се суоче о томе како ће да води свој живот. Да ли ће хтети мудрост или глупост као сапутнике у животу? Он та два избора симболично приказује као жене.

Персонификација мудрости

Главе 8 и 9 описују мудрост као прелепу жена. Син је заветован да је воли као своју драгу, да је створи вољеним чланом порорице, да иде за њом и да је прати. Она каже: "Волим оне који воле мене, и они који траже ће ме наћи".

Персонализација мудрости

У 31. глави (дата у акростиху) мајка саветује свог сина шта да гледа код добре жене. Мора да буде добра супруга, мајка, комшиница и да зна да тргује. Таква жена је витална за добар, стабилан породични живот. Она је "драгоценија од рубина".

Персонификација глупости

Иста шема се користи и за глупост, која је персонификована у глави 9. Глупост заводи људе са лукавим говором, мами своју жртву са примамљивим понудама. Али за сваког ко подлегне њеним чарима казна је смрт: "Она ће те уништити, уништиће твоју мушкост".

Персонализација глупости

У шестој глави глупост је приказана као проститука која унизује своје жртве до "парчета хлеба". За проститутку он није ништа већи од оброка.

Библијска тема

Употреба жене као симбола није нешто уникатно у *Изрекама*. У *Откривењу* имамо две жене - прљаву проститутку и чисту младу. Проститутка се зове Вавилон, а млада се зове Јерусалим. Ова тема се дакле провлачи кроз Библију. Која жена ће ти бити сапутник и партнер - глупост или мудрост?

Библија нам често даје изборе, тако исто је и у *Изрекама*. Хоћемо ли изабрати живот или смрт, светлост или таму, рај или пакао.

Морално или ментално?

Изреке описују мудрост и глупост на још један начин: говори нам да су они пре морални избори него ментални избори. Када се у свету говори о будалама, мисли се на људе који имају низак коефицијент интелигенције. По Библији неко ко је интелигентан може бити будаласт. Неко може бити ментално паметан, али морално смешан. Некад сам чуо да је сеоска будала у Сомерсету пре много година имала чудну репутацију. Ако му понудите шест пенија или новчаницу од пет фунти, он ће изабрати шест пенија.

Хиљаде туриста је чула за овог човека и покушали су да га преваре. Јадни, будаласти човек увек је узимао новчић, никада папирнату новчаницу. Али није био будала - он је од тога направио богатство!

Глупост и мудрост немају ништа са квалификацијама. У псалму 14 писац каже "Будале кажу у свом срцу - не постоји Бог". Ђаво је рекао Еви да ако поједе плод да ће их водити ка мудрости, а у ствари их је само водио од независности од Бога, извора свих мудрости.

Народна мудрост тражи да нађе кориснији начин, библијска мудрост тражи најбоље од вашег карактера. **Није базирано на знању света, него на знању Бога.**

Идеја је подржана са стихом у 29. глави која је обично несхваћена: "Где нема визије тамо народ нестаје". Заиста је коришћена када су црквени лидери желели да убеде своју паству да њихова специфична шема треба да се настави. Али у модерном преводу јеврејска реч која је преведена као *визија* се пре преводи као *откривење*, а реч *нестати* као *одбацити задржавање* или *постати будала*. Тако да овај стих заправо каже: "Ако Бог теби не открије ствари, ти ћеш постати будала". Тако је мудрост вежбање Божјег присуства у свакој области живота. Требаће нам помоћ његовог Духа ако хоћемо да разумемо његов ум.

Структура књиге

Сада да размислимо како да тумачимо структуру ове књиге. Књига има запањујућу симетрију. Једини пасус који заиста не одговара је увод на почетку и арапска мудрост у глави 30. Ове имамо контуру структуре књиге:

УВОД-ПРОЛОГ (1,1–7)
САВЕТИ ЗА МЛАДЕ (1,8 – 9,18)
СОЛОМОНОВЕ ИЗРЕКЕ (10,1 – 22,16)
МУДРЕ РЕЧИ (22,17 – 23,14)
САВЕТИ ЗА МЛАДЕ (23,15 – 24,22)
МУДРЕ РЕЧИ (24,23–34)
СОЛОМОНОВЕ ИЗРЕКЕ (25,1 – 29,27)
(АГУР [30,1–33])
ПРОЛОГ
Зашто су изреке сакупљане

САВЕТИ ЗА МЛАДЕ (1,8-9,18)
Савет од оца око лоше жене

1. ЧИНИ ОВО:
Поштуј своје родитеље
Тражи и имај мудрост
Задржи своје срце

Буди веран свом супружнику

2. НЕ ЧИНИ ОВО:
Не буди у лошем друштву
Не чини прељубе
Плаћај дугове
Не буди лењ
Не дружи се са лукавим женама

СЛОМОНОВЕ ИЗРЕКЕ (10,1-22,16)
Лично их је скупио

1. КОНТРАСТ: Богоугодни и развратни живот
2. САДРЖАЈ: богоугодни живот

МУДРЕ РЕЧИ: (22,17-23,14)
Египћанка (принцеза?)

САВЕТИ ЗА МЛАДЕ (23,15-24,22)
Још оног да ово чиниш (буди мудар), а ово не чиниш (да се напијеш)

МУДРЕ РЕЧИ (24,23-34)
Арапски (бројчани)

СОЛОМОНОВЕ ИЗРЕКЕ (25,1-29,27)
Језекија их је преписао

1. ОДНОСИ
Са краљевима, комшијама, непријатељима, са собом, будалама, клеветника, оговарачима

2. ПРАВЕДНОСТ (27,1-29,27)
понизан у себи
правда за друге
страх од Господа

САВЕТИ ЗА МЛАДЕ (31,1–31)
Од мајке савет око добре жене

1. КРАЉ НАЦИЈЕ
2. КРАЉИЦА КОД КУЋЕ (31,10-31)

Аранжирано је као сендвич са слојевима. Тако *Савети за младе* обезбеђују два спољна слоја, затим *Соломонове мудрости* су следећа два слоја. Следи слој са *Мудрим речима* у сендвичу и у средини *Савети за младе*.

Када смо ово погледали, да попунимо детаљима.
Структура и садржај књиге нам појашњавају следеће ствари:

1. Ово је само једна од неколико библијских књига која нам саопштавају јасну сврху - погледати увод.
2. Ове изреке су посебно значајне за краљевску породицу. Постоји 10 тврдњи која се обраћају "мој сине". Оне су примењиве специфично за Соломоновог сина, говорећи му у каквом друштву треба да буде и какву жену треба да венча.
3. Већина изрека у главама 10-15 су антитетички паралелизам, где главе 16-22 користе синонимички паралелизам.
4. Мада ми можемо да издвојимо структуру књиге у целини, саме изреке нису одвојене по категоријама. Оне се читају као савет родитеља који се дају сину који одлази од куће.

Тако ћемо у анализи да аранжирамо изреке по специфичним темама.

Мудар човек

У *Изрекама* бројни синоними се користе да опишу мудрост: **разборитост, осећајност, разумност, прикладност, опрезан да избегне нежељене последице**. Мудар човек је постављен поред будале који је неопрезан, безобзиран, плах и празан.

Мудар човек разликује добро и зло, он зна како да одговори и како да се носи са ситуацијом. Он је дискретан и реалистичан, има моћ да прави планове. Он чини највише од свог живота.

Мудри су способни за корекцију и поновно доказивање, вољни су да се окрену од своје независности у самопоштовању према светлости Божје истине. Уместо да се плаше људи, они се плаше Бога. Мудри људи цене истину по сваку цену, било о себи, било о другима, било о Богу.

Будале

Постоје 70 изрека које говоре о томе ко је будала. Будала (увек је мушко) је описан као *незналица, тврдоглав, арогантан, изопачен, досадан, бесциљан, неискусан, неодговоран, лаковеран, немаран, самозадовољан, дрзак, лакомислен, мрзовољан, безобразан, стално се препире.* Све жели готово на тањиру; не мисли ништа о себи; више воли фантазију него чињеницу, више илузију него истину. У најбољем случају он је узнемирен; у најгорем он је опасан. Он је јад за своје родитеље, а опет презире родитеље као старомодне.

У овој галерији будала, постоје две специфичне врсте будала. Један је онај који се подсмева, који је циничан на све друге осим на себе. Други је лењивац, лењи човек који је везан за свој кревет. Он је описан као онај који пушта свој живот низ воду.

Речи

Још један предмет истраживања је *језик*. Глава бележи седам гадости за Господа: снобизам, лажи, убиство, завера, несташлук, кривоклетство и оговарање. Језик је садржан у четири. Греси говора су велика тема кроз ову књигу, оно што долази из срца долази из уста.

Речи су моћне

Речи режу дубоко. Могу да буду сурове, трапаве и неопрезне. Онај ко поштује себе може да речима буде упропашћен - могу да вас уздижу и могу да вас унизују. Чак могу да утичу и на физичко здравље. Наша веровања и убеђења су створена речима. Диригована реч може да има огромне ефекте.

Речи могу да се шире као преријска ватра, могу да уносе раздор, одвајање и поделу. Могу да буду суптилни наговештаји, сугестије и инсинуације. Добре речи могу да досегну до много људи и да се њихова корист шири по друштвима.

Речи имају своја ограничења

Речи нису замена за дела. Језик не може да промени чињеницу. Најчвршће одбијање и најснажнија оправдања неће да опстану.

Речи не могу да натерају људе на одговор. Чак и најбољи учитељ не може да промени апатичног ученика, чак и најгоре оговарање не може да повреди невиног. Само ће злобни да изазову пажњу.

Здрави говор

Постоје четири категорије речи које би требале да су на вашим уснама:

- **Искрене речи** - јасно да или не.
- **Мало речи** - што се мање каже, то је боље. Одлагање говора је врлина.
- **Смирене речи** - речи могу бити изговорене од смиреног Духа. Јак темперамент је ретко врлина.
- **Погодне речи** - речи које су пригодне ситуацији, обликоване за корист онога ко слуша и ко говори, може да донесе велику радост.

Оваквом говору прво треба време на реакцију. Потребно је да знамо о чему говоримо и да размишљамо о њиховом утицају пре него што их изговоримо.

Такав говор тече од карактера особе, шта та особа каже то је оно што она јесте. Речи особе су вредне онолико колико су он или она вредни.

У Новом завету, Јаков каже да ако неко није грешио језиком, тај је савршен човек.

Породица

Изреке су пуне савета за односе - породичне и пријатељске. Породица је основна јединица друштва. Три од десет заповести које је Мојсије добио односе се на породицу, укључујући ону "Поштуј оца и матер, да би могао да живиш дуго, у животу који ти је дао Господ, твој Бог". *Изреке* пред читаоце држе следеће идеале за породицу: Муж и жена: родитељи су срећно уједињени.

Изреке уче о моногамији, упркос чињеници да их је написао Соломон! Родитељи морају да обучавају децу и треба да говоре једним гласом. Човек треба да буде веран, али жена може да сломи свог мужа, доносећи благослов или трулост његовим костима.

Књига има високо мишљење о браку и озбиљно узима сваки грех који би уништио брак, нарочито сексуална невера. Особа која бежи од брачног кревета губи поштовање и слободу, одбацује свој живот, иницира јавну срамоту и физичку опасност. Укратко, чини морално самоубиство.

Родитељи и деца: верно учење деце

Речено нам је да су родитељи будале ако не дисциплинују своју децу. "Сачувај штап и размази дете" је једна од познатијих изрека. Књига такође каже *да је дисциплина акт љубави*. Нема сугестије да је ово лековито за родитеље. Учимо да је будаласто везано за дечја срца. Она су слободна да презиру и прихвате инструкције које су им дате. *Изреке* нас уче да су деца природно глупа и да треба да се охрабрују да буду паметна. То је дијаметрално супротно од данашње хуманистичке филозофије која каже да је дете у суштини добро и да ће израсти добро ако је у правом окружењу.

Библија је веома директна да каже да ако не кажњавате своју децу брзо када чине погрешне ствари, ви их не волите.

Постоји учење где је потребно да децу пошаљете на колосек праведности у раном добу, тражећи да развију мудре навике, тако да размишљају на начин да им то доноси радост и понос, а не срамоту и бешчашће. Чак и најбољи учитељи не могу да на силу наметну послушност; може само да охрабри паметне изборе. Чак и синови најбољих родитеља могу бити побуњеници, лењи, самозадовољни или горди да прихвате савет. Могу да користе породично богатство и да запоставе бригу о својим родитељима у старом добу.

Браћа (укључујући ближе и даље рођаке)

Није много изрека директно повезано са хоризонталним односима у породици. Књига описује врсту односа где је брат користан и веран и другу врсту која доноси неслогу, повреду и горчину.

Пријатељства

Јеврејска реч која је преведана као *пријатељ* такође значи и *комшија*. Она указује на оне који нису рођаци и који живе у блиском кругу односа. Савет ове књиге је супротан данашњем деперсонализованом свету где је ретко право пријатељство.

Добре комшије

Добре комшије негују мир и хармонију, веома су одбојни за свађу и они су разоружавајуће љубазни. Они су дарежљиви у својим одлукама и увек су спремни да пруже помоћ. Они цене важност тишине и приватности. Кажу "не" на глупе аргументе.

Добри пријатељи

Изреке говоре да неколико добрих пријатеља су бољи него гомила упознавања. Добар пријатељ вам може бити ближи од рођака. Добар пријатељ има четири квалитета:

Лојалност, верност - остаће са вама ма шта се догодило.
Искреност - биће искрен са вама и казаће истину.
Консултације - даће савет. Можда ће тражити савет баш од вас.
Учтивост - увек ће поштовати ваша осећања и одбиће да тргује са вашим пријатељством.

Закључак

Шта треба да извучемо из ове књиге? Да почнемо са питањем да ли је постигла свој циљ? Израел је сада у времену мира и просперитета. Соломон је схватио да све могу лако да изгубе (мада му није пало на памет да би он могао бити узрок тог губитка).

У глави 14 речено нам је да "Праведност уздиже нацију, али грех је срамота за сваки народ". Соломон је скупљао пословице у књизи зато што је знао да без мудрости биће немогуће Израелу да задржи мир и просперитет. Али Израел је масовно игнорисао мудрост коју су примили; они су се удаљили од Бога. Чак ни Соломонов живот није вредан своје сопствене мудрости.

Постоји много извора у Новом завету који се граде из *Изрека* и концетришу се на тему мудрости. *Изреке* су цитиране 14 пута директно, а постоје и ситуације које указују на ову књигу.

Јован Крститељ у *Јеванђељу по Луки* каже да се: "Окренемо... од непослушности ка мудрости праведних". Исус је говорио са таквом мудрошћу да су се слушаоци питали одакле му та мудрост.

Већина људи је упознато са мудрацима који су пратећи звезду на небу дошли у Витлејем. Мада су обично сматрани за незнабожце, вероватно су били потомци Јевреја који су остали у Вавилону после прогона. Они су се сећали пророштва Валама, да ће се подићи звезда из Израела да буде Краљ свих нација (Бројеви, 24), тако да оно што су видели, то су пратили. Њихово присуство, како то пише Матеја, говори много о важности Христовог отеловљења.

Исус је рекао да будемо "пуни мудрости" као деца (Јеванђеље по Луки 2). У сваком јавном говору рекао је да је краљица од Саве дошла са краја света да би чула Соломонову мудрост, а сада је дошао неко још већи од Соломона (Јеванђеље по Луки 11). Када је Исус био криткиован због јела и пића, он је одговорио да је "мудрост доказана исправна од своје деце" (Јеванђеље по Луки 7).

Говорећи о Исусу, апостол Павле пише у *Првој посланици Коринћанима 1*: "Христос је наша мудрост. Он је постао мудар од Бога због нас".

Мудрост Бога је супериорно виђена на крсту. Свет каже да је умирање на крсту чиста глупост. А Павле каже да оно што је глупост за свет, то је мудрост за Бога.

Посланице у Новом завету су пуне цитата из *Изрека*. Павле пише у *Римљанима 12*: "Ако је твој непријатељ гладан, нахрани га; ако је жедан, дај му нешто да пије. Ако то урадиш, бацићеш ужарени угаљ на његову главу".

Петар је цитирао *Изреке*. На пример, *Друга Петрова 2* цитира *Изреке 26*: "Као што се пас враћа на своју бљувотину, тако и будале понављају своју глупост". Петрова изјава за читаоце је: "Плаши се Господа и поштуј Краља" долази из 24. главе *Изрека*.

У *Посланици Јеврејима 12* писац цитира *Изреке 3* са поштовањем Божје дисциплине према својој деци: "Сине мој, не прави светло од Господње дисциплине и не губи срце када те вређају, зато што Господња дисциплина воли такве и кажњава свакога кога прихвата као сина".

У 30. глави Агур поставља питање: Ко је отишао на небо и вратио се?"

Исус одговара на то питање када говори о свом путовању са небеса на земљу. (Јеванђеље по Јовану 3)

Али тек касније код Јакова *Изреке* се посебно користе. Овај апостол је прозван новозаветном верзијом *Изрека*, зато што је толико сличан по стилу. Креће се брзо са теме на тему без осећаја за редослед, баш као и у Старом завету. Неке теме код Јакова долазе из *Изрека*, међу њима је поражавајућа анализа зла од језика и опис користи од мудрости.

Изреке се могу чинити чудном књигом која је укључена у Библију, али дубљи преглед показује да јој је место потпуно оправдано. Хвата се у коштац са неким великим темама у Светом писму, цитирана је и алудирана од осталих делова Библије и представља важан део хришћанског арсенала у борби против будаластог понашања. Али није лака књига. Опрезност се мора узети при читању, а многе лекције из ове књиге откривају нас какви смо ми у ствари.

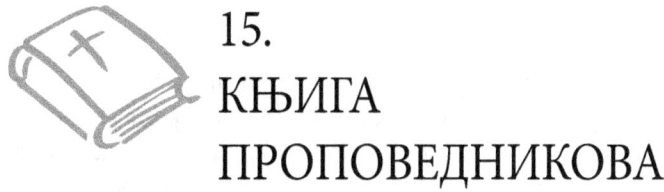

15. КЊИГА ПРОПОВЕДНИКОВА

Увод

Књига проповедникова[13] укључује изјаве за које ће многи сматрати да су дискутабилне.

Са којим од наредних тврдњи ћете се сложити:
- *Генерација долазе и генерације одлазе, али свет остаје исти.*
- *Човек није бољи од животиње, зато што живот нема смисла за никога.*
- *Боље је бити задовољан са оним што имате, него да стално тражите нешто друго.*
- *Човек може, а можда и не може данима довољно да једе, али барем може да има добру ноћ за спавање. Богат човек има толико да радећи остаје будан.*
- *Не будите превише добри, ни превише мудри. Зашто умрети пре него што одете?*
- *Нашао сам једног човека међу хиљаду која могу да поштујем, а ниједну жену!*
- *Брзи тркачи не побеђују увек, а храбри не добијају све битке.*
- *Уложите новац на неколико места - на много места - зато што никада не знате кава ће врста несреће доћи у свет!*

---

[13] Назив књиге се другачије изговара и преводи на српском језику од већине осталих језика, зато што не користи латинску и грчку реч Ecclestiastes, сматра се да је овај превод назива књиге почео да се користи у 14. веку. На енглеском језику се изговара **Еклесијастес - Ecclestiastes**, а у преводу са хебрејске речи **кохелет**, највише одговора за реч *говорник*. Такође може да се преведе и као *проповедник* или *учитељ*. (напомена преводиоца)

Неке пословице су нарочито тачне за нашу студију књиге: "Текст извучен из контекста постаје претекст". Другим речима, ми морамо да видимо како текст функционише унутар књиге где смо нашли да се цитира. Ова изјаве су биле део ауторовог одраза, не смеју бити извучене из контекста књиге као целине.

Књига проповедника је вероватно најчуднија књига у целој Библији. Мада ју је лако разумети, говори неке нечувене ствари. На неким деловима делују као слогани који су написани на парчићима папира које можемо да нађемо у кексовима са хришћанским мотивима. На неким местима има заиста поетски квалитет. Ове речи од енглеског песника, Алфреда Лорда Тенисона, лако су могле бити написане од писца *Књиге проповедника*:

Боље да волите па изгубите
него да никада нисте волели.

In Memoriam

За људе највећа разлика је између неба и земље,
За жене, најгоре и најбоље, разлика је као рај и пакао.
Пелеас и Етаре

Ауторитет заборавља умирућег краља.
Морте Де Артур

Наши мали системи имају свој дан,
Имају свој дан и престају да постоје.
У долини Каутереца

Зато што је право право, пратити право
Где је мудрост презрена од савести.
Освета

Упркос необичности, *Књига проповедника* доста одзвања у садашњости и делује као многе философске идеје данашњих дана:

- **Фатализам**: где год да се деси, десиће се.
- **Егзистенцијализам**: живи за садашњи тренутак - ко зна шта доноси будућност.

- **Шовинизам**: људи су бољи од жена.
- **Хедонизам**: живети за задовољство.
- **Цинизам**: чак и добре ствари нису такве какве се чине.
- **Песимизам**: ствари су створене да буде све горе.

Аутор књиге

Ова књига философских спекулација долази од Краља Соломона, који је дошао до краја свог живота и који је разочаран, безнадежан и без илузија. Када читамо три Соломонове књиге, лако је да кажемо колико је био стар када их је написао. *Песма над песмама* је написана кад је био младић, дубоко заљубљен. *Изреке* су написане у средњем добу када је покушавао да заустави свог сина од чињења истих грешака као и он.

Међутим, у *Књизи проповедника* имамо рукопис старијег човека. Потврда је стигла пре крај књиге у глави 12: Сећајте се Творца у даним младости, пре него што крену невоље и године када ће те рећи 'Више не налазим задовољство у њима'".

Као стар човек, он анализира свој живот. Много је волео фразу "Видео сам..." Та предзнања су резултат његових посматрања.

Стил књиге

Соломон је дао себи име *кохелет*, а реч која је преведена је *проповедник* или *философ* или *учитељ*. Најбољи превод је *говорник* јер је то титула особе који води дебату у Доњем дому Скупштине и која добро одражава начин на који је књига написана. Написана је стилом старог човека који је председавајући дебате - дебате која се одиграва у његовом уму.

Као сваки добар говорник, он равноправно дозвољава аргументе за и против. Дакле, белешка да живот није вредан, претходи белешки да је живот вредан.

Као таква, књига је савремена за све векове, као што су људи увек били укључивани у сличне дебате, нарочито кад су прешли четрдесете и питали "О чему се овде ради?" Неки људи радикално промене начин живота зато што осећају да пропуштају живот.

У *Књизи проповедника*, Соломон поставља нека велика питања. О чему је живот? Да ли је живот вредан живљења? Како највише да искористимо живот? Он поставља права питања, чак иако није нашао све одговоре. Његове бриге и одговори осцилирају кроз књигу. Његова порука је понекад оптимистичка, понекад песимистичка. Његово расположење је час охрабрујуће, час депресивно. Заслуге књиге се померају од продубљених до површних и назад.

Негативне изјаве

Соломонова уводна порука је дубоко негативна: **Бесмислено!**

"Бесмислено!... Све је бесмислено!" Та реч се исто може превести и као **празнина**. Овде имамо човека који је при крају живота и који каже да је све безначајно и бескорисно.

Важно је да запамтимо да је Соломон био краљ, да је имао моћ да ради шта је хтео и да је имао богатство да задовољи сваки ћеф. Књига помиње велики број активности које је Соломон вршио у покушају да пронађе срећу која му је бежала.

Пробао је науку и агрикултуру, чак и да негује своју стоку. Онда се окренуо уметностима. Нема сумње да је наследио љубав за музиком од свог оца. Правио је велике грађевине. Скупљао је слике свуда по свету и стављао их у галерију. Онда се окренуо забави, дворским комедијашима који су га посећивали у палати. Али ништа од тога га није задовољавало. Био је умешан и у пословање и нагомилао богатство у комерцијалном свету.

Пробао је и задовољства - храна, пиће и жене. Још увек је био незадовољан, пробао је философију и купио доста књига, неке чак и из Египта, Књиге су га стимулисале, али ни оне нису успеле да задовоље његове најдубље потребе.

Нема ништа лоше у овим интересовањима, али ништа му није обезбедило оно што је тражио. Био је пун, али не и испуњен, било је тренутака када је пожелео да је обичан човек.

Објаснио је свој неуспех да би направио смисао од живота. Срж његовог проблема је био да је посматрао превише, али је примећивао премало. Имао је визију тунела - тражио је живот једним оком, као у телескопу, али није имао дубину и није имао перспективу.

Посебно су постојала два ограничења:

1. Простор

Користио је фразу "под сунцем" 28 пута да опише локације које је видео, фраза која се нигде не појављује у Библији. Ако је наша визија ограничена на ову земљу и овај живот, никада нећемо разумети о чему је живот и шта је вредно живота. Мораћемо да зависимо од проналажења испуњења у несталним задовољствима који нам свет може пружити.

2. Време

Соломон је такође користио фразу "док смо још живи". Он је претпостављао да је смрт крај смисаоне, свесне егзистенције. Није имао мисао о животу после смрти, који може да пружи и значај годинама живота који су нам дозвољени.

Наше модерно доба дели нешто од Соломоновог ограниченог видеокруга. Обично се посматра свет у научним погледима који претпостављају да не постоји Бог и да не долази следећи живот. Наука може да нам каже како је настао овај свет, али не може да нам каже зашто. Соломон треба да погледа живот из другог угла, али то ће доћи само ако гледа на то из Божје перспективе.

Позитивне изјаве

Нерешена питања књиге понекад могу да пруже оптимизам. Наше незнање не мора да води у очај, можда неке ствари не знамо јер их нико не зна, или можда Бог зна, али ми то не можемо да видимо. Кад год је Соломон укључио Бога у своје размишљање, постајао је позитивнији. Постоје два пасуса у овој књизи која су нарочито тачна.

Први је у глави 3. То је најпознатија и најчешће цитирана секција у књизи. Ти пасуси су често коришћени за наслове романа и филмова. То је песма са љупким ритмом, подсећа нас да постоји време и место за све.

Већина читалаца пропушта кључни стих када се поезија завршава и прелази у прозу. Читамо да је Бог "створио све предивно у своје време". Општи нагласак није у људској одлуци него у божанском декрету. Библија са новим енглеским овај пасус преводи на следећи начин: "Све што се догађа у свету дешава се у време које Бог изабере".

Ова перспектива баца светлост на наш песимизам у животу. Када верујемо да је наш живот у Божјим рукама и да он зна право време за нас да играмо или плачемо, онда увиђамо да ствари које нам се дешавају нису случајне, него део Божјег избора за нас. Он прави обрасце од наших живота.

Неки верују да је овакав начин фаталистичан, да сугеришу безличну судбину на коју нико не може да утиче. Али то је знатно другачије од тога да Бог слободно бира шта ће се догодити са нама. Наша слободна воља никад није надвладана Божјом. Он ће бити у деловању у свим стварима да би постигао његове циљеве. Он нас позива да изаберемо његов начин и да предамо нашу вољу његовој сувереној контроли.

Ми смо урачунљиви и одговорни за животе које живимо.

Овакав приступ животу се рефлектује на многим местима у Библији. Ми смо охрабрени да видимо све планове који су створени у светлу Божје суверене воље. Сви планови су направљени по "Божјој вољи". Моја мајка је имала омиљену узречицу: "Живот је довољно дуг да се живи по Божјој сврси, али је превише кратак да бисмо изгубили и моменат". Затим иде порука треће главе: наше време је у његовим рукама, и *Он ће одлучити шта је за нас најбоље у будућности*.

Други пасус који има снажан осећај Божје присутности је у главама 11 и 12. Преведено је на следећи начин:

Предивна је ствар бити жив! Ако особа живи да буде стара, нека се радује сваког дана у животу, али исто тако да се и подсети да је вечност много дужа и да је све овде доле све узалудно у поређењу.

Млади човече, чудесно је бити млад! Уживај у сваком тренутку! Уради све што желиш; узми све, али схвати да мораш да се суочиш са Богом за све што си урадио.

Тако одбаци тугу и бол, сећај се своје младости, са целим животом пре тога, можеш да направиш озбиљне грешке.

Немој да те узбуђење што си млад толико одузме да заборавиш ко је твој Творац.

Слави га у својој младости пре него што дођу зле године - када више нећеш уживати у животу. Тада ће бити прекасно да га се присетиш, кад и сунце и светлост и месец и звезде потамне у твојим очима и када више немаш сребрних нити у твојим облацима. Тако ће доћи време када ће твоји удови дрхтати од старости, а твоје снажне ноге ће постати слабе и остаће ти само неколико зуба, а бићеш и слепоће. Тако нека твоје усне буду близу док једеш, а више немаш зубе! А онда ћеш отићи у зору са првим звуком птица; али ти ћеш бити глув и слабог вида, са дрхтавим гласом. Плашићеш се висине и падања - са белом косом, слаби стари човек, вуче се по земљи, без сексуалне жеље, стојећи пред смртним вратима, близу свог вечног дома, док нарикачи иду по улицама.

Да, сети се твог Творца сада док си још млад, све док не пукне сребрна врпца живота, док се не сломи златни бокал и док се врч не разбије на фонтани и док се не сломи точак на цистерни; и док се прашина не врати земљи одакле је дошла, и док се дух не врати Богу који га је дао. Све је узалудно, каже проповедник, крајње узалудно.

А онда, зато што је проповедник био мудар, отишао је да учи људе шта је знао; он је сакупљао изреке и класификовао их. Зато што проповедник није само мудар човек, већ и добар учитељ; он није учио само оно што је знао о људима, већ их је учио на интересантан начин.

Речи мудрог човека су биле као подстицај за акцију. Речи су закуцале важне истине. Студенти су мудри када их учитељи уче оно што су им рекли.

Али, сине мој, буди упозорен: не постоји крај мишљењима која могу да се изразе. Изучавање може да иде довека и да те исцрпи!

Ово је мој последњи закључак: **Плаши се Бога и послушај његове заповести, јер то је све дужност човеку. Јер ће нам Бог судити за све што радимо, за сваку скривену ствар, добру и лошу.**

Постоје неке добре поуке које можемо да приметимо у последњем пасусу књиге.

Сети се

Соломон пожурује своје слушаоце, нарочито оне који су још млади, да се сете Бога. Овај савет вероватно долази из његовог личног искуства - *Песма над песмама* не помиње Бога, на пример. Он нам каже да он не би био суочен са траумом лутања шта је и о чему је живот да се раније сетио Бога у свом животу.

Страх

Он пожурује читаоце да се плаше Бога. Мудра литаратура Библије непрестано нам говори да је страх од Бога почетак мудрости. Ако се истински бојимо Бога, онда нисмо уплашени од било чега другог у животу. Морамо да се плашимо Бога, зато што ће нас питати шта смо урадили у животу који нам је дао.

Исус је рекао својим следбеницима да се не плаше оних који могу да убију тело него "Плашите се оног ко пошто вам убије тело, може да вас баци у пакао" (Јеванђеље по Луки 12). Ако се људи ван Цркве на плаше Бога, то је зато што се они који су унутра такође не плаше.

Послушност

Соломон је знао да није слушао Бога како је требао. Ипак, говори читаоцима да буду опрезни када слушају Бога. Он сада зна да су закони дати за наше добро, не да проспемо живот, него да би нам помогли да извучемо највише од њега. Он о томе говори као "целој дужности човека" (глава 12). Наше одговорности су важније од наших права.

Закључак

Соломон је сакупио и уредио пословице, али се исто тако бавио и другим философијама. Имамо човека који је прочитао превише и постао без илузија у том процесу. Толико празнина у *Књизи йройоведниковој* долазе од других философија. Књига нам показује ограничења људске мудрости и то је усамљени подсетник на врсту особе у коју ћемо ми постати ако не откријемо Божју сврху за наш живот.

16. JOB

Увод

Многе обичне фразе у енглеском језику долазе из књиге о Јову. Неког ко налази срећу у великом страдању називају да има "стрпљење Јова". Људе који својим речима чине да се човек који пати осећа још горе зову "Јовови утешитељи".

Англиканске службе на сахрани користе се реченицом са почетка ове књиге: "Бод даде, Бог узе; Нека је благословено име Божје". Љубитељи музике обично знају рефрен "Знам да ће живети моје искупљење" који је користио Хендел у свом делу *Месија*. Међутим, упркос томе што људима звуче познато неки делови, цела књига није баш позната. Већина људи не успева да разуме сврху књиге, па тако нису вични да употребе део неког текста у одговарајућем контексту.

Књига о Јову може бити једна од најстаријих књига коју данас имамо, мада није лако одредити када је настала. Знамо да долази из доба Аврама, зато што много детаља одговара том времену. Аутор користи име "Јахве" мислећи на Бога, као што ради и Мојсије, нема трагова о изласку из Египта, завета на Синајског гори и закона, који су фундаментално важни за Стари завет.

Читаоци књиге су одмах суочени са питањем да одреде на који начин ће читати ову књигу. Да ли то чињеница, измишљена прича или комбинација ове две, тзв. "факција".

Чињеница?

Они који верују да је прича истинита наглашавају да су остали библијски писци Јова третирали као стварну особу. Језекиљ га ставља на листу три најправеднија човека који су икад живели, заједно са Нојем и Данилом. У Новом завету, Јаков указује на Јовову постојаност као пример за све читаоце.

Штавише, уводни текст говори нам да је Јов живео "у земљи Уз". Мада ми нисмо сигурни где је земља Уз, можемо бити сигурни да је негде у Месопотамији, око река Тигар и Еуфрат, а испод Дамаска.

Као додатак, прича сугерише да је Јов права особа. Његове реакције на катастрофе су реалистичне, а описи његових личних осећања су аутентични. Његов разговор са супругом је оно што би смо типично очекивали, као и коментари његових пријатеља и аргументи који следе, чини се да одговарају животу. Власништво над великим бројем стоке је нормално за богатог фармера.

Измишљена прича?

Многи нису убеђени овим аргументима. Упркос много тога око приче што је прихватљиво, читалац има осећај да постоји нешто што не одзвања као истинито.

На пример, догађаји у првој глави. Дешавају се четири узастопне несреће, у свакој од њих остављен је један преживели да би се вратио и испричао шта се десило. Ово подрива кредибилитет да је по један преживели увек изговарао исту реченицу: "Ја сам једини који је остао жив да бих ти рекао!"

Некако се и срећан завршетак чини наметнутим. Јов губи сву децу у првој сцени, а у последњој сцени имамо потпуно исти број нове деце - седам синова и три кћерке. Јасно је да и ми треба да се радујемо срећном завршетку, као да је губитак деце био нешто значајно за њега. Намеће се питање "Да није ово превише подешено да би било истинито? Да ли ово треба да узмемо као чињеницу?".

Питања око стварне основе ове књиге такође се јављају када укључимо говоре, зато што је сваки написан у хебрејској поезији. Већ смо у првом поглављу ове секције о поезији констатовали да је поезија вештачки начин изражавања. Не служи се у разговорима, а свакако не у таквим ситуацијама тешким за разговор, у којој су били Јов и његови пријатељи. А опет "утешитељи" Јова говоре беспрекорним поетским језиком, што рађа нова питања "Ко посвећује поезију на папиру?" Или су његови пријатељи били беспрекорни песници са изузетном меморијом или морамо да размишљамо о другом објашњењу.

Факција?

Једино решење које има смисла је да кажемо да је ова књига *факција* тј. базирано на чињеници, али су чињенице претеране и улепшане. Дакле, Јов је стварна особа који некако мора да нађе смисао у несрећама и тренутној патњи, а поред тога мора да настави да верује у библијског Бога.

Тако је књига о Јову слична неким комадима Вилијама Шекспира, који је као основу узео историјске чињенице, као рецимо **Краљ Хенри V** и направио представу чије глуме наглашавају унутрашње мотивације ликова. Још новији пример би био комад Роберта Болта, **Човек за сва времена**, који је базиран на животу Томаса Мура. Болт обухвата суштину проблема са којима се човек суочава, али публика зна да завршни производ не представља стварне догађаје.

Књижевност

Књига Јова је написана у хебрејској поезији која зависи од осећаја и понављања, а не од звучности стихова. Ово је велико дело књижевности и одбија строгу класификацију. Комбинује епску поезију, драму и дебату са изазовнм заплетом и префињеним дијалогом. Није изненађење да је књига цењена као једна написана од највећих умова. Томас Карлајл је рекао: "То је племенита књига", Алфред Лорд Тенисон описао је *Јова* као "највећу песму древног и модерног времена", а Мартин Лутер "То је највеличанственија, узвишена књига какве нема у Светом писму". Стављена је у пару са Хомером, Вирџилом, Дантеом, Милтоном и Шекспиром као једна од највећих дела књижевности свих времена.

Философија

Али књига је више од сјајног дела књижевности - то је и дело философије. Поставља питања која су разматрана кроз целу историју људског мишљења. Зашто смо ми овде? Шта је живот? Одакле долази зло? Зашто људи пате? Како Бог учествује у свету? Да ли је заинтересован и да ли брине?

Књига покрива све ове теме, а нарочито питање "Зашто добри људи пате?"

Јов је очигледно добар човек, али доживљава ужасавајућу трагедију. Књига разматра о томе зашто тако треба да буде.

Теологија

Јов је такође и дело теологије. Философи се баве великим аргументима на апстрактни начин, али теологија ове проблеме види у односу на Бога. Важно је да приметимо да само они који имају ограничену представу о Богу имају потешкоћа са чињеницом страдања, зато што би очекивали да ће вам само зли Бог нанети патњу. Само ако верујете да је Бог добар онда имате проблем. Штавише, можете да верујете да је Бог добар, али слаб, па је немоћан да вам помогне. Тако на основу логике, не бисте требали да имате проблем патње, зато што Бог не може да вам помогне. Само када верујете у Бога који је и добар и моћан у природи, само у том случају имате проблем патње.

Многи "модерни теолози" покушавају да избегну проблем патње негирајући једну или другу особину: тако они закључују да је Бог лош и изводи трикове на нама или је превише слаб да било шта учини. Ипак, јасно је да је аутор књиге верник и да верује:

1. да постоји само један Бог.
2. да има односе са живим бићима
3. да је свемоћни, свемогући Творац
4. да је добар, да брине и да се саосећа

А опет у исто време прича описује Јовову ситуацију, која се чини да негира ова веровања. Читалац може да види како се Јов обрачунава са проблемом и како Бог улази у центар свега.

Мудра књижевност

Такође је важно да разумемо да је књига о Јову део "мудре књижевности" у енглеским Библијама, заједно са *Изрекама, Псалмима, Књигом проповедника* и *Песмом над песмама*.

У хебрејској Библији ове књиге се зову **Записи**, разне колекције текстова које долази из пророчког периода, али које нису урачунате као пророчке.

Разумевање ове књиге на овај начин треба да нам помогне да је протумачимо исправно, зато што неке изјаве мудре литературе могу да нас погрешно воде. Да објасним у детаљима.

Прво, није све тачно у мудрој књижевности. Она укључује питања са којима се људи боре. Њихове изјаве не изражавају увек Божји ум, али су укључене да прикажу аргумент који је принет и обезбеђује да видимо њихову сврху, тако да можемо да их протумачимо без проблема. Јовови пријатељи дају изјаве базиране на ограниченом разумевању. Оне су нам показане као примери како се људи баве проблемом патње, али ако узмемо њихове тврдње ван контекста, као израз Божјег ума, имало би ознаку лудости. Свака изјава у Библији се мора узети у контексту књиге у којој се појављује. Порука књиге у целини одређује значење било које изјаве унутар ње.

Друго, важно је да знамо да је мудра књижевност уопштена, а не специјална.

То значи да речи мудрости нису увек тачне у свим ситуацијама. *Изреке*, на пример, нису листа обећања, него укључују пословице које су већином уопштено тачне.

Ако покушавате да тврдите да су оне тачне у свим ситуацијама, бићете разочарани. Ово нам даје кључ за проблем који имају Јов и његови пријатељи. Постоји пословица да ако живиш лош живот да ћеш због тога патити. Ово је често тачно, али не увек, а Јов је део тога "али не увек". Књига о Јову се бави ситуацијом која је изузетак од правила.

Јеврејска песпектива

Морамо да имамо на уму оштру разлику између јеврејског разумевања ове књиге и хришћанског. Јевреји Старог завета нису били у могућности да проблем привременог живота виде у светлу вечности. Они су осећали да Божја правда мора доћи у овом животу, зато што и добри и лоши људи иду на исто место - Шеол, место постојања сенки где спавају одвојени духови.

Хришћани, наравно, имају потпуно другачију перспективу садашњег страдања. У светлу Христовог деловања, они виде ширу слику небеса. Патња на овом свету је мала ако је упоредимо са уживањем које ће доћи после смрти.

Кроз целу Јовову причу имамо само наговештаје о животу после смрти. Јов у једном тренутку каже да ће видети Бога када умре, али ово није обична тема, и сигурно је да он не разуме како ће се то догодити.

Структура књиге

Увод у књигу ствара чудесну тензију која снижава ритам целог оквира књиге. Бог се клади са сатаном, а опклада је преко Јововог тела. Али у ниједном тренутку Јов не зна за ту опкладу. Тако та тајна, коју читаоци знају, помаже нам да нагађамо како се Јов суочава са дилемама своје ситуације.

Овакав заплет је веома ризичан и ствара претпоставке о Божјим особинама и деловању, у конктретном случају, односу са сатаном, који би био богохуљење у случају да није тачно - да је Бог лично одговорио на сатанин напад на доброг човека.

Да погледамо структуру књиге.
ПРОЛОГ (главе 1-2, проза)
Два круга: Бог против сатане.
ДИЈАЛОГ (3,1-42,6, поезија)
1. Људски (3-37)
(а) Елифас, Вилдад, Софар (3-31)
(i) Први круг (3-14)
(ii) Други круг (15-21)
(iii) Трећи круг (22-31)
(б) Елијуј (32-37) - монолог
2. Божански (38,1-42,6)
(i) Први круг (38-39)
(ii) Други круг (40,1-42,6)
ЕПИЛОГ (42,7-17, проза)
Последњи кругови: Бог против Јова

Књига је састављена као сендвич. Проза је "хлеб", обезбеђујући причи позадину на почетку и на крају, док поезија попуњава средину, и ствара дебату коју Јов има са три пријатеља и младићем који се појављује када они одлазе.

Епилог пружа разрешење шта се десило. То је срећан крај, са разликом.

Два заплета

Спретно су упетљана два заплета заједно - небески и земаљски заплет. Догађаји на земљи су резултат онога што се догађа на небу - баш као што је у Јовановом *Откривењу* рат који следи директно после небеског рата.

Божанствени заплет

Књига почине небеским заплетом - Бог се на небу среће са сатаном. Сатана је анђео чији је задатак да извештава о гресима. Он је био у Божјем савету у кажњавању за оне коју су путовали земљом и извештавао их каква су људска створења. До времена Јова, сатана је већ достигао тај ниво цинизма да није веровао да било ко може да воли Бога за своје добро. Он је веровао да људи верују у Бога само зато што имају неке користи од тога.

Тако иде дебата између Бога и сатане, где сатана баш разговара о томе. Бог га онда пита да ли је негде срео Јова док је био на земљи. Бог каже да га Јов воли зато што и он воли њега, а да није добио неки благослов.

Сатана наставља са циничним одговорима, тврдећи да ако му одузме благослов, да ће га проклети као и сви други. Па тако на сцену ступа опклада.

Кључ за сваку добру драму је тензија. Док је читалац свестан те погодбе, Јов није. Да је знао, тестирање не би било вредно.

Ова интеракција учи нас лекцијама о сатани. Прво, сатана не може бити на више места истовремено. Он нема Божју свеприсутност. Тако када људи мисле да их сатана баца у проблеме зато што су учинили нешто безначајно, они греше. У суштини он има више важнијег посла да се бави него нама људима! Оно што људи називају "напад сатане" више би требало да се зове "демонски напад". Сатанине снаге су по целом свету, али је врло тешко рећи да је сатана лично умешан у све то.

Овакво погрешно мишљење о сатани је настало делимично и из погрешне идеје у древној Грчкој и подели света на природни и натприродни. Ми претпостављамо да сатана мора бити натприродан и ми га стављамо у снази поред Бога, као да је он равноправан у снази и ауторитету. Уместо да делимо на свет како то ради Библија, са Творцем на једној страни и сатаном на другој. Сатана није свемогућ, свеприсутан и свезнајући, он је само створење.

Друго, сатани треба Божје одобрење да нападне Јова. Сатана не сме ни да додирне особу која је Божја без његовог одобрења. У Новом завету, Бог овећава верницима да више никада неће бити тестирани на начин који је овде, зато што он контролише искушивача.

Људски заплет

Већи део књиге описује дебату између Јова и његових пријатеља. Кључно питање које је постављено је: "Зашто Јов пати више него други људи?" Постоје два становишта:

1. Пријатељи су убеђени да патња дошла зато што је Јов грешан.
2. Јов је прилично убеђен да он није грешник и објављује своју невиност.

Пошто читаоци знају да је Јов праведан, дијалог је жив и узбудљив.

Структура са два заплета подсећа нас да нико од нас не зна целу представу када требамо да разумемо патњу невиних. Поред тражења разлога, свако од нас је суочен са још већи питањем: Да ли ја треба да наставим да верујем у доброг Бога када све пође наопако? Ова књига даје одговор на то питање.

- *Физичко?* Важност ове ставке је појашњено питањем "Који је био Јовов највећи бол? Који је физички био највећи? Био је пун пликова на лицу и по кожи, био је уморан и очигледно био у великом физичком болу.
- *Друштвено?* Његов физички изглед и сазнање његове околине о његовој трагедији од њега је направило бегунца. Седео је на гомили пепела на крају села и људи су пролазили поред њега са друге стране улице и нису хтели да причају са њим и чак му се смејали.
- *Ментално?* Сусрео се и са менталним болом незнајући зашто се све то њему догађа. Нарочито што се чинило да ништа у његовој прошлости није упућивало за то.
- *Духовно?* Његов духовни бол је био већи од свих, зато што је осећао да је изгубио везу са Богом. Плакао је, тражио је да га пронађе ако може, разговарао је са њим, чак се и свађао! То је заиста био истински, дубок бол. Агонија патње је још већа ако осећамо да је Бог далеко од нас и да никога није брига. (Ипак, када је Јов коначно проговорио са Богом, није све отишло у правцу у којем је замишљао.)

Увод
Увод нам представља личности у причи.

Бог
Бог (кога зову Јахве) покреће целу серију догађаја изазивајући сатану.

Сатана
Сатана је саветник у кажњавању. У хебрејском тексту он је назван сатана што значи *оптужитељ*, сатана није прикладно име.

Јов
Јов је описан као "невин и праведан, плаши се Бога и избегава зло". Те две ствари иду заједно: плашити се Бога значи бежати од зла. Ако вам недостаје страх од Бога, онда ви нисте забринути око греха. Бог је очито задовољан са Јововом побожношћу и благосиљао га је са децом, власништвом и добрим здрављем.

Јовова жена
Тешко је писати о тој жени, а да нисмо негативни! Текст је описује као "будаласту жена", што значи да је она неосетљива на Јовову невољу. Она га тера да "прокуне Бога и умре"! Баш када му је потребна помоћ, она је прва која му наноси бол. Кажу му да га је Бог напустио и да и он настави сам.

Јовови пријатељи
Три његова пријатеља су старија од њега. Почели су да седе са њим и нису рекли ниједу реч седам дана.

Људски дијалог
Јов коначно прекида тишину и преклиње дан када је рођен. Жели да је био мртворођен и да је отишао у шеол, који је био несвесни, сеновит живот после смрти у коју су људи Старог завета веровали. Барем би тамо био у миру уместо овог страшног бола. Јесте мрачни, самосажаљевајући говор, мада ниједног тренутка не размишља да одузме себи живот.

Сваки од три пријатеља прича три пута.

Елифас

Његов говор указује да је он старији говорник - побожан, мистични човек. Не као други пријатељи, он је нежан при приступу. Он верује да је Јов кажњен зато што је згрешио. Он темељи његов поглед на доктрини награде и казне, на историји, на сакупљеном мудрошћу времена. Укратко, ако Јов није згрешио, зашто пати?

Штавише, чак прави и везе са својом визијом коју је имао, да је Јов последица његових заслуга и понашања. Објашњава му да зато што је људска природа суштински зла, неко не може да каже да је невин пред Богом. Пошто смо ми сви грешници, Јов само треба да призна да је тај грех узрок његове патње. Кад Јов упита зашто пита више него други, Елифас му каже да је патња начин на који Бог од њега ствара бољу особу.

Иако је овај предлог веома нежан, Јов га не прихвата, па тако Елифас постаје неосетљив у свом аргументу, тврдећи да Јов престане да се позива на своју невиност и да је непоштен, ако то може да одштети религијска веровања. Елифас јасно одвраћа од Јова такво гледиште и на крају пружа симпатију кроз сарказам. Тврди да ако смо сви грешни, онда не треба да кукамо око наше патње. Зли неће просперитати, па чак и ако просперирају, неће бити срећни - само ће изгледати као да су срећни.

На крају, како Јов не одговара, Елифас прича о Божјој непролазности. Сматра да је Бог превише велики да би био забринут за њега, па тако Јов и не трага да очекује помоћ, Бог се не бави индивидуалним животима.

Вилдад

Његово име заправо значи *миљеник Божји*, али његове речи не оправдавају његово име. Традиционално, најстарија особа прва прича у оваквој ситуацији, а Вилдад је јасно нешто млађи од Елифаса - вероватно је имао око 50 година.

Он је један од филозофа и беспрекорни традиционалиста. Пун је клишеа, жаргона и формула, и нема много стрпљења и сажаљења за Јова. Он каже Јову да је изгубио децу због тога што су му деца били грешници и заслужили Божји гнев. Он верује у морални свемир где се узрок и последица примењују на наш морални живот, исто као и на материјални.

Што се тиче Вилдада, ако грешиш, ти патиш, тако да Јов мора да је грешник. Није изненађујуће што са правцем овог дијалога расте подвојеност.

На крају каже Јову да прича глупости. Он тражи уточиште у Божјој свемоћности, и пита Јова да ли заборавља да је Бог свемоћан. Будући да је Бог већи од нас, ми не можемо да се свађамо с њим, па зато само треба прихватити његову вољу.

Његова крајња порука је слична као и код Елифаса: Свемоћни Бог је одговор.

Софар

Следећи човек који разговара са Јовом је најдогматичнији од свих. Он је млађи од претходне двојице, још увек је у средњим година. Софар оптужује Јова да скрива своју кривицу. Он тврди да чак и ако Јов не греши свесно, онда мора да буде да греши несвесно. Он чак вређа Јова и каже му да бира између широког и уског пута - то је пут зла и пут праведности. Он признаје да је збуњен просперитетом лоших људи, али све је то кратког даха. Зато што је Јов изгубио власништво, мора да је зао. Софар подсећа Јова да је Бог свемоћан и сигурно зна за Јовове несвесне грехе.

Аргументи тројице говорника имају доста заједничког. Они сви признају да живимо у свету последица и ефеката, они покушавају да подрже чињенице у које они верују.

Они тражи заклон у доктринама и покушавају да их наметну Јову. Заиста су њихови аргументи примери како не треба примењивати библијске доктрине! Ми морамо да останемо постојани за јасне доктрине, али исто тако морамо да будемо опрезни како их примењујемо у сваком индивидуалном случају.

На пример, понекад је истина рећи да неко није излечен зато што није имао веру, али би морао да има завидну мудрост да би знао када се максима може применити на поједину особу. Велика штета се може направити ако нисмо довољно мудри.

Ако имамо ово у виду, говор три пријатеља нису сва лоша и садрже трагове да ће само Бог донети завршни одговор.

Јов

Јов девет пута говори: три пута Елифасу, три пута Вилдаду и три пута Софару. Тим говорима Јов фактички каже да је Бог одговоран за његову патњу. Објашњава да једноставно не може да се покаје зато што није свестан својих грехова. Виђен је да живи праведно у Божјим очима.

Чини се да у његовим говорима има градације. Видимо све већу и већу храброст, и у обраћању својим пријатељима, а исто тако и обраћању Богу.

Дефинитовно постоји промена између очајања и безнадежности са једне стране, и уверења и наде са друге стране. Оваква промена расположења су карактеристична за људе који су болесни. Понекад се нада да ће ствари да се окрену на боље, а понекад се плаши да ће све отићи на горе. Јов каже Богу да га остави на миру, а опет са њим прича искрено и истинито. Жели да сатера Бога у угао, да би победио у случају против њега. Он благо наговештава живот после смрти, али је тешко рећи да ли је то производ полетне промене расположења или јасно веровање.

Постоје два изузетна дела у Јововим говорима. Прва је 28. глава, песма о мудрости. Мудрост је дефинисана као жена коју би желели, нешто како то описује Соломон у својим пословицама. Јов носталгично прича о данима када је био поштован и његове речи су вредне.

Други изузетан текст је у 31. глави, протест због Јовове невиности. Он препричава области у којима описује своје понашање. Он се слаже да ако је прекршио те стандарде, казна би била праведна; али он протестује зато што није. Јов тврди да нема разлога за ове казне.

Елијуј

Он је имао ароганцију младости. Тврди да се колебао да ли да прича, али да није могао да одоли. Признао му је шта је последња идеја, али на крају није имао ништа ново да му каже. Елијуј одбацује Јовове аргументе, али његов приступ је исти као и претходна три говорника - покушава да убеди Јова да је починио грех.

Елијуј каже да Бог користи различите начине да спасава људе од њих самих - визија, ноћних снова и болести. Патњу коју Јов тренутно трпи је Божји изабрани метод за њега. Он му помаже да се носи са тим, пре него што умре. Јов га чак није удостојио ни одговора, па тако Елијуј одлази.

Приметили смо раније да мудра књижевност мора да буде пажљиво интерпретирана. Неке од изјава четири говорника сигурно нису тачне, јер они говоре о стварима које они не разумеју довољно.

Али с друге стране имамо и нешто што је тачно; њихове грешке су направљене на начин како користе њихову мудрост. Узимају пословицу "Шта човек сеје, то ће и да жање" и мисле да то мора да се примени на Јовов случај.

Штавише, они се жале да Божји карактер није прикладан. - Они нису добро схватили како то може да се примени на Јова. Елифас се жали да је Бог изнад свих ствари, са речима да је Он већи од свих нас и да је превише далеко да би мислио на нас. Вилдад се жали на Божју моћ, а Софар на Бога који све зна.

Тако да су пријатељи само половично у праву, што ће Јов касније видети, али ако их гледамо у целини, одговори које су му дали нису били адекватни.

Божански дијалог

Први круг: Творац

За време свог говора, 36 пута Јов моли Бога да разговара са њим. Сада је коначно услишена његова молба.

У оба случаја када Бог разговара са Јовом, траје олуја. Има и мало хумора у начину на који се Бог обраћа Јову. Бог га прво подсећа да је он Творац свих ствари. Он се креће кроз активности у својој творевини и одржава је, па пита Јова да ли је и он вичан том послу. Завршава овај део са питањем да ли Јов мисли да је способан да суди и да је равнодушан на то да ли Јов верује да Бог мора да му одговори. Јов почиње да се осећа малим.

На крају Јов одговара: "Ја нисам вредан - како да ти одговорим! Стављам руку на моја уста. Једном сам рекао, али сада немам одговор - двапут, нећу више ништа да кажем".

Други круг: створења

У другој рунди разговора Бог више не говори о себи као Творцу, већ о две врсте створења. Поново је дијалог готово хумористичан. Он пита Јова да ли је размишљао о нилском коњу (бехемот) или о крокодилу (левијатан), као да одговор на ова велика питања можемо наћи у тим необичним створењима!

Јова је поново подсетио да он не може да разуме Бога. Он не

може да разуме животињски свет, а тек камоли морални свет. Тако да је суштина питање "Зашто покушаваш да се свађаш са мном?"

Јов му каже да Бог зна све и да ниједан његов план не може бити осујећен. Сада схвата да није било прикладно да преиспитује Бога и презире себе и каје се у праху и пепелу.

Иако је сусрет са Богом понижавајући за Јова, срце његовог проблема се решава, зато што је поново у вези са Богом. Дијалог пружа чаробни, ако не и неочекиван климакс књиге.

Епилог

Када Јов више није очекивао да ће Бог да му се обраћа, текст се мења од поезије у прозу. Бог враћа његову децу (седам синова и три кћерке), имање и стадо камила и оваца, па тако Јов постаје још богатији и срећнији него што је био. Он је означен као Божји слуга.

Ипак, Бог је дубоко критичан око његових пријатеља. Каже да нису причали тачно о Јову, па не бисмо требали да цитирамо њихове говоре као истините.

Импресивна ствар у вези ова два круга разговора је да Бог на крају не даје одговор Јову и не помиње опкладу са сатаном. Бог је имао своје разлоге зашто је допустио да Јов пати, и није било добро за Јова да зна шта се одигравало на небесима.

Закључак

Корисно је да видимо да различите закључке можемо да извучемо из ове књиге.

Јеврејски закључак

1. Не постоји строга корелација између греха и патње у животу.
2. Бог дозвољава страдање.
3. Можда никада нећемо сазнати разлог зашто. Неке патње могу бити послате на нас као казне. Али и да нису, можда су пуне сврхе, чак и када је разлог сакривен од нас.
4. Да су грех и патња директно повезани, били бисмо приморани да будемо примерни само из чисто себичних разлога. Љубав према Богу и људима не би била добровољна.

Хришћански закључак

За хришћане књига о Јову може да се види у контексту Новог завета.

1. Јов је знао за Бога природе, а не за Бога милости. Исусов крст ставља другачију вредност на људску патњу. Јов је тип Христа, претходивши оном који је невино патио вековима касније. Исус је био праведан човек, а опет је страдао као да је крив. Кроз крст ми можемо да видимо како Бог може да искористи сваку ситуацију за добро. Сва људска патња мора да буде виђена против позадине патње на крсту.
2. Бог дозвољава сатани да донесе смрт Исусу на крсту, са питањем његовог Сина "Мој Боже, зашто?" Као и са Јовом, Бог није објаснио зашто. Ово сугерише да под притиском бола од распећа, чак је и Божји Син изгубио смисао за разлог свог страдања.
3. Хришћани знају да постоји живот после смрти. Проблеми страдања неће бити решени у овом животу. Интересантно, у грчкој верзији књиге о Јову додат је пасус: "и написано је да ће он (Јов) устати поново са оним које Господ подигне".
4. Хришћани верују да ће се Исус вратити да суди живима и мртвима. Једнога дана биће сцена да судницом где ће Исус судити свим злобницима и праведницима који су икада живели, стојећи пред његовим троном и добити оно по чему су живели у телу. Тако да оно за чим је Јов жудео, уствари ће постати истина. Биће јавно изрицање правде, са Божјом праведношћу које ће се применити на целу људску расу.

ОПАДАЊЕ И ПАД ЦАРСТВА

17. Увод у пророштво	347
18. Јона	353
19. Јоил	361
20. Амос и Осија	373
21. Исаија	393
22. Михеј	413
23. Наум	423
24. Софонија	429
25. Авакум	439
26. Јеремија и тужбалице	451
27. Авдија	473

17. УВОД У ПРОРОШТВО

Ове библијске књиге се односи на период пре изгнанства - а то су пророци који су службовали пре два велика егзила Божјег народа. Народ северног царства Израела је депортован у Асирију 722. године пре нове ере, док је народ јужног царства Јуде (Јудеје) вођен у Вавилон 587. године пре нове ере. Већина пророштва у овој делу књиге тиче се упозорења који Бог шаље народу да ће бити истерани из земље ако се не врате завету. Таква катастрофа за њих је била несхватљива, јер народ није могао да замисли да ће њихов Бог дозволити уништење храма и да им одузме обећану земљу.

То није била једина суштина поруке. Неки су имали шта да кажу и о народима који су окруживали Израел и Јуду, а неке су биле директно изречене другој нацији.

Постоји много забуне око природе ових пророчанства, оних у Библији и ових модерних, па је потребно објашњење ових књига.

Пророковање је било саставни део живота одабраног народа још од стварања нације. Мојсије је описан као пророк, а књиге које ми третирамо као библиска историја, у јеврејским скриптама их зову "Пророчке књиге" (Све библијске књиге су углавном састављене од пророчких порука, где су "рани пророци" укључени у историјски наратив, често пута имамо више пророка у једној књизи), мада њихов редослед у Библији не одражава временски редослед по којим су написане.

Били су обични људи, али су имали необичан задатак да говоре у име Бога. Они су примали божје поруке у речима и сликама. Речи се у њима *постајале тешке*, тако да су осећали њихов терет све до момента док нису остварене.

Те слике су називане визијама који су долазиле док су били будни или у сновима ако су спавали у то време. То је важно да разумемо, јер када они описују своје визије, они говоре у прошлом времену, као да су се већ догодиле. Ми то обично стављамо у будуће време и кажемо "Видео сам да ће се то догодити", али пророци су то стављали или у садашње време - "видим да се то догађа" или у прошлом времену - "видео сам да се то догађа". У оба случаја, пророци предвиђају будућност. Описи су веома детаљни. Наум, на пример, стварно је видео војнике у црвеним униформама који ће уништити Вавилон. У његово време ниједна војска није била обучено у црвено, осим Персијанаца, који су се касније појавили на сцени и уништили Вавилон са војском у црвеној опреми.

Пророчки дар је имао две стране. Способност да се говори у Божје име која зависи од способности да се чује Бог. Порука би морала прво да се чује, пре него што буде објављена. До пророка су поруке долазиле различитим каналима, физичким, менталним и духовним.

Бог може да говори разумљивим гласом. Мада није забележено да је то радио често - када је говорио, људи су мислили да је то гром - као на пример, када је Бог проговорио са Исусом на крштењу "Ти си мој љубљени Син".

Бог такође може да стави речи и у нечији мозак, тако да пророк зна да чује Божји глас. Временом су пророци развили способност да разликују Божји глас од сопствених мисли.

Такође, Бог може да говори духу пророка и да у њега унесе речи који пророчки ум не може да разуме. На пример, када се неко моли језиком, Бог говори духу те особе и ставља своје речи у њена уста, иако та особа може и да не разуме шта се догађа.

| БОГ | ПРОРОЦИ | НАРОД |

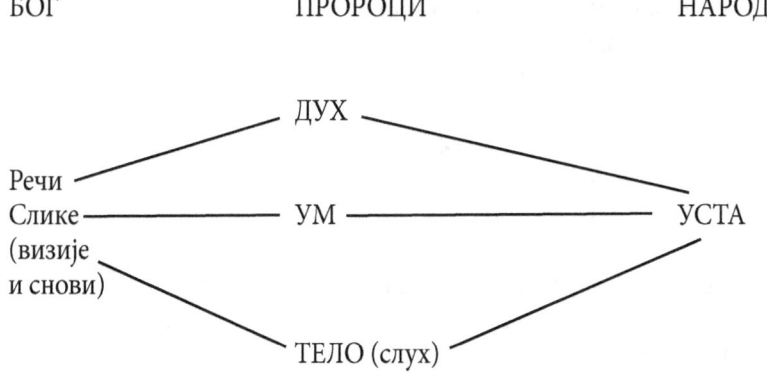

Наравно, Бог може устима да говори директно телу, па да заобиђе и разум и дух неке особе - као што је то урадио са Валамовим магарцем у *Бројевима*. То је веома ретко.

Без обзира на начин примања, Божје речи морају одмах да се објаве народу речима пророка.

Обично су постојале две врсте порука: *поруке изазова*, када је народ грешио, и *поруке утехе*, када је народ добро чинио. Када су поруке углавном биле негативне, то је обично било када је било проблема. Већина пророчких порука биле су изазов, а не утеха. Књига Исаије је у првом делу изазов, а у другом делу утеха.

Лажни пророк би увек изговарао само речи утехе јер му је било важније да задовољи људе него да објави Божју реч. Тако је Јеремија био утамничен и лоше третиран само због своје речи, у оно време када је народ доста застранио од Бога (али чак и код њега можемо наћи речи утехе).

Зашто би ми истраживали пророке?

Ми нисмо Јевреји, зашто бисмо ми студирали њихову историју?

Одговор је веома једноставан. Ми их студирамо да бисмо боље упознали Бога, а Бог се не мења. Пророци откривају Бога - Бога који је себе открио као велики "Ја сам" или "Увек".

Постоје три ствари на које су пророци фокусирани, а то су:

1. *Божја активност - моћно*
   Природа: чуда
   Историја: кретање

2. *Божји интегритет - предвидљиво*
   Правда: казна
   Милост: опроштај

3. *Божја флексибилност - лично*
   Човек: покајање
   Бог: попустљивост

1. Пророци су окренути ка деловању Бога - шта је радио, шта ради и шта намерава да уради. Када ми рецитујемо апостолску вероисповест у Цркви, ми почињемо речима "Верујем у једнога Бога, Свемоћног Оца, Творца неба и земље". То је онако како су га пророци представљали - Бога који је свемоћан и који контролише и природу и историју. Тако он може да чини чудеса у природи и иницара догађаје у историји. То је концепт Бога који ми морамо да задржимо у овом модерном, научном времену, у коме већина људи природу види као затворени систем, а историју као резултат економских узрока. Тако лако је заборавити да Бог има апсолутну контролу над природом и историјом. Читајући ове пророке, наш ум стално морати имати слику Бога који може урадити било шта у природи и историји.

2. Пророци приказују Божји интегритет - Бог је доследан. Он је увек исти: не мења своју нарав. Он је јединствена комбинација правде и милосрђа. Ако протресете једно или друго, наћи ћете Бога ван равнотеже. Ако размишљате само о правди, онда ће бити врло тешко, ако гледамо само на милост, наћи ћемо Бога који је стално тужан. У првом случају биће то само страх без љубави, а у другом љубав без страха. Пророци нуди савршену равнотежу. Божја правда значи да се грех мора казнити, а његова милост нам говори да Он жуди да људи затраже опроштај. Ова супротност је решена на крсту, где се срећу правда и милост. Греси су истовремено кажњени и опроштени на истом месту и у истом тренутку - Исус је примио казну да би нама било опроштено. Интегритет Божјег карактера значи да ми можемо да предвидимо Његово понашање. Он ће примењивати милост колико год може,

али ако неко упорно одбија мораће да примени правду. То је, рецимо, порука коју нам дају Јона и Наум.

3. Пророци такође наглашавају Божју флексибилност. Ја верујем да је ово један од најважнијих увида у Божји карактер. Он може да промени своје планове - они нису фиксирани у вечности, они се мењају у складу са одговором и са понашањем народа. То се нарочито види на примеру Јеремије. Јеремија одлази код грнчара и гледа како грнчар покушава да од глине направи лепу вазу. Али му глина стално бежи из руке и не успева да направи ту лепу вазу, па од глине прави просту, грубу посуду. А онда Бог пита Јеремију: "Да ли си научио лекцију о грнчару и глини?"

Већина проповедника говори о овој причи, али је не разумеју. Они кажу да је глина одређивала који ће облик узети, што даље води ка предестинацији - ако Бог одлучи вашу судбину - ту сте заглављени. У ствари, глина се обликује од грнчаревих руку, а не сама од себе.

Бог је рекао да жели да Израел буде посуда његовог милосрђа, али они нису имали ту посуду, па им је Бог направио посуду пуну правде.

Значи, пророци су говорили да је Бог личност, која је жива и која нас позива да имамо међусобне односе са њим. **Ствари нису унапред одређене** - то се зове *фатализам*. Бог је флексибилан - он подешава свој народ. Када људи одговарају на прави начин, он од њих прави предивне вазе. Када одговарамо погрешно, он ће и даље направити посуде од нас, и то ће бити посуде правде, и ми ћемо бити демонстрација Божје правде за остатак света. Избор је ваш. Који облик глине желите да будете? Да ли ми желимо да над нама буде приказана демонстрација Божје правде или Божје милости?

Флексибилност Бога је веома драгоцена суштина за мене, али је тужно, да је то слика коју већина хришћана не види. Будућност није фискирана; све је отворено, јер имамо персоналног Бога. Једну ствар коју Бог не може да промени је прошлост, али он мења и промениће будућност. Библија се чак уздржава да тврди да ће се Бог покајати, ако се ми покајемо. Ово не треба да нас уплаши. Реч покајати се значи једноставно променити своје мишљење. Тако, када ми променимо мишљење, и Бог промени мишљење! А опет Он се не мења по карактеру, тако да се увек можемо на њега ослонити.

Зато је добро да читамо пророке да бисмо Бога упознали боље. Он је свемоћни Бог и може да уради било шта у природи и историји. Он је предвидљив Бог - оне ће деловати у складу са својим интегритетом и карактером - тако да можемо да знамо како ће реаговати. Али Он је такође и персонални живи Бог који хоће да има односе са нама, да ми њему одговарамо и он одговара нама. То је Бог кога ми обожавамо.

Пророци пре прогонства су неки од најбољих, али и мање познатих пророка, али нам сви заједно дају широк распон стилова и пророчке службе.

18. JOHA

Увод

Увод Јонине приче указује такође и на Наума, јер постоје значајне сличности између ова два пророка. Јона и Наум су обојица послати на исто место и носили су исту врсту поруке.

Јона је рођен у месту близу Назарета. Био је локални херој за народ тог краја и Исус је вероватно чуо за њега кад је било мали. Од свих пророка, Исус је поредио себе са Јоном.

Наум је дошао из Капернаума. Капер значи *село*, тако да Капер-Наум, место је добило име по пророку. Село је било близу где је Исус био на обали Галилејској мора, тако да постоји веза и између ова два пророка.

Посебно је важно је и што су долазили из северног дела који је важио као међународни део Израела. Звао се и *Галилеја нација* зато што је у то време Галилеја била раскрсница света. Пут из Европе водио је доле према обали и источно према Арабији. Пут из Африке ишао је из Египта, ишао кроз Галилеју и водио у Дамаск. Свако ко је из Азије ишао у Африку и из Европе ишао у Арабију, морао је прође то раскршће. На том раскршћу налази се мало брдо које се зове Мегидо. Брдо Мегидо на хебрејском значи *Армагедон*, где ће се одиграти последња, одлучујућа борба у историји. Из Назарета се са брда може видето то раскршће. Сигурно је Исус са тог брдашца гледао путнике и каравене како туда пролазе, као што би неки путник данас на аеродрому гледао авионе и путнике како долазе и одлазе.

Галилеја је била место за међународну размену, док је народ на југу био националистички настројен и изолованих од тих рута.

Тако имамо две локације унутар нације које су повезане са мисијом Исуса. Он је био популаран на међународном северу, али није био популаран на националистичком југу, где је на крају и разапет.

Јона и Наум су били северњаци и били су свесни међународног карактера и обојица су послати у Асирију.

Света земља је била угрожена од западних и источних снага. Израел је стално био стешњен између та два моћна блока који су покушавали да надвладају један другог. Неко је рекао да ако се налазите тачно у средини раскрснице, ви сте одређени да будете прегажени, и то је баш оно што се догодило. У тим данима Јоне и Наума, Асирија са главним градом Ниневијом је била проблем.

Јона је отишао у Асирију 770. године пре нове ере, а Наум 620. године, па тако имамо 150 година разлике. Обојица су били постати због велике грешности асиријског народа. Асирија је империја која је постојала око 750 година и у једном тренутку су освојили Египат. Настали су као мала нација око 1354. године пре нове ере и постепено расли. Како су се ширили, ширила се и њихова суровост. Штавише, Асиријци су били један од најсуровијих народа у људској историји. Они су измислили набијање на дрвени колац живих људи до њихове смрти. Хиљаде људи је тако убијано. Владали су уз помоћ терора.

Наум је прозвао Ниневију **крвавим градом** и то име су и заслужили. Ако су Асиријци бацили око на неку државу, тај народ би свакако био смртно уплашен шта би могло да им се догоди.

Софонија је такође причао са Асиријцима, али је Наум отишао код њих и рекао им: "Готови сте! Бог ће вас збрисати са лица земље". Тако је и било, Ниневија је пала 612. године и цела асиријска империја је нестала у наредних пет година, баш после Наумовог пророчанства.

Чињеница или измишљотина?

Ако говоримо само о Јони, ово је питање које морамо да поставимо. Већина људи ову причу зна као причу о Јони и киту, а како гледају на њу зависи од тога да ли верују у причу као истиниту или не.

Неки кажу да инцидент где је Јону прогутао кит (или велика риба) подсећа на причу о Пинокију, који је такође живео у утроби кита. Кажу да не можемо очекивати од људи да ову фантастичну књигу прихвате као истиниту. То мора да је парабола о моралу и о другим стварима које имају неки значај. Неки кажу за слушаоце да се лате мисионарског посла - то је подсетник да Израел мора да има мисионарску одговорност према свету. Јона бежи од своје мисионарске службе, то је лекција из које Израел мора нешто да научи.

Параболе које се налазе у Библији обично врло јасно указују на нешто. *Јона* је, ипак, третиран као историја. Када Исус прича параболе, у њима нема чудеса, а у овој причи имамо осам чуда.

Други учењаци сматрају да је књига о Јони алегорија, са сваким инцидентом који одговара стварном животу. Тако је Јона персонификација Израела, као што је лик Џона Була представља Британију, а ујка Сем представља Сједињене Државе. Они кажу да је Јона кога је прогутао кит метафоричка слика Израела које је прогутан у прогонству.

Међутим, постоје озбиљне замерке да ову књигу третирамо као фикцију.

1. Стил књиге је потпуно исти као и историјских књига. Употреба речи, начин и граматика су идентични *Првој* и *Другој књизи о царевима*.
2. Књига се бави стварним местима и стварним личностима који се спомињу и у другим деловима Библије. Јона је споменут у *Другој књизи о царевима*, па тако знамо да је он био пророк за време владавине Јеровоама II. Његов отац се звао Анатај и третиран је као стварна особа у историјским библијским књигама.
3. Још важније, Исус је третирао Јону као истиниту личност. Он је веровао у причу о Јони и великој риби. Он је рекао да је овде неко важнији од Јоне и поредио је своју смрт са временом који је Јона провео у киту.
4. Изнад свега, све теорије које тврде да је Јона парабола или алегорија, нису фер према 4. глави. Главно питање које треба да поставимо у овој причи је "Зашто је Јона побегао?" Многи људи нису ни постављали ово питање! Зашто су, онда, људи склони да гледају на Јону као на особу која није постојала? Зашто им је тешко да прихвате ову књигу као чињеницу?

Прва замерка је да оно то што му се десило је физички немогуће. Друга је да је један јеврејски учитељ успео да преобрати један цео пагански град. Да ли можемо да замислимо да један Јеврејин дође у Лондон, који би проповедао на Трафалгар Скверу и да приведе цео град ка Богу? Чини се мало вероватно да би се цео град покајао.

Што се тиче физичке немогућности, прво да се запитамо; "Да ли је могло да се догоди?"

Да ли је могуће да човек буде прогутан од стране кита или неке друге велике рибе?

Када сам био пастор у селу Чалфонт, област Бакингхемшајр, локални ковач је имао сина који је радио са сисарима у Калифорнијској марини. Тренирао је кита и делфина у једном малом базену, који су временом постали пријатељи. Када је делфин био мртав, кит није дозвољавао људима да узму тело делфина од њега, стално га је вукао и покушавао да га оживи три дана. Стално га је урањавао и покушавао да га оживи. Син тог ковача ми је показао филм, за време тих три дана, а био је величине човека.

Мртав или жив?

Још једно важно питање је да ли је Јона био мртав или жив? Никада нисам постављао то питање пре него што сам одгледао овај филм о делфину кога је покушавао да оживи кит. Када сам поново прочитао причу о Јони, забезекнуо сам се када сам увидео да постоји знак који указује да је кит покупио мртво тело.

Ако читате другу главу открићете да се Јона уствари удавио. Када су га избацили са брода он је потонуо на дно мора, са главом међу морским коровом. Очигледно да је прошло више од минут и по док је Јонино тело додирнуло дно мора! Недељне школске брошуре погрешно представљају кита који је пливао по површини мора. Ниједна слика га не приказује са главом међу биљем на дну Медитеранског мора.

Још уз то, молитва са којом се молио сугерише нам да је већ био у шеолу, месту мртвих. Јона се сећа последњих тренутака своје свесности, када је живот излазио из њега и када га је вода опколила. Он каже да се тог тренутка сетио Господа.

Према томе, сви докази указују на то да је Јона био мртав. Изгледа да кит није покушавао да Јона преживи, већ да га оживи. Када га је кит избацио на обалу, тада му је Бог вратио дух и он је оживео. То се веже за Исусову изјаву да је Јона био у утроби кита, а Исус у утроби земље.

Скептицима би било лакше да верују да је Јона био прогутан и остао жив, него да је био поново оживљен! Ја верујем да је Јона изузетни пример васкрсења у Старом завету.

Чудеса

Интерпретација ове књиге нас наводи на још већа питања нашег веровања у Бога. Овде немамо само питање како је кит прогутао Јону које треба да објаснимо, већ имамо осам чуда која се догађају, која су још и већа од поменутог.

У последњој глави имамо да Бог наређује црву да нешто уради. Ковачев син у Калифорнији је лако тренирао китове - то су веома интелигентни сисари - али никада нисам видео да је неко тренирао црва! Овде Бог говори црву шта да ради. Ако ми неко каже: "Па није ваљда да још увек верујеш у ту причу о Јони и киту?" Ја бих рекао: "То није ништа - ја верујем и у причу о црву!" Обично би нас само празно погледали, зато што не би имали идеју о чему ја то причам.

Да погледамо на чуда у овој књизи:

1. Бог шаље ветар који узрокује олују, и брод је у опасности.
2. Када морнари бацају коцку да виде који је узрок ове бесне опасности, показује се на Јону. Бог контролише коцку и случајности.
3. Када бацају Јону у море, олуја престаје.
4. Бог шаље велику рибу да прогута Јонино тело.
5. Бог шаље кита на обалу да испљуне Јону на суво.
6. Бог ствара дрво рицинуса да израсте преко ноћи.
7. Бог шаље црва да уђе у земљу да изгрицка корен, па биљка умире.
8. На крају шаље топли, загушљиви пустињски ветар.

Тако у осам прилика Бог контролише природу.

Како реагујемо на ове догађаје много говори. Постоје три филосо́фска погледа на свет у Уједињеном Краљевству:

1. Атеисти кажу да Бог није створио овај свет, па зато га и не контролише.
2. Деизам је чешћи случај који тврди да је Бог створио овај свет, али га више не контролише. Рекао бих да је већина људи у британским црквама деисти, што значи да не верују у чуда. Тако они иду у Цркву и захваљују Богу што је створио небо и земљу, али неће да се моле око времена!
3. Теизам је библијска филосо́фија која каже да Бог не само да је створио овај свет, већ га и контролише.

Наравно, постоји хришћани који комбинују ове три филосо́фије. Верују у библијска чуда, али не верују да се чуда могу догађати данас. Они су практични деисти, а теоретски теисти.

Преобраћење Ниневије

Да се окренемо ка психолошкој немогућности да се преобрати огроман град као што је Ниневија. Ево аргумента који говоре у прилог овој историјској чињеници:

1. Прво, били су религиозни и чак сујеверни. У стварности су веровали у Бога.
2. Друго, били су криви. Кривица нас чини кукавицама, па тако када су били оптужени за оно што раде, знали су то и били су спремни да признају.
3. Треће, промена је почела од дна, прво су обични људи и радници кренули ка палати.
4. Четврто, имали су знак на Јони. Јонина кожа је била бела због времена проведеног у киту, па то мора да је био изузетан знак. На њих је оставио јак утисак то што Јона уопште није објашњавао шта се десило.
5. Пето, пре свега, када Свети Дух нешто ради, ово се догађа.

Немам никаквих потешкоћа да верујем да се цео град покајао. Исус је сигурно веровао када је рекао да ће устати народ Ниневије на Страшном суду, зато што су се покајали када су чули за Бога.

Зашто је Јона побегао?

Ово је велико питање које уопште није разматрано у детаљима. Зашто је Јона бежао од своје службе? То је предмет четврте главе, која се ретко чита и ретко проповеда. А опет је само срце ове приче. Зашто је Јона тако одбојан? О чему је размишљао?

Неки кажу да је превасходно мислио на самог себе. Био је уплашен да иде у Ниневију - могао је да буде набијен на колац као непријатељ Асирије. Јона нам не објашњава зашто је рекао морнарима да га слободно баце у море. Јасно је да се није плашио смрти.

Друго, људи кажу да је Јона мислио да безбожници не треба да чују за Бога Израела. Ово је као неки обрнути антисемитизам - можемо да га назовемо *антинезнабоштво*. Али ни то нам не објашњава зашто је бежао у незнабожачки град Тарс.

Други кажу да је мислио на Асиријце, најокрутнији народ на земљи. И да је, више од свега, заиста мислио на Израел, зато што је Асирија била велика претња Израелу, тако да није хтео ни има ништа са могућим освајачима.

Ништа од тога не објашњава Јонине речи у последњој глави. Рекао је Ниневљанима да за 40 дана Бог ће збрисати њихов град са лица земље. Резултат његове проповеди је да се народ покајао. Несрећа је избегнута.

Евaнђелистa би био одушевљен да спасе цео град, а Јона је био разочаран.

Сео је на неко брдашце ван града и рекао Богу: "Рекао сам да ће се то догодити! Знам ко си ти! Знао сам да ћеш да их пустиш. Знао сам да ћеш само да им претиш уништењем!" Да ли Јона уопште жели да народ буде спасен? Он је толико ускогруд и фанатичан, да он уствари не жели да се народ покаје?

Кључ за ове речи је шта је рекао Богу у својој земљи: "О, Боже, зар то није оно што сам рекао када сам био кући? Зато сам био тако брз да путујем за Тарс. Знао сам да си ти милостив и саосећајан Бог, спор на гнев и обилат у љубави, Бог који одбија да шаље несреће (4,2).

Морамо да се вратимо на *Другу књигу о царевима* (14,23-25) да би пронашли шта се Јони догодило у његовој земљи.

Када је позван као пророк, послат је израелском краљу Јеровоаму II - озоглашеном, лошем краљу који је чинио зло у Божјим очима. Када је Бог рекао Јони да иде код краља, Јона се у први мах одазвао позиву, очекујући да ће моћи да се обрачуна са краљевом злобом. Али порука коју је Јона пренео није била оно што је он очекивао. Бог је рекао "Иди и кажи краљу да хоћу да га благосиљам, да ћу проширити његове границе и направити од њега великог." Јона је протестовао јер је то био лош краљ и да је то погрешан приступ.

Јона је рекао Господу у свом срцу: "То неће успети, Господе, ако благосиљаш лоше људи они ће постати још гори".

И заиста, краљ и јесте био све гори. Што га је Бог више благосиљао, краљ је био све гори. Тако је Јона закључио да милост не мења зле људе. Он је рекао Богу да он зна Божје методе боље него сам Бог.

Божја самилост

Тако је та последња епизода створила Јонин став када је кренуо у Ниневију. Рекао је "Хајде да видимо шта ће се догодити, Господе. Ја ћу да гледам и да видим шта ће се догодити, да то што си их пустио да ли ће да их излечи или не, да ли ће им бити боље или горе."

Морамо да подвучемо да је све ово Јонова завист на Божји карактер и репутацију. Јона не може да се носи с тим да неко користи божанску милост. Веровао је да је њихово покајање само површинско и да неће дуго трајати. Мислио је да ако Бог буде благ са њима, они би закључили да Бог никада не испуњава своје претње и осуде. У Јоновим упозорењима била би сумња, упозорења би била чак и исмејавана и на крају заборављена.

Када је биљка порасла поред њега, био је веома захвалан, зато што му је направила хлад. Али када је црв изгризао корен биљке и када се осушила, Јона је поново постао бесан. Питао је Бога зашто је то урадио. Бог му каже да је са правом бесан због биљке, али да ли има право да буде бесан због Ниневљана? Тамо је било 120.000 људи у граду и много стоке. Да ли Бог има право да се саосећа са њима?

И поред тога што је Јона био љубоморан на Бога зато што не жели да види како Асиријци избегавају казну, он није разумео ни Божју самилост, његову жељу да одложи казну колико је год могуће. Зато је он побегао на море и зато је успех његовог проповедништва био тако празан. Ми често заборављамо колико је Бог стрпљив и колико је пун милости и колико шанси хоће да пружи људима.

Постоји време, наравно, када ће да истекне и Божје стрпљење. То је завршна порука пророка - Јонино време је само било погрешно. То је још увек било време Божје милости и стрпљења за Ниневију. Али то стрпљење неће трајати вечно, као што ћемо видети када анализаримао причу о Науму.

19. ЈОИЛ

Увод

Не знамо ништа о Јоилу осим његовог имена и имена његовог оца, Петуела. Као што оба имена садржавају реч Бог (Ел), можемо да претпоставимо да долазе из породице верника, али ништа сигурно о њима не можемо рећи.

Јоилово пророчанство је дато 10 година после Авдије. Пророштво Авдије је вођено углавном за друге нације, док су за Израел биле присутне углавном добре ствари. Јоил је покупио један концепт који се зове *Дан Господњи*, који је користио Авдија, али је рекао да ће пресуда пасти не само на околне народе, већ и на Израел. То је био приметан шок за Израелце који су мислили да су праведни у очима Бога.

Слично томе, добар број хришћана данас живи безбрижно, живећи у уверењу да ће сигурно отићи на небо, ма како живели. А у стварности, грех међу Божјим народом је озбиљнији од оних који нису међу Божјим народом. У *Посланици Римљанима 2* Павле подсећа читаоце да ако раде исте ствари за које друге, невернике критикују, ни они неће избећи Божји гнев. Бог нема своје миљенике. Идеја да једном када припаднете Богу да сте ослобођени греха је потпуно небиблијски. **Никоме није дата бланко чековна књижица где само треба да упишемо наше грехе и они су аутоматски опроштени.** Не би било праведно од Бога да осуди на пакао неверника за неверство, а да вернику за исти грех само каже "Ево је твоја карта за небо".

Тако су пророци морали да то исправе прво код Израела,

зато што су они веровали да су сви праведни. Илија их је снажно изазивао, али Јоил је први који је рекао да **Дан Господњи** доноси таму, а не светлост.

Налазим да је корисно да анализирамо *Јоила* пре него интерпретације. Три главе су истовремено и три секције пророштва, мада нам није речено да ли су написане посебно или у целини.

Најезда скакаваца - глава 1

Уништена земља (1,1-12)

Пророштво Јоила је покренуто природном катастрофом. Најезда скакаваца је погодила земљу. То мора да је била изузетна појава. Рој скакаваца може бити до 600 милиона инсеката на 1000 квадратних километара. Они могу да поједу до 80.000 тона хране дневно, па када се појаве у некој области, сва вегетација нестаје.

Могу да путују до 32000 километара месечно и да покрију од 5 до 160 километара дневно у трајању од шест седмица и положе 5000 јаја по квадратном метру. Велики су прождрљивци и имају главу коња [када се увеличају - прим. прев.].

Моје једино искуство било је у месту Кано, у северној Нигерији. Иако је било подне, одједном се замрачило. Личило је на помрачење сунца све док нисам видео велики црни облак који се приближава и који блокира сунце и ускоро је био мрачно као у поноћ. Проценио сам да су се кретали 170 километара на сат, и требало им је сат и по да прођу. Када су прошли иза себе су оставили пустош у вегетацији, оштећена дрва без иједног листа. Било је страшно искуство и никад га нећу заборавити.

Иако је то обична ствар у Африци, ројеви комараца су у поређењу веома ретка ствар у Израелу. Када су дошли скакавци, Јоил им је рекао да Бог стоји иза тога. Рекао им је да је то само једно од првих Божјих упозорења иако наставе да живе као до сада, доћи ће још многе горе ствари.

Као резултат најезде скакаваца људи нису имали довољно житарица, па тако нису имали довољно житарица ни за жртовање у храму. Јавно обожавање је престало. Виногради, воћњаци и поља маслина су били уништени. Нација се суочила са сушом, шумским пожарима и глађу, а економија је потпуно заустављена. Неки су рачунали да је Јоилова порука стигла у време фестивала жетве који се звао *Прослава шатора* - исти дан када су требали да славе успешну жетву својих усева.

То је била претеча за разумевање пошасти као Божје казне. У *Изласку 10* осма пошаст скакаваца у Египту је послата од Бога, у *Поновљеним законима 28* Бог је рекао да ће послати пошасти ако је народ непослушан.

То поставља данас веома интересантно питање за нас: Како да знамо да је нека катастрофа од Бога?

Треба да потражимо три ствари:
1. Да ли је директно усмерено против народа
2. Да ли је пророковано да ће се десити
3. Да ли је у нечему необично, у величини или детаљима

Да узмемо један новији пример, историјски гледано, ја верујем да је пожар у Јорк Минстеру 1984. године био Божје дело. Један необичан детаљ ме је у то убедио. Гром који је погодио Јорк Минстер дошао је од врло малог облака који је кружио око тог града 20 минута на плавом небу. Тај облак није био велики за кишу, а ипак је произвео светлећи сноп (без грмљавине) који је спалио катедралу одозго надоле, баш пошто су је реновирали и инсталирали најновију опрему за откривање дима и пожара.

Чланови хора који су били унутра видели су шта се десило, али ништа нису чули јер грома није ни било. Када сам отишао до метереолошке станице, 16 нехришћанских метереолога ми је рекла да то мора да је Божје дело. То је била најнеобичнија ствар коју они нису видели дуго времена.

Људи ме питају да ли је то била Божја пресуда. Ја сам им рекао да је то била **Божја милост.** Чекао је да сви изађу из катедрале после деградираног бискупа који је негирао веру. Он је то могао да уради док су још били унутра. Тако да мислим да је ово више био чин милосрђа него пресуде, а исто тако било је и упозорење.

Један од знакова да је неки догађај Божје дело је да има необичну природу. Неприродно обично демонстрира натприродно. Још један знак тиче се Божјег народа и било је много људи са пророчким даровима који су видели Божју руку у овој несрећи.

Иако то нико није предвидео, многи се питају шта би било ако би овај бискуп био посвећен таквим погрешним веровањима.

Али овакве несреће, било да су од Бога или не, увек су подсетник на Божју пресуду. Важно је да то схватимо, пре него што дамо неприкладне процене око свега шта се ту десило. У *Јеванђељу по Луки 13* Исус је замољен да прокоментарише трагичну смрт радника који су радили на кули у Силоаму када се срушила. Упитали су га да ли су они већи грешници од других. Исус им је рекао да нису, осим у случају да они који су видели ту несрећу се не покају, јер и они ће нестати на исти начин. Сваки земљотерс, тајфун или поплава нас подсећа на крхкост људског живота и потребу да будемо у миру са Богом.

Покајање народа (1,13-20)

У другом делу прве главе ове књиге, Јоил позива старце да прогласе национални дан покајања и упозорава их да ако се не покају следиће страшно понављање Божје казне, мада није конкретан око чега треба да се покају. Морамо да погледамо историјску позадину у *Књигама о царевима* да бисмо сазнали шта се догађало у то време, да је народ морао да добије посебно упозорење.

Не можемо да дефинитивно будемо сигурно око времена Јоиловог пророштва, али је вероватно било у 9. веку пре нове ере, што је било време у *Књигама о царевима*. Кључ може бити у томе да постоје назнаке за свештеника са Јоилом, а нема назнака за краљеве. У *Књигама о царевима* био је период где је краљица била на трону (841 - 835. године п.н.е.) - и то је било једино време када је код одабраног народа то био случај. Бог је обећао краљу Давиду да све док краљеви поштују статуте и наредбе Бога, никада им неће недостајати син на трону Израела. Било је дозвољено да имају краља, али не и краљицу.

Још ближе, женски монарх о коме причамо је краљица Анталија, која се издајнички понашала. Била је мајка краља, а када је краљ умро, онда је приграбила престо и убила све Давидов синове да би она била краљица. Њена мајка је била озлоглашена Језавеља, која је донела пустош северном краљевству. Ипак је један краљев син био сачуван од првосвештеника и био сакривен у храму. Да је она убила сву децу, краљевска лоза Давида би била угашена. Упркос одвратном понашању, народ ју је прихватио као владарку. Чак се и првосвештеник није бунио - мада је имао барем храбрости да сакрије дечака. Дечак се звао Јосија, и непосредно после беседе Јоила, народ је скупио храброст да скине са трона Анталију и постави Јосију на трон, иако је имао само седам година.

Према томе, Јоилово пророштво је вероватно било око овог. Почињен је национални грех, па је тако било потребно и национално покајање.

Дан Господњи (Друга глава)

Страшно понављање (2,1-11)

Али народ се није покајао. Наставили су да греше, па на почетку друге главе Јоил описује шта је на први поглед било понављање најезде скакаваца. Али када мало ближе погледамо текст, постаје јасно да је та најезда комараца уствари слика хиљада војника, који марширају кроз земљу и пустоше све око себе, баш као и скакавци. Чак је слика страшнија од оне прве. Заиста, с обзиром на тотално уништење, врло је вероватно да је Јоил описивао Вавилонце, који су у то време поробљавали околне народе и имали метод спржене земље. Не само да су убијали народ са децом, него и све живо, укључујући дрвеће, овце и стоку. Вавилонска змија није ништа остављала у животу и то је слика врло слична оној коју остављају скакавци. Постоје паралеле са *Откривењем 9*, где је поново описана пошаст скакаваца коју прати армија са истока од 200 милиона војника.

Било да је Јоил описивао војнике или скакавце, јасно је да је Бог способан да пошаље и једно и друго као казну која је још увек непотребна.

Искрено покајање (2,12-17)

Јоил понавља поруку да Бог од њих тражи право покајање. После његовог првог позива, већина народа излази напоље и опијају се. Постоји два начине реакције на долазеће катастрофе. Неки се припремају и кају, док се други опијају.

Сада Јоил по други пут позива на искрено покајање. Једна од упечатљивих фраза у његовом другом позиву је "раздерите своја срца, а не одела". Може бити импресивно када неко цепа своју одећу, али то није довољно за Бога. Наша срца су важна, а не оно што радимо са нашом ношњом. Интересантно је да Јоил не набраја грехове. Само можемо да претпоставимо да је народ већ знао за шта се оптужује.

Добро је да се подсетимо да је Бог још увек вољан да промени своје мишљење у вези казне. То је динамична релација са Богом - он ће на њих одговорити. Тако им Бог говори како да се моле: морају да траже милост и да призивају Бога да демонстрира своју љубав и верност свом народу у земљи која им је дата.

Безвремени опоравак (2,18-27)

Неки спекулишу да овај део пророштва није дат у исто време као и остала. Овде Јоил подстиче људе више да се радују, него да се плаше. Он обећава Израелу да ако се истински покају у њиховим срцима, Бог ће им вратити године које су појели скакавци. То је принцип који се и данас примењује. Многи жале за изгубљеним годинама у животу, али Бог обећава да може да врати те године. Он ће вратити те године које су појели скакавци само онима који се искрено покају.

Корен покајања је да "променимо наше умове". Тако је правилно да кажемо да ако се они покају, Бог ће променити њихове умове. Бог их уверава да више никада неће да се понаша на такав начин и да ће га онда стварно познати.

Потпуна обнова (2,28-32)

Јоил сада долази до предивних обећања. Бог каже да ако се искрено покају, никада их неће казнити на тај начин. Уместо тога, доживеће потпуну обнову - не само физичку обнову приноса које су појели скакавци, већ и духовну обнову.

(А) ДУХ, ЉУДИ И ЖЕНЕ (2,28-29)

Једно од највећих обећања који је Бог дао у овој књизи је да ће излити Дух на све врсте људи, без обзира на пол, класу или старост. Млади људи ће имати визије, а старији људи ће имати снове. Такође, слуге и слушкиње ће пророковати. Бог обећава дух пророштва свим људима. Ово обећање је преузео апостол Петар на Дан Педесетнице осам векова касније. Он је објаснио да је Јоилово пророштво било истинито и да је Дух пао на 120 ученика.

(Б) ЗНАКОВИ, СУНЦЕ И МЕСЕЦ (2,30-31)

Други део овог обећања је да ће се сунце замрачити, а месец постати крвав. Неки кажу да је то испуњено када је Исус умро, да је сунце било замрачено три сата, али овај знак тек треба бити испуњен при крају времена, зато што је лично Исус то споменио као знак када се поново врати (Јеванђеље по Матеји 24,29).

Интересантно је да ће бити знакова на небу, зато што небо реагује на велике догађаје на земљи. Људи ми несмотрено кажу да су мудраци пратили звезду и да је то доказ да је астрологија исправна. А ја им кажем да су све схватили погрешно.

Астрологија верује да позиција звезда утиче на бебу у тренутку рођења, али у Витлејему положај беба утицао је на положај звезда! Тако када је Исус умро сунце се замрачило. Свемир одговара на догађаје овде, на земљи. То је очаравајуће, зар не? Нама не руководе небеса, небесима управља Бог.

(Ц) СПАСЕЊЕ, ПОЗИВ И ПОЗВАНИ

Јоил обећава спасење свима онима који позивају Бога и који одговарају Господу. **Спасење није аутоматски**, као када би цела нација била "спасена" кроз неки мистични процес. Постоји двоструки позив за спасење. Бог позива људе да буду спасени кроз проповеднике, а људи заузврат позивају Бога.

Не волим да кажем људима да понављају молитву за грешнике - ја им просто кажем да лично позову Господа. Речено нам је да "ко год позове име Господа да ће бити спасен". Веома је важно да људи лично само позову његово име

Ко то уради биће спасен. Петар је то урадио на Педесетницу и 3000 људи је спасено тога дана преко имена Господњег.

Тако да Јоил обећава потпуну обнову не само усева, вина и кукуруза, него обнову људских срца.

Јоил каже да ће то све да се догоди на *Дан Господњи*. Ми немамо потребу да верујемо да је то буквално дан од 24 часа, реч дан је врло флексибилна у Библији. Хебрејска реч *јом* може да значи и епоху. Када је кажем "Прошао је дан коња и кочија", ја не мислим дан од 24 часа. Мислим на историјски период који се завршио када смо ушли у дане моторних возила. То је значење речи *дан* у Дану Господњем. Поента је следећа: човек имај свој дан, и ђаво има свој дан, али једног дана Бог ће имати свој дан.

Доћи ће једнога дана тај **Дан Господњи** када ће бити најважнија његова реч и када ће свет ставити под своју владавину.

Јоил помиње Дан Господњи пет пута у пророковању, увек

указујући на *Дан пресуде*. Та фраза је коришћена и код осталих пророка као што су Исаија, Јеремија, Језекиљ, Амос, Софонија и Малахије. Дан Господњи је саставни део и Новог завета (Прва Коринћанима, Прва и Друга Солуњанима, Друга Петрова посланица). Доћи ће дан када ће Бог имају своју реч и то ће бити последњи дан.

Тако ће редослед пресуде бити: прво, Божји народ, а тек онда њихови непријатељи, касније. Ми имамо избор: да нам се суди одмах или касније?

Ми се налазимо у "последњим данима", који су почели када се остварило Јоилово пророчанство и када се Дух разлио на Дан Педесетнице. Од тог дана ми живимо у последњим данима. Следећи велики догађај који ће се десити на планети земљи је повратак Исуса Христа.

Долина одлуке (трећа глава)

Освета нација (3,1-16)

Где? Последња глава нам даје визију Долине одлуке. То је долина Кидрон на источној страни Јерусалима, а до данашњег дана је звана **Долина пресуде**. Долина је пуна јеврејских гробова зато што се верује да ће то бити место васкрсења када ће Бог одлучити о нашој вечној судбини. Исто се зове и *Долина одлуке*, али чуо сам да су проповедници лоше чули то име. Јоил је рекао да постоје много тих Долина одлука, тако да су проповедници то користили да охрабре невернике да промене своје мишљење о Богу.

Заправо, то је долина где ће Бог одлучити ко иде на небо, а ко иде у пакао. То је долина његове одлуке, где ће Он имати последњу реч. То ће бити његова одлука ко где иде и која му је вечна судбина.

Зашто? Божја одлука зависиће од тога како смо третирали његов народ, његову сврху и шта је тај народ урадио у овом свету. Нације Тира, Сидона и Филистејаца су нарочито одређени као зрели за пресуду. Последња реч је да ће Бог оправдати свој народ и вратити их на њихову земљу.

Како? Нације су позване да дођу и да се боре, мада постоји извесна доза сарказма у том позиву, јер ко може да се "бори" са Богом? Нацијама је речено да своје плугове претворе у мачеве, а да куке претворе у копља (приметимо баш супротно у Исаији 2,4 и Михеју 4,3). Софонија говори о сусрету нација у свом пророчанству.

Оправдање Израела (3,16-21)

Последњи део књиге се концетрише на опоравак Јуде. Јуда ће бити насељена и плодна, док ће Египат бити напуштен, а Едом ће бити пустиња, због злочина који су починили према Јуди.

Ово подиже веома велико питање око кога постоји неслагање у целокупној данашњој Цркви. Авдија, Јоил и многи други пророци завршавају тако што дају обећања у вези будућности Израела. Пошто велики део њих није испуњен, ми можемо да се питамо када ће бити испуњени.

У данашњој Цркви постоји четири различита мишљења, мада моје мишљење није у већини, сматрам да оно највише одговара истини Светог писма.

Мишљења се деле по томе да ли обећања треба да схватимо као буквална или као духовна.

Да ли ми претпостављамо да ће се Израел буквално обновити земљу коју јој је Бог обећао или гледамо на земљу као симболични и духовни благослов, који се сада примењује на Цркву као нови Израел. Следећи поглед се зове **теологија замене** и то је поглед који проповеда већина говорника у Уједињеном краљевству.

Мој проблем са оваквим гледиштем је следећи, док они примењују све благослове за Цркву, они не примењују клетве за њу - те клетве и даље остају за Израел! Бог је рекао Израелу да ће бити благословени ако су послушни, а проклети ако нису.

Благослови укључују живот, здравље, плодност, поштовање и сигурност. Проклетства су болести, суша, смрт, опасност, уништење, пораз, прогонство, немаштина и срамота.

У *теологији замене*, стари Израел је изгубио земљу зато што није био послушан. Али се благослови сада примењују на Цркву, нови Израел, без икаквог спомињања да се клетве примењују на Цркву ако није послушна.

Они који верују да се обећања примењују буквално на Израел се такође деле у две групе. Прва група сматра да су сва обећања условна и да су изневерена од стране Израела, па тако нема будућности за Израел као Божји народ. Можемо да Израелу проповедамо Јеванђеље, али у том случају они су као било која друга нација. Они су сада само нација - више нису Божји народ.

Овакав аргумент се не уклапа у Нови завет. Постоје 74 упућивања на "Израиљ" у Новом завету, ниједно упућивање на Цркву. Штавише, постоје назнаке за продужење Давидовог трона, Јаковљеве куће и 12 племена Израела. Претпоставка је да је Израел и те како жив и здрав када су у питању Божја обећања, чак и поред одбацивања Месије као злокобне казне.

НЕИСПУЊЕНА ПРОРОЧАНСТВА
(Да ли ће Израелу бити враћена земља)

```
                    ДУХОВНА (За Цркву)              БУКВАЛНА (За Израел)
                    ↓              ↓                ↓                ↓
              БЛАГОСЛОВ        КЛЕТВЕ         УСЛОВНА          БЕЗУСЛОВНА
              (Нови Израел)   (Стари Израел)  (заустављена)    (испуњена)
                    ↓              ↓                ↓            ↓      ↓
              ВЕЧНОСТ       ИСТРЕБЉЕЊЕ        ИСТРЕБЉЕЊЕ
                             Јевреји више    ПРОШЛОСТ (B.C.)  БУДУЋНОСТ (A.D.)
                             нису Божји народ      ↓              ↓
                                              ИСТРЕБЉЕЊЕ       ВЕЧНОСТ
                    ↓
              МИЛЕНИЈУМ ←————————————————————————
                    ↓
              НОВИ ЈЕРУСАЛИМ
```

Обећања која су дата Израелу су безусловна. Обећао им је земљу заувек. Бог им је рекао да чак и ако изгубе земљу, Он увек може да им поново врати земљу, зашто се на њу заклео. Дакле, постоји будућност за Израел. Ја мислим да је Павле подржавао овакав став када је рекао у *Посланици Римљанима* (9,11) да су можда одбацили његовог Бога, али Бог није њих одбацио. После безбожника који су спасени, "сав Израел" ће бити спасен. Бог се не разводи од људи; Он је и даље ту за њих. Штавише, ја верујем да се Исус враћа да влада на овој планети и да ће Јевреји и хришћани бити подведени под једно стадо које ће имати свог Пастира, да ће Краљевство на крају бити обновљено Израелу.

Последње питање који су ученици поставили Исусу је у *Апостолским делима 1*: Када ће Краљевство бити обновљено Израелу?

Хоће ли **сада** бити?" Исус није рекао да је то глупо питање; рекао им је да није на њима да знају датум који је Отац унапред одредио. *Рекао им је да то није сада.* Краљевство ће бити обновљено, али не још. Онда им је рекао да проповедају Јеванђеље свим нацијама.

Морамо да се суочимо са чињеницом да сви ови различити погледи завршавају тако да стари Израел бива истребљен - осим оног тумачења које ја прихватам. Ја верујем да Божја обећања не могу бити лажна. На крају крајева, ако Бог не може да се држи Израела, не може да се држи ни нас.

Закључак

Јоилово пророштво учи нас вредним стварима о особинама Бога, природи његовог деловања према свом народу и према целом свету око нас. Његова пророчанства су се делимично испунила, а на остала чекамо, када ће Бог убрзати ову фазу историје и окупити око себе свој народ, као што је и обећао.

20. АМОС И ОСИЈА

Увод

Амос и Осија су пророковали у 8. веку пре нове ере, а две књиге назване по њима су једне од најстаријих у Библији. Иако више обраћају пажњу на северно царство, корисно је да њихово проповедање ставимо у контекст шта се догађало на другим местима у свету, поготово што аспекти модерног друштва воде траг до овог периода. Прво да погледамо на ситуацију у Израелу, пре него што анализирамо текстове ових књига.

Шта то човек ради

Историја нам говори да су Рим и Картагина основане у 8. веку пре нове ере. Велико ривалство ова два града довело је до Пунских ратова, где је Рим тријумфовао. Од тога је касније настала Римска империја. Постепено је установљен Римски закон, који је претходио широкој изградњи путева, што је било карактеристично за владавину Рима и које је омогућило ширење Јеванђеља 700 година касније.

Такође у том веку почеле су и Олимпијске игре у Грчкој - човекова опсесија спортом има древне корене! Али још важније је било ширење грчког језика Медитераном, са Хомером као најпознатијим грчким писцем. Грци су основали бројне градове-државе и развили су нову форму владавине која се звала демократија (мада је недостајало доста еманципације које данас препознајемо).

На истоку су се такође појављивале индијска и кинеска цивилизација, па су у том смислу Израел и Јуда били лоцирани у центру растућих цивилизација, са културама које су се ширили на запад и исток, па су путници морали да пролазе кроз њихове територије.

Шта то Бог ради

Односи Бога и његовог народа су ушли у тешку фазу. Божја намера је била да они постану модел целом свету и да остали виде какав однос треба да имају са њим. То је разлог зашто их је поставио на раскрсници светова. Завет који је са њима створио на Синају са Мојсијем, значио је да ако буду послушни он ће их благословити више него било који народ, али ако буду непослушни биће кажњени више него било који други народ. Дакле, они су се нашли са привилегијом и обавезом. Али у 8. веку пре нове ере, Бог се суочио са дилемом шта да ради са народом који је далеко од њега.

Два краљевства

Кратка историја најновије историје помоћи ће нам да објаснимо Божје бриге. У овом веку његов народ је био подељен на два дела. Постали су краљевство са видљивим краљем, као што су то тражили два века раније, али су морали да обезбеде све што је потребно за краљевство - опорезивање за краљев луксузни живот и регрутовање за одбрану земље.

Ово краљевство је имало само три краља пре него што се поделило. Први је био Саул, народни избор - лепог изгледа и висок, са озбиљним карактерним недостацима.

Када више није био послушан Богу, Бог је предао власт човеку по свом избору - Давиду - кога је Самуило описао као "човека по сопственом Божјем срцу".

Упркос добром почетку, и он је одведен у грех. Само један поглед преко терасе је учинио да касније прекрши пет од десет заповести. Тог поподнева почело је опадање царства.

Трећи краљ је био Соломон, Давидов син. Донео је огромну славу краљевству - за време његове владавине Израел је био на врхунцу славе - али је наметнуо тешке порезе и кулук тј. присилни рад. Његова оставштина је у предивном храму, али исто тако и у подељеној нацији. Северна племена нису била срећна чињеницом да је велики део ресурса ишао ка југу у Јерусалим.

Грађански рат је уследио одмах после смрти Соломона. Северно се побунило против јужног и царство је подељено, са десет племена на северу и два племена на југу са краљевском лозом, Јуда.

То је, наравно, значило да је северно царство без храма и без краљевске линије.

Они су направили своје храмове у Ветиљу и Самарији и основали своју краљевску лозу, независно од Давида коме је обећан благослов.

Историја Израела у *Првој* и *Другој књизи о царевима* говоре нам очајну причу о владавини северних краљева. Просечна дужина њихове владавине је била три године. На многе је извршен атентат и било је бројних преврата. Владе су биле настабилне, што није никакво чудо, јер те владе нису биле састављене од Божје изабране, краљевске лозе.

На југу је било боље, просечна владавина краљева је била 33 године (интересантно је да се верује да је Исус имао толико година када је умро на крсту).

Друштвени услови

Мир

Важно је да разумемо друштвене услове северног краљевства да бисмо боље разумели поруке од Амоса и Осије. То је била период мира и просперитета. Асирија је била водећа светска сила тог времена, али Јонова посета Ниневији је одложила ту претњу за Израел за неко време. Та генерација Асиријаца се покајала и напустила ратовање, па је нестао страх ос Асирије, бар за неко време.

Просперитет

Као резултат, Израел је уживао у времену просперитета, нарочито под краљем Јеровоамом II, који је у то време стабилизовао нацију. Економија је имала велике користи од трговинских рута између Европе и Арабије и велики број трговаца и банкара се обогатио.

"Имају" и "немају"

Мада је растао животни стандард, друштво се поделило на оне који *имају* и они који *немају*. Многи су уживали у том друштву потрошача са луксузном робом. Врхунац помодарства је било да купите другу кућу - оно што су они звали летња кућа или летњиковац - место где бисте ишли кад су лети највеће врућине, обично негде у оближњим брдима. Развила се нова аристократија - они који су се брзо обогатили. Али је становање било проблем, јер су богати постајали још богатији, а сиромашни све сиромашнији. Многи су имали друге куће, док неки нису имали ни прве.

Морални ефекти

Морални ефекти су били веома очигледни. Било је финансијских скандала, подмићивања и корупције, са судијама који су били корумпирани. Није било правде на судовима без подмићивања. Врло брзо је дошла и радна седмица од седам дана јер су тако још више зарађивали новац. Похлепа је водила неправди, а утицај водио ка дозвољености. Сексуалне слободе су постале нешто нормално, а нагло се повећала употреба алкохола. Иако је разлика од 2700 година, паралелу са данашњим временом је веома лако видети.

Религиозни живот

Растао је и број религијских активности, али то није била религија Израела. Народ се веома заинтересовао за религије других нација, а посебно су обратили пажњу на староседелачки народ Ханана. Ту су укључене и вере са истока и запада које су долазиле са трговцима и путницима, био је и култ *мајке природе* од Хананаца. У храмовима у Ветиљу и Самарији обожаваоци су могли да имају секс са женским и мушким проституткама верујући да ће то натерати бога да благослови њихове усеве. Чак су излили и златно теле у Ветиљу као директну супротност Божјим наредбама да не изливају ликове. Тако је Божји свети народ, који је требао да има свето свештенство и свету нацију, постао као и сви други околни народи.

Бог би био оправдан да је само опрао руке од њих и да је покушао да крене све испочетка са другом нацијом. Али то није овај Бог. ОН је био у браку са израелским народом и Он мрзи разводе. Склопио је завет са њима и одлучио је да остане са њима.

Ипак, није ни могао да само затвори очи за њихово понашање. Када им је давао закон у време Мојсија, обећао је да ће бити приморан да их прокуне ако су непослушни, а књиге Амоса и Осије говоре о начинима који ће дисциплиновати његов народ.

Божја дисциплина
Недостатак хране
Како су прихватили култове плодности, било би прикладно да Бог демонстрира да њихов сексуални промискуитет нема позитивне ефекте на жетву. Уместо тога уследиле су лоше жетве. Бог им је говорио: "Пробудите се! Ви сте зависни од мене, не од богиња плодности". Али после ових несрећа, од њих и од других дошао је рефрен: "А ти се ниси вратио мени". И поред недостатка хране, наставили су са својим паганским ритуалима.

Недостатак воде
Следећа је била несташица пијаће воде, што је наравно, била велика несрећа у земљи која је зависила од свакодневних киша.

Оболели и уништени усеви
Буђ и скакавци су уништили летину, што је даље водило ка недостатку хране за стоку. Чини се да је очигледно да је народ треба да се сети завета и да упита Бога шта је кренуло наопако, али они то нису урадили.

Пошасти и пљачкања
Летина и животиње су већ патили. Сада им Бог шаље болести и пљачкање залиха хране. Можемо да видимо како су дисциплинске мере све јаче и јаче. Сада је народ био директно погођен. Али и даље нису хтели да се врате Богу.

Олуја доноси пожаре
Бог је сада испоручивао муње и громове на њихове градове, при чему су неки делови града били потпуно уништени. Али њима је било важно да задрже своје богатство и своје друге куће, па нису бринули ни око тога.

На крају свих тих упозорења дошле су и две следеће несреће. Као да је Бог очајнички хтео да им скрене пажњу.

Земљотрес
То није био само мали потрес. Захарије је поменуо овај земљотрес

250 година касније. Демонстрирао је Божју моћ над природом и подсетио колико су крхки људски животи. Али народ се још увек није окретао Богу.

Прогонство

На крају је дошла и завршна казна, напад, инвазија и протеривање у Асирију, да се више никад не врате. То се десило 721. године пре нове ере, 30 година после Амоса, а 10 година после Осије. Може нам се учинити као престрога казна за непослушност, али Бог је стално упозоравао народ, не само кроз несреће и пошасти, већ и преко службе ова два пророка, који су стално наглашавали и објашњавали шта је Бог радио и на шта би могао да буде приморан да уради.

Заиста, ево шта Амос (3,7) каже: "Сигурно је да суверени Господ не ради ништа пре него што открије свој план за слуге Божје, пророке". Бог је толико милостив да не жели да казни пре него што је послао пророка да објасни народу шта ће се догодити ако наставе да се тако понашају. У новозаветном *Откривењу* видимо шта ће Бог урадити са целим светом, али и даље људи не желе да се окрену ка њему. Па шта би још више могао да уради?

Пророци "последње шансе"

Амос и Осија су били *пророци "последње шансе"* који су послати Израелу, упозоравајући их на шта ће Бог бити приморан да уради ако се и даље не врате њему. Ова два пророка су била другачија. Амос је био јака личност, Осија је био нежан. Амос је дошао народу са снажним оптужбама народу за оно што раде; Осија је дошао са великом жељом да се врати Господу. Ако је Амос говорио њиховим умовима, Осија је говорио њиховим срцима. **Амос је имао нагласак на Божју правду, Осија је имао нагласак на Божју милост.** Амос је нацији представљао Божје мисли, Осија је народу представљао божја осећања. Постоје нека преклапања код ова два пророка, који се истичу и зраче кроз њихове поруке. Интересанто је да су последње Божје речи Осији веома нежне, емоционалне, препуне наде да ће се Израел покајати и да ће га одвратити од намероване казне.

АМОС	ОСИЈА
Рурални јужњак	Урбани северњак
Упозорење	Удварање
Тешка оптужба	Нежни захтев
Правда Бога	Милост од Бога
Божанствени гнев	Божанствена љубав
Његова чистота	Његово сажаљење
Друштвени грех	Духовни грех
Неправда	Идолопоклонство
Међународно	Национално
'Тражити Бога'	'Знати Бога'

Књига о Амосу

У 750. години пре нове ере, један човек се појавио у Ветиљу, стао испред храма и почео да проповеда. Његов акценат га је одао да је јужњак, па је тако одмах обезбедио непријатељску реакцију због тога ко је он.

По професији, Амос је био сиромашни сељак. Био је терач стоке и бринуо се за јаворово дрвеће, који је у то време био неугледан посао, јер су смокве са тог дрвета била храна најсиромашнијих. Није био ни на каквој обуци и није био очигледан кандидат за проповедање, али под Божјом руком и милошћу био је прави избор за посао.

Био је из града Текоа, 17 километара од Јерусалима, у срцу јужних земаља, које су се граничиле са пустињом. Бог је рекао човеку који је био на самом дну друштвене лествице: "Ти си човек који ће ићи и рећи северњацима шта ће им се десити".

Седма глава ове књиге даје нам изванредан увид у његов приватни живот и његову реакцију на све то. Погледајте ове изузетне ствари:

1. Његове молитве су додирнуле Бога.
2. Његово проповедање је љутило људе.

Једном приликом Бог му је приказао две слике: прва је била како скакавци уништавају сеоску средину, а друга је била свеопште уништавање по градовима. Био је дубоко погођен тим визијама и обратио се Богу: "Суверени Боже, молим те немој ово да радиш!" Питао је Бога како би Јаков (мислећи на цео народ) ово могао да преживи. Молио је Бога да то не уради, а Бог му је одговорио да ће то урадити.

У току овог разговора имамо две изузетне ствари. Прво је да молитва може тако јако да утиче на Бога. Чинило се да Бог може да промени курс деловања само на основу Амосових молитви. Мојсије је имао слично искуство и, наравно, Исус на крсту када се молио: "Боже, опрости им, јер не знају шта чине". Лекција из овог разговора је јасна. *Наше молитве не могу да промене Бога, али могу да промене његове планове. То није неки безлични Бог који је урезао догађаје у камену, већ Бог који нас слуша, Бог који хоће да буде убеђиван у нешто.*

Друга ствар је што Амос народ назива **Јаков**, а не Израел. Он тиме указује на преваранта, онога који је преварио свога оца око наследства и касније променио име у Израел. Као да Амос хоће да подсети Бога на грешну прошлост човека по коме је цела нација добила име. То је савршени начин да се каже да је Израел кренуо путем Јакова, онога шта је он био пре него што срео Бога и пре него што се рвао са анђелом.

У седмој глави Амос има визију где се Бог налази поред зида и са виском у руци мери зидове. Бог је показивао Амосу да је мерио Израел својим стандардима, а не њиховим, а и да пресуда мора да следи.

Његови бесни проповедници

Лако је предвидети, да је проповедање Амоса разгневило религијске лидере. Пророци нису популарни код свештеника и пастора. Пророци су у начелу против статус кво. Свештеник Амазаја је посебно био забринут око последица које Амос може да донесе и супротставио се. Не обазирући се, Амос је наставио говоре, предвиђајући пропаст Јеровоама и његове породице.

Бог је Амосу послао поруке на два начина. Имао је визије док је био будан, а снове док је спавао. Старозаветни пророк је исто био познат и као **видовњак** јер је *видео ствари* које остали људи нису могли да виде. Он је могао да види шта се стварно догађа; оно што ће се десити у будућности.

Библијски текст нам често говори шта је Амос видео. Један од најсликовитијих описа, који доноси климакс овом пророштву, је корпа пуна зрелог воћа које је близу да почне да се квари. Порука је јасна: Израел је близу трулежа.

Такође је и имао своју личну визију Бога, нешто што личи на лава. У то време још је било лавова у израелској земљи. Живели су у џунгли поред реке Јордан и ишли у лов на јагњиће по брдима, дакле, људи тог поднебља су знали за лавове.

Амос каже: "Бог лав је зарежао. Ко то неће да задрхти?!" Дао је графичку слику шта ће се догодити Израелу. Биће као кад је јагње ухваћено у лавље канџе. Пастир можда може да сачува уво или ноге. То је све што ће остати од Израела - уво и две ноге. Заиста сликовити језик који додирује људско интересовање и имагинацију. Бог је познат као пастир Израела, па је ово морао да буде шок за све њих да се Бог описује као лав.

Теме код Амоса

Пророштво Амоса је колекција приповедања, са нејасном структуром. Из тог разлога је тешко књигу анализирати као целину. Као да ова књига засађује бомбе у људска срца, чекајући свој тренутак у будућности.

Бројне теме могу бити идентификоване:

Осам реченица (1,1-2,16)
1. Дамаск
2. Газа
3. Тир
4. Едом
5. Амон
6. Моав
7. Јуда
8. Израел

Три проповеди (главе од 3 до 6)
1. "Ниси се нама вратио!"
2. "Тражи ме и живи"
3. "Тешко онима..."

Пет симбола (главе 7-8)
1. Најезда скакаваца
2. Ватра обухвата дубине
3. Висак и мерење
4. Корпа зрелог воћа
5. Уништење поквареног воћа

Три изненађења (глава 9)
1. Реконструкција Давидове куће
2. Повратак народа
3. Плодност земље

Поетска књига

Иако има мало структуре, избор жанра је намеран. Кроз целу Библију постоји разлика између прозе и поезије. Поезија нам предочава Божја осећања у вези са ситуацијом. Многи нису свесни да је Библија препуна Божјих осећања. Бог је пун осећања. Ми треба да разумемо шта га чини бесним, шта га чини тужним, шта га чини болесним, шта га чини срећним. **Људи су постали опседнути својим осећањима према Богу, а уствари наша будућност је везана за оно што Бог осећа према нама.**

Нека поезија је веома лака и уздиже нас, али нека је и тешка, то можемо назвати елегија. Поезија Амоса спада у ту категорију.

Понављање

Амос такође користи и понављање, нарочито је ефектно када се изговара. Он жели да његови слушаоци запамте ове поруке, да и поред тога што им шаље невоље, они се њему нису вратили. Па им тако стално понавља рефрен "Нисте се мени вратили!"

Али да се вратимо на прву главу и видимо како је вешто структуирао своје речи. Рефрен у овој секцији је "За три греха, чак и за четврти".

Нехуманост израелских суседа

Почиње да проклиње израелске околне народе. Обраћа пажњу на Дамаск и како је заслужио Божју казну. Дамаск није био део Божјег народа, са њим је требало бавити се због нехуманости и суровости. Затим се обраћа Гази, које је било посебно сурова, затим на Тир због издајства. Нема сумње да је народ до тада одобравао поруке.

Срамота израелских рођака

Онда се обраћа етничким рођацима Израела - Едому, Амону и Моаву. Каже да ће се Бог бавити Едомом због суровости, са Амоном због варварства, а са Моавом зато што прља свете ствари. У овом тренутку, публика је још увек са њим.

Неверност израелске сестре

Сада се обраћа много ближе кући, оптужујући сестру Јуду. Бог ће се обрачунати са Јудом због одбацивања Божјих закона и прихватајући лажи човека.

Безосећајност израелске деце

А онда долази шок. Само што га је публика прихватила, он им каже да ће се Бог обрачунавати и са њима. Он им каже да су толико срасли са грехом да су заборавили како да поцрвене од стида. Што је још и горе, они тога нису ни свесни. Главна порука за Израел је да пропуштено искупљење значи будућу одмазду. Зато што их је Бог изабрао од свих породица народа на земљи, мора да их и јаче казни него друге. Услови синајског завета су божанствени благослови за послушност и божанствене казне за непослушност, уговор који су људи добровољно и жељно прихватили. Израел би могао бити благословен више него сви други народи - или да буду више кажњени. *Од оних којима је много, много дато, очекује се много, много више. Додатне привилегије изискују и додатне одговорности.*

Овај принцип је присутан и у Новом завету. Хришћани су људи који знају за Јеванђеље и који знају за заповести, па ће тако строжије бити и кажњени.

Још једна беседа користи понављање са речима *тешко онима*. То је серија клетви за оне који су непослушни. Амос им каже да они који жуде за Даном Господњим су у заблуди јер они и не знају шта значи *Дан Господњи*. Они претпостављају да ће све бити у реду. Они су самозадовољни са својим декадентим начином живота. **Они морају да знају да ритуал није замена за праведност и жртва није замена за посвећење.**

Тема "Тражи ме и живи" је основа друге беседе. Речено им је да престану да траже комфор, већ да почну да траже Господа. Треба да траже праведност. Ако то ураде, Господ ће их чути и опростити им.

Амосова последња порука

Последња порука звучи посебно жестоко. Визија поврћа сугерише да је Израел "зрео за осуду". Бог каже да их неће заборавити - он бележи све. Он заборавља само оно што је опроштено, али остало не заборавља. Амос им каже да ће 10 племена Израела бити раштркани међу нацијама и да се никад неће подићи. Међутим, усред тих страшних и сталних осуда, као сунце које се појављује између облака,

Бог каже: "Али не сви од вас, само грешници у Израелу ће нестати. Биће остатка. Поново ћу направити Давидов шатор од састанка и **довести незнабошце да заузму ваше место као Божји народ**". Према томе, остатак који је у истини са Богом ће преживети и бити део проширеног Божјег народа који укључује и незнабошце.

Ове речи пророштва су цитиране 800 година касније у *Апостолским делима 15*, када је Јерусалимски савет разматрао основе за прихватање незнабожаца у цркву. Лидери Цркве у Јерусалиму су подсетили савет на ово Амосово пророштво, у коме је Бог обећао да ће обновити Давидов шатор и призвати незнабошце у њега.

Књига о Осији

Десет година после Амосове мисије у Ветиљу, још један пророк је дошао на сцену. Он је био последњи пророк десет северних племена. Већ смо приметили да је Осијина служба била другачија од Амосове. Овај пут пре је било саосећање него оптужба, нежност пре грубости, милост пре правде. То је последњи Божји позив пре него што нестану 10 племена.

Кључна реч откључава цело пророштво. То је хебрејска реч **кесед**. Не постоји еквивалент у енглеском језику. То је уствари реч *завет*, која се користи да би описала онима којима је завет дат. Може да значи и *љубав*, али такође имамо и реч *верности* која има слично значење. Права љубав није права љубав ако нема верности.

Кесед је обично преведено као *љубазна доброта* или *верност* или *пуноћа вере* и користи се 60 пута у енглеским библијама, док се реч *љубазности* користи 9 или 10 пута. То значи *безусловна љубав* и *бесмртна посвећености* - то је оно када некога волите без обзира шта та особа радила и шта год да се догоди.

У енглеском постоји реч сличног значења *часна реч* (troth). Али је значајно да је та реч скоро изчезла у енглеском језику, зато што је и та врста верности изчезла у животу. Љубав се често схвата без верности. Људи уживају да воле неког одређено време, а онда се окрену ка неком другом.

Заветна љубав

Однос између Бога и Израела је заветна љубав, то је љубав која остаје. Ова књига описује баш ту заветну љубав Бога са својом младом - Израелом.

На Божјој страни

Бог се заветовао да ће се бринути о њима, да ће их штитити и све друго обезбедити. Избавио их је из Египта и на Синају им дао могућност да постану његов народ, што су они и прихватили. Од њих је тражио послушност, добру вољу - то је понудио млади која је желела да живи на начин на који је Он желео.

На страни Израела

Израел се радо повиновао захтевима, знајући шта им је дато и да ће бити срећни да буду послушни. Давидови псалми изражавају његову срећу датим Божјим законом. Најдужи псалам у Библији (119) је већим делом говори о предностима закона. Али као целина, Божји народ није био послушан, и до времена Осије, пропаст је већ била објављена.

Бог је морао да каже кроз Осијине поруке: "Шта се то догодило са нашим браком?" Он их је уверавао да је устрајао у његовој љубави, али зауврат ништа није добио назад.

У циљу да Осији објасни своја осећања, Бог је провео Осију кроз чудесно искуство. Бог често припрема пророка кроз однос са њим. Бог је рекао Јеремији да се не жени, јер је и Он остао без своје младе. Кроз ту своју усамљеност немајући жену, Јеремија је сазнао како се Бог осећа без Израела. Језекиљу је речено да ће му ускоро умрети жена, али да не тугује за њом, већ да покаже Јуди да је и Он остао без своје супруге. На исти начин, Осија је научио како се Бог осећао тиме што је слушао Божја наређења у вези свог брака.

Позадина (главе 1-3)

Прве три главе нам дају позадину приче. То је аутобиографија и толико је фантастична да неки учењаци распављају да ли је чињеница или измишљотина, или да можда редослед делова није ишао хронолошким редом. Ја верујем да можемо бити сигурни у најдиректније и најједноставније значење приче.

Прве три главе нам говори причу о пророштву.

Прва глава - деца

Осији је речено да ожени проститутку - нешто што би било шокатно чак и данас, нарочито за неког ко намерава да буди Божји гласноговорник. Имали су троје деце, од којих најмање једно није било уопште његово. Жена се онда вратила свом старом занимању. Осија је проналази, доводи је кући и следи период дисциплине где је он није познао као своју супругу. Затим ју је прихватио и почели су све испочетка, овога пута као са супругом.

Имена деце носе са собом посебно значење. Први мушко дете је назвао Језраел, што значи *Бог је посејао*. Био је врло бунтовно, несташно дете које је морало бити дисциплиновано.

Друго дете је девојчица са именом Лорухама што значи *она којој није указана милост*. То је било дете лишено мајчинске љубави.

Треће дете се звало Лоамија што значи *није моје* или *није мој народ*. Овом детету Осија није био отац, па је тако дечак био одречен, одбачен. Значи имамо: дисциплиновано, лишено и одречено дете. Деца сумирају како се Бог обрачунава са својим народом. Имена деце су важна да бисмо ухватили поруку ове приче, мада нисам срео ниједног хришћанина који користи ова три имена!

Друга глава - Супруга

Ова глава нам говори три ствари о Осијиној жени. Прво, замерала су јој сопствена деца за то што је радила. Знали су да ради нешто погрешно. Друго, Осија ју је казнио због њеног понашања и коначно, она се вратила као његова жена. Видимо образац: укорена, кажњена, враћена.

Трећа глава - Муж

Образац тројства се понавља и код Осије. Три ствари сазнајемо о Осији из овог дела.

Прво, био је веран својој жени, иако она није била верна њему.

Друго, био је нежан са њом, био је период када је није третирао као супругу. Довео ју је кући, али није делио кревет са њом - то представља период дисциплине у прогонству, кроз које су прошли Јевреји.

Треће, она га се плашила. Његова жена је имала неки здрав страх од њега и дрхтала је када је била са њим. То значи да су се поштовање и верност полако враћали у њен живот.

Порука (4,14)

У овом делу се развија порука која следи из овог односа. Као и књига о Амосу, *Осија* је колекција пророчких беседа који нису представљени у неком нарочитом редоследу.

Ипак, можемо да их групишемо по главним темама које ће нам помоћи да боље разумемо.

Све што је Осија рекао може се дефинисати у две одреднице: Неверност народа и верност Бога. То је контраст који долази од *кеседа* који долази од Бога и неадекватног одговора народа. То је и тема ове књиге.

Ово и сумира Божји однос према народу и његово саосећање са њима долази и нова дилема: **Шта да радиш са народом који волиш, али који неће да ти буде веран?**

Неверност Израела

Осија идентификује седам греха, које ми зовемо "седам греха Израела". Запис говори да је Бог детаљно упознат са тим шта се догађа.

1. **Неверност.** Народ није био веран у браковима, баш као што су били неверни и према свом Богу.
2. **Независност.** Богом дата Влада је била у Јерусалиму, али они су створили своју краљевску лозу за своје независну краљевину. Независност је, наравно, суштина греха. Они су прећутно пристали да Бог више није њихов владар. Радије би имали своје краљевство у побуни против Божјег изабраног краља на југу.
3. **Интриге.** Недостатак верности Богу одразио се и на неверност једних према другима. То се видело по причама људи иза леђа и тајним уговорима којима многи људи нису били задовољни.
4. **Идолопоклонство.** О златном телету у Самарији говори се доста у пророковању Осије. Људи су отворено прихватали хананске богове и учествовали у паганским обредима. Била је цењена хананска религија на узвишеним местима.
5. **Неморалност.** Бик је био симбол плодности, а сексуална неморалност је постала уобичајена. Закони о сексуалном практиковању у Мојсијевим књигама су избачене у корист недостатка морала околних нација. Већ смо приметили да се та "неморалност" проглашава као "религијска", упркос светим Божјим законима.

6. **Незнање.** Реакције на Осијино пророштво јасно нам говоре да је народ био несвестан на које све начине се не поштује Божји свети закон. Али није да они нису знали за Бога - они нису хтели да знају за Бога.
7. **Незахвалност.** Бог наглашава незахвалност у њиховом понашању, давајући им Осијине серије слика које су се урезале у њихово памћење.

У седмој глави Осија користи различите слике да опише карактер северног царства и ниједан није похвалан. Рекао им је да њихове зле страсти су као усијана пећница који треба да пече тесто. Такође их је упоређивао са колачем који се загорео са једне стране, а са друге није ни испечен. Такав колач не може да се једе - то је слика компромитоване нације. Та једнострана тврдокорност је једнако неупотребљива.

Осија наставља са сликом голубице која пати ухваћена у мрежу. Народ није задржао веру у никога, најмање у Бога. Једног момента се окрећу Египту, у другом Асирији, а никада ка Богу. Тако да морају бити дисциплиновани.

Кривци

Осија прати своју листу смртних грехова и сврстава их у четири групе људи за које сматра да су одговорни за тренутно стање.

1. **Свештеници.** Они треба да знају Бога и стално треба да подсећају народ на закон, жртвовање је још увек било на снази. Али они су избегавали своје обавезе, они који су требали да дају пример, били су лоши као и сви други.
2. **Пророци.** Нација није била без пророка. Али то су све били лажни пророци. Они су говорили Божјем народу да не брину око свог понашања, тврдећи да Бог неће да уради страшне ствари које је обећао - што је било, наравно, баш оно што су они хтели да чују. Бог жели пророке који говоре народу шта не би волели да чују, чак и ако треба да плате цену за то.
3. **Принчеви или краљеви.** Чак и ако нису били Божји избор за краљевску лозу севера, они су и даље били одговорни за свој народ. У најбољем случају неки краљеви су били као пастори за народ, одговорни да обезбеде послушност закону. Ипак, већина њих је била само забринута како ће народ на њих одговорити.

Многи људи би пошли за краљем. Када су видели неморалност лидера нације, онда су закључили да је све у реду да и они то раде.

4 **Профитери**. Многи су се богатили на тржишту кућа, а сиромашни су увек били у губитку. Божји узакон је јасан око зла које се чини према сиромашним. Осија специфично наводи профитере који кваре цело друштво.

Осуде

Осија им је рекао да страдање долази у три области.

1. **Неплодност**. Рекао је да бити много побачаја, а да неке жене неће моћи ни да зачну. Остале ће губити децу у раном периоду.
2. **Крвопролиће**. Бог предвиђа да ће их непријатељ напасти и много их побити. Он их неће бранити.
3. **Протеривање**. На крају њихов непријатељ ће бити победник и истераће их из њихове земље.

Божја верност

Ове пресуде су тешки део Осијиног пророчанства. Мада је нежнији од Амоса, није без тешких изазова. То ипак није његов главни подстрекач. Главна тема је да упркос раширеној непослушности, Бог је још увек веран.

Постоји изјава у *Првој посланици Тимотеју* о релацији са Исусом. каже се да ако га ми негирамо, ако га се одрекнемо, и он ће се одрећи нас, али ако останемо верни, и он ће бити веран нама. Ово као да је узето из директно из Осијине књиге.

Као добре вести су да Бог има саосећање са својим народом. То је стварна суштина Осијине поруке.

Бог не може да их пусти да се извуку, али не може ни да их напусти.

БОГ НЕ МОЖЕ ДА ИХ ОТПУСТИ (5,10–6,6)

Ови пасуси говори колико Бог мрзи лажна покајања: "Ја сам као лав Јефрему, као лавић дому Јудином. Ја, ја ћу растргнути, затим отићи, однећу, и нико се избавити неће. Отићи ћу, вратићу се на место своје док не признају кривицу своју и док не потраже лице моје. Тражиће ме кад у невољи буду."

Каже да чим се појаве неке невоље, онда се они одмах враћају Богу, али без неке озбиљне намере да промене срца. Па тако Бог каже:

"Шта да ти учиним, Јефреме? Шта да ти учиним, Јудо? Доброта је ваша као облак јутарњи, као роса која нестаје. Зато сам их преко пророка секао и убијао речима уста својих, јер је на светлост изашао суд твој."

БОГ НЕ МОЖЕ ДА ИХ ПУСТИ (11,1–11)

Бог се сажаљева на њих и подсећа их на време док је нација још била дете. Бог их је волео као сина и избавио их је из Египта. Али што га је Бог више позивао, народ је био све више бунтовнији, приносили су жртве Валу и кадили мирисним тамјаном. Иако је одрастао у његовом наручју, учио га како да хода и држао га у његовим рукама, Израел и даље третира Бога са презиром.

Бог вапи ка њима: "Како да те дам, Јефреме? Како да те предам, Израиљу? Како да ти дам као Адми, да ти учиним као Севојиму? Устрептало је у мени срце моје, уздрхтала је утроба моја. Нећу учинити по гневу свом, нећу Јефрема уништити. Ја сам Бог, а не човек! Ја сам светац посред тебе, и нећу на град гневан доћи."

Овде видимо као могу бити снажни изрази Божјих осећања. Шта год да се догоди, Он зна да не може да их пусти да иду својим путем.

БОГ НЕ МОЖЕ ДА ИХ НАПУСТИ (14:1–9)

Овај пасус је страствена молба Бога народу да му се врати и да му допусте да их излечи од њиховог идолопоклоничког понашања. Нису они само погрешили случајно - они су били пркосни и следили су пут зла. Али им Бог каже да ако се покају, Он ће им опростити. Никада неће да их напусти.

Ова глава се завршава речима: "Ко је мудар, нека схвати ово, и разуман нека увиди. Праведни су путеви Господњи, праведници по њима ходе, а грешници на њима посрћу." То је једна од најјачих обраћања у целој Библији за народ који не жели да зна за Божју љубав. Тако се завршава пророчанство. Нацији је дата последња шанса - пратите путеве Господње или наставите својеглавост.

Како да Амоса и Осију применимо данас?

Прво, морамо да признамо да ниједан од њих није успео да врати народ Богу. Њихове поруке нису биле услишене, па је Бог био приморан да суди народу како је обећао. Асирија их је победила 721. године пре нове ере и били су протерани, не вративши се никад више.

Следеће, морамо да установимо да је велика разлика између наше ситуације и оне у којој су проповедали Амос и Осија. У северном царству је била теократска Власт; Црква и држава су били једно тело. Ово не може да се односи на Нови завет, где су Црква и држава јасно одвојени. Ситуација у Новом завету је сумирана Исусовим речима: "Подајте Цезару оно што је Цезарово, а оно што је Божје подајте Богу". Дакле, хришћани данас живе у два краљевства. Ја сам грађанин Уједињеног краљевства, судећи по мом пасошу. Али ја сам исто и грађанин Божјег царства. Тако да морамо бити опрезни када примењујемо старозаветна пророштва за нашу савремену ситуацију.

Ми патимо због компликација коју нам је донео цар Константин у 4. веку нове ере. Европа је покушала да комбинује Цркву и државу. Константин је покушао да створи хришћанство као царство Божје и као царство људско, да би били иста ствар, та оставштина стоји на многим европским нацијама. Бити рођен у Енглеској је бити рођен у Цркви и ми имамо векове у којима је основано хришћанство. Међутим, што се Бога тиче, Црква и држава су још увек одвојени. Ми можемо да пронађемо практичне примене из старозаветних пророштва, али морамо имати у виду да те две ситуације нису упоредиве.

Тако ми не можемо да примимо поруке од Амоса и Осије и да кажемо да нација мора да слуша на начин на који је Бог очекивао да слуша његов народ. Где год су се пророштва односила на нације које нису Израел, може да се створи легитиман захтев. Божје оптужбе другим нацијама су биле основане на савести, не на Божјем закону. На исти начин, секуларној нацији ће бити суђено на основу оног што они инстинктивно осећају да је праведно.

Када су Амос и Осија оптуживали друге народе за њихове грехове, то се односи и на нас. Ту су укључени нехуманост, груби прекршаји људских права, легислација која богате чини још богатијим, а сиромашне још сиромашнијим. То су области које су примењиве и на нас.

Ипак, то не значи да је неважно пророчанство које се односи на Божји народ. Оно носи снажну поруку за данашњу Цркву. *Зато што се Црква често понаша као бахати одабрани народ.* Постоји мноштво новозаветних текстова који наглашавају поруке Осије и Амоса. И ми морамо да се вратимо Богу, јер и ми ћемо доћи под његов суд. Значи, када читамо ове пророчанства, морамо прво да их применимо на Божји народ, а онда смо у ситуацији да кажемо друштву шта им Бог каже за њихов начин живота.

21. ИСАИЈА

Увод

Ова књига је фасцинантна за истраживање. За почетак, документи везани за ову књигу су највише проверавани од свих старозаветних књига. *Записи са Мртвог мора*, откривени 1948. године, укључују копију ове књиге која је датирана у 100 година пре нове ере, која је хиљаду година старија од најстарије копије која је пронађена 900. године нове ере. У време када је завршен нови превод једне Библије (Revised Standard Version), даљи рад је заустављен да би се проверили ови документи. Било је потребно врло мало промена.

Исаија је још једна запањујућа књига због начина на који је аранжирана у нашим Библијама.

Бројчане ознаке у Библијама нису инспиративне. (Волео бих да имамо Библије без нумерације, зато бисмо знали Библију по нашем току мисли, а не на вештачки начин, судећи по "тексту", као што то радимо данас. Најмање 1100 година Хришћанска црква је била без бројева глава и пасуса.)

Ко год да је поделио *Исаију* по главама урадио је интересантну ствар, мада сумњам да је била намера. Поделио је књигу у 66 глава, исти је број књига у целој Библији. Даље, поделио је књигу на два одвојена дела са по 39 и 27 глава. Стари завет има 39, Нови завет 27 књига.

Такође, порука првих 39 глава заокружује поруку Старог завета, последњих 27 глава заокружује поруку Новог завета! Друга део књиге почиње са вапајем у пустињи (40) "Припремите путеве Господње" - те речи је употребио Јован Крститељ. Даље се креће ка слуги Господњем који је помазан од Светог Духа, умире за грехове народа, васкрсава и бива слављен после смрти. Затим иде ка објави "Ви ћете бити моји сведоци (до краја света)", а завршава се да Бог говори: "Стварам све ствари новим (Створићу ново небо и нову земљу)". Тако да ове поруке можемо да ставимо у корелацију са Новим заветом.

Другим речима, ако би неко сабио целу Библију у једну књигу, завршили би са књигом о Исаији. То је Библија у малом.

Још више је значајно да се други део онда дели на три секције. Од 40 до 48 главе тема је утеха Божјем народу; од 49. до 57. тема је *Божји слуга, који је умро и устао*; од 58. до 66. главе говори се о будућој слави.

Ако идемо даље, видимо да сада имамо девет делова, јер је свака секција подељена на три дела: 49-51, 52-54 и 55-57. Ако дођемо у средишњи део књиге, па средишни део главе, па средишњи део секције, налазимо кључне реченице: "Он је прободен за ваше преступе, Он је сломљен за ваше грехе; казну коју нам је донео је мир преко њега и његовим ранама ми се излечисмо"(53,5). На овај начин ништа није инспирисано, али је изузетно да централни пасус друге секције може да сумира централну тему Новог завета.

Ова књига је веома позната по деловима. Сећам се да је неко коментарисао после читања Шекспирових комада. Рекао је да му се није свидело зато што је било пуно цитата и био је сигуран да је Шекспир узео материјал са различитих страна, а уопште није био свестан да је то заиста оригинални Шекспир! Тако је исто и са Књигом о Исаији. Постоји много текстова који су добро познати онима који се крећу у црквеним круговима. На пример:

Он ће судити варварима и пресуђивати многим народима. Они ће прековати мачеве своје у плугове, а копља своја у српове. (2,4)

Овај пасус је угравиран на гранитној плочи изван зграде Уједињених нација у Њујорку. Штета је што нису цитирали цео пасус, јер почиње "Он ће судити међу нацијама..." Избацили су реч **Бог ће судити нацијама**, тако да ће тешко неко знати да попуни други део.

Још један познати цитат:

Зато ће вам сам Господ дати знак: Ето, девојка ће зачети, родиће сина и даће му име Емануило. (7,14)

Власт бескрајна и мир бесконачни биће на престолу Давидовом и царству његовом. Учврстиће га и поду̂прети правом и правдом одсад па довека. То ће учинити ревност Господа Саваота. (9,6)

На њему ће почивати дух Господњи, дух мудрости и разума, дух савета и силе, дух знања и страха Господњег. (11,2)

Оног који је поуздан ти у миру чуваш, јер се узда у твој мир. (26,3)

Међутим, онима што се у Господа уздају, снага се обнавља. Крила им расту као орловима, трче, не сустају, иду и не малаксају. (40,31)

Како су красне по горама ноге гласника радости, који мир наговештавају, доносе срећу, обећавају спасење говорећи Сиону: „Бог твој царује!" (52,7)

Гле, није окраћала рука Господња која спасава и није отврдло уво његово да не чује. (59,1)

Као кад огањ грање разгори и вода од огња проври, тако нека познају име твоје непријатељи твоји и пред тобом варвари задрхте. (64,1)

Још једна позната секција је Исаијин позив у шестој глави, где он има визију Бога у храму, мада његова тешка мисија, описана у следећем пасусима, није баш позната. Глава 35 описује процват пустињске руже. Глава 40 почиње познатим речима "Теши, теши мој народ, рече Бог". Већ смо поменули 53,5 "Он је био рањен због грехова наших, бијен због преступа наших." Већина хришћана препознаје 55,1: „О, сви ви који сте жедни, дођите на воду! Иако немате новца, дођите! Без новца и плаћања, купите вина и млека!" У 61. глави укључен је текст Христове прве беседе у Назарету: "Дух Господа је на мени; јер ме је Господ помазао да проповедам добре ствари за питоме".

Када смо рекли да људи знају одређене делове, исто тако је јасно, да је књига као целина много мање позната. То је штета, зато што Исус и апостол Павле цитирају ову књигу више него било коју другу у Старом завету. Нови завет је препун цитата из *Исаије*, нарочито из другог дела.

Чини се да је мали број хришћана свестан фраза као "ожалошћени Свети Дух", "Бог ће обрисати сваку сузу са сваког лица", "вапајући глас у дивљини", "ви ћете бити моји сведоци до краја света" и "свако колено мора да се савије и сваки језик мора да исповеди", све то долази директно из другог дела.

Јасно је да ако желите да стварно знате Библију, морате да знате ову књигу.

Обезбедићу увиде у Старом и Новом завету.

Човек

Као већина библијских писаца, Исаија је био скроман и побожан човек, оклевао је да прича о себи. Све што знамо о њему долази из његових записа и осталих јеврејских историјских књига, нарочито од Јосифа Флавија, који је доста писао о Исаији. Тако је могуће да створимо комплетну слику. Сигурно је имао побожне родитеље, његово име на хебрејском се изговара *Јеса-јаху* (Ајзеја-Isaiah је англиконизовано), а значи *Бог спасава*. Корен имена је сличан као Исус или Џошуа. Било је посве прикладно име, зато што га још називају и еванђелистом Старог завета. Он је тај који је донео Јеванђеље, добре вести, нарочито у другом делу књиге. Реч **ново** се врло ретко појављује у Старом завету, док се у овој књизи појављује веома често. Исаија је израстао у највећег пророка свих времена, код Јевреја је стављен у исту категорију са Мојсијем и Илијом.

Са људског гледишта, имао је предност при рођењу, рођен у палати и доведен на двор. Он је био унук краља Јоаса, па тако и рођак краља Узије, што је разлог зашто је био тако потиштен са Узијином смрћу. Исаија је имао имовину, добар положај и образовање. То му је одмах пружило неке предности, али истовремено и отежало да буде пророк. Али имао је такав сусрет са Господом у храму да му је његов пут постао кристално јасан.

Кретао се слободно у дворским круговима и саветовао краљеве, многи од његових пророчанстава се бави политичким питањима, нарочито у вези те лажне сигурности, стварајући савезништва са Асиријом и Египтом.

Што се тиче његовог породичног живота, његова супруга је била пророчица, иако немамо ниједно пророчанство од ње. Врло је вероватно да је он проверавао своја предвиђања са њом, пре него што их је испоручивао.

Имао је најмање два сина. Један се звао Махер-Шалал-Хашбаз, што значи *пожурите и убрзајте плен* - не баш врста имена које би волели да дате свом детету! Чак је и то било пророчко име које је указивало на дан када ће Јеруслаим бити опљачкан од непријатеља, а целокупно благо отето. Други син се звао Шир-Јашуб што значи *остатак ће се вратити*. Ето, два имена његових синова сумирају две основне поруке Исаије. Лоше вести (углавном први део) да ће Јерусалим бити опљачкан и урушен. Добре вести су да ће се остатак вратити у Јерусалим - нација још увек има будућност, и поред тога што су све изгубили.

Постоји спекулација да је имао и трећег сина и да се звао Емануил. Сигурно је да је постојао дечак у оно време који је био предмет пророковања. Ипак, мислим да то није било његово дете. Емануил значи *Бог са нама* - то је било име за краља. То је уствари, био двоструки знак, који се касније испунио са Исусом.

Његов позив

Позив Исаији је дошао за време служења у храму. Имао је визију и био је преплављен Божјом светошћу. Текст не каже колико је имао година, али је то вероватно било када је имао око 20 година. Од тог тренутка, Исаија користи као име Бога што није нико пре њега - **Светац Израелски.** Ово име се појављује скоро 50 пута кроз целу његову књигу у оба дела. Истог трена када је упознат са светошћу Бога, себе је видео као нечистог и одмах је желео да напусти храм. Интересантно је што је мислио да су његова уста нечиста. Имао је изузетно искуство са летећим анђелом са живим, ужареним угљевљем да споји његова уста. Неки говоре да је то била измишљена визија, али се стварно догодило.

Кроз цео свој живот Исаија је причао да су његова уста са ожиљцима резултат тога да му је Бог спржио уста.

Позив Исаије доноси нам неочекивано указивање на Тројицу. Исаију је упитао Бог: "Кога да пошаљем? Ко ће ићи за нас?" То што је рекао **нас**, у множини, показује да ће цело Божанство послати њега. Онда долазе разарајуће вести, да иако је одређен да проповеда људима, они неће слушати шта он говори. Бог ће отврднути њихове уши и они неће примати речи од њега, нити ће реаговати. Тако Бог говори Исаији да почне своју службу. "Не мисли да ћеш бити успешан проповедник. Што више проповедаш, теже ће те слушати! Заиста, Ја ћу их учини глувим и слепим за твоје проповеди, они неће бити ни преображени ни исцељени."

У овој истакнутој тврдњи, истиче се истина пронађена у другим деловима Библије, да Божја реч не само да отвара људска срца, већ исто тако може и да их затвара. Може да отера људе још даље. Када саслушамо Божје речи, ми се или удаљемо од њих или тежимо ка њима, не можемо да останемо неутрални.

Пасуси који долазе од проповедања Исаије највише су цитирани у Новом завету. Исус их је често користио у својој служби. Рекао је да је Исаија рекао "они можда могу да виде, али не могу да приме, могу да чују, али никад да разумеју; други могу да се преокрену и буду спасени!" (Јеванђеље по Марку, 4,12). Другим речима, он говори у параболама да сакрије истину и да буде још теже онима који нису заинтересовани. Павле цитира исти део када прича Јеврејима који га не слушају.

Према томе, кључна тема је створити Божју реч још тежом за разумевање, тако да није чудно што је Исаија упитао: "Колико дуго морам да приповедам и стврдњавам их за одговор?" Господ је одговорио: "Све док земља не буде потпуно заборављена". Исаија је имао један од најтежих задатака од свих пророка. Наравно, да кроз све то није прошао, ми данас не бисмо имали ову импресивну књигу. Он није знао да ће вековима касније ова књига бити инспирација. Мада је у његово време он био промашај. Нико није слушао - били су све тврђи и тврђи наредних 40 година.

Локација Јуде

Наше разумевање ове књиге помоћи ће ако процењујемо да је Јуда била окружена великим бројем нација - оне мање су биле близу њиховим границама, док су оне веће, суперсиле биле много даље. У *Исаији* налазимо да је Бог прво користио мале нације да дисциплинује свој народ, а када се нису промениле, онда је користио велике. Мале нације укључују Сиријце на северу и Амоните, Моавите и Едомите на истоку и југу. Са западне стране су били Филистејци, које је Бог довео са Крита, а доле према пустињи су били Арапи. Суперсила на истоку је била Асирија, као и Вавилон који у време Исаије још није било велика сила. Пророчки је писао о Вавилону који ће тек добити пуну снагу и значај, а на западу је био Египат.

Била су бројна савезништва против Јуде у време Исаије. Можда је највише изненађујуће оно између северног краљевства и Сиријаца. То је био озбиљан моменат у историји одабраног народа. Баш у то време Исаија је обезбедио краљу Јуде победу, иако су били само два мала племена. Исаија је рекао: "Ето, девојка ће зачети, родиће сина и даће му име Емануило." То би био знак да ће Бог донети победу.

Емануил значи *Бог је са нама*, али постоје четири различита начина како можемо да протумачимо ту фразу. Нагласак пре свега треба да буде на речи нама - са нама, а не са њима! Другим речима, Бог је на нашој страни. Дакле, када је детету дато име, краљ је знао да савез десет племена и Сиријаца неће победити.

Другом приликом Филистејци су се удружили са Арапима. Поново је то била озбиљна претња за Јуду. Бог је поново био на њиховој страни.

У време Исаије, Асирија, са престоницом Ниневијом на обали реке Тигар, је била велика сила са истока. Египат је био велика сила на југозападу. Али је постојала и нарастајућа сила Вавилон (данашњи Ирак) која ће бити још моћнија у будућности.

Исаија је почео пророчку мисију у години када је умро краљ Узија и Јотам дошао на трон. Ахаз, Језекија и на крају Манасија су били на трону за време његове службе.

Краљеви Јуде

Невезано за Исаијеве говоре, корисно је да видимо образац који се развија о успешности краљева Јуде. *Књига о царевима* нам говори само да ли је одређени краљ добар или лош у Божјим очима. Добри краљеви су добијале битке, лоши краљеви нису - Ако су били добри, Бог је био са њима и нико није могао да их победи.

Узија (792-740. г.п.н.е.) је овде први пример. Био је добар краљ и владао је 52 године. Међутим, постао је лош краљ у последњим годинама - чинио је зло у Божјим очима и умро од лепре. То је била његова казна зато што је постао лош краљ.

У раним годинама Исаијине службе, први непријатељски напад је дошао од уједињених Филистејаца и Арапа, озбиљне силе. Јуда је победила јер је краљ следио Божја упутства. Али када је краљ постао непослушан, Асиријци су победили Јуду.

Јотам (750-740) је био добар краљ који је владао 19 година (10 година као регент). Ко год је кренуо на Јуду у то време био је поражен. Амонити су склопили савез са Израелом и били поражени.

Ахаз (735-715) је био лош краљ кога су победили Едомити, Филистејци и Асиријци.

Језекија (715-686) је био добар краљ који је владао 29 година и победио Филистејце. У његово време су Асиријци опколили Јерусалим са 185.000 војника, али је Бог послао анђела који их је потпуно збрисао са лица земље. До само пре неколико година људи су мислили да је то само легенда, али један британски археолог је пронашао људски скелет који је био у подножју зидина града. Кроз тај тунел је још увек могуће проћи.

Али нису све вести биле добре. Језекија је направио велику грешку пред крај свог живота, када је био болестан. Завапио је ка Богу да му подари још 15 година живота, а то време није искористио за ништа добро. Једном приликом дошли су посетиоци у име сина вавилонског краља, још увек нације у успону, и пожелели му скоро оздрављење. Езекија је био видно поласкан што неко зна за њега у иностранству и пита за његово здравље, па им је показивао двор да би они причали о величанственом краљу. А када је Исаија чуо шта се десило, био је престрављен. Рекао је Језекији да све оно што је показао посетиоцима, све ће то једног дана узети Вавилон. То је био врло драматичан говор у средини књиге, а на крају се све десило како је предвиђено.

Манасија (697-642) је био један од најгорих краљева Јуде. Био је учесник обожавању ђавола, чак је жртвовао сопственог сина демонском богу Молоху, који је био центар сатанистичког обожавања у Јуди. Највећи део лоших краљева је владао кратко, а он је владао 55 година, једна од најдужих владавина у Јуди икада.

Манасија је толико мрзео Исаију да му је забранио да уопште говори. Зато и имамо ово пророштво записано на крају. Манасија више није могао да га трпи и решио је да убије пророка. Била је то гадна смрт. По јеврејској историји, Манасија је наредио да издубе једно велико дрво, да Исаију вежу конопцима, да га ставе у шупљину дрвета, а онда пресечу све на пола. У *Посланици Јеврејима* Исаија се наводи као **херој вере,** речи "претестерисан на два дела" се односе на њега.

КРАЉ	ВЛАДАВИНА	КАРАКТЕР	ПОБЕДЕ	ПОРАЗИ
УЗИЈА	52 године	Добар па онда лош	Арапи, Филистејци	Асиријци
JOTAM	19 година	Добар	Амонити, Сиријци, Израелци	
АХАЗ	20 година	Лош		Едомити, Филистејци, Асиријци
ЈЕЗЕКИЈА	29 година	Добар	Филистејци, Асиријци	
МАНАСИЈА	53 године	Лош		Асиријци

Књига

Прва ствар коју можемо уочити је снажан контраст између првог и другог дела. Као и остале пророчке књиге, то је колекција различитих порука у различитим временима. Није поређана хронолошки; понекад је поређана по темама, а понекад уопште није поређана. Дакле, то је нека мешавина, али један тип пророштва доминира првим делом, док други тип доминира другим делом.

Првих 39 глава су прилично другачије од других 27, толико су другачији да неки учењаци сматрају да је други део написао неко други, као неки *други Исаија*. Да сумирамо разлике између два дела:

ПРВИ ДЕО	ДРУГИ ДЕО
Више лоших вести него добрих	Више добрих вести него лоших
Људско деловање	Божанско деловање
Грех и казна	Спасење и откупљење
Правда	Милосрђе
Сукобљавање	Утеха
Бог Израела	Бог свемира
Национално	Интернационално
Бог = пламен	Бог = Отац
Божја рука	Божји загрљај
Спремни су да ударе	Протежу се за спас
Клетве	Благослови
'Чудан рад'	Добре вести
Јевреји	Незнабожци
Асирија	Вавилон
Пре прогонства	После прогонства
Садашњост	Будућност

Пошто је други део највише усмерен на период после прогонства, скептици осећају да би лако то могао да напише неко други. Они кажу да Исаија није могао да предвиди да ће Вавилон да победи човек који се зове Асвир (Кир), зато што се то догодило 100 година после његове смрти.

Неки петпостављају да неки прото Исаија написао текст од 1. до 39. главе, *други Исаија* од 40. до 56. главе, а *трећи Исаија* написао последњих 10 глава.Тако да сада има три Исаије! Чак се тако и учи у неким библијским школама. Разлог за то је што су велике разлике у стилу, садржају и речнику за које би требало да буду одговорни више аутора.

Јединство књиге

Постоји аргументација и да није важно да ли постоје три Исаије или само један. Али ови учењаци заборављају да је различите поруке Исаија давао у различито време, па и са различитом наменом - или да се сукоби или утеши. Природно је да би користио различите стилове и различити речник. Нема потребе да књигу гледамо као на два или три дела.

Као додатак, постоје бројни разлози за веровање да је целу књигу написао један човек.

Прво, два дела имају много тога заједничког. Његов опис Бога као **Свеш̄ац Израелски** се појављује 50 пута - по 25 пута у два дела. Док су неке теме обрађиване у првом делу, неке друге теме су обрађиване у другом делу.

Друго, био би стварно чудно да би писац другог дела књиге, која се сматра за једну од највећих пророчких текстова у целој Библији, треба да буде заборављен. Ако су позната имена других библијских пророка, па и оних најмањих, тешко је да замислимо да би изгубили ауторство над другим делом *Исаије*.

Треће, Исус и Павле наводе цитате из другог дела и ауторство придају Исаији. То је довољно за мене. Не могу да верујем да би Исус или Павле лагали о томе ко је написао књигу или оставили сумњу.

Последње, кључно питање је да ли Бог зна будућност. Ако зна, онда нема никаквих проблема да комуницира са Исаијом о будућности. Ако решимо неке од ових централних проблема, све недоумице су решене.

Први део (1-39)

Књига о Исаији је колекција различитих предвиђања у периоду од 40 година. Постоји и широки план који нам може помоћи да сагледамо књигу у целини. Да прегледамо први део књиге.

Од 1. до 10 главе имамо потврду Јуде и Јерусалима. Нација је богата, како је Амос приповедао против неправилне употребе богатства у северном царству, тако је Исаија беседио исту ствар у Јуди. Критиковао је жене које троше новац на накит и одела, а запостављају сиромашне и неспособне.

Од 13. до 23. главе иду осуде другим нацијама. Бог их користи за кажњавање народа, али они прекорачују овлашћење у својим акцијама. Веома су злобни и сурови и кажњавају одабрани народ више него што је Он намеравао.

Од 24. до 34. главе имамо мешавину добрих и лоших вести. Ту је пресуда за северна племена и за Јуду, али је долазећа слава описана два пута. Стоји одбацивање, али народу је дат барем наговештај светле будућности.

Од 36. до 39. главе имамо причу о Језекијиној болести. Ту је прича о транзицији како је Асирија утрла пут Вавилону да третира Јуду, кроз Језекијину глупост у добродошлици посетиоцима из Вавилона.

Јуда (1-12; 24-35)
ЛОШЕ ВЕСТИ

Непослушност

Пророковање Исаије је било против губитка мира и просперитета.

Чињеница је да овакво добро стање нису имали још од доба Соломона, када је краљевство било на врхунцу. Али уз просперитет ишли су и понос и самозадовољење. Био је мото да се свако брине за себе. Сиромашни су били угњетавани, неправда је била уобичајена.

Религијски живот нације је постао ритуалан. Људи су рутински ишли кроз обожавање, њихова срца су била хладна за Бога. Као резултат тога нису били вољни за Бога и толерисали су паганске идоле, обожавајући хананске богове Вала и Ашера у својим сујеверним веровањима да ће тако уичинити њихове приносе добрим и да ће напредовати у животима.

Дисциплина

Тако се развио сличан образац као и у *Књизи о царевима*. Бог дозвољава страним завојевачима да нападну Јуду и они треба да се врате Богу. Као што смо видели, ти напади укључују Сирију и Израел, Арапе и Филистејце, Едом, Амон, Моав и суперсилу Асирију.

А уместо да верују Богу, они су правили савезништва са којом год силом су могли, да би привремено обезбедили заштиту. Бог се није мешао.

Катастрофа

Бог је обећао још Мојсију да ако народ не држи његове команде и игнорише упозорења, они ће изгубити земљу и све што су до тада имали. Са Исаијом су поруке долазиле глувим ушима, па тако 587. године пре нове ере, народ на крају завршава у изгнанству, баш као и северна племена, с тим што они иду за Вавилон.

Одбацивање

Исаија је предвидео да ће путовање и боравак народа у Вавилону бити непријатан. Такође је рекао и да ће многи у прогонству да се врате Богу. **Као нација никад више неће да прате туђе богове. Синкретизам и идолопоклонство су протерани из народног живота.**

ДОБРЕ ВЕСТИ

Остатак

Добра вест у првом делу је да ће се остатак вратити из егзила и да ће доћи краљ који ће донети народима мир. Од тог "остатка" доћи ће краљ сличан Давиду ко ће бити вечити Отац, Саветник, Принц мира са Владавином на раменима.

Повратак

Такође је јасно да и поред непослушности Јуде, Бог неће изневерити свој завет. Свеобухватно обећање је да ће се ипак сви једног дана вратити у земљу коју су изгубили. Вратиће се 70 година касније, баш као што је Јеремија предвидео.

Владавина

Исаија пророкује да ће доћи краљ који ће да влада на начин како то никада није било. Дати су детаљи те владавине: његово рођење, његова служба у Галилеји незнабожаца, његова лоза, из лозе Јесеја, његово помазање да ради Божји посао. Свако ко сумња у истинитост Христове тврдње о краљевству, довољно је да чита само пророковање Исаије.

Радовање

Кроз ове главе имамо и време радовања за Божју доброту, усред лоших вести. Погледајте 2,1–5; 12; 14,1–3; 26; 27; 30,19–33; 32,15–20; 34,16–35. Све су то пророчке књиге, то је Исаија који је пун радости.

НАЦИЈЕ (13-23)

Исаија је поменуо нације које ће се обрачунавати са Јудом: Асирија, Вавилон, Филистеја, Моав, Сирија, Куш, Египат, Едом, Арабија и Тир. Морамо да приметимо три нагласка:

1. Бог их користи да дисциплинује свој народ.
2. Они су прекорачили своје границе. Били су нехумани и неправедни и ругали су се Богу Израела.
3. Бог их је казнио ватром и на крају истребљењем.

Упркос казнама за околне нације, Исаија предвиђа да ће цела земља делити Јудин благослов (23-25).

Други део (40-66)
Слика Бога
Друга књига нам даје невероватну представу Бога током текста.

ОН ЈЕ ЈЕДИНИ БОГ КОЈИ ПОСТОЈИ
Бог је рекао: "Нема других богова осим мене". речено нам је да тзв. богови не постоје. Бог је једини Бог. Други богови су измишљени од народа. Бог исто каже: "Не постоји Бог као ја". Исаија се руга другим боговима, са речима **да имају уши, а не чују, да имају очи, али не виде, да имају ноге, али не могу да ходају.**

Овакав став, наравно, дубоко је увредљив за савремени свет, где се од нас тражи да прихватимо друге религије. Не постоји други Бог осим Бога Израела.

СВЕМОЋНИ ТВОРАЦ
Нације су као зрно у кофи песка, на скали поређења. То је Бог који именује звезде. Човеку је дато наређење да животињама даје имена, али не и звездама, ми смо мудри ако не тумачимо знакове на звездама под којима смо рођени. Истраживања јавног мнења показује да шест од десет мушкараца и седам од десет жена чита хороскоп сваки дан. Човек треба да гледа ка Богу ако хоће неку мудрост у вези будућности.

БОГ ЈЕ СВЕТАЦ ИЗРАЕЛСКИ
Исаија га тако назива 25 пута у другом делу књиге. Амос обраћа пажњу на Божју **праведност**, Осија на Божју **верност**, а Исаија на Божју **светост**. Јасно је да Исаија никад није заборавио величину и сјај Бога на почетку своје службе, па тако тај опис постаје кључни мотив књиге.

ОТКУПИТЕЉ СВОГ НАРОДА
Бог је описан као **Краљ Откупитељ**. Баш као што би такав откупитељ устао у одбрану породице, тако Бог има моћ и жељу да помогне због завета који је дао народу.

СПАСИТЕЉ НАЦИЈА
Ова титула је придавана Богу од стране Исаије пре него што су тако

назвали Исуса у Новом завету. Исаија наглашава Божју бригу за све народе и његову жељу да дође до међународног сакупљања свих на новом небу и новој земљи.

ГОСПОДАР ИСТОРИЈЕ

Исаија је рекао да су нације као зрнце у кофи. Бог започиње, контролише и завршиће историју. Он предвиђа и контролише будућност. (погледати 41,1-6, 21-29; 42,8-9, 10-17; 44,6-8, 24-27; 46,9-11; 48,3.)

СВЕ ЗА ЊЕГОВУ СЛАВУ

Пажња је на Богу кроз ову књигу преко редоследа како ће се приказивати слава Бога. Реч *слава* је кључна за ову књигу. Бог жели да свет види његову величину.

Слуга Божји

Серија песама је нарочито значајна за други део и налази се међу познатијим деловима. називамо их песмама јер су веома поетичне. Оне помињу "слугу Божјег" (20 пута) и до данашњењг дана Јевреји не знају ко је он.

Значење речи "слуга" изгледа да се мења код Исаије. Девет пута мисли на одабрани народ (49,3), а онда нам је касније јасно да прича о појединцу. Касније, имена су придавана конкретним људима: Узија, Јосија, Јеремија, Језекиљ, Јов, Мојсије и Зоровавељ.

Четири ствари можемо да кажемо о том Божјем слуги:

1. Његов безгрешни карактер. Слуга је савршен; нема грешака. Ова изјава не може да се примени на неку другу особу.
2. То је дубоко несрећан човек, човек који пати и који је опрхван тугом.
3. Он је погубљен - убијен као криминалац - а опет је безгрешан. Он је убијен због грехова других људи, не за његове. Лажно је оптужен и сахрањен је међу богатима.
4. После тога што је убијен за грехе других, он ће устати из мртвих и биће уздигнут на високу позицију.

Не можемо да пронађемо никакву везу коју је Исаија дао име Божјег слуге и долазећег мотива краља раније у књизи. Наравно да ово није никаква мистерија за хришћане, али јесте за Јевреје. Не могу да споје слугу који је у другом делу са обећаним краљем из првог дела. За њих то нема никаквог смисла.

Први Јеврејин који је направио ту везу између два описа је Исус, а веза долази од крштења када је Бог рекао: "Ово је мој Син кога волим; са ким сам задовољан". Бог је повезао две ствари рекавши нешто о краљу - "Он је мој Син" - и нешто што се односи на слугу - "Са ким сам ја задовољан". Исус је то знао да он фигурира та два појма у једној личности.

Не само да је Исус направио ту конекцију, већ је то често радио и Петар у својим говорима. У *Делима апостолским*, Петар повезује краља и слугу. Многи свештеници су постали хришћани у првим данима зато што су знали за Исаијину књигу и лако пронашли везу краља и слуге.

Филип је такође то повезао када је срео етиопљанског евнуха у *Апостолским делима* и читао *Исаију* (53).

Павле ту повезаност још уздиже. У *Посланици Филипљанима* он говори о једном који је раван са Богом, а који је опет узео форму слуге. Јевреји нису осећали да краљ може толико да пати и да буде осуђен као најобичнији криминалац. Крст је увреда за јеврејски народ - краљ закуцан на крст није врста краља који они желе. Исус није био краљ који је Власт носио на својим леђима. Они су тражили краља који је победнички, краљ који је дошао да влада, а не да умре.

Дух Божји

Можда изненађујуће, Свети Дух је такође препознат у овој књизи. Израз "ожалостити Свети Дух" долази од Исаије 63,10-11. Читамо да Дух врши помазање слуге за мисију (61,1-3). "Разлићу Духа по вашим потомцима" (44,3) - указивање на Педесетницу. Већ смо приметили реч "нама" у шестој глави, као у "Кога ћу послати и ко ће ићи за нас?"

Тако је **Тројица** у Старом завету за оне који имају очи да виде. Имамо моћног Бога који је створио свет, ту је слуга који пати и ту је Свети Дух - три лица су присутна у другој делу *Исаије*.

Пророштво

Важно је да разумемо принцип пророковања, јер они чине трећину Библије, укључујући 17 књига од Исаије до Малахије. То је нарочито важно у релативно компликованом пророштву Исаије.

Сви пророци су говорили о свом времену и за будуће време.

1. **Њихово време.** Они као да су имали микроскоп садашњег времена. Они су своје време видели Божјим очима и тако су и говорили. Али њихове речи нису биле ограничене само за њихово време. Обавезујући морални принципи могу да говоре било којој култури у било ком времену. Зато што се карактер Бога не мења, његови морални стандарди су увек исти.

2. **За будућност.** Имали су телескоп и за будућа времена. Говорили су шта ће се десити једног дана. Ту већ постаје мало комликованије, јер је било немогуће да пророк јасно дефинише временску дистанцу од једног до другог догађаја, као када би ми гледали у неколико планинска врха у даљини, за нас је немогуће да обрачунамо раздаљину између њих. Тако да оно што су многи пророци Старог завета мислили (као и ми читаоци) да је једна планина са два врха, у ствари су две планине удаљене једна од друге. Тако су два догађаја у будућности описана као да су један поред другог, а уствари су удаљени хиљадама година.

Хришћани данас живе између та два врха. Један врх је прошлост, други је будућност, јер ми знамо нешто што пророци нису знали. Они су очекивали долазак Краља, а ми знамо да ће Краљ доћи два пута.

Не само да је то случај, већ понекад се испуњење пророштва не дешава редоследом какав је дат. Тако ми знамо, на пример, да ће слуга који пати у другом делу је испуњен пре него што је испуњен краљ из првог дела књиге. Спаситељ Исус је дошао као слуга и отишао на крст, али још се није вратио као краљ који ће да влада над свиме.

Зато није изненађујуће за Јевреје који добро познају текст *Исаије*, да још чекају први долазак. Очекивање Јевреја да ће Месија доћи само једанпут, узроковало је да су се разочарали са Исусом, тиме га дисквалификују као њиховог Месију. Када је Исус дошао у Јерусалим на празник Цвети, њима се чинило да је најзад дошао краљ, онако како га је маса желела. Са њим су кренули са узбуђењем, мислећи да ће сада да обори Римљане са власти. А Он је јахао магарца, симболичка слика да није дошао да се бори.

Откривење нам каже да када се Исус буде вратио, Он ће се вратити да би се борио, тада ће доћи човек рата на белом коњу. Али на Цвети његова мисија је била мисија мира, не да испуни Исаијино пророчанство о краљу владару. На чуђење свих, када је прошао капију, кренуо је на леву страну, а не на десну. На десној страни је било Римско утврђење где су били окупационе снаге. А Исус је кренуо према храму и почео да бичује и истерује Јевреје напоље. Његови приоритети су били другачији од Јевреја.

Можда можемо да замислимо и зашто је, неколико дана касније, иста та маса народа узвикивала "Разапни га!" и изабрали Варнаву, герилског ратника, уместо њега. Они су мислили да долази да преузме трон, а све што је он урадио је да очисти храм - како је то разочаравајуће! Када је Пилат ставио таблу са натписом "Ово је краљ Јевреја" они нису могли да верују. Једини човек од целе нације који је поверовао је рекао "Господе, сети ме се у твом царству". Лопов који умире је у патњи видео да онај који умире је долазећи Краљ.

Крајња будућност

МЕЂУНАРОДНО

Већ смо запазили код *Исаије*, нарочито у другом делу, да ће цела земља знати за Божји благослов, не само Јевреји. Он је напоменуо да ће и далека острва да знају за Бога. Вероватно да је под тим мислио и Британију, с обзиром да су Феничани називали Британију "далеко острво" са ког су бродовима увозили руду.

НАЦИОНАЛНО

Све ове приче не значе да је Јуда заборављена. Јерусалим, Сион и Господње планине исто биће место Божјег деловања. Ми знамо да ће једнога дана доћи на коњу и да ће преузети власт над свим Владама света. Краљевства овога света биће краљевства нашег Бога и Христа. Тако данашња Црква треба да буде спремна за Краља који ће доћи и који ће владати. Сада ми припремамо све нације, а крај ће доћи, зато што Бог жели да све етничке групе буде представљене.

У другом делу пророчанства *Исаије* чини нам се да се прича окреће час будућности Јерусалима, час будућности нација. У другој глави налазимо да ће се Господњи дом настанити на планинама и све нације ће доћи на то место - то је будућност "сједињених нација", а центар ће бити у Јерусалиму. Као што се десио случај са слугом који пати, тако ће се десити и са Краљем који влада.

Зашто да читамо *Исаију*?

1. **То је део Божје речи.** Студија сваког дела Светог писма данас нас чини "мудрим за спасење". Код *Исаије* кључна реч је "спасити" и "спасење" (име Исаија значи *Бог спасава*).
2. **Књига је добар увод за целу Библију.** Књига Исаије је резиме свих тема у оба завета, све у једној књизи која је инспирисана Светим Духом. Ако мислите да је Библија превише велика за вас да је читате, почните са Исаијом за почетак и она ће вас увести у све теме Светог писма.
3. **То је добар увод за пророштво.** То је једно од три највећа пророштва, смештено је у секцији *Велики пророци*, стављена на прво место у секцији пророка у Библији. То је типична пророчка књига која је комбинација протеста против садашњег и предвиђање будућег времена. Лако је видети начине на које су испуњена пророчанства у вези Христовог доласка у Новом завету.
4. **Исаија нам помаже да вежемо Стари и Нови завет**, показујући како осветљавају један другог. Лакше ћемо разумети Нови завет ако знамо Исаију.
5. **Читамо да би знали Исуса.** Исус је рекао: "Тражите ме у Скриптама, јер оне сведоче за мене". Он је овде говорио о Старом завету. Исаија нам помаже да боље разумемо Господа него било која старозаветна књига. Ако читате 53. главу, ви сте у подножју крста. "Његовим ранама ми смо излечени".
6. **Добијамо ширу слику Бога.** "Повећај Господа са мном" значи "Повећај сам своје разумевање Бога". Други део нам пружа шири увод у Бога, Свеца Израелског, Творца свих крајева света.

Дакле, поред тога што је ово највећа пророчка књига, и треба времена и напора да се разуме, постоји много разлога зашто хришћани треба да обавезно прочитају ову пророчку књигу.

То је Библија у малом. Пружиће помоћ у разумевању Старог завета, осветлиће пут ка разумевању Новог завета и најважније од свега, прошириће ваше знање и представу о Богу.

22. МИХЕЈ

Увод

Пророчке књиге од Осије до Малахија су названи "Мањи пророци" у нашим Библијама. То су погрешни називи, јер то каже да је једна група мања од других. Уствари, они су тако названи да би се мање књиге одвојиле од највећих три - *Исаија, Јеремија* и *Језекиљ*. Погрешан назив се највише односи на пророштво Михеја. Зато што он има незаборавну поруку - једну која још увек одзвања по целом свету.

Михеј је био савременик Исаије, једна секција Михејине књиге је идентична секцији код *Исаије*. Тиче се речи да се плугови излију у мачеве и да ће повратком Христа доћи време мира. Ко је кога копирао или је Свети Дух дао двојици човека исту поруку - нејасно је, али су обојица говорили о истој ситуацији, па је јасно да је Бог хтео да буде дата иста порука.

Постоји један део који сте вероватно чули на Божићним службама: "Али ти, Витлејему Ефрато, иако си најмањи међу Јудом, из тебе ће изаћи онај који ће владати Израелом" (5,2). Предвиђање је изречено 700 година пре Исусовог рођења.

Постоји класичан текст: "Речено ти је, човече, шта је добро, и шта Господ од тебе тражи: да чиниш правду, да волиш милосрђе и да смерно ходиш с Богом својим." (6,8), а ту је и изјава на крају књиге која је претворена у химне: "Који је праштајући Богу сличан?" (7,18)

Све се лако памте, али су обично нису узете у контексту и

нису коришћене као претекст. Ми целу књигу морамо да ставимо у контекст, у време и место. Бог увек изражава своју реч у специфично време и на специфичном месту. Зато је Библија, не као остале свете књиге у свету, пуна историје и географије. Ако читате Куран или хиндуистичке Веде, наћи ћете да су оне више књиге мисли и речи. А Библија је књига историје и географије, зато што је Бог открио његово цело откривење у специфична времена и на специфичним местима, а за *Михеја* је то веома важно.

Где?

Обећана земља је веома уска трака између Медитерана са једне, и Арабијске пустиње са друге стране. То је коридор кроз који пролази саобраћај из Европе, Азије и Африке. Обично се пролази путем поред мора који се зове *Пут мора*. Раскрсница светова је Мегидо (Армагедон на хебрејском). Светски саобраћај пролази кроз ту област, а постоји и једно мало село Назарет на једном брдашцу изнад укрштања путева. Из тог разлога је Галилеја, северни део Израела, назван *Галилеја нација*, зато што је међународни саобраћај пролазио тим путем. Југ је више културно јеврејски, на брдовитом подручју, са мање посетилаца.

Ако се узме источно-западни прелаз на југу, имамо Медитеранско море са једне, а Мртво море са друге стране. Мртво море је на нижој географској висини, испод Медитерана.

Михеј је дошао из места Шефела (значи *ниско место*), од 17 до 20 километара области Јудеје која се простире између централних планина и приобалних поља. Живео је међу Филистејцима и међу Јеврејима. Тиме је могао да види корумпирани град Јерусалим све до појаса Газе.

Кључни детаљ је да су Исаија и Михеј били савременици. Проповедали су у исто време, али Исаија је рођен у краљевској палати. Био је краљев рођак и веома близак са властима. Михеј, супротно, живео је у Шефели, сиромашној области. Исаија је дошао из више класе, богато окружење, а Михеј је просто био сељак са срцем обичног човека кога су искоришћавали. Због свог порекла, Исаија није знао ништа о њему, тако да се уредно поклапају.

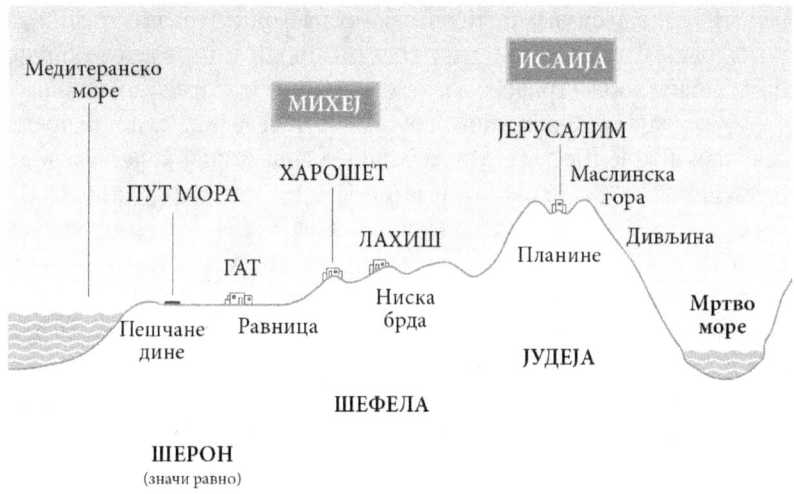

Када?

Вероватно је Михеј приповедао за време владавине три краља, доброг краља Јотама, лошег краља Ахаза и врло доброг краља Језекије.

У то време, наравно, Израел је био подељен, после грађанског рата који је букнуо после смрти Соломона. Десет племена севера су се одвојила и назвали себе Израел, а два племена на југу су звали Јуда. Исаија и Михеј су говорили тим јужним племенима, док је Осија пророковао племенима на северу, баш пре него што су протерани у Асирију.

Осија и Исаија су претежно градски људи, са добром позадином, а Михеј је контраст и за Осију и за Исаију.

Зашто?

Краљ Јотам (750-731) и краљ Ахаз су водили земљу погрешним путем. Јотам је сматран за "доброг краља", али је погрешио што није склонио та "висока места" који су охрабривали обожавање хананских богова. Краљ је требао да се држи слова закона и да обезбеди да и народ поштује закон. Са друге стране, Ахаз је био "лош" краљ, зато што није спречио ширење тих злих служби од северних племена које су се шириле на јужне, и ширење из градова ка селима. У Библији велики градови су увек били опасна места. Концентрација грешника у градовима говори о ширењу греха. Пороци и насиље су обично били већи и гори у градовима, него по малим местима у околини.

У случају Јуде, корупција Јерусалима почела је да се шири према селу као што је Шефела. Михеј је видео лош утицај који долази до њега и било му је тешко. Приметио је мито код судија, пророка и свештеника. Исти они људи који су требали да се држе закона, били су плаћени да говоре људима оно што су они хтели да чују. Била је присутна експлоатација сиромашних. Завист, похлепа, варање, насиље и окрутност су постале уобичајене. Криминал је био у расту; земљодршци су крали од сиромашних, осиромашене удовице и сирочад су препуштени улици; трговци и мењачи су користили намештене ваге, цео бизнис је био корумпиран. Грех се изфилтрирао у сваки аспект друштва. Највише од свега, богати и моћни су угњетавали најсиромашније. Друштвена и политичка моћ су се користили за попуњавање џепова. То је тужна слика - *йошуни слом йошовања и йоверења*. Породичне везе, основа сваке нације, биле су растурене. Михеј је имао осећај за социјалну правду и био је забринут што се то догађа Божјем народу, народу који је требао да буде светлост света.

Усред свих тих брига због ситуације, Михеј је имао визију од Бога која је дирнула Јуду, север и околне нације. Његова визија као да се ширила концентричним круговима. Његова прва визија тицала се Јудиног племена, затим се ширила, имао је визију о целој нацији - чак и о десет племена на северу, иако су били издвојени од југа. Његово срце је било велико да носи терет изгубљеног света, мада је почело са теретом свог народа.

Михеј је видео да Бог долази да казни Јуду. Он ће им судити и одузеће им и то мало земље што им је остало на југу. За њега је то било веома болно да види и дубоко га је погодило.

Постоје два фактора због чега се тако осећао: први је био Свети Дух, а други је био његов дух. Сваки пророк је имао динамични однос са Светим Духом који га је водио проповедању. Тако исто и људски дух може да буде тужан. Михеј каже да је завијао као шакал и плакао као ној, цепао своју одећу, толико је била велика његова мука. Схватио је да је ситуација безнадежна.

Био је нарочито забринут око три проблема: *идолойоклонство, неморалност и нейравда*.

Неправда је нарочито погађала његово срце. Није могао да подноси да гледа шта Божји народ ради један другом. Идолопоклонством је народ вређао Бога и обожавао нешто друго. Неморалност је била да народ само себе задовољава. Неправда је када људи наносе повреде једни другоме, то је био највећи терет у његовом срцу. Као "један од народа", његово срце је ишло ка удовицама и сирочићима који су били на улицама зато што нису имали новац да плате за становање.

Постоји снажан јецај за социјалном правдом кроз његово пророштво.

Увек налазим корисним да се погледа на структуру и облик књиге, нарочито на начин како је урађено у *Михеју*. Постоје јасно три одвојена дела. Дао сам им специфична имена по главној теми.

Од 1. до 3. главе једноставно се прича **о злочину и казни** - лошим стварима који ће се догодити када Бог почне да кажњава. Од 4. до 5. главе пажња је на миру и сугурности. Правда и милост су теме главе 6 и 7.

Злочин и казна (1-3)

У овом делу Михеј говори људима да схвате како се грех проширио од града до малих градова и села, све до његовог места - Шефеле. Садржај поруке јасно успева да привуче њихову пажњу. Он изговара пресуду за њих и помиње свако село понаособ, само да не би заборавили поруку.

Места

Ако би Михеј причао у Лондону, то би звучало отприлике овако: "Хекни ће бити исечен на комаде, Хамершмит ће бити уништен чекићем, Бакерси ће потонути у море, а Шордич ће завршити у јарку. Доћи ће крај Цркви и неће се излечити. Лајање дивљих паса ће завладати, а овце ће пасти све што је остало од вегетације Шеферд Буша. Лешинари ће се сладити мртвим телима по Пекаму."

Можда би звучало чудно на овај начин, али баш на такав начин је Михеј говорио околним местима. Узео је свако име места у тој области и од њега направио претњу за свако појединачно место. То је бриљантни део његовог пророштва који говори народу да се неће извући са својим злим понашањем. Пре или касније, Бог ће нешто урадити.

Народ

Јасно је да је Бог узимао угледне лидере као главне кривце за ситуацију. Показао је бес према краљу, свештеницима и лажним пророцима који су дозволили духовно пропадање до потпуне безосећајности. Нарочито је био погођен профитерима који су угњетавали најслабије, где су богати постајали још богатији, а сиромашни још сиромашнији.

Мир и сигурност (4-5)

Овај део нам доноси углавном добре вести, на изненађење. Претходни текст описује Јерусалим који лежи у рушевинама. Ове две главе дају другачију слику. Михеј каже да тренутна корумпирана држава није завршетак приче.

Царство

Долази царство где ће бити свеопште разоружање - све спорове ће решавити краљ на Сиону. Главни штаб Уједињених нација неће бити у Њујорку, већ у Јерусалиму, то је место где ће се решити сви спорови. Када дође "Господ који влада у Сиону", биће решени сви светски проблеми. То је Царство које ће се основати на земљи. Када се молимо Господњом молитвом, ми кажемо "Нека буде Царство твоје и на земљи, као и на небу". Наравно, то време не може да дође пре Краља, јер Царство не може да постоји без Цара. Михеј је говорио да ће доћи Цар који ће доћи из малог села Витлејем. Витлејем значи *кућа хлеба*. Постоји једно мало село које снабдева Јерусалим са кукурузом, исто тако обезбеђује и јагње за жртву.

Цар

Михеј је гледао унапред, не само Исусов први долазак, већ и други. То је опис другог доласка, када ће Он доћи да влада земљом над нацијама. Речи су исте као и *Исаија* 2,1-4, поставља се питање који текст долази први. Да ли је неко можда копирао један од другога, или су писали у исто време, или су добили идентичну поруку од Бога? Ништа са сигурношћу не можемо рећи.

Тако је други део ове књиге доноси добре вести. Давидов град ће обезбедити Цара који ће доћи да влада светом, донеће мир и просперитет.

Правда и милост (6-7)

Последња секција Михејеве књиге је дата у облику сцене у судници. Бог је у улози главног тужитеља, а Михеј је у улози главног правобраниоца. Народ Јуде, у потпуној корумпираности, је на оптужеиничкој клупи, а Бог оправдава себе.

Бог говори у своје лично име и каже "Ја", исто тако и Михеј. Расправљају о томе ко је на оптужеиничкој клупи. Бог објашњава да оно што је уствари желео од њих нису жртвовања (крв хиљаде јагњића), већ праведност. Он је од њих тражио "да се понашају праведно, да воле милосрђе и да ходају погружено пред њим".

Правда је када се народу даје шта су заслужили, али милосрђе је када се народу даје оно шта нису заслужили. Човек коме је урађен портрет каже уметнику: "Надам се да ће ми ово донети правду". А уметник каже: "Није ти потребна правда, већ милост!"

Правда и милосрђе нису контрадикторни; они путују заједно истим путем. Разлика је у томе што **правда може да вас догура далеко, али онда милосрђе преузима и води вас још даље**, а Бог је господар и једног и другог. Бог ће увек поступити праведно. Нико никада неће моћи да каже да је Бог неправедан.

А све оно што је Бог добијао су жртве хиљада јагњади. Јуда је задржала ту врсту ритуала у религијском животу, али Бог је тражио више од тога. Једина ствар која је важна је како стојите са Богом, а најбољи тест за то је како стојите са људима. Ако сте у добрим односима са Богом, пронаћи ћете начин да делујете праведно и да показујете милосрђе, зато што је то тачно деловање које се приказују према вама.

Михеј делује бедно у судници, а онда следи његова несрећа када спознаје да ће Бог у судници показати и своју милост. Тако имамо прикладну равнотежу на крају књиге, са заветом милости који је дао Бог.

Када је дете несташно, родитељи имају проблем. Да ли ћете му демонстрирати правду или ћете га пустити да се извуче? **Тешко је бити истовремено праведан и милосрдан**, осим у једном случају, а то је када је невина особа спремна да страда у правди, а у име кривице. Тако грех може бити кажњен и опроштен у исто време. Зато је крст био неопходан. У химни "Испод Христовог крста" се каже:

О сигурно и срећно скровиште,
О бекство тихо и слатко,
о поверљиво место
Где се срећу небеска љубав
и небеска правда.

Елизабет Сесилија Клефејн (1830-65)

На крсту видимо савршену Божју правду (смртна казна за грех је прописана) и савршену Божју милост (да кривац мора бити кажњен), зато што је невин платио жртву. Ако нам Бог опрости без крста, онда би био милосрдан, али не и праведан. Ако би одбио да опрости грех и све казни, био би праведан, али не би био милосрдан. Зато је позадина Старог завета толико важна. Читамо како су Израелци знали за опроштај грехова кроз жртву невиног живота. Без проливања крви не може бити опроштење греха, зато што без проливене крви, Бог не може да буде праведан и милосрдан у исто време.

Михеј такође прича и о потреби да "ходамо понизно". И ово је важно као и претходна два. Могуће је да урадите прве две ствари и да се осећате поносно, али ви то радите само зато што је то Бог урадио пре вас, тако да треба да ходате погнуте главе пред Богом.

У Новом завету Матеја предвиђа да ће будући владар доћи из Витлејема. Одлука римског императора донета у римској палати, хиљадама километара удаљеним, довела је Јосифа и Марију на попис у Витлејем. То је било савршено време.

Такође је речено у Новом завету да када дође Краљ, Он ће преузети сву власт на земљи и донеће мир целом свету. То тек треба да се испуни, а догодиће се када се врати Спаситељ Исус.

Много је битно да приметимо да постоји велики број пророчанстава у време када дође Месија која нису испуњена по првом Христовом доласку. То је велика увреда за јеврејски народ. Они верују да ће Месија донети мир у целом свету, па пошто Исус то није успео да уради, он не може бити Месија. А истина скривена код свих пророка Старог завета открила се у Новом - а то је да ће Месија доћи два пута, први пут да умре, а други пут да влада светом.

Теолошке теме

Пре него што напустимо Михеја, добро би било да нагласимо неке теолошке теме у овој књизи.

Две стране Божјег карактера

Књига описује две стране Божјег карактера: Он је праведан и мора да казни, али Он је и милосрдан и мора да опрости. Он мрзи грех, али воли грешнике. То је преовлађујућа тема књиге. Свака секција почиње са осудом, а завршава се утехом. Прво долази правда, па милосрђе. Грех мора да буде кажњен пре него што се опрости.

Михеј нас подсећа да то треба да оставимо Богу. Ми морамо да одражавамо Бога, не да га заменимо. Наш посао је да "**поступамо праведно, волимо милосрђе и да ходамо понизно пред Богом**". Ови захтеви се никада неће променити.

Када ће Месија доћи

Пророчанство нам јасно каже да ће Краљ доћи из Витлејема, не баш угледног места. Било је мало и безначајно, осим тога што је обезбеђивало хлеб за пијаце и јагњиће за жртвовање. Пророчансто је ипак испуњено, и то све кроз пореску регистрацију Цезара Аугуста.

Зашто ће Месија доћи

Пророчанство нам такође јасно указује на други долазак Исуса, када ће да влада светом. Она пророчанства која нису испуњена са првим, биће испуњена са другим доласком.

Друштвена акција

Пророчанство нама хришћанима даје лиценцу како ми треба да се понашамо у друштву. Црква треба да има пророчки глас, алармирајући људе када дође до експлоатације које се појављују и да обезбеди глас за најслабије и најсиромашније. Ако то радимо, ми се припремамо за време када ћемо ми владати са Христом када се буде вратио.

Друштвено одбијање

У овом погледу, хришћани не треба да буду изненађени када људи око нас, чак и они који су нам блиски, не раде оно за шта се залажу.

Михеј је себи рекао да "су људски непријатељи чланови његовог домаћинства". Исус је рекао својим ученицима да како су мрзели њега, тако ће мрзети и њих. Данашњи хришћани морају да буду спремни да иду Христовим путем и да се суоче са последицама.

23.
НАУМ

Увод

Наум је тесно повезан са још познатијим колегом Јоном, тако да када гледамо ка Јони можемо да уочимо сличности. Обојица долазе из десет северних племена и обојица су послати у Ниневију, престоницу Асирије, која је у то време била велика светска сила. Наумова порука уништења, ипак, долази 150 година после Јоне, када су околности биле знатно другачије.

Историја је ишла својим током после Јонине посете Ниневији, Асиријска империја се повећала. Покушали су да освоје 10 племена за време краља Ахава, али нису успели. Вратили су се за време владавине асиријског краља Ашурбанипала III и потпуно савладали племе Венијамина, само да би се касније вратили под Шалманесером да депортују остала племена. Од тренутка, само је једна држава остала на својој земљи, то је била Јуда на југу. То је било катастрофално време за Божји народ.

За време Језекијеве владавине, Сенахирим је дошао и опколио Јерусалим, али је био одбијен када је анђео убио 185.000 Асиријаца. Нису тиме били одвраћени и наставили су своје ширење. Освојили су Тебу у Горњем Египту и постали моћно царство.

Јона и Наум су били одређени да предају поруке Асирији. Прво је Софонија, као део поруке за Јуду, предвидео да ће Бог уништити Асирију и претворити њихову престоницу Ниневију у напуштено свратиште. Некада поносни град постаће поље за испашу оваца и дом многих дивљих животиња. Некада грандиозне палате лежаће у рушевинама.

Софонија је говорио о уништењу без неког временског периода. Наум је био тај који је Асиријцима рекао да су готови. У његовом пророчанству видимо које је било њихово завршно упозорење. То је велика разлика између Јоне и Наума у овом случају, али Бог није хтео да их остави на миру. Интересантно је да обојица Бога описују као спор на гнев, али Наум им је рекао да им је време истекло. Када се подигне Божји гнев, не може бити заустављен. Док се његов бес гомила и расте, још увек може нешто да се промени, али када је прокључало, онда га ништа не може зауставити. Долази, наравно, дан када ће се цео свет суочити са Божјим гневом. Читамо у *Откривењу* да ће људи у том дану више волети да их прогута земљотрес, него да се суоче са Божјим гневом.

Краљ Ниневије се молио и постио поново, као за време Јоне, али овај пут Бог то није прихватио. Било је прекасно да се промене. Последњи пасус Наума користи веома оштре речи: "Нема исцељења за вашу рану; ваша повреда је прескочила исцељење".

Чудесно је, да је ово речено као добра вест - мада, наравно, не за Асиријце. То су биле добре вести за Израел и Наума, који је рођен у светој земљи под асиријском окупацијом. Наум им је рекао да свако ко чује за њихову пропаст ће пљескати рукама јер "ко још није чуо за вашу бескрајну суровост?" Веома сликовито пророчанство.

Као и са Јоном, постоји питање које се појављује у овој књизи које је мучило хришћане кроз генерације. Јона је питао "Да ли Бог контролише природу?" Наум је питао "Да ли Бог контролише историју?" Библија нам каже да је то био Бог који је написао атлас историје. Када је Павле причао на Марс Хилу у Атини, рекао је да је Бог свакој нацији одредио место у простору и времену. Бог дозвољава нацији да се подигне и да постане империја и Бог је тај који је доводи до уништења. Ја верујем да је Бог довео до краја Британску империју када смо ми опрали руке од Јеврејског народа 1947. године, када смо рекли да више немамо ништа са Јеврејима. Наредних пет година, империја је нестала.

Бог не само да контролише природу, контролише и историју. Он је тај који подиже и скида принчеве. Бог је господар историје, па је тако историја предвидљива. Део пророчких служби био је и предвиђање историје - да се напише истина пре него што се догодила.

Наум је рекао да је Ниневија готова, што се чини невероватним ако погледате моћ и славу Ниневије.

Преглед књиге

У наставку се налази кратки преглед књиге. Има само три поглавља и лако се дели међу њима. Главна пажња је на пад Ниневије.

Објава - Ко? - Интервенција (прва глава)
Пропаст за њихове непријатеље.
Избављење за њихове пријатеље.

Опис - Како? - Инвазија (друга глава)
Дан пљачкања.
Дан лавова.

Објашњење - Зашто? - Нехуманост (трећа глава)
Освајање од велике силе.
Корупција у новцу.

Прокламација (прва глава)

Прво је била прокламација да ће Божји непријатељи бити кажњени од Бога. Божанска интервенција значи катастрофу за Божје непријатеље и ослобођење за његове пријатеље. Божја интервенција има увек двоструки карактер. Када се Бог меша у историју и делује, то значи несрећу за оне који му пркосе и који верују само себи. Бог је љубоморни Бог. Мада није завидан - Он не завиди никоме ни за шта, јер је све то ионако његово - али јесте љубоморан. Завист је када желите нешто што има неко други; љубомора је када желите нешто што вама припада. Можете бити завидни на нечију жену, али можете бити љубоморни само на своју жену. Бог је љубоморан за његово име, репутацију, његов народ и његов свет. Бог је рекао: "То је моје име, моја репутација, мој свет, и нећу допустити људима да се тако понашају у мом свету."

Поред Божје љубоморе стоји и његова освета. То нису популарни атрибути Бога, али ми морамо да их разумемо ако хоћемо прописну процену ко је Он. Наум се концетрише углавном на Божју љубомору и освету против оних који му се противе и верују само себи.

Прва глава је песма у акростиху, где сваки стих почиње са следећим словом у хебрејском алфабету, тако да Јевреји лако памте. То је за њих добра вест - нешто да се осигура у њиховим срцима.

У овој глави мењају се изјаве за Ниневију са изјавама за Израел - за једне лоше вести, за друге добре вести. То је сјајно књижевно дело. Наум је могао да састави речи заједно да буду незаворавне, али инспирација је од Светог Духа.

Опис (друга глава)

У првом делу објава је била да ће Ниневија пасти, а сада имамо опис како ће се то догодити. Просто је зачуђујуће у детаљима - скоро као да је Наум гледао те догађаје на телевизији.

Фасцинанто је то да људи који ће уништити Ниневију носе скарлетне униформе, баш као што је Наум пророковао, иако су те униформе биле непознате у његово време. Видео је као та скарлетна војска улази преко реке и описао је град крви. Све то зато што се Ниневија сврстала у Божје непријатеље.

Ово је живописно писање, и ми можемо да замислимо шта је пророк рекао. Наум је назвао Ниневију лавом без зуба - прикладном одабраном сликом, зато што је лав био амблем Асирије. Више неће бити претња никоме. Постоји нека поетска правда у овоме.

Објашњење (трећа глава)

Овде се Наум помера од описивања до објашњавања. Разлог осуде је гола нехуманост Асирије. Ми видимо Божју правду. Он не осуђује Асирију за кршење 10 заповести, зато што их они не знају. Када Бог шаље пророка да објави нешто против народа који није Божји, онда их оптужује за злочине против човечности где они инстинктивно знају да су погрешили. Они који никада нису чули за 10 заповести још увек знају да је погрешно бити варварин и суров.

Значи, Бог суди народу по ономе што знају. То је принцип који се простире кроз цело Свето писмо. Ако нека особа не зна 10 заповести, неће јој бити суђено за кршење. Ако особа никад није чула за Христа, неће јој бити суђено зато што није чула за Христа. Међутим, свако има неко сазнање о Богу кроз творевину света око нас и свест око тога. Бог ће судити свакоме за оно што он/она инстинктивно зна да је погрешно. Документ У144 Уједињених Нација, Декларација о људским правима, није написана од хришћана, али укључује у себи ствари за које сви имамо неко сазнање да је праведно и исправно.

Дакле, Бог ће судити Асирцима зле обичаје. Са својим кочијама су јурцали по земљи, масакрирајући становнике и водећи их у ропство. Били су прилично корумпирани новцем, подмићивање је било нормално за њих. Наум је рекао да и они знају да су те две ствари погрешне и зато ће Бог уништити њихов град.

Ово је посебно значајно, зато што нашем свету није ништа непознато у вези тих грехова, људи такође знају да нису у праву.

Шта се десило са Ниневијом?

Ниневија је данас пустиња. Некада велика палата је потпуно нестала. На том месту сада живе сове, јежеви и све дивље животиње, као што је предвидео Софонија. Вековима је био изгубљен, али га је пронашао један Енглез који се звао Лајард 1820. године на западној обали реке Тигар.

Шта се десило са Наумом?

Знамо да се пророк никада није вратио у Ниневију. Његов гроб данас се може наћи на западној обали Тигра. Признат је од стране Арапа, као један од светих људи Бога.

Капернаум, град у Галилеји, је назван по њему (Капер - село, наум - Наум). То село је, између осталих, добило проклетство од Исуса. А Ниневија, такође је одбила да чује реч од Господа. Баш као некада велики град, Капернаум исто тако лежи у рушевинама.

24. СОФОНИЈА

Увод

Гласник (1,1)

Пророчке књиге више обраћају пажњу на поруку, него на носиоца поруке и то никада није било истинитије у случају Софоније. Врло мало знамо о њему. Једини биографски подаци које имамо је на почетку књиге где нам је речено његово име и родослов. Софонија на хебрејском значи *скривени Бог*. Није сигурно да то значи да се Бог сакрио унутар себе или је Софонија сакривен од Бога. Родослов нам даје кључ, он је једини пророк чије порекло знамо до четврте генерације. Језекија, последњи добар краљ Јуде, је његов чукун-деда. Значи, Софонија има краљевску крв. За време владавине Манасије, краљевска деца су била жртвована богу Молоху по краљевим директивама, па је моја теорија да је Софонија био скриван од своје мајке, да би избегао крвопролиће. Поред тога, његово име говори о томе да је био заштићен од Бога да би постао пророк.

Родослов нам говори о времену у коме је живео и проповедао. После Језекије, нација је вучена све даље од Бога. Као додатак жртвовању деце богу Молоху, Манасије је подигао и стубове у облику мушког полног органа и ашерске симболе на узвишеним местима, као охрабрење народу да се моле култовима плодности, све прожето сексуалним чиновима. Место где су се деца жртвовала се звало Гехена, долина јужно од Јерусалима, проклето од стране Јеремије и било је Исусова визија пакла. У раним годинама Манасијеве владавине, Исаија је покушао да спречи даљи пад националног морала и упозорио Манасију на страшне последице његових злих дела. Краљ је одбио да слуша, забранио је Исаији да прича, тако да је морао да бележи своја пророчанства и да дели народу у писменој форми. На крају, Манасија је наредио погубљење Исаије.

То није било све, Манасија је био укључен и у астрологију и спиритизам, у даљем отпору према Божјем закону. Духовна конфузија води ка моралном хаосу, а идолопоклонство увек води до неморалности. Божја пресуда за Манасија је у *Другој књизи о дневницима* била да је он починио више зла него Хананци - запањујућа изјава, с обзиром да је Бог рекао свом народу да истерају Хананце због њихових покварених навика. Можемо да замислимо шта је Бог осећао у том времену. Склонио је Хананце из земље да би настанио свој свети народ, а сада су они још гори него народ који су истерали.

Манасија је умро после 55 година владавине и наследио га је Амон, веома слаба личност који није урадио ништа да побољша ситуацију, тако је Јуда наставила да клизи. Амон је убијен у атентату после само две године владавине. Цела нација је била у моралном хаосу.

Тада је дечак од осам година, Јосија, постао краљ, мада је прави владар у то време био Хилкија, првосвештеник. Са добрим и лошим краљевима у свом породичном стаблу, није било знано којим правцем ће кренути дечак - путем Језекије, његовог чукун-деде, или Манасије, његовог деде. Зато је Бог послао Софонију да пророкује да би заштитио нацију од прогона због греха, као њихову северну браћу.

Порука (1,2-3)

Глас пророштва није се чуо 70 година. Од смрти Језекије и убиства Исаије, није било никаквог гласа од Бога. Софонија се појавио у том вакууму и пренео врло снажну поруку.

Пророштво је названо збирком свих пророчанстава, зато што садржи много елемената које можемо пронаћи и код других пророка. Његова главна порука се врти око израза "**Дан Господњи**", који је споменут 23 пута у овој књизи. Та реч *дан* није употребљена у смислу дана од 24 часа, него значи еру времена, као када кажемо "дан кочија и коња". То је дан Божје пресуде, стварање ствари добрим, дан оправдања и праведности, где ће се погрешно претворити у право и када ће злоба бити кажњена.

Постоји паралела у енглеском календару. Историјски, постоји четири дана за сређивање рачуна: Дан госпође (25. март), Летњи дан (24. јун), Дан мисе Мајкла (29. септембар) и Божић (25. децембар). Сви су прегледани и сређени, превара је кажњена. То нам даје слику **Дана Господњег**.

Софонија користи интересантну реч да опише Божја осећања. Каже да је Бог раздражен, мада није због некакве себичне мрзовоље коју људи испољавају. Дан Господњи је дан када ће Богу бити доста свега и када ће прекипети његов гнев.

Постоје две врсте гнева у Библији. Једна је унутрашња љутина коју особа носи у себи и неће да изађе напоље. Она тишти унутра и није очигледна за друге људе. Друга врста гнева је када изненада експлодира тако да сви знају. У *Софонији* видимо тај унутрашњи бес. Пророк нам каже да Божји гнев тишти полако, да ће доћи дани гнева, када Бог више неће моћи више да трпи.

Иако тај бес који тишти не могу сви да виде, знаци да је Бог љут могу да се виде.

Симптоми тог унутрашњег гнева је да видимо да друштво пада стрмоглаво (Посланица Римљанима 1). Једног дана прекипеће Божји гнев. Ми морамо да одлажемо тај дан кајући се и исправљати ствари. То је једна од тема овог пророштва.

Сажетак Софонијеве књиге
Страна религија (1,4–2,3)
Заслужено (1,4–6)
Објављено (1,7–9)
Описано (1,10–16)
Примећено (2,1–3)

Проклете области (2,4–15)
На западу - Филистејци (2,4–7)
На истоку – Моав и Амон (2,8–11)
На југу – Египат и Етиопија (2,12)
На северу – Асирија (2,13–15)

Будуће искупљење (3,1–20)
Клетве – божанска правда (3,1–8)
    (а) Национална тврдоглавост (3,1–7)

(i) Побуне (3,1-4)
   (ii) Отпор (3,5-7)
  (б) Нестанак са међународне сцене (3.8)

Благослови – божанска милост (3,9-20)
  (а) Међународно богоугађање (3,9)
  (б) Национално весеље (3,10-20)
    (i) Радовање (3,10-17)
    (ii) Повратак (3,18-20)

Ове три секцију су врло јасне, мада је често случај да опис секције не одговара прецизно тексту.

Страна религија (1,4-2,3)

У првој секцији пророк је забринут за туђе религије које су постале део народног живота у Јуди. Он објављује казну и прилаже четири основане тврдње за долазак Дана Господњег.

Заслужено (1,4-6)

Народ је значајно одлутао од прописног односа са Богом. Многи су напустили своју припадност Богу Израела, а приклонили се другим боговима. Свештеници који би требало да осигурају да завет буде испуњен, сами су водили свој народ другим путем. Сујеверје је постало уобичајено и многи су пратили Манасију у злокобном обожавању Молоха.

Објављено (1,6-9)

Софонија описује шта ће се догодоти када им буде било суђено од Бога. Када читамо пророчке књиге можемо да се осећамо као да читамо исти текст и исту поруку. Бог нема потребу да се понавља, нарочито после 70 година тишине од њега. Софонија упозорава народ да је близу Дан када ће Господ судити.

Описано (1,10-17)

Пресуда ће бити катастрофална за народ. Они су углавном равнодушни на своје понашање и како се Бог осећа због тога. Софонија им каже да када дођу пресуде, сви ће то знати.

Примећено (2,1-3)

Он им нуди могућност, чак и у овој фази, да пресуда буде скренута са Израела и да се окрену покајању. То је порука коју су доносили сви пророци. Ако понизе себе, Бог ће их чути, опростити им и показаће им милост као одговор. Заиста, потреба за кроткошћу је кључни захтев пророчких порука (Исаија 2,9 и Михеј 6,8).

Проклете области (2,4-15)

Софонија се обраћа нацијама који прете Јуди на свим странама компаса. Са западне стране је земља Филистејаца, одакле савремени Палестинци тврде да им је порекло. На источној страни су Моав и Амон, на југу Египат и Етиопија. На североистоку је Асирија, светска сила тог времена, на рекама Тигар и Еуфрат. Мало је нација који не стрепе од Асирије. Освојили су земљу десет северних племена. Вавилон је у то време још увек био мала и неважна нација.

Софонију је дата порука да ће Бог судити свим тим нацијама. Бог је судија целом свету, биће суђено свима како су третирали Јуду. Та интеракција са Јудом је двострана. Не само да Бог користи Јуду да казни друге народе, већ користи и друге народе да казни Јуду. Речено нам је у Амосовој књизи да је Бог довео Филистејце са Крита да настане хананску земљу у исто време када су и деца Израела окупирали Ханан. То је Бог који помера народе са једног места и црта мапу где би требали да живе.

Тако су Филистејци постали трн у оку одабраном народу, још од времена краља Давида (пре отприлике 700 година). Реч *Филистејци* ушла је у енглески језик да опише некога ко је стално непријатељски расположен према странцима. У *Поновљеним законима* Бог појашњава ситуацију: "Довео сам их да вас тестирам. Ако држите моју реч, ја ћу одржати своју, биће на узди и неће моћи да вам науде. Ако ако ме не слушате, они ће бити инструмент моје дисциплине за вас, када год радите погрешно, они ће вас надвладати".

Ова акција показује Божју бригу. Бог је Отац свом народу, а добар отац кажњава своју децу ако раде погрешно. Чињеница је да *Посланица Јеврејима 12* каже: "Ако вас Бог не кажњава, онда ви и нисте синови Божји". Овај принцип није довољно препознат код оних који читају Библију. Ако сте постали синови Божји, онда ће вас Бог казнити кад згрешите. Али Бог то ради да не бисте морали бити кажњени после смрти. **Зато хришћани нека очекују да им буде тежак живот овде.** Никада нисам веровао тим сведочењима људи који тврде да када су пришли Исусу, да су им сви проблеми овог живота нестали. Некада сам им веровао, то ме је учинило депресивним, јер је моје искуство било другачије. **Када сам дошао код Исуса, моји проблеми су тек почели!** Када сам се крстио у Духу моје невоље су постале још веће. Био сам у већим проблемима у последњих пет година, више него у мојих претходних 40 година! Али ми је драго, јер то одговара Исусовим обећањима. Он је рекао: "У овом свету имаћете проблема. Главу горе, ја сам на врху!"

Будуће искупљење (3,1–20)

У последњој секцији постоји чудна тензија између клетве и благослова. Скоро као да Софонија каже: "Изаберите шта хоћете да имате. Да ли стварно желите Божју правду?" Он је богат у милости и Он жели да нам пружи милост, али не може да је пружи без наше сарадње, јер Он даје само онима који то желе.

Чуо сам разне врсте молитава, али увек ме узбуди када чујем да се неко моли за милост, зато што су схватили кључни закон Царства. Ми тражимо милост само ако смо лоши. Ако мислимо да је све у реду са нама, ми тражимо здравље, снагу, водича и сличне ствари - никада не тражимо милост.

Клетве – божанска правда (3,1–8)

(а) Национална тврдоглавост (3,1–7)

(i) Побуне (3,1-4)

Први део треће главе Софонијеве књиге суочава народ са могућношћу дана божанске правде, када им говоре о томе колико су они тврдоглави. Побунили су се свесно против Бога и стално пружају отпор његовом позиву.

(ii) Отпор (3,5-7)

Софонија их оптужује и за отпор. Сви су умешани, владари, јавне личности, свештеници и пророци. Они су тврдоглав народ. Пре неког времена, читајући Софонију како "јутро за јутром он шири правду", саставио сам песму, назвао сам је химном "Велика је твоја верност":

*Велика је твоја праведност, о Свесвети Боже.
Са тобом нема грешке у пресуди.
Ти се не мењаш, твоје заповести не блede.
Као што видимо, увек ће остати.
Велика је твоја праведност, велика је, велика.
Јутро за јутром ја видим твоју правду.
Све што је заслужено ти си узвратио.
Велика је твоја праведност - Господе, чуј нашу молбу.*

Ми волимо да певамо песме о Богу које носе позитивне атрибуте као што је верност, али морамо да признамо да постоји и друга страна Бога и да ми требамо да смо захвални за то.

Павле је казао у својој *Посланици Римљанима* да ми треба да "размишљамо о Божјој доброти и строгости - строго за оне који су пали, али за нас доброта, ако наставимо да живимо у доброти".

Софонија говори народу да ако они наставе са побуном и отпором, да ће то бити национална катастрофа. Божји гнев ће прокључати и Дан Господњи ће доћи.

(б) Нестанак са међународне сцене (3.8)

Шта је истина о Божјем гневу према Јуди, то је истина и за остатак света. Он је рекао да ће да прекипи бес према нацијама и да ће бити уништене. Сви ће стајати пред њим и сви злобници ће бити прогутани у љубоморном бесу.

Благослови – божанска милост (3,9–20)

Књига се завршава речима о нади, које су карактеристичне за многе пророке. На пример, Амос је проповедао о Божјој правди, био је претпоследњи пророк северним племенима пре него што су нестали, последња реч је била од Осије, порука Божје милости и љубави. Готово као да је последња Божја реч за нас "Па зар нећете моју милост?" Софонија завршава на исти начин. Бог не жели да кажњава - он не ужива у смрти злобних. Он може да покаже милост, па тако завршава нотама наде за будућност.

(а) Међународно богоугађање (3,9)

Његова порука милости за нације је да ће из сваке нације

изабрати народ који га воли. Речено нам је да ће доћи народ било које врсте, племена, језика или националности. Бог не жели да запостави само једну етничку групу на земљи. Зато нам је рекао да проповедамо Јеванђеље свим етничким групама и да од њих правимо ученике.

(б) Национално весеље (3,10–20)

Завршава са могућношћу благослова целом Израелу. Девет пута у овој краткој секцији Бог каже "Ја ћу..." Јуда може да прекрши завет, али он никад неће.

(i) Радовање (3,10–17)

У том дану неће бити гордости и охолости; људи више неће чинити погрешне ствари и неће више изговарати лажи.

Нико неће моћи да уплаши људе. Софонија говори о предивној будућности када ће их ућуткати својом љубављу. Чак каже да ће Бог певати свом народу: "Он ће се радовати због њих и певати".

(ii) Повратак (3,18–20)

Бог ће сакупити све оне који су раштркани и довешће их кући, сав остатак који поштују његово име. Иако ће бити презрени, он ће их уздигнути у очима света. Бог ће им дати "хвалу и славу у свакој земљи где су били у срамоти". Тако на крају ове књиге имамо белешку о невероватној нади. Божји народ има могућност да му се суди сада или да поправи своје путеве са Богом.

Закључак

Остављени смо са једним питањем о Софонији. Зашто је Софонијево пророштво ефектно?

Да ли је Јосија нешто чуо до овог?

Јосија је дошао на трон са осам година 640. године пре нове ере и владао 31 годину. У прво време био је под снажним утицајем првосвештеника Хилкије, који је имао намеру да задржи стање какво јесте, али онда је почео да потпада под утицај Софоније. Са 16 година уништио је све олтаре у Јерусалиму. Са 20 година уништио је све паганске олтаре у целој земљи. Имао је 28 година када је видео напуштен Божји храм и када је одлучио да се храм преуреди. Кад су то урадили, неко је пронашао копију Мојсијевог закона на старом, прашњавом орману. Схватили су да тај закон нису читали годинама.

Када га је Јосија прочитао, био је престрављен. Схватио је да их је Бог упозоравао. Тако је са 28 година наредио да се закон чита и да уђе међу народ.

Долазимо до знакова који су добри. Међутим, Јосија није схватио да не можеш да натераш људе да буду добри актом парламента. Многи од нас данас мисле да ако Влада донесе неке добре законе, да ће се понашати на хришћански начин. Праведност се не може наметнути споља, она мора бити израз наше унутрашњости, Бог делује преко људских срца.

Јосијин живот се завршио због лошег савета да се нападне Египатска армија, која је пролазила кроз свету земљу да нападне Асирију. Убијен је у предстојећој борби, иако је био прерушен.

Иако је имао значајног утицаја, Софонија није успео да преобрати народ. Нису га послушали. Мада његов рад није био узалудан. Постојао је један млади човек сличних година као и Јосија, коме је речено да настави терет пророштва. Јеремија је био одређен да каже људима да реформа није успела и да треба да се врате Богу.

Корист од Софоније

Кључна примена за верника данас је осуда.

Дан осуде за цео свет ће доћи после смрти. Јуда је само увод и приказ шта ће се десити са целим светом. Исус је два пута мислио на Софонију у свом говору о другом доласку. (Матеја 13,41 и Софонија 1,3; Матеја 24,29 и Софонија 1,15). Већина људи ће се сусрести са Божјим гневом када се Исус врати.

Дан осуде ће прво доћи за Божји народ, па тек онда за све друге. Прва Петрова посланица 4,17 каже: "Прво иде време осуде да почне са Божјом фамилијом; а ако почне са нама, како ли ће тек бити онима који се нису повиновали Јеванђељу Бога?"

Софонија је моћни подсетник да хришћани треба да очекују дисциплину од Бога, али да не губе срчаност. Дисциплина у овом животу је знак да Бог брине за нас и да нам неће бити суђено заједно са осталим светом.

Софонија и *Откривење*

При крају, морамо да запазимо значајне везе између Софонијиног пророштва и *Откривења*.

Софонија и *Откривење* почињу са осудом Божјег народа - Израела и Цркве. Обоје се крећу ка пресудама народа (Софонија 2, Откривење 4-15). На крају се сви крећу ка Дану пресуде (Софонија 3,1; Откривење 20).

Завршна реч је, пак, на завршном благослову где Бог даје место за свој народ где ће живети вечно (Софонија 3,9-20; Откривење 21-22). По Софонији локација је стари Јерусалим, али у *Откривењу* је нови Јерусалим. По Софонији Бог долази као Краљ, а по *Откривењу* Исус долази као Краљ.

Све укупно постоји око 400 алузија на Стари завет у *Откривењу*, а најближа веза је са пророком Софонијом. Тако да наизглед неразговетан, Стари завет је уствари централна књига за наше разумевање будућности.

25. АВАКУМ

Увод

Пророштво Авакума је прилично необично међу пророчким књигама. Прво, кроз већину пророштва Бог се обраћа народу преко пророка, док Авакум је пророк који се директно обраћа Богу, народ није укључен у овај разговор. Постоји ови елементи код неких пророка, као рецимо Јона или Јеремија, али ниједна књига не почиње на такав директан начин.

Друго, у глави број два, пророку је наређено да напише поруку крупним словима на зиду.

Треће, у глави број три, пророштво је предвиђено за музику, што је реткост. Било је у прошлости лидера који су у музици нашли инспирацију за пророковање, као рецимо Мојсије, Девора, Самуило, Саул, Јелисије и Давид, док су каснији текстови Језекиља такође предвиђени за музику.

Врло мало знамо о Авакуму. Знамо да је пророковао 20 година после Софоније, око 600. године пре нове ере, и да његово име буквално значи *онај који ѓрли*. То је рвачки термин који је стављен у колоквијални језик. Можемо да га назовемо "хватачем" - не баш похвално име!

Мада његово име није баш пријатно, тачно описује његов однос са Богом које се открива у књизи. Авакум је био човек који је "прикачен" за Бога, који се усудио да се препире са Богом и који је инсистирао на добијању одговора од Бога, чак иако му се не би свидели одговори које је добио. Иако не знамо много о његовој прошлости, из разговора сазнајемо доста шта има на уму и шта је у његовом срцу. Такође добијамо кључне димензије његове пророчке мисије - његове молитве (прва глава) - његове беседе (друга глава) и његове похвале (трећа глава).

Књига има значај и данас, зато што се бави основним питањима које би поставио и савремени верник. *Ако је Бог добар и свемоћан, зашто страдају невини, а кривци живе свој живот слободно? Зашто Бог не учини нешто са овим проблематичним светом?* Већина људи данас улази у ову дебату са самим собом и са другим људима. Најбољи начин да се рвате са оваквим проблемима је да питате Бога и да се држите њега и одговора који вам даје. Авакум је сјајан пример човека који баш то ради. Његова храброст и искреност провејавају кроз његово пророковање, а резултат ове књиге је истовремено и изазован и пријатан.

У супротности са Софонијом, Авакум је пун "цитираних цитата". На пример, "Твоје очи су сувише чисте да би гледале зло" (1,13) је популаран стих, мада, као што ћемо видети касније, морамо да будемо опрезни како да их тумачимо. Овде су још неки добро познати стихови:

Земља ће се напунити сазнањем славе Господње као што се море водом пуни. (2,14)

А Господ је у храму своме светом. Сва земља нека заћути пред лицем његовим! (2,20)

У гневу се сети милосрђа свога. 3,2

Смоква не цвета више, нема рода на лози виновој. Ускраћује се уље маслина, а поља храну не дају. Овце нестају из тора, нема говеда у оборима. Међутим, ја ћу се радовати у Господу, ликтаћу Богу спасења свога. 3,17-18

Најпозатија реченица из Авакумове књиге, која је постала 'Magna Carta' за протестантизам, је "Само живи по својој вери" (2,4). Мартин Лутер је начинио да овај став одзвања по северној Европи у време реформизма, мада, као што ћемо видети касније, није исправно схваћен.

Сажетак Авакумове књиге

Јасно је да се ова књига дели на два дела. Прве две главе су први део, а трећа глава је други део. Велики је контраст између ова два дела, као што ћемо видети у наставку.

Прве две главе
Рвање са Богом
Беда
Викање
Молитва
Нестрпљење
Потрага за правдом
Доле са ђубретом
Бог није активан (у садашњости)

Трећа глава
Ослонац на Бога
Срећа
Певање
Похвала
Стрпљење
Потрага за милошћу
На високом месту
Бог је активан (у прошлости и будућности)

Листа приказује велику разлику између два дела, водећи ка неизбежном питању: Шта се то догодило са Авакумом, па је контраст тако велики? Морамо да идемо у детаље у овом пророковању да бисмо пронашли шта га је то променило.

Молитва жалбе (1,2–2:20)

Бог чини тако мало (1,2–11)

Авакум је рекао Богу баш оно што осећа. Прво се жали Богу да мало делује, а онда се жали Богу да превише делује! Бог не може да победи!

Авакум верује у упитну молитву. Посредничка молитва је када тражите од Бога неке ствари, а упитна молитва је када нешто питате Бога. То је важна врста молитве, коју ја налазим највише корисном.

Једноставно питам Бога, оно што ми је на уму - нарочито ако је нешто неочекивано - ја то прихватам јер је од Бога. Девет од десет пута пута показује се као истинито.

На пример, када нам је умрла кћерка, ми смо били запањени питањем колико је она урадила за Господа. Она никада о томе није причала, али је била мисионарка у Кини, Африци и Хаитију, само да поменем неке. Штавише, она је била лидер цркве, много су је волели и много су је жалили када је умрла. Када сам са Богом разговарао о томе, рекао сам: "Господе, ја сам веома поносан на нашу кћерку, али шта ти мислиш о њој? Које је твоје мишљење?" Речи су одмах дошле до мене: "Она је један од мојих успеха". На сахрани ја сам проповедао на тему "Да ли сте ви на страни Божјег успеха или на страни неуспеха?" Ако никада нисте чули ништа од Бога, поставите му питање: "Господе, да ли постоји нешто у мом животу што се Теби не свиђа?" Ако хоћете да само чујете Божју реч, поставите му питање.

Друштвена позадина Авакума помаже нам да разумемо његова питања. Није било никакве речи од Бога већ 20 година, од Софоније. Нација је наставила своје пропадање, у отпору на Софонијину поруку. Краљ Јосија није успео у ономе чему се надао за своју реформу и дошла је његова прерана смрт код Мегида 608. године пре нове ере. Авакум је пророковао за време Јосијиног наследника Јоакима, који је постао врло речит, али себичан краљ. Његову палату је проширивао, али је сиромашан народ био све сиромашнији под његовом владавином. Подмићивање, корупција, безакоње и угњетавање напунило је улице Јерусалима. Постало је тако страшно да више није било безбедно ићи сам ноћу. Асиријци који су већ освојили северних десет племена, били су у опадању, тако да није постојала нека велика сила.

Зашто лоши не пате?

Тај осећај да се ништа не догађа док Јерусалим пропада налази се у срцу Авакумових брига. Када се обратио Богу, свој случај је изградио веома опрезно. Он је знао да се Божја природа мора одразити на његов став и деловање и да не би истребио народ, али је исто тако знао да Бог мора да примени казну и невољу као осуду за грех. Тако се он жалио Богу да није урадио ништа око насиља и корупције у његовом светом граду. Желео је да Бог промени трендове, да промени друштво и да поврати закон и ред.

Бог ради превише (1,12-2,20)

Бог је милосрдан у одговору на бес Авакума, а Авакум је изненађен и потресен да му је Бог дао пет одговора:.

1. Отвори очи још шире - и гледај.
2. Пронаћи ћеш велико изненађење.
3. Планирам нешто што ће се догодити у твоје време.
4. Нисам ти рекао шта радим зато што ми не би веровао.
5. Ја сам већ нешто почео да радим, али ти то не видиш.

Укратко, Бог каже Авакуму да је приметио зло у Јерусалиму и да је већ подигао Вавилонце да казне народ Јуде. У то време, Вавилон је био само растући град на обали Тигра. Мало људи је за њега чуло и није нешто ни помињан у Библији до тог времена. Али када су два посетиоца из Вавилона били код краља Језекије и када им је показао палату, Исаија је препознао опасност и предвидео да ће једног дана Вавилон узети све из палате и храма и све оно што је он приказао двојици.

У то време када је пророковано, Вавилон је био мали, али у време Авакума, пророковање је било близу испуњења, и Авакум је био шокиран. То би било као када би Бог рекао да ће ускоро довести нацистичку Немачку да казни Енглеску. Ако мало боље погледамо у историју, видећемо да је то било типично како се Бог обрачунавао са нацијама. Подигао је једну нацију да би се бавила другом. Према томе, ово не би требало да нас изненади.

Они су гори од нас

Авакум је био изненађен и потресен. Сада се жали Богу да "превише делује", јер је знао да Вавилонци имају још гору репутацију него Асиријци, који су на крају победили северна племена и отерали у прогонство из кога се никад нису вратили. Али, Вавилонци су били још гори. Они су били прва нација која је представила *политику спржене земље*, где су уништавали сваки облик живота на територији коју су покорили. Авакум је схватио да ако Вавилонци дођу у Јерусалим, ништа неће остати. То објашњава и речи на крају књиге: "Мада велика дрвећа више не цветају и више нема грожђа ни вина, и нема оваца или стоке.." То је како ће изгледати земља после победе вавилонске армије.

ОНИ НЕЋЕ БИРАТИ ИЗМЕЂУ ДОБРИХ И ЛОШИХ

Авакум подсећа Бога да још увек има добрих људи у Јерусалиму који ће умрети заједно са лошим. Мада то не каже директно, мисли да се и он налази међу њима. Авакум је љут што Бог користи још гори народ да би применио казну на Јуди. По Авакуму то је неморално, па тако користи веома цитиране речи: "Твоје очи су превише чисте да би виделе зло" (1,13). Авакум хоће да сугерише да је Божји карактер превише чист да би на тај начин испунио обећање. Али тим речима говори нешто о Богу што није тачно. Бог је чист и свети, али то не значи да он не може да гледа на зло, јер он гледа чињење зла сваки дан. Он види свако силовање, пљачку, био који чин суровости. Авакум има сопствено мишљење на шта ће Бог погледати, а шта неће погледати и ту није у праву.

Када је Авакум завршио свој разговор са Богом, иде у осматрачку кулу у Јерусалиму и седи на зидовима. каже да ће седети и гледати да ли ће Бог то заиста урадити шта је рекао. Скоро да каже: "Ја мислим да је то само блеф, изазивам те да их доведеш, Господе."

ПОГРЕШНО МЕСТО

Бог говори Авакуму да тиме ништа неће постићи ако седи у осматрачници.

Он би требало да оде доле ка улицама и да напише на зидовима шта му је Бог рекао, да би сваки пролазник то могао да види - то је прва огласивачка табла у Библији! Авакум би требало да упозори народ, а не да седи на некој раздаљини да види да ли ће испунити обећање или неће.

Када нам Бог открива шта ће да уради, то нам каже да можемо да упозоримо народ да буде спреман, а не да бисмо седели и гледали шта ће да буде.

ПОГРЕШНО ВРЕМЕ

Бог каже Авакуму да ако седи у осматрачкој кули да неће ништа видети за дуго време. Он би можда могао и погрешно да разуме шта то Бог ради. Бог каже: "Откривење чека право време". Авакум треба да гледа ствари на дуже стазе и да упозори народ за оно што долази.

Добри ће преживети

Током ове размене мисли, Бог каже Авакуму да ће "праведни живети по вери" (2,4), што је постало једна од најпознатијих реченица у књизи, због употребе Мартина Лутера у доба реформације. Међутим, као што смо наговестили раније, иако је све добро шта је овај став урадио за реформацију, ипак остаје да је схваћена погрешно.

Ако ове речи узмемо ван контекста, Авакум каже да ће Вавилонци убити праведне, исто као и неправедне. Бог каже у једном стиху да ће заштитити праведне - они ће преживети, обезбедиће да му и даље буду верни. Јасно је, када Вавилонци дођу, многи ће тада изгубити своју веру, мислећи да их је Бог препустио судбини. Мада Бог каже да они који и даље верују, да ће преживети долазећу пресуду.

То је право значење ових речи. Реч "вера", и на хебрејском и на грчком кореспондира са речју "верност". **Верност** је та која спасава; они морају да наставе да верују и задрже своју веру.

Оваква интерпретација одговара начину на који се појам вере употребљава као именица у Старом завету. Користи се као верност у браку. Вера у браку се показује тиме да пар остаје заједно све до смрти. Користио је и Мојсије када је подигао руке у ваздух док су се деца Израела борили са Амалићанима. Он је био веран у молитви за свој народ.

Исти принцип је и у Новом завету. Веровати у Исуса у једној прилици није вера. Права вера је да наставите да верујете у њега, шта год се деси. То је зашто читамо у Јеванђељима "Онај који издржи до краја, спашће се".

Остали део Новог завета користи реч у истом значењу. Три различита текста цитирају *Авакума* 2,4 и тумаче "праведни ће живети са вером" у смислу народа који ће наставити да верује.

У *Посланици Римљанима* (1,16-17) пише: "Није ме срам од Јеванђеља, зато што је Божја моћ за спасење свакога ко верује. прво за Јевреје, па онда за незнабожце. Јер је у Јеванђељу откривена праведност Божја, а праведност која је од вере од првог до последњег, баш као што је написано: 'Праведни ће живети у вери'". Другим речима, почиње са вером и завршава се са вером. **Спасење је саздано на веровању.**

У *Посланици Галатима* (3,11), Павле раздваја веру од самоправедности која поштује закон. Каже да нико није оправдан законом и цитира *Авакума* (2,4) као разлог, јер "праведници живе по вери". Живети по вери није само један чин, већ трајни поглед на свет и живот. Само поверење у Христу спасава.

Писац *Посланице Јеврејима* (10,39) такође користи исти аргумент као потребу за трајно поверење. Поново је цитиран Авакум, а писац додаје "Али ми нисмо они који се смањују и бивају уништени, него они који верују (веровање као трајни процес) и биће спасени".

Јасно да ови цитати из Новог завета јасно наглашавају корекцију при тумачењу поменутих речи Авакума, који су погрешни интерпретирани у време реформације и после тога. Те речи не смеју бити интерпретиране тако да је довољно да верујете само један минут - и то је то, већ да морате да се потпуно посветите Христу - тек онда ваш живот може бити осигуран. Ово је велика злоупотреба текста. Праведни треба да живе настављајући да имају веру са Господом. Ту постоји још једна заблуда међу хришћанима, када кажу фразу које нема у Библији - *Једном спасен - заувек спасен* - као да је довољан само кратки период времена поверења Господу који ће обезбедити опстанак у најгорем времену, времену Божјег гнева. Само они који задрже своју веру заиста ће преживети оно најгоре што може да се деси.

Лоши ће патити

Иако Бог користи Вавилонце да суди, ни сами Вавилонци неће моћи да се извуку због свог зла. У другом делу друге главе постоји серија несрећа за Вавилон. Реч *несрећа, јад* или *јао* у Скриптама значи **клетва** и хришћани не треба никада да је користе осим у случају када тачно знају како и зашто то раде. Када Исус изговара ту реч, страшне ствари се догађају, а ту реч изговара готово исто пута колико и реч **благослов**. На пример, било је 250.000 људи који су живели на обалама Галилејског језера у Исусово доба у четири највећа града. Исус је изговорио клетве за три од четири града.

Рекао је "Јао теби Капернауме, јао теби Витанијо, јао теби Коразину" али није рекао "Јао теби Тиберији". Ако данас идете у Галилеју, можете да останете у Тиберији, зато што је то тамо једини град. Сви градови којима је Исус уручио клетве, не постоје више.

Авакум нам даје листу од пет разлога зашто ће Вавилонци

навући на себе Божји гнев:

1. **Неправда.** Пљачкали су нације које су прегазили, нису имали никакав обзир за становништво.
2. **Империјализам.** Они су диктирали како народ који су освојили треба да живи, нису имали много обзира за правду и нису имали саосећања за људске невоље.
3. **Нехуманост.** Бог је осудио њихово крвопролиће, коришћење радне снаге робова за изградњу Вавилона и срамни третман поражених непријатеља. Чак су узимали и бебе и разбијали их о стене.
4. **Неумереност.** Били су болесно дисциплинован народ када је у питању био алкохол и чинили су страшне ствари кад су били пијани. Чак су убијали и животиње и рушили дрвеће. Када је одабрани народ кренуо у рат, било им је забрањено да убијају животиње и уништавају дрвеће, осим у случају ако им је потребно за рат.
5. **Идолопоклонство.** Обожавали су беживотне дрвене, камене и гвоздене идоле, игноришући правог Бога Јуде. У овој фази, наравно, Вавилон још није достигао врхунац своје моћи, али се чак и Авакум усудио да им објави пропаст.

Дакле, одвратност је била за акције које су биле против савести. Ниједног тренутка Вавилонцима није суђено за непоштовање Божјег закона. Они нису имали завет са Богом. Они су осуђени за оно што су знали да је погрешно у њиховим срцима. Божја пресуда за њих је подсетник за Божји народ да је он забринут и за њихово понашање у тим областима.

Тако је Бог одговорио Авакуму да ће добро преживети, а да ће лоши патити. Бог није слеп на све оно што се догађа, није ни немоћан, није ни неправедан. Он је живи Бог, супротно од мртвих, беживотних идола који су креирали људи.

Дајући му одговор на питање које је тражио, Бог додаје: "Нека земља буде мирна." Уствари он је рекао: "Добио си твој одговор. А сад ућути!"

Састављена похвала (3,1-19)

Било је време да Авакум ућути, јер је видео светлост. Престао је са аргументима и размишљао о томе шта је Бог рекао, његово расположење се променило. Схватио је да Бог има ширу слику од њега шта се догађа, и то на дуге стазе. Иако није видео како Бог делује у његово време, Бог ће деловати када време дође за то.

Последња глава је припремљена за музику, компонована од његових мисли, писана његовом руком и одбацује промену срца. Музичке инструкције су стављене како певање мора бити уклопљено са "жичаним инструментима" - који су укључени у последњи део књиге. Када дођемо до овог дела, имамо потпуно другачији изглед. Заиста је толико другачији да неки учењаци сматрају да је додат касније.

Он дрхти на деловање Божје у прошлости (3,1-16)

У трећој глави Авакум мења своје гледиште три пута. Прво каже **"ОН"**, па иде на **"ТИ"**, а онда завршава са **"ЈА"**, као да се више лично ангажује како се приближава крај текста.

ОН (3,2-7)

Авакум се концентрише на Божју моћ у периоду изласка, лутања по дивљини и освајање Ханана. Тражи од Бога да то уради поново. Шта је све чуо, он би то волео да види. Овога пута нема захтева за промену плана, нема преиспитивања Божјег деловања. Само поново моли да у свом гневу, да се присети да буде и милосрдан.

Значи, прва глава је о насиљу одабраног народа, друга о насиљу Вавилонаца, а трећа о Божјем насиљу.

ТИ (3,8-16)

У овим стиховима Авакум је умешан у визије. Још увек поставља питања, али овог пута су то права питања. Он сагледава Божју величанственост и моћ стварања. Он зна да Бог има моћ да уради шта год хоће. Сада је помирен са речима "стрпљиво чекај на дан пропасти".

Он верује у Божју будућу заштиту (3,7-19)

JA (3,16-19)

Промена од заменице "ти" на заменицу "ја" даје нам важан увид како Авакум види сопствену реакцију на вести за вавилонску инвазију. ОН "шета у вери", чак и када нема видљивог доказа да ће Божја реч бити истинита. Он говори о притиску изнутра - како су његова осећања вештачки уздигнута његовом визијом будућности. Са исте стране осећа и спољни притисак који га депримира. Не радује се несрећи која ће доћи на његов народ, али је свеједно способан да се "радује са Богом". У првом делу његов аргумент долази из разума који се ослања на садашњост. Сада се враћа у прошлост и види да је Бог стално интервенисао. Гледа у будућност и види да ће Бог поново да интервенише и он је спреман да чека. У наше доба ми се толико фокусирамо на садашњост, а врло мало на прошлост и будућност. У овој перспективи то може бити веома корисно када нас савлада неправда.

Ја сам трећу главу претворио у стихове, да се пева уз Бетовенову "Оду радости" што ми се чини прикладним да завршимо ову анализу.

Господе, твоја слава је отишла испред тебе у времену
 када није било оружја
Приче о делима преплављују, само слушати их плаши ме.
А данас, Господе, понављај их, докажи да си још увек исти
- Али сети се милости у свом гневу за оне који славе твоје име.

Погледајте, Свети Бог шири небо својим славним зрацима,
Руководећи својом моћном руком, земља је пуна звукова похвале;
А грешне нације дрхте, заразе и болести су њихови страхови:
Чак се и древне планине руше када се појави Бесконачни.

Да ли си љут на реке? Да ли је твој бес на водопадима?
Да ли имаш гнев на океан са твојим коњем и кочијама?
Грчевита брда, поплављене долине, сунце и месец
 стоје у страху
У одблеску летећих стрела, светлуцању твог
 блештавог копља.

*Пролазећи земљом у освети, продрмаће се нације,
Само да би спасао одабрани народ, спасао помазаника.
Сломио си њиховог злог лидера, оголио га и одвојио главу;
Па су се његови јуришници, поносни ратници
   разбежали по ветру.*

*Чувши завршни догађај, знајући све, а не само део,
Велико осећање стеже моје тело, дрхтаве усне
   и устрептало срце,
Попуштају ми дрхтаве ноге, а ипак ћу чекати са стрпљењем,
Када непријатељ освоји моју земљу, сигуран бићу
   у ужасној судбини.*

*Мада смоква не цвета, а лоза нема гроздова,
Мада су маслиново дрво без рода и поља немају приносе,
Мада нема јагњића по торовима и нема стоке у шталама –
Ја ћу уживати код мог Спаситеља, драг да је Бог свега у свему.*

*Радостан ћу угледати будућности са обновљеном снагом
И моја љутита питања одговорена од чудесног
   суверено́г Господа.
Погледајте моје срце и стопала која скачу као јелен у брдима –
Склапам речи за свету музику, звукове и жичане инструменте.*

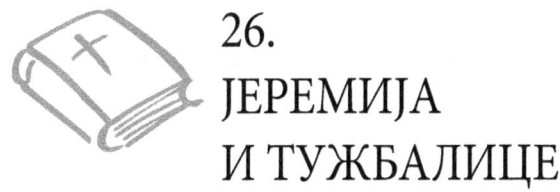

26.
JEREMIJA
I TUŽBALICE

Uvod

Jeremija je kључna figura u Starom zavetu i jedan od najboljih proroka. Mada njegova knjiga nije jedna od najpopularnijih. Postoje tri razloga za to: **izazivanje**, **težina** i **depresija**.

Izazivanje

Ima 52 glave, druga po veličina, iza *Isaije* koji ima 66. Legenda kaže da je Jeremija posetio Severnu Irsku i poljubio Blarni Stoun i primio duh blebetanja! Dužina knjige govori o broju proročanstava koji je dao za 40 godina službe, kao i o njegovoj posvećenosti da ih sve zapiše. Za većinu čitalaca, ipak, knjiga je predugačka da bi se upustili u raspravu sa entuzijazmom.

Težina

Knjiga se ne nalazi ni u hronološkom, niti u tematskom redosledu, pa joj je veoma teško pratiti. Zapisi su sklopljeni zajedno, čini nam se, na potpuno proizvoljan način. Možemo je nazvati kolekcijom kolekcija. ovo možemo da kažemo jer je činjenica da je Jeremija promenio svoj stav. Kritika posebno uživa da pronalazi protivrečnosti u njegovom propovedanju. Jeremija je potpuno bio protiv Vavilona u ranim godinama, ali je kasnije savetovao narod da se potčine Vavilonicima. To je jedan od razloga zašto su ga zvali politički izdajnik. Istina je da je za vreme službe od 40 godina његова порука мењала у складу са околностима и онога што му је речено од Бога.

Депресија

Најчешћи разлог зашто Јеремија није омиљена библијска књига је да је он један од најдепресивнијих делова Библије. Чини се да има само лоше вести за Јуду, он дели бол који осећа са народом, са оним шта се догађа са нацијом у време његове службе. Само име **Јеремија** у енглеском језику постало је да значи *мокро небе*. У књижевности, "јеремијада" је песма тужбалица. Тако Јеремија је лоша вест. Још једном, то није цела прича. Има добрих вести у његовом пророштву, али је скривено међу лошим вестима, па их није лако пронаћи.

Упркос потешкоћама, то је лепа књига. Од свих библијских личности, ја се најбоље идентификујем са Јеремијом. Једном сам пролазио кроз целу књигу на предавању и морао сам два пута да се зауставим, јер сам емоционално био дубоко ганут. Скоро да је било превише да се прича. То је био резултат серије мојих беседа од ових пророчанстава, све док нисам морао да прекинем и да путујем, толико ова књига за мене емоционално значи.

То је фасцинантно зато што постоји много људских интереса у књизи, који увлаче читаоца у разумевање Јеремије и у саосећање са ситуацијом. Пророк открива своје срце и његову унутрашњу борбу више него било који други пророк. Али постоји и Божји интерес зато што је пун информација о Богу. Ако озбиљно студирате ову књигу, разумећете Бога много боље.

Моменат

Јеремија је почео проповедање у 7. веку пре нове ере, скоро пред крај судбине два племена на југу, која су отишли у прогон 586. године (мада је депортација почела раније). Живео је у време седам различитих краљева Јуде: Манасија, Амон, Јосија, Јоахаз, Јоаким, Јоакин и Седекија. Његова пророчка каријера је трајала за време пет последњих наведених краљева.

Говорио је у трауматично време за Божји народ. Северна племена су одведена у егзил у Асирију, оставивши два племена да живи у околини Јерусалима. Исаија и Михеј више нису били ту, њихове поруке су прошле неопажено. Јеремија је остао као последњи пророк да говори народу и да их упозори да је скоро прекасно да се спречи катастрофа која је на видику.

Његово рођење је било у време Манасије, злог краља који је претестерисао пророка Исаију на пола у шупљем дрвету, јер је пророковао против њега. Као да то зло није било довољно, чак је жртвовао бебе ђаволу и пунио улице Јерусалима са крвљу недужних. Два важна дечака су рођена у његовој владавини - Јосија, који је постао краљ, и Јеремија. Манасија је замењен другим злим краљем, Амоном, који је владао само неколико година, пре него што је осмогодишњи дечак засео на трон. За време Јосије су *Поновљени закони* пронађени при чишћењу храма. Јосија је био забезекнут када је видео клетве које је Бог дао свом народу. Покушао је да спроведе реформу, али није успео.

Интересантно је да иако је Јеремија био савременик Јосије, ништа није рекао о његовим реформама. Јеремија не помиње Јосију, а *Књига о царевима* не помиње Јеремију. Као да је Јеремија знао да реформе неће успети јер не долазе из срца. Иако је споља изгледало много боље, ситуацији у суштини се није много поправила. Јосија је био лоше саветован да крену у рат са Египћанима, па је погинуо код Мегида, још једном доказујући да су проблеми остали.

Јосијину смрт пратили су зли, слаби краљеви. За време четири последња, Јеремија је био већим делом у својој служби, па је то разлог зашто се у њему огледа само негативно. У то време он је изражавао своја осећања са "Сад је прекасно!" мада је имао неку танку наду да би могли да се покају и да би Бог преокренуо ситуацију.

Притисак почиње од илустрације коју је Јеремија добио од Бога. У глави 18 Бог му каже да посети грнчара и да гледа како прави посуде од глине. Многи претпостављају да је порука како Бог може да обликује све, па и нас, по својој жељи. Стихови су написани да имају ефекат као што су "Ти си грнчар, а ја сам глина". Али то није лекција коју је Јеремија добио. Јеремија је видео грнчара како покушава да направи предивну вазу, међутим, како није успевао на ротирајућој плочи, глина му је бежала из руке и он је уместо лепе вазе направио просту, грубу посуду. Тада Бог пита Јеремију да ли је научио лекцију. Ко одлучује шта ће глина да постане? Одговор је да глина одлучује, зато што није ишла у правцу који је хтео грнчар. Дакле, порука је да је Бог хтео да глина добије леп облик, али је глина одлучила да узме ружан облик. У контексту Јеремије, Бог је говорио да чак и у овој фази, његов народ може да се покаје и да постане предивна ваза коју је Он хтео да направи. Значи, постоји динамичан однос између Бога и народа у Библији. Бог се не бави луткама и предвиђањима шта мора да буде. Он више воли реакцију од нас и Он ће направити од нас шта жели ако ми сарађујемо.

Парабола о грнчару има још једну лекцију. Ружна посуда од глине је била испечена и више не може да се промени, а Јеремија је требао да узме и сломи тај тврди суд и да однесе парчиће у долину Хином где се баца то ђубре. Бог је говорио да ако ми отврднемо наша срца, доћи ћемо до тачке када више не можемо да се променимо у лепу вазу. Дакле, у том тренутку Бог ће нас сломити. Боље је да желимо да лепо живимо наш живот, ако одговоримо на Божји позив, постаћемо та лепа ваза.

До овог тренутка Јеремија показује да није баш све тако црно. Говори им да постоји мала нада. Ипак, ова књига се на крају завршава тако што је Седекија, последњи краљ Јуде, одведен у Вавилон. Био је приморан да својим очима гледа како му убијају синове, а онда су га ослепили. То је трагична епизода у животу Божјег народа. Чинило се да је то крај, али је било тога још да се догоди.

Човек

Јеремија је веома необично име. На хебрејском може да значи *да изгради* или *да обори* - нешто као енглеска реч *да подигне* (raise) која може имати и супротно значење, може да значи и *да подигне више* или *потпуно уништити*. Име савршено одговара његовој служби. Главна порука његове службе од 40 година је да **Бог обара оног ко је непослушан, а уздиже оног ко је послушан.**

Он је рођен у Анатоту, пет километра североисточно од Јерусалима према Мртвом мору. Он је био изабран за пророка пре него што је рођен. Као и Јован Крститељ, он је издвојен на страну још док је био у мајчиној утроби. Био је веома неуверљив, осећајан и стидљив младић. Рођен је у свештеничкој породици, али је његова породична линија већ била под Божјом казном. А за ту клетву је одговоран Илије - њему је речено да због греха нико од његових наследника неће доживети старост. Зато је Бог кренуо раније са Јеремијом и са њим био 40 година. Јеремија је био љубитељ природе, често је користио природу да пренесе Божје поруке, нарочито птице.

Има је 17 година када је почео да беседи и био је врло нервозан. Бог га је уверавао да ће имати чело као месинг, тако да нико од непријатељских погледа или коментара није могао да га уплаши. Свако ко је говорио јавно зна на шта се мисли.

Његов живот као пророка је био веома тежак. Морао да је са исели за Јерусалим, пет километра даље, јер је његова породица хтела да га убије. Његова мисија од 40 година је слична као што су имали Авакум, Софонија, Језекиљ и Данило, и био је трн у политичком свету. Саветовао је народ да се преда Вавилонцима, па га је народ због тога мрзео. Нико не воли политику предаје. Вавилонци су Јеремији дали избор, да иде за Вавилон са народом или да остане у Јуди - што уствари за њега и није био неки избор, јер није волео Вавилонце, а његова народ није волео њега.

На крају је завршио у Египту. Неки Јевреји су га киднаповали и одвели га до реке Нил и до острва Елефантине, где је био однет заветни ковчег (данас је вероватно у Етиопији).

Тамо је умро, сам. То је тужна прича.

Метод

Говор

Иако је био говорник, већина његових говора је у поезији - разликују се по краћим реченицама, супротно од прозе, које изгледају као новински ступци. Као правило, када Бог комуницира у прози своје мисли изражава мислима других људи, али када Бог комуницира у поезији, онда говори из свог срца. Поезија је, наравно, језик срца, већина Јеремијих записа су поезија. На несрећу, превише људи третира Библију као извор за разумевање Божјих мисли и не примећују да је она врло осећајна књига. Верујем да је најбољи превод са хебрејског на енглески онај који најбоље одражава смисао, да се назове **Жива Библија**. То је најпрецизнији превод који изражава Божја осећања, а не само Божје мисли.

Деловање

Понекад је Јеремијина порука пружена као драма која треба да изазове коментар. Једном приликом је бацао неки прљави, стари доњи веш. Када су га упитали зашто, он је одговорио да доњи веш описује унутрашњи живот народа. Већ смо сазнали важну лекцију коју је добио од сусрета са грнчаром. Једном прилико је носио сточни јарам око врата да би демонстрирао да народ треба да се потчини Вавилонцима. Када су сви покушавали да продају имовину у Јерусалиму, јер су знали да ће после инвазије бити безвредне, Бог је рекао Јеремији да откупи имање. Купио је једно поље од рођака који је хтео да прода. Јеремија је знао да ће се народ једног дана вратити из Вавилона, а та инвестиција му је помогла да "стави новац где су му уста".

Друга драматична илустрација тиче се скривеног камења, бацање књига у реку Еуфрат и ношење вела на глави као жена. Можда се то чини бизарним, али порука се проширила.

Писање

Јеремијина пророчанства је сачувао Барух, један од Божјих "позадинских дечака", који је био Јеремији нешто као секретар. У једном тренутку пророштва, краљ Јоаким се толико разбеснео да их је поцепао на пола ножем и спалио. После 23 године службе, Јеремији је било забрањено да јавно говори, па је Барух био тај који је обезбедио да се глас и даље чује. Имамо човека који никад не би, у одређеном смислу, урадио неке велике ствари за себе, осим што је чинио могућим да сваки човек чује Божју реч. Чињеница је, да Бог награђује више оне који раде у тајности, него они који јавно раде. Без тог записивања, његове речи би биле изгубљене.

Порука

Већ смо поменули да Јеремијина књига није написана ни у хронолошком, ни у тематском редоследу, па се тешко чита, али постоји неки општи образац где можемо да сагледамо књигу:

Од 2. до 45. главе, "грешна нација", укључује Јеремијино предвиђање да казна за Јуду долази брзо. То покрива период од 627. до 605. године пре нове ере. Махом је то поезија, што значи да Јеремија комунинцира Божјим осећањима са људима - нарочито са његовим жаљењем и бесом. Бог има сукоб осећања. Бог их воли, али не може да их остави оваквим какви јесу. Предвиђање да ће Вавилон уништити Асирију и победити Египат сада се испуњава. Јудини краљеви су погрешно претпоставили да ако направе споразум са Египтом, да ће бити заштићени.

Од 21. до 45. главе имамо добре вести како Јеремија гледа у време после очајања због прогона, време које доноси обнову. Пошто је знао да је ситуација безнадежна, он им је дао дугорочни поглед на завршну обнову народа. Та секција је углавном у прози, јер говори више о мислима, него о осећањима Бога. На дуже стазе, после депортације Јуде у Вавилон и пљачкање Јерусалима, неки људи ће се вратити касније и обновити Јерусалим, па тако ситуација није потпуно изгубљена.

Од 46. до 51. главе описује се Божја пресуда нацијама око Јуде. Обнова Јуде ће бити прикључена пресудама за оне који су проузроковали невоље. То је начин на који Божја правда оперише у историји.

Глава 52 је нека врста епилога о страшној националној катастрофи која пада на Јеремијин народ. Описују како је одведен у Египат, док је Јерусалим остао напуштен и разрушен. Ово није срећан крај.

Као и други пророци

Много Јеремијих порука су исте као и код других пророка. Ако читате мисли једног пророка после другог, лако вам може постати досадно. То је иста стара прича о идолопоклонству, неморалности и неправди. Пророци су посматрали исто пропадање. Јерусалим је био препун насиља, ни деца нису смела да се играју на улицама, старији људи нису ни смели да изађу.

Постоје четири основна правца поруке које можемо наћи код свих пророка. Заиста, Јеремија је био близу да буде убијен, неко се сетио Михеја да је то исто рекао годинама раније, и то је спасло Јеремијин живот.

1. ПОКВАРЕНИ НАРОД

Народ је био потпуно корумпиран. Идолопоклонство и неморалност су била два највећа проблема. Неке ужасне праксе нација у окружењу је користио Божји народ, укључујући и жртвовање деце у долини Хином, а неки идоли су били доведени у Божји храм, у директној супротности са другом заповешћу. Био је моралне покварености и разбијених бракова.

Бог је позвао Јеремију да проповеда да су одређени људи криви за ту ситуацију.

Пророци

Јеремију су највише намучили околни људи који су тврдили да су пророци, али који су имали сасвим другачије поруке од њега. У 23. глави он напада те лажне пророке да никада нису стали пред моћног Бога и чули његову реч. Уместо тога, они су само копирали поруке једни од других или су их сами измишљали и саопштавали народу оно што су хтели да чују. Викали су "мир, мир" иако није било никаквог мира, тврдили су да нема разлога за бригу. Поред тога, Јерусалим је Божји град и Бог ће сачувати свој храм. Јеремија је презирао оне који су тражили сигурност у храму. Причао им је да су од њега направили гнездо лопова и да не претпостављају да само зато што су Божји народ, да ће избећи казну.

Слична лекција је и у Новом завету. Већина Исусових упозорења о паклу је давана људима који су били поново-рођени верници! А опет, ја сам срео много верника који немају страх од пакла зато што сматрају да ће **то неће десити онима који себе називају хришћанима**.

Исус нас учи да морамо да истрајемо у нашој вери ако хоћемо да избегнемо гнев који ће доћи. Апостол Павле подсећа поново-рођене вернике да ће се сви појавити на Христовој столици суђења. *Ми смо оправдани вером, али осуђени по делима.*

Свештеници

Јеремија је оптуживао свештенике за национални грех јер су подржавали оно што ми данас зовемо "међуверски фестивали". Изводили су паганске религијске службе у име толеранције - исто као што то имамо данас у Уједињеном Краљевству, имамо службе које укључују нехришћанске религијске групе, у погрешном веровању да смо сви ми на различитим путевима које воде до истог Бога.

Принчеви

Краљеви или принчеви су оптужени да се не држе Божјих закона. Јеремија је пророковао да ће Јоаким умрети без ожалошћења и да ће бити сахрањен као магарац - и он је умро баш како је Јеремија рекао. Седекија, последњи краљ, је био слаб и попустљив, обична марионета у рукама политичара.

Јеремијине представе описују отпадни народ који је пун сексуалних метафора, неке од њих су прилично развратне. Он је поредио народ који је отишао за другим боговима, са блудном женом која често мења мушкарце. Осија је био први пророк који је користио ову метафору. Јеремија је питао народ шта мисле како се Бог осећа са неверном женом. Народни интегритет и у другим односима је био бедан. Јеремија је тврдио да "не постоји ниједна поштена особа у Јерусалиму".

Једна од најстрашнијих ствари што им је рекао је да су заборавили како да поцрвене. Човек поцрвени када се стиди. Они немају стида. Та развратност их чак и не брине. Бог се већ развео са 10 племена - да ли и они хоће да се разведу од њега?

2. ДОЛАЗЕЋА НЕСРЕЋА

Друга његова велика ударна порука коју је делио са осталим пророцима је тема долазеће несреће. Када је Бог дао обећања свом народу у доба Мојсија, дао је две врсте: "Благословићу те када си послушан" и "Проклећу те ако си непослушан"- то је било поново афирмисано у Синајском савезу. Дакле, када Бог кажњава, он испуњава обећање. Већина људи види верност Бога само када чини добре ствари за нас, али његова верност се показује и у кажњавању, баш као и у опроштају.

Јеремија је био веома прецизан шта ће се догодити. Имао је визију прокључалог лонца који се гура са севера, и рекао је народу да опасност долази из тог правца - не од Асирије, коју су већ одвели десет племена, него из Вавилона, армија која ће такође доћи са севера. Рекао је да ће опасност брзо доћи. Имао је визију бадемовог дрвета која процветава - знак пролећа, који се брзо догађа на дрвету. Тако ће исто Јуда видети изненада како Вавилонци долазе.

3. ЗАВРШНА ОБНОВА

Иза свих лоших вести долази зрак наде. Неки од најпозитивнијих пророштва о будућности Божјег народа су пронађени код Јеремије. Он је пророковао о обновљењ нацији која ће имати нови завет са Богом. Стари завет са Мојсијем није функционисао, зато што су написани ван народа, а не унутар народа. Закони су написани на камену, али су требали да буду написани у срцима. Тако у 31. глави имамо неке од најлепших пророковања у Старом завету. Нама је речено да ће Бог направити нови завет са кућом Израела и кућом

Јуде, с обзиром да ће Бог написати свој закон у срцу народа. Нико не треба да их учи о Богу, зато што ће сви знати за њега, Бог ће им опростити и неће више памтити њихове грехове.

Многи читаоци у Цркви овде стану, али ја ћу наставити да читам. Бог такође каже:

> Овако говори Господ који даје да сунце сија дању, а да месец и звезде светле ноћу, који узбуркава море да хуче таласи његови, име му је Господ Саваот: „Ако се икад поремете преда мном закони њихови", говори Господ, „онда ће престати и потомство Израиљево да буде довека народ мој!" (31,35–36)

Бог каже само ако се измере небеса и темељи земље, он ће одбацити све потомке Израела због оног шта су урадили. Бог обећава да ће испунити свој део завета. Увек ће бити Израела и још увек постоји. Чињеница да се реч **Израел** данас налази на мапи света је доказ да Бог испуњава своја обећања.

Овде Јеремија обећава последњу обнову свог народа. Он пише о Богу и враћа их поново кући са радошћу, певањем и играњем, и каже да ће бити 70 година. (То је касније охрабрило Данила када је читао пророштво у егзилу и схватио да 70 година није случајан број. То је број који је пажљиво обрачунан, толико је земљи требало да се одмори, откад су они пропустили да сваке седме године одморе земљу од обрађивања, а то је трајало 500 година (Друга књига дневника 36,21)).

Јеремија је Јуди такође обећао новог лидера. Дао му је назив "добар пастир", "праведна грана", "месијански принц", "изданак Давидове лозе", "фонтана живота". Обећао је да ће тај човек доћи и обновити трон за њих и да ће незнабожци да деле Јудин благослов.

4. КАЖЊЕНИ НЕПРИЈАТЕЉИ

Мада ће Бог дозволити Вавилонцима да одведу Јуду у изгнанство, Он ће се постарати да и они буду кажњени за своју суровост. Авакум је то наглашавао у свом пророштву. Тако ће Вавилон касније бити освојен од Персијанаца у испуњењу овог пророчанства (што ће довести до повратка Јевреја кроз декрет Кира, персијског краља). Обрачунаваће се и са осталим непријатељима: Египат, Филистеја, Моав, Амон, Едом, Дамаск (Сирија), Кедар, Хазор и Елам. Постоји секција пред крај Јеремијине књиге која предвиђа шта ће се десити са свим нацијама које су напале Израел или се нису прописно понашали, Бог ће и њима испоручити освету, а не одабрани народ. Само су Египат и Вавилон добили добре коментаре.

Не као остали пророци

Као што смо анализирали шта је Јеремија имао слично са осталим пророцима, тако ћемо сада погледати шта је то јединствено за њега.

1. ДУХОВНО

Јеремија је називан "духовним пророком", зато што је један од оних који је причао *да су религијски ритуали више него бескорисни ако ваше срце није у њима.* Уствари, неки иду тако далеко да тврде да његова осуда лицемерног обожавања води ка осуди целокупног система жртвовања Богу као губљење времена. Он је говорио да спољни изглед ритуала није важан, зато што Бог гледа у мотивацију срца. Да ли обожаваоци заиста учествују у духовним активностима? Тело може бити обрезано, да ли треба и срце? Свештеници су погрешно подржавали идеју да религијски обреди могу да замене доброту. Јеремији је било потребно да наглашава огромно саосећање духовног аспекта религиозног живота.

Истовремено, Јеремија је припремао народ за дан када ће изгубити храм и када неће моћи да приносе жртве. У Вавилону су срели оно што ћемо касније назвати "синагоге". Реч *синагога* је грчка реч што значи *доћи заједно.* Божји народ ће спојити три ствари: похвале Богу, молитва и читање Светог писма. Ово личи на новозаветну цркву, где су свештеници одбојни према Христовој једној-за-све жртве. Црква нема храм, олтар, тамјан, свештенике и жртве. У новозаветну Цркву просто долазимо заједно да славимо причешће, да се молимо, да хвалимо Бога и читамо Свето писмо. Према томе, ране цркве су ефективно биле као хришћанске синагоге. Искушења Хришћанске цркве од почетка била је у повратку ритуала у храму и свештеника, олтара, тамјана и одежде. То је било у супротном правцу по Старом завету од оног што је Бог намеравао.

Јеремија је био један од људи који је ослободио Јевреје зависности од церемоније, тако да су могли да преживе без тога и да се ипак виђају у Вавилону. Он је један од првих пророка који је предвидео да ће морати да имају другу форму религије без храма и без реквизита.

2. ИНДИВИДУАЛНО

Следећа јединствена ствар код Јеремије коју је само он видео је предвиђање да ће Бог у будућности да се обрачуанава са појединцима. Синајска повеља је била колективна, а не индивидуална, са целим народом, не са појединцима. Једна од запањујућих нагласка Новог завета је на сваког појединца. Исус је стално говорио о индивидуалним следбеницима. Јеремија описује тај контраст: "У оне дане неће се више говорити: 'Оци једоше кисело грожђе, а синовима зуби трну.' Свако ће умрети због сопствене кривице. Оном који буде јео кисело грожђе трнуће зуби." (31,29-30)

У Новом завету, нова повеља је индивидуални уговор са две одвојене стране. Па је тако немогуће да наследите Небеско царство. Бог се бави са сваким посебно, са онима који су донели одлуку. Тако у Новом завету појединци се крштавају својим личним исповедањем Христа.

У Новом завету читамо да у Дану пресуде свако ће да стоји сам и одговараће за своје грехове, не за грехове неког другог. Тај велики прелаз са обрачунавања са Божјим народом на обрачунавање са појединцима први пут је изговорен код Јеремије, а Језекиљ је то преузео, цели Нови завет је сазидан на том разумевању.

У многим погледима, Јеремијин живот отелотвара тај принцип. Био је ућуткан у храму, одбачен од локалне заједнице и морао је да преживи са Богом.

3. ПОЛИТИЧКО

Јеремија пружа више политичких савета владарима од било ког пророка. Када се Јудина земља смањивала, покушао је да игра игру једна сила против друге. Јеремија их је упозоровао да не иду за Египтом, јер ће и њих Вавилон победити. Његов политички савет је био да иду у Вавилон, да сарађују, и да траже најбоље услове за предају. Он чак описује Навуходоносора, краља Вавилона, као Божјег слугу - што би било као када би неко рекао Цркви 1939. године да Британска Влада мора да преговара са Адолфом Хитлером зато што га је Бог послао. Звучало је за Јевреје као издаја и предаја тиранину, чак и без покушаја да се одбрани Јерусалим.

Међутим, краљ Јуде није послушао овај политички савет. Назвали су га издајником. Када се залагао за предају Вавилонцима, ставио је јарам око рамена и шетао по Јерусалиму, да би показао и визуелно како народ треба да се понаша. Када је краљ ушао у Јерусалим, понудио је почасти за Јеремију (39. глава). Можемо само да замислимо шта су тада осећали Јевреји око тога. Али ово је била само још једна епизода о лошем третману и неразумевању.

Лош третман

Јеремија је био гоњен од самог почетка службе. Први покушај убиства био је у међу рођацима у селу Анатот. Ковали су заверу да га убију зато што је повредио понос фамилије, као тинејџер који је узбудио цео Јерусалим. Бог му тада није много рекао: *"Само те још увежбавам за још горе ствари"*. Каква утеха!

Од тада, био је обележени издајник. Одбачен је од других пророка јер су они били лажни. Свештеници су били запањени јер је причао и против њих и њиховог рада, против храма и жртвовања. Краљ га је третирао као политичког издајника и народ га је мрзео, ковали су разне завере да му окончају живот. Не само да је Јеремији прећено смрћу, већ је у неколико наврата заиста био близу смрти. Био је тучен и затваран од свештеника Пашура и бачем у влажну и слабо осветљену тамницу. Једном су му везали руке и ноге заједно, био је опасан гвозденом крагном. На крају је бачен у узак бунар, где је још увек било воде, а вода није испаравала. А када није било воде, уместо воде ту је био дебео слој блата на дну. Био је урoњен у блато до врата, док је светлост долазила само кроз једну малу рупу. Морао је да стоји да би остао жив, или би потонуо у блато. На крају га је спасао један странац који се сажалио на њега, спустио му конопац и он се извукао напоље.

Често пута се крио, јер је знао да неки хоће да га убију. Било је још неколико људи у Јерусалиму који су још увек тражили његов савет, на крају су га на силу истерали Јевреји и одвели у Египат. Тамо је и умро. Његов смрт није описана у Светом писму. Једна традиција сугерише да је каменован до смрти (Јеванђеље по Матеји 21,35; 23,37). Шта год да је било, умро је заборављен и није могао ни да сања да ће постати познат широм света и да ће се говорити о њему 2500 година касније.

Очај

Јеремија је познат и као "плачљиви пророк". *Тужбалице* приказују бол у његовом срцу за свој народ, за земљу која је изгубљена и за уништен град Јерусалим. Његов очај се пре тога појављује у његовој књизи, он није био уплашен да нам стави до знања како се молио Богу у тим ситуацијама.

Физичка патња

Већ смо видели неке од физичких болова које је Јеремија осећао од стране оних који су презирали његову поруку. Сигурно је да није био уплашен да оплаче своју душу и открије своја осећања. Био је дубоко повређен шта му је народ рекао и шта су му радили, нарочито што су га сматрали издајицом, чак и у његовој породици. Мрзео је озлоглашеност која је дошла са његовом верним објављивањем Божје поруке и у својој служби је био екстремно усамљен.

Ментална патња

Његово физичко страдање је било довољно лоше, али исто тако се осећао као да је заробљеник од Бога. Посебан бол долази из чињенице да и није имао неки избор. Бог га је призвао за пророчку мисију и некако га је ухватио у замку да он, у суштини, није могао да ради ништа друго. Његово пророштво укључује његову одбојност и менталну и физичку патњу које су дошле из усамљености и одбацивања.

Једна од најгорих ствари је била да ни његов брак није могао да му олакша терет усамљености. Бог му је забранио да се ожени. Тако да Јеремија није морао да гледа како његова деца умиру од глади када дођу Вавилонци. Тако је сам његов живот постао снажна порука, баш као и Осијин брак са проститутком или наредба Језекиљу да не жали за својим преминулом супругом.

Већ нам је било предочено да нам ова књига даје прави увид у Јеремијин бол, а исто тако може да нам помогне да се ми боримо са траумама.

Једном приликом је рекао: "Ја знам, Господе, да човеков живот није његов, и да није на човеку да води своје кораке". Добро познат цитат је: "Ако би одлучио да више никад не разговарам са Богом поново, постоји скривена ватра која гори у мојим костима. Уморан сам од трпљења и више не могу да издржим". Јадни човек Јеремија је заправо рекао: "Никада више нећу моћи да проповедам ниједну беседу". А онда је рекао: "Али не могу да станем, горе моје кости, морам да то избацим из себе".

Није имао избор око проповедања, зато што је његово срце горело за Бога. Чак и када је донео одлуку да више неће да јавно говори, опет је себе нашао на улицама како беседи. Истина је да га Бог стварно није натерао на то - Бог никада не приморава људе. Мада можемо да разумемо његова осећања да је био заробљен.

Јеремија је знао да га народ неће слушати, неколико пута је закључио да је умешан у безнадежан задатак. Бог му чак и забрањује да се моли за народ (7,16).

Упркос свему, ипак, молитве су значајан део његовог пророштва и садрже неке од најдирљивијих стихова (на пример 1,6; 4,10; 10,23-25; 11,20; 12,1-4; 15,15-18; 17,14-18; 18,19-23; 20,7-18). Ових девет молитава су једне од најискренијих молитава које можемо пронаћи у Светом писму. Јеремија говори Богу баш како се осећа и као такве оне представљају одличан пример за наше молитве.

Тужбалице

Књига тужбалица је написана од стране Јеремије, па је тако прикладно да се нађе одмах поред Јеремијине књиге. То је једна од најтужнијих књига у целој Библији. Многи је пореде са књигом о Јову, али Јов је тужан због личне несреће, док *Тужбалице* наричу око националне судбине. Ако читамо *Тужбалице* скоро да можете осетити како сузе цуре на странице и оживљавају речи. Овде човек плаче из свог срца.

У грчком преводу Старог завета ову књигу једноставно називају "Сузе". Хебрејски превод се сада зове "Како", јер то је прва реч која се чита када се одвије свитак. Енглески назив "Нарицања" долази од латинске речи за сузе.

Тужбалице су написане када је Јеремија видео уништен град Јерусалим. Он је знао и за бол његовог народа - пре него што је дошло уништење храма и града, народ је био под страшном опсадом. Мајке су јеле своју децу, била је очајна ситуација. Цела та ствар је била толико тужна да је он јецао у себи. Било је као Хирошима после бачене атомске бомбе и Косово уништено ратом у последњим годинама.

Чињеница да је књига написана само од серије нарицаљки не треба да нас изненади. Знамо да је Јеремија био песник, јер је већина његовог пророковања у облику поезије. Такође знамо да је био музикалан, а и писао је песме за певање, јер све то налазимо код њега. Ово наглашава изванредну повезаност између пророштва и музике. Дух пророштва инспирише и поезију и музику и обрнуто. Много старозаветних светаца који су били благословени даром пророковања, тражили су музику, пре него што почне пророковање. Главни примери су Захарија, Језекиљ и наравно, Давид.

Нису тужбалице писане само од Јеремије. Он је саставио тужбалицу (помиње се у Књизи дневника) за краља Јосију, који је погрешно мислио да може да победи Египћане и који је убијен у Мегиду. Баш као што је Давид нарицао над Саулом и Јонатаном који су погинули у борби, тако је и Јеремија написао нарицање за целу нацију где пева како је краљ Јосија убијен и како је обећање његове владавине дошло до краја.

Структура

Упркос узбуђености који је Јеремија осећао због разрушеног града и прогоњеног народа, саставио је *Тужбалице* користећи строге водиље. Најзад су се делови нашли на правом месту, где свака глава има пет песама и оне су лепо и пажљиво стављене заједно.

Користио је акростих, где су слова алфабета основа за песму. Пошто хебрејски има 22 слова, свака секција има 22 стиха.

Четири тужбалице прате овај образац. Трећа тужбалица је мало другачија, има 66 стиха, поново је присутан акростих.

Прва песма има 22 стиха - свака за по једно слово и три линије за сваки стих. Друга песма поново почиње са првим словом хебрејског алфабета. Онда долази трећа песма, поново са три стиха за свако слово. Четврта има 22 стиха, са две линије за сваки стих. Једина песма која не прати слова алфабета је последња, иако и она има 22 стиха.

ЗАШТО КОРИСТИТИ ОВУ ФОРМУ?

1. Лакше је да се упамти. Јеремија је био забринут да ли ће народ који је отишао са земље и народ који је већ у изгнанству моћи да чује његове жалопојке и да их узму ка срцу. То се постиже акростихом.

2. Ова метода помаже Јеремији да искаже сву своју тугу - то је његово "од А до Ш" туге. Има символичан значај. Он прича причу о туги од алфе до омеге, од почетка до краја.
3. Али ја мислим да трећи разлог највише говори. Пробао сам мали експеримент. Узео сам парче папира и написао 26 слова енглеског алфабета и питао се да ли би ми помогло мом предавању о *Тужбалицама*. Приметио сам да баш то ради. Требало ми је мање од два минута да напишем нешто о Јеремијиним нарицањима. Не тврдим да је то лепо писана реч, али мислим да сумира целу књигу:

A	[awful]	Ужасан је поглед уништеног града.
B	[blood]	Крв тече улицама.
C	[catastrophe]	Катастрофа је пала на мој народ.
D	[dreadful]	Ужасна је његова судбина.
E	[every]	Свака кућа је уништена,
F	[families]	Породице су одвојене заувек.
G	[God]	Бог је обећао да ће то урадити
H	[holy]	Свето је име његово.
I	[i]	Ја сам се истрошио од јецања,
J	[just]	Само је сломљен мој дух,
K	[knowing]	Не знајући зашто
L	[let]	Пусти ме да умрем као и остали -
M	[my]	Мој живот нема никаквог смисла.
N	[never]	Никад се више нећу смејати
O	[or]	Или играти од радости.
P	[please]	Молим те, утеши ме, Господе;
Q	[quieten]	Умири мој дух,
R	[remind]	Подсети ме на твоје планове.
S	[save]	Сачувај свој народ од очаја,
T	[tell]	Кажи им да их још увек волиш.
U	[understand]	Схвати њихова осећања,
V	[vent]	Издувај свој бес на уништитељима.
W	[we]	Ми ћемо поново
X	[eXalt]	Славити твоје име,
Y	[yield]	Слушати твоје жеље
Z	[zealous]	Фанатици бићемо за твоју репутацију

Дакле, алфабет може бити веома користан за изражавање осећања.

Зашто је уопште написао *Тужбалице*?

Чак и када пронађемо мудрост које има у овим нарицањима, постаје нам одмах очигледно питање зашто би неко одобрао да пише у овом облику, нарочито ако знамо обимност Јеремијиног осталог рада.

Ја верујем зато што је он желео да и други плачу са њим и певају песме. Можда је желео да их однесу до народа који су протерани са своје земље да би и они могли да изразе своја осећања. То има смисла, када се људима нешто трагично деси, да постоји начин да искажу своја осећања. Ако треба да се покаже жаљење, то тако треба и да се представи. Било би веома сурово да приморавмо људе да буду храбри и да не плачу. Јевреји и Римокатолици су групе које су по томе познате што имају традицију *бдења*, где се охрабрују сузе. **Сузе су одобрене кроз целу Библију.** Наша западна тенденција да поштујемо људе који не плачу долази из грчког, а не из јеврејског погледа на свет. У модерном Израелу човек не може да буде премијер државе ако не може да плаче на гробу израелског војника. По јеврејском схватању, само размишљањем можете да плачете - то није знак слабости.

Она, он, ја, они, ми

Следећа ствар коју примећујемо око неких песама да се лична заменица мења по деловима.

У првој песми заменица је "она", мисли се на град и људе у том граду, зову их "кћерке Јерусалима". У Старом завету градови и становници су женског рода - традиција која се прати и у енглеским текстовима

Затим, у другој песми, лична заменица је "он", мисли се на особу која је проузроковала несреће. То је Бог.

Трећа песма је најдужа и постаје врло интимна, зато што је о самом Јеремији. Тако да се користе "ја, мене и моје".

У четвртој песми налазимо контраст, са описним додацима "онима, они, њихове".

У петој се враћамо на "ми, нас", где се Јеремија поново идентификује са народом. Бог више није "Он", већ му се директно обраћа са "ти, твоје".

Када студирамо Библију пажљиво, јасно можемо установити да нам многе мале речи дају кључ за значење. Тако да пет веома различитих тема захтевају и пет веома различитих наслова, а такође и дају увид Јеремијиног избора за сваку ситуацију.

Пет песама

1. КАТАСТРОФА - "ОНА"

Прва песма гледа на разрушени град и његове кћерке.

Није био у питању само цео град уништен, није само срушен храм. Јеремији је то тешко пало јер је то био Божји град. Знао је да је грех узрок свега и то га је болело још више. Очигледно је да је Јеремија био очевидац тих догађаја. Он види срушене зграде и напуштене улице пре депортације народа у Вавилон. Лако можемо замислити како он протествује што је мало народа остало: "То је ништа за вас, вас који пролазите поред? Зар нисте дирнути тим ужасним призором?" Приказивање празног, напуштеног града је сликовито, описије шта је Јеремија осећао гледајући све то.

2. УЗРОК - "ОН"

Друга песма се фокусира на чињеницу да се ништа од катастрофе не би десило да се Јуда предала Вавилонцима, као што је Јеремија предлагао. Болно је знати да је он то све могао да спречи. Јеремија је знао да ће народ отићи у егзил, зато што је Бог обећао да ће се бавити казнама ако су непослушни, али и та фрустрација да је постојала друга могућност није била ништа мања. То нарочито долази до изражаја у другој песми, где је Божји гнев поменут пет пута. Јеремија је знао да ће доћи време када ће прокључати Божји бес. Постоје две врсте гнева у Библији; тихи бес који се кува и расте, а други је нагли које прасне и брзо се заврши. Обе врсте доносе проблеме на људском нивоу. На божанском нивоу, Бог је и брз и спор у свом гневу - мада, наравно, без оног себичног елемента који карактерише људски гнев.

Цео нагласак у Библији у вези Божјег гнева је ако не пратимо Бога довољно и ми не видимо да у њему гнев кључа, онда када прекипи вероватно је касно за све. У *Посланици Римљанима 1* речено је да Божји гнев се већ кува. Дати су нам знаци за то, укључујући мењање природних односа са неприродним. Други знак је недруштвено понашање, а исто тако и распад породичног живота. Тужно је да се у Западном свету ове ствари виде као потпуно нормалне.

3. ЛЕК - "ЈА"

Трећа поема је личне природе. Јеремија је схватио да је Бог могао да збрише народ са лица земље у свом гневу, а уместо тога их послао у Вавилон. Значи, још увек су живи, народ није истребљен, а нација је још увек била нација. Јеремија је веровао да само због Божје милости они нису потпуно истребљени. Рекао је: "Твоја милост је свежа свако јутро."

Добро је имати такав став, какви год да су проблеми. Можемо стално да гледамо ка Божјој милости. То је фундаментална разлика између тога како свет живи и тога како би свет требало да живи. Свет живи по заслугама - ми живимо у *мериократији*. Ти добијаш оно за шта радиш. Али у Небеском царству основа живота је милост. **Свет тражи права, а хришћани баш треба да кажу да немамо право.**

4. ПОСЛЕДИЦЕ - "ОНИ"

Јеремија се затим позива на последице које се не понављају. Чак се враћа и у Еденски врт и праведну казну за Адама и Еву. Он је желео да свако зна да његова усамљеност има неку сврху. Народ мора да зна да се Бог меша у борбу са грехом, али ће бити умешан и у ослобођење.

5. ПЛАЧ - "МИ"

Последња поема је једноставна молитва, прозба за Божју милост. Јеремија зна да је само Бог њихова нада, па тако свој очај претвара у молитву Богу који ће заиста обновити свој народ и вратити га у земљу.

Једна тема се провлачи кроз свих пет песама, то је реч **грех**. Готово свака страница Библије има ту реч - понекад је то само реч, понекад је грешно деловање. Као контраст, постоји и реч **спасење** на скоро свакој страници Новог завета.

Јеремија искрено увиђа да грех народа заслужује казну, али он истовремено плаче Богу за милост која ће их обновити. Зато ми ту књигу зовемо *Тужбалице* - у множини. То су заиста пет веома различитих песама нарицања и жалости.

До данашњих дана певају се *Тужбалице* једном годишње у свакој синагоги деветог дана абиба (месец јул), зато што је то тачан дан када су Вавилонци уништили храм.

Сваке године до данашњег дана, Јевреји се сећају изласка на Пасху и сећање на губитак храма деветог абиба. Сваког јула ако одете у синагогу чућете туговање. Изузетна ствар је да девети дан абиба није једини дан када су изгубили први храм - тог истог дана 70. године нове ере Тит је дошао и уништио храм по други пут.

Истог дана када су певали нарицаљке због изгубљеног првог храма, десило се да изгубе и други храм - а Исус, наравно, је то предвидео. Као што је Јеремија дошао да их упозори да ће изгубити први храм, Исус је дошао да их упозори да ће изгубити и други храм.

Зато су Исус и Јеремија често пута стављају заједно.

Када је Исус рекао ученицима: "И шта кажу људи ко сам ја?" они су одговорили да га пореде са Јеремијом. Овај пророк се не би чинио као очигледан избор, али његов живот је савршена паралела са Исусовим животом. Као што је Исус могао да каже: "Непријатељ човека ће бити на сваком домаћинству", тако је Јеремија такође имао проблема у сопственој кући. Људи су хтели да баце Исуса са литице у његовом граду Назарету. Исус је укупно избегао пет пута покушај убиства. Такође, неки Исусови поступци су били у истом духу као и Јеремијини. Када је Исус бичем чистио храм од Јевреја који су претворили храм у похлепне мењаче новца, он је цитирао Јеремију: "Како се усуђујете да кућу мог Оца претворите у легло лопова!"

Исус је Јеремија у популарном мишљењу. Јеремија је једном приликом рекао: "Осећам се као јагње које воде на клање". Исус, у свом делу мисије, подсећа народ да су њихови преци каменовали и одбацили пророке које су им били послати.

Везе са Исусом

На северној страни Јерусалима налази се пећина коју су по јеврејској традицији назвали "Јеремијина пећина", зато што верују да је Јеремија тамо ишао да се моли, када је био усамљен или када је био повређен или када га је нешто болело. Та пећина је на малом брду које се зове Голгота, где ми верујемо да је Исус умро на крсту.

Једна од ствари које је Исус рекао док су га водили на то брдашце било је: "Ако они тако поступају са зеленим дрветом, шта би тек радили да је осушено?" Рекао је народу у Јерусалиму да не плачу за њим, него да плачу за себе, јер долазе дани који ће бити много гори.

Показивао је на 70. годину, само 40 година унапред. Тај период од 40 година је био период тестирања. Бог је Јеврејима дао период од 40 година да одговоре на распеће и васкрсење његовог Сина. Међутим, народ је остао тврдог срца, па је стога храм поново био срушен.

Судбине

Постоје две судбине верника у Новом завету - један је плач, нарицање и шкргут зуба. Кад год је Исус изговарао ове речи, он је говорио својим ученицима, мада многи претпостављају да би то причао неверницима. Друга судбина за нас, Божје људе, је да ће Бог обрисати сваку сузу са сваког лица. Тако да ове две судбине обе предвиђају да ће бити повезане са сузама - или ћете плакати заувек или ће Бог обрисати ваше сузе.

И не само то. Цео свет се суочава са истом перспективом. Књига која највише цитира речи *Јеремије* и *Тужбалица* је *Откривење*, која говори о завршетку времена. Половина цитата у Новом завету се налази у *Откривењу*, а примењује се на град Вавилон. Вавилон у *Откривењу* је финансијски центар последњег света - град који ће бити уништен. Када Вавилон буде уништен цео свет ће плакати за њим, али судећи по *Откривењу*, хришћани ће викати "Алелуја". Мало људи је слушало Хенделовог "Месију", са величанственим "алелујама" и схватило да је то прослава уништења светске берзе! Светске банке ће банкротирати и цео финансијски систем човека ће бити у колапсу.

Откривење 18 се завршава цитатом после цитата од *Јеремије*. *Тужбалице* причају о рушевинама Јерусалима. А Бог ће са небеса донети нови град на земљу - нови Јерусалим, који ће као млада бити припремљена за младожењу. Тамо ће верници живети, на новој земљи у новом Јерусалиму, заувек.

27. АВДИЈА

Увод

Авдија је први пророк пре прогонства и његова књига је најкраћа у Старом завету, има само 21 стих. Говорио је 845. године пре нове ере и он отвара период од 300 година где су се низали пророци један за другим који су послати Божјем народу да говоре да не настави тим путем којим иду.

Знамо да Јоил долази после њега, зато што га је Јоил цитирао, подсећајући народ на оно што је Бог већ рекао. Јоил је преузео термин од Авдије - ***Дан Господњи*** - фраза које се користи и у Старом и у Новом завету. То је дан када ће Бог исправити ствари, а то можемо да читамо у детаљима код Јоила.

Авдијина књига је стављена на крај овог четвртог дела књиге који се зове ***Опадање и пад царства***, зато што се концентрише на сам завршетак периода пре депортације народа Јуде у Вавилон.

Неки пророци су имали две поруке - једну за Божји народ, Израел, а другу за нације око Божјег народа. Авдија је говорио Едому, једној од суседних нација, регија на североистоку Мртвог мора. Имамо само једно пророчанство од Авдије и то може бити и једино пророчанство које је дао.

Врло мало знамо о Авдији, осим да његово име значи *обожавалац* или *слуга Јахвеа*. Највећи део његове поруке је предвиђање будућности која је дошла као визија. Више је визуелна, него вербална порука. Локација Едома је у области коју називамо Транс-јордан, територија источно од Јорданске долине. То је део земље који је обећан израелском народу, мада га они никада нису окупирали. Под краљем Давидом, Едом је био сателитска држава, нешто као што су Пољска и Летонија постали сателити Русије. Када је Давидова империја почела да посрће, Едом је видео своју слободу и водио побуну против Израела. Имали су два града, Босра и Села (данас познат као Петра), и налазили су се на врло важним путевима ка Блиском истоку, од Европе до Арабије.

Петра је веома необично место. Постоји део који личи на катедралу урезану у црвеној стени и стотине храмова уклесаних у стенама са великим округлим празним простором између планина. Изнад Петре уздиже се планина Сир, висока 610 метара. Пророчанство Авдије је око тих планина.

Архитектура храмова је изванредна, а поглед са врха планине се пружа до Црвеног и Мртвог мора. Био је непробојна тврђава за Едомце који су живели у пећинама. Ипак, били су безбожнички народ. Археолози су пронашли људске жртве који су приношене њиховим боговима.

Авдија каже да су тако горди. Мислили су да нико не може да их победи - чак ни Бог. Па је управо Бог био тај који их је победио и то је суштина Авдијине поруке.

Важно је да је овде Бог одабраног народа виђен као Бог свих народа. Та тема је константна у Библији, али сигурно је звучала радикално у оно време где је свака нација имала свог бога, као и данас где многи верују да свака особа може да обожава којег год бога и да не треба да се брине за друге богове других људи.

Међутим, хришћани верују да постоји само један Бог, који ће судити свакој нацији и свакој религији. Са Богом Израела свака нација ће се обрачунавати и на сваку нацију ће Бог обратити пажњу.

То је такође порука и Новог завета.

У *Апостолским делима* 17, Павле се обраћа Атињанима на Марс Хилсу и објашњава им да Бог одлучује о томе колико простора и колико времена има свака нација на земљи.

На пример, ја верујем да је Бог довео до краја Британску империју. Када сам ја био мали, школски атлас је био увелико у црвеној боји, могли сте да путујете свуда око света, а да још увек будете у Британској земљи. Шта се десило са великом империјом? Када смо ми опрали руке од божјег народа, Бог је рекао: "Ако

Британија не може да држи Израел, онда не може да држи никога" у року од пет година империја је нестала. Верујем да је то био један од најчистијег примера Божје руке.

Јасно из записа пророка да Бог суди другим нацијама према односу са његовим народом. Мислим да се сличан принцип примењује данас и на Цркву. ***Бог суди људима по томе како третирају Цркву.*** Шта ми радимо Божјем народу, то радимо Богу. Исус је преузео тај принцип, рекавши да ће завршна пресуда Бога нацијама бити: "Све оно што су урадили најмањим и мојој браћи, то сте мени урадили" (Јеванђеље по Матеји 25,40). Када каже браћа он мисли мој народ. На исти начин, Савле из Тарса је срео Исуса на путу за Дамаск, научио је како Господ види његов народ. Рекао је "Савле, зашто ме прогањаш?" - јер је Савле уствари прогањао хришћане. Научио је да прогањајући хришћане он прогања Христа. Мада што се тиче Христа, прогањајући хришћане, он је прогањао њега. Према томе, Божји народ је јабука у Божјем оку. Као што је мрежњача најосетљивији део вашег тела, тако је и Бог посебно осетљив када је његов народ прогањан.

Сада се Божји народ налази међу свим народима света, па је свака нација слободна да има своје држање према Божјем народу. У *Дану пресуде* то ће бити значајан фактор. Овај принцип долази од пророка до пророка када они причају другим нацијама и то је зашто су пророчанства другим нацијама који живе у околини око њих узимана према њиховом односу са одабраним народом.

Тако да иако се чини да је Авдијина књига мала и сиромашна, у суштини се бави неким фундаменталним питањима пресуде која ће се подићи за све нације света.

Сажетак књиге

Авдијина књига се може поделити на два дела. У првом делу (1-14) Авдија каже да ће једној нацији бити суђено - именом, Едому. У другом делу (15-21), пророк види да ће и свим другим нацијама бити суђено.

Једној нацији биће суђено (1-14)

Национално уништење Едома (1-9)

Едом буквално значи црвен. Град је саграђен од црвеног камена, али не зову га зато црвени, већ зато што су Едомити потомци црвенокосог Исава. Положај им је на источној страни долине Араба. Имају два велика града, Петру и Босру, оба града имају монументе који приказују човекову способност да гради.

Авдија каже Едомцима да ће их нације уништити, не баш као пљачкаши, који само краду оно што их интересује, већ да им отети и територију. Рекао им је да Бог не воли гордост код људи. **Гордост као да је позивница Богу да понизи тог човека**, јер бити горд значи да високо себе цените, а ниско цените друге особе око себе. Ако уздигнете себе, унизићете друге, па чак и Бога.

Едом презире Израел (10-14)

Положај Едома на врху планине Сир био је и симбол њиховог погледа на друге нације, посебно на Израел. Едомити воде пореко од Исава, који је продао своје право наслеђе првенца свом брату Јакову и ту је избио сукоб са братом који је трајао практично цео живот. Исавови потомци су се населили на источним обронцима долине, док су Јаковљеви потомци населили западне делове. У *Поновљеним законима* Бог забрањује Израелу да лоше третира Едом, зато што је Исав Јаковљев брат. Ето то је зашто Авдија говори Едому да није најбоље третирао свог брата, као што је он њега. Држање Едома према одабраном народу је било све горе. Читамо у *Бројевима* и *Поновљеним законима* да су они одбили Мојсију и народу да безбедно прођу кроз њихову земљу.

Та антипатија је виђена и када је Давидова империја почела да посрће. Едомити су се подигли на устанак и придружили свакоме које је био спреман да нападне Јерусалим и империју - било да су то Филистејци, Арапи, а касније и Вавилонци. Вавилонци су били прилично варварски народ. А Едомити су се удружили са њима. Када су Арапи напали Јерусалим, Едомити су им се прикључили. Мржња, љубомора и непријатељство су опстали вековима. Када су Филистејци нападали Јерусалим, опет су им се придружили Едомити. Користили су сваку прилику да подрже друге, можда због тога што самостално никада нису били јаки.

На три места Бог каже: "Не треба" да се бринете око њиховог понашања (12,13,14) и кажите им да ће њихова непослушност бити кажњена.

Намеће се очигледно питање. Да ли су Едомити чули шта је говорио Авдија? Ако су и чули, да ли су се забринули?

Први део пророштва је о Едому, али касније у тексту Авдија прелази са трећег лица на друго лице. Изгледа као да је имао храброст да оде до Петре и да им лично преда поруку. Међутим, немамо никакве записе да ли су чули и реаговали - уствари, немамо ништа. Када су Вавилонци напали Јерусалим 587. године пре нове ере, на њиховом боку су били Едомци (псалам 137,7).

Ако пођемо још даље, и други пророци су говорили против Едома. Исаија (21), Јеремија (49) и Језекиљ (25) су осуђивали Едом, а Исаија који користи сличан језик као и Авдија, подвлачи Божју одлучност да им суди. Али пошто су Авдијеве поруке и поруке осталих пророка биле игнорисане, пресуда је дошла.

Историја је забележила да су их у 6. веку пре нове ере напали Арапи и морали су да напусте градове и да беже кроз долину до пустиње Негев и да живе као бедуини. До 450. године пре нове ере, више није било Едомита и њиховој земљи, а 312. године Петра је пала у руке Набатејцима. После доласка Едомита у Негев, промењено је име у Идумеја. Едомити су насилно јудаизовани од Хирканус, па је тако јудаизам постао њихова званична религија, мада су задржали своје расне карактеристике.

Едомити се поново појављују у Новом завету. Ирод Велики (по Јеванђељу по Матеји) је био из Идумеје. Ирод је питао Јулија Цезара да му прода трон Израела 37. године пре нове ере, тако да је краљ Израела постао Едомац! Његово наслеђе од свог народа да прави велика здања, била је инспирација за велику изградњу по чему је постао познат. Зато је он правио толико палата, укључујући и ону у Масади, непробојан као и велики храмови Петре.

Када су учењаци питали где да нађу новог краља Јевреја, Ирод Антипа је био бесан. Није хтео Јеврејина на трону, јер је Едом био освојен! То је стајало иза његово масакра сваког дечака испод две године у Витлејему.

Његов син је убио Јована Крститеља и онај коме Исус није ништа рекао на суђењу. Његов унук је био одговоран за убиство апостола Јакова, а на крају био поједен од црва (Дела апостолска 12). Његов чукун-унук се звао Агрипа [II] који је умро 100. године нове ере без деце.

Тако су нестали Едомци. Данас не постоји ни један једини

Едомац у свету, тако се остварило Авдијино пророчанство. Бог не жури да кажњава народе. Прошло је 600 година од Авдијиног пророчанства до њиховог коначног нестанка. Из овога можемо да научимо две лекције о Божјем суду.

ТРЕБА ВРЕМЕНА

Иако млинови Господњи мељу споро, они између веома ситно;
Иако стоје са стрпљењем и чекају, са прецизношћу
све између битно.

Фридрих Фон Логау (1604-55)

Бог нигде не жури. Он је спор на гневу, али када нешто каже то и уради, он ће то урадити - па макар било и хиљаду година касније, али ће урадити. Где је Едом данас? Где је Израел данас? Поново у њиховим рукама.

БОГ СУДИ ОНИМА КОЈИ ПОВРЕЂУЈУ ЊЕГОВ НАРОД

Бог је рекао Авраму: "Ја ћу благословити оне које ти благословиш, а оне које ти прокунеш и ја ћу да прокунем" (Постање 12). Бог данас има два народа. Израел и Цркву. Ако било коју нападнете, нападате Њега.

Свим нацијама биће суђено (15-21)

Едом је прави пример типа безбожничког народа који је увек био непријатељски према Божјем народу.

Јахве кажњава нације (15-16)

Разлог кажњавања је јасан: **"Оно што си ти радио, биће рађено теби"**. Казна одговара злочину. Филистејци су такође помињани да заслужују Божји гнев.

Авдија је видео да ће једног дана бити суђено свим нацијама. Бог Израела ће сваку нацију наћи као урачунљиву, нарочито по ставу према његовом народу.

Израел поседује Едом (17-21)

Једног дана, Израел ће имати Едом. Едом је специфично укључен у обећану земљу - тако да једног дана морају да га поседују, Авдија то такође говори. Видео је да неће бити преживелих у кући Едома и да ће њихова земља ући у руке правим власницима. Авдија је видео Израел који се шири на северу до Ефраима и Самарије, на југу до пустиње Негев, на истоку до едомских брда и све до западне обале Медитерана.

Какве то везе има са нама?

Прво, морамо да видимо да су Јаков и Исав у свакоме од нас. У *Посланици Јеврејима* хришћанима је речено да не буду као Исав, који је продао своје право првенца за чинију супе, а после тога заплакао. Био је пун жалости и туге, али никада није могао да се покаје.

Уместо тога ми морамо да будемо Јаков. Он се рвао са Богом све док га Бог није обогаљио. Али је добио благослов, па је тако од његове лозе настао Божји народ, Израел. Исав је живео за садашњост, за тренутно задовољство и физичке жеље, и изгубио је будућност. Исав данашњег времена живи само за свет. Они не брину за будућност; они су забринути само за задовољства и жеље овог садашњег света. Авдијина књига нас охрабрује да будемо као Јаков - човек кога је Бог сломио и који је постао принц, и чије име Израел се и данас налази на мапи поново, после 2000 година.

Друго, сазнајемо да када Бог говори, он испуњава своју реч. Када он каже да ће нешто урадити, можда то неће урадити следећег уторка, можда ћемо морати да причекамо и хиљаду година, али ако Бог каже да ће урадити, то ће урадити, и то је зашто можемо да му верујемо на реч. Тако би Авдија могао бити назван малим пророком и свакако је написао малу књигу, али све што је рекао ће се остварити.

БИТКА ЗА ПРЕЖИВЉАВАЊЕ

28. Језекиљ	483
29. Данило	503
30. Јестира	525
31. Јездра и Немија	535
32. Прва и Друга књига дневника	551
33. Агеј	563
34. Захарија	573
35. Малахија	593

28. ЈЕЗЕКИЉ

Увод

Књига Језекиља је најзапостављенија и једна од најнеомиљених књига у Старом завету. Прва половина (од 1. до 24. главе) је монотоно сивило и пропаст. Овај депресивни текст многе наводи да одустану од читања и само пређу на следећу књигу у Библији! Књига је дугачка и понавља се, у њу је сабијено 20 година проповедања. Већина говора не одговара нашем садашњем тренутку - то је други свет, друго време, а ми не знамо ништа о томе. Језик је понекад груб, понегде чак и увредљив, тако да имамо и додатне разлоге да ову књигу не волимо. Ретко ко би рекао да је ово његова омиљена књига.

Штавише, Језекиљ приказује оне стране Бога које нам се не би свиделе. Овај пророк говори о оштрини Божје казне. Већина телевизијских и радијских медија се концентришу на Божју доброту, али ретко на пресуду, јер људи воле да им се тако представља религија.

Тако се на први поглед може чинити као обесхрабрење за читање ове књиге. Језекиљ нас ипак изазива да поставимо два питања: "Зашто читамо Библију?" и "Како је читамо?" Ова два питања су повезана, јер уствари разлог зашто читате Библију одређује како ћете да је читате. Метода ће проистећи из мотива.

Како читати Језекиља

Постоје три приступа читања ове књиге:

Приступ по редовима

Ово је приступ где људи траже речи корисне за њих. У искушењу сам да тај приступ назовем "хороскопским методом читања Библије", где читамо све док не наиђе део који одговара нашој ситуацији. Али то није како је Бог мислио да треба да читамо Библију. Заиста, морали бисте дуго да читате Језекиљову књигу све док се њен значај не би изгубио ван страница књиге! Посвећено читање Библије је боље него никакво, али ни то није прави начин. То је уствари читање базирано само на сопственој користи.

Приступ по пасусима

Следећи приступ је по пасусима. Неки хришћани читају Библију превасходно за друге људе. То је нарочито случај код проповедника и учитеља, који размишљају о томе шта би могли да говоре. Четири пасуса су посебно омиљена код говорника.

Можда је најомиљенија 37. глава од црначког спиритуалисте: "Долина костију, долина костију, долина сувих костију... чујте реч Господњу". Теме о животу и смрти су превише добре да бисмо одолели, а невероватна сцена са костима који оживљавају и које почињу да се попуњавају телом, стварају драматичан ефекат.

Тако је и 34. глава користила као увод нове пасторске службе. Тема је *добар пастир и лош пастир*. Добар пастир тражи изгубљену овцу, а лош пастир задовољава себе. Овај део лако може да се користи за проповед о одговорности пастора.

Још једна од омиљених је 47. глава, мада често се користи ван контекста и на алегорични начин. Овде човек наилази на реку која потиче из храма. Ступа у реку прво до чланака, па онда до колена, па онда до струка, све док није довољно дубоко да може да се плива. Проповедници користе воду симболично као Свети Дух. Па онда упитају: "Колико сте ви дубоко у Духу? Да ли већ пливате или само веслате рукама у плићаку?" Међутим, географски детаљи у контексту (рибар у Ен Гедију поред мора у Арабијској пустињи) сигурно имају намеру да се ово пророштво схвати буквално. Мртво море које постаје пуно живота са процесом десалинизације свеже воде је чудо природе, нарочито ако имамо проблема са натприродним интервенцијама у физичком свету. Алегоријски третман Старог завета има дугу историју за говорницом, који потиче од грчког презирања физичког у учењима Клемента и Оригена из Александије у 3. веку нове ере.

На крају, 18. глава говори о личној одговорности сваке особе за свој лични грех. Постоји јеврејска изрека "Очеви су јели кисело грожђе, а синовима су утрнули зуби", зато што је Бог обећао да ће казнити грех до 3. и 4. колена. Језекиљ нам представља принцип, да на Дан великог суђења, свако ће пред Богом бити одговоран за своја дела. То је идеја да је свако одговоран за себе, омиљена тема за проповеднике. Популарност ових делова значи да већина говорника запоставља остале делове књиге.

Приступ по целој књизи

Ово је најбољи приступ за Језекиља, то укључује да обухватимо значење књиге, уместо само неких њених делова. Само на овај начин можемо да разумемо шта то Бог хоће да нам каже. На крају крајева, главни разлог читања Библије и јесте да боље упознамо Бога.

Читање Библије нас учи какав је наш Бог - како нам Он одговара, како се осећа због нас и шта ће да ради са нама. Тако да ако избегавамо Језекиља, ми избегавамо најважнији део Божег откривења о себи и пропустићемо да видимо шта нас то учи.

Када хришћани читају Библију књигу по књигу по први пут, ја увек препоручујем да користе "Живу Библију". Као што сам раније рекао, пре неколико година сам имао службу у Гилдфорду где смо читали наглас непрестано Библију. Ова верзија Библије има најпрецизнији превод осећања која су изражена у Библији, мада је у парафразама, то је најпрецизнији превод мисли и прецизног значења речи библијског текста.

Библија је, наравно, Божја реч, али је и људска реч. Можемо да погледамо у обе инспирације. Постоји и велики део људског учешћа. Бог се определио да комуницира са речима кроз људе, кроз њихову сложеност, а нарочито кроз сложеност времена и ситуације. То није спекулација "кула од слоноваче", већ речи који мењају свет и људски доживљај реалности.

Разумевајући животне ситуације кроз које су прошли библијски ликови, ценићемо начин на који је Бог изражавао стварним људима у стварној историји. Када говорници користе божанствену реч у људском контексту, резултат је досадно предавање.

Позадина Језекиља

Дакле, кључно је важно да сагледамо историјску позадину пре него што пређемо на главне теме Језекиљовог пророштва. Век раније, 10 племена Израела је премештено у Асирију. Игнорисали су речи пророка Амоса и Осије, па су тако депортовани ван своје земље.

Језекиљ је био забринут за два јужна племена, која су била још гора него северна. Иако су били упозорени од своје северњачке браће, застранили су у безбожничко понашање, игнорисали пророке Исаију и Михеја, који су их стално упозоравали на долазећу Божју пресуду. Када је дошао Јеремија нешто касније, и њега су игнорисали. Авакум их је упозоравао на злу судбину која их чека од Вавилонаца, али су и даље имали глуве уши. На крају се десило оно најгоре и они су депортовани у Вавилон.

Било је неких сјајних момената у њиховој скоријој историји, али то није било довољно да се цела нација преокрене, духовна ситуација је била очајна. Када је краљ Јосија пронашао Закон у пролећном чишћењу храма, био је запрепашћен колико се народ одстранио од Бога. Чак су и децу жртвовали паганском богу Молоху у долини Хином (Исус је ову долину користио као опис пакла). Јосија је покушао да реформише нацију, склонио је идоле са "високих места" и ухватио се у коштац са моралном корупцијом у друштву, али све је било узалуд. Срца тог народа су већ предалеко отишле од Бога.

А онда је дошао наставак у лошим краљевима. Јоахаз је владао само три месеца, пошто је био изабран од народа. Није успео да се супротстави Египту, па га је фараон у Рибли бацио у ланце. Онда је дошао Јоаким. Иако је био син праведног Јосије, није се бринуо за духовно стање народа. Уствари, он је био марионетски краљ кога су поставили Египћани да замени старог краља.

У овој фази историје одабраног народа, Јуда је био у немилости великих сила - Египта на југозападу и Вавилона на североистоку. Бог је могао да задржи ове две нације удаљене, као што је радио у прошлости, али је обећао народу ако застране од њега, да више неће имати његову заштиту.

Вавилонски краљ Навуходоносор је окупирао и контролисао земљу три године пре него што је отишао. Јуда је трпела нападе од разних нација, Арамејаца, Моавита и Амонита. Резултат тога је био да је само град Јерусалим остао без потпуне стране доминације.

Коначан ударац је био када су Вавилонци опсели град Јерусалим на две и по године. Када су коначно ушли у град, изнели су све благо, баш као што је Исаија пророковао.

Сви важнији људи су били одведени. То је био омиљени трик да побеђени народ постане потпуно беспомоћан. Прва депортација је однела 7000 војних официра и војника, око 1000 мајстора и око 10.000 занатлија, остали су само најсиромашнији (Међу депортованим се случајно нашао и пророк Данило). Као да их је Божји циљ свео на ништа.

Седекија је био последњи марионетски краљ Јуде. Било му је дозвољено да влада Јерусалимом, али са малом војском. Још једном је дошло до опсаде и Седекија је био ухваћен. На његове очи су му убили синове да би видео завршетак своје лозе. Онда су га ослепили, па је тако последња ствар коју је видео убиство његових синова. Онда је Навуходоносор наредио тотално уништење Јерусалима. Ова прича је потврђена у *Другој књизи о Царевима* (22-25).

Проповедање Језекиља

У време ових догађаја Језекиљ је био позван да проповеда, иако је био стотинама километара удаљен од Вавилонске земље.

Још у почетку, Бог му је рекао да ће његово чело направити да буде као кремен - ништа неће моћи да га обесхрабри. Када је народ постајао све тежи и тежи и када више нису хтели да га слушају, онда је можда био и једини преостали који је следио Божју мисију.

Његова порука је постала позната као "апокалиптички језик" (та реч буквално значи *откривање* - оно што је раније било сакривено, нарочито оно што се тиче будућности, тако да је неминовно морало бити описано фигуративним, чак симболичким терминима). То је једна врста пророштва, али је више визуелна, него вербална и веома је драматична. Језекиљ и Данило су најбољи примери у Старом завету, а *Откривење* је најбољи пример у Новом.

Као и сви пророци, Језекиљ је имао натприродни вид. То подразумева увид, предвиђање и надзор. Он је могао да погледа свет из Божје перспективе и да види испуњење сврхе.

Место

Језекиљ је видео шта се догађа у Јерусалиму, иако је био далеко, у Вавилону. Модерни учењаци сматрају да мора да је био узнет до Јерусалима да би све то видео. Али са деловањем Светог Духа, Језекиљ је све то могао да види и из своје куће у изгнанству. Једном док је проповедао у Јерусалиму, видео је неког човека у Јерусалиму како пада мртав. После неколико недеља су му јавили је један човек заиста умро у Јерусалиму баш у то време када га је он видео у својој визији.

Време

Језекиљ је такође могао да види и будућност. Библија је пуна предвиђања. Око 27% пасуса у Библији су предвиђања, али је Језекиљ процентуално имао више него било која друга библијска књига у Старом завету, заједно са пророком Данилом. Око три четвртине пророчанства Језекиља је испуњено до последњег слова. Статистичке шансе да се тако нешто деси су 1:75 милиона. Постоје 735 одвојених догађаја који су предвиђени у Библији. Неки су предвиђени једном или двапут, један је предвиђен преко 300 пута. Од тих 735 догађаја, 593 су се већ десила (81%). Библија је до сада тачна 100%. Осталих 19% предвиђања нису још испуњена, али можемо бити сигурни да ће бити.

Три периода

Пророчанства су дата у три одвојене фазе, сваки период се бави другим темама. У првом периоду (4-24) који је најдепресивнији, имао је између 30 и 33 године. Дао је страшно пророчанство да ће Јерусалим бити потпуно уништен. Разумљиво, ово је део књиге који се најмање цитира (заиста, врло мало људи цитира овај део). Први период је време пре прве опсаде града, када је био под контролом Вавилонаца, а да није још уништен.

Други период је после 11 или 12 година боравка у избеглиштву, када је имао 36 или 37 година (25-32). Овај пут Језекиљ није пророковао о Јерусалиму, већ о суседним нацијама, које су користиле прилику и које су се радовале пропашћу Јевреја. Чак и данас је Израел окружен нацијама које хоће да га униште.

Следећи догађај је дошао 587. године пре нове ере, када је Јерусалим био потпуно уништен, а у исто време, Језекиљ је изгубио своју жену у Вавилону. Међутим, пророку је наређено да је не оплакује, јер истог тренутка када је она умрла, Јерусалим је пао. Његово одбијање да плаче било је симболично значење како народ треба да се осећа за уништење града тј. потпуно без звука. Речено му је да упише датум смрти супруге у дневник да би касније упоредио вести из Јерусалима. Наравно, датум је био потпуно исти.

Три године после смрти супруге и 13 година од последњег пророчанства, Језекиљ је почео са новим када је имао 50 година. За време тог периода тишине, Бог му је рекао да ћу му залепити језик за горња непца да би га спречио да говори пре него што му Бог каже. Овај пут је пророковао око годину дана, али овај пут сва је пажња била на повратку кући. На пример, рекао је да ће једнога дана долина сувих костију бити пуна моћне армије. То је позитивно и оптимистично, предвиђа добру будућност (33-39).

Говори и о обнови Јерусалимског храма (40-48). Ипак, Језекиљ је умро не видевши поново храм у Јерусалиму. Сахрањен је у гробници у Вавилону, у месту које се зове Кифи, данас у модерном Ираку.

Рефрен

Једна фраза се понавља 74 пута у књизи о Језекиљу - "Онда ће те знати да сам ја ГОСПОД". То је рефрен који се понавља са малим варијацијама у секцији Б, Ц и Д.

У секцији Б (4-24) речи су "Знаћете да сам ја ГОСПОД". Али у секцији Ц, који се бави осветом над околним народима Јуде, рефрен се мења у "Онда ће они знати да сам ја ГОСПОД". Онда у секцији Д, Језекиљ саопштава добре вести и повратак из Вавилонског егзила, па онда каже "Онда ће нације знати да сам ја ГОСПОД". Другим речима, када Господ буде вратио Јевреје у своју земљу, цео свет ће знати да је Бог ГОСПОД, зато што сви знају, људским речима, да је немогуће поново створити државу Израел.

Три варијације рефрена нам говоре, прво, да израелски народ није био сигуран у Бога, зато и те речи "онда ћете знати...", такође и суседне земље Јуде нису сигурне у постојање израелског Бога "тако ће и они знати...", а на крају цео свет ће знати да је то Божје дело, па се каже "Све нације ће знати..."

Сажетак књиге

Свештеници поново у служби (1-3)

Језекиљ је рођен у свештеничкој породици Задок 622. године пре нове ере и дошао је у доба бар мицве када је убијен краљ Јосија. Као део прве депортације, одведен је из своје куће када је имао 25 година, заједно са Данилом и кремом јеврејског друштва. Када су се доселили у ново место, било им је дозвољено да изграде своја домаћинства и имали су релативну слободу. Језекиљ се са породицом населио у место Тел Авив (и данас велики град у Израелу), поред канала који је спајао реке Тигар и Еуфрат.

Име Језекиљ значи *Бог ојачава*, али у пророштву је више називан (83 пута) *човечји син* - назив који је Исус користи за себе. Ниједан пророк није тако називан.

Ја сам фасциниран чињеницом да је Језекиљ почео пророчку службу кад је имао тачно 30 година. Био је удаљен од отаџбине и знао је да не може да буде свештеник у Вавилону, јер нису имали ни храм. Пророчки позив је дошао преко величанствене визије од Господа. Тако је он пророковао од 30. до 33. године живота, звали су га "човечји син", изводио је чуда и проповедао. Јасно је да је Језекиљ претеча Христа, који је такође био пророк, свештеник и краљ. Исус је почео службе са 30 година, то је доба када обично јеврејски свештеници почињу службу.

Мада Језекиљ није могао да држи службу у храму, још увек је био укључен у обожавање. Иако нису имали храм, јеврејске синагоге (реч **синагога** значи *место састанка* или буквално *дођите заједно*) су постале место хвале, молитве и читања Светих скрипти. То је био модел који су прихватили рани хришћани како се прва Црква одвајала од синагога, у првим данима дошло је до преклапања старих и нових завета.

Позив Језекиљу био је крајње необичан. Био је део чудне визије - толико чудне да ни данашњи учењаци не знају како да је уклопе у данашње време, иде се далеко, па се тврди да је Језекиљ био у трансу или под утицајем дроге! Потребан нам је надреални уметник да би то представио на прави начин. Штавише, омиљена интерпретација је да је видео НЛО (неидентификовани летећи објекат).

Пре свега, видео је четири створења који су били комбинација животиња, људи и анђела. Имали су крила анђела, делове људског, али и животињског тела. Та четири створења су јасна симболика свих живих бића које је створио Бог у овом свемиру. Постоје три главна слоја, подсећајући нас да су људи врхунац Божјег стваралаштва.

Изнад тих четири створења видео је Творца на трону - чудног, мистериозног, одевеног у славу. Где год је Бог, ту је и слава. Фраза "слава ГОСПОДА" се помиње кроз целу књигу. Слава значи зрачење или сјај.

Јасно је да се трон може кретати у свим правцима. То је симбол свеприсутности Бога, које може да буде било где и на сваком месту. Он је Бог који се креће, што значи да може да оде до Вавилона. То је била важна истина за комуникацију у прогонству, за оне који су веровали да Бог може бити само на једном месту, у Јерусалиму.

Са друге стране, очи на точковима нам говоре да Бог може да види све и било где. То је слика препуна значења. Није ни чудо што је Језекиљ био очаран визијом и одмах пао ничице.

Интересантно је да је пао лицем на доле. Библијска реакција на Божје присуство је да паднете напред. Апостол Павле и Јован у разговору на Патмосу су пали лицем према земљи.

Онда Бог даје Језекиљу свитак на коме је уписано пророчанство и говори му да га поједе. Речи у свитку су биле тужбалице, жаљење и јаук - речи клетве. А опет су му биле слатке.

Одмазда за Јерусалим (4-24)

Пророк за пророком су наговештавали две катастрофе: (1) Јерусалим ће бити уништен од Вавилонаца и (2) Народ ће бити депортован у Вавилон. Исаија, Јеремија и Авакум су говорили потпуно исту ствар.

Када је Јерусалим био освојен и крем друштва био протеран, град је и даље остао постојан. Неки људи у Јуди су рекли да пресуда и није баш била онаква какву је Јеремија предвидео. Бог је свакако рекао да ће да уништи град, али је била чињеница да је град остао и да је било и народа који је још увек ту живео. Признали су да су сада под страном влашћу, али да су још увек имали град! Тако је било комешања да је Језекиљ можда и претеривао у вези греха. Ако је погрешио што се тиче катастрофе, можда је погрешио у вези осталих ствари. Тако да су разводнили Божју реч, баш као што је сатана урадио у Еденском врту када је питао Еву да ли разуме Божју забрану.

Било је важно да народ Јуде разуме шта је Бог радио. Егзил није био само казна, већ је био и средство да се народ промени. Неко је требао да их убеди да је Бог желео то што је урадио. Језекиљ је дошао до тачке када ће они знати да је уништење Јерусалима дошло да они знају да је Бог Господ. Њихов грех је био лош као што је пророк и рекао, а и казна ће бити лоша баш како је пророк рекао.

Јерусалим ће пасти

Језекиљ је морао да комуницира у својим порукама не само вербално, већ и визуелно. Морао је да их научи шест ствари да је Јерусалим готов:

1. Речено му је да узме парче глине и да нацрта Јерусалим у стању опсаде са моделима балвана који руше врата и слично. То је урадио у потпуној тишини, гледајући ка окупљенима који су сумњичаво питали: "А шта сад ради овај пророк?"
2. Као да то није било довољно чудно, Бог је казао Језекиљу да легне на своју леву страну 390 дана, а затим да легне на десну страну 40 дана. Он је то урадио да би симболично приказао колико ће кућа Израела и кућа Јуде бити непослушни Богу (390 година и 40 година). Бог му је рекао да би био сигуран да ће то прописно извршити, да се веже конопцима!
3. Језекиљ је морао и да пости, да прикаже несташицу хране при опсади Јерусалима. Било му је дозвољено да једе 0,2 килограма хлеба и 0,6 литра воде дневно и да по тој дијети мора да живи дуго времена. Морао је да прави хлеб од ватрице које је горела на његовом измету. (Заправо се побунио, па му је било дозвољено да ватра буде на крављем измету.) Све је то требало да покаже да ће доћи очајничка времена за опкољени Јерусалим.
4. Бог је рекао Језекиљу да обрије браду и главу са оштрим мачем и да косу стави у три гомиле. Треба да спали прву гомилу када се заврши опсада града. Другу гомилу треба да исече на комадиће да симболизује масакр у граду. Трећу гомилу треба да баци у ваздух и да се раштрка по земљи, приказ народа у граду који ће исто тако бити раштркан.
5. Пети део ове драме се састоји у томе да стави своју одећу у врећу, да направи рупу у зиду и да кроз њу погледа ноћу. Ово је приказ шта ће се догодити када Јерусалим падне. И заиста, Седекија је побегао из града кроз рупу на зиду.
6. Највећа драма је била у вези супруге Језекиља. Није му било дозвољено ни да је жали, зато што када падне град, људи ће

бити толико запањени, да неће моћи да верују, па неће моћи ни да плачу.

Једна од најжешћих визија у овој књизи је опис славе Господње у храму. Слава је отишла на врх Маслинове горе, а затим нестала. То се исто тако догодило Исусу када су га одбацили.

Како ће пасти Јерусалим?

Језекиљ каже да ће град пасти у руке Навуходоносора, који је описан као онај који носи "мач Господњи". Овде се налази језив опис Навуходоносора који стоји са виљушком и баца жреб. Да ли ће пре Јерусалима бити сломљени град Рава и Амонци? Уништење ће бити крајње сурово и укључиваће сечење ушију и носева становника. Језекиљ пише о мачу, глади, дивљим зверима и болести као четири страшне пресуде народу. Читамо да ће овај пут Божја слава напустити храм.

Зашто ће пасти Јерусалим?

Постоје три главна разлога за пресуду против народа - идолопоклонство, неморалност и незахвалност.

ИДОЛОПОКЛОНСТВО

Божји народ је обожавао богињу Ашеру у храму. На зидовима срушеног храма су били цртежи животиња. Жене су почеле да обожавају Богињу Тамус на самој капији храма. Језекиљ је видео 25 људи који се у храму моле сунцу. То је било изузетно и одвратно време. Укратко, Божји народ се понашао чак и грешније од околних народа.

НЕМОРАЛНОСТ

Језекиљ је звао Јерусалим "крвавим градом" због сурове експлоатације удовица, сирочади и странаца и зато што су убиства узела маха у граду. Исти назив је користио и Наум за злочести град Ниневија, престоницу асиријског царства. У граду је било лажи, сексуалне неморалности и презира родитеља - све је било у непослушности десет Божјих заповести. Толико је ниско пао град.

НЕЗАХВАЛНОСТ

Бог је критиковао народ због незахвалности и користи пет парабола да истакне поенту:

1. **Дивље вино**. Јуда је описана као неупотребљиво и безвредно вино. Дрво није имало никакву вредност, осим за потпалу. У *Јеванђељу по Јовану* Исус користи сличну параболу.
2. **Девојка**. Језекиљ говори о напуштеној женској беби (16) која постаје краљица и проститутка.
3. **Две сестре**. Име су им Охола и Охолиба, представљају Самарију (10 племена севера) и Јерусалим (два племена југа). Обе су проститутке, описују како је град застранио од Бога. Језик је веома директан и оштар, има намеру да шокира људе да схвате шта су постали.
4. **Лавица са два штенета**. Штенад су заробљени краљ Јоахаз у Египту и краљ Јоаким у Вавилону.
5. **Два орла** - једна представља фараона, други Навуходоносора.

Параболе су биле начин комуникације за оне који су хтели да знају истину - баш као што је и други "човечји син" такође користио параболе за оне који су заиста хтели да чују. Језекиљ им је заправо говорио да је ситуација гора него што су они мислили.

Прво је рекао да је сваки појединац одговоран за своје лично стање. Нема користи од оптуживања других. Свако мора у своје име да стане Судњег дана да добије шта му следи. Друго, свака особа је одговорна за садашње стање. Није битно шта је неко био, него шта је сада. Праведни могу постати неправедни и обрнуто. Битно је умрети у стању милости.

Оптуживао је три групе људе специјално одговорних за стање нације: пророци, свештеници и краљеви. Рекао је да сваки има удела за садашње стање Јерусалима. Стање је толико лоше у граду да чак ни да три пророка живе у њему, Ноје, Јов и Данило (тројица најбољих), не би могли да их спасу - што је био огроман шок за њих када су то чули.

Тако да је овај део књиге прилично суморан. Једини зраци наде се појављују у 16,60–62, 20,40–44 и 21,24–27, где пророк даје назнаку вечног завета који је Бог дао свом народу. Његова доброта ће их посрамити толико, да ће морати да себе оптуже.

Освета Јудиних суседа (25-32)

Средишњи део књиге садржи пророчке поруке када је Језекиљ имао 36 или 37 година. Позадина је важна. Када је Јерусалим пао, све околне нације су биле радосне. (Узвик Хип Хип Хура! долази од скраћенице за вест - *Јерусалим је пао* у латинском језику, али је фраза оригинално антисемитска прослава). Много народа је било узбуђено и хтели су некако да се окористе од Вавилонске инвазије. Едомити и Амонити су учинили страшне ствари јеврејском народу који је кренуо у избеглиштво, и то објашњава горчину писца псалма из тог времена.

На пример, псалам 137 почиње тужно, представља тешкоћу да се пева о Богу у страној земљи и завршава горким јауком: "Срећни ће бити они који разбијају о зидове вашу децу". Едомити су узимали бебе за ноге и разбијали им мозгове о зидове Јерусалима. Псалам је јецај из срца: "Ми желимо да и ви патите као што смо ми патили".

Тако да у средишњем делу то није само произвољна вика ка нејеврејским народима, него више опис наплате дугова за околне нације који искоришћавају пад Јерусалима.

Неке од предвиђања су невероватно детаљна. Да узмемо само једно, где је Језекиљ предвидео пад луке Тир, који се налази на источној обали Медитеранског мора. Он је предвидео да ће цео град бити на подигнутој земљи, па ће бити као град бачен ка мору и који ће бити одлично место за рибаре да подижу своје мреже. То је невероватно пророчанство, зато што ниједан град није истурен ка мору, нити пре нити касније.

А све се показало истинито. Када је Александар Велики ишао са својом великом војском ка Египту, народ Тира је ушао у чамце и отишли су у истурени град на острву, које је било један километар од обале, знајући да Александар има армију, али нема бродове. Александар није прозван "Велики" без разлога. Када је видео да је народ побегао на острво, он је наредио да се сваки зид, свака цигла и дрво у граду баце у правцу острва да се направи као прилаз ка острву. Када су то урадили, прешли су војском преко насипа и уништили град, буквално га "бацивши у море".

Ако одгледате мапу подручја данас, видећете модерни град Тир који је на острву и са песком који се претворио у муљ на Александровом прилазу острву. Ако одете у град на обали, видећете само голо камење, где рибари бацају мреже, баш како је то предвидео Језекиљ.

Предвиђања у 25. глави су у вези Амона, Моава, Едома на источној страни и Филистеје на западној. Затим се мисли на Тир и Сидон (26-28) и Египат на југу (29-32). Средишни део књиге је директан за разумевање, осим једног човека који је истакнут због своје изразите гордости - краљ Тира. Многи виде опис сатане у опису краља Тира, зато што је он рекао "Ја сам бог". Египатски фараон је такође то рекао, чак и апсурдну тврдњу "Ја сам створио Нил". Можда је направио неки канал за наводњавање, али није он створио Нил.

Бог не подноси људску гордост. То је крајњи грех који наносите сами себе, баш као да покушавате да сте и ви бог. Оно што су Адам и Ева учинили је баш то што су зажелели да буду као Бог. Иако су створени по Божјем лику и да већ личе по карактеру, желели су да имају такође моћ и ауторитет.

Значајно је да Вавилон није поменут ни једном. Можда зато што би се то третирало као издаја и анти-вавилонска литература; или можда зато што се народ тренутно налазио у тој земљи, па није прикладно да се о њој коментарише. Шта је јасно после овог егзила је да се Божји народ никада више није вратио обожавању туђих богова. Божја казна је изгледа ипак имала неку корист.

Повратак из прогонства у Вавилон (33-39)

Када је Јерусалим уништен 587. године пре нове ере, дошло је до потпуног преокрета у пророштву Језекиља, од песимизма до оптимизма. Овај део је пријатан текст - он предвиђа и развија народни повратак из изгнанства.

Тако се у 33. глави говори о стражару који стоји на зидинама града, дању и ноћу, и упозорава становништво на опасност. Ако чувар не би спазио долазак непријатеља, проклео би цео свој живот - то је била завршна пресуда. Бог говори Језекиљу да га је именовао за чувара. Бог му је рекао: "Ако не упозориш мој народ, ти ћеш платити за њихову крв. Али ако их упозориш, а они ти не одговоре - они ће платити за своју крв".

Једна од најпознатијих реченица у овој књизи је када Бог истиче чињеницу да је тражио само једног човека који би могао "да попуни празнину" између њега и народа и да није пронашао ниједног. Само је Језекиљ био тај човек. Наравно, Језекиљ није био у Јерусалиму- он је био далеко у Вавилону - и он је био тај стражар, и када је видео да долазе невоље, прихватио је одговорност да упозори људе. Да није, платио би лично. У том смислу и није имао неки избор него да настави са датом му службом - он би се сматрао одговорним да није прихватио мисију.

"Добрим пастирима" се бави 34. глава, али и "лошим пастирима" у Израелу. Пророци, свештеници и краљеви су били лоши пастири и водили су Израел у пропаст. При крају овог дела Бог обећава да ће он бити добар пастир. Супротно лошим пастирима који не маре за своје стадо.

Интересантно, Библија никада не криви овце за стање стада. То се принципијелно односи и на Цркву. Пастири су одговорни за стање стада, а не овце.

У следећем делу, Едом је већ посебно истакнут као древни ривал између две нације, почевши од времена поделе Исава и Јакова.

Добро је позната 37. глава због црначког спиритуалисте око сувих костију. Врло мало људи чита параболу о два штапа који се држе у руци, једна поред другог, а и то је важно. Језекиљу је речено да узме два штапа и држи их у руци. На једном да напише "Ефраим", то је друго име за северна племена, а на другом да напише име "Јуда". затим да их држи чврсто у руци док не постану један. Неки мисле да је то била визија, а ја мислим да је то било чисто чудо, нешто као чудо Мојсијевог штапа у Египту. Бог је говорио: "Направићу два краљевства од мог народа и ја ћу бити њихов пастир". То је одјек Исусових речи: "Ја имам друге овде који ме требају. И њих морам да приведем. Они такође хоће да чују мој глас и они ће бити моје стадо са једним пастиром".

Чудно пророчанство о будућности се налази у 38. глави. То је у вези Гога и Магога и нисмо сигурно на кога се мисли са овим именима. Та имена се такође налазе и у *Откривењу*, што нам говори да још увек нису испуњена. Велики сукоб ће доћи са севера, мада не знамо где ће бити и ко ће га покренути. Језекиљ гледа кроз телескоп у далеку будућност. Он није видео да се пророчанство испуњава, а нисмо видели ни ми. Једнога дана ће се десити, завршни сукоб пре завршетка историје.

Ове главе укључују најинтересантније рефрене - "Ја ћу". Појављује се 77 пута. Ова заветна реч се појављује и у фразама као што су "Ја ћу вас довести кући", "Ја ћу бити ваш Бог", "Ја ћу вам послати добре пастире". Овде Бог као муж говори својој млади: "Ми смо још увек венчани и ја ћу још увек одржати мој део обећања - Ја ћу, Ја ћу, Ја ћу".

Када је Бог дао завет Израелу, рекао је да их неће напустити, чак и ако они напусте њега. У *Поновљеним законима* читамо како ће доћи времена када ће морати да их избаци из земље, али ће и даље остати са њима. Тако када их Бог врати у назад у земљу из које их је избацио, све нације ће знати да је Господ, јер десиће се јавно и сви ће знати да су се они вратили. Околним нацијама можда се то неће свидети, али ће знати да је Бог свој народ вратио назад. Они су још увек његов народ. *Посланица Римљанима* 9-11 каже да чак и ако су они одбацили Бога, Бог неће одбацити њих.

Обнова храма у Израелу (40-48)

Један од најтежих губитака за народ и Језекиљ је губитак храма. Они су претпостављали да шта год они изгубили, Бог неће дозволити да се уништи његово место обитавања. Овај део је један од најтежих за разумевање.

Судећи по тексту, ово пророчанство му је дато када је већ 25 година био у прогонству, што значи да је имао 50 година. Правило је да када Библија даје датуме за пророштво, то значи да морамо да се уклопимо са историјским контекстом да би га разумели.

Језекиљу није дозвољено да заврши проповеди о егзилу, а да не остави народ са неком надом, чему ће се радовати у будућности. Можда су били кажњени, али нису били уништени. Бог никада не би дозволио да буду потпуно уништени. Исус је рекао да ће небо и земља можда проћи, али јеврејска "раса" неће проћи (Јеванђеље по Матеју 24,34-35 написано у маргини). То је један од непрестаних доказа да је Бог Израела стваран. Бог комуницира својом вечношћу шта год додирнуо, тако не можете да уништите нешто што њему припада.

План за градњу храма је дат од 40. до 42. главе. Градња је описана веома детаљно, као да је неки архтитектонски план. Његов димензије биће веће од 13 просечних енглеских катедрала! Али се веома разликује од Соломоновог храма. Већа је, нема светињу над светињама, нема заветног ковчега и нема стола за посвећени хлеб.

У 43. глави Језекиљ има визију Божје славе која се враћа у храм и осветљава га, баш као што је то било са Соломоновом молитвом 600 година раније. Слава је толико сјајна да присутни морају да покрију лице велом јер могу да ослепе. Језекиљ је раније видео како та слава нестаје, а сада је види како се враћа.

Налази се олтар и жртве, али 44. глава каже да нема свештеника.

Ово је значајно за нашу интерпретацију, јер када су се вратили имали су првосвештенике и имали су све до времена Исуса. Овде је место високог свештеника узето од "принца међу принчевима". Интересантно, једини свештеници у овој визији су били синови Задока - Језекиљова фамилија.

Опис храма је нарочито мистериозан зато што никад није изграђен. Када се народ Јуде вратио из прогонства, сазидали су храм који је био толико бедан да је Захарија морао да им каже да не смеју да презиру дан малих ствари. Још уз то, нису имали краља када су се вратили. Човек звани Исус Јоседеков је био првосвештеник, а Зоровавељ је био градоначелник.

У Исусово време, краљ Ирод који је био Едомит, градио је и обнављао храм јер је хтео да импресионира Јевреје. Уградио је неке Соломонове идеје у изградњу, али је био веома различит од Језекиљове визије. Храм је био огроман и још је био у изградњи за време Исусове службе. Неке камене плоче су биле дугачке 12 метара, високе 0,9 метра и тежили су 100 тона. Био је то величанствен призор, али Исус је рекао да неће остати ни камен на камену. Још није био ни потпуно завршен када су Римљани дошли и уништили га 70. године, тако да се Исусово пророчанство испунило.

Дакле, да ли ће Језекиљов храм икада бити изграђен?

Није буквално

Неки тврде да није ни требао бити изграђен у буквалном смислу речи. То је била само визија која је Јеврејима требала да пружи наду. Детаљи у овој визији га чине прилично реалистичним, али то је парабола из које треба да извучемо духовне вредности. То нам не објашњава зашто је Језекиљу речено да пружи народу толико много детаља!

Аргументација неких је да је то био опис небеског храма. За потврду налазе неке библијске текстове (на пример. Излазак 25,40; Посланица Јеврејима 8,2; 5; 9,11, 24; Откривење 9,11) као доказ.

Буквално

ПРОШЛОСТ

Још једна могућност је да је Бог хтео да се изгради такав храм, али да је народ игнорисао Језекиљове планове и направио своју верзију, ону коју су могли да приуште. То би могло да објасни зашто се слава није вратила, принц није дошао и река није потекла. Следбеници овог погледа указују да је то написано у 43. глави и да се фраза "тада ћете знати" не појављује.

БУДУЋНОСТ

Постоји и могућност да ће храм бити изграђен у будућности. Многи хришћани су убеђени да ће бити део Новог Јерусалима. По 12 племена биће названо 12 капија. Нови Јерусалим ће се звати "Господ је овде".

Неки спекулишу да ће храм бити изграђен од Јевреја пре другог Христовог доласка. Овде имамо проблем да остали пророци помињу жртве, олтаре и свештенике, док је све ово изостављено код Језекиља (Исаија 56,6–8; 66;21; Јеремија 33,15–18; Захарија 14,16).

Неки хришћани пак истичу да храм није место где обитава Бог (Дела апостолска 7,48; 17,24). Исус је о себи говорио као о храму (Јеванђеље по Јовану 2,19; 21), а и хришћани су описивани као храмови (1 Коринћанима 3:16; 2 Коринћанима 6:16, 19; Откривење 3:12). Према томе, (како кажу ови аргументи) да ли ће храм бити изграђен или не, уопште није битно.

Тешко је дефинитивно рећи да ли ће храм бити изграђен. То је једна од ствари за које нам не преостаје ништа друго него да сачекамо и да видимо! Добре вести су да је Божји план да ће лично сићи и боравити на земљи, у личности Исуса Христа. Све верници су сада Божји храм - он борави у нама. Па према томе, без обзира што нисмо сигурно око Језекиљове визије храма, можемо унапред да се радујемо.

Последњи део

Завршни текст говори о подели земље међу племенима, али веома другачије у односу на књигу Исуса Навина. Постављене су хоризонталне траке од истока ка западу. Имамо и обнову приношења, светог поста и светих дана, са изузетком Педесетнице.

Имамо и визију нове реке на Блиском истоку у 47. глави. Већина река у обећаној земљи улива се у Медитеранско море полазећи од Јудејских брда. А постоји и једна изузетна река Јордан која се креће долином једног од највећих расцепа на земљиној површини, од Сирије до Африке. Најнижа тачка у расцепу и најнижа тачка на површини земље је Јерихон.

У Језекиљевој визији извор нове реке извире баш испод храма у Јерусалиму. Свака река која тамо извире, тече и улива се у Мртво море. Јерусалим је окружен брдима, али постоји један пролаз у тим брдима на југозападу града, који води тачно ка Мртвом мору. Језекиљ је видео реку која иде кроз долину, све више и више кривуда и онда се спаја са другом реком, па тако иде све дубље и дубље, газећи реку било би све дубље све док не би морало да се плива.

Језекиљ је видео нову реку како се улива у Мртво море у региону Ен Геди, који је на пола пута до западне обале. То је место где се Давид крио у пећинама од краља Саула. Пророк види ову реку која освежава море и види рибаре Галилеје како долазе до мора да хватају рибу. То више није Мртво море - то је свежа, слатка вода. Цела визија је сан да народ испуни надом да будућност мора бити боља.

На крају, у последњем делу видимо како су се поново подигле капије града и да земља ужива у миру и просперитету. Све је предивно. Оно што је почело као мрачна књига завршава се великом надом.

Зашто би хришћани читали *Језекиља*?

Прво, књига нам говори да Бог кажњава и свој народ - пресуда креће од куће Господње. Бог је свети, па тако мора да суди. Суђење има две функције - да казни зликовце и да оправда праведне. Бог је савршени судија, зато што зна све, може да уради шта год хоће и да буде где год хоће. Његово име је везано за јеврејску нацију, па тако мора да их казни за њихов грех, али исто тако показао им је милост када их је избавио од непријатеља. Превише хришћана верује да оног тренутка када су почели да верују у Исуса, пресуда је завршена. А то је далеко од истине. Ми ћемо сви морати да се појавимо на великом суђењу пре столицом Христа. Бог суди свом народу, и то по вишим критеријумима од осталих.

Друго, морамо да се присетимо да је и освета на Богу. Ако нас неки народ третира лоше, не морамо да им узвратимо; самоуверено то можемо оставити Богу. **Тако када вас неко лоше третира, осетите пре жаљење него бес, Бог ће им све то вратити.**

Треће, Бог ће увек обновити свој народ. Као што Израел никада неће нестати из историје, тако ни Црква никад неће нестати. Ми припадамо народу вечности, увек ће бити Израела и Цркве и једнога дана биће само једно стадо са једним пастиром - Бог је онај Бог који обнавља свој народ.

Четврто, морамо да приметимо да велики део онога што је написано код Језекиља, можемо наћи и у *Откривењу*. **Један од разлога зашто хришћани не разумеју *Откривење* је и делом што нису прочитали Стари завет, нарочито Језекиља.** *Откривење* алудира на Стари завет 300 пута. *Откривење* прихвата симболе Језекиља и много користи од пророчанства Језекиља и Старог завета, па тако ако не знате *Језекиља*, бићете збуњени *Откривењем*.

Изнад свега, Језекиљ нам даје поглед на Бога - његову свемоћност, моћ и свеприсутност. Постоји снажан осећај његове светости у овој књизи - осећај да је његово име везано за нацију, да се његово име налази у њиховим рукама. Једина ствар на коју можемо да се позовемо је Божје име и Божја репутација, јер тако знамо да је његово име везано за нас. Ми ћемо Богу дати или добро име или лоше име. Бог ће увек оправдати себе не дуге стазе.

Ова књига нас подсећа да је Божја репутација у питању у његовом народу. Подсећа нас зашто ће их обновити, зато да би они оправдали његово име. Он никада неће оставити земљу и нације да мисле да је завршио са њима. Многи од њих могу нестати, али његов народ ће наставити, зато што су они Божји народ.

29. ДАНИЛО

Увод

Књига Данила је мешавина најбоље и најмање познатих делова Светог писма. Свако зна причу о Данилу у лављој јазбини; много људи зна о Седраху, Мисаху и Авденагу у пећници; прича о Балтасаревој гозби је за неке позната, делимично што одатле долази и израз "записи на зиду", што значи да пресуда долази.

Најпознатији део књиге је лак за разумевање, али постоје и други делови који су једни од најтежих за тумачење у целој Библији. Језик је необичан, а симболи и фигуре нејасни.

Књига је такође мешавина слика када дођемо до тумачења. Постоји доста тога што се може објаснити на људском нивоу. Чињеница да је Данило био доброг здравља иако је избегавао сирово месо и јео углавном воће и поврће не треба да буде изненађење за оног ко зна нешто у нутрицизму. Такође постоје и догађаји који захтевају натприродно објашњење, а они који су сумњиви са чудесима, муче се да их прихвате. На пример, три младића су бачена у врелу пећ који је била загрејана седам пута јаче него обично. Не само да не би преживели, већ би им и коса била спржена! Природна објашњења овде не функционишу.

Неке библијске књиге имају смисла у нашој савременој западној култури. Можемо да разумемо проблеме и искуства људи који су пресељени са једног дела земље на други део. Међутим, овде постоји велики део приче који нам је прилично удаљен и непознат за нас.

Пажња на снове и анђеоска бића чини нам се чудним, као таква постоје све више интересантна, али је важно да се не размишља о њима довољно.

Људско или божанствено?

Читајући *Данила* рађају се питања о самој природи Библије. Шта је Библија? Да ли је то људска књига или божанствена књига?

На једном нивоу је написана од људи за људе, неки људи третирају Библију онако како третирају било коју књигу - читају је или као дело историје или као религијску литературу. Овакав приступ пропушта оно очигледно. Цела Библија - нарочито Данилова књига - укључује догађаје које су немогући без натприродне интервенције, са обрасцима и предвиђањима и јасним указивањем да Божја рука стоји иза свега тога.

Тако да Библија мора бити инспирисана од Бога, књига је сигурно о Богу. Само Бог може да чини таква чуда, да укида природне законе, да се меша у природне процесе, да интервенише у законима узрока и последице који регулишу догађаје на нашој земљи. У овој књизи, Бог даје знакове и чудеса у више прилика. И само Бог зна њихов исход.

Натприродна димензија је демонстрирана не само ако проучавамо садржај књиге. Она покрива 75 година Даниловог живота, али и 490 година историје. Запањујућа ствар је да је Данило предвидео будуће догађаје са изванредном прецизношћу. Штавише, постоје неки делови пророчанства који још нису испуњени. Библија предвиђа 735 догађаја (27% од целокупног текста који говори о будућности) и 593 догађаја (81%) који су били предвиђени и који су се испунили. *Данило* садржи 166 предвиђања, многа од њих су само симболична.

Иако се многа од тих пророштва и чудеса доживљавају као докази божанске инспирације Библије, данас се третирају као хендикеп. Људи желе да избаце чуда и пророчанства да би Библију направили "поузданом". Радије би је видели као фикцију него као чињеницу, као сагу древне књижевности, а не као историјске истине. Тако, на пример, објашњавају Данила у лавовској јазбини. Или су лавови били добро нахрањени или нису напали Данила јер је био кост и кожа!

Они који третирају Библију на такав начин њихов недостатак историјског садржаја не значи и недостатак искрене духовне или моралне вредности. Као што Езопове басне дају значење читаоцима без стварне основе која је непотребна, тако многи библијски коментатори модерних, либерарних учењака узимају чудеса као бајке и претпостављају да су предвиђања о будућности додата касније, како су се појављивала.

Као што ћемо касније видети, 11. глава Данила је импресиван сажетак серије догађаја који су се десили вековима касније. У овој глави имамо 27 специфична предвиђања, свака од њих су се остварила вековима касније. Или су људи дописали ове догађаје касније, како су се догађали или је књига инспирисана Божјом руком.

За мене је крајње невероватно да толико људи који третирају чудеса и пророчанства на људски начин и даље желе да задрже Библију. Они верују да и даље може да садржи моралне и духовне вредности. Другим речима, они траже да живе по Божјим заповестима или по беседи на гори, али игноришу чудеса и пророчанства. Ипак, то значи да је мало тога остало у Библији. Престаје да буде књига спасења; остаје да буде само скуп вредних животних водича који може да помогне човеку, а не да је то прича о Богу и шта све ради за нас.

Овакав став у суштини, открива човеков став према Богу. Они не желе натприродну страну Светог писма, зато што ако верују, морали би да живе другачијим животом. Бог је превише стваран у натприродном, па веровати у то значило би да пристајемо на све његове начине.

На пример, доказ за васкрсење је толико јак да би свака порота била потпуно убеђена да се то стварно десило. Сведочења очевидаца заједно са посредним доказима свакако су јаки докази да Јулије Цезар није извршио инвазију на Енглеску 55. године пре нове ере. Али проблем је тај да **ако је Исус устао из мртвих, онда људи знају да морају да промене њихове животе**. Ако је Исус заиста устао из мртвих, онда је истина све што је тврдио о себи, тако и све његове изјаве морају бити истините.

Не можете да игноришете Исуса, али можете да игноришете Јулија Цезара. Можете да верујете у Цезара и да ништа не радите и не мењате, али не можете искрено да верујете у Исуса Христа, а да не промените начин вашег живота. Тако је скептицизам око Библије обично повезано са одбијањем да се прихвати натприродна димензија Светог писма, јер ако их прихватимо, постоје значајне, практичне последице.

Књига контраста

Данилова књига може се поделити на два дела. Прва половина (главе од 1 до 6) су углавном чуда и друга половина (7-12) је углавном пророштво. Они који имају проблема са прихватањем натприродног деловања у Библији, имаће проблема како да третирају ову књигу!

Прву половину је лако разумети и то може бити омиљено штиво за недељне говоре. Али други део је врло тешко разумети и чак и одрасли је врло ретко студирају.

Такође постоји и велики контраст у језику у два дела, мада разлика и није тако једноставна. У првом делу, прва глава је написана на хебрејском, а следећих пет на арамејском, званични језик тог времена. У другом делу, прва глава је на арамејском, а следећих пет на хебрејском. Зато се чини да су одређени делови намењени за специфичне читаоце. На арамејском је написано за читаоце целог света, а на хебрејском само за Јевреје.

Историјска позадина

Књига је смештена у Вавилон. Нацијом влада Навуходоносор - поносни, горди и сурови тиранин који ужива да мучи своје жртве. Он је Хилтер древног света. Освојио је Асирију и хтео да победи и њиховог највећег ривала - Египат. Јуда је била на њиховом путу, тако да су желели да их склоне са њиховог пута и направу још већу империју.

Важно је да знамо да су деца Израела одведена у Вавилон у три наврата и да су се враћали у три таласа, оних који су се вратили било је мање од оних који су остали. Уствари, већи део популације је остао у Вавилону (данашњи Ирак) све до четрдесетих година 20. века. Вероватно да су "мудраци" који су следили звезду до Витлејема били из јеврејске заједнице, да нису били незнабожци као што се обично прича. Они су знали да пророчанство Валама да ће се подићи "звезда" у Јуди да буде краљ свим народима.

Три депортације

Прва депортације је била 606. године пре нове ере. Вавилонци су узели највише слојеве јеврејског друштва - то су били, краљевска лоза, сви званичници на двору - сви заједно за вредностима храма. Све је то било и у сврху да Јевреји не буду у могућности да се побуне против њихове владавине. Јоаким је остављен као послушни краљ. У том избеглиштву су се нашла и четири младића који су се звали Данило, Ананија, Михал и Азарија (Вавилонска имена су им Балтасар, Седрах, Мисах и Авденаго). Лепушкасти и интелигентни момци из јеврејског племства, били су одабрани да служе вавилонском краљу. Они су хероји првог дела књиге. Знамо да се Данило никада није вратио у своју постојбину.

Друга депортација се збила 597. године пре нове ере. ту је виша класа била склоњена, укључујући политичаре, али и занатлије. Језекиљ је био у овом таласу. Краљ Јоаким је био остављен да влада.

Остатак народа је одведен 586. године пре нове ере, када су град и храм били уништени. Вавилонци су заробили краља Седекију, а оставили Јеремију као пророка.

Три повратка

Први повратак је кренуо 538. године, када су Персијанци победили Вавилонце, а краљ Асвир (Кир) је допустио народима, међу њима и Јеврејима, да се врати својим матичним земљама. Око 50.000 Јевреја је кренуло у првом таласу и водио их је Зоровавељ. Онда је уследио други талас са Јездром на челу 458. године пре нове ере, када је већ почела обнова храма. Последњи талас је био 444. године када су зидови града већ били подигнути и када је Божји град већ имао солидну одбрану од могућег нападача.

Данилова књига лепо одговара причи о Јестири. Она је живела у Сузи (Шехем), престоници Мадијанско-персијске империје. Био је популаран међу владарима. Имао је импресивну каријеру, прилично одвојену од оне у којој је он приказивао Бога.

Први део (1-6)

Прва глава

Овај део се фокусира на Данилову депортацију 605/606. године и његов избор да буде слуга на вавилонском двору. Дато му је име вавилонског бога Балтасара, као и тројици другара. Прихватили су своја нова имена, али су остали у својој вери и када је дошло до питања исхране. Били су приморавани да једу масноће, јер је гојазност била знак просперитета. Били су "узгајани" да буду на високим положајима. Али Данилови другари нису хтели да прекрше законе Божје исхране, а затим је било замољено од њиховог учитеља да испрати да ли заиста прате тај пост од десет дана, поређујући свето са законима Вавилонске исхране.

Тако је Данило остао веран својим принципима која се ослањала је слабу исхрану, а то ће му касније донети казну да се суочи са лавовима. Овде стоји мудра лекција. *Ако не можеш да се одупреш малим искушењима, вероватно нећеш моћи ни великим.* Твој карактер је саздан од малих одлука на малим стварима, који ти омогућава да се касније суочиш са великим стварима.

У овој причи не само да су Данило и другари били још бољег здравља од поста, неко су били бољи и у учењу од осталих студената. Тако им је дозвољено да наставе са својом кошер дијетом.

Тако у првим сценама уводе младе људе и њихове карактерне особине који се посвећују животној служби за Бога. Супротно од оног што би многи назвали "секуларни посао", Данило и другари су били у животној мисији за Бога. Заиста, сваки посао може имати свети позив ако је посвећен Богу. Сви верници би требало да буду у служби сво време.

Друга глава

Она почиње мистериозним делом књиге са сном о чудовишту. Ово је једини део у првих шест глава које збуњују народ. Оваква врста симболичног писања је названа *апокалиптична* - жанр који се користи у *Откривењу*.

Навуходоносор је 606. године имао сан, па је послао по свим видовњацима да му објасне значење сна, или да изгубе свој живот. Али је заборавио о чему је био сан, па је тако тражио и да му опишу сан! То је био тежак задатак и није био остварив за мудраце на двору. Данило је био способан не само да опише сан, већ и да га протумачи.

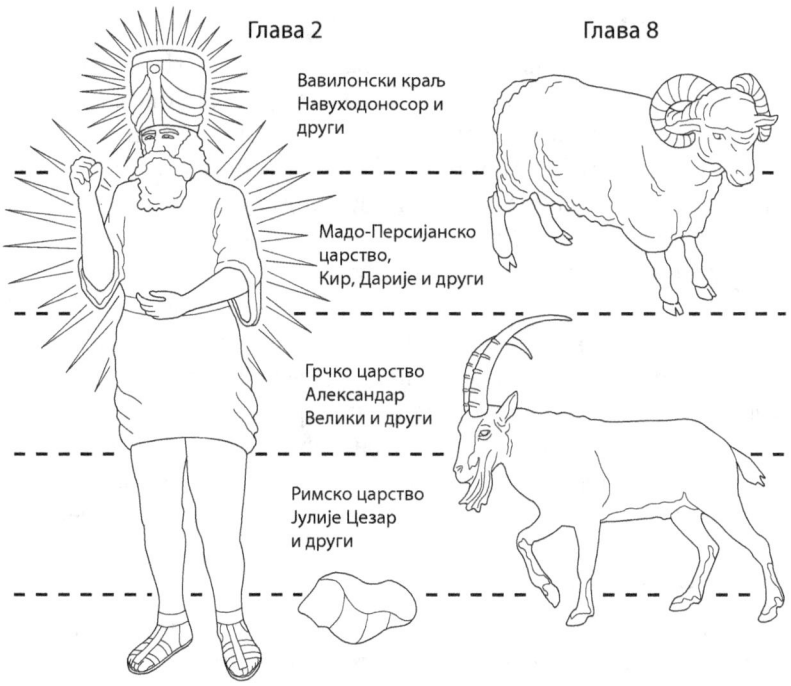

Сан је био о џину који је направљен од различитих материјала, од главе до стопала, почевши од златне главе, такође и сребра и гвожђа, а ноге су биле од мешавине глине и гвожђа, што нам показује познати термин "ноге од глине". Тумачење сна је било да је глава Навуходоносор, али остатак тела говори о империјама које ће доћи после Вавилона. Мадијанско и Персијско царство ће доћи после Вавилона, али неће бити тако величанствнео као Вавилон. Затим ће доћи Грчка империја под Александром Великим, који ће срушити Мадијанце и Персијанце. Грке ће заменити Римљани, који симболизују оловне ноге - што је добар опис онога што је Рим постао. Римска армија је успоставила Римски закон. Иза Рима ће доћи мешавина глине и гвожђа, крхка и нестабилна мешавина слабости и снаге. "Камен" ће све то завршити.

Дакле, сан је био прво упозорење за Навуходоносора. Бог је ефективно говорио: "Ја контролишем краљевства. Ја подижем и уништавам царства, Ја ћу донети ова царства после тебе".

Трећа глава

Овде се налази позната прича о ватреној пећи. Навуходоносор, вероватно због тог сна, наредио је да се подигне гигантска, златна статуа. Била је висока 27 метара и широка 2,7 метра. Статуа је доминирала пределом Месопотамије. Донео је декрет кад год се свира музика, да сви морају да се поклоне овом идолу. То је било нешто као успостављање државне религије и брзи начин уједињења империје око једног веровања. Али Седрах, Мисас и Авденаго су одбили да се поклоне (Интересантно, не каже се шта је Данило радио у то време).

До Навуходоносора је дошао извештај о непослушности, па су тако тројица младића бачени у пећ, која је била седам пута топлија него обично. Чак и они који су припремали пећницу су били опрљени. Читамо када је Навуходоносор погледао у пећницу да је видео четири човека, један је изгледао као да је син богова. Неки спекулишу да би то могло бити прво појављивање Сина Божјег.

Четврта глава

Овде читамо о Навуходоносору који је полудео, то је мој омиљени део Старог завета, што вероватно говори нешто и о мени! Био је знак чудеса и кроз њега краљ је преображен израелском Богу. Мало позадине ће објаснити моју опчињеност.

Навуходоносор је оженио предивну принцезу са персијских планина, близу места где је данас Техеран, у Ирану. Она је дошла у краљеву палату, али је брзо постала носталгична. Конкретно, недостајале су јој планине, дрвеће и дивље животиње. Када је Навуходоносор чуо за тај проблем, обећао је да ће да се бави тим проблемом. Направи је велику планину од цигала и прекрио је дрвећем, жбуњем и биљкама. Било је толико атрактивно да је постало касније једно од светских чуда. Туристи су долазили да виде те "висеће баште Вавилона". А онда је на врху тог брда направио золошки врт од дивљих животиња, да би задовољио својој жени, ненавикнутој на равнице око Вавилона.

Једнога дана је записивао на врху палате и био је погођен шта је све постигао. Рекао је: "Зар није велики Вавилон који сам ја изградио својом снагом и својом славом". Заспао је и имао сан како високо дрво достиже само небо. Животиње су нашле склониште око тог дрвета и птице су биле на гранама. Дрво је било опасано железом и почело је да расте поново.

Поново је затражио од Данила да му протумачи сан. Данило му је рекао да ће то дрво бити одузето од људи на седам година, све док он не призна Свевишњег који влада краљевствима људи и Он их даје коме хоће. Речено му је да ће бити остварено за годину дана. Сигурно је да је он полудео наредних седам година, тако да је његов народ морао да га закључа у његовом золошком врту. Јео је траву седам година. Коса је почела да му расте као у орла, а нокти су личили на птичје канџе - баш као милионер пустињак Хауард Хјуз у својим последњим данима.

После седам година подигао је своје очи према небу и рекао: "Бог, ти си Бог" и Бог му је вратио трон и начинио га још већим него пре. То је страшна прича, мада је завршетак помешан. Онда је грешком приморавао људе да се поклоне Богу Израела, не знајући да то мора бити чин слободне воље. Ипак, био је преображен.

Пета глава

То је прича о завршетку Вавилона. До овог времена син Навуходоносора, Балтасар, наследио је свог оца. Направио је велику гозбу која је била грешка и то га је коштало живота.

Узео је свете предмете који су украдени из храма у Јерусалиму и користио их за оргије. Али Бог је гледао и током прославе Балтасар је видео прст који пише ове речи на зиду: "MENE, MENE, TEKEL, PARSIN". Када је видео прст без тела како пише поруку, разумљиво да је био уплашен. Поново је Данило био тумач. Он је објаснио шта порука значи: "Твоја владавина је завршена, ти си измерен и твоје царство је подељено". Те исте ноћи Персијанци су напали Вавилон, империја је скончала, а Балтасар убијен.

Шеста глава

Овде је добро позната прича о Данилу у лављој јазбини. Оно што је мање познато је да је то био други краљ и другачије царство, Данило је имао око 90 година. Дарије Мадијанац је био краљ и поново са антисемитским ставом. Народу у империји је било наређено да обожавају само свог краља и било је забрањено да се моле на месец дана. Превара је организована од Данилових љубоморних сарадника и био је ухваћен у замку. Он је наставио своје навике и да се моли у правцу Јерусалима. Они који су тражили да га оптуже за непослушност, сада су имали за шта да га оптуже и Дарије је био приморан да спроведе казну за непослушност. Бацио је Данила у јазбину лавова, али су анђели ућуткали лавове и он је био избављен од пропасти. Још једном је Данило доказао себе да буде човек од интегритета и Бог је доказао своју способност да сачува свог слугу.

Други део (7-12): Данилова оставштина

Када дођемо до другог дела ове књиге, ми налазимо потпуно другачију атмосферу. Скрећемо од трећег лица на прво лице, тако да Данило сада пише о самом себи. Такође од арамејског прелазимо на хебрејски језик, тако да долазимо до дела када је написано углавном намењено Божјем народу. Сигурно, није препоручљиво да неверник чита овај део *Данила* (7-12).

У овој секцији Данило је дао таква уникатна и детаљна предвиђања, тако поређано по секвенцама и тако прецизно у светлу историјских догађаја да је то једноставно историја која је забележена пре него што се догодила. Сваки читалац је суочен са питањем да ли Бог заиста зна будућност.

Библија јасно ставља до знања да не само да Бог зна будућност, већи њом управља.

Ипак, то не значи да је све унапред одређено и испланирано. Постоји једна деликатна равнотежа у Светом писму између Божанске сувености и људске одговорности. Тако да ми не смемо да кажемо да је унапред све одређено, као да смо ми роботи. Али Бог може да обликује догађаје. Ако ја играм шах са мајстором шаха, он би победио, али бих ја био слободан да вучем покрете које год хоћу. Тако да ја могу да одиграм било који потез, мајстор ће ме увек победити. Бог има више слободне воље од нас, наша слобода је ограничена његовом. Постоји флексибилност у Божјем сувенитету који заиста морамо да имамо као нешто драгоцено, а не да паднемо у идеју да је Бог све одредио и да ми ништа не можемо да урадимо.

ДАНИЛОВА ВЕРЗИЈА БУДУЋНОСТИ

① НЕМА КОНТИНУИТЕТА

    7   12

② НЕ НАСТАВЉА СЕ ЈЕДАН ИЗА ДРУГОГ

    7   8   9   10   11   12

③ НЕ ВИДИ СЕ КОНАЧНИ ЗАВРШЕТАК

ПОЧЕТАК   (иста година)   КРАЈ

④ ВАРИРА У ТРАЈАЊУ

⑤ ПРЕКЛАПАЈУ СЕ

⑥ ПОКРИВАЈУ ДВА ПЕРИОДА

Пре нове ере   После нове ере

празнина

'Телескоп' пророка

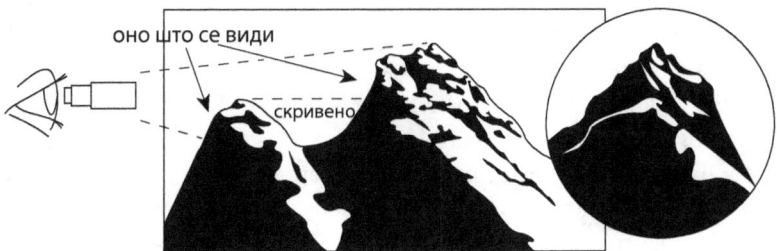

оно што се види

скривено

Далековидност   Кратковидност

У овом делу налазе се бројна гледишта око визија у будућности. Лоша страна је да нису дата у континуитету; то није серија догађаја који се догађају један иза другог, не догађају се ни узастопно, као по неком редоследу, а нису ни погранични, у смислу да почињу и завршавају се у исто време

Добра страна је да варирају у трајању, нека су кратка, а нека покривају велики период времена. Преклапају се међу собом, а неки се одигравају истовремено. Изнад свега, покривају два периода времена, први води ка првом доласку Месије, а други води ка другом доласку. Као да је Данило погледао кроз временски телескоп и видео два врхунца у историји, нижи и виши, али није знао колико је период између њих.

Тако је Данило директно видео први долазак Христа, а онда не види ништа све до другог доласка. Као и већина старозаветних пророка, он није могао да зна колико је времена прошло између та два "врхунца" историје. Он је то све видео као један догађај, зато је то и назвао "царство". Није могао да разуме да ће царство доћи у две фазе, као што ће краљ доћи два пута.

Тако овај део предвиђа догађаје који ће водити до првог доласка Краља, али такође води и до другог доласка, и невероватно је да су ова два догађаја готово идентична. У првом периоду ту је човек који се зове Антиохије Епифаније. У другом периоду ту је особа која се зове антихрист, а опис те две личности су зачудно слични. Другим речима, ако студирамо догађаје који су водили до првог доласка Христа, то ће нам дати увид у други долазак.

Предвиђања која су се већ остварила

Када посматрамо први сан Навуходоносора у другој глави, видимо серију људских краљевстава која опадају по квалитету, од златне главе краља, кроз сребро, све доле то гвожђа, до ногу од глине. Серија људских царстава ће водити до инаугурације божанског краљевства. Имамо Вавилонско, Мадијанско-персијско и Грчко царство које следи Римско царство, у коме је Исус, божански краљ, дошао у свет. Данило је очекивао да ће Божје царство комплетно преузети људска царства, али није схватао да ће постојати период када ће та два царства постојати истовремено. Видео је други врхунац скоро као део првог и није видео да ће постојати празнина од најмање 2000 година, период у коме ми живимо. Ми живимо у божанственом краљевству, а опет још увек постоје људска краљевства, као Русија, Кина или Сједињене Државе.

Стена са планине коју човек никада није додирнуо, ударила је у Колоса у стопала, и цела ствар се срушила. Тај камен је Божје царство које руши људска царства - све их замењујући, чини их да подрхтавају, и супростављају Божје царство на њиховом месту. Данило је претпостављао да ће се све десити одједном, али ми знамо да ће се догодити у две фазе, зато што се краљевства ове земље настави да постоје поред божанског краљевства.

Још једно пророчанство је испуњено у осмој глави. Где је пажња на овну и јарцу са једним рогом. Ове две звери одговарају гигантима у ранијем другом делу - Мадијанско-персијска и Грчка империја. Ован је Персијско царство, које се протезало од Индије до Египта, укључујући целу Турску. Све што је речено у осмом поглављу о Персијском царству се показало као истинито.

Јарац представља Грчку империју која следи Мадијанско-персијску империју.

Александар Велики је добио назив "јарац" јер је увек ишао само напред. Имао је само 32 године када је умро, али је освојио цео "цивилизован" свет и остао упамћен као највећи освајач свих времена. Али је био човек који је себи угађао, тако је његов грешни стил живота довео до његовог пада. Када је умро, царство је подељено међу четири његова генерала. Лусиније је добио Турску, Касандер Грчку, Птоломеј Египат и Селуције је добио Сирију. Тако је Израел остао укљештен између Селуција и Птоломеја и суочио се са великим потешкоћама.

Девета глава садржи предвиђање колико ће времена проћи пре него што дође небески краљ.

Библијски учењаци то зову "Данилових 17 недеља" и много је мастила утрошено да се објасни шта то значи. Данило је рекао да је "седамдесет седмица" одређено декретом за Израел. Али морамо да схватимо да број седам значи не седам недеља, већ седам година. Тако да то није 70 недеља - то је 490 година. Тако да од времена декрета и од повратка из Вавилона у Јерусалим до доласка краља је прошло 483 године.

Није нам јасно на који декрет Данило мисли, а није нам јасно ни да ли користи вавилонски календар (који користи соларну јединицу 365 1/4 дана) или јеврејски календар (лунарна година од 360 дана).

Постоје уствари четири декрета. Декрет Асвире/Кира када су почели да се враћају из прогона 536. године пре нове ере. Затим је Дарије донео један декрет, који им је допустио да се врате. Арфаксад је донео два декрета, који је омогућио Немији да се врати и поново гради. Који год декрет узели, додељене године све воде ка години рођења или крштења Исуса! У сваком случају, за мање од 500 година, Исус је дошао на овај свет - што је довољно близу за мене, што заиста може бити очаравајуће да је Данило предвидео долазак Исуса за мање од 500 година, пре него што се то заиста догодило.

Постоје детаљи о деветом поглављу које треба да истражујемо. Иако је тачно предвидео долазак Христа, Данилу је речено да ће проћи много времена пре истека 69х7, када ће доћи краљ. Кључно је да је напустио 70 недеља у овим догађајима. Ја верујем да је он видео да је 70 недеља прошло од првог до другог доласка. Тако да постоји велика празнина између 69 и 70 недеља. Дакле недеља [7 дана] изједначује се са периодом од седам година што се још није догодило, када ће се појавити антихрист. По тексту, биће наметнут пакт и уговор са Израелом ће бити у опасности. У том периоду, прогањања ће бити силовита. Жртвовање ће престати и храм ће бити обешчашћен на исти начин као и у време Антиохија Епифанија, што указује на то да једнога дана мора бити обновљен.

Десета глава нам доноси даља предвиђања што је Данилу донело велике бриге. Показује да ће сви земаљски сукоби били спојени са небеским сукобом између анђелских и демонских снага. Ово је изузетан увид, мада многи хришћани преувеличавају његов значај. Овде нам се говори да иза сваке земаљске моћи и сваког растућег краљевства стоји демонски принц. Постоји демонски утицај на људе који желе да униште остале земље. Овде се помиње "Персијски принц" и "Грчки принц". Бог шаље арханђела Михајла да их победи.

Интересантно је да Данило није укључен у ову битку; све је препуштено анђелима. Од ове десете главе многи хришћани су изградили целу стратегију молитве у еванђелизму. Они верују да у еванђелистичкој кампањи морају да идентификују злог демона над градом и да га вежу пре него што му читају Јеванђеље. Исус није рекао: "Идите у све нације, пронађите демона и вежите га", већ је рекао: "Идите и нађите ученике у свим нацијама". Ми морамо да духовну борбу оставимо анђелима све док се демони не покажу. Приметио сам да Исус и апостоли никада нису тражили демоне, али када им демон приђе и нападне их, онда се баве с њима. Мислим да је то модел и за нас. Ми не треба да тражимо демоне и да покушамо да их вежемо, него треба да наставимо са нашим послом и да проналазимо ученике за Царство. Једном приликом Павле је чекао три дана пре него што је истерао демона из девојке која је узнемиравала њихове састанке.

У глави 11 помиње се Антиохије Епифаније IV, највећа злоба против јеврејског народа пре доласка небеског Краља. Постао је регент Грчке империје мало северно од Израела и био је чувар дечака који је фактично био краљ. Али је убио тог дечака и запосео трон. Био је ужасан диктатор и био је одређен да потпуно уништи јеврејску религију. Обешчастио је храм када је жртвовао свињу на олтару, а испунио је просторије храма са проституткама. А онда је подигао кип Јупитера у храму. Масакрирао је 40.000 Јевреја и исти број продао у робље. Био је такав зликовац да Јевреји нису могли да га поднесу, па се створио Макабијев отпор. Он је, на неки начин, паралела антихристу на крају историје. Они припадају један другом; они засењују један другог. Ако желите да знате о антихристу, читајте још о овом човеку.

Подела између 11. и 12. главе није корисна, јер се 12. глава фокусира на антихриста и односи се на други Христов долазак, укључујући васкрсење добрих и лоших људи.

Предвиђања која нису испуњена

Мада може да идентификујемо многе начине на која су Данилова пророчанства испуњена, тако да са много аспеката видимо да многа чекају на испуњење.

Иако је краљ већ једном дошао, још увек није преузео владавину над овим светом. За то ми и чекамо његов долазак.

Седма глава садржи чудесне слике. Неки људи покушавају да их ставе у раван друге главе, да су четири чудна створења иста у другој и седмој глави, што значи да су се ови догађаји већ догодили. То није вероватно из пет разлога:

1. Историја се не слаже у детаљима. Грчка није почела са четири главе, нити је Рим почео са четири рога. Тешко је ту наћи паралелу.
2. У осмој глави Персија и Грчка су ован и јарац. Не чини се вероватним да би да били названи тако различито.

3. Данилу је речено да ће се четири звери "подићи" у будућности, према томе то не може бити Вавилон, јер је он нестао.
4. Четири звери не могу бити Вавилонци, Персијанци, Грци или Римљани, јер је речено да ће прва три постојати када се појави четврта. Када се Рим уздигао, три царства су већ нестала, иако те нације постоје и данас.
5. У седмој глави звери се уздижу у снази, али Колос описује опадање империја - Рим није јачи од Вавилона, на пример.

Па, шта да радимо са овим зверима - лав има крила, кога следи велики медвед, кога следи леопард са крилима и четири руке, кога следи оно шта ја зовем вилењак или змај, а кога следи краљевство? Цаство је вероватно Божје царство, које ће бити успостављено на земљи и којим ће владати Син човечји, који ће доћи са облака или небеса да влада над светима и највреднијима. Овде је очигледан други Христов долазак.

Моје размишљање је да је лав са крилима Сједињене Америчке Државе и Уједињено краљевство, медвед је Русија, а леопард су арапске земље. Оне ће остати све до краја и биће замењене Божјим царством, али не бих био догматичан око ове идентификације.

Тако седма глава прави пут за настанак антихриста. Завршни долазак Царства је када Син човечји дође на облацима славе и обрачунава се са антихристом и преузме земаљска царства, па ће тако постати царство нашег Бога и Христа.

Евидентно је да се догађаји описани у глави 12 још нису догодили. Данило говори о васкрсењу праведних и злих, са праведнима који сијају као звезде. То је прво спомињање васкрсења злих у Светом писму, а ова тема је развијена у Новом завету (Јован 5,26, Дела Апостолска 24,15). То је завршни климакс целе историје.

Зашто је све то откривено Данилу?

Како је Данило често био несвестан значења оног што је видео, јасно је да ово није приказано за Данилово добро, већ за будуће генерације. Ускоро ће доћи период где за 400 година неће бити ниједног пророка, тако да ова књига делимично служи и за попуњавање празнина у Божјем народу. Чињеница да је Бог предвидео све те догађаје помаже нам да тишина од 400 година буде подношљивија.

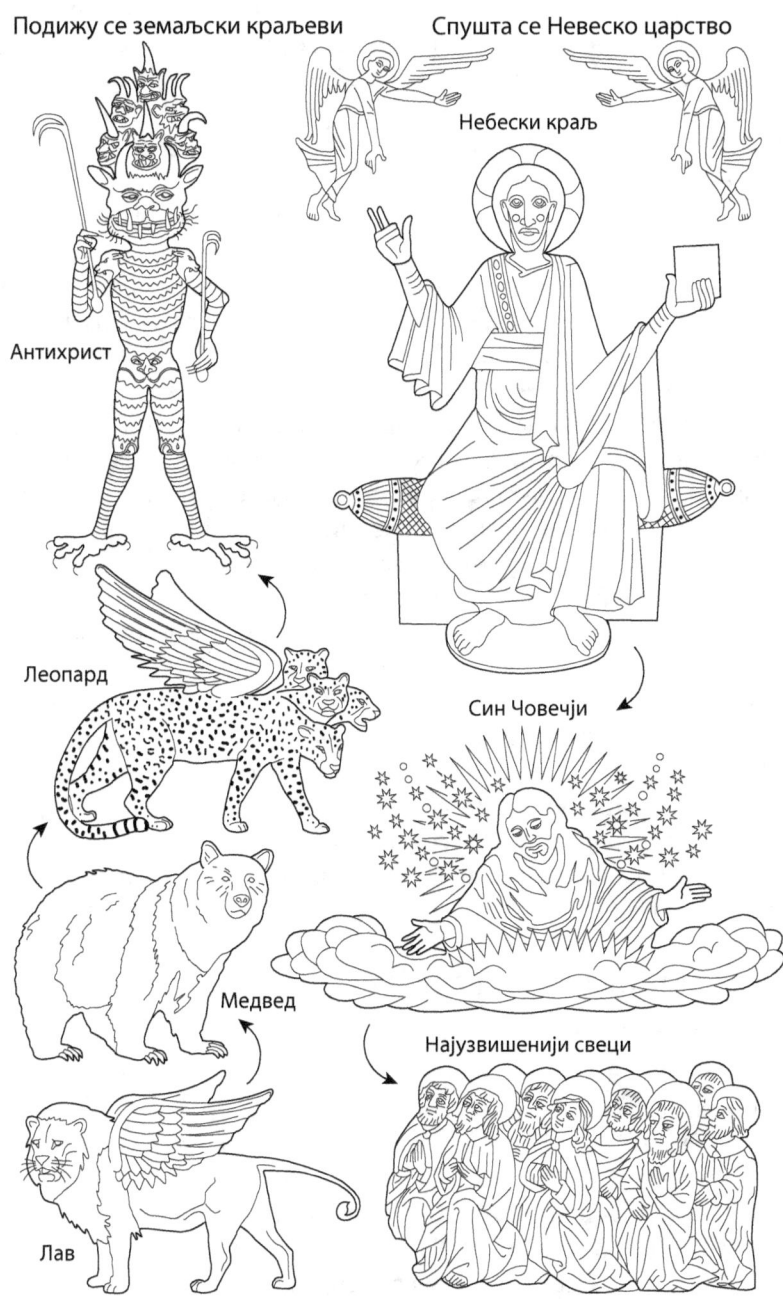

Постоје и друге библијске књиге које објашњавају значај предвиђања: "Сигурно Бог не чини ништа све док не открије свој план својим слугама пророцима" (Амос 3,7); "Погледајте да нисте упозорени. Погледајте, рекао сам вам пре времена" (Јеванђеље по Матеју 24,6; 25); "Кажем вам сада пре него што се догоди да када се догоди да знате да ЈА ЈЕСАМ" (Јеванђеље по Јовану 13,19).

Пророчанства Данила су превасходно дата као охрабрење за Божји народ.

Кроз све ове делове они су охрабрени да чине многе ствари зато што знају будућност: да остану чврсти, да истражују, да доносе разумевање, да издрже у патњи, да се прочисте, да се одупру злу и да пронађу одмор.

Неки људи хоће да знају будућност само из чисте радозналости. Они само желе да знају и да све то среде. Суштински разлог зашто нам је Бог открио будућност је да можемо да се правилно односимо према догађајима, да будемо спремни и да станемо чврсто и да учинимо оно што Бог тражи од нас. Ми можемо да издржимо патњу, знајући да ће завршетак бити славан.

Други разлог зашто је Бог открио будућност је да би упозорио невернике, нарочито оне који желе да буду моћни људи и да стварају људске империје. На крају Син човечји ће их све заменити. *Ми припадамо будућем Краљу целог света*. Човечји Син ће доћи на облацима славе и успоставиће Небеско Царство овде на земљи и ми ћемо владати са њим. Тако да боље да будемо спремни да будемо добри, одговорни гувернери света са њим.

Посматраћемо користи од Данилове књиге за хришћане када је осмотримо поново пре Књиге о Јестири на крају следеће главе.

Историјски догађаји предвиђени код Данила 11,2-35

v. 2 Персија

Три владара после Асвира су били:
- **Камбије** (529-522. п.н.е.) који је освојио Египат
- **Псеудо-Смердис** (522-521 п.н.е.) који је дошао на трон како се лажно представио као Краљев убијени брат и био убијен у заседи
- **Дарије I Хистап** (521-486), помиње се код Јездре 5-6

Четврти владар је био **Ксеркс I** (486-465), Асвир у Јестири 1. Био је ознака Персијске моћи и богатства. Извршио је инвазију на Грчку 480. године пре нове ере, али је катастрофално изгубио код Саламиса.

vv. 3–4 Грчка

v. 3 Александар Velики (356-323) је осветио Грчку победивши Персију и за 12 година успоставио велику империју грчке културе, доводећи Азију под Европом. Он је "јарац" код Данила (8). Умро је у Вавилону са 32 године.

v. 4 Александров син Барсина је убијен, а његов син од Роксанде, рођен после његове смрти, такође је убијен, тако је империја била подељена између четири генерала:
- **Лусиније** (Тракија, Витанија и Мала Азија)
- **Касандер** (Македонија и Грчка),
- **Птоломеј** (Египат) и
- **Селуције** (Од Сирије до Вавилона).

Последња двојица су постала "север" и "југ" у остатку Данилове књиге (11). (у релацији са Божјим народом, Израел је сада поново у Палестини.)

vv. 5–35 Египат и Сирија

Ови пасуси обухватају 162 године, када је Израел ухваћен између "шарке и врата" (Лутер) две испреплетане династије. Име *Сирија* се није знало у време Данила, па та област указује само на "север".

v. 5 Птоломеј I Сотир (значи *спаситељ*) (323-246 п.н.е.) владао је Египтом са својом родбином, Селуције I Никатор (321-281), владао је Сиријом. Обојица су преузели титулу краља у 306. години п.н.е. Последњи је ојачао, владао регионом од Мале Азије до Индије, тако је постао ривал и претња.

v. 6 Птоломеј II Филаделфије од Египта (братска љубав) (285-246), убедио је Антиохија II Теоса (Бог) да се разведе од супруге Лаодикије и да ожени њену ћерку, Бенерису. Унија је била неуспешна, као и брак, тако и покушај уједињења две краљевске породице. Када је Птоломеј умро, Антиохије је вратио Лаодикију као своју жену, али она је убила њега, Беренису и њеног сина.

vv. 7–9

"Време тестере" у борби између две нације.

v. 7 Бенерисин брат, **Птоломеј III Еургетес** ('доброчинитељ')

(246–221) напао је Селуција Селеука Калинија (247–266) и убио Лаодикију у освети. Био је победник кроз цело северно краљевство, као Персија или Мадија.

v. 8 Птоломеј III се вратио египћанским идолима и народ га је звао касније "доброчинитељем".

v. 9 Селуције је узвратио напад, изгубио је ноге у олуји, срамотно поражен и касније умро после пада са свог коња.

vv. 10-20

v. 10 Два брата на северу - **Селуције III** (226-223) који је убијен из заседе од побуњеничких трупа за време битке у Малој Азији, и **Антиохије III "Велики"** (223-187), који је дошао на власт са 18 година, провео је живот борећи се да освети очево понижење. Чистио је пред собом, све до Газе, египатске утврђене линије.

v. 11 Птоломеј V Филопатер (воли оца) (221-203) сусрео се са Антиохијем Великим са 70.000 војника, 5000 коњаника и 73 слона код града Рафа 217. године п.н.е. Антиохије је потпуно поражен, са 10.000 мртвих и 4000 који су одведени у заробљеништво, док је Антиохије једва успео да побегне.

v. 12 Птоломеј V, кроз тромост и попустљивост, није искористио своје предности. Антиохије се опоравио и отишао источно према Индији и Каспијском мору, где је добио богаство и моћ.

v. 13 Када су Птоломеј и краљица мистериозно умрли, Антиохије је напао Египат и победио њихову војску, под генералом Скопасом у граду Панијас, близу места где извире Јордан, касније Ћезареа Филипи, Скопас је умро у Сидону.

v. 14 Остали су сада склопили савез са Антиохијем, укључујући неке Јевреје коју су мислили да ће доћи остварење пророштва да виде леђа Египћанима и очекивали су националну независност после тога. Многи су погинули у борбама.

v. 15 Сидон је био под опсадом и освојен, упркос неуспешног покушаја три египатска генерала да разбију опсаду.

v. 16 Антиохије је направио грешку када је окупирао Израел као војну базу и оставио пустош по земљи која је хранила његове трупе.

v. 17 Страхујући од растуће моћи Рима, Антиохије је гледао да се уједини са Египтом дајући своју предивну кћерку, Клеопатру, као супругу седмогодишњем **Птоломеју V Епифанију** (славни) (204-181). Његова нада да би Египат мога да остане под његовом контролом је пропала, када се Клеопатра удружила са мужем против свог оца.

v. 18 Антиохије је постао подозрив према јачању Рима - "Азија им није у интересу (Римљанима) и ја нисам подређен њиховим наредбама". Одбио је њихове амбасадоре, одлучио да освоји Грчку, али је понижавајуће поражен од римског конзула Лусија Скипија Азијатикуса код Термопила 191. године п.н.е. а затим и код Магнезије, кривудаве реке 189. године п.н.е

v. 19 Тешки услови за мир са Римом су сломили Антиохија и убијен је док је пљачкао храм у Елиму. Отворио је Азију за Рим.

v. 20 Селуције IV Филатер (воли оца) (187-175) само је желео мир, али је морао да повећа таксе да би плаћао данак Риму. Његов министар финансија, Хелиодорус, дошао је да узме благо из јерусалимског храма, али је био заустављен натприродном појавом и вратио се и отровао краља.

v. 21-30

Антиохије Епифаније (славни) (175-164) је "мали рог" из Данилове седме главе. Најгори тиранин целог Старог завета. Моћ Сирије је слабила и ускоро ће се предати Риму. Његова фрустрација се одразила на јаче угњетавање Израела и покушај да избрише ту религију, тако што је опоганио храм и наметао грчку културу.

v. 21 Његово насилништво укључивало је проститутке и јавне сношаје, среброљубље, попустљивост, лукавство и интриге. Његов надимак *Епифаније* што значи *славни* је промењено у надимак *Епиманес* што значи *лудак*. Директни наследник сиријског трона, Деметрије, држан је као таоц у Риму, па је тако Антиохије приграбио власт у Сирији, представљајући се као чувар друге линије трона, млађег брата Селуција IV који се исто звао Антиохије, њега је касније убио. Добио је популарност када је обећао мање порезе и лакше законе, које никада није одржао.

v. 22 У почетку је његова војна активност била успешна. Створио је мир са Римом плаћајући данак у неким областима и са подмићивањем, онда је напао Египат 170. године п.н.е. и поразио Птоломеја V између Газе и делте Нила. На путу ка југу, код Јерусалима је позвао и убио Онију, првосвештеника, виртуелног владара Израела.

v. 23 Иако је Сирија била велика нација, Антиохије је сада могао да контролише Египат, користећи два нећака као пионе, **Птоломеја VI Филометра** (181-145) и **Птоломеја Еургетеса**.

v. 24 Сада је систематски пљачкао богате области у његовом домету (на пример Галилеју), није користио богатство за себе (као претходни краљеви), већ за подмићивања за услуге и изузетно расипништво (бацао је новац по улицама, правио раскошне јавне представе итд). Правио је планове да освоји египатске градове, као рецимо Александрију.

v. 25 Извео је још једну експедицију за Египат са кочијама, коњаницом и слоновима. Подмићивао је египатске дворане да убију свог краља.

v. 26 То је све водило ка поразу Египта.

v. 27 Антиохије и Птоломеј Филометар су седели око стола, обојица су гледали како да надмудре један другога, ниједан није успео.

v. 28 Када се Антиохије вратио на север, окренуо се ка Израелу, жудео је за благом у храму, масакрирао 40.000 Јевреја и исто толико продао као робље. Јасон, првосвештеник, побегао је у Амон.

v. 29 Током следеће експедиције за Египат, заробио је свог нећака Филометра, али је био приморан да се одврати од Александрије.

v. 30 Током своје последње експедиције за Египат, Египат је послао поруку амбасади у Риму, а Рим је послао бродове са Кипра. Конзул Гај Попилије Лаенас тражио је повлачење Антиохија из Египта и Антиохије је отишао бесан, схватајући да је то крај његових нада.

vv. 31-35

Антиохије је поново окренуо свој бес према Божјем народу.

v. 31 Јевреји су постали жртвени јарац и започела су дивљачка прогањања (Макабијева 1 и 2), користећи симпатизере унутар јеврејског народа. Забранио је обожавање и жртвовање, подигао је кип Јупитера у храму и жртвовао свињу на олтару 25. децембра 168. г.п.н.е. (ова "гнусоба опустошења" је поменута у Јеванђељу по Матеју 24,15).

v. 32 Све је то претходило револту свештеничке породице Мататијас који су били Макабејеви (чекићи). Под лидерством Јуде, било је много херојских дела (поменути у Јеврејима 11). Израел се ослободио и храм је поново освећен 25. децембра 165. г.п.н.е.

v. 33-35 Изненађујући ефекат овог прогањања био је духовни опоравак, јер је дошло до очишћења и одвајање истине од лажних верника.

30. ЈЕСТИРА

Увод

Књига о Јестири је необична из два разлога: заједно са Рутом, то је друга библијска књига која је названа по женском лику; а онда заједно са *Песмом над песмама*, то је једна од две књиге где се не помиње директно Божје име. Због ова два разлога многи су били збуњени овог књигом. То је интересантна и романтична прича, али зашто се налази у Библији? Зашто морамо да је читамо? Шта из ње можемо научити?

Јестира, као и *Језекиљ* и *Данило*, написана је за време јеврејског изгнанства, па је тако само једна од неколико књига где се радња дешава у потпуности ван обећане земље (мада је ова књига написана касније од поменуте две). Ове књиге нам показују како су се Јевреји понашали у незнабожачком друштву, тако да нам дају добар путоказ како се треба понашати у нехришћанском окружењу.

Историјска позадина

Вавилон је побеђен од коалиције Мадијанаца и Персијанаца. Даријус Мадијанац је био први владар нове империје, кога је следио Ксеркс I (познат под именом Асвир или Кир). Данило се уздигао све до премијера државе и био је познат по његовом вавилонском имену - Балтасар. Адаса се уздигла до краљице и звали су је Јестира (Естер, паганско име, скраћеница за Иштар, вавилонску богињу). Тако су

Данило и Јестира били промовисани до позиције где су заиста могли да помогну свом народу.

Бог није приморавао Јевреје да се врате у обећану земљу. Сигурно је да су се сви вратили, ова књига не би ни била написана. Хиљаде су одлучили да се врате, али још више их је остало.

Књига о Јестири је вероватно најбоље историјски потврђена књига у Старом завету. Записи који су још старији од Библије, као што су **Историје** од Херодота (грчки историчар, рођен 480. г.п.н.е.), потврђује Јестиру у својој књизи. Постоје и други спољни извори који потврђују оно што читамо у овој књизи. Археолози који су ископавали Персеполис, престоницу Персијске империје, 1930. године су ископали камену таблу где је било написано име *Мардуха*. Премијер Персије у овој библијској књизи се зове Мардохеј, велика је вероватноћа да је то иста особа.

Романтична прича

То је пре свега романтична прича. Јестира је била млада и прелепа, краљица империје.

Само један човек је знао њену тајну - тајну која је могла да значи смрт! То је тема за женске часописе.

Сажетак филма гласи: Ксеркс влада краљевством које се простире од Индије на истоку до Египта на западу. Међутим, опасност је била на видику, па је тако краљ организовао конференцију од 180 дана да дискутују како да се односе према растућој опасности Грчке. На крају те конференције била је организована седмодневна гозба у дворској башти. Када су мало више попили, краљ је послао по своју жену, Астину, да дође и да игра за њих, јер је била млада и лепа и желео је да забавља генерале. Али краљица Астина је одбила да дође и то је почетак приче. Одбијање ставља краља у непријатну ситуацију. Ако се он не позабави тиме, и остале жене генерала ће се исто понашати. Ако не може да има контролу над својим домаћинством, то је могући почетак нових проблема, па нешто мора да се уради. Он поручује да више никад неће да је види!

Међутим, тако налази свој кревет празним и све је више усамљен. Неко му предлаже да одржи такмичење у лепоти, а да победница постане његова жена.

То је озбиљан посао. Јестира је пуних 12 месеци била на третману улепшавања, пре самог такмичења. Она је просто победила и постала Ксерксова нова краљица.

Она је била из племена Бенијамина, што је чудесно, с обзиром на мучну историју тог племена. Мардохеј је био њен рођак, када је она постала сироче, он ју је присвојио као своју кћерку. На Мардохејев захтев, одлучили су да њихова веза буде тајна - због антисемитских разлога, јеврејска мањина у империји је била у незгодној ситуацији. Иако је била нова у харему, постала је краљева омиљена супруга.

Када смо поставили сцену, примећујемо да се један други човек такође уздизао на двору у исто време. Име му је било Аман и он је негативац у овој причи. Он је био потомак Агага. Саул, први краљ одабраног народа, речено му је од пророка Самуила да иде и победи Агага. Али Саул га није убио, па је Самуило узео ствар у своје руке и посекао Агага пред олтаром Господа. То је узроковалу мржњу између Агагита и Јевреја, па је тако Аман мрзео Јевреје јер је то био део историје - мржња коју ову причу чини узбудљивом. Била је то опасна ситуација - Јеврејин који није открио да је краљица Персијског царства Јеврејка и Аман, високи дворски чиновник који мрзи све Јевреје.

Нови моментум долази када Мардохеј одбија да се поклони Аману као главнокомандујућем одређен од краља, па тако Аман наговара краља да треба истребити све Јевреје у империји. Они су били различити, са својим законима, својим обичајима и својом религијом. Они су били неприлагођени и морају да се склоне. Такође је обећао и велики мито ако дође до одлуке за уништење Јевреја. Буквално су бацали коцку да би одредили дан када ће тајно убити све Јевреје. Интересантно, био је то 13. дан месеца. То је један од разлога зашто се број 13 узима и данас као баксузан.

Када су Јевреји чули шта се дешава, они су оплакивали, постили и обукли кострете и посипали се пепелом. Мардохеј шаље поруку Јестири да моли краља за милост. Каже још и да је Бог ставио њу у ту ситуацију за времена као што су тада била. Она је била краљица, то је био прави ланац догађаја, да би она дошла у ситуацију да им помогне.

Тако се Јестира суочила са правом борбом. Да ли да прикрије да је Јеврејка? Ако то уради, и њен живот ће бити у опасности. Али је одлучила, ако треба да нестане, нека нестане.

Али како да све то изведе? Краљици није било дозвољено да буде у присуству краља, осим ако није позвана, али је знала да мора да га види. Тако се храбро појавила и предложила банкет, са Аманом као специјалним гостем. Краљ је прихватио и банкет је организован.

У међувремену, Аман је постао бесан према Мардохеју и већ је изградио вешала висока 23 метра да га обеси. Никоме није рекао за кога су вешала.

Ноћ пре банкета, краљ је имао несаницу, па је тражио да му читају. Тако су му читали старе дневнике и он дошао до записа како му је Мардохеј спасао живот јер је открио заверу међу краљевим официрима. Ту се подсетио да никада није наградио Мардохеја. Чим се пробудио следећег јутра, средио је да Мардохеј буде награђен. То је била изузетна случајност - јасно да је вођена Божјом руком.

За време банкета, краљ је рекао Аману "Намеравам да наградим једног човека који ми добро чини. Шта предлажеш?" Аман је мислио да говори о њему, па је одговорио: "Да добије свечану процесију на коњу и буде одевен у свечану одору". Краљ се сложио, али је Мардохеј био тај који је био награђен - невероватан преокрет.

На банкету Јестира је скупила храброст да говори краљу о њеном народу. Када је краљ чуо да Аман стоји иза зле завере, наредио је да обесе Амана на иста вешала које је већ припремио и Јевреји су били спасени. Следио је нови едикт да се пониште претходне пресуде и да Јевреји имају право да се бране. То је била зачуђујућа интервенција, јер су убице широм царства већ биле спремне да убијају Јевреје.

Када је дошао пресудни дан да се униште Јевреји, они су били спремни, дошло је до преокрета, пресрели су своје непријатеље и побили их, а онда је убијена и Аманова породица. Тако је била велика опасност за Јевреје, али се није остварила. Да јесте, пошто се Персија простирала од Индије до Египта, Јевреји би били истребљени. Да је остао оригинални едикт на снази, Исус никада не би ни био рођен. Јестира је све спасла. Није чудо што Јевреји сваке године славе празник Пурим у сећање на ове дане.

Свако воли овакву врсту приче и она је супериорно испричана. Књижевна структура је изванредна. Добар казивач гради ситуацију до праве тензије, а онда се све решава, са свима који су живели срећно до краја живота и пријатељима који су остали заједно до краја. У том смислу, *Књига о Јестири* је ремек дело.

Сажетак књиге - Опасност (1–5)

Опасност (1-5)
1. Пролог
2-3. Краљев први декрет
4-5. Аманова огорченост са Мардохејем

6. Краљева несаница

6-9 Избављење
6-7. Мардохеј се уздиже изнад Амана
8-9. Краљев други декрет

10. Епилог

Постоји лепа симетрија у књизи. Имамо први краљев декрет где свако мора њега да поштује, а други декрет да Јевреје нико не сме да поново дирне. Имамо огорченост Амана према Мардохеју, док се Мардохеј уздиже изнад Амана. А цела прича се ослања на несаници једног човека - **истина заиста може бити чуднија од измишљотине**!

Зашто је ова књига у Библији?

Сигурно је да мора бити још нешто више од само добре приче. Зашто је ова књига у Библији? Да ли нам само даје пример како морамо да имамо храбрости када се нађемо на важним функцијама?

Извесно је да годишњи празник Пурим је више секуларна него духовна гозба. Не постоји религијска церемонија. Мартин Лутер је рекао за *Јестиру* и *Другу Макабејеву* "Волео бих да не постоје; зато што превише величају јудаизам и имају толико запаљене перверзије".

Какве вредности ова књига има за нас, хришћане? Да ли ми овде мора да видимо примере послушности, понизности, скромности и оданости? Шта да радимо са мање пријатним деловима књиге, као што је оправдање злочина према Персијанцима?

Морамо да пронађемо дух антисемитизма на страницама ове књиге. Прво, Јевреји су различити. Они поштују своје законе и прате своје обичаје; практикују обрезивање, њихов сабат, њихов начин исхране посебно делује одвојено. Друго, Јевреји су били независни.

Они су одбили да буду под контролом и видели смо их да су били претња тоталитарном ауторитету.

Сатана је одлучан да уништи Јевреје зато што спасење долази од њих. Сатана је био иза масакра мушких беба у Египту. Мојсије је спасен преко котарице од шибља. Сатана је покушавао да уништи Јевреје пре него што би Месија уопште био рођен. Ђаво је био тај који стоји иза убиства 200 беба у Витлејему, али је Исус побегао за Египат.

Постоји нешто демонско у антисемитизму. Фараон је покушао да уништи Јевреје, Аман је покушао, Ирод је покушао, Хитлер је покушао. То стално извире из историје, зато што спасење долази од Јевреја. Ми морамо да будемо веома захвални јеврејском народу. Све што знамо о Богу долази кроз њих, Спаситељ је такође био Јеврејин.

Четрдесет различитих аутора је написало Библију у периоду од 1400 година на три различита језика. Један од писаца је био незнабожац - доктор Лука - а и он је све материјале добио од Јевреја. Без Јевреја не бисмо ни имали Библију. Није никакво чудо што их мрзе више него друге нације.

Постоји још један, невидљиви глумац у овој драми. Бог мора да стоји иза свега овога. Када све може да виси на једном минуту или детаљу у околностима, јасно је да ми гледамо Богу на делу.

Ја видим Бога на делу у овој причи, заштита народа из кога ће се родити Божји Син. Видим народ који се моли и пости када су први пут чули за Аманову заверу против њих. Видим Мардохејеву веру да ће Бог спасти његов народ. Чак каже Јестири да ако она није спремна да буде Божји канал, да ће наћи другу особу. Не користи Божје име директно, али је јасно да мисли на њега. То је била невероватна вера у Божје свемоћно деловање. Све видим као резултат случајности где су сви спојени заједно: Мардохеј је спасао краља пре неколико година, Ксеркс је то написао у дневницима. Видим и чињеницу да краљ није могао да спава и баш наишао на те странице где се пише о Мардохеју. Ако име Бога није на страницама ове књиге, сигурно су ту његови прсти. Један учењак је назвао *Јестиру* **романса провиђења** и био је апсолутно у праву.

Зашто, онда, Бог није поменут? Овде стоји највеће изненађење. Поменут је пет пута, али ретко ко је то приметио! Он је поменут у форми **акростиха**, када се користе прва слова његовог имена у насловима. Понекад иде напред, а понекад назад. Покушао сам да то ставим у енглески, али имајте на уму да је у питању хебрејски језик.

Наћи ћемо ово кроз *Псалме*, нарочито у оним дугачким, псалам 119. Опис идеалне жене је у *Изрекама 31* је у акростиху. У *Тужбалицама*, четири од пет глава су алфабетски акростих, свака нова линија почиње са следећим словом у алфабету. То је веома вешта књижевна фигура, а може се користи и за слање кодираних и тајних порука.

У овој књизи се налазе пет акростиха, прва четири прате значајан образац (1,20; 5,4; 5,13; 7,7).

Овде првих четири слова на почетку дају четири узастопне речи, док други пар користи последња слова. Први акростих иде уназад, други иде унапред, трећи иде уназад, четврти иде унапред.

Морамо да знамо да је акростих на хебрејском језику. У енглеском, четири слова су 'Y-H-V-H', то су слова Божјег имена, изговара се Јехова на енглеском, а Јахве на хебрејском. Да бисмо разумели како то функционише, морамо да нађемо енглески еквивалент где морамо да користимо реч "**Господ**" ('Lord') као замену за Јахве. Превод ће се чинити изобличеним.

Зашто је понекад исписано напред, а понекад назад? Када иде уназад, то је за незнабожце, а када иде у напред, то је за Јевреје. Можда хоће да кажу да незнабожци никада неће моћи да изговоре реч правилно или можда неће да свето име Бога ставе у незнабожачка уста.

Један акростих у Јестири се истиче на посебан начин. Речи су другачије и изговарају се ЈА САМ, али исто тако поново иде и уназад. Писац је то тако вешто урадио, као да му је био циљ да незнабожац никада то не уочи.

Постоје различита објашњења зашто је овај метод коришћен, али онај најбољи је и најједноставнији. То је писано у време када је било забрањено помињати јеврејског Бога (Ксеркс је умро 465. г.п.н.е.), па зато, претпостављамо, било је написано касније, после ових догађаја, јер би у то време деловао субверзивно.

У почетку људи би преносили причу вербално, тако да би остала упамћена као народна прича. Али дошло је време када је постало императив да се запише, зато што је народ славио ослобођење годишње, па је било потребно да знају целу причу која је позадина њихове гозбе. Штавише, антисемитизам је растао, па се сматрало опасним ако вас ухвате са документом о јеврејском Богу. Тако је Јестира написана без помињања Бога, а употреба акростиха је био јеврејски одговор на проблем.

Шта хришћани могу да науче од
Данила и Јестире?

Живели су у истом времену и суочили се са истим прогонством. Обоје су били далеко од свог дома, а опет их је Бог користио са њиховим положајима у паганском друштву, а да њихови принципи нису били компромитовани. Тако су могли да искористе бројне предности за Божје царство. Прича нам говори да можемо да идемо још даље по свету да бисмо добили значајне положаје у свету, који нам могу обезбедити да останемо постојани у нашој вери. Бог нас може користити и ако смо на високим положајима, само му треба допустити да нас стави тамо где нас највише може искористити.

Бог користи индивидуе

Једна особа може да найрави велику разлику. Бог користи мушкарце и жене, а сви смо ми у прогонству. Хришћани не припадају овом свету. Ми смо неприлагођени, јер **наше држављанство је заиста на небу. Постепено се одвикавамо од припадања овом свету, да бисмо добили дом на небу.**

Бог користи оне индивидуалце у краљевству овог света који могу да задрже своје принципе и да се увек присете ко су. Бог може да користи људе који желе да напредују, али који нису спремни да буду асимиловани. Јевреји су одувек имали искушење да допусте да буду асимиловани и да избегну угњетавање, а хришћани се суочавају са сличним искушењем.

На почетку 20. века у Немачкој, Јевреји су тако били асимиловани у немачку културу и језик, да када је Теодор Херцл сазвао први ционистички конгрес 1897. године да разговарају о идеји да Јевреји поново добију сопствену државу, немачки Јевреји нису ни желели да знају за то. Херцл је желео да имају конференцију у Минхену, а немачки Јевреји су рекли: "Нека не буде у Минхену. Ми смо сада Немци - ми више нисмо Јевреји. Зато нас не брукајте!" Зато је Херцл конференцију одржао у Базелу, у Швајцарској.

Хришћани су у искушењу да се понашају као и сви други, да се не истичу и да их тако не гледају као чудаке. Али Бог користи појединце који хоће да буду различити. Ми смо некада певали у недељним школама "Усуди се да будеш Данило - усуди се да будеш сам". Данило и Јестира су били спремни пре да умру, него да праве компромисе са својом вером у Бога.

Бог чува свој народ

Бог је сачувао Данила у лављој јазбини и Седраха, Мисаха и Авденага у усијаној пећници. Такође је заштитио Јевреје у Сусану кроз Јестиру. Ако хоћете да збришете Божји народ, прво морате да збришете Бога! Бог чува свој народ. Ми можемо да умремо за њега, али ми смо и даље сачувани. Тако можемо бити сигурни да ће увек постојати Израел и да ће увек постојати Црква.

Бог влада светом

Једна реч је заједничка за ове две књиге, то је реч **краљевство**. Хришћанско Јеванђеље је јеванђеље краљевства. За Данила и Јестиру, краљевство је на првом месту.

Од ове две књиге учимо како су и тренутна земаљска краљевства у Божјим рукама. Бог подиже и обара владаре. Навуходоносор је морао да научи да Највиши влада над људским краљевствима и да их он даје коме хоће. Бог је тај који преправља границе атласа и одлучује ко ће имати снагу, а ко неће. Бог је тај који одређује сваке изборе у земљи - и Он има право гласа - понекад у правди, понекад у милости. Ако он гласа по правди, даје нам власт коју заслужујемо; ако гласа по милости, даје нам власт која нам је потребна. У моје време, Бог је сменио шест премијера за веома кратко време зато што нису одржали обећање Израелу - од Невила Чемберлена до Џемса Калахана. Када је Џорџ Буш, председник Сједињених Држава, окренуо против Израела, врло брзо је изгубио сву власт после тога. Бог је Бог Израела. Он влада људским краљевствима овога света; они владају само са његовим допуштењем. Он је главни.

Постоји још једна употреба речи **краљевство**. Постоје данас људска краљевства, али постоји и божанско краљевство у будућности, када ће Бог преузети све власти на земљи. Зато морамо да схватимо да Данило и Јестира нису завршили послове. Они су били верни властима у паганским империјама и биће васкрснути из мртвих да владају краљевством који ће Бог инаугурисати. Када се Исус буде вратио на земљу, Данило и Јестира ће бити са њим.

Тако да не треба да читамо Библију само као историју, већ као представљање људи које ћемо срести једнога дана. Имаћемо целу вечност да упознамо велике Божје светитеље. Ми ћемо владати са највећим свецима, са Божјим Сином на трону. Сви они људи који су се доказали верним, биће поново употребљени на земљи да деле владавину Христовог царства.

31. ЈЕЗДРА И НЕМИЈА

Увод

Када проучавамо историју Божјег народа, видимо како Бог приноси казне за њихове грехове. Свака казна је помало јача од претходне. Почео је са слањем Филистејаца као околног народа да их нападa, тако је прва казна била губитак имовине. Они се нису обазирали на то, па је следећа казна већ била мало озбиљнија: суша, глад и недостатак хране. Када и даље нису слушали, Бог им је послао болести и губитак здравља. Завршна казна била је да их истера из обећане земље и буду прогнани. Доведени су из Египта у обећану земљу, али им је било обећано да ће им земља бити одузета ако наставе да греше.

Два егзила

Била су два прогонства. Прво је укључивало десет племена севера, познатија као Израел, када је Асирија освојила земљу и депортовала их 721. године пре нове ере. Друго је укључивало два племена на југу, познатија као Јуда, по већем племену. Овај пут је то био Вавилон 586. године пре нове ере. Друго се нас тиче када погледамо Јездру и Немију.

Три депортације

Када су Вавилонци прегазили Јуду, нису их потпуно истребили, као што је очекивао пророк Авакум да ће се десити. Били су много нежнији. Депортовали су народ у три групе, у три различита времена, сваки пут док је Навуходоносор био на трону Вавилона.

Прва група је отишла 606. године. То је укључивало људе на краљевском двору, у веровању да ако је владар одсутан, биће много лакше потчинити нацију Јуде и држати све под контролом Вавилонаца. На врху друштвене лествице био је Данило, који је још као младић био одведен на вавилонски двор и био је важна јавна личност.

Они који су остали још увек су се надали слободи, па је тако агресор поново дошао 597. године и поробио све занатлије и трговце у нади да ако их уклоне, народ неће моћи да зарађује новац, биће све сиромашнији и потпуно ће пасти под њихову контролу. Међу занатлијама био је и свештеник звани Језекиљ, који је, као и Данило, био важна фигура у народу.

Преостали народ се и даље побунио, па је тако коначно вавилонска армија дошла 587. године, уништила храм до земље и уништила све друго. Јерусалим је постао напуштена рушевина, Јуда је практично била празна, а два племена одведена у Вавилон. Јуда је била у изгнанству 70 година, тачно онолико колико је Јеремија пророковао. Његове речи су биле охрабрење за Данила да се моли да Бог испуни ово пророчанство.

Три повратка

Егзил се завршио баш како је Бог обећао, мада су постојала три повратка, као што су постојала три таласа протеривања. Први повратак је био 537. године са 50.000 људи, када је Кир био персијски лидер, а Зоровавељ лидер Јевреја. Зоровавељ је био из краљевске лозе, које се простирала и до цара Давида, па је и то био део испуњења пророштва да ће увек бити Давидовог потомка да наследи трон. Заиста, он је један и од предака Исуса који се помиње у *Јеванђељу по Матеји* 1, што је додатно помогло да се озакони Исусова тврдња да је Месија.

Само 90 година касније, 458. године пре нове ере, био је други талас повратка под Ксерксом I на персијском трону. Овога пута се вратило 1800 људи са Јездром. Он је био свештеник који је, први пут, повео са собом и Левите да обнови структуру обожавања код Божјег народа. Није било лако убедити их да пођу. Тек после поновљеног захтева, Јездра је некако скупио 1800 људи да му се прикључе на дугачком путовању, у сврху обнове религијског живота.

А онда, 444. године, Немија се вратио са неколико занатлија. Његова главна брига је била обнова зидова Јерусалим који је био уништен и без којих је град био небрањен и веома рањив за одбрану.

Тако су три повратка значила прво обнову друштвеног живота, па затим обнову религијског живота, па затим обнову физичког живота. То је важно да приметимо да овај други егзодус није био као славни први из Египта, са Мојсијем на челу. Тако да је обављан по деловима, корак по корак. Мало их је пошло на тај четворомесечни пут од 1300 километара. Много им је било боље у Вавилону него што је било њиховим прецима у Египту у Мојсијево време. Овај пут фактички они и нису били робови, већ су били умешани у разне врсте послова, а када су умешани на такав начин, није лако све то оставити иза себе. Чуо сам лепу причу о Јеврејину у Њујорку који је имао малу продавницу и био стешњен између две велике продавнице. Питао се како да назове своју радњу, и после размишљања назвао ју је "Улаз"!

Две књиге, један аутор?

Књиге о Јездри и Немији су назване по другом и трећем повратку, мада ове две књиге обухватају сва три повратка, Јездра прва два, а Немија трећи повратак. Народ више није био познат као Хебреји или Израелци, сада су их звали Јевреји, после речи Јуда што значи *йохвала*. На неки начин то и симболично представља шта су они хтели да буду по повратку у своју земљу.

Прво што нам се указује око ове две књиге је то колико оне личе једна на другу. Обе следе исти образац. Штавише, писање је врло слично као и две књиге Дневника. У јеврејским књигама *Јездра* и *Немија* су једна књига, а тек касније су прозване Јездра 1 и 2. и биле су заједно у групи са Дневницима. Моја сугестија је, а имам и доста показатеља за то, да је све то Јездра написао. Био је веома опрезан човек који је волео све да записује, делује као да је он написао Јездру, Немију и две књиге дневника.

Ове две књиге су писане различитим језицима - делом на хебрејском, делом на арамејском. Арамејски је био распрострањен језик којим су многи причали, као што је био грчки у време Новог завета. Арамејски је семитски језик који је коришћен у већем делу плодних долина Блиског истока. Јевреји су били изложени тим језиком и користили су га у вавилонском егзилу у разговору са другим нацијама. Зато много записа који нам долазе из тог пеирода су на арамејском. Једина друга књига која је писана на два различита језика је *Данило*.

Структура књиге

Јездра и *Немија* имају по четири секције, где су друга и четврта идентичне по теми. Пажња је на обнови државе и реформисању народа.

ЈЕЗДРА	НЕМИЈА
Повратак I (1–2) а, б	Повратак III (1–2) а, б
Обнова (3–6) а, б, ц	Обнова (3–7) а, б, ц
Повратак II (7–8) а, б, ц	Нови почетак (8–10) а, б, ц
Реформа (9–10) а, б	Реформа (11–13) а, б

Повратак I под Зоровавељом фокусира се на поновну изградњу храма, мада је то спорадично. Тек са пророцима Агејом и Захаријом се заиста поново почело. Повратак II бави се реформом народа. Повратак III води ка изградњи зидова, обнови завета и поново - реформи народа. Сваки пут се чинило као да су заборавили на грех због чега су изгубили земљу.

Још је више чудно да приметимо структуре ове две књиге. Прва секција обе књиге има своје подсекције, друга их има три, трећа има три, а четврта има две (обележен си у као а, б, ц, д). То је значајна структура. Планирана је веома пажљиво, лепо укомпонована и балансирана, снажно делујући да их је написао један човек, вероватно Јездра који је аутор обе књиге.

Такође постоји једна изузетна паралела. Девета глава је у обе књиге једна очаравајућа молитва, где и Јездра и Немија признају грехове нације. Ове две главе су изузетно важне за обе књиге.

Јездрина књига

Историјска позадина

Кир је био персијски владар који је освојио Вавилон. Био је владар над свим земљама према истоку и плодној земљи у облику полумесеца. Био је добрoчинитељ и имао је политику благости према пораженим народима. Веома интересантно је да код *Исаије* имамо додељеног слугу Кира који ће народ довести кући. Многи учењаци не могу да верују како је Исаија то могао да зна, поготово што зна тачно име владара. Из археолошких налазишта знамо да је Кир рекао свим поробљеним народима да могу да се врате у своје постојбине и да следе своју религију, али успут је тражио од њих да се својим боговима моле за њега. Сада можемо да видимо да је одабир времена био савршен, тачно 70 година.

Повратак I (1-2)

У Јездри имамо први повратак под Зоровавељом и обнову храма. Онда следи повратак под Јездром и реформа народа. Једна од најтужнијих чињеница у обе књиге је, да када се народ вратио у своју земљу, врло брзо су се вратили својим грешним навикама. То је трагично! Коштало их је њихове земље, 70 година су били далеко од куће и када су се вратили нису много пажње обраћали на Божје заповести. Како људи брзо заборављају.

Као што смо приметили, Зоровавељ је био унук Јоакима и зато је био у Давидовој краљевској линији. Иако је био познат као гувернер, а не као краљ, он је био изабран да води народ у повратку. Са собом је повео свештеника Исуса Јаседекова.

Обнова (3-6)

ИСУС ЈАСЕДЕКОВ

Под Исусом народ је подигао олтар и наређено им је да врше жртововања после повратка. Случајно, то је била прва ствар коју је Аврам урадио када је подигао свој шатор, прво на ред иде обожавање.

АРТАКСЕРКС

Када су се вратили и почели приношења, одмах су се суочили са проблемом. Артаксеркс је заменио Кира и добио писмо од Самарићана који су већ населили Јуду пре њиховог повратка. Самарићани су пола Јевреји, пола незнабошци, они су били производ бракова између Јевреја који су побегли од депортације и осталих народа у околини. Они су били "мешанци", а њихов однос са Јеврејима је био срдачан - ако ништа друго, избегли су исељавање. Али од овог времена Јевреји и Самарићани нису могли да живе једни поред других. Писмо је у себи скривало и маскирало зле намере, па су чак и радови престали. Али су Самарићани направили грешку, зато што је Артаксеркс био Јестирин унук, па је према томе имао симпатије за Јевреје.

ДАРИЈЕ

Касније, још једно писмо је дошло из Вавилона, од императора Дарија, који је охрабривао даљу обнову. Под Даријем је Данило бачен лавовима, па је сигурно схватао колико је велики Бог. Тако је градња ишла споро. Било је времена када је опозиција Самарићана стопирала градњу, а било је и времена када су били уморни од великог посла, па су се окренули изградњи њихових домова. Пророк Агеј их је једном упитао: "Зар је сада право време да правите луксузне куће када кућа Божја још није изграђена?", и ове речи су их погодиле, па је градња настављена. Било је тешко одржати морал, јер су тада били само мала група народа у напуштеној земљи која је опорављала шта је могла.

Повратак II (7-8)

После 50 година једна група се вратила под вођством Јездре. До тог времена закон и ред су већ постали проблем, тако да се Јездра вратио да примењује и наметне закон и правила понашања. Артаксеркс је до тада послао писмо где је охрабривао Левите да се врате, а Јездра је нашао 38 људи који су били спремни да се врате са Јездром. Текст ове књиге је сада у првом лицу једнине, пошто он препричава своје искуство и доживљаје.

Реформа (9-10)

ПРИВАТНО ПОКРЕТАЊЕ

Реформа је једна од најтужнијих делова у овој причи. Јездра се приватно молио, тражећи милост од Бога када је видео како се народ брзо враћа старим пороцима. Он је инсистирао да народ врши јавна исповедања за оно што раде. Направио је и црну листу оних који су кршили закон и удаљили се од вере. А једна од највећих грешака је била да је народ ступао у бракове са другим народима - пракса која је била забрањена одабраном народу, али је исто тако била забрањена и хришћанима у Новом завету. Неко је са правом рекао, **ако се ожениш дететом ђавола, имаћеш проблема са својим тастом!**

ЈАВНА ПРИЗНАЊА

Јездра је захтевао од народа да поништи те бракове зато што они нису законити у Божјим очима. Нови завет то не говори, али Јездра је тај проблем сматрао веома озбиљним, жене и деца морају бити одвојени од Божјег народа који мора бити чист. Чак је улазио и у обичаје понашања код неких људи који су вратили из Вавилона, али нису били прави Јевреји.

Јездра - човек

Јездра је фасцинантан карактер. Његово име буквално значи *помоћ* (Немијино значи *утеха*). Сигурно је да је једна омања група требала помоћ и утеху. Јездра је био директан потомак Арона преко Ароновог сина Елеазара, па преко Финеаса и Задока свештеника, имао је свештеничко наслеђе.

Јездрина књига нам говори да је он са собом понео Свете скрипте - вероватно књиге закона (Постање или Поновљени закони). Био је описан као *човек скрипте* зато што је урадио три ствари са Библијом: студирао је, живео је по њој и предавао је о Скриптама. Прво и треће је мало лакше урадити, а друго је веома важно. Његова посвећеност Светом писму водила га је да има нежно срце које је плакало због грешности свог народа. Лако је да плачемо када се присетимо наших грехова, али када плачете за грешност целог народа, онда то говори о дубини духовности која се дели.

Традиција каже да је Јездра био на челу савета од 120 Јевреја који су скупили књиге и **саставили и формирали оно што ми данас зовемо Стари завет**. Не зна се да ли је то тачно, али је сигурно је да је његова пажња на Свете списе поставила темеље за наредних 400 година, јер у том периоду није било пророка и једина реч од Бога која је дата у прошлости до тада, била је од Јездре и Немије.

Мало људи зна да је Јездра основао синагоге. Од тада, да би се служило по синагогама, морају се пратити инструкције од Јездре, чак и данас, свака служба у синагоги је тачно супротна по редоследу скоро по свим хришћанским службама. Њихов редослед је прво реч, обожавање је друго. Слушајте Бога пре него што разговарте са њим, тако да тек онда обожавање дође као одговор на Божје речи.

На овај начин обожавање постаје још значајније и има више варијација. Понекад се осећате као да бисте играли или певали, а другом приликом сте озбиљни и понизни.

Уместо да имамо људе који обожавају, допуштено је да реч одреди курс. Људи који су пуни Божје речи су спремни за обожавање. Ако одете у синагогу, проводи се сат времена у читању и објашњавању Божје речи, пре него што пређу на обожавање.

Према томе, Јездра је одредио редослед. Он је имао обичај да са дрвеном говорницом оде на пијацу и да објашњава Свете списе, па је њихов одговор постао обожавање. То је био редослед служења у првој Цркви, судећи по документу који се зове *Дидакт*. Када сам имао службу у Гилдфорду имало смо један сат у говору, а затим пола сата обожавања, и то је фунционислао веома добро.

Немија - књига

Сажетак књиге
Сажетак Немијине књиге потврђује сажетак и структуру Јездрине књиге, показујући да обе књиге долазе од истог пера. Има исту четвороделну поделу, две подсекције, три - три - два.

Повратак III (1-2)
ЛОШЕ ВЕСТИ ИЗ ЈЕРУСАЛИМА
Трећи талас повратника је почео са Немијом, који је још увек у Вавилону, који добија лоше вести из Јерусалима. Он је био пехарник краља Артаксеркса. Ја погађам да је добио посао кроз краљицу Јестиру, јер је Артаксеркс био њен посинак. У то време то баш и није био пријатан посао да пробате вино, увек се питајући да би следећи гутљај могао бити последњи, мада је био одговоран посао. Краљ је имао у њега поверење и био са њим у опуштеним односима. Када је Немија чуо да је заустављен градња Јерусалима и да су локални људи тамо незадовољни и љути, изгледао је несрећно и краљ је приметио да нешто није у реду. Немија је све објаснио свом краљу, иако је знао да лоше расположење може водити и ка казни. Био је запањен одговором. Артаксеркс му је дао ауторитет да се врати и обнови зидове, а такође је и послао писмо где народу представља који су материјали потребни за изградњу.

НОЋНА ИНСПЕКЦИЈА КАПИЈА
Већ од другог дела прве секције Немија је у Јерусалиму, који ради тајне инспекције зидова да би проценио штету. То је мудар лидер који обрачунава цене и трошкове пре него што се ишта почне - он је човек који нигде не жури на безобразан начин. Он је човек од вере, али он види шта је задатак пре почетка.

Обнова (3-7)
ЗИДОВИ СУ ПОДИГНУТИ

Немија је сазнао да зидови и капије морају да се оправе - већина зидова је било потпуно уништено, док су другима требале значајне оправке. Данашњи посетилац често гледа ка старим зидинама и замишља да то мора да су зидине из Старог завета. Истина је да је садашње зидине града саградио Сулејман величанствени после крсташких ратова. Стари град је био ван данашњих зидина, више према југу где је био храм. Данашњи простор за храм, са џамијом Омар и Ал Акса џамијом, је на површини од 13 ари - са великим каменом платформом на врху брду. Ипак, ископавања старозаветног града су окрили зидове из Месијиних дана.

Немија је показао велике лидерске способности у изградњи. Он је оштроумно захтевао од људи да граде зидове који се ослањању на зидове њихових кућа. Невероватна је чињеница да су зидови целог града подигнути за само 52 дана. Урадили су још и капије, по први пут град је био обезбеђен.

СУОЧАВАЊЕ СА ПРОБЛЕМИМА
Овај пут се се суочавали са великим потешкоћама:

Спољно противљење. Прво је било исмејавање. Самарићани су исмејавали њихов труд, тврдећи да и лисица може да се пробије кроз зидове. Изазивања су пала на глуве уши, а онда су покушавали са претњама и било је све озбиљније. Чак су направили и неку заверу да наговоре Немију да одустане од посла. Понудили су се да буде пријатељи, захтевајући разговор лично са Немијом. Он их је мудро све одбио - ништа га неће скренути са главног посла.

Унутрашње противљење. Унутар зидина, богати су постајали све богатији, сиромашни све сиромашнији, преко финансијских трансакција противили су се Мојсијевом закону. Биле су велике камате на позајмице у толиком облику да је народ почео финансијски да посрће од дугова. Немија је храбро уочио овакве проблеме и изједначавао економске нивое међу људима.

ГРАД ЈЕ ПРАЗАН
Следећи проблем је био да је мало људи желело да живи у граду. Плашили су се напада и више су волели да живе на селу, где је лакше

сакрити се. Тако је Немија морао да убеђује народ да дођу и да живе у граду. Имао је листу предака у Јерусалиму пре прогонства и убеђивао је народ да дођу и да се преселе са породицама. Такође је направио и попис да би знао где је свако од њих. Било је 42.360 Јевреја, 7337 слуге и интересатно, 254 певача. Чињеница да је забележио певаче говори да је хтео да обнови обожавање у Божјем храму.

Нови почетак (8-10)

ЈЕЗДРА ЧИТА ЗАКОН

Следеће што се догађа је да налазимо Јездру где јавно проповеда за дрвеном катедром до подне. Кажу да не само да је читао, већ је читао на такав начин да сви могу да га разумеју. Читање је било на празник Шатор од састанка, који је био фестивал жетве код Јевреја. Замишљено је да буде весео догађај - рабини кажу да ако неко дође на ту прославу и није весео, то је грех!

ЧИН ПРИЗНАЊА

Људи су толико били додирнути да су пали доле и плакали, признајући своје грехове и грехове њихових предака. Ту је представљена кључна разлика између Јездре и Немије. Јездра је видео ситуацију у којој треба да се плаче, а Немија је говорио да је време за весеље. Јездра је плакао због греха која му је открила Божанска реч, а Немија је мислио на изградњу зидина и да је то лепа прилика. Немија је говорио да треба да уживају, да праве добра јела и да имају гозбу. Постоји време за плакање, постоји време за весеље, а ми смо позвани да све радимо у право време.

ЗАВЕТ ЈЕ СТВОРЕН

На крају молитве исповедања, Јездра је средио да народ понови свој завет са Богом. Лидери, Левити и свештеници су створили обавезујући уговор. Десета глава набраја људе који су то потписали.

Реформа (11-13)

НАСЕЉЕЊЕ ГРАДА

Део Немијине речи је био да охрабрује људе да се преселе у град, сада када су зидови града изграђени. Од 11. до 12. главе видимо листу људи којима је наређено да живе у граду.

КОРЕКЦИЈА

Мешани бракови
У последњем делу књиге Немија заиста улази у посао. Прво је имао задатак да растура мешане бракове који су прљали нацију. Он је проклињао оне који су се венчавали ван Израела. Ја често кажем да разлика између Јездре и Немија је била да је **Јездра вукао себе за косу, а Немија је вукао друге за косу!** Немија је буквално вукао за косу грех у свом народу.

Непрописни фондови
Немија се такође бавио и непрописним фондовима. Неки су злоупотребљавали новац који им је дат на старање. Немија је одлучио да донесе правду и правилно регулисање финансија.

Деосвећење сабата
Сабата се нису придржавали како је требало. Пословни људи који су се вратили из прогонства, видели су да им послови више нису тако уносни као пре, па су своје радње држали отвореним и на сабат. Немија је заправо инсистирао да се затворе капије града сваког дана сабата и да не могу да се врше комерцијални послови.

Запостављене обавезе
Религиозни свет није био нешто бољи. Свештеници су запостављали своје обавезе у храму, па је Немија и то морао да сређује. Левити и певачи нису били плаћени за своје радње, па су тако бежали на село да се баве земљиштем.

Јездра и Немија нису радили само на обнови ствари, већ су радили и на реформисању народа. Користили су храбро свој ауторитет, понекад чак и сурово, да би нацију усмерили у добром правцу.

Немија - човек

У целини гледано народ је више волео да буде опомињан од Немије него од Јездре, лако је видети зашто. Постоји нешто боље и финије око Немије, не само зато што је по природи био весео и да је охрабривао друге да буду весели. Немија је рекао: "Радост Господа је твоја снага". Не знам да ли би Јездра икада изговорио нешто слично - он је био презаузет плакањем над народом. На много начина они су били савршен пар. ***Помоћ*** и ***утеха*** припадају једно другоме.

Ипак, постоји нешто јединствено карактеристично за Немију која ме дубоко импресионира. Имамо осећај као да га знамо. Он је искренији са својим осећањима него Јездра. Јездра говори више о себи, он је више аутобиографски. Има више речи "ја" у његовој књизи, а то нам о њему говори четири ствари:

Молитвени

Ако је Јездра библијски човек, Немија је молитвени човек. Било шта да је радио, пре тога се помолио. Имамо примере кратких и дугих, јавних и приватних молитава. **Није важна дужина молитве, важна је дубина.** Молио је Бога да казни све оне који учествују у злу, и тражио храбро од Бога да га се сети и награди за добра дела.

Практични

Био је добро организован. Неки људи су толико тврдоглави, да на земљи нема сврхе за њих, али не и за Немију. Он није био против ни да он меша малтер. Све је добро организовао, проучавао је капије и зидове и одређивао шта је све потребно. Није био у облацима, био је практичан човек. Зар није предивно када имате комбинацију практичног и молитвеног човека?

Емоционални

Био је емоционалан човек са дубоким осећањим, показивајући дубоку тугу и велику срећу. Охрабривао је друге да приђу Господу, да се радују и да имају снагу за радост, али је умео да буде и љут и да вуче људе за косу. Ретко је био досадан.

Друштвени

Изнад свега био је друштвени човек. Не знам да ли би Јездра урадио све што и Немија, зато што је Немија био међу људима. Био је бриљантан и на личном ангажовању. Чак се дешавало да иде међу раднике и да их тера да ради. Подизао је морал и доносио неку нову енергију. Увек постоји нешто привлачно у човеку као што је он, када је говорио о раду, увек је говорио *ми*. Једно приликом је одбио ручак са гувернером да би био са народом. Имао је личне моменте, када је проверавао зидове, али и зграду причао је: "И ми смо изградили зидове". Сваког би похваљивао: "Посао смо имали у виду, да радимо и завршимо за 52 дана". Није рекао "То је било моје дело". Ми читамо да су они схватали као да је посао урадио њихов Бог.

Толико је равнотеже у његовом лику - молитвени и практични човек, радосни и тужни, тежак, али и нежан, осетљив на Бога, осетљив на народ. Он је добар пример особина које и ми треба да опонашамо.

Бог и његов народ

Бог

Када студирамо библијску историју уобичајено питање је: Зашто изучавати историју пре толико времена? Какве то везе има са нама - који смо удаљени хиљадама километара и 2500 година касније?

Прва ствар, ми трагамо за интересантним догађајима и инспиративним личностима. Библија описује људске мане и никад није досадна. Али ми уистину читамо историју Бога и његовог народа - Бога који је себе везао заветом за један народ и једну нацију, који се заветовао и са нама са новим заветом. Погледајте како Немија говори о "свом Богу". Имамо слику Бога који испуњава своја осећања.

Обећао је свом народу две ствари - да благослови њихову послушност и да прокуне њихову непослушност. Бог који испуњава једно обећање, испуниће и друго, када их је послао ван њихове земље, Он је само испуњавао обећање.

ПОСЛАО ИХ ЈЕ У ПРОГОН

У *Левитској* (26,44) Бог је обећао народу да ће их избацити из обећане земље ако се лоше понашају, и одржао је своје обећање. Разлог зашто је баш било 70 година није препознато. Објашњено је при крају *Друге књиге дневника*.

Божји закон каже да је и земљи потребан одмор/сабат, баш као и људима.

Бог је наредио да сваке седме године не треба обрађивати земљу, да јој треба дати одмора. Али земља није имала такав одмор већ 500 година - што је, наравно, 70 година (сваких седам година за 500 година). На крају *Друге књиге дневника* Бог је рекао: "Ако земљи не дате одмора, ја ћу дати. Земља није имала одмора 70 година и остатак, зато ћете ви бити ван земље 70 година".

Бог држи своја обећања. Обећао је награде за праведност и казну за неправедност. Он ће урадити и једно и друго, јер је дао завет за оба, и Он ће применити на свом народу пре било ког другог. Павле, пишајући хришћанима, каже: "Сви ћемо морати да се појавимо пред Христовим седиштем пресуде, свако ће добити оно што му следује за оно што је чинио у овом телу", било добро или лоше.

ВРАТИО ИХ ЈЕ ИЗ ПРОГОНА

Као што је Бог обећао да ће казнити, тако исто обећава и благослов (Јеремија, 29,10). Како је одредио додељено време Он их је вратио - други излазак, мада овога пута није било преласка преко мора и нико их није гонио.

БОЖЈЕ ТАЈНО ДЕЛО

У оба случаја, Јездре и Немије, приметио сам да Бог делује тајно. Нема пророчких речи у овим књигама, нема чуда, а опет видимо Бога како делује на зачудан и миран начин.

Лидери у народу. Видимо како је подигао неке индивидуе у Божјем народу и како их је запослио за свој рад. Зороваваљ је постао лидер. Јездра и Немија су имали специфичне задатке и били су уздигнути баш у право време.

Лидери ван народа. Бог није ограничен само на свој народ. Он делује и кроз људе који не знају за њега - људи као Кир, Артаксеркс и Дарије. Неки су осећали симпатију према Божјем народу; други, као Навуходоносор, нису осећали симпатије, барем не у почетку.

Божји народ

Бог је иза сцене, штити свој народ, али очекује од народа и да одиграју своју улогу у ефективној промени. Он је већ показао себе као Бога који се држи завета, али су и они позвани да одрже свој део погодбе и да буду свети народ, како је то Бог захтевао од њих. Већина народа није испунила свој задатак. Једна од лекција коју можемо научити из ове књиге је како се народ брзо враћа греховима који су починили раније. Једини грех где се више нису враћали, то је идолопоклонство. Од тих дана Јевреји су доживели такав хорор од идолопоклонства да се више никад нису враћали да обожавају идоле, и никад више неће.

Винстон Черчил је написао изванредну историју Другог светског рата у шест томова. Ја сам их читао и то је изузетно штиво, али шести део има интересантан назив. Покрива сав завршетак рата и он га је назвао **Тријумф трагедије**. Поднаслов је: *"Како су велике демократије тријумфовале и онда како су могле да наставе са глупостима због којих су умало изгубили животе"*. То је била последња пресуда великог ратног лидера: народ се вратио својим глупостима.

САМО СУ НЕКИ ОТИШЛИ КУЋИ

Упркос томе што су имали шансу да се врате у своју постојбину, само 50.000 од два милиона су то и урадили (то је 2,5%). Главни разлог је био да су живели у просперитету и веома угодно у Вавилону, док би засигурно било тешко и несигурно у Јуди. Они који су се вратили суочили су се са тешким путовањем од 1300 километара и немаштином која их је извесно чекала по повратку у своју земљу.

ОНИ КОЈИ СУ СЕ ВРАТИЛИ СУ БРЗО ПАЛИ У ГРЕХ

Иако су се вратили, народ је поново пао у грех. Нису се плашили Бога као што је требало и врло брзо је почело кршење закона, баш као што је било и пре прогонства у Вавилон. То видимо по томе да нису могли да не одоле браку ван вере и по томе што се нису устручавали да извлаче корист и да злоупотребљавају једне друге како су могли.

Тако да није никакво чудо што у деветој глави обе књиге, оба пророка су потресени оним што се догађа. Они не само да су требали да обнове народ, већ су требали да их спасавају од греха и од њих самих.

Резултат

Бог је престао да им говори наредних 400 година - није било чуда и порука за време целих четири векова. Тако су Јездра и Немија, са још два пророка, Агејом и Захаријем, било веома забринути за обнову.

Данило је дао једно чудесно предвиђање које је специјално важно за Јездру и Немију. Рекао је: "Знајте и разумите ово. Од објављивања декрета до обнове и изградње Јерусалима, па до доласка Помазаног, Владара, биће 'седам седмица и 62 седмица'... После 62 седмице Помазаник ће бити одсечен и неће ништа урадити". Када студирамо Данила, ми смо видели како су те 62 седмице или 490 година довеле нас до јавне службе Исуса, ако узмемо да је тај *декрет* онај који је донео Кир или Артаксеркс.

Тако да право из прогонства, кроз Исуса имамо директну линију пророштва. Ја верујем да је Бог приказао Данилу да ми треба да знамо, да чак и када се деца Израела врате из егзила и када се врате греху, још увек ништа није изгубљено. Бог већ зна шта ће да ради после тога.

Бог није био изненађен; он је већ направио планове шта ће да уради и да исправи ситуацију. Послаће Спаситеља да их избави из греха, зато је Исус дошао.

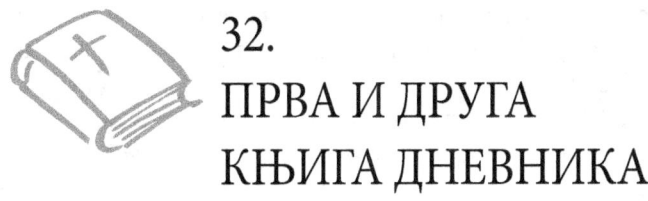

32.
ПРВА И ДРУГА КЊИГА ДНЕВНИКА

Увод

Када људи покушавају да читају Библију као целину, обично су заглављени са *Поновљеним законима* или *Књигом дневника*. *Поновљене законе* је тешко читати јер готово и да нема радње или описивања неког религијског ритуала и немају неке везе са модерним животом. Дневници су тешки за читање зато што првих девет глава нису ништа друго него генеологија тј. родослови, са именом које често не умемо ни да изговарамо. Штавише, читајући ову књигу после *Књиге о царевима*, људи су изненађени да се много прича понављају, па тако одлучују да ова књига уопште није вредна читања. Тако да нашу студију морамо да почнемо са анализом, зашто овде две *Књиге дневника* толико личе на *Књиге о царевима*.

Наш први траг нас води ка хебрејској Библији која је по редоследу прилично другачија од енглеских Библија. Позиција Дневника у јеврејском канону сугерише да веза са *Књигом о царевима* и није тако велика како нам се може учинити.

Прво, видимо да су књиге груписане другачије. Хебрејска Библија има три групе књига: **Закон**, **Пророци** и **Записи**. Заиста, када је Исус говорио двојици на путу за Емаус после васкрсења, Лука је забележио да их је провео кроз Закон, Пророке и Записе и каква је веза између њих. На крају крајева, то је била његова Библија (Јеванђеље по Луки 24,37; 44).

У хебрејској Библији, првих пет књига су *Закон* (још се називају Тора или Петокњижје или Пет Мојсијевих књига) - зовемо их *Постање, Излазак, Левитска, Бројеви* и *Поновљени закони*. У хебрејској Библији називи су дати по првој речи која се види у свитку. *Постање* се зове *У почетку; Излазак* се зове *Ово су имена;* Левитска се зове *И он је позвао; Бројеви* су *У дивљини,* а *Поновљени закони* су *Ово су речи.*

Хебрејска Библија онда даје списак онога што ми зовемо пророчке књиге. Постоје две подгрупе пророка. У првој групи су: *Исус Навин, Судије, Самуилове књиге* и *Књиге о царевима*. Самуило и Цареви су једна књига у хебрејском Старом завету, главни разлог је што хебрејски језик има сугласнике, нема самогласнике, па тако они у записивању заузимају мање места. Када су ове књиге прво преведене на грчки, а онда и на енглески, добиле су много у дужини, зато што сад имају самогласнике.

Али ове четири књиге су класификоване не као историја, већа као пророчке, зато што имају пророчки увид у историју. Самуило је пророк који је доминирао у раном периоду, а за време краљева било је туце пророка. Пророци су били ти који су писали историју и интерпретирали је и показивали народу шта то Бог ради. Каснији пророци су стављени у другу подгрупу, а то је исто као и у енглеским Библијама.

Записи су нешто као разни текстови где иде све остало. Ту се налазе *Псалми* (псалми буквално значе *похвале*), *Јов* и *Изреке*. *Рута* није пророчка књига, па иде у *Записе*, ово није случај у енглеској Библији. *Песма над песмама, Књига проповедникова, Тужбалице, Јездра, Немија, Јестира* и *Данило* су такође укључени. Највеће изненађење је да *Данило* није међу пророцима, иако је пророковао чак и другим нацијама.

Последња књига јеврејског Старог завета су *Књиге Дневника,* који се такође зову и *Речи дана*. Јасно је да је ова књига третирана потпуно другачије од *Књиге о царевима*. Једна је пророчка, друга није.

То је бољи распоред него енглески, не зато што је последња реч у енглеском Старом завету (Малахије) реч **проклетство**. Последња реч у хебрејској Библији је **ићи горе**, у смислу *идемо горе у Јерусалим* (*алија* на хебрејском).

У енглеском распореду имамо другачије груписање. Ми третирамо првих пет Мојсијевих књига као историју и везујемо их са *Исусом Навином* и *Судијама*, како се наставља даље. Ту је и *Рута* пошто ми мислимо да је то део историје. Онда *Самуило, Књиге о Царевима* и *Књиге Дневника* долазе по реду. Зато ми имамо осећај када читамо *Књиге Дневника* као да читамо поново исти текст.

Резултат свега тога је да су *Књиге дневника* прилично непознате у црквеним круговима.

Само две реченице су широко цитиране. Прва је "Ако је мој народ позвао моје име са понизношћу и молио се да пронађе моје лице, и одвратио се од злих дела, онда ћу их чути са небеса и опростићу им грех и они ће излечити земљу" (7,14). Постоји мјузикл под називом **Ако мој народ** написан само по једној реченици, а опет је текст извучен из контекста. Коришћено је као "Излечићу њихову земљу" примењено на Енглеску и Сједињене Државе, али земља о којој се прича је, наравно, Израел. Не може се применити на остале нације.

Друга позната реченица је од владавине краља Јосафата, када је нападнут од три нације које су постале савезници и негирали Јуду. Пророци су му рекли: "Ти ћеш добити битку", али му је речено да пошаље певаче на челу војске. Тако су хорови ишли напред и певали песме захвалнице Богу, и непријатељ је побегао. Ово се десило само једном приликом и тешко да је претходница певања на улицама и истеривање демона из града као што су хришћани мислили. Оба навода су узета ван контекста, Тужно је, пак, да осим два поменута цитата, народ није ни чуо за *Књиге Дневника*.

Дупликат?

Књиге дневника и *Књиге о царевима* су једине библијске књиге где се исти период обрађује два пута. Постоје два угла гледање на стварање у прве две главе *Постања* - један из Божје перспективе, а други из људске. Постоје четири различита погледа на Исусов живот у Новом завету. Иако књиге изгледају исто, свака је са различитог становишта, јер свако Јеванђеље је написала друга особа.

Ове четири књиге Царева и Дневника нас подсећају да свака историја такође има свој угао гледања. Не можете да пишете историју, а да нисте лично умешани, зато што, када се све то деси, ви бирате само оно што би могло бити интересантно и шта ви мислите да је важно. Тек када се изврши селекција, све онда може да се повеже, да се види када један догађај води у други и тек онда може да се процени шта је урађено.

Тако да историчар прави први корак у селекцији, повезивању у и развоју, а створена је морална процена шта би требало да буде укључено. Чак и у лажној историји у књизи *1066 и све то*, створене су моралне пресуде кроз цели текст, да ли су прописно одвојене добре од лоших ствари. На исти начин, пронаћи ћемо моралне пресуде у *Књизи о царевима* веома различите него у *Књизи дневника*.

Поређење *Самуилове књиге*, *Књиге о царевима* и *Књиге дневника*

Самуилове књиге и *Књиге о царевима* су две књиге у хебрејском Старом завету (код нас су четири), и покривају период од само 500 година. Ако читамо *Књиге дневника* видећемо да књига почиње много раније, а завршава се знатно касније, чак се спомиње и Адам, враћајући се до тренутка стварања људске расе. *Самуилове књиге* и *Књиге о царевима* завршавају се са прогонством, али у Дневницима идемо 70 година касније. "Хајдемо да идемо у Јерусалим", каже се у последњим речима у Дневницима. Тако да ова два писца испред себе имају два различита задатка, па су се и различито односили према тексту.

У Царевима, народу је требало објашњење зашто су се нашли у егзилу, али у Дневницима већ знају зашто - њима је требало охрабрење и да почну да се враћају ка земљи и обнови зидина града и изградњи храма. Краљеви су написани баш непосредно после тих догађаја, а Дневници много времена после тога. Политичка историја доминира Царевима, док су Дневници већим делом религијска историја. Значи, Цареви су написани из пророчког угла, Дневници су написани из свештеничког угла. Краљеви обухватају север и југ; Дневници покривају исти период, а никада не спомињу једног северног краља. Писац уопште није заинтересован за север. То је велика разлика. Краљеви се концентришу на људске недостатке краљева који су водили до катастрофе. Дневници желе да се концентришу на божанску верност. У Дневницима краљевски пороци су истакнути на рачун краљевских врлина, тако да Дневници имају позитивнији поглед на краљеве.

Није да Дневници покушавају да промене историју; већ само бирају углавном добре ствари које су краљеви урадили. Нагласак је на **морал**, кључна реч је **праведност**. *Књиге о царевима* одговарају на питање да ли су краљеви били праведни или нису. У *Књизи о царевима* интересовање је на ритуалима, храму и жртвама, нагласак је на духовно пре него на морално. Тако у тој књизи има пророчко писање, а у Дневницима имамо свештеничко. Разлика у углу посматрања је огромна.

Јасно је да је један од најбољих начина да приступимо тумачењу *Књиге о царевима* тако да пронађемо шта је изостављено код Краљева и Самуила. Само површни поглед нам даје кључ за разумевање. Код Самуила, Саул је у шестини књиге, Давидов живот обухвата две трећине. Соломон је отприлике половина у *Првој књизи о царевима*, а подељено царство је друга половина. Шта се овде догађа? Зашто су Дневници све то изоставили?

Изостављања

1. Не помиње се Самуило и његов избор краљева.
2. Саул једва да се помиње. Имамо његову смрт, али и у том контексту спомињања Давида. То нема никакве везе са остатком Сауловог живота. Писац жели да се краљеви виде у добром светлу, па је тако Саулова владавина игнорисана.
3. О Давиду је писано опширно, али чак и у томе је интересантно видети шта је изостављено. Изостављен је његов сукоб са Саулом, као и његова седмогодишња владавина у Хеброну и живот са много жена. Не пише ништа о побуни Авесалома и цела епизода са Витсавејом - одлучујућа тачка Давидове владавине - није добила ни један једини ред.

Селекција материјала је веома значајна. Писац је укључивао позитивне приче и изостављао све оно што је било неславно. Тако да у одсуству Витсавеје, Давид се приказује у изванредном светлу, баш као и Соломон. Нема ниједне речи о његовим многобројним женама, о идолима који су донети на двор, његов однос са Богом пун недостатака, неспособност да се бави са "високим местима" обожавања и присутност паганских храмова.

Пажња на позитивне ствари је присутна у целој књизи. После поделе краљевства, писац изоставља северне краљеве на рачун јужних. Посвећује много пажње добрим краљевима, као Јосија или Језекија, а лоши краљеви не заслужују да се уопште пише о њима.

Осим ако писац нема предрасуде, он је прилично промишљен у својим селективним одлукама. Он има одређена интересовања - биле су неке важне теме за време Саулове владавине, али су биле и у време Давида и Соломона, па и у време осталих јудиних царева.

Сажетак књиге

Књига 1: Богослужбени краљ
1-9: од Адама до првог краља Саула
10-29: Давид и Заветни ковчег, најбољи краљ Израела

Књига 2: Богослужбени краљеви
1-9 Соломон и храм, последњи краљ Израела
10-36: Од Јеровоама до Седекије, најбољи краљ Јуде
Последњи краљ Јуде, трон и храм

Укључивања

Пре свега, писац је заинтересован само за краљевску лозу Давида. Нико од северних краљева није био у краљевској лози, па тако нису ни спомињани. Дневници су посебна историја краљевске линије Давида, и ништа више. Саул је искључен јер није био у Давидовој краљевској лози, а био је из племена Венијамин. Једном човеку је посвећено много пажње, а једва се помиње у Краљевима - то је Зоровавељ. Он је био у Давидовој краљевској линији и вратио се из вавилонског прогонства. У њему су се слиле све народне наде да ће доћи Месија, јер он је био једини који се вратио Давидову краљевску лозу. Тако да када писац иде у родослов, половина текста у том делу је породично стабло Зоровавеља. Он боји краљевску лозу у лепим бојама.

Религијска пажња

Писац је нарочито пажљив према краљевом односу према ковчегу и према храму. Он се концентрише на било који запис о народном третману заветног ковчега и храма који је укључивао и део где је Бог обитавао са људима. Тако нам је речено како је Давид донео ковчег у Јерусалим, како је хтео да гради нови храм, како је почео припреме и куповао материјале, цртао планове и како је организовао хорове и хоровође. Велики број ових детаља је прескочен у Краљевима и Самуилу.

Штавише, шест од девет глава обраћа пажњу на Соломонову забринутост око изградње храма, а не о његовом оцу коме је забрањена изградња. Писац бележи Соломонову молитву када је била посвећена и како је слава дошла од Господа. Дневници садрже причу о подземном каменолому из кога су узимани материјали за изградњу храма.

Према томе, све сугерише да је ово свештенички поглед на историју. Пророк би се фокусирао на лоше ствари код краљева који су донели пресуду за губитак земље. Али писац је задовољан тиме да бележи изградњу храма, уређење хорова и оснивање чина обожавања. Он је знао Давида као великог обожаваоца, писца псалама и човека који је хтео да гради храм. Тако су Давид и Соломон виђени другачијим очима него у *Књизи о царевима*.

После Соломона, када се краљевство поделило, писац је заинтересован само за југ, јер тамо су били храм, свештеници, па и Бог, а задржана је краљевска лоза. Писац је изабрао осам краља - петорица су добри и - укључујући сопствени принцип, игнорише све лоше краљеве на северу, њих укупно 12. Већ смо запазили његову главну пажњу на Давида и Соломона. Да кратко бацимо поглед и на остала шест краља.

Шест краља

Аса

Писац је одабрао Асу, који је склонио идоле из племена Јуде и Венијамина и истерао са двора своју мајку, зато што је тајно обожавала идола у њеној спаваћој соби. Аса је био тај који је склопио завет са Господом и обогатио храм са златом и сребром, па је тако, у свештеничким очима, био добар краљ.

Јосафат

Он је био Асин син који је послао Левите да уче Божји закон у сваком граду. Победио је Амон и Моав. Видели смо раније да је послао певаче да иду у битку испред војске, био је инструмент обнове пажње према Богу.

Јорам

Један лош краљ који се овде помиње, али је његово помињање кључно за заплет. Његова кључна грешка је била што је оженио Ахавову сестру Готолију, чији су родитељи већ били у обожавању страних богова. Она је дошла на југ и хтела да освоји трон, убијајући све из краљевске лозе. Али свештеник који се звао Јодај је киднаповао најмлађег принца, Јоаса и крио га шест година и касније га представио као будућег краља. Још једном су свештеници одиграли кључну улогу у чувању краљевске линије Давида.

Јоас

Јоас је такође имао мешане особине. Обновио је храм и приморавао народ да даје прилоге за обнову храма и одржавање. Међутим, посекао је побожног Захарија, Јодајевог сина, и поред тога што је Јоаким према њему показао велику милост.

Језекија

Он је поново отворио и оправио храм. Народ је славио Пасху са великом радошћу. Његове реформе се описују тек у неколико редова у Царевима, а овде су присутне целе три главе. Он је реформисао чин обожавања и опоравио значај и улогу храма код народа.

Јосија

Писац Дневника доста пажње посвећује Јосији, дечаку који је постао краљ и који је, током пролећног чишћења храма, пронашао књигу закона. Вратио је прописну службу и прославе у храму и имао намеру да реформише народ који су у то време имали паганско обожавање.

Сви ови краљеви су се противили идолопоклонству, због тога су и били добри краљеви у очима свештеника. Интересантна ствар око идолопоклонства које је било владајуће у време пре прогонства. Када су се вратили из избеглиштва, никада више као нација се нису вратили идолопоклонству, и нису се вратили до данашњих дана.

Кључно за наше разумевање Дневника је да се завршава победом Кира над Вавилонцима и слањем Јевреја назад ка њиховој земљи и обнови храма. Тако читање обухвата све оне који су били повратници. Они никада раније нису видели јеврејски храм и никад нису били под Давидовом владавином, Писац дневника им говори три ствари - ја их зовем ТРИ ВЕЛИКА СЛОВА Р: Хтео да је да им пружи **корене** (roots), **краљевство** (royalty) и *религију*. Писац има јасну сврху. Он и проповеда, не говори само историју.

ПОВРАТАК ИЗ ПРОГОНСТВА

Ко су били   народ који има корене
Шта су били   краљевски народ
Зашто су били   религијски народ

Идентитет

Повратницима је било потребно да знају ко су били. Они имају корене који су до Адама, јер је Бог тај који контролишу историју од самог почетка. Они припадају Богу, и Он је њих изабрао између целог људског рода, почевши од Аврама и чувајући свој народ. Тако да они нису били само пуки становници те земље, већ народ који има свој идентитет и који је тесно повезан са Божјом сврхом. Зато је родослов тако дугачак.

Лидерство

Другу ствар коју су требали да знају да су краљевски народ, народ који има свог краља. Писац Дневника је желео да размишљају да поново имају краља и да обнове Израелско царство. Као да им је говорио: "Ви нисте само група обичних људи - ви имате краљевско свештенство, ви сте краљев народ. Имате краља чија је лоза још очувана, и бићете поново краљевство". У погледу страха код народа да не падну поново у ропство, ово је била велика инспирација.

Сврха

Трећа ствар коју је писац Дневника хтео да каже је која је њихова сврха постојања као народа. Најважнија ствар је свакако да им каже да су они Божји изабрани народ. Њихово обожавање Бога је апсолутно центар њиховог идентитета као народа. Зато када су се вратили, њихов приоритет је био да поново саграде храм и да обожавање буде обновљено на Мојсијев начин.

Већ смо рекли да је било преко 10% свештеника међу повратницима, што је велики проценат у односу на цело становништво. Били су посвећени да обнове Израел као религијску нацију, где је изградња храма била на врху приоритета. Назив *Јеврејин* буквално значи *похвала Богу*. Они су одлучни да по том називу и живе.

Тако су Дневници уствари проповед за повратнике, са охрабрењем да издрже та тешка времена. Није баш био неки уносни посао, јер су тешком муком зарађивали за живот. Били су веома сиромашни, зидање храма је био спор процес. Била су потребна два пророка - Агеј и Захарија - да их охрабрују да наставе. Али писац Дневника стално наглашава да Бог ипак мора бити на првом месту у животу народа..

Израел који је данас углавном постоји зато што је народ желео да има свој дом где би се осећали сигурно, мада ми је тужно да кажем да се нису вратили и обновили баш као Божји народ.

Никада нећу заборавити мојих 45 минута проведених са председником Израела у његовој резиденцији. На крају нашег разговора, он ми је рекао: "Па добро, ја сам агностик. Ја заиста не верујем у Бога".

Ја сам одговорио: "Али ово је била земља где је Бог учинио највећа чудеса". Он ми је одговорио: "Да, али ја не могу да верујем у то".

То је било много тужно. Било је важно вратити се као Божји народ и да храм поново буде центар њихових нада. Они су се вратили у своју земљу, али се нису вратили свом Господу.

Хришћанска примена

Христос

Неке теме у *Књизи дневника* се помињу у животу Христа.

КОРЕНИ

Матеја почиње са родословом Христа, а Лука у родослову иде до Адама. Кључно је да читалац буде убеђен у истинитост Христових корена. Христос је био и остао Јеврејин, не нека особа без корена која је случајно упала у историју, него је послата да испуни очекивања једног одређеног народа.

КРАЉЕВСКА ЛОЗА

Штавише, Христос је рођен у краљевској лози, тако је тврдио да је Давидов син. Заиста, он је могао да наследи трон по две лозе. Преко свог оца имао је легално право на трон, а преко мајке имао је физичка права, јер су обоје били из породичног стабла Давида. Мада он тренутно не влада као краљ, он је један од наследника Давидовог трона заувек.

РЕЛИГИЈА

Исус је такође био и испуњење израелских религијских нада, зато што је он уствари постао храм. Речено нам је у уводним речима *Јеванђеља по Јовану* "Реч је постала тело и 'настанила' се међу нама". Мислећи на своје тело, Исус је рекао: "Уништите овај храм, и ја ћу га подигнути за три дана". Он је себе видео као центар њиховог обожавања, као оног који испуњава симбол храма. Многе од јеврејских пракси је сматрао застарелим, јер су многе од њих уведене да служе као упутства ка њему.

Хришћани
КОРЕНИ

Апостол Павле објашњава хришћанима да су сада они "пребачени" у Божји народ, јер сада и незнабожац може да каже да има јеврејске корене. Њихов родослов је сада и наш. Тако да када читату *Књигу дневника* од 1 до 9, ја сада читам и моје породично стабло јер и ја сам сада Аврамов син.

Сада су ови корени чак и важнији од нашег породичног родослова. Наша породично стабло нестаје са нашом смрћу, али сада је јеврејско породично стабло наше. У Христу смо сви наследили Аврамов благослов.

КРАЉЕВСКА ЛОЗА

Петар над подсећа у свом првом писму да смо ми сада краљевски народ и да имамо краљевско свештенство.

Ми смо принчеви и принцезе, који ће ходати улицама као краљевски сој, владаћемо овим светом на челу са Христом. *Откривење* нам говори да ће Бог откупити људе из сваке врсте и племена да владају земљом. Исто тако, као древни Јевреји, ми ћемо живети са достојанством, знајући ко смо ми и која је наша позиција.

РЕЛИГИЈА

Као додатак свему, ми ћемо постати храм. Павле пита: "Зар не знате да су ваша тела храм Светог Духа?" ***То мора да се види по нашем начину живота.***

Три ствари које су повратници морали да науче, то исто важи за нас. Велика разлика између њих и нас је та да смо ми још увек у изгнанству. Ми још нисмо кући; ми смо странци и ходочасници у туђој земљи, ја живим у Енглеској, али ја овде не припадам. Моје држављанство је на небу, и то ствара нетрпељивост код оних са којима се мешамо. На крају крајева, Исус је рекао својим ученицима: "Мене су мрзели, исто тако ће мрзети и вас".

Сходно томе, морамо да радимо на томе да задржимо односе са неверним рођацима и пријатељима, јер ми сада припадамо новој породици. Морамо да се присетимо, да шта год радили нашем телу, ми то радимо храму Божјем. То је један разлог зашто људи остављају пушење када постану хришћани. Не пише ништа о пушењу у Библији. Ја сам често пута рекао - неће те пушење одвести у пакао, само ће учинити да смрдиш као да си већ био у паклу! Али многи хришћани су дошли до сазнања да пушење уништава храм Божји - чини нас да смрдимо, чини нас прљавим и скраћује нам живот.

Тако да *Књига дневника* није само досадни, стари део историје који је дупликат онога што је већ речено.

То је порука наде за будућност, а говори нам зашто смо ми овде и како да пронађемо прави идентитет као Божји народ у туђој земљи. То је кључна књига са кључном поруком, како за народ тога времена, тако и данас за нас.

33. АГЕЈ

Увод

Агеј је први од последња три мала пророка у Старом завету. После њих тројице Бог није давао никаква откривања наредних 400 година. Тако су Јевреји наредних четири века морали да причају својој деци "Једног дана Бог ће нам говорити". То је било све док Јован Крститељ није чуо његов глас поново.

Ове три књиге су веома кратке зато што су пророци кратко говорили.

Агеј је говорио три месеца, а онда је завршио. Само је Авдија краћи од Агеја у Старом завету. Захарија је говорио две године и мало се преклапа са Агејом. Ова кратка пророчанства су у супротности са Исаијом и Јеремијом, који су проповедали 40 или 50 година и чије су књиге много дуже.

Агеј и Захарија су познати као пророци после изгнанства, јер су дошли после егзила. Пре прогонства, пророци су били препуни упозорења о долазећим катастрофама, али по повратку расположење се променило. Били су пуни охрабрења и утехе, док је народ покушавао да отклони све штете нанете нацији.

Постоје доста сличности између Агеја и Захарије:

1. Говорили су у исто време. Обојица су пажљиво временски одредили пророштва, што је мало пророка урадило пре њих. Уопштено су одредили дан, месец и годину када ће изговорити своје речи. Сваки од пет Агејевих пророчанстава

има тачан датум, па тако можемо тачно да видимо колико је остало време од једног до другог. То исто важи и за Захарију. Они су преклапају у једном месецу 520. године пре нове ере.

2. Говорили су у истом месту - обновљени град Јерусалим у Јуди.

3. Говорили су о истој ситуацији. Историјска позадина је кључ за схватање поруке.

Историјска позадина

Персијски краљ Кир освојио је Вавилон 538. године пре нове ере. Био је добродушни диктатор и рекао је расељеним народима у царству да могу да се врате у своје матичне земље, обезбеђујући Јеврејима и помоћ при изградњи храма, уз услов да се моле Богу за њега. Кад је дошло време, само 50.000 Јевреја је одлучило да се врати. Остатак народа, од којих је већина њих рођена у прогонству, до тада су већ постали успешни трговци у Вавилону, одлучили су да остану. Вавилон је био главна трговинска рута и много Јевреја се обогатило. Јерусалим није био у тој позицији, већ напротив, његова будућност је била суморна.

Повратнике су водила два човека: принц Зоровавељ (његово име значи *семе Вавилона*) и Исус Јоседеков као првосвештеник. Зоровавељ је рођен и егзилу и никада није видео обећану земљу, али он је био једини преживели из Давидове краљевске лозе, а био је унук последњег легитимног краља, Јоакима. Тако је он требао да испуни Божје обећање да ће увек бити неког Давидовог сина на трону Израела. Име Џошуа [Исус у нашем преводу, морамо да додамо име оца Јоседек, да бисмо га разликовали од Спаситеља Исуса Христа - прим. прев.] значи *Бог спасава* или *Бог наш Спаситељ*, то је једна форма имена Исус. Био је потомак свештеника који се звао Идо, и опорављао је свештенство, мада то није било нарочито тешко, јер је међу повратницима, на 15 човека су дошла два свештеника, тако да су имали велики избор. Повратнике је највише интересовао духовни опоравак, јер су знали да се неће обогатити својим повратком. Биће то тешка борба у земљи која није одржавана 70 година и у граду са срушеним зидовима.

По повратку у земљу, Зоровавељ и Исус Јоседеков су одмах

хтели да направе олтар и било им је важно да оспособе храм око себе ако хоће да се обнове као Божји народ. Има неке далеке сличности са праоцем Аврамом, зато што када су се враћали, они су ишли истом рутом. Аврамово рођено место, Ур, је било доле уз реку у Вавилону и они су били на путу да понове причу о Авраму, да напусте своје домове, своје рођаке и своје послове да би ишли у земљу коју никад нису видели. Прва ствар коју је урадио Аврам када је дошао у обећану земљу је да подигне олтар и да направи жртву у захвалност Богу који му је обезбедио сигуран пут. Повратници су урадили то исто. Скупили су неколико камена и направили олтар и захвалили се Богу што их је вратио назад.

Не смемо потценити жртве које су принели. Оставили су пријатеље, рођаке и куће од цигала. Мењали су просперитет за сиромаштво, уносну трговину за земљу које је била напуштена 70 година. Али имали су свој сан у *Књизи дневника* да обнове краљевство са сопственим краљем - да буду Божји народ у земљи коју је Бог обећао њиховим прецима.

Посао са градњом храма је био изазован. Било је мало људи, а средства готово да нису ни имали. Па су тако одлучили да направе мањи храм од Соломоновог, међутим, чак и то је било захтевно за њих. Наишли су на противљење Самарићана, када је Дарије заменио Кира на трону, изгубили су подршку за изградњу храма коју су раније имали од краља Кира.

Дарије им је укинуо финансијску подршку, јер је хтео да помогне војну кампању.

Фантазија је уступила место реалности, величина посла их је обесхрабрила, па су тако њихова срца почела да тону. Престали су градњу после две године, и наредних 14 година нису поставили ни један једини камен на храму, а оставили су само темеље и ниске зидове. Пошто су крпили крај са крајем, градња храма је била луксуз који нису могли себи да приуште. Сада им је главна брига била пуко преживљавање.

Економија им је ушла у тешку рецесију. Све мање су имали хране која је била све скупља, појавила се суша и болести. Нису имали уштеђевине, сав новац су потрошили у Вавилону на храну и одевање. Био је велики антиклимакс. Вратили су се са надама да ће опоравити нацију, а нашли су себе у врло тешкој ситуацији за преживљавање.

Неминовно, поставили су питање - зашто? Дошли су до закључка да су били у праву што су одлучили да се врате, али је време било погрешно. Питали су се да ли је било боље да су остали у Вавилону, зарађивали новац и чекали право време да се врате са већим новцем. Аврам је имао само шатор и олтар, али они су хтели да обнове нацију. После 18 година од повратка нису имали много са чим да се похвале.

У таквој депресивној ситуацији Агеј је проговорио. Он се такође вратио из Вавилона, вероватно као свештеник, мада нисмо сигурни. Његов отац се не помиње, па претпостављамо да није био из неке важне породице. Његово пророчанство је у прози, што је важно, зато што у Светом писму Божје мисли су обично дате у прози, а Божја осећања обично у поезији. Нема Божјих осећања у овој књизи. Као да је Бог сит свега; као да више ништа не осећа.

Такође је кључно да приметимо како је Божја реч описана код Агеја. Не каже се да је Божја реч **дошла Агеју**, као другим пророцима, већ се каже да је реч **дошла од Агеја**. То је врло важна реч за увид у откривење које је он видео. Тако је њему дат увид у све што је било погрешно, у 26 случајева и у 38 пасуса, највише се изражавао са "и тако рече Господ".

Сажетак књиге

Депресивни народ: (1,1-11)
Ваше куће украшене
Моја кућа уништена

Одлучан народ: (1,12-15)
Плашите се Господа
Послушајте Господа

Обесхрабрен народ: (2,1-9)
Бивша кућа - слава
Каснија кућа - велика

Обешчашћени народ: (2,10-19)
Чишћење не чини отпад чистим
Прљаво не чисти прљаво

Створени принц: (2,20-23)
Остали тронови претурени
Овај трон заузет

Агеј је укупно донео 26 речи од Господа за пет дана. Дошао је од Господа који му је постављао питања са намером да натера људе да размишљају. Да погледамо главне теме ове књиге.

Депресивни народ: (1,1-11)

Главни разлог зашто је народ био депресиван је што су мислили да је све кренуло наопако. Морали су да промене начин размишљања, а онда ће и осећања доћи на своје место. Чудесно је да Божји народ не воли да размишља. Најчешћи коментар после мог проповедања је "Заиста, ти си нам дао нешто за размишљање", али то је увек речено са неком дозом одбијања, као да људи који долазе у Цркву не треба да размишљају! Понекад проповедници и пророци имају потребу да изазивају народ на размишљање - да их провоцирају да би постављали питања!

Људи нису могли да схвате да је Бог узрок несрећа које су их здесиле.

Тако су направили прве кораке ка депресији. Агеј им је објашњавао да нису правилно приступили ситуацији. Они су мислили да су изабрали погрешно време за градњу храма, зато што нису имали довољно енергије или недовољно новца. Агеј им је рекао да неуспех приноса и убрзана инфлација последица тога што су престали да граде храм. Онога тренутка када им њихов Бог више није био на првом месту, ствари су кренуле у погрешном правцу, а они то нису ни приметили. Тако да су помешали узрок и последицу у својим мислима.

Агејево решење је било да их изазове због квалитета њихових кућа које су грађене на рачун храма. Њихове куће су биле од дрвета, а у оно време дрво је био веома скуп материјал (после уништења дрвећа од Вавилонаца), па су морали да увозе дрво кедар из Либана. Особа која је правила панеле од дрвета, за исту сврху је могла да користи и камен за побољшавање кућа. То је била веома једноставна порука: "Само упоредите ваше куће са Божјим домом, и онда ће вам бити јасно где су вам приоритети".

Одлучан народ: (1,12-15)

Народ је позитивно реаговао, и вратили су се изградњи. Егзил им је показао да треба са слушају пророке, па су се тако брзо покренули. Било је потребно само три и по недеље да се градитељи организују и пронађу материјал за изградњу храма.

Обесхрабрен народ: (2,1-9)

Друга порука је дошла 27 дана после почетка градње. Морал је био у паду, нарочито зато што су старији људи правили храбра поређења са Соломоновим храмом: "Ви то зовете храмом? Требали би сте да видите какав смо храм имали". То је била критика која уништава и то им је много тешко пало.

Садашњост

Агеј им је доносио поруку од Бога да наставе градњу. Рекао им је да не буду депресивни око величине храма. Боље да гради мали храм, него никакав. Бог није забринут због величине његове куће. Он само жели да има кућу где ће да живи и где може да борави са својим народом.

У овој секцији Бог им је дао прописе и обећања. Прописи (наредбе) су биле двоструке: "Будите јаки" (три пута) и "Не плашите се" (једном). Обећање је било: "Ја сам са вама, мој Дух остаје са вама".

Будућност

Агеј је обратио пажњу и на будућност. Он је предвидео да ће Бог продрмати небеса и земљу и све нације. Овде Бог потврђује да контролише природу и историју.

А онда долази енигматска фраза: "Жеље свих народа ће доћи". Хебрејске речи је тешко превести, али се мени чини да се указује на Месију. Реч *жељено* се обично преводи у Старом завету као *вредности и блага које желиш* (Књига дневника 32,27, 36,10; Данило 11, 18, 43). То је даље обећање да ће доћи сребро и злато и да ће помоћи да обнове храм до потребног стања. Каже се да ће Бог да продрма нације, па ће оне доћи са њиховим благом. То се баш и десило, јер је убрзо после овог пророштва велики талас сребра и злата дошао из Персије да се настави градња (Јездра 6,4). Тако да можда читамо и превише ако мислимо да се овде ради о Месији.

Бог је такође рекао да ће да попуни храм својом славом и да ће слава бити већа него у претходној кући. Јасно је да то не значи да Божја слава може бити већа, већ да је *шекина* слава била затамњена када је пунила Соломонов храм. Уместо тога, показује се на славу изградње само по себи. То је повезано са пророковањем да ће пристићи богатство других нација. Штавише, Бог каже да ће храм бити место великог мира и хармоније.

Обешчашћени народ: (2,10-19)

Следећа криза се десила два месеца касније. Дошао је децембар и није било кише. Агеј је рекао да је народ допринео суши и глади зато што су прекинули реконструкцију храма. Али како су радили на градњи два месеца, киша која се очекивала у октобру, није дошла ни у децембру. Чинило се као да ће бити још једна лоша жетва.

Тако је Агеј имао теолошки проблем. Иако Бог није обећао да ће одмах одговорити, народ је очекивао да хоће. Па је тако упитао Бога шта је проблем. Бог је послао Агеја да се врати народу и да му постави групу питања. У три наврата је тражио од њих да имају опрезне мисли.

Прво је питао "Ако ставите нечисте и чисте ствари заједно, да ли нечисте ствари чине чисте ствари нечистим или да ли чисте ствари чине нечисте ствари чистим?" Свештеници су одговорили да нечисто прља чисто.

После је поново упитао свештенике: "Ако ствар која је посвећена Господу и ви је ставите са нечим што није посвећено, да ли ће посвећеност да се пренесе на непосвећено?" Одговор је био не.

Агеј им је објаснио да је Бог одложио кишу зато што су градили посвећени храм, али да нису били посвећени док су га градили. Прљави људи који су чистили храм направили су нови храм нечистим у Божјим очима. Они су мислили да су бољољубиви зато што су градили храм, а уствари су упрљали храм у Божјим очима, зато што живот нису усмерили у добром правцу.

Агеј није специфицирао грехе, али од њихових реакција можемо да видимо да су знали о чему прича. Урадили су како треба и киша је почела да пада већ следећег дана. реч од Господа је била "Од овог дана ћу вас благословити" зато што су разумели поруку.

Створени принц: (2,20-23)

Следећа порука је била за Зоровавеља. Била је једноставна: "Ти си печатни прстен од Бога." Печатни прстен су носили само краљеви и Бог је казао да ће од Зоровавеља краљевска линија бити поново основана. Он је био принц у Давидовој лози - али, наравно, није могао да буде краљ, јер је краљ био Дарије Персијанац. Зато је Зоровавељ био гувернер Јуде.

Даље обећање је дато Зоровавељу: "Али доћи ће дан када ћу продрмати свемир и све нације. Када их продрмам, преврнућу њихове тронове и успоставићу трон Израела и ваша линија ће бити у њему". Бог је обећавао Зоровавељу да ће продрмати Персију, Египат, Сирију, Грчку и Рим и да ће поново успоставити царство Израела из лозе Зоровавеља. То ће се сесити "тог дана" које се вероватно повезује са пророштвом о Јерусалиму код *Захарије* 12-14.

Хришћанска примена

Христос

Пророковање није било испуњено са Зоровавељом, већ родослов Исуса сугерише начин на који ће постати истина. Зоровавељ је био веома важан и можда има изненађујуће место у историји нашег спасења. Бог испуњава обећање човеку, стављајући Сина на обе стране родослова. Исус је легално могао да прати своје порекло до Давида кроз земаљског оца Јосифа, а пратио је и своју физичку лозу кроз Марију, тако да је имао двоструки доказ да је син Давидов. Зоровавељ се исто појављује у обе линије.

Хришћани

Централна Агејева порука је важност да се прво ураде прве ствари. Исус је понављао ову лекцију у свом учењу. У *Јеванђељу йо Майеји* 5, Исус говори слушаоцима да прво траже Божје царство и Божју праведност, и да је то важно као и храна или одело са којим ћемо се бавити. Најбољи положај који можете имати је да буду у Небеском Царству, јер је Исус рекао да ако Бога ставимо на прво место, све остали ствари ће радити за нас. ***Боī нам не обећава луксуз, већ да ће обезбедийи све оно шйо нам је неойходно***. Пречесто ми намеравамо прво да обезбедимо средства за живот, а за Бога остављамо оно што је остало. То тако не фукнционише, ово је јасна порука која до нас долази од Агеја.

Постоји још важнији аспект. Бог није нарочито заинтересован за оно што чинимо за њега, већ да ли смо чисти да то урадимо. Зато је Исус рекао у беседи на гори да ако ми приносимо жртве Господу, па се сетимо да постоји неко са ким треба да се помиримо, да идемо и да се помиримо са њима, а да боље оставимо жртве Господу. Прљави људи могу да упрљају чисте ствари. Да поправимо ствари, **да Бога ставимо на прво место и тек тада ће Бог да благослови оно што радимо за њега и да пази на нас.**

У суштини је то врло једноставна порука, али је још увек порука која треба да се говори људима. Живот није само да останемо живи и да зарађујемо за живот, већ о праву на живот и праву да живите за Бога.

34.
ЗАХАРИЈА

Увод

Ова књига има великих сличности са Агејом. Осма глава *Захарије* је лако могла да дође и од претходног пророка. То није изненађујуће, Агеј и Захарија подударају се у једном месецу, јер је Захарија почињао тачно када је Агеј завршавао. Из анализе морамо да кажемо да ако је Агеј један од пророка од лакших за разумевање, онда је Захарије један од најтежих за разумевање. Постоје три основне разлике, да их истакнемо:

1. Захарија је дошао после Агеја и наставио пророковање знатно дуже. Као да је била штафета - Агеј је предао палицу Захарију, који је онда наставио трку, али је отрчао много даље.
2. Захаријина књига је много дужа од Агејеве. У нашим Библијама, има 14 глава уместо само неколико.
3. Захарија је гледао у далеку будућност, док се Агеј бавио тренутим и хитним проблемима. Захарија као да је могао да види до завршетка времена. Нека његова блиска пророчанства су помешана са онима који се тичу далеке будућности, па нас оставља збуњене око временске дистанце о којој се прича.

Код Захарије налазимо више поезије него код Агеја. Његов стил је такође другачији. То је оно што ми зовемо *књига апокалипсе*. Апокалиптичка пророштва су снажна форма визуелне комуникације, пуна симбола и чудних слика. Животиње и анђели су нарочито представљени, али и са следујућим објашњењима у вези људи. То је сећање на *Откривење*, други део Данилове књиге и неколико делова *Језекиља*. Разлог зашто је ово пророштво дато у овој чудној форми је веома једноставно - **тешко је замислити далеку будућност**. Можемо лако да замислимо блиску будућност, само претпостављамо да ће се савремени трендови наставити. Али за далеку будућност све то иде теже. На крају, како описати данас живот некога ко је живео пре хиљаду година? Опис на телевизији би могао да изгледа изванредно. Они би имали мало или нимало разумевања. Једини начин да људима опишете далеку будућност је да им то представите у форми слике или симбола, а онда да објашњаватге симбол.

Захарија је другачија врста пророштва. Лако смо разумели Агејеве поруке. Говори људима да заврше храм и да ће их Бог благословити. Коме је потребно објашњење за то? Међутим, Захарија нуди нешто сасвим другачије.

Пророк

Његово име значи *Бог се сећа*. То је веома често име у Старом завету, чак 29 људи носи то име. Био је свештеник, па тако имамо свештеника и пророка у исто време - мада то није нешто изненађујуће, зато што је на 15 повратника долазило два свештеника. То је био религијски повратак, јер су се људи враћали из Вавилона да поново прославе Божје име у Јерусалиму. Сигурно се нису враћали јер су имали плоднију земљу или зато што је била боља трговина, јер је живот у Вавилону био знатно бољи. Они су се враћали из духовних разлога, па се тако враћао велики проценат свештеника.

Постоје два изузетна догађаја које Захарија наглашава. Прва је била да ће свештеници заменити пророке као духовне лидере друштва. Следећих 400 година више неће бити пророка, само свештеника. Захарија који је био уједно и пророк и свештеник најавио је ту врсту транзиције. Заиста, он предвиђа да ће доћи време када нико неће пожелети да буде пророк.

Друга још већа најава је била да ће свештеници преузети власт од краљева као лидера. Захарија је направио круну од сребра и злата и ставио на главу, не од Зоровавеља, него од свештеника Исуса Јоседекова. Први пут у историји Израела, функција свештеника и краља је била уједињена. То се само једном десило у Старом завету, у *Постању*, када је човек по имену Мелхиседек, који је био краљ Јерусалима, такође био и свештеник - али то је било много пре него што је уопште створена израелска нација. Ми знамо из Новог завета да је то линија преко које је дошао и Исус. Он је из реда Мелхиседека, а не Илија. Исус је свештеник, краљ и пророк. Тако је Захарија означио спајање ове три позиције у лидерству. Свештеник преузима власт од пророка и свештеник преузима власт од краља. До времена када се Исус појавио, били су само свештеници. Јован Крститељ је био први пророк после 400 година. На власти су била два првосвештеника, Ана и Кајафа. *Захарија* је битна књига да нагласи ову транзицију.

Постоји лак начин да се изврши подела различитих периода лидерства у историји Израела. Ако узмете период од 2000 година од Аврама до Исуса, можемо их прецизно поделити на периоде од по 500 година. За време првих 500 година, од 2000. до 1500. године пре нове ере, било је време патријараха - Аврам, Исак, Јаков и Јосиф. Следећих 500 година, од 1500. до 1000. године пре нове ере, били су вођени пророцима - од Мојсија до Самуила. Од 1000. до 500. године, водили су их краљеви и принчеви. А последњих 500 година до доласка Исуса, водили су их свештеници. Тако им је Бог дао узорке од сваке врсте владавине. И сваки тип лидерства је изневерио Израел. Оно што им је било потребно да имају једног лидера који ће комбиновати све врсте власти у једном - што је, наравно, оно што су добили са Исусом.

Сажетак књиге

Књига се дели на два дела. Захарија је примио Божју реч у сликама, па ју је тако и пренео даље. Али првих осам поглавља је више забринут око тренутне ситуације, зато је, као Агеј, пажљиво обележио датуме за три пророштва.

Прво пророштво не укључује дан, већ нам даје месец у години. Следеће је било три месеца касније, а треће је било две године после тога. Није јасно зашто је Агеј престао са пророковањем или зашто је Бог послао неког другог да настави његов рад. Можда је Агеј умро, можда се разболео и није могао да настави. Захарије је само преузео место месец дана пре него што је Агеј завршио.

Присутни проблеми (1-8)

Одбијање и побуна

Пророштво је стигло још за време док су градили храм. Иако још храм није био завршен, барем су слушали Агеја. Једна запањујућа ствар у вези пророка који су дошли после повратка је да су људи слушали пророке и да су радили шта им је речено. Сигуран сам да је то била и последица тога што су били одсутни 70 година. Заиста, Захарија је почео врло тихо са проповедима. Он их је подсећао да баш због тога што нису слушали пророке, зато су се њихови очеви нашли у прогонству. То је био подсетник у право време.

То је врло просто проповедање. Њихови очеви не само да су радили погрешно, већ им је и речено да раде погрешно. Никако нису имали оправдање. "Према томе" настављао је Захарија "не правите исте грешке. Ако не радите оно што вам је Агеј рекао, и ви ћете бити у проблемима".

Охрабрење и силазак са трона

Онда је Захарија престао са причом на три месеца, онда се вратио са врло необичним приступом. Дао им је осам слика, све су му дошле ноћу као визије. Једноставна разлика између визије и снова је да визију имамо кад смо будни, а снове сањамо када спавамо. Ове визије су дошле преко ноћи и нама је речено да је Бог будио Захарију да би му дао следећу визију. Овом приликом је Бог пре користио визије него снове, иако се све дешавало ноћу.

Осам визија делују неповезано на први поглед, али су уопштено усмерене на изградњу храма - нарочито прве две. Док ми гледамо ка тим криптованим сликама, постоји један специјалан рефрен који се понавља четири пута: "Онда ћете знати да ме је Свемоћни Господ послао ка вама." Захарија је рекао да је тест пророка да видимо да ли ће се остварити или не оно што је рекао - Један од Мојсијевих закона каже да ако пророк каже да ће се нешто догодити и то се не догоди, *онда треба каменовати пророка, јер је он лажни пророк.* Ово би требало сваког да натера да оклева када нешто треба да предвиди у будућности.

На срећу, ми нисмо под Мојсијевим законом, али ми имамо лажне пророке око нас, и врло је важно да их тестирамо. Ако нешто предвиде и то се не оствари, треба их осудити за обмањивање људи и злоупотребу Божјег имена.

ЧЕТИРИ ЈАХАЧА МЕЂУ МИРТА ДРВЕЋЕМ (1,7-17)

Била су два црвена коња, један браон боје и један бели, сваки је имао јахача. Судећи по анђелу, они су Божји јавни репортери - Божји курири који јашу кроз земљу и извештавају Бога шта се дешава. Ако би та визија данас дошла, то би била визија са моторима. Они су извештавали да је свуда по земљи мир, што је нарочито било важно после победе Кира над Вавилоном. Зато што је Кир био познат као човек мира, и за време његове владавине, владао је мир.

Захарија је говорио људима да искористе могућност у време мира да изграде Јерусалим и да заврше храм. И заиста, недуго после тога били су нападнути од Египћана, Сиријаца, Грка и Римљана. Бог је такође рекао да је љут на оне који су одвели његов народ и лоше их третирали. Био је љут на свој народ 70 година, али сад је био љут на народ који су лоше третирали Јевреје. Али за сада ће бити време мира, где Бог није послао у рат ниједну нацију.

ЧЕТИРИ РОГА И ЧЕТИРИ ЗАНАТЛИЈА (1,18-21)

Захарија је сигурно имао неко фармерско искуство, јер постоје многе агрикултурне слике. Овде он види четири мајстора или ковача како уклањају рогове. Свуда кроз апокалиптичко пророштво, рог је симбол снаге армије. Рог је агресивно оружје, а сада видимо слику уклањања рога и одлазак на четири угла земље. Бог уклања рогове од агресора. Вавилон више није претња, баш као што ће Бог уклони рогове и осталим нацијама које прете Јуди, мада нам није јасно које су то нације. Могу да наставе са градњом храма и да све своје снаге у то уложе и да не мисле на претње око њих.

ЧОВЕК СА МЕРНОМ ЛИНИЈОМ (2,1-13)

Пажња се сада помера ка Јерусалиму, где он види човека са мерном линијом. Захарија схвата да ће град бити превише мали и да ће ускоро прерасти зидове. Јеремија је такође то предвидео, то је импресивно пророковање. Ја имам серију мапа Јерусалима из разних периода, од дана када је то био мали Давидов град, показујући колико се град проширио и издужио. Јеремија је предвидео колико ће се проширити град - у којим правцима и где ће бити предграђа. Сада, наравно, проблем са растућим градом је био, како да га бранимо? Када се направе зидови, простор унутар зидина је све више згуснут.

Човек са мерном линијом је рекао: "Ово ће бити превише мало за сав народ који ће овде доћи да живи". А онда иде и љупко обећање, Бог каже: "Ја ћу бити зид. Неће бити потребан зид за град који се шири - Ја ћу га бранити."

Ова визија је делом била охрабрење за остале Јевреје да се врате из Вавилона, нарочито за њихово одбијање да се не врате у Јерусалим јер није било безбедно.

Ту су и два предвиђања за незнабожачке нације:

1. *Они који нападну Израел суочиће се са Богом*. Постоји једна лепа фраза: Бог каже "Ко год додирне мој народ, додирује јабуку мога ока". Јабука ока је мрежњача, средњи део који личи на јабуку на крају се гомила у средини. То је најосетљивији орган нашег тела, оне секунде када га додирне честица прашине, очни капак се затвара. Исус је имао обичај да каже: "Све оно што сте урадили за ове најмање од моје сабраће, урадили сте то и мени". То је исти принцип. Божји народ је најосетљивији део код Бога.
2. *Многи незнабошци ће постати део Израела* (12-14). Историја је показала да Бог Израела постоји - историја јеврејског народа то доказује. Ко год се усуди да нападне Израел, платиће казну за то касније, људи из других нација који се придруже Израелу биће насађени на маслиново дрво. Казна за оне нације које повређују Израел и прихватање нација у Израел показују да је Бог Израела универзални Бог за све народе.

ОЧИШЋЕЊЕ ИСУСА ЈОСЕДЕКОВА (3,1-10)

Следећа визија тиче се промена одела код Исуса Јоседекова. Захарија сада гледа у лидерство Зоровавеља и свештеника Исуса. Шта ће се сада догодити? По први пут сатана долази на сцену. Интересантно је како се сатана ретко појављује у Старом завету. Појављује се у *Постању 3* у Еденском врту, при крају Дневника, када је искушавао Давида да преброји војску и у првим деловима *Јова*. Наравно, он је иза многих ствари, али постаје много познатији када је дошао Исус. Ево појављује се и овде.

Кад год нешто велико треба да се догоди, ђаво покушава да то заустави. Покушао је да убије сваког Јеврејина у Египту, тако да Мојсије не би преживео и не би могао да народ изведе ван Египта. Убио је све бебе у Витлејему када је Исус Спаситељ рођен, зато што није хтео да беба одрасте и спасе Божји народ. Једном приликом је рекао да Исус Јоседеков не може да води народ јер је умешан у претходне грешке. Захарија је видео Исуса Јоседекова у прљавом оделу и схватајући да је ђаво у праву. Ђаво као да има неку функцију саветника у суђењу на небу. Код Јова он је на небесима у савету, где извештава Бога и оптужује људе.

У својој визији Захарија чује да је Исус Јоседеков извучен из ватре, па је тако извучен напола већ сагорео. Тако су они са Исуса Јоседекова скинули одећу и обукли га у ново, са чистим турбаном на глави. То је прелепа слика, јер је видео како Исус Јоседеков добија милост од Бога, иако је раније ширио грех по народу, у Божјим очима он је свештеник и потребно је да буде очишћен. Бог обећава да оно што је урадио за овог Јеврејина, он ће то једнога дана урадити за целу нацију. Он је рекао да ће одстранити грех из земље за један дан. Бог може да очисти особу и да од ње направи свештеника. Такође је обећао да ће једнога дана свака особа да позове свог комшију испод винове лозе. Ове речи имају паралелу са Исусом који налази Натанијела и говори му да га је видео испод смоквиног дрвета.

ЗЛАТНИ ДРЖАЧ ЛАМПЕ И ДВА МАСЛИНОВА ДРВЕТА (4,1-14)

Следеће, Захарија је пробуђен да види златни држач лампе са седам грана у храму.

Исто види и посуду вишу од лампе са цевчицом која иде у лампу, па схвата да је посуда пуна уља и да нико не треба да је допуњава, јер има велики резервоар уља који иде кроз лампу. Ово симболизује Зоровавеља који има резервоар са Светим Духом који истиче из њега. Уље је увек симбол Божјег Светог Духа у Библији. Зато реч *йомазање* се користи када Свети Дух долази до некога - помазање са уљем. Британска краљица је помазана уљем када је крунисана 1952. године. Зоровавељ је помазан од Бога, а реч *йомазан* на хебрејском значи **Месија** - *Онај кога је Бог йомазао* (Христос у грчком језику).

А онда долази текст који је цитиран од многих: "Не преко снаге, не преко моћи, него преко мог Духа". каже Господ. У контексту, то значи не преко војне снаге, нити преко политичке моћи. Другим речима, краљевска Давидова лоза мора да постигне оно што се постиже не преко армије, нити политичког ауторитета, него преко Духа. Каква је трагедија што Црква то обично погрешно разуме, са оном страшном појавом као што су Крсташки ратови. Не можете да успоставите Божје царство војном или политичком снагом, већ само преко Божјег Духа. Али доказ да је снага дата Зоровавељу је крајње необична. Када је изградња храма дошла до врха и када су градитељи одржали церемонију постављања куле - то је оно када се последњи камен ставља и повезује две стране, посао је готов. Текст каже да ће Зоровавељ својим рукама подићи камен на врх. То је прилично тежак камен, али пророштво каже да ће га он подићи и ставити на место једном руком, без помоћи, без конопца, без вуче. Речено нам је: "Тада ћете знати да сам ја Свемоћни Господ послао пророке ка вама". Самсон је капије филистејског града однео ван града, а сада исти Свети Дух даје Зоровавељу снагу да подигне велики камен и да га подигне. То је узбудљива мала слика.

У следећој визији Захарија види два маслинова дрвета који представљају Зоровавеља и Исуса Јоседекова. То је двоструко лидерство; свећњак говори да је на њима Свети Дух. Зоровавељ је неопходан за будућност, иако још није краљ. Мој осећај је да пошто нису смели да поставе свог краља у Персији, одлучили су да крунишу свештеника, мислећи да Персијанци неће имати ништа против свештеника, иако он није краљ. Тако су избегли проблем са Персијским царством. Да ли ће бити проблем или не, они би знали да ће храм бити изграђен за време њихових живота и знали би да је Свемоћни Господ послао Захарију ка њима. Нема потребе презирати дан малих ствари, кад погледате на храм у поређењу са Соломоновим.

ЛЕТЕЋИ СВИТАК (5,1-4)

Свитак је велики десет са пет метра и лети кроз ваздух, преко земље. Речи на свитку гласе "Проклети они који краду или лажу". Како путује преко кућа, почиње да кружи изнад куће у којој неко краде или лаже. Проклетство пада из свитка на ту кућу и кућа је уништена. Захарија веома просто каже да ће Бог проклети сваког ко лаже или краде.

ЖЕНА У КОРПИ (5,5-11)

Захарије види жену која личи на проститутку и корпу од 35 литара. Две жене које имају крила од роде слећу доле, својим кљуновима хватају корпу и воде је на исток. То је слика Бога који односи њихове грехове до Вавилона.

Бог говори "Овде сам узео грешнике, а сада хоћу да овде узмем ваш грех, јер ту и припада". Вавилон, тако често пута у Библији, је место где је грех.

ЧЕТИРИ КОЧИЈЕ (6,1-8)

Најзад, имамо слику четири кочије са црвеним, црним, белим и бледосивим коњима који се крећу свуда по целој земљи по Божјој вољи. Већ су завршили свој посао на северу са Вавилоном, а једна кочија се одмара. Остале три иду свуда по свету и чине Божју вољу. Бог има потпуну контролу над историјом. Његови агенти могу бити послати где год пожели и то веома брзо.

У овом тренутку три учењака долазе у Вавилон. Они су трговци, доносе сребро и злато као поклон храму. Захарији је речено да узме нешто од тог блага и да направи круну и да изврши крунисање Исуса Јоседекова у храму. Рефрен долази поново: "Онда ћете знати да сам ја Господ". И то је кључни моменат. Као што сам рекао раније, свештеник и краљ никада пре нису били сједињени у једно у Израелу. Били су уједињени у Јерусалиму, много пре него што су га узели Јевреји, у личности Мелхиседека. Сада су ове две функције поново уједињене. Али постоји услов за то: "Ако мој народ ревносно слуша". Бог им каже да ће им поново дати краља, али овога пута не из Давидове лозе. Исус Јоседеков је изабран зато што је био свештеник, па Персија не би имала проблем са лидерством. То је леп начин да се охрабре да поново буду царство Израела, а још увек није пуно испуњење о доласку Месије.

Пост и гозба

Две године касније два човека су дошла Захарији из Ветиља са севера. (ово нам, успут, говори, да су за две године повратници почели да се шире свуда о земљи и да поново оснивају градове око Јерусалима.) Два човека су представљали групу људи у Ветиљу који су тражили да их неко води религијском животу. Дошли су да виде свештеника, али су нашли пророка. Њихова питања су била у вези две праксе, пост и гозба, јер су увидели да су то саставни делови њихове религије. Прво су хтели да питају о постовима које су одавно приметили. Имали су два пута годишње, петог и седмог месеца, да се сећају како је Јерусалим разорен, да плачу над изгубљеним градом.

Питали су колико још треба да потраје пост, с обзиром да им је град сада враћен.

Захарија им је дао интересантан одговор. Рекао им је **да је пост уствари ритуал окренут ка њима самима**. Они посте што жале за своје грешно понашање, жале што нису оставили своје грехове. Рекао им је да пост који би Бог волео је онај који је цитиран у *Исаији* 58. Морају да посте због непоштења и суровости, уместо милости и љубазности и помоћи онима којима је помоћ најпотребнија. Пост који Бог од нас тражи не укључује да живимо без хране, већ да живимо без греха. То је врло важна реч за оне који посте, али се не баве својим грехом у животу. Штавише, рекао им је да је то тачно због чега су били прогнани. Постали су себични и похлепни уместо да су били милосни и љубазни.

Што се тиче питања о гозбама, био је одређени број фестивала који су наставили где су били, али то су били празници, а не свети дани. Имали су прославе четвртог, петог, седмог и десетог месеца, па је тако укупно било два поста и четири прославе у егзилу. Захарија им поново прича да и те прославе морају да буду ка унутра, ка самима себи. Имали су лепе дане са храном, пријатељима и забавама, Бог им није дао централно место прославе. Требали су од тих дана да праве свете дане уместо весеља - и да се захваљују Богу што су се вратили и да га хвале. "Немојте само имати празнике ради празника - имајте празнике у чињеници да вам је Бог остао веран, да сте се вратили на свету планину, да су улице поново пуне младих људи и стараца поново. Радујте се што ће Бог још довести људе до обећане земље. То је оно што требате да радите са својим гозбама".

Захарија им исто тако говори да буду спремни да ће још људи долазити овде, зато што, као Јевреји, знају Бога. Казује им да ће доћи време када ће други народи долазити код њих и вући за рукав да им објасне ко је Бог.

Предвиђања за будућност (9-14)

Друга половина књиге је још компликованија, зато што се Захарија од садашње ситуације окреће ка далекој будућности. Шта он говори може да одговара сваком наредном веку, није дато у неком одређеном редоследу - више је дата као загонетка, са делићима свих величина и облика. Не знате где се уклапају и без слика на поклопцу кутије, ви сте изгубљени. Подсећа ме на почетак *Посланице Јеврејима*, где се каже: "Бог је говорио вашим прецима у старим данима кроз пророке на различите начине (или разним деловима), али сада је нама проговорио кроз свог Сина". Исус је та слика на поклопцу. Кроз њега ми можемо да почнемо да слажемо све делове заједно и да знамо како ће се све завршити. Зато *Откривење* алудира на Захарију тако широко, зато што могу да се посложе делићи велике слике будућих времена или "завршетка времена", времена када ће историја доћи до своје последње тачке. Исус ће бити тај који ће сломити печате на свицима, тако да ми имамо велику предност у односу на Јевреје који су читали ову књигу, али нису могли да виде како се све уклапа.

Постоји и мала промена стила и садржаја у другом делу књиге. И први пут у историји, један део је написан у поезији. Не помиње се тренутна ситуација или храм Исуса Јоседекева или Зоровавеља. Нема визија и чак се мења Божје име, од имена "Бог домаћих" (Јахве над небеским војскама) до само имена "Јахве". Имамо потпуно другачији осећај - толико је другачији да учењаци верују да га је написао неко други. Неки су веома строги у вези с тим. Чињеница да је други део толико другачији је зато што га је Бог дао Захарију на другачији начин. Ови пасуси нису датирани, тако да не знамо када их је добио, можда је било годинама касније.

Што се тиче садржаја, предвиђања су названа *пророчишта* (oracles). Хебрејска реч је буквално *тешко* или *јако*, али је уствари обично преведено као *пророчиште*, мада мислим да не означава право значење речи. Право значење је **"тешки терет"**. Ако вам је Бог дао тешки терет, знаћете о чему ја овде говорим. Нешто је тешко у вашем срцу све док то не поделите, а смањује се када га поделите са неким. Ви ћете знати када је терет олакшан.

Друга књига говори о две врсте терета. Један је описан од 9. до 11. главе, а други од 12. го 14. главе и они су веома другачији.

Национални (9-11)

Од 9. до 11. главе пажња је на народ Израела. Нема назнака када ће се то догодити, па чак ни да ли су дата у правом редоследу. Интересантно је да је Ефраим такође поменут. То је још једно име за десет северних племена и сугерише да они нису заборавили на Бога, иако се никад нису вратили из прогонства у Асирију.

Постоје шест великих слика као део будућности, мада их је немогуће ставити у међусобни однос.

НЕСТАЛИ НЕПРИЈАТЕЉИ (9,1-8)

Прва слика је да ће нестати сви непријатељи Израела. Сирија, Тир, Сидон и Филистејци су сви добили прописно помињање. Бог ће се обрачунати са сваким који иде против Јерусалима. Никада више неће дозволити да се Јерусалим избрише са мапе света. То је његов град и Он је ставио своје име у тај град. Према томе, ја вам гарантујем да чак и Њујорк, Пекинг, Вашингтон и Њу Делхи могу бити избрисани са лица земље, Јерусалим ће остати. Увек ће бити преживелих Јевреја који ће бити на својој земљи. Чак каже да ће и неки Филистејци да им се придруже. С обзиром да данашња Палестина себе зове Филистејцима, ово је веома загонетно пророчанство, и никада више неће бити дан када ће непријатељ прегазити Божји народ. То је само један део слике., и ми не знамо датуме када ће бити испуњени, али Бог испуњава своја обећања, иако може чекати вековима.

МИРОЉУБИВИ КРАЉ (9,9-10)

Друга слика је Краљ мира који улази у Јерусалим на магарцу. Ово знамо како се уклапа, зато што је баш то урадио Исус, а трагедија је да у испуњењу овог пророчанства Јевреји нису приметили магарца. Они су мислили да је јахао магарца зато што није себи могао да приушти коња, па су тако комплетно погрешили у симболичкој поруци.

Када је Исус јахао на магарцу, људи су махали са палминим гранама и бацали одећу на пут, викавши "Осана, Осана!" То није нека врста небеског поздрава "Здраво", као што многи мисле, већ значи **ослободи нас сада!** То је крик народа који је био угњетаван вековима и који је видео брзо долазећу политичку слободу. Чак су га звали **син Давидов** у нади да ће их ослбоодити.

Али он се није борио за њих. Да је дошао да их ослободи, он би дошао на коњу, и он ће доћи, али у другом доласку. Тако су они доживели највеће изненађење у животу када су видели да он од капија Јерусалима иде лево, а не десно. Уместо да се упутио ка утврђењу *Антонија* где су биле трупе и главни штаб, он је узео бич, превртао све у храму, са бичем истеривао Јевреје из храма. Не изненађује ме да су само неколико дана касније викали "Разапните овог човека - нама више треба ратник!" Велика иронија историје је да борац за слободу кога су одлучили да ослободе зове - Исус Вар-нава што значи *Исус - Син Оца*. Значи, тога дана су била два Исуса, сина Оца. Пилат је рекао: "Кога Исуса, сина Оца желите? Човека који хоће да се бори за вас, или човека који неће да се бори за вас? Они су изабрали ратника. Али Малахија је рекао да ће једног дана Принц мира доћи са пресудом. Он ће донети праведност и мир, и имаће владавину од мора до мора.

МОЋНИ БОГ (9,11-10,7)

Овде имамо слику где Господ постаје видљив да би се борио за Израел. То је промена од претходне визије која описује мир. Овде имамо Господа који ће доћи међу своје стадо и који ће им бити добар пастир, не као лоши пастири које су имали. Ту имамо слику славног описа откупљеног народа који светлуцају као дијаманти на његовој круни.

Следеће *пророчиште* се фокусира на Грчку. Проћи ће векови пре него што ће Грци доћи да освоје земљу, уз лидерство злог Антиохија Епифанија IV. Он је подигао статуу Зевса у јерусалимском храму, заклао свињу на олтару и испунио храм проституткама. То је био један од најгорих периода и трајао је тачно три и по године - тј. 42 месеца или 1260 дана, што је тачан предвиђен период који се тиче антихриста у Новом завету. Под Антиохијем Епифанијем Јевреји су страдали као што ће хришћани страдати под антихристом. Интересантно је да се успон Грчке требало да се предвиди у овом трећем делу слике. Можемо да сагледамо шта се догађа, али је тешко да видимо шта су од тога морали да направе у то време.

ОКУПЉЕНИ НАРОД (10,8-2)

Следећа слика је визија окупљеног народа - супротно од дијаспоре, са Јеврејима из сваке нације који су дошли на своју земљу. Заиста, у данашњи Израел дошли су Јевреји из 80 нација, донели су и музику и плес 80 нација. То је визија окупљеног народа који долази кући, а Захарија каже да неће бити места за све њих. Свети списи кажу да ће аутопут бити изграђен између Египта и Асирије.

СУСЕДИ КОЈИ НЕМАЈУ ШУМЕ (11,1-3)

Следећа слика је загонетна. Суседи Јуде су остали без шума, без кедарског дрва из Либана, храста из Транс-Јордана или Башана, па чак и без џунгла у Јордану. Данас, џунгла у Јордану је скоро нестала и постоји само мала област кедра у Либану. Храстово дрво је скоро нестало у Башану. Није јасно зашто је ово *пророчиште* дато.

БЕЗВРЕДНИ ПАСТИРИ (11,14-17)

Слика безвредних пастира је још загонетнија. Она се сагледава као учињена парабола, са Захаријом који је узео посао главног пастира. Он мора да отпусти три пастира зато што нису били добри чувари својих оваца. Он му бацају назад плату коју су добили од њега - 30 сребрњака.

Захарија каже (13,7): "Када је пастир савладан, овце су раштркане". Поново имамо само делове слике, а опет морамо да видимо где се уклапају када читамо Јеванђеља. Јуда је бацио назад 30 сребрњака у храму јер је био лош пастир, мада је био истовремено и проповедник и исцељивач. Исус је употребио овај цитат о пастиру који је савладан и раштрканим овцама, када је мислио на своје хапшење и бег ученика из Гетсимантског врта.

Пастирска служба не функционише, прво зато јер то услуга која поништава оно што је Бог обећавао свим народима, а друго је унија која је разрушена између Јуде и Израела.

Интернационални (12-14)

Ове слика нам говори шта ће се десити на међународном нивоу, где ће Јерусалим бити центар догађања: Јерусалим се понавља као реч 21 пут. Као да ће на Јерусалиму бити сва будућа пажња. Тамо ће бити премештено седише Уједињених нација - то је слика Сиона као центра светске владе.

Једна фраза се често користи у овој секцији: **тога дана** се понавља 18 пута, само реч **дан** два пута, мада се претходно није користила у пророштву. **Реч** се такође често користи у Новом завету, нарочито на уснама Исуса. Овај дан није дан од 24 часа. Хебрејска реч *јом* може да значи 24 часа, али може да значи и епоху. Ми користимо реч **дан** исто као и у енглеском језику. Ако ја кажем "Дан коња и кочија је прошао, а дошао је дан трактора"; ја не мислим само на један 24-часовни дан, већ на *епоху*. Доћи ће **дан Господњи** када ће цели свет видети да је то Божји дан, дан када ће нестати људски понос и похлепа, дан када ће доћи светост Бога.

Само једна секција је у 13. глави је поезија и у њој се не појављује реч дан, интересантно. Поново, редослед пророчанстава није дат у секвенцама, а делови 12,3 и 14,2 су вероватно назнаке на исти догађај.

ИНВАЗИЈА АРМИЈЕ (12,1-9)

Прва слика овде је како снаге Уједињених нација нападају Јерусалим. Армија скупљена од свих нација на свету је послата на Блиски исток. То се још није догодило, али је део загонетке. Јерусалим још није био нападнут на тај начин, па је тако јасно да потешкоће са којима се Израел суочава на међународном плану ће се наставити. Можда ћемо у нашем животу видети како Уједињене нације нападају Израел. Они немају још много пријатеља у Уједињеним нацијама, а Америка, њихов највећи савезник, полако почиње да се окреће против њих.

ТУГУЈУЋИ СТАНОВНИЦИ (12,10-14)

Следећа слика представља становнике који тугују. Доћи ће дан када ће становници Јерусалима бити толико очајни да више неће ни покушавати да склопе мир са Палестинцима или неким другим, већ ће плакати Богу. Божји одговор биће послат ка *оном кога су пробли* - Исусу Христу. **Можете ли само да замислите ту сцену када Јевреји схвате да је Исус њихов Месија, а они су га убили?** Плакаће као да им је убијен најстарији син.

Захарија је управо био први који је рекао да ће Јевреји видети оног кога су проболи. Уствари, исти термин се користи и у првој глави *Откривења*, где нам је речено да ће се Исус вратити и они који су га проболи да ће га видети. Једина ствар која је потребна Јеврејину да би се преобратио је да зна да је Исус из Назарета жив. То је све што је било потребно Саулу из Тарса, то је све што је нама потребно данас.

Биће веома болно за њих да виде да су узалуд потрошене 2000 година, када су већ могли да владају светом, а уместо тога су прогоњени од једне државе до друге, као што су *Поновљени закони* то и рекли. Није чудно што ће јецати.

ПРОТЕРАНИ ПРОРОЦИ (13,1-6)

Захарија је имао живописну визију лажних пророка. Они су били једна од највећих опасности са којима се Јерусалим суочио. Јерусалим ће бити очишћен од таквих људи, заједно са идолопоклонством и лажним боговима. Каже се да ће се очистити од греха и да ће се опрати од нечистоте преко водене фонтане. Затим Захарија наставља да прича о Сиону који је очишћен од греха, и о лажним пророцима који ће толико бити осрамоћени и понижени да ће унизити своју професију. Пророци са видљивим ранама, који су претходно виђени као значке части, тврдиће да су настали у кафанској тучи! То је жива прича о људима који су осрамоћени давањем лажних учења.

СМАЊЕНО СТАНОВНИШТВО (13,7-9)

Јасно нам је у овој следећој слици да догађаји нису поређани по редоследу, јер је речено да ће Јерусалим бити сведен на трећину свог становништва, док следећа секција (14,2) је смањена до половине! Чини нам се како смо поново бачени на пастира који је побеђен и на раштркане овце. Нисам сигуран где се ово уклапа; може бити будућност или прошлост. Мораћемо да сачекамо па да видимо. Оно што је јасно да трећина која остане биће остатак пробран од Бога.

ЗАРАЖЕНИ НАПАДАЧИ (14,1-15)

У 14. глави се враћамо на међународни напад на Јерусалим. Не знамо да ли је ово исти напад из 12,1-8, али ја верујем да је дефинитивно у будућности. Бог ће сакупити огромну војну снагу, а ипак ће се борити за Јевреје. Блиско је повезано са другим доласком и битком за Армагедон, јер овде имамо изјаву "и његове стопе ће стати на Маслинову гору". Бог нема стопала, Исус има, од свих Јевреја ово је тумачено као долазак Месије.

Речено нам је да ће бити велика ерупција, која ће допринети великим географским променама у околини. Мислим да ово можемо разумети буквално, иако распаљује машту. Јерусалим се налази у процепу и окружен је планинама; постоје осам врха око Јерусалима. То је зачуђујући геометрички пејзаж - исток гледа на камену куполу Маслинове горе, североисток гледа на планину Скопус, југ се сређе са Планином осуде. Читамо да када Он стане својим стопалима на Маслинову гору, врхови ће се продрмати и пашће доле, а Јерусалим ће остати на врху! Јерусалим ће коначно бити на високом месту.

Све је то део слике. Наша машта заиста тешко проналази како би то могло да се уклопи, главна поента је да ће се обрачунавати са снагама Уједињених нација. Они који дођу и нападну Јерусалим у завршној борби која ће доћи и "њихове очи ће трулети у њиховим дупљама и њихови језици ће трулети у њиховим устима и у паници они ће убити једне друге". Није изненађење када ће Божји народ тада рећи "Господ је наш Бог".

СВЕОПШТЕ ОБОЖАВАЊЕ (14,16-21)

На крају, ту је слика где све нације виде Јерусалим као место Божјег имена, где ће све нације света видети Прославу шатора од састанка. То је једна слава коју хришћани игноришу. Ми видимо Пасху, у неком смислу, као Васкрс. Ми видимо Педесетницу као Белу недељу, а шатор? За Јевреје то је највећи празник који се слави у септембру/октобру, то је њихов Фестивал жетве. Остају у сењацима који су отворени према небу да би се сетили како их је Бог водио кроз пустињу. То је осмодневна гозба, а заврши дан је венчање. Тога дана они се "венчавају у закону". Постоји свадбена купола где рабин чита свитак Мојсијевог закона испод куполе. Сви играју заједно около и венчали су се са Мојсијевим законом за још једну годину. Следећег јутра почињу да читају *Постање* 1 и читаће га у наставцима све до последњег текста у *Поновљеним законима*, 12 месеци касније. Они се венчавају по закону. Само што имају погрешну младу, зато што осми дан овог празника гледа унапред ка тајној вечери Месије, свадба са јагњетом.

Ово нас подсећа да је цела Библија романса. Говори нам **како је Отац пронашао младу за свог Сина**, и завршава се тако што су венчани и живе срећно до краја живота. Све добре романсе се завршавају браком, ни Библија није изузетак! Венчање је осмог дана празника, који је назначен у *Откривењу* као вечера на венчању Јагњета. Исус је рођен за време Празника шатора - све трагове налазимо у *Јеванђељу по Луки*. Рођен је у септембру или октобру, у седмом месецу, месецу Празника шатора. У Јовановом почетку Јеванђеља читамо као је Реч постала тело и била у шатору око нас. Читамо у *Јеванђељу по Јовану* 7, Исусов брат га саркастично пита да ли ће присуствовати Празнику шатора, зато што је то време када су очекивали долазак Месије. Они му нису веровали и изазивали су га, али је он рекао: "Мој време још није дошло".

Због тога, око једне ствари сам потпуно сигуран - знам месец у коме ће Исус поново доћи.

Не знам годину, али једнога дана он мора да дође. Биће то за време Празника шатора. Заиста, много Јевреја верује да ће Месија доћи у времену Празника шатора, основано на *Захарији* (14). Од тада ће све нације славити Празник годишње и слаће представнике у Јерусалим. Речено нам је, ако не дођу, у њиховој земљи неће бити кише. Тако је Празник шатора постао за Јевреје, а сада и за све већи број хришћана, жариште наде за свеопшту владавину Месије над целим светом.

Хришћанско испуњење

Гледајући на све делиће мозаика, сад морамо да саставимо и целу слику. Морамо да се присетимо да пророци у ономе што су видели нису имали никакав временски образац тј. редослед. Ствари које су они видели у низу, једне за другим, можда су били удаљени хиљадама година. Јасно је да многи од ових догађаја недвосмилено указују на два доласка Христа.

Први долазак

Исус је рођен за време Празника шатора. Дошао је у Јерусалим последњи пут јашући на магарцу. Био је издат за 30 сребрњака и када су ученици побегли од суђења Исусу, Јеванђеље цитира текст из ове књиге "И ударио сам пастира и овце су се разбежале".

Други долазак

Постоји блиска веза са *Откривењем*. Речено нам је да ће стопе Исуса стати на Маслинову гору. Постоје снажни аргументи који говори да ће доћи за време Празника шатора од састанка. Оно што нам се открива у овој књизи је да када Исус поново дође, Јеврејска нација "ће погледати у онога кога су прободи".

Неиспуњена пророчанства

Захарија, заједно са старозаветним пророчанствима, садржи предвиђања која се још нису испунила. навешћемо три врсте објашњења.

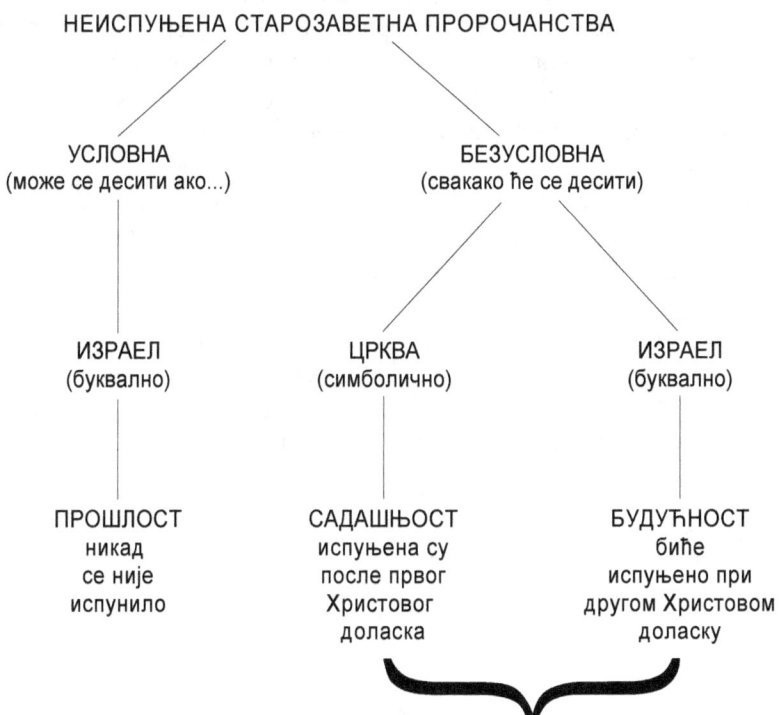

УСЛОВНА

Неки кажу да испуњење зависи од тога да ли је Израел послушан или не. Кључна реч је **ако**. Откад је Израел непослушан, пророчанства су напуштена и никада неће бити испуњена. Зато, нема никакве сврхе истраживати их јер данас немају никакав значај.

БЕЗУСЛОВНА

Други виде да су пророчанства испуњена у Цркви. Они мисле да су испунили "духовност" - па је тако Црква Нови Израел, сада је она победничка и она учествује у предвиђањима датим за Израел. Проблем са оваквим ставом је што се благослови примењују на Цркву, али не и клетве. Тако да овде постоји грешка у логици. Или се обе ствари примењују на Цркву, благослови и клетве, или ниједна.

Други очекују да ће се пророчанства остварити у будућности. *Посланица Римљанима* (11) говори о опоравку Јевреја по другом доласку. По овом погледу, преживели у "великом дрхтању" славиће Празник шатора у миленијумском царству, када ће Исус владати над свим нацијама из Јерусалима, са 12 племена и 12 апостола.

Моје мишљење је да пророчанства која нису испуњена, буквално ће се показати као истинита. Можда неће бити јасно како ће се све остварити и сјединити заједно, али знамо довољно да бисмо знали општу истину и да Можемо бити сигурни да Бог има сврху за овај свет и шта ће се догодити.

Исус ће се вратити да влада и ми ћемо владати са њим. У том смислу, *Захарија* се не завршава звуком туге или недостатком одговора Јеврејима, као што многи претпостављају, већ са звуком наде да ће Бог урадити све оно што је обећао.

35. МАЛАХИЈА

Увод

Позадина Малахијеве књиге је веома слична као код Агеја и Захарије.

Написана је 100 година после повратка Јуде из егзила у Вавилон. Ствари нису биле добре: Јерусалим је углавном био напуштен, земљиште је било напуштено и необрађено. Последње жетве су биле слабе, биле су најезде скакаваца и био је недостатак хране. Храм је завршен 520. године пре нове ере, али је био врло мали у односу на Соломонов, ни храм није нешто нарочито подигао морал. Иако је Немија оправио зидове, људи су још увек више волели да живе на селу, где су лакше могли да се сакрију од напада. Нису направили палату јер нису имали краља - иако је Зоровавељ, њихов гувернер, био законски наследник из Давидове краљевске лозе. Тако се Јуда смањила на мали град на брду и околна села - бледа сенка Давидовог царства из најбољих дана. Народ је био разочаран, без илузија и у очајању. Почели су да се питају да ли је било вредно вратити се у Јуду. Рекли су "Били смо уназађени 100 година, где је наше краљевство које треба да градимо?"

Само један део вести је био добар - научили су лекцију о идолима у прогонству. Никада више нису ишли другим боговима или тражили да промене религију. Као што смо рекли, њихова пракса је постала формална. Људи су ишли у храм, али то је било отргнуто од традиције - ритуал без стварности, који више није приоритет. Сада су постављали питање колики је минимум времена потребан за религијске активности и који је минимални износ новца са ким могу да прођу. Штавише, свештеници су били као и народ. Није им стало колико људи долази у храм, све док уопште долазе и обезбеђују њима средства за живот. Службе су биле извођене на релаксирајући и безбрижни начин, као уобичајени поступак за Бога.

Са таквим ставом на религијски живот, није ни чудо што је то утицало на њихов морал. Када су људи постављали питање у вези зашто се бринути око Бога, није прошло много времена од када више нису ни били Божји људи. Или да то кажемо још једноставније, једна генерација је питала "Зашто да се бринемо око Бога?", следећа генерација би се питала "Зашто да уопште будемо добри?"

Тако, на пример, иако су знали да не смеју да тргују на сабат, они су направили малу пијацу ван капија града, тако да нису морали да поштују сабат. Потрошња је узела маха, са разарајућим ефектима на породицу. Питање "Зашто да будемо верни Богу?" променило се у питање "Зашто да будемо верни нашим женама?" - нарочито када ваша жена постане стара и није више тако привлачна. Зашто је не мењати за млађи модел?!

Још уз то, нација је била у мањку са женама по повратку из Вавилона, па су се тако женили ван Божјег народа. Не само да су се разводили и поново женили, већ су се поново женили и са не-Јеврејкама, баш супротно Божјем закону. Град Јерусалим је био пун напуштених жена и како није било система социјалне заштите, удовице и сирочад су били напуштени и живели су веома тешко.

Нису имали ни власт да је окриве, али су имали Бога да окриве, и то су и радили. Рекли су "Бог се не брине за нас, па зашто би се ми бринули око њега? Не верујемо у Бога љубави - само да гледамо нашу ситуацију овде. Ми се бринемо сами о себи. Он нас је напустио, тако да и ми можемо да мислимо само на нас."

Њихова критика Бога је имала две стране. Са једне стране су рекли "Бог не награђује добар живот", а са друге стране "Он не кажњава лош живот. Чему се бринути око тога?"

То је била ситуација са којом се борио Малахија. Његово пророчанство је било у прози, не у поезији - указивање да је Бог изгубио осећања за свој народ - у толикој мери да им се није обраћао наредних 400 година! Ово је била његова последња реч, и то веома хладна реч.

Јединствене улоге

Малахијева књига има пет јединствене улоге:
1. Овде имамо Божји говор више него у било којој пророчкој књизи. Од укупно 55 пасуса, 47 (или 85%) су директне речи од Бога.
2. Пророштво је анонимно. Много људи мисле да је *Малахија* име аутора, али то уствари и није име. Та реч једноставно значи *гласник*. Малахија се нигде не користи на другом месту у Старом завету, али се често користи у смислу гласника или говорника. Тако да имамо анонимну особу коју преноси поруку, а не знамо ко је то ко доноси Божје последње речи свом народу. Јевреји сумњају да је то можда био Јездра, али ми немамо доказа да докажемо једно или друго.
3. Малахија је необичан по томе да није само пророк који доноси народу Божје поруке. Јасно је да је изговарао пророштва док је био прекидан у говору, јер он и говори да је прекидан. Слушаоци су били увређени његовим проповедима зато што је основна порука била "Ви сте ово започели". Није Бог који је престао да се брине о вама. Ви сте то прво урадили! Ако ви престанете да се бавите Богом, Бог ће престати да се бави вама". У *Посланици Римљанима*, апостол Павле објашњава људима који су дигли руке од Бога, и Бог је дигао руке од њих. На исти начин, када и нација одустане од Бога, он одустаје и од нације. Тако да ово пророштво узима форму оштрих размена речи између пророка и народа. У 12 случајева он им каже "Али ви сте рекли..." који указује на прекидање или нешто слично.
4. Ово је проза, а не поезија, зато што су Божја осећања спласнула. Бог је већ уморан од свог народа и зато неће да разговара са њима наредних 400 година. Тако да овде видимо Божје срце. Зар не бисте и ви били сити, када се извели народ из ропства и вратили их кући, а они сада неће више да се бакћу са вама?
5. Пета улога је да је ово последња Божја реч. Можда је хришћански редослед књига у Старом завету ипак на крају добар (хебрејска Библија се завршава Дневницима). Ово је била последња божја порука за њих, и последња реч је била *проклетство*. До данашњег дана, када Јевреји читају Малахију у синагогама, не читају последњу реченицу: "нека он уништи

земљу са проклетством". Уместо тога они се враћају на пети пасус, тако да би избегли реч проклетство. Они одбијају да заврше са том последњом Божјом речју.

Сажетак књиге

Прошлост преживљавања
Јаков - Израел - вољени - сачувани
Исав - Едом - омражени - уништени

Садашњи греси
Свештеници
    Јефтине жртве
    Популарни говори
Народ
    Мешани бракови
    Безосећајни разводи
    Сумњива питања
    Неплаћене десетине
    Клеветнички говор

Будуће одвајање
Прави избор
    Праведни - лече се под сунцем
    Неправедни - спаљени у пламену
Последња шанса
    Мојсије - законодавац - сећање
    Илија - такмичар - препознавање

Прошлост преживљавања (1,1-5)

Да бисмо разумели прве реченице књиге морамо да се вратимо 1500 година. Малахија објављује да је Бог волео Јакова и мрзео Исава - близанце чији односи нису били најбољи. То је чудна тврдња за наше уши. Кључно је да схватимо да речи волети и мрзети немају исто значење као у енглеском. Волети некога значи да се бринете за њега и да му желите само добро. Мрзети некога у библијском смислу значи да се не бринете за њега и да му не желите добро. Тако када је Исус рекао "Ви нисте вредни да ме пратите ако мрзите вашег оца или матер" не значи да слушалац мора да има горчину и одбојност према њима, већ да не треба више да води бригу о њима.

Штавише, Бог не говори само о Јакову и Исаву у прошлости него о две нације Израела и Едома у Малахијино време. Он нас подсећа да последњих 100 година није било ништа друго него само добро за Израел, а лоше за Едом. Када су Вавилонци одвели Јевреје у своју земљу, Едомити - потомци Исава који су живели поред реке Јордан - били су усхићени и радосни. Њихов поклич је био "Хура! Они су готови!" Придружили су се страшном разарању, узимали су јеврејске бебе за ноге и разбијали им главе о јерусалимске зидове.

Од тада, Едом је под Божјом пресудом. Од тада је прошло много времена. Бог их је избацио из њиховог главног града Петре и довео Арапе уместо њих. Морали су да селе према пустињи Негев, а тамо нема приноса.

Тако у *Малахији*, Бог каже да је Он то урадио Едому за све оно што су радили Јеврејима. "Ја сам вас волео, а нисам се постарао за њих". Малахија их наговара да размисле о свом преживљавању у поређењу са Едомом и да буду захвални Богу. Лекција је јасна. Када се жалимо Богу, треба да размислимо о томе шта је урадио за друге народе и да погледамо шта је урадио за нас и да будемо захвални.

Иза Малахијевог проповедништва налази се идеја Бога коју ми врло добро разумемо. Он види Бога који има три функције, као што је и у целом Старом завету - подручја које се тако лако заборављају код оних који не читају Стари завет. Читамо Нови завет и мислимо да је Бог љубљени Отац, али ове три димензије Бога како се виде у Старом завету су кључне. Он је *Творац наше прошлости, Краљ у нашој садашњости и Судија у будућности*. Ми морамо да се сетимо овог оквира када прилазимо стварима о Богу.

Садашњи грех (1,6-,3,15)

Свештеници (1,6-2,9)

Први људи које је Малахија напао су свештеници. Бог је виђен као Отац и као Господар и ми треба да то поштујемо. Уместо тога, они су третирали Бога са презиром. Превише често у црквеним службама Бог је третиран пријатељски, а не као похвала и поштовање.

Овде он каже свештеницима да они виде Бога као лошу репутацију и нечасност. Поново је народ упитао "Како?" Он одговор даје кроз два примера:

ЈЕФТИНЕ ЖРТВЕ

Прво, народ је приносио јефтине жртве. Уместо да изаберу најбоље јагње, као што је дефинисано у Мојсијевом закону, они су бирали најгоре - слепе и обогаљене животиње - да то понуде Богу. Малахија наглашава да не жртвују оно најбоље и да дају мање него што су давали Персијском гуверенеру. "Ви дајете Богу оно што вам је остало. А неком другом дате оно што је најбоље. Друго, каже им да је краљево име веће код других нација, него код њих. То је била разарајућа порука.

ПОПУЛАРНЕ ПРОПОВЕДИ

Малахије даље осуђује свештенике који говори људима шта желе да чују, а не оно што каже закон. Требало би да буду људи који се плаше Бога, а не људи који задовољавају своје потребе. Поново долази до изражаја исконска искушења и притисак који је на онима који служе у Цркви. Лако је људима причати оно што желе да чују, да их не узнемиравамо. Ако ако их узнемиравамо, они нас неће позвати поново!

Малахија их подсећа на Божји завет са Левитским племеном још из доба Мојсија, када је свештенцима речено да не би морали да раде да би били плаћени, већ да би пре били издржавани од других, а да уче људе да се плаше Бога. Сада они нису говорили народу да треба да се плаше Господа. Левитским свештеницима је речено да би народ требао да види како се живи богоугодни живот, а не само да чују за њега. Њихова уста и њихови животи морају да носе исту поруку. Тако и Малахија говори да су већ под клетвом и да ће бити још горе. Много њихове деце ће умрети и цело свештенство ће доћи до краја ако се овакво понашање настави.

Народ (2,10-3,15)

Сада се Малахије концетрише на народ. Постоји пет ствари које су показивале да њихова веровања и њихово понашање клизе у неповрат.

МЕШАНИ БРАКОВИ

Млади људи се венчавају са женама ван Божјег народа. Кроз историју одабраног народа као нације, Бог је инсистирао да се венчавају само у оквиру своје нације. Та појава је примећена чак и у Цркви. *Ако оженише дете ђавола, онда ћеше имаши ироблема са својим шасшом!* - прилично далеко од живота у великој срећи.

БЕЗОСЕЋАЈНИ РАЗВОДИ

Други проблем су били безосећајни, разводи "далеко од срца". Неки су чак настављали са полигамијом. Симултана полигамија је када људи имају више жена истовремено; узастопна полигамија када имају жена колико год хоће, али обезбеђују средства само за једну у одређено време. То је још једна појава која је постала нормална унутар Цркве. Међутим, то је повређивало Бога, зато што је сваки брак створен у очима Бога - није важно да ли је регистрован код органа власти или у Цркви. Сваки брак потпада под Божји закон. По речима Исуса, Божји закон је да узастопна полигамија постаје прељуба тј. браколомство, мало је свештеника данас који би се усудили на нешто овако кажу у данашњој Цркви. Бог је просто рекао "Мрзим разводе".

СУМЊИВА ПИТАЊА

Када је Бог оптужио народ да крши завет, они су одговорили "Али како ми кршимо завет?" Он им је одговорио да крше завет тако што склапају бракове ван Божјег народа.

Они су мислили да су невини и нису волели проповеднике који су их оптуживали. Народ нема ништа против када изговарате опште тврдње, али ако их спецификујете на одређени начин, то их боли. Малахија им је објашњавао да то замара Бога. Малахија им је уствари говорио: "Ви кажете 'Како можете да верујете у Бога љубави када вам се све то догађа?' Како се усуђујете да постављате таква питања, Ви питате 'Где је Божја правда?' Како се усуђујете да поставите такво питање. Пресуда ће доћи, можда неће баш одмах, зато што је Бог стрпљив са вама. Никада немојте да оптужујете Бога да није фер или да је потпуно равнодушан на лоше ствари које вам се догађају."

Као да то није било довољно, Малахија је шокирао народ када им је рекао да када Бог дође да кажњава људе, он ће почети од њиховог храма. Они су плакали да се Бог обрачуна са лошим људима, али када дође Он би се прво обрачунавао са њима! Свештеници би били први на суђењу, а тек онда народ.

Направио је листу људи који се не плаше Бога: чаробњаци,

прељубници,ššкривоклетници, они који варају на дневницама за раднике, они који намерно не плаћају рачуне, они који малтретирају удовице и оне без оца и они који ускраћују праведност странцима. То је прилично директно обраћање.

На овом месту дефинитивно постоји промена тона. Као да Бог говори из свог срца. Он објашњава чињеницу да то што до сада нису уништени, и то је део његове милости. Док Јуда има дугу историју неверности, Малахија и даље остаје веран. Они можда могу да прекрше завет, али је Бог још увек посвећен њима. Бог им је говорио: "Вратите се мени и ја ћу се вратити вама". Тачно је то што кажу да ако се ми удаљимо од Бога, и он ће се удаљити од нас, али ако му се вратимо и он ће се вратити нама! Бог има динамични, двострани однос са својим народом и сво време одговара када га позовем. Бог се стално суочава са нама, ма где да смо, увек нам одговара и реагује на наш донос према њему. Неки људи размишљају о Богу како седи на небеском трону, далеко од нас, ствара декрете и кажњава нас као да смо лутке - то није библијска слика. Библија нам показује како нам Бог одговара све време, да он мења мишљење како ми мењамо мишљење, који се каје кад се и ми кајемо, када нам се враћа када се ми њему враћамо. То је динамичан однос.

НЕПЛАЋЕНЕ ДЕСЕТИНЕ

Следеће што им Малахија говори је да краду од Бога. Поново је народ изненађен и пита: "Како? Ми никад нисмо крали од Бога?"Поново следи оштар одговор: "Имате неплаћене десетине и приношења".

Малахија их ефективно "прикуцава" у земљу и они протествују. Он им објашњава да нису плаћали 10% од прихода за Бога, нити је било добровољних приношења, па су тако под клетвом због закона о десетини. Мојсијев закон каже да ако плаћате, Бог ће вас благословити, ако не плаћате, он ће вас проклети до треће и четврте генерације.

Наравно, хришћани нису под Мојсијевим законом. Никада нисам проповедао десетину у мом животу! Ја сам причао о добровољном давању, зато што по Новом завету ми треба да дајемо из захвалности - Бог не жели ваш дар ако ви не желите да дате! У Старом завету је, пак, постојала десетина. Проповедати десетину данас увек ствара проблеме. Ја и моја жена слушали смо једног младог човека у Цркви како проповеда десетину. Већина њих који то раде фокусирају се на благослове, али пропуштају клетве, тако да је он барем доследан. А порука је ужасавајућа. Он је рекао присутнима да ако не дају десетину, да ће патити њихови унуци и праунуци; да ће Бог казнити оне који крше закон о десетини до треће и четврте генерације. Они ће бити под клетвом.

Када су дошли до питања приношења, они су узели најбољи узорак који су принели годинама - што није неко изненађење. После поменуте службе о десетини коју сам поменуо, рекао сам лидерима цркве да је то била злобна проповед, зато што људи онда дају од страха. Господ воли радосно давање, ми дајемо под новим законом милости. За неке људе та десетина би било премало шта би они хтели да дају, тако да морамо да будемо више флексибилни.

Тако је Малахија већ могао да им каже да су већ под клетвом јер нису давали десетину. Ако хоће Божји благослов, они морају да обнове све десетине у кући Господњој и Бог ће онда отворити прозоре небеса и разлиће благослов по њима. У овом контексту то буквално значи облаке и кишу да би се завршила суша.

КЛЕВЕТНИЧКИ ГОВОР

Малахија наставља своје осуде док прелази на клеветнички говор. Опет они питају како су то они клеветали Бога. Малахија каже да је то начин на који су унизили службу Бога, када су тврдили да нема никакве сврхе, јер чак и лоши људи напредују. Радећи тако они су тврдили да Бог није Господ и не зна шта ради.

Да ли ово имало неког ефетка? Да ли је Малахије био ефектан говорник као што је био Агеј или Захарија? Да ли је народ одговорио? Одговор је да неки јесу - разговарали су о поруци и неки су се покајали. Неки су схватили своје одговорности и исправили су ствари. Бог је чак прибележио у књизи имена све оне који су се ватрено одазвали.

Будућа подела (3,16-4,6)

У последњој секцији Малахија подвлачи одвојеност унутар Божјег народа. Малахија им говори да ће доћи време када ће Израел бити подељен на два дела. Пророк је то назвао "дан Господњи". Иста та реч се помиње и код пророка као што су Захарија, Амос и Јоил. То је дан обрачунавања, сређивање рачуна и пресуде. У том дану ће бити две групе: они који служе Бога и они који не служе.

Ова пасус укључује и прелепи опис живота праведних. Ја сам некада устајао у четири сада ујутро и помузао 90 крава на фарми у Нортумберленду. Преко зиме стока је била унутра и ми смо их хранили сламом месецима. Дошао је дан у пролеће када смо их први пут пустили да изађу напоље. Ако знате нешто о животу на селу, ви знате шта ће се догодити. Чак и најстарије краве просто скачу од радости као да су јагњићи. Велике краве које се једва крећу трче по пољу и скакућу од радости. Малахије каже то је какво ће бити време за Божји народ. Они ће такође скакати од радости на дан када Бог дође да донесе спасење за свој народ.

Они који буду били одбачени на тај дан описани су "као стрњика спаљена после жетве". У време када је то било легално у Уједињеном краљевству, све после жетве би било остављено у пепелу. *Као што телад скакуће на зеленом пољу под сунцем, то је слика праведних, а пепео од спаљене стрњике је слика оних који нису одговорили Богу.* На овом месту морамо да приметимо три ствари:

1. Израел као народ ће преживети. Малахија је рекао у име Бога "Ја се не мењам. Ја не бежим од својих речи". Тако да можемо бити сигурни да ће увек постојати Израел.
2. Такође је извесно и то да ће један део Израела бити изгубљен. Очигледно, неће сваки Јеврејин који је живео бити спасен, нити да Јеврејима није потребно Јеванђеље.
3. Постоје изјаве да ће бити спасени неки изван Израела. Малахија каже да ће бити одређени број међу нацијама који ће постати део праведних, да ми имамо трагове шта ће доћи у Новом завету.

Постскрипт (4,4-6)

Последња три пасуса су створена око два највећа човека у Старом завету - Мојсија и Илије. То је последњи Божји позив његовом народу у Старом завету - за наредних 400 година, пре него што се понови у Новом.

Бог позива народ да се сети Мојсија и да се врати закону, јер Бог је њихов велики Краљ. Онда им каже да ће им Бог дати још једну шансу. Да ће им послати још пророка - Илија је личност који је дошао да их изазива. Илија је био први велики пророк који је осудио идолопоклонство и неморалност, док је Мојсије био пророк који их је извео из Египта и дао им завет и закон.

Тако се Стари завет завршава овим речима: "Ако они не слушају Илију, онда ће земља бити ударена проклетством". Они ће имати последњу шансу пре дана Господњег - још једног пророка да припреми пут Господњи. Они су то чекали 400 година да се догоди. Били су окупирани од Персијанаца, Египћана, Сиријаца, Грка и Римљана и коначно се указала шанса. Одједном се појавио човек који је био одевен као Илија, јео је скакавце и дивљи мед, баш као и Илија. Народ се окупио да чује шта тај човек проповеда, као што је Малахија рекао да ће проповедати. Позвао је народ на мудрост и да се врати породичном животу. А он је дошао само као претходник да припреми стазе Господње, за Господа Исуса.

Када се окренемо Новом завету, видимо да је постојала велика дебата да ли је Јован Крститељ био Илија. У две прилике, Исус је рекао да је Илија његов рођак Јован. (Јеванђеље по Матеју 11,7-14; 17,9-13) *Малахија* и *Јеванђеље по Матеју* су један поред другог у Библији.

Матеја нам говори како је Илија дошао у лику Јована Крститеља. Он се намерно облачио као Илија и јео храну као Илија. Ово је само откриће Божјег следећег потеза.

Када је Исус дошао до вододелнице после две и по године службе и одвео ученике у подножје планине Хермон упитао их је: "Шта кажу људи ко сам ја?", они су рекли "Па, неки кажу да си реинкарнација Јеремије или неког другог". А онда их је Исус упитао шта они мисле ко је он. Петар је видео истину и рекао: "Па, ти си живео раније, зар не? Али не овде - ти си живео горе. Ти си Христос, Син живог Бога" затим је Исус одвео Петра, Јакова и Јована на планину, а Мојсије и Илија су се појавили и разговарали са Исусом. Малахија је то обећао, и све је дошло заједно.

Хришћанска примена

1. Нама је речено у *Првој посланици Коринћанима* (10) да сви ови примери Старог завета **су написани за хришћане**. Све што се дешавало јеврејском народу, лако се може догодити и нама. Апатија, неверовање, неморалност и безосећајност могу да утичу такође и на хришћанског верника.
2. **Ми морамо да допустимо да Нови завет тумачи Стари.** Ми

нисмо под законом сабата или десетине, већ смо под Христовим законом, који је још строжији него Мојсијев закон по питању развода или поновног венчања и по другим питањима.

3. Са друге стране, не треба да будемо **превише опуштени** у начину на који третирамо Божју милост. Превише хришћана је изгубило страх од Бога - ако то чинимо, нисмо у потпуности схватили Христово Јеванђеље.

4. Морамо се присетити да суђење креће са Божјом кућом. Писци Новог завета следе исти шему као и Малахија када је у питању суђење. Када Бог дође да суди, прво ће судити свом народу, а тек онда свима другима. Биће одвајања чак и у народу у Цркви. *Не смемо бити самозадовољни, подразумевајући да зато што смо начинили избор за Христа у прошлости, ми смо у реду.* Морамо бити ревносни да "наш позив и избор начинимо сигурним" и да издржимо у свим Божјим стварима, ако не желимо да се суочимо са истом пресудом која је донета Малахијином народу.

www.ingramcontent.com/pod-product-compliance
Lightning Source LLC
Chambersburg PA
CBHW070451120526
44590CB00013B/640